北京延庆年鉴

BEIJING YANQING NIANJIAN

2019

北京市延庆区地方志编纂委员会 编

线装书局

图书在版编目（CIP）数据

北京延庆年鉴. 2019 / 北京市延庆区地方志编纂委员会编. -- 北京 : 线装书局, 2019.11
ISBN 978-7-5120-3850-9

Ⅰ. ①北… Ⅱ. ①北… Ⅲ. ①延庆区－2019－年鉴 Ⅳ. ①Z521.3

中国版本图书馆 CIP 数据核字(2019)第 253257 号

北京延庆年鉴（2019）

编　　者：北京市延庆区地方志编纂委员会
责任编辑：周思远
出版发行：线装書局
　　地　址：北京市丰台区方庄日月天地大厦 B 座 17 层（100078）
　　电　话：010-58077126（发行部）010-58076938（总编室）
　　网　址：www.zgxzsj.com
经　　销：新华书店
印　　制：北京金港印刷有限公司
开　　本：787mm×1092mm　1/16
印　　张：33.25
字　　数：894 千字
版　　次：2019 年 11 月第 1 版第 1 次印刷

线装书局官方微信

定　　价：200.00 元

延庆区地方志编纂委员会

顾　　问：穆　鹏

主　　任：于　波

副 主 任：张　远　黄克瀛

委　　员：刘聪玲　张胜军　张光临　马　岗　王留艳
韩　策　张勇军　郝　健　赵琳锋　贺常荣
王建军　胡玉民　叶　东　辛文君　黄金龙
李新生　张　河　孟顺利　张景军　尹文强
吴连军　孙凤霞　徐自成　徐志中　郭铁石
李明海　刘继臣　周莉萍　王春光　冯玉青
马向东　王建柱　张海峰　曹凯锋　王　楠
郁世民　郝建云　王　赢　桂轶杰　陈仲文
荣欣锋　卢石军　郭清尧　苑立杰　侯士杰
赖慧武　尤　轩

北京延庆年鉴

顾　　问：穆　鹏

主　　编：于　波

副 主 编：张　远　黄克瀛

《北京延庆年鉴》编辑部

编辑部主任：王留艳

编辑部副主任：周莉萍　王春光　刘继臣

总　　纂：王新华

栏目编辑：(按姓氏笔画为序)

王亚琴　王春光　王新华　冯忠耀
刘继臣　池尚明　李景岩　张　鹏
吴嘉豪　周长亮　周莉萍　景冰芳

主要撰稿人：于　江　于海堂　王永刚　王艳芳
王丹丹　王　欢　王方汝　王艳红
王达超　王　冬　王清波　王丽萍
王建龙　王海余　王　雪　王跃杰
王燕娜　王建军　王晓洁　王晓春
方俊杰　尤美倩　卢　佳　邓国军
史建美　付艳春　代　强　刘艳萍
刘晓芳　刘　芳　刘宝生　刘　妍
吕适艺　吕秀芳　孙　刚　邢思琪
庄　萍　闫　童　闫　俊　闫立君

冯　烨　　朱振银　　朱　涛　　李　娟　　李志军
李　屹　　李昀倩　　李　征　　李春杰　　李　凡
李志成　　李　薇　　李建华　　李保安　　杜　洋
杨　冬　　杨　田　　杨　航　　杨　莹　　边文秀
时亚辉　　时　雨　　吴祖葵　　吴玉英　　吴纪芳
宋玉霞　　宋亮楠　　宋克冰　　宋　佳　　何江涛
花　凯　　杜晓娜　　苏学友　　郑学伟　　郑　鑫
张明湛　　张宪博　　张旭靖　　张　冰　　张世涵
张美丽　　张　珅　　张振环　　张金花　　张　鹏
张艳红　　张景睿　　张　琦　　张琳婧　　张小利
张　玮　　张晓赫　　张啸雪　　张静学　　陈　洋
林　萍　　罗　振　　宗振国　　赵东冉　　赵恩阳
赵　曦　　赵晓光　　赵文新　　赵　飞　　赵军利
郝合奎　　闻爱中　　霍文丽　　霍桂文　　胡明丽
胡　琳　　胡晓曼　　胡　琴　　哈克佳　　段玉超
侯得书　　贾延文　　徐所柱　　徐　辉　　高雪兰
高　军　　高　寒　　晏博文　　段欣超　　郭万霞
郭　强　　郭敏娜　　梁　曼　　黄　荣　　黄妹妹
曹军娟　　索湧烜　　龚　伟　　柴　璐　　常　淼
韩　猛　　韩　雪　　韩　煦　　周志芳　　周英杰
周　颖　　蔺天娇　　焦丽艳　　符　饶　　谢雅娟
彭　丰　　窦文艳　　颜　渊　　蒋鸿宇　　潘　颖
翟金永　　薛　媛　　魏　源

编 辑 说 明

一、《北京延庆年鉴》是由中共北京市延庆区委员会和延庆区人民政府组织，延庆区各单位共同参与编纂的年度资料性文献。《北京延庆年鉴》编辑部设在延庆区史志办公室。

二、该年鉴以马克思列宁主义、毛泽东思想、邓小平理论、“三个代表”重要思想、科学发展观和习近平新时代中国特色社会主义思想为指导，坚持辩证唯物主义和历史唯物主义的立场、观点和方法，遵循实事求是的原则,真实、客观地反映实际情况。

三、《北京延庆年鉴》自2004年开始，逐年编纂出版。当年出版的年鉴，记述上一年度延庆经济和社会发展各方面的基本情况和重大事件。本部年鉴记述时限为2018年1月1日到2018年12月31日。书中的“该年”“年内”及直书月、日的，均指2018年。

四、该年鉴采用分类编辑法，用文章和条目两种形式，以条目为主。全书设类目、栏目、分目、条目4个层次。条目标题统一用黑体字并外加【】标明。类目、栏目、分目的标题，分别用不同型号的字体加以区别。

五、该年鉴的文字内容共分28个类目：区情综述、大事记、特载、专文、国民经济和社会发展主要指标完成情况、2018年组织机构及负责人、中共北京市延庆区委员会、延庆区人民代表大会、延庆区人民政府、政协延庆区委员会、群众团体、法治 国防建设事业、经济管理、金融、农业、工业和信息化建设、商贸服务业、旅游业、交通 邮政、城乡建设和管理、生态环境建设、科技 教育、文化、卫生 体育、社会民生、街道、乡镇、附录。

全书除文字部分外，还配以地图、彩插、表格，力求全面、具体、准确地反映年度发展的全貌。

六、该年鉴收有延庆区党、政、军、团体、乡镇和部分企业负责人名录，所列均以2018年内任职为限，其中有任免情况的分别予以注明。

七、选入该年鉴的文章和条目，除部分资料由年鉴编辑部人员直接收集外，其他均由各部门、各单位确定的专人撰写或提供，并经部门、单位主要领导审阅，区委、区政府有关部、委、办领导审查。该书正文前收录的彩图，均由各供稿单位提供。

八、该年鉴中引用的统计数字，原则上以区统计局2018年度《北京市延庆区统计年鉴（2019）》为准。数字一般记至万以上，小数点后保留两位小数；但在记述人均收入、人均生活支出和在岗职工平均工资时，记述至个位。个别数字由于统计口径、时间有出入，仍从原出处，未完全按统计年鉴更改。

九、该年鉴中计量单位名称的使用，除特例之外一律采用中华人民共和国法定计量单位。考虑到在农村“亩”仍是最主要的土地面积计量单位，在记述农业事项时，均在公顷数之后括注同比例“亩”作为补充。在记述体育赛事时，使用的是行业通例“公里”和“公斤”。

十、该年鉴条目中区领导均不写职务，具体职务见年鉴“2018年延庆区组织机构及负责人”。

4月26日，世园花宴美食节在妫州牡丹园举办（区旅游委供稿）

4月28日，北京世园会倒计时一周年活动现场（区会展中心供稿）

6月30日，美丽延庆 精彩世园——“百花争延”活动在世葡园启动（区世园办供稿）

12月28日，兴延高速公路延庆区段竣工（区住建委供稿）

盛夏的妫水河生态浮岛（区水务局供稿）

初秋的世园会百蔬园后备基地（绿富隆公司供稿）

2月23日，位于松山国家级自然保护区内的冬奥综合管廊项目开工（区冬奥办供稿）

2月27日，奥林匹克会旗之旅首站活动在八达岭长城举行（区委宣传部供稿）

3月26日，延庆区召开冬奥世园筹备工作发布会（区文明办供稿）

10月10日，2018冬博会延庆分会活动在八达岭长城举办（八达岭特区办事处供稿）

12月30日，延庆冬奥村项目正式开工（区住建委供稿）

1月2日，市环保督察组在区召开座谈会（区经信委供稿）

1月19日，龙庆峡第32届冰灯艺术节开幕式（龙庆峡管理处供稿）

1月25日，“送文化进万家活动”走进张山营（区文联供稿）

1月29日，延庆区2018年重大动物疫病防控工作会召开（区农业局供稿）

2月8日，康庄镇举办“这一年”新春联欢会（康庄镇供稿）

2月28日，儒林街道举办第八届灯展灯谜会（儒林街道供稿）

2月27日，科普之春活动在大榆树镇启动（区科协供稿）

3月2日，“世园增色妫川美 长城相邀话冬奥”元宵节花会展演活动（区文委供稿）

3月15日，区农机服务中心开展农机监理普法宣传活动（区农机服务中心供稿）

3月20日，气象局举办世界气象日科普宣传活动（区气象局供稿）

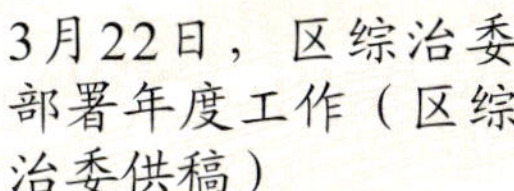

3月22日，区综治委部署年度工作（区综治委供稿）

3月23日，中国轮椅冰壶队延庆籍队员陈建新（前排中）回到家乡，延庆各界代表举行欢迎仪式（区残联供稿）

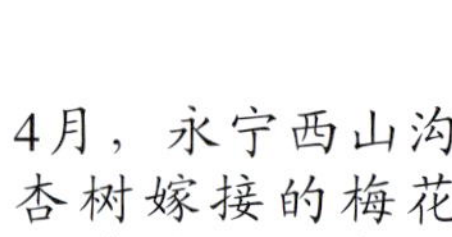

4月，永宁西山沟杏树嫁接的梅花万紫千红（永宁镇供稿）

4月1日，区编办全体人员参加区义务植树日活动（区编办供稿）

4月3日，在平北抗日烈士纪念园举办延庆区第二届清明诗会（区民政局供稿）

4月3日，区妇联召开全区村妇代会改建妇联工作会（区妇联供稿）

4月7日，延庆区与张家口市宣化区对接对口帮扶工作（区发改委供稿）

4月10日，区政府与首师大深度合作签约（区教委供稿）

4月10日，区2018年审计工作会召开（区审计局供稿）

4月12日，北京市规划和国土资源管理委员会延庆分局挂牌成立（市规划国土委延庆分局供稿）

4月14日，大庄科100公里国际红色越野赛开赛（大庄科乡供稿）

4月26日，区知识产权局在绿韵广场举行世界知识产权日宣传活动（区科委供稿）

4月28日，延庆公安分局召开世园会倒计时一周年服务保障动员部署大会（区公安分局供稿）

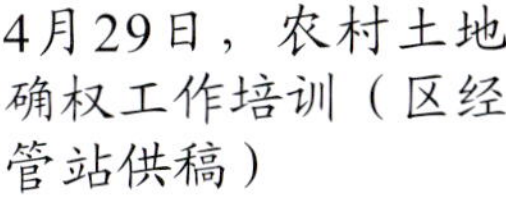

4月29日，农村土地确权工作培训（区经管站供稿）

5月3日，创建全国文明城区知识讲座（区委党校供稿）

5月4日，区政府与市四中院举行司法行政互动工作座谈会（区法制办供稿）

5月11日，红十字会举办助力世园冬奥主题宣传活动(区红十字会供稿)

5月12日，独山夜月杯第三届延庆女子半程马拉松赛在旧县镇举办（旧县镇供稿）

5月17日，餐饮行业职工参加西式面点培训（区饮食服务总公司供稿）

5月22日，区食品药品应急指挥中心揭牌（区食药监局供稿）

5月23日，广州大学专家到大庄科乡里长沟村指导农居减隔震技术应用（区地震局供稿）

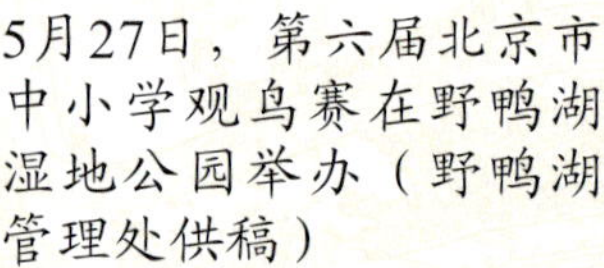

5月27日，第六届北京市中小学观鸟赛在野鸭湖湿地公园举办（野鸭湖管理处供稿）

5月28日，人民网-延庆冬奥世园舆评中心揭牌（区委网信办供稿）

5月30日，中关村现代园艺产业创新中心举行揭牌仪式（区世园办供稿）

5月31日，区政协领导深入街道督查创城工作（区政协供稿）

5月31日，延庆区“十佳美德少年”颁奖典礼（区文明办供稿）

6月1日，“海坨之星”儿童公益滑雪训练营成立（张山营镇供稿）

6月2日，城管执法人员在东关环岛查处非法运营车辆（区城管执法监察局供稿）

6月8日，黄廷方长城保护资金捐赠仪式在八达岭举行（区委统战部供稿）

6月9日，第八届北京国际自行车骑游大会在延庆举行（区体育局供稿）

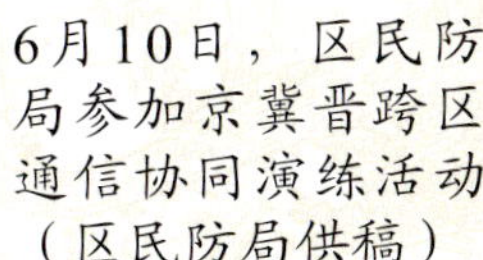

6月10日，区民防局参加京冀晋跨区通信协同演练活动（区民防局供稿）

6月11日，为重点工程单位涉及职业病危害人员进行职业健康体检（区安全监管局供稿）

6月16日，千家店镇端午文化节包粽子比赛（千家店镇供稿）

6月16日，延庆区青年诗文诵读大赛在夏都公园举行（团区委供稿）

6月16日，延庆区融媒体中心揭牌（区广电中心供稿）

6月21日，区政法系统专题培训班（区政法委供稿）

6月22日，信访条例宣传月活动启动仪式（区信访办供稿）

6月25日，延庆区职工“五月鲜花”汇报演出（区总工会供稿）

6月29日，第四届北京百合文化节在葡萄博览园开幕（八达岭旅游总公司供稿）

7月5日，国家税务总局北京市延庆区税务局挂牌成立

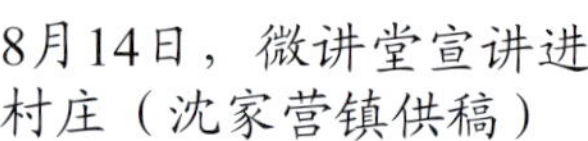
8月14日，微讲堂宣讲进村庄（沈家营镇供稿）

8月23日，大榆树镇举行拾行中国——走近妫水河志愿活动（大榆树镇供稿）

8月29日，延庆工商分局开展保障世园会专项应急演练（区工商分局供稿）

8月30日，无公害农产品产地环境认定检测抽样现场（区种植中心供稿）

9月，建行延庆支行与农民工子弟学校庆源小学开展银校共建（建行延庆支行供稿）

9月1日，香营乡新庄堡村“艾主题公园”迎客（香营乡供稿）

9月5日，延庆粮油公司举行第六届“一口清”业务比赛（延庆粮油公司供稿）

9月11日，区领导在餐饮行业“大比武”现场调研（区商务局供稿）

9月11日，四海镇“丰收迎世园，花海品茗香”活动现场（四海镇供稿）

9月12日，香水园街道举办“庆中秋 迎国庆”太极拳比赛（香水园街道办事处供稿）

9月12日，延庆区第二期新闻发言人培训班开班（区委宣传部供稿）

9月15日，魅力金秋 共享丰收2018欢乐丰收节开幕（区委宣传部供稿）

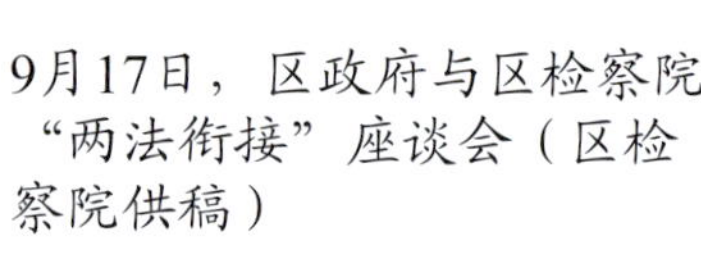

9月17日，区政府与区检察院“两法衔接”座谈会（区检察院供稿）

9月22日，第二届“独山夜月”文化体验周开幕（区委宣传部供稿）

9月27日，区统计局举办统计开放日普法宣传活动（区统计局供稿）

9月27日，延庆区老干部纪念改革开放40周年文艺演出（区委老干部局供稿）

9月29日，驻京企业投资延庆行暨园艺产业招商推介活动启动（区投资促进局供稿）

9月30日，在八达岭长城举办“我爱你中国”主题灯光秀活动（区委宣传部供稿）

10月，千小路（千家店—小铺）大修工程竣工（延庆公路分局供稿）

10月4日，第20届北京国际旅游节闭幕式在区国际会展中心举行（区旅游委供稿）

10月12日，区政府与加拿大科堡市签署友好备忘录（区外事办供稿）

10月12日至14日，京张优质农产品推介会在区国际会展中心举办（区农委供稿）

10月14日，第三届“乡宴柳沟醉美井庄”国际越野挑战赛在里庄镇柳沟村举行（井庄镇供稿）

10月14日，延庆地质公园恐龙足迹保育现场（区地质公园管理处供稿）

11月2日，京张五地司法工作服务世园冬奥协议签约（区司法局供稿）

11月2日，区财政区召开优化营商环境企业座谈会（区财政局供稿）

11月3日，区领导参加创城志愿服务活动（区人大常委会供稿）

11月13日，首家中国基础教育德育馆（延庆馆）建成开馆（区教委供稿）

11月27日，延庆区心脏中心、康复中心揭牌试运行（区卫计委供稿）

11月28日，全区领导干部警示教育大会召开（区纪委供稿）

12月，区水产中心开展冬季冰上执法活动（区水产中心供稿）

12月2日，京津冀冬季旅游体验活动暨延庆第33届冰雪欢乐节启动仪式（区旅游委供稿）

12月3日，区政务服务中心举办“最美服务窗口、最美服务之星”评比表彰会（区政务服务中心供稿）

12月4日，延庆区法院举办国家宪法日宣誓仪式（区法院供稿）

12月4日，延庆烟草专卖局全体职工观看警示教育主题展（区烟草专卖局供稿）

12月10日，延庆区第一届政府质量奖颁奖大会召开（区质监局供稿）

12月16日，延庆区改革开放40周年图片展开幕（区档案局供稿）

12月18日，茂源广发公司农产品北京直营店开业（延庆镇供稿）

12月21日，延庆区世园会专场招聘会现场（区人力社保局供稿）

秋天的多彩田园（刘斌堡乡供稿）

12月26日，延庆综合交通服务中心（换乘中心）项目奠基（区交通局供稿）

12月29日，八达岭镇外炮村换届选举发放选票（八达岭镇供稿）

元宵节花灯（百泉街道办事处供稿）

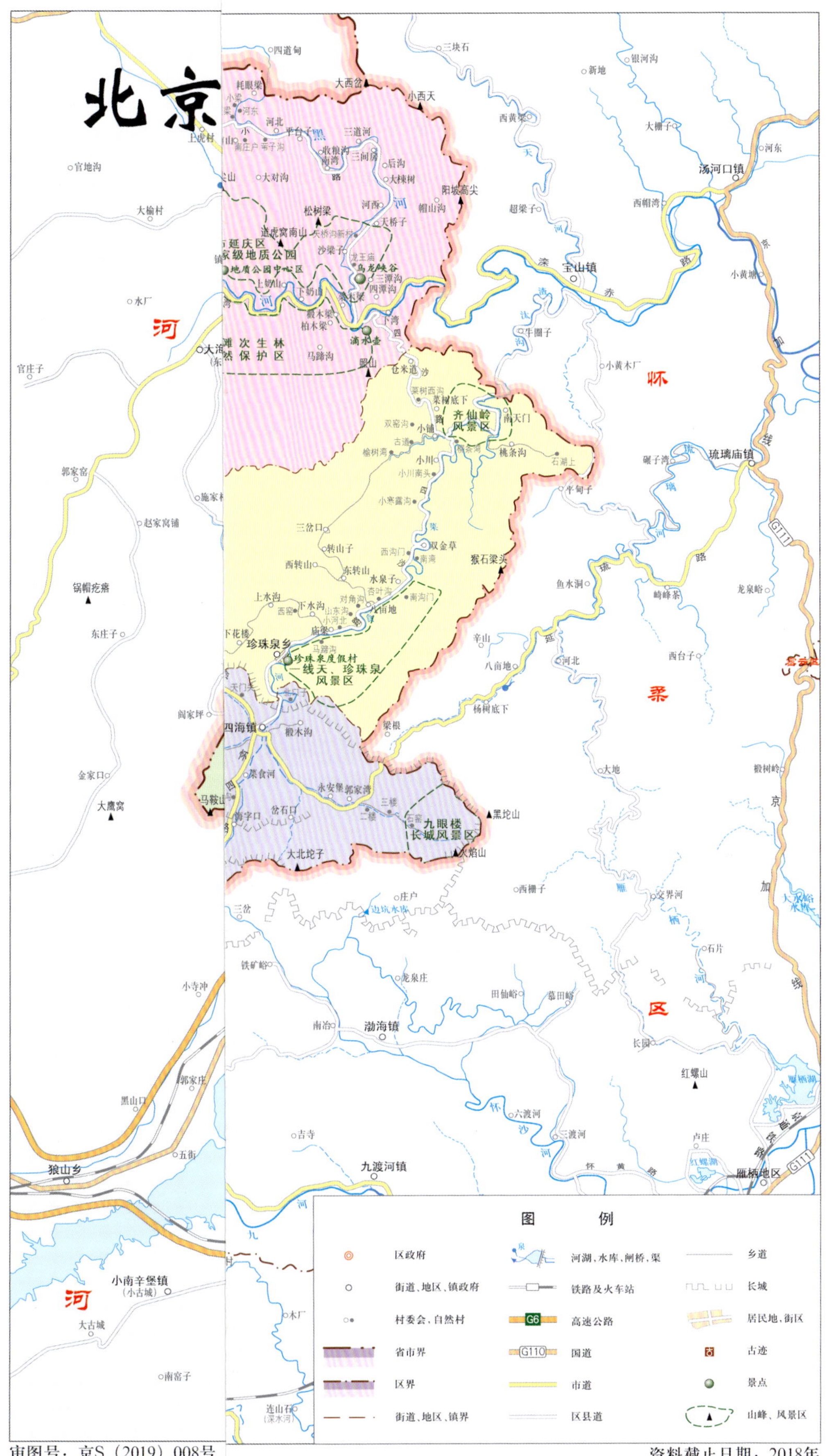

审图号：京S（2019）008号

资料截止日期：2018年

目 录

区情综述

大事记

特 载

专 文

国民经济和社会发展主要指标完成情况

2018年组织机构及负责人

中共北京市延庆区委员会

延庆区人民代表大会

延庆区人民政府

政协延庆区委员会

群众团体

法治 国防建设事业

经济管理

金 融

农 业

工业和信息化建设

商贸服务业

旅游业

交通　邮政

城乡建设和管理

生态环境建设

科技 教育

文 化

卫生 体育

社会民生

街　道

乡 镇

附 录

区情综述

基本地情

延庆区总面积1994.88平方千米，其中山区面积占72.8%、平原面积占26.2%、水域面积占1%。东西最长70千米，南北最宽45.5千米，东、南、西、北分别与怀柔区、昌平区、河北省怀来县和河北省赤城县接壤。辖11镇、4乡、3个街道办事处，设376个村民委员会、46个城镇居民委员会。全区总户数144352户。其中农业户70368户。户籍人口286927人。其中女性142899人。常住人口34.8万人。其中，常住外来人口4.8万人，占常住人口的13.8%。常住人口中，城镇人口20.3万人，占常住人口的58.3%。常住人口出生率8.34‰，死亡率5.62‰，人口自然增长率2.72‰。常住人口按年龄结构划分：0—14岁人口为3.8万人，所占比重为10.9%；15—64岁人口为26.6万人，所占比重为76.4%；65岁及以上人口为4.4万人，所占比重为12.7%；60岁及以上人口7.0万人，所占比重为20.1%。

2018年国民经济和社会发展

年内，全区实现地区生产总值151.90亿元，按不变价计算同比增长8.5%。其中，第一产业实现增加值7.68亿元，同比增长11.6%；第二产业实现增加值52.53亿元，同比增长17.2%；第三产业实现增加值91.69亿元，同比增长4.0%。按常住人口计算，全区人均地区生产总值43649元。三次产业结构由上年的5.0:31.5:63.5变化为5.0:34.6:60.4。全年全区能源消费量70.19万吨标准煤，同比增长5.45%，万元地区生产总值综合能耗0.4621吨标准煤，按不变价计算，同比下降2.85%。全年完成全社会固定资产投资283.63亿元，同比增长77.1%。其中，基础设施投资完成136.34亿元，同比增长10.6%；建安投资完成175.60亿元，同比增长70.8%；房地产开发投资完成97.73亿元，同比增长4.7倍。第一产业完成投资7.29亿元，同比增长2.5倍；第二产业完成投资16.74亿元，同比增长1.5倍；第三产业完成投资259.61亿元，同比增长71.4%。

农业

全区实现农林牧渔业总产值19.96亿元，同比增长12.9%。其中，种植业实现产值5.02亿元，同比下降1.3%；林业实现产值7.00亿元，同比增长129.8%；畜牧业实现产值7.30亿元，同比下降16.7%；渔业实现产值862.3万元，同比下降63.2%；农林牧渔服务业实现产值5542.4万元，同比持平。全年粮食产量72251.0吨，同比下降11.2%；蔬菜产量58414.7吨，同比下降0.5%；干鲜果品产量10830.4吨，同比下降40.1%。截至年底，奶牛存栏1.1万头，肉牛出栏3512头，家禽出栏213.66万只，生猪出栏10.4万头，羊出栏3.4万只；全年鲜奶总产4万吨，鲜蛋总产2.8万吨，水产品总产536.9吨。

年内，深入实施都市型现代农业发展三年行动计划，发布实施促进现代园艺产业创新发展若干措施，成功引进园艺花卉类企业34家、科研机构10户。稳步创建国家农产品质量安全区，初步建成农业投入品与追溯产品监管系统，有序推进冬奥食用农产品供应40项任务。充分利用京东等电商平台，精准对接银行、学校等稳定大客户，线上线下销售7大类26种延庆优质农产品。成功举办京张优质农产品推介会、延怀河谷葡萄文化节等主题活动。

实施乡村振兴战略，印发《延庆区实施乡村振兴战略推进美丽乡村建设专项行动计划（2018—2020年）》等政策文件。全区农村经济总收入完成138.8亿元，同比增长0.7%。全区纳入监测数据库的低收入农户共12174户25135人，低收入村58个。通过出台《关于进一步加强低收入农户帮扶工作的措施》和《低收入产业帮扶项目收益分配使用管理指导意见》，安排50个低收入产业项目。低收入农户人均可支配收入11826元，同比增长18.1%；98.9%的低收入农户实现脱低，人均可支配收入超过11160元。

工业 建筑业

年内，制定实施科技创新推动延庆绿色跨越发展三年行动计划。启迪延庆创新创业基地和中关村智造大街延庆服务平台正式运行，首家市级创新创业基地揭牌，首届全球双创大赛成功举办，理工全盛等50家创新型企业成功入驻。启动大数据、无人机试点，引进5家无人机企业，创新创业生态初步形成。能源互联网综合示范区项目获得批复并实施，新引进19家新能源节能环保企业，能源互联网产业不断壮大。“长城脚下创新家园”一期部分供地，二期取得开发授权，出台实施工业闲置低效空间盘活利用政策措施，发展空间持续优化。延庆园重点指标实现历史性突破，总收入等11项指标增幅位居全市前列，园区共引进企业585家，国高科、村高科企业累计达87家、151家，实现税收总额52.27亿元，形成区级财政收入10.01亿元，同比增长11%。

全年规模以上工业企业完成总产值87.26亿元，同比增长10.6%。其中，非金属矿物制品业完成产值50.31亿元，同比增长19.6%；纺织服装服饰业完成产值9.64亿元，同比下降10.2%；有色金属冶炼和压延加工业完成产值4.35亿元，同比下降15.8%；农副食品加工业产值5.16亿元，同比增长0.9%；电力、热力生产和供应业实现产值3.30亿元，同比下降14.5%。

全区重点工程共有122项，实现开复工85项，其中政府投资项目51项、社会投资项目34项，完工20项。完成、推进线性工程拆迁补偿工作11项。房屋施工面积399.6万平方米，同比下降30.6%。全区建筑业资质企业完成建筑业总产值44.64亿元，同比下降24.6%。施工总包企业完成产值34.28亿元，同比下降31.7%。其中，一级资质企业完成产值25.60亿元，同比下降35.9%；二级资质企业完成产值4.67亿元，同比下降42.7%；三级资质企业完成产值4.01亿元，同比增长85.8%。专业承包企业完成产值10.38亿元，同比增长15.3%。其中，一级资质企业完成产值7.02亿元，同比增长34.4%；二级资质企业完成产值0.88亿元，同比下降5.2%；三级资质企业完成产值2.48亿元，同比下降13.0%。

商　贸

全年全区社会消费品零售额98.34亿元，同比增长5.7%。其中，限额以上单位实现零售额30.13亿元，同比下降0.3%；限额以下单位实现零售额68.21亿元，同比增长8.5%。商品交易市场实现成交额10.77亿元，同比下降28.4%。

全区商贸系统实现自营商品销售收入8197.13万元，同比增长26.76%；租金收入1475.1万元，同比增长8.01%；资产负债率25.49%，同比增长6.97%；上缴税金342.19万元，同比下降0.45%；国有资产保值增值率99.36%。全年粮食贸易经营总量30.14万吨,营业收入5.2亿元，实现利润156万元。

全区实现招商引资固定资产项目89个，到

位资金51.3亿元。新建项目15个，到位资金5.2亿元。续建项目74个，到位资金46亿元。

全年外贸进出口总额完成1.36亿美元，同比增长19.2%。其中，出口总额9258.6万美元，同比增长1.8%；实际利用外资额1422万美元，同比增长1.8倍。

财政　金融

全区实现财政收入72.70亿元，同比增长10.3%。其中，一般公共预算收入完成19.17亿元，同比增长18.6%。财政支出203.30亿元，同比增长26.2%。全区完成各项税收67.14亿元，同比增长31.2%。其中，国税完成37.32亿元，同比增长28.9%；地税完成29.82亿元，同比增长34.3%。

全区一般公共预算总收入172.65亿元。其中，一般公共预算收入19.17亿元，同比增长18.6%。按收入性质分：税收收入12.99亿元，同比增长15.3%；非税收入6.17亿元，同比增长26.1%；上级补助收入93.62亿元；上年专项结转收入14.09亿元；地方政府一般债券转贷收入21.60亿元；调入预算稳定调节基金6.91亿元；调入资金17.26亿元。

全区一般公共预算总支出163.72亿元。其中，一般公共预算支出140.12亿元，同比增长15.2%；上解支出2.80亿元；地方政府一般债券还本支出1.60亿元；调出资金补充预算稳定调节基金19.20亿元。区政府债务余额54亿元。

截至年底，金融机构各项存款余额512.00亿元，同比增长17.0%。银行贷款余额165.33亿元，同比增长31.4%。

城乡建设　环境保护

年内，完成妫川广场景观风貌改造及城区夜景照明三期等工程，实施城区街巷胡同、居民小区及世园会周边环境整治与建设工程，完成妫水大街等5项综合整治工程，启动5条路侧停车电子收费改革试点，新增电动出租车100辆、公租自行车1000辆。实施6个棚改项目，完成南菜园1-5巷主体工程，开工建设南辛堡-民主村-百眼泉安置房工程，小营－石河营棚改启动拆除，康庄一、二、三街棚改进入签约阶段，东关项目回迁工作顺利完成。拆除顺世华等违法建设36.2万平方米，“留白增绿”16.9万平方米。整治“开墙打洞”19处，疏解市场2家、提升1家，新建规范88个便民网点，增加停车位183个。完成76条背街小巷整治，“干净指数”连续5年全市第一。完成农村危房改造100户，建成井庄等一批镇区公园、街角绿地，改造提升玉皇阁等9条街道、5个公园景观，建成夏都公园“园艺驿站”，创建达标8个首都绿色村庄。成功获评第二批“两山”实践创新基地。

以冬奥世园标准提升生态环境品质，推动绿景向美景转化。完成生态文明建设规划（2013—2020年）中期评估。推动国家森林城市创建总体规划落实，成功实施1966.67公顷（2.95万亩）新一轮百万亩造林、19400公顷（29.1万亩）林木抚育管护、200公顷（0.3万亩）彩色树种造林和733.33公顷（1.1万亩）京津风沙源治理工程。落实清洁空气行动各项措施，强化环境执法监督，推进污染减排。调整退出一般制造业企业17家，治理“散乱污”企业22家。建立拆违、清空、河长制三账销账及调度机制。完成城东城南等5个单位745蒸吨燃煤锅炉清洁能源改造，农村煤改电、煤改气38个村10200户，压减标煤14万吨，新城及赛区园区周边基本实现无煤化。检查重型柴油车26.6万辆、非道路施工机械853台，处罚3.8万辆、74台，淘汰老旧柴油货车720辆。加强精细化管理，禁限放烟花爆竹，苫盖裸地，城市道路清扫保洁新工艺作业覆盖率达90%。注重日常监管，开展扬尘治理大会战行动，查处涉气违法行为960起、立案371起、罚款982万元。全年大气细颗粒物（$PM_{2.5}$）浓度为48微克/立方米，比上年下降2.0%；可吸入颗粒物(PM_{10})80微克/立方米，增长12.7%；二氧化氮33微克/立方米，下降8.3%；二氧化硫6微克/立方米，下降25.0%。

旅　游

全区有各类旅游企业150余家。景区景点30余处，其中A级旅游景区20家（5A景区1家——八达岭长城；4A景区6家——龙庆峡、千家店百里山水画廊、松山森林旅游区、八达岭水关长城、野鸭湖国家湿地公园、世界葡萄博览园）。宾馆饭店80家（其中星级饭店13家），有旅行社39家，特色旅游购物场所2家，星级民俗村52个，星级民俗户1210户，特色业态76家。

年内，通过国家全域旅游示范区创建市级评估。以冰雪体育带动旅游产业转型升级，“一轴两翼”冰雪产业格局落图，铭星冰雪等41家企业成功引入，举办14项冰雪赛事活动，建成运营3块共4万平方米以上的户外便民冰场，上冰上雪3万人次。推出12个精品旅游线路，实施8个特色小镇、12个特色民俗村、12个HBD产业园配套设施提升工程，完成10个旅游咨询站、13座旅游厕所改造，旅游要素品质进一步提升。“山楂小院”“长城胤巷”等24处精品民宿开业，推出124家“世园人家”，入选首批全国民宿产业发展示范区。编制完善生活性服务业设施规划，超额完成“阳光餐饮”工程任务，提升改造康庄等特色商业街，新建首农食品中心便民综合体。八达岭景区门票网络实名制预约销售系统启动试运行，八达岭－十三陵风景名胜区延庆部分详规获得批复。

全年A级及主要旅游景区接待游人1607.5万人次，同比增长2.2%；实现旅游收入10.92亿元，同比增长2.0%。观光民俗旅游接待游人545.5万人次，同比下降13.9%；实现旅游收入3.94亿元，同比下降1.1%。截至年底，全区旅游综合收入完成76.3亿元，同比增长16%。

科教文卫体

全区有科普场馆19个，其中科技馆3个、科学技术博物馆6个。有市级科普教育基地10个，国家级科普教育基地4个；城市社区科普（技）活动专用室22个，农村科普（技）活动场地329个；科普宣传专用车5辆；科普专职人员194人，兼职人员1193人。年内，由北京国色牡丹科技有限公司、北京林业大学承担的“北京牡丹新品种培育与产业化关键技术研究”，北京农业生物技术研究中心、北京四海种植专业合作社、北京林业大学园林学院共同承担的“延庆地区药食同源菊花、玫瑰的品种培育和产业化关键技术的研发与应用”，北京绿富隆农业有限责任公司承担的“北京世园会观赏蔬菜园艺展示及关键技术研究”，北京昌延新谷苗木种植有限公司、中国农业大学共同承担的“北京世界园艺博览会月季新品种推广应用与创新”4个项目方案通过专家论证并立项。北京市三北腾飞工贸有限责任公司、北京北菜园农业科技发展有限公司、国创智能设备制造股份有限公司等61家延庆区企业获得国家级高新技术企业认定，其中首次认定为国家高新技术企业的有50家，原国家高新技术企业有效期到期重新认定的有10家。截至年底，全区共有国家高新技术企业113家，比上年增加54家。

全区共有小学28所，招生2321人，在校生12496人，毕业生1958人。普通中学21所，招生2755人，在校生8458人，毕业生2601人。职业中学1所，招生232人，在校生983人，毕业生478人。幼儿园51所，在园幼儿7350人。区级成人学校3所，开设专业46个；乡镇、街道成人学校15所，特殊教育学校1所，校外教育机构2个。全区在岗教职工5009人，其中专任教师3646人。年内中小学计算机更新、中小学学业数据分析系统等41个项目采购结算资金3773.47万元。九年义务教育阶段各项减免政策落实资金1276.46万元，惠及学生51292人次。年内小学和初中入学率、巩固率、毕业及格率均100%。高中入学率98.77%，毕业合格率84.01%。全区1213人参加高考，本科上线率90.9%，其中一本上线率32.1%。高考录取率98.6%，其中本科录取率81.3%。中考成绩达到郊区平均水平。

全区区级以上重点文物保护单位128处，文化娱乐场所28处，文化馆1个，图书馆1个，图书总藏数64.1万册。年内，推进公共文化服务体系示范区建设，编制长城文化带保护发展规划和行动计划，以八达岭长城为核心，开展长城保护抢修，强化风貌管控和文化传承，文化遗产得到有效保护。乡镇文体中心、基层图书室不断健全，品牌活动不断创新发展，文化惠民工程全面覆盖。创编演出大型原创话剧《春风正度》，成功举办延庆区第二届冰雪文化庙会、2018年群众文艺大汇演暨夏日文化广场活动、第九届群众舞蹈大赛、戏曲艺术节等多项大型群众文化活动。全年各类文化演出2000余场，文化惠民累计达到10万小时。完成星火演出1128场、周末场演出54场、百姓周末大舞台6场。完成高端精品演出59场，受众近2万人次。完成公益电影放映1.5万场，观看群众20余万人次。举办大型展览5次，进行移动博物馆巡展活动9期。开展社会大课堂、红领巾读书等宣传教育活动216项，完成妫川大讲堂讲座14场。开展文化骨干培训45次，受众1万余人次。

全区共有医疗卫生机构318个，卫生技术人员2583人（其中执业医师和执业助理医师1113人、注册护士995人）。全区卫生机构实有床位1102张，平均每千常住人口拥有床位3.39张、执业（助理）医师2.64人、注册护士1.71人。年内，创建北京市健康促进示范村104个、健康示范社区11个，培养家庭保健员800人。开展健康大课堂378场，受益2.24万人次。全区人口出生率12.79‰，死亡率7.80‰，人口自然增长率4.99‰。人均期望寿命79.84岁，其中男性77.37岁、女性82.65岁。

全区共有体育场馆7个，运动学校1所，体育生活化社区43个，体育特色村33个，体育单项协会21个。年内，新建专项体育场地112块，体育场地总面积81.38万平方米，人均体育场地面积2.71平方米。14所学校被命名为体育传统项目学校，其中市级体育传统项目学校5所。全年举办区级比赛44次，共有2.1万人次参加比赛。承办市级比赛7次，承办国家级比赛5次，承办国际级比赛4次，21个体育协会举办体育活动20余次，健身活动参加人数12.15万人次。全年参加市级比赛47次，获得奖牌8枚，其中金牌1枚、银牌3枚。选派530人参加北京市第十五届市运会所有项目的比赛，成立200人代表团参加北京市第一届冬季运动会参加竞技组除冰壶以外3个大项和群众组全部5个大项的比赛，取得良好竞赛成绩并获得体育道德风尚奖。

社会保障　人民生活

年内，全年落实促进就业资金6.8亿元（其中市失业保险基金3.39亿元，区财政3.41亿元），促进1.65万人次稳定就业。实现城镇新增就业8484人，城镇登记失业人员就业4182人，城镇就业困难人员就业2156人，农村劳动力转移就业4909人；生态就业岗位安置农村就业困难人员7391人；社区公益性就业岗位安置城乡就业困难人员3061人。城镇登记失业人员就业率达到60.09%。年末全区城镇实有登记失业人数2665人，同比减少152人。

城乡居民基本医疗保险制度正式实施，全部实现持卡就医实时结算。城乡居民基本医疗保险基金累计收入4172.31万元，累计支付15168.19万元。截至年底，全区参加养老保险人数113009人，同比增长4.49%；参加医疗保险人数122559人，同比增长1.68%；参加工伤保险人数89449人，同比增长4.14%；参加失业保险人数79701人，同比增长4.02%；参加生育保险人数78931人，同比增长4.64%。

成立延庆区养老服务行业协会和延庆区老年人消费维权教育指导中心。全区新建10个社区老年配餐服务站，全区老年配餐服务站达到18个，实现城区1.3万名老年人配餐全覆盖。推广慈善“1+1”关爱空巢助老项目，实现15个乡镇全覆盖。推进建设60家村级“老年幸福餐桌”，覆盖近万名农村老年人就餐。完成20824名60至64周岁老年人的数据信息采集及养老助残卡发放工作。为9823名老人的老年人养老助残卡，充值1047.2万元；为967名90—99周岁老年人发放高龄津贴90.52万元，为14名百岁老人发放月份高龄津贴2.18万元；为12名95周岁及以上老年人报销医疗补助11万余元。

全年为全区城乡低保对象2451户3650人支出低保金4393.22万元；为城乡特困人员783户787人支出资金2317.55万元；为上述两类人员发放电价补贴30.58万元。为8357人次社会救助对象发放医疗救助资金1102.55万元。为191户因病致贫家庭发放医疗救助资金182.90万元。为30名低保、低收入大学新生发放高等教育新生入学救助资金13.32万元，为49名低收入农户大学生发放救助资金21.84万元。

全年全区居民人均可支配收入33887元，同比增长7.4%，人均生活消费性支出23023元，同比增长7.3%。其中，城镇居民人均可支配收入44916元，同比增长8.0%；人均生活消费性支出29238元，同比增长7.9%。全区居民恩格尔系数为23.7%，同比提高0.7个百分点。其中，城镇居民恩格尔系数为22.9%，同比提高1.3个百分点。居民居住条件进一步改善，城镇居民人均住房建筑面积39.01平方米。

精神文明　民主法制

年内，全面启动“人人当好东道主 同心同向迎盛会”系列活动，召开“向五大不文明行为”宣战、创卫冲刺令等发布会。启动创城“四个100”（100堂课、100场知识竞赛、100场宣讲、100场文艺演出）社会宣传活动。开展2018北京重阳节延庆区系列文化活动，打造“到延庆、度重阳，登慈山、走孝道，迎世园、盼冬奥”活动品牌。“2018延庆榜样”选树，推举30名候选人，其中4人荣登“北京榜样”月榜人物。组织榜样录制公益歌曲、拍摄公益广告；成立5支创城宣讲团，深入全区各单位开展“讲榜样故事、做创城模范”宣讲活动近百场；印发《美丽延庆人Ⅵ》，扩大榜样事迹宣传力度。启动“我为世园作贡献、我为冬奥添光彩”主题实践活动，开展三大方面10项冬奥世园文化活动。推出“延庆乡亲”议事会。启动“最美街巷我来拍、我来讲、大家评”系列活动。联合三街一镇执法队对四条试点街“门前三包”进行宣传。

制定《全面推进“谁执法谁普法”工作实施方案》和《关于贯彻落实党政主要负责人履行推进法治建设第一责任人职责规定的实施细则》。落实《关于公共法律服务实体平台建设的实施方案》，建成区级公共法律服务中心以及18个街道（乡镇）级公共法律服务站及406个社区（村）级公共法律服务室，实现三级公共法律服务实体平台全覆盖。与河北省张家口市崇礼区、怀来县、涿鹿县、赤城县四地共同签署京张五地司法行政工作服务世园冬奥协作协议。实施“互联网＋法治宣传”行动，深入开展“法律十进”“以案释法”等专项普法宣传教育活动2783场次，法治讲座191场次,以案释法530场次，受教育人数41万余人次。

全区建成法律援助联系点407个，开展妇女、残疾人、青少年、军人军属、老年人维权周等法律援助宣传活动210场次。法律援助中心接待来电来访法律咨询6108人次，承办法律援助案件418件，涉案金额620余万元。全区各人民调解组织调解纠纷1715件，成功1286件，调解协议涉及金额2436.6万元。全区各行政调解主体共调解案件2342件，成功化解矛盾纠纷1780件，调解成功率为76%。

区人大召开常委会会议7次，完成33项议题，依法任免国家机关工作人员28人次。区人大常委会先后对民事案件审判、赛会周边环境整治、水污染防治、美丽乡村建设等工作进行监督，并提出相应意见和建议。区人大各专门委员会对垃圾分类、食品安全、低收入户增收、民族村发展等工作进行监督，推动相关问题解决。接待群众来信来访88件次，其中群众来信6件次，来信来访同上年持平。

区政府坚决执行区人大及其常委会的决议和决定，自觉接受各界监督，市、区人大代表、政协委员建议提案办复率100%。坚持会前学习，严格执行重大行政决策法定程序，健全完善政府法律顾问体系，专项梳理制定生态保护地区管理职权事项和联合执法机制,政府依法办事能力进一步增强。

世园会、冬奥会筹办

年内，正式启动世园会回迁安置工作，谷家营、李四官庄两村712户、2300余套回迁安置房选房工作完成。开展2019北京世园会纪念品设计大赛评审工作，对征集的产品类54个和设计类40个作品进行评审；评出二等奖2名、三等奖3名，最具创意奖、最具实用奖和最具人气奖各1名。2019北京世园会倒计时一周年活动在延庆区八达岭国际会展中心举办。北京世园会主题彩绘飞机“花开盛世号”北京往返昆明航班首飞成功。2019北京世园会第一次国际参展方会议在北京召开，标志2019北京世园会国际参展已由招展阶段转入建设布展阶段。第二批《2019科技世园专项》专家评审会召开。北京世园会第二批形象大使发布暨世园行动启动活动在首钢体育大厦举行。继中央电视台主持人董卿成为第一批形象大使之后，北京大学保护生物学教授吕植、影视表演艺术家刘劲成为北京世园会第二批形象大使。

国家高山滑雪中心被确定为示范场馆，北京冬奥会雪车雪橇赛道通过模块测试。颁布《区冬奥办运行工作机制》，在全区范围内印发《北京2022年冬奥会和冬残奥会延庆赛区行动计划》，提出88项任务和123个重点项目；印发《领导涉冬奥讲话材料汇编》《国际雪联世界杯赛事管理指南（组织手册）》。深入社区、乡镇和学校，普及冬奥知识。共筹备组织领导小组会议23次、决策审议58个事项，办公室主任会议60次、研究安排102个事项；刊发冬奥简报44期、专刊5期，以及市政府“昨日市情”特刊1期。完成《冬奥会延庆赛区生态环境管理手册》《冬奥会冬残奥会水环境保护工作指南》《山地绿色施工办法》及《2022年冬奥会延庆赛区林业有害生物防控体系建设计划书》。成立区融媒体中心，组建北京冬奥会宣传全媒体团队，在中央、市级媒体刊发新闻报道共2095条。广泛开展冰雪培训、冰雪文化、冰雪旅游等各类活动，全年3000余名、10000人次职工和3000余名中小学生参加雪上冰上培训，评定15所区级冰雪特色学校；成功举办奥林匹克会旗首站之旅活动等多项重要活动；围绕冰雪文化推出10条精品冰雪旅游线路。全面构建“一轴两翼”冰雪产业布局，加快推进市冰上项目训练基地、万科石京龙升级改造和娅豪滑雪等项目。2018年累计引进并成功举办冰雪赛事14场，其中区级4场、市级4场、全国级4场、国际级2场；截至2018年年底，共接待冰雪旅游和冰雪运动游客830万人次，实现收入5.64亿元。

（栏目编辑：王新华）

大事记

大事记

1月

1日　全国新年登高健身大会北京主会场活动在延庆八达岭长城举行，2022名市民参与。

3日　延庆区举行“不忘初心扬帆新征程，牢记使命筑梦新时代”学习宣传贯彻党的十九大精神百姓宣讲会。

5日　区政府与中国电力国际有限公司签署战略合作框架协议。根据协议，中电国际将积极参与延庆区综合智慧能源领域发展建设，实现互利共赢。

15日　“2018冬奥文化发展论坛”在区举办。北京冬奥组委、中国社会科学院、中央美术学院、首都体育大学、北京林业大学等单位的专家学者参加论坛，围绕“冬奥与延庆区域发展”等主题提出建议和对策。

18日　延庆区残疾人联合会第二次代表大会召开。会议以无记名投票方式选举产生区残联第二届主席团成员。

19日　内蒙古自治区乌兰察布市委领导带队到区，对接对口帮扶工作。

2月

4日　“梦想催人奋进，使命激励前行”走向2022迎冬奥第三届延庆海陀冰雪徒步大会在延庆世界葡萄博览园举办。2022名徒步运动爱好者用徒步7公里的形式为4年后的冬奥会预热造势。

9日　区纪委二届三次全会召开。会议听取并通过《严格落实新时代全面从严治党新要求，为延庆赛会筹办和绿色发展提供坚强保证》工作报告。

27日　“五环旗到北京，双奥之城再焕文化之光”奥林匹克会旗之旅延庆站活动在八达岭长城望京广场举行。

27日　延庆区首届冬奥文化主题展览在八达岭国际会展中心开幕。为期一个月的展览以“冬奥·北京与冰雪文化”为主题，分为“习近平总书记关心冬奥、嬉冰御雪荟萃东西、璀璨华夏圆梦冬奥——中国与冬奥会、冰雪邀约再聚北京、魅力延庆异彩纷呈”5个部分。

28日　市政协主席吉林带队到区，围绕冬奥会筹办工作和冰雪产业发展进行调研。

28日　吉林省吉林市委、市政府领导到区，就进一步深化延庆区与吉林市在冬奥会筹办、冰雪产业发展等方面的交流合作进行座谈。

3月

1日　延庆区“迎世园、盼冬奥”深入推进疏解整治促提升促进生态文明与城乡环境建设动员大会召开。会议强调，要提高政治站位，强化政治担当，擦亮生态文明金名片，服务保障赛会筹办。

2日　以“世园增色妫川美 长城相邀话冬奥”为主题的延庆区2018年元宵节花会展演活动在城区1.8千米环形路段举行。全区40档优秀花会参加展演，近3万市民观赏。

10日　市委常委、宣传部部长杜飞进到区调研媒体融合及公共文化建设情况。

13日—14日　全国妇联党组书记、副主席、书记处第一书记宋秀岩到区，就乡村振兴巾帼行动相关工作进行调研。

15日　科技部副部长李萌到区，就“科技

冬奥”重点工作进行调研，了解冬奥会的相关科技需求。

15日 副市长王宁带队到区，围绕推进教育发展和京张铁路文化建设等工作进行调研。

15日 国际园艺生产者协会（AIPH）主席伯纳德·欧斯特罗姆到区考察2019北京世园会筹备工作。

16日 清华大学党委书记陈旭带队到区，围绕进一步与延庆加强合作进行调研。

17日 延庆旧县镇残疾青年陈建新在第十二届平昌冬残奥会轮椅冰壶比赛中，为中国体育代表团夺得金牌，实现中国在冬残奥会上金牌零的突破。

23日 延庆区召开服务保障冬奥会世园会筹办部署大会。会议传达北京市全面推进2022年冬奥会和冬残奥会筹办工作动员部署大会和全力打好蓝天保卫战调研座谈会精神，安排部署创建全国文明城区和国家森林城市工作。

24日 市委书记蔡奇，市委副书记、市长陈吉宁带队到区，围绕冬奥会世园会筹办工作进行调研，实地察看高山滑雪、雪车雪橇场馆、外围配套综合管廊建设进展和2019年世园会建设场地。并对相关工作提出要求。

26日 延庆区召开“人人当好东道主 同心同向迎盛会”冬奥世园筹备工作发布会。奥运冠军陈建新宣读《致全区父老乡亲的一封信》，区领导现场回答居民代表和媒体记者提出相关问题。

30日 2019北京世园会省区市参展第二次工作会暨参展企业签约活动在区举办。31个省、自治区、直辖市主管部门负责人、17家参展企业代表参加会议。

4月

10日 延庆区政府与首都师范大学举行合作共建签约仪式，首都师范大学延庆实验小学、首都师范大学延庆实验幼儿园、首都师范大学学前教育研修基地三所由首都师范大学和延庆区政府共建实验学校一同揭牌。

12日 市委常委、市纪委书记、市监察委主任张硕辅到区，围绕做好冬奥会冬残奥会筹办和扫黑除恶专项斗争进行调研。

16日 比利时布鲁塞尔国际葡萄酒大奖赛组委会主席卜度安·哈弗一行到区，对大奖赛延庆分会场活动筹备情况进行考察，并与区领导座谈。

17日 山西省大同市委书记带队到区，围绕德青源“金鸡产业扶贫”计划进行考察。

18日 河北省张家口市宣化区四套班子领导带队到区，就进一步深化对口帮扶工作与区领导座谈。

20日 区政府举办创建国家卫生区全民总动员新闻发布会，向全区市民发出创建国家卫生区全民总动员“冲刺令”。

25日 区政府与市保障性住房建设投资中心签署战略合作框架协议，双方就保障性住房建设进行合作，以提高延庆区保障房建设运营的专业化、市场化和规范化水平。

28日 北京世园局、市文化局、延庆区政府共同主办的“2019北京世园会倒计时一周年”活动，在区八达岭国际会展中心举行。

5月

12日 以“长城脚下，葡乡风情——延怀河谷葡萄游”为主题的2018（北京·海淀）比利时布鲁塞尔国际葡萄酒大奖赛分会场系列活动在区举行。区政府和CMB大奖赛组委会签订《战略合作框架协议》。

17日 延庆区启动“服务冬奥世园,促进绿色发展”10万人次大培训行动计划。旨在为延庆服务保障冬奥会世园会、实现绿色发展提供优质人才保障。

22日 延庆区科学技术协会第一次代表大会召开。大会审议通过关于《北京市延庆区科学技术协会管理办法》的决议草案，选举产生延庆区科协新一届领导机构。

24日　延庆区完成国家义务教育质量监测工作。13所小学、8所中学的583名学生接受测试，190名教师参加问卷调查。

28日　全国首家舆评中心——人民网延庆冬奥世园舆评中心成立。

30日　中关村现代园艺产业创新中心揭牌暨政策发布会在北京林业大学举行，中关村现代园艺产业创新中心正式揭牌成立。

31日　延庆区举办“我为世园做贡献，我为冬奥添光彩”2018年“十佳美德少年”颁奖典礼，对获得“美德少年”称号及提名奖的少年儿童进行表彰。

6月

6日　市检察院党组书记、检察长敬大力带领市扫黑除恶专项斗争第七督查组到区对延庆扫黑除恶工作进行督查。

7日　延庆区党政代表团到海淀区，围绕低收入农户帮扶工作进行对接。

8日　中国气象局局长刘雅鸣带队到区，围绕冬奥会世园会气象服务保障工作进行调研。

8日　“世界从这里认识长城·我们在这里发出邀请”——黄廷方慈善基金捐赠长城保护资金、万里长城保护志愿服务联盟启动仪式在八达岭长城举行。

9日　第八届北京国际自行车骑游大会在区举行，世界各地5000名自行车骑游爱好者“骑”聚延庆，助力冬奥世园盛会。

16日　延庆区融媒体中心正式揭牌成立。

16日—18日　第十届北京端午文化节暨北京市第五届“非遗大观园”端午游园会在延庆举办。自由式滑雪空中技巧世界冠军、2022北京申冬奥形象大使李妮娜，2018平昌冬残奥会冠军陈建新出席开幕式。

25日—26日　延庆党政企代表团到扶贫协作对口地区——内蒙古自治区乌兰察布市兴和县，围绕加强帮扶合作、推动两地携手奔小康进行对接考察。

30日　“美丽延庆 精彩世园——百花争延”首都高校校园推广活动在世界葡萄博览园启动。活动为期9个月，设置10大主题。

7月

2日　市委副书记、市长陈吉宁带队到区，围绕世园会筹办工作进行调研，并现场召开调度会，推进各项筹办工作。

5日　国家税务总局北京市延庆区税务局正式挂牌成立。原北京市延庆区国家税务局和原北京市延庆区地方税务局正式合并。

5日　延庆区创意创新创业大赛暨2018北京文化创意大赛延庆分赛场、“创业北京”创业创新大赛延庆分赛场活动在中关村延庆园正式开赛。其间征集参赛项目50余个，22个项目进入正式路演比赛。

13日　区政府领导带队到河北省张家口市怀来县，实地调研对接对口帮扶工作。

21日　市委书记蔡奇，市委副书记、市长陈吉宁到区，就冬奥会、世园会筹办工作进行“双调研”。

31日　区四套班子领导分别到部分部队，慰问官兵，对他们为国防建设和区域发展所作的贡献表示感谢。

31日　世园会省区市室外展园展区建设中期工作会议在区召开。会议主题是全面高质量、高效率推进国内省区市展园建设和室内布展工作。

31日　“走向2022 为冬奥加油”2018（第五届）延庆徒步大会在妫川广场开幕，2022名徒步爱好者参加活动。

8月

6日　2018“首都专家延庆、张家口行”活动在区举行，近30名冬奥会筹备、医疗卫生、生态农业等领域的专家，就冬奥会世园会筹办举办、生态涵养区建设等工作与区相关部门进行对接交流。

10日 “迎冬奥——千村万场体育电影乡村展映”启动仪式在康庄镇文体中心举行。计划在全市4000个基层乡村、街道放映体育电影10万余场次，旨在传播奥林匹克精神，让更多市民参与支持冬奥会筹办。

11日 中共延庆区第二届委员会第六次全体会议召开。全会指出，要以习近平新时代中国特色社会主义思想为指引，深入贯彻中共十九大精神，全面落实市委十二届五次全会的工作部署和市领导调研指示精神，精准聚焦服务保障冬奥会世园会筹办举办，进一步统一思想、明确任务，提振精神、铆足干劲，确保圆满完成全年各项目标任务，为交出赛会筹办和区域发展两张优异答卷打好坚实基础。

16日 延庆作为北京市水生态文明城市建设试点，接受水利部专家组的实地查勘和综合评估，并最终通过技术评估。

23日 延庆区城市品牌管理委员会成立并召开第一次会议，研究延庆区城市品牌战略和城市形象视觉识别系统设计工作。

26日 2018第四届北京百里山水画廊森林马拉松在千家店镇百里山水画廊风景区举行。国内外5000名选手参赛。

31日 区政府与中标冬奥会延庆赛区PPP合作招标的住总集团、万科集团和中建一局联合体签订框架协议，引入社会资本参与冬奥会延庆赛区场馆建设和运营。

9月

1日 区四套班子领导到部分中小学参加开学典礼，与全区中小学生共迎新学年。

7日 延庆区召开2018年夏秋季新兵入伍欢送大会，欢送即将奔赴军营、保家卫国的新兵。

15日 以“魅力金秋·共享丰收”为主题的2018欢乐丰收节暨第二届延怀河谷葡萄文化节在延庆世界葡萄博览园盛大开幕。活动内容涵盖第二届延怀河谷葡萄文化节延庆地区活动、第十届菊花文化节、2018京张优质农产品推介会、“全民享丰收”各乡镇系列活动及丰收采摘体验活动等。

20日 2018国际冬季运动（北京）博览会分会场活动在八达岭长城望京文化广场举行。活动以“冬奥延庆，未来无限”为主题，由延庆区政府主办。国内外体育、金融、冰雪等行业的200余位嘉宾到场，共商未来延庆冰雪产业发展。

21日 北京卫戍区副司令员张宏到区，围绕贯彻落实市委军民融合发展委员会第一次全体会议精神，对区人武部工作进行调研。

29日 市投促局驻京企业投资延庆行暨延庆区园艺产业招商推介活动正式启动，全市60余家园艺企业参加活动。

30日 延庆区在平北抗日烈士纪念园，以向烈士敬献花篮的形式举行烈士公祭活动。全区各界代表500余人参加。

10月

4日 以“中非丝路情，相聚在北京”为主题的第20届北京国际旅游节在区闭幕。

5日 副市长王红带队到区，对优化营商环境工作推进情况进行检查，并主持召开座谈会。

9日 区政府领导走进“12345”北京市非紧急救助服务中心，接听延庆区市民来电，及时解决市民反映问题，回应群众关切。

11日 “放歌新时代”2019北京世园会倒计时200天活动在夏都公园举行。文艺团体演唱《长城》《幸福永远》等歌曲，与会领导为获得世园歌曲传唱活动优胜单位颁奖。

12日 加拿大科堡市代表团到区访问，与区政府签署友好备忘录。双方确定在冰雪产业、冰雪运动教育等方面开展深入合作，推进延庆筹办举办冬奥会和加快冰雪产业发展。

12日—14日 第三届京张优质农产品推介会在八达岭国际会展中心举办。北京、天津、河北、内蒙古、山东等地的160余家企业参展，展出优质农产品品类约600余种。

24日 中宣部副部长、国务院新闻办公室主任徐麟到区，围绕新时代文明实践中心试点建设工作进行调研。

25日 市委第四巡视组巡视延庆工作动员会召开。根据市委统一部署，市委第四巡视组将对延庆开展为期3个月的巡视工作。

26日 延庆区新时代文明实践中心成立大会召开，会议对建设新时代文明实践中心试点工作进行部署，18个乡镇、街道新时代文明实践所正式挂牌。

11月

7日 兴延高速公路石峡隧道右线胜利贯通。兴延高速石峡隧道右线全长5.8千米，在延庆区内长度为4.3千米，是兴延高速公路建设的重难点和控制性工程。

8日 全区领导干部大会召开。会议宣布市委决定，穆鹏任中共北京市延庆区委书记，李志军不再担任中共北京市延庆区委书记、常委、委员职务，调市委农工委工作。

13日 首家全国基础教育德育馆——中国德育馆（延庆馆）在区第五中学正式开馆。

15日 第二届北方民宿大会在区举办，首批124户“世园人家”正式亮相。

22日 法国金鸡集团董事长Bruno Cercley一行到区，洽谈法国金鸡集团产品体验中心落地事宜，并与区政府、北控集团签署合作备忘录及协议。

27日 延庆区康复中心和延庆区心脏中心在北医三院延庆医院正式揭牌。

28日 全区领导干部警示教育大会召开，会议传达全市领导干部警示教育大会精神，推进全面从严治党向纵深发展。

28日 延庆区中医医院迁建一期工程举行奠基仪式，工程预计2021年7月底竣工。

29日 延庆区举行北京市第一届冬季运动会延庆区代表团成立暨誓师大会，200余名运动员和冰雪爱好者“出征”北京首届冬运会。

29日 市政协党组副书记、副主席杨艺文带队到区，围绕2019北京世园会园区，园区外道路、景观、停车场建设工程进行实地调研。

12月

2日 2018京津冀冰雪旅游体验活动暨延庆区第三十三届冰雪欢乐节正式启动，山地滑雪、冰灯等50项活动开启延庆“冰雪狂欢”模式。

2日 位于延庆区张山营镇的延崇高速公路北京段上跨京新高速公路转体桥成功转体81.5度，与上跨大秦铁路桥完美对接，标志延崇高速公路（北京段）工程平原段主体结构全部贯通。

10日—11日 “美丽世园·科技冬奥”2018延庆创新创业大赛决赛暨中关村延庆园第一届双创节在中关村延庆园企业之家举行。其间，延庆启迪之星体育科技创新园揭牌成立，38家企业代表与中关村延庆园、启迪之星签订协议，入驻延庆启迪之星体育科技创新园。

11日 区政府与市科委、北京林业大学、北京体育大学、首都体育学院签署《北京市科技成果转化统筹协调与服务平台建设合作协议》，合作内容包括共同推动生态建设、现代园艺等领域的科技成果转化落地，在生物多样性保护方面建立监测系统及信息化技术等方面的技术服务。

15日 市委书记蔡奇到区，就推动长城文化带保护发展和推进世园会筹办工作进行调研。市长陈吉宁，国家文物局局长刘玉珠陪同调研。

15日 生态环境部公布第二批（全国16个）“绿水青山就是金山银山”实践创新基地并授牌，延庆区名列其中。

16日 中共延庆区委二届七次全会召开。穆鹏代表区委常委会作题为《聚焦聚力，苦干实干，坚决交出服务保障赛会和高质量绿色发展两张优异答卷》的报告。区委委员和候补委员38人出席会议。

16日　“壮阔妫川时代印记”延庆区庆祝改革开放40周年图片展在八达岭国际会展中心开幕。各单位职工和城乡居民2万人次参观展览。

22日　延庆区新时代文明实践志愿服务总队成立大会在会展中心召开。会议部署新时代文明实践志愿服务工作，区四套班子领导为6支区级职能部门专业志愿服务队和18支乡镇（街道）志愿服务队授旗。

26日　延庆综合交通服务中心（换乘中心）项目举行开工奠基仪式，工程计划于2020年5月完工。

29日　中共延庆区委二届八次全会召开。全会审议通过《北京市延庆区机构改革方案（送审稿）》，表决通过《中国共产党北京市延庆区第二届委员会第八次全体会议决议》。

（栏目编辑：王新华）

特载

聚焦聚力 苦干实干
坚决交出服务保障赛会和高质量绿色发展
两张优异答卷

——在中共北京市延庆区委二届七次全会上的报告
（2018年12月16日）

中共延庆区委书记 穆 鹏

各位委员，同志们：

这次全会的主要任务是，以习近平新时代中国特色社会主义思想为指导，深入贯彻党的十九大精神，深入贯彻习近平总书记对北京重要讲话精神，全面落实北京城市总体规划和市委市政府对延庆工作要求，确保世园会圆满成功，确保冬奥会测试赛高效筹备，大力推动生态文明建设，努力交出服务保障赛会和高质量绿色发展两张优异答卷。

受区委常委会委托，我向全会报告工作，请予审议。

一、2018年工作回顾

今年以来，区委常委会坚持以习近平新时代中国特色社会主义思想为指导，深入贯彻党的十九大和习近平总书记对北京重要讲话精神，全面落实市委十二届四次、五次全会部署要求和蔡奇书记调研指示精神，坚定不移实施生态文明发展战略，聚焦冬奥会世园会筹办，抓好“三件大事”，打好“三大攻坚战”，统筹推进办大事促发展惠民生，各项工作取得了良好进展。截至11月底，$PM_{2.5}$累计平均浓度为48微克/立方米，同比下降4；4个考核断面水质全部达标，前三季度地表水环境质量指数与怀柔区并列第一。预计全年地区生产总值完成152亿元，同比增长约8%；建安投资完成160亿元，同比增长68.4%；一般公共预算收入实现19.2亿元，同比增长18.6%；全区居民人均可支配收入达到3.39万元，增速为7.5左右；低收入户人均可支配收入达到1.12万元，增速为12左右。

一年来，我们坚持聚焦发力，冬奥会世园会筹办阶段性任务按时完成。把服务保障赛会作为重中之重，深入贯彻“四个办奥”理念，落实可持续性要求，高水平规划设计，统筹协调推进各项工作，赛会筹办整体进展顺利。坚持党员先锋引领，核心区提前进场征拆、施工，A部分场馆建设按计划实施，B部分社会投资人招标完成[1]，冬奥村建设启动。西大庄科村改造方案已报市审批；水务、电力、气象、综合管廊等配套设施工程有序推进；冬奥医疗专区改造方案确定，创伤、消化、心脏、康复中心运行；遴选23家酒店作为配套酒店[2]，建成1

1 根据PPP项目实施方案要点，延庆赛区项目分A、B两部分实施，其中A部分建设内容包括高山滑雪中心（含训练道）、雪车雪橇中心及配套基础设施，由市政府全额投资，北控京奥公司作为建设主体代征代建；B部分建设内容包括延庆奥运村、山地新闻中心。

2 包括改造提升7家、新建16家（建成1家、开工9家、正办理手续6家）。

家、开工9家；除停保中心[3]外，其他各项工程均达到年度计划要求。高山滑雪世界杯国内申办程序基本完成，组委会基本成立，正在编制场馆运行和外围保障计划。兴延高速、延崇高速平原段年底竣工，制约延庆多年的交通瓶颈即将打破。全力保驾世园会围栏区和世园村建设，园区建设基本成型，回迁安置顺利完成。实现“双100”招展目标[4]。外围道路、景观、管廊、停车场等配套工程基本完工，水电气等管线如期入廊对接，保障了园区运行。妫水大街改造等5项交通综合整治工程基本完工。扎实推进住宿、餐饮、志愿者等专项服务保障任务，加强智慧旅游、交通、安保、环保等信息系统以及大数据试点建设，提升精细化管理水平；以社会矛盾纠纷“减存量、控增量”五年行动为抓手推动“平安延庆”建设；紧抓国庆大客流契机开展旅游接待和城市运行实战演练，广泛开展“大培训、大练兵、大比武”活动，努力提升实战服务能力。

一年来，我们坚持自我加压，生态环境持续改善。把守护好绿水青山作为头等大事，大力提升生态品质。完善生态文明建设机制。健全生态文明建设领导体制和工作机制，完成生态文明建设规划（2013－2020年）中期评估，分解落实市绿色发展指标体系和生态文明建设考核目标要求，细化扩展为6方面70项责任指标，探索生态文明示范区建设标准，保持定力、厚植本底的导向更加坚定。强化生态保护提升。加强“两线三区”全域空间管控，大力推进国家森林城市创建，新一轮百万亩造林新增、提升1966.67公顷（2.95万亩），留白增绿16.9万平方米，积极推进国家公园体制试点、海绵城市试点，绿色生态空间持续扩大。狠抓环境治理。聚焦冬奥世园，以拆违为龙头深入开展疏解整治促提升专项行动，超额完成各项任务，拆违36.2万平方米，“大棚房”清理整治通过市级验收，开展浅山区违法占地违法建设专项治理，清理212家畜禽散养户、9家规模养殖场。以推进环保督察、“绿盾行动”和地表水源地问题整改为牵引重拳清空净水，开展扬尘治理大会战，加强重型柴油车等移动源监管，农村煤改电、煤改气38个村10200户，压减标煤14万吨，完成城东、城南供热中心等745蒸吨燃煤锅炉清洁能源改造，赛区园区周边和新城基本无煤化；落实河长制，“清河”“清四乱”行动问题整改94.5%，水生态文明城市创建通过技术评估。以提升群众获得感为核心深化城乡环境整治，统筹开展创城创卫，完成76条背街小巷整治，万人志愿活动和志愿者监督环境问题常态化，创卫通过国家专家组技术评估验收。入选全国第二批“两山”理论实践创新基地。

一年来，我们坚持借势而为，绿色“高精尖”发展方向日益清晰。着眼赛会带来的历史机遇，结合落实冬奥课题成果，突出区域特色，推进绿色发展。确立中关村延庆园引擎定位，聚焦发展特色产业。重点培育和扶持冰雪体育、现代园艺、新能源、无人机等特色主导产业，制定科技创新推动绿色跨越发展三年行动计划，实施现代园艺产业创新发展措施和冰雪产业发展规划。举办首届创新创业大赛，设立首家众创空间。无人机试点启动建设，现代园艺产业创新中心落户，启迪之星体育科技创新园揭牌，引入34家园艺企业、9家园艺科研机构、41家冰雪体育企业、19家新能源节能环保企业、5家无人机企业，一批具有行业影响力的企业入驻。前三季度延庆园高新企业总收入和地均产出等11项指标增幅排名十六园前列。坚持融合互促方向，发展全域旅游。编制《全域旅游空间规划》，通过“旅游+”促进要素融

3 延庆综合交通服务中心（公交停保中心）位于延庆镇百眼泉村南，建设内容包括立体停车楼、维保车间、后勤服务楼等。

4 共110个官方参展者和120余个非官方参展者确认参展

合，突出发展生态旅游，全域旅游示范区创建通过市级评估。借势赛会带动效应，举办14项冰雪赛事活动，推出124家“世园人家”，入选首批全国民宿产业发展示范区，加快推进旅游品牌建设。实施特色小镇、民俗村旅游配套设施提升工程，助力休闲农业提质、乡村旅游升级。旅游综合收入预计完成76.3亿元，同比增长16%。

一年来，我们坚持规划先行，城乡功能品质加快提升。严格落实北京城市总规要求，紧紧围绕赛会需要谋划城乡格局、提升发展质量。着力完善城乡规划体系。突出生态涵养功能，突出补齐公共服务短板，突出生态、产城人融合发展，充分发挥责任规划师制度和协作规划机制作用，基本完成分区规划编制，同步编制专项规划，启动实施冬奥、世园小镇规划，完成120个美丽乡村和5个传统村落保护与发展规划，城乡一体发展蓝图逐步成型。

提质提速城乡建设。实施6个棚改项目和老旧小区综合整治，改造提升玉皇阁等8条街道、5个公园景观，完成妫川广场景观风貌改造等一批民生工程，新城人居环境不断改善。实施美丽乡村建设三年行动计划，制定建设标准，编制完成95个村庄建设方案，建立农村基础设施长效管护机制，美丽乡村建设扎实推进。不断提高城乡治理水平。党建引领落实“街乡吹哨、部门报到”，深化城市管理体制改革，建立城市管理指挥中心，做实街乡综合执法平台，推进“多网融合”，737名协管员下沉网格一线，城市管理重心进一步下移。

一年来，我们坚持人民立场，民生福祉有效增进。坚持落细落小，办成了一批民生实事，办大事惠民生执行力不断强化。聚焦脱低精准帮扶。出台15条强化措施重点帮扶标准线下1670户，推进“六个一批”帮扶政策精准到村到户，统筹5500余万元实施51个低收入产业项目，58个低收入村分别与海淀区、市属国企高校结对帮扶，预计脱低率达90%以上。编制助力受援地脱贫攻坚三年计划，扎实开展扶贫协作和对口支援。公共服务逐步提质。围绕赛时服务、赛后发展需求，着眼高质量就业目标，实施十万人次大培训计划，全年培训2.1万人次。加快教育扩容提质，本科上线率、一本上线率居郊区前列，实施城区小学营养配餐专项行动，加强师德师风建设，与市教委合作完成北京国际奥林匹克学院建设方案。深化医药卫生体制改革，加强与市级医院医联体建设，区中医医院迁建一期项目开工，村卫生室基本实现30分钟就医全覆盖。健全养老服务体系，推进建设60家幸福餐桌，惠及近万名农村老年人，18个社区配餐服务站基本覆盖城区老年人，“1+1”关爱空巢助老项目实现乡镇全覆盖。编制长城文化带保护发展规划和行动计划，以八达岭长城为核心，开展长城保护抢修，强化风貌管控和文化传承；挖掘培育乡镇特色文化品牌，百姓文化生活更加丰富。突出便民利民，实施生活性服务业品质提升三年行动计划，“一刻钟社区服务圈”建设扎实推进。

进一步强化住房保障，推出两批3126套共有产权房，东关项目回迁工作顺利完成。社会保持安全稳定。深入推进“平安延庆”“法治延庆”建设，深入开展扫黑除恶专项斗争，圆满完成中非合作论坛安保任务，安全生产形势持续稳中向好，群众安全感满意度位居全市前列。

一年来，我们坚持问题导向，改革创新逐步深化。盯住重点领域关键环节，着力推动改革落地见效。营商环境持续优化。深化“放管服”改革，推进政务服务“一网、一门、一次”改革，政务服务效率大幅提升。制定支持重点产业发展、创业创新、人才服务等政策，实施“杰青领航”青年企业家培养计划，确定“100+50”重点企业，全面落实“一企一策”、重点企业“服务包”制度和“服务管家”机制，建立区领导联系企业机制，深入开展服务企业大走访。各领域改革稳步推进。认真落实市委市政府部署任务，按时完成改革“自选动作”。研究制定职业教育转型发展实施方案，探索统筹各类职业教育资源的体制机制。全面推进国资国企改革，确定住建、园林等系统所属国企改制重组方案，补短板堵漏洞工作有效落实。举办“壮阔妫川时代印记”庆祝改革开放40周年图片展等系列主题活动，展现我区改革开放40年来发展历程和经验成绩，进一步坚定改革开放的决心信心。

一年来，我们坚持全面从严，党的建设不断加强。以首善标准管党治党，为赛会筹办和地区发展提供坚强保证。认真落实“看北京首先从政治上看”的要求。牢固树立“四个意识”，坚决做到“两个维护”“三个一”“四个决不允许”。深入开展冬奥世园先锋行动，一批优秀典型冲锋在前，引领广大党员干部“往前站、向我看、领着干”。思想宣传工作深入开展。深入学习宣传贯彻习近平新时代中国特色社会主义思想和党的十九大精神，组织专题轮训和分级分类培训。启动新时代文明实践中心试点，建立区、乡镇（街道）、村（社区）三级组织体系，组建理论政策宣讲等六个平台，建立“2+6+18+N”志愿服务队伍，打通宣传、教育、关心、服务群众的“最后一公里”通道。成立区融媒体中心，建成“广电+报业”模式“中央厨房”，谋划“新闻+”全媒体平台，融媒体产品阅读量超过千万次，媒体报道总量是去年同期的近4倍。成立冬奥世园舆评中心，开展城市品牌战略规划和海外宣传推广。基层组织建设扎实有序。严格落实“五好、十不能”“五不准”条件，有序推进村（社区）“两委”换届选举，严厉打击换届选举中的违法违纪行为。推进党支部规范化建设，制定严格党员发展6条措施，为基层配备一批党建助理员，扎实推进32个软弱涣散村党组织整顿转化。干部队伍不断优化。在基层一线和赛会筹办等重要任务中培养锻炼干部，落实西北部生态涵养区人才管理改革试验区实施意见，实施冬奥世园人才行动计划，项目化培训200余名专业技术人才，柔性引进33名博士后、5名专家。党风廉政建设和反腐败斗争更加深入。深化监察体制改革，实现对行使公权力的公职人员监督全覆盖。强化政治纪律建设，完成3轮巡察，召开全区警示教育大会，启动6项专项治理，整改一批突出问题。保持高压反腐态势，紧盯赛会工程、“环保督查”等14项重点任务及“四风”问题，严肃查处张艳超违规入党等一批违纪违法案件，截至11月底，共立案156件，给予党纪政务处分136人，同比分别上升12%、14%。自身建设持续加强。区委常委会牢固树立抓好党建是最大政绩的理念，坚决扛起全面从严治党主体责任，截至11月底，共研究党建议题159个，占全部议题的53.5%。开展5轮党建督导，层层传导管党治党压力。支持区人大、区政府、区政协履职尽责，完善“大统战”工作格局，加强党对宗教工作的领导，扎实推进老干部工作，深化群团组织改革，支持人大代表、政协委员以及社会各界监督赛会筹办、环境整治等重点工作。以上率下大兴调查研究之风，区委区政府主要领导带头践行一线工作法，建立大调研机制，四套班子主要领导开展调研340多次，带动形成深入基层破解难题、干在一线狠抓落实的良好氛围。

一年来的工作成绩有目共睹、来之不易。这是市委市政府正确领导和北京冬奥组委、世园局以及市有关部门大力支持的结果，是全区上下不舍昼夜、奋勇拼搏的结果。基层一线的同志不畏艰辛、迎难而上，彰显了勇于担当、敢打硬仗的顽强作风；属地乡镇、街道与部门协同配合、整体联动，落实坚决、行动有力，体现了围绕中心、服务大局的高度自觉；广大党员干部认真履职、勤勉尽责，展现出不计得失、昂扬向上的良好风貌；社会各界和全区人民同心同向、献计出力，共同凝聚起携手奋进、合力攻坚的强大力量。在此，我代表区委常委会向大家致以诚挚的敬意和衷心的感谢！

在看到成绩的同时，我们也要清醒认识工作中存在的不足。一是全面从严治党责任落实不到位，一些党组织负责人在履行主体责任上不带头、班子成员在落实“一岗双责”上不尽职；基层党建工作基础比较薄弱，存在村“两委”干部涉黑涉恶问题；违反中央八项规定精神等顶风违纪行为屡禁不绝，小官贪腐依然存在。二是赛会服务保障聚焦聚力不够，专项服务保障工作需加快补短板、提水平，城市精细化管理需全面加强。三是部分干部绿色发展思想不够坚定、工作盲目乐观，城乡环境质量距功能定位要求和赛会标准有差距，$PM_{2.5}$降幅全市最低，PM_{10}不降反升，制止新生违法建设不够坚决有效。四是借势赛会发展的路径不清晰、信心不足，冰雪、园艺产业项目引进力度不够，优化营商环境与企业需求相比还有不小差距。五是低收入村户发展增收任务艰巨，居民人均收入增速低于经济增速；按照“七有”“五性”要求，公共服务与人民群众期盼还有差距。等等。对于这些问题，我们必须高度重视，坚决整改，抓出实效。

二、2019年形势任务

2019年，首都工作将以新中国成立70周年庆祝活动为主线，以做好国庆活动服务保障为统领，统筹2019年北京世园会、第二届“一带一路”国际合作高峰论坛、亚洲文明对话大会等重大国事活动。明年是冬奥工程集中建设年，场馆化工作逐步深入。延庆作为世园会举办地和高山滑雪世界杯承办地，明年4月至10月，要确保世园会举办圆满成功，同时，10月要基本完成高山滑雪世界杯筹备工作。各项服务保障工作时间紧、任务重、责任大，是对我们服务保障赛会能力的集中大考，也是对我们“四个服务”水平的一次全面检验。我们要牢牢把握好新中国成立70周年庆祝活动这条主线，统筹做好各项重大活动服务保障工作，确保世园会圆满成功、高山滑雪世界杯高效筹备、冬奥会筹办工作有序推进。

2019年，是贯彻落实北京城市总规、加快地区绿色发展的重要一年。总规明确要求生态涵养区要将保障首都生态安全作为主要任务，坚持绿色发展。市委市政府专门出台关于推动生态涵养区生态保护和绿色发展的实施意见。蔡奇书记强调生态涵养区在北京城市空间布局中是压轴的，要牢固树立绿水青山就是金山银山理念，守住好山好水好生态、建设绿色发展聚宝盆；明确要求延庆要抓住举办2019年北京世园会和筹办2022年冬奥会的历史机遇，发展冰雪运动和园艺产业，建设国际文化体育旅游休闲区。我们要严格落实北京城市总规要求，深入践行世园会“绿色生活美丽家园”主题，坚决守住绿水青山，持续提升生态涵养功能，努力成为向世界展示中国生态文明建设成就的重要窗口。

2019年，是推动地区高质量发展、全面建成小康社会关键之年。当前经济运行稳中有变、变中有忧，外部环境复杂严峻，经济面临下行压力，我国发展仍处于并将长期处于重要战略机遇期，中央要求要变压力为加快推动经济高质量发展的动力，市委强调要坚定发展信心，把高质量发展要求贯穿推动城市发展、首都文化建设、实施乡村振兴战略、建设生态环境、打好“三大攻坚战”等各项工作始终，始终坚持民有所呼、我有所应，解决群众最忧最盼最急的问题。我们要把高质量发展要求贯穿各项工作始终，紧抓并用好赛会黄金窗口期，推动地区高质量发展，不断满足人民日益增长的美好生活需要。

新的形势变化，对我们既是压力也是动力，既是挑战也是机遇。我们必须进一步提高政治站位，把思想和行动统一到服务党和国家大局、落实市委市政府部署要求上来，努力在守住好山好水好生态、建设绿色发展聚宝盆方面走在前、作示范，推动“两山”理论实践创新基地建设取得重要进展，打造首都生态文明建设金名片，更好服务首都“四个中心”功能建设、提高“四个服务”水平，使延庆的发展更加符合首都发展要求和人民群众期盼。

2019年工作的指导思想是：以习近平新时代中国特色社会主义思想为指导，深入贯彻党的十九大精神，深入贯彻习近平总书记对北京重要讲话精神，严格落实北京城市总规要求，以新中国成立70周年庆祝活动为主线，以高质量发展为根本要求，把服务保障好冬奥会世园会作为重中之重，坚定不移实施生态文明发展战略，坚持稳中求进工作总基调，抓好“三件大事”，打好“三大攻坚战”，聚焦聚力、苦干实干，坚决交出服务保障赛会和高质量绿色发展两张优异答卷。

主要指标建议强化生态保护和绿色发展导向，$PM_{2.5}$平均浓度达到45微克/立方米以下，地表水考核断面水质优于考核标准，森林覆盖率达到59.5%，地区生产总值按不变价增长7.5%左右，一般公共预算收入增长6.5%，全区居民人均可支配收入增长7.5%左右，低收入户人均可支配收入增长10%以上。

三、举全区之力攻坚冲刺，以万无一失的标准做好赛会服务保障工作

（一）坚决扛起重大政治责任，创造赛会服务保障新佳绩

切实履行属地责任，超前谋划、超常实施，全面聚焦、全力攻坚，做到保障高效、整洁有序、文明热情、安全祥和。

以保障好园区为前提有力有序抓好运行组织。把保障园区运行放在优先位置，主动服务，配合做好施工收尾工作，保障水电气热等供应稳定，抓紧推进外围道路等配套工程，确保3月份工程全部完工。把建立智慧城市管理指挥平台作为支撑，加强顶层设计，科学设置战时指挥体系和工作机制，建立覆盖各专项领域的服务监督、价格监管和应急响应机制，制定极端情况下的应急保障方案措施，加强实战演练，确保战时指挥有力、城市运行有序。把建立园区内外对接协作机制作为基础保障，促进园区运行管理和外围服务保障一体统筹、一体推进，配合做好参展服务工作；组织好开园100天倒计时活动，适时启动试运行；协助保障好开闭幕式、中国馆日等重大活动，策划开展好特色文化活动。

以游客为中心精益求精做好服务保障工作。围绕“进得来、出得去、吃得上、住得下、玩得好”的目标，聚焦短板、突出重点，注重统筹、持续发力。推动建立市区联动机制，实现交通组织保障统一规划、指挥、调度；突出重点区域、节点和时段，细化运输保障和交通管控组织方案，统筹做好运力准备、停车管理和换乘接驳；坚持“绿色出行、公交优先”，力争会时90以上游客区内绿色出行。引进与提质相结合，加强与快餐品牌企业合作，培育地区特色餐饮，提升配餐能力，储备应急食品，培训服务人员，强化食品安全全链条监管。全盘统筹、挖潜提升全区床位资源，细化住宿接待方案，实现分级分类标准化，加强住宿引导、服务监管。提升重点区域旅游服务设施，开通旅游专线和精品路线，春节前运行智慧旅游服务系统，实现一部手机游延庆，提升旅游体验满意度。加强公共卫生风险监测和处置，开展志愿者、餐饮业服务人员等重点人群公共卫生和急救知识培训，加强医疗救援应急准备，确保医疗服务及时到位。善待善用媒体，讲好延庆故事，提升城市知名度和美誉度。实施4000名骨干志愿者大培训，切实组织好城市志愿服务工作。建立分层分级的社会动员机制，学习借鉴各地经验，全媒体宣传、多渠道发力，深入广泛发动群众，拓宽市民参与渠道，充分发挥群众作用，更好服务保障赛会。找准服务管理能力差距，深入开展“大培训、大练兵、大比武”。落实落细57个安保工作方案，围绕关键环节、重点领域开展专题培训和推演演练，深入开展风险排查，细化应对预案，会前攻坚化解一批重点矛盾，加强保密监管，坚决守住安全底线，打赢维稳安保攻坚战。

以测试赛筹备为抓手全面加速冬奥会筹办。充分做好高山滑雪世界杯筹备。履行好主办职责，配合组建场馆运行团队，编制场馆运行计划和外围保障计划，总结用好世园经验编制完善各专项服务保障方案，做好市场资源开发，确保7月份保障团队准备就绪，10月底具备造雪条件，为办好冬奥会首场测试赛做足准备。加快推进冬奥会筹办。把好质量、成本、安全、廉洁关，全力保障28项工程按计划实施，确保9月底国家高山滑雪中心部分竞速赛道及相关设施交付使用，水务、电力等配套工程

满足造雪需要。编制好国家高山滑雪中心示范场馆运行和外围保障计划，为做好场馆化工作奠定基础。抓紧弥补专项服务保障短板，用好冬奥旅游饭店运营保障奖励资金，加快配套酒店建设，确保6家建成；启动冬奥医疗服务定点医院建设，强化医务人员雪上医疗救援演练培训。统筹推进其他专项服务保障工作。认真践行可持续发展理念。全面落实54项生态环境保护措施和34项可持续性承诺任务，加强赛区智能管控，保障绿色施工，持续开展生态环境可持续发展管理。

（二）精心打造赛会美丽底色，实现生态品质新提升

坚持绿水青山就是金山银山，高质量推进全国“两山”理论实践创新基地建设，厚植生态优势，打造优美赛会环境，建设景城共融的首都美丽后花园。

把牢定位强化规划引领。坚持减量发展，完善实施分区规划，统筹编制规划实施方案、新城控规等各类规划。构建城乡建设用地减量规划引导机制，实施年度减量计划。建立建设项目统筹机制，制定申报审核办法，以制度约束抑制开发冲动。用好疏解腾退空间，加快工业闲置低效空间资源盘活利用，完善宅基地建房管理办法。严格落实拆占比拆建比，稳步推进棚户区改造以及冬奥、世园小镇和美丽乡村建设，塑造全域特色景观风貌。

持续加力提升生态品质。以超常规措施推动环境质量持续向好，配合推进国家公园体制试点，加快打造首都生态文明建设金名片。高水平创建国家森林城市。实施好新一轮百万亩造林2.8万亩等绿化工程，努力构建“一核、一环、三带、五廊、九园、多点”城市森林格局。重点突破打好污染防治攻坚战。落实$PM_{2.5}$冬奥承诺达标三年行动计划，深入推进大气污染防治秋冬季攻坚行动，强化施工扬尘治理，加快实施煤改清洁能源，深化大气污染联防联控，力争$PM_{2.5}$浓度降到45微克/立方米以下。压实河长责任，深化综合执法，强化考核问责，重点建设民俗村、城乡结合部的污水处理设施，确保全域水质稳定达到Ⅲ类以上。加强土壤环境质量监测，推进垃圾分类示范片区创建，加强建筑垃圾规范化管理和资源化利用。大力弘扬生态文化。对标绿色发展和生态文明建设考核分解任务，建立责任体系和推进落实机制。发挥“环保奶奶”等典型人物的示范引领作用，深入开展生态文明创建活动，促进共建共享，推动生态文明理念根植于心、见之于行。

深化“疏整促”打造优美环境。深刻汲取秦岭违建别墅问题教训，自我加压、把握节奏，推动“疏整促”专项行动向历史遗留问题深度拓展，拆除违建40万平方米，坚决治理大棚房和浅山区违法占地违法建设，确保市级任务、创新任务全部达标。以开园迎客为标准，集中力量加速攻坚，春节前平稳有序完成园区周边棚改任务。提前备好花材，加快绿化拼缝、景观布置和回迁安置社区环境建设，确保开园前全面完成景观提升。深入推进“迎世园”秋冬季环境整治13项专项行动，持续加强“门前三包”、占道经营等专项执法，确保3月底完成重点区域集中整治任务。

加强重点区域、关键点位及主要道路沿线日常管理维护，加大执法频次，营造整洁有序的城乡环境。完善网格化体系，加强街巷长、小巷管家及各类网格员、协管员的工作联动，深入推进以背街小巷为重点的精细化管理，健全常态化巡逻看护机制和问题发现处置机制，用环境治理“网格化”保障优美环境“长效化”。

（三）充分发挥赛会带动效应，赢取发展惠民新成效

紧抓赛会黄金窗口期，坚持创新发展，加强绿色发展路径措施研究，与海淀区深化对接合作，提升办大事促发展惠民生实效。

优化营商环境厚植发展土壤。落实“9+N”“10+3”系列政策，以及促进高质量发展三年行动计划实施方案。深化“放管服”改革，优化投资项目审批流程，推进“减证便民”。加快建设社会信用体系，推进政务服

务体系和三级实体大厅建设，提升政务服务效能。全力支持民营企业发展，念好服务这本经，帮助企业解决实际困难。不折不扣落实中央减税降费政策，真正减轻企业负担。

加快构建绿色“高精尖”经济结构。坚持文化、科技创新双轮驱动，大力发展冰雪运动和园艺产业，努力打造国际文化体育旅游休闲区。突出特色强力打造创新家园。加快创新家园开发建设。统筹完善招商机制，打造双创孵化平台。出台体育科技支持政策，抓好体育科技创新园运营。用好园艺产业发展政策，启动一批世园科技项目，推动现代园艺产业集聚区“一区多园”持续发展。深入谋划世园会园区会后利用。编制无人机创新园规划。积极发展新能源环保产业和能源互联网，引进一批园艺、冰雪体育高成长项目和企业。加强与中关村海淀园等对接合作，促进区域科技创新协同发展。坚持旅游主导深化产业融合。实施全域旅游发展空间规划，培育特色旅游产品体系，借力赛会打响全域旅游品牌。深度挖掘长城文化、农耕文化、红色文化、地质文化等特色文化资源，促进文化体验、民宿创意、生态农业、休闲旅游等互促发展。打造冰雪运动、户外运动等精品赛事品牌，推进京张文化体育旅游带建设，推动旅游、冰雪体育互融互促。

全面实施乡村振兴战略。坚持因地制宜，体现京韵农味，编好第二批128个美丽乡村规划和建设实施方案。严把申报、评估、资金、质量关，实施好第一批120个美丽乡村工程建设，着力打造示范村。按照“清脏、治乱、增绿、控污”要求，深入推进农村人居环境整治，确保创建村高水平达标。以园区赛区为核心，整体推进周边及主要道路沿线村庄环境整治提升，打造点、线、面结合的美丽乡村风景线。落实都市型现代农业三年行动计划，借助赛会契机培育发展有机食品供应基地。打造特色农产品区域品牌，完善优质农产品营销流通体系。坚持绿色富民，积极培育健康养老、农村电商等新产业新业态，打造一批休闲农业、乡村旅游精品路线，建设一批乡村民宿精品，逐步发展壮大农村集体经济。推进落实《关于全面加强乡村治理工作的意见》，逐步构建自治、法治、德治相结合的乡村治理体系，培育文明乡风。

千方百计办好民生实事。坚持以人民为中心的发展思想，落实好“七有”“五性”要求，不断满足人民群众对美好生活的向往。精准施策促进就业增收。实施好十万人次大培训计划，重点提高农民就业能力和技术水平，促进就近高质量就业，在服务赛会、保护生态的同时让农民受益。聚焦标准线下低收入户落实好精准帮扶，用好结对帮扶资源，确保低收入村户全部“脱低”。推进扶贫协作和对口支援。紧扣需求补上短板弱项。贯彻落实全国、全市教育大会精神，开好全区教育大会，实施乡村学校质量提升行动，推进职业教育转型发展，加快北京国际奥林匹克学院落地。加强与市级优质医疗资源合作，推进区医院三级医院建设，提高基层医疗服务能力。完善老年用餐服务体系，增加优质养老服务供给。实施好生活性服务业品质提升三年行动计划，分社区落实补建提升措施。坚持规划引领，健全长城保护机制，进一步摸清底数，列出抢修抢险清单，开展分层分类保护，大力推进长城文化带建设；加强文化惠民，提升城乡文化生活品质。建成全民健身中心、冰上项目训练基地，持续开展上冰上雪培训体验活动。

（四）着力营造良好社会环境，取得社会治理新突破

把服务保障重大活动作为提升社会治理能力的良好契机，坚持精治共治法治，改进社会治理方式，为赛会营造和谐稳定社会环境。

同心合力创建全国文明城区。统筹推进创城创卫创森，“条管”“块统”细化分解指标任务，一案一策解决现存问题。深入开展“欢迎来世园欢迎到我家”主题宣传教育活动，持续“向五大不文明行为”宣战，提升市民文明素养，激发主人翁意识，营造“人人当好东道

主同心同向迎盛会”的浓厚氛围。

切实维护社会安全稳定。充分认识重大活动对安全维稳工作带来的巨大挑战，把确保政治安全放在第一位，严密防范、坚决打击敌对势力渗透破坏活动。切实加强公共安全管控，开展各类安全隐患排查整治，确保生产安全、城市运行安全、社会治安安全和食品药品安全。深化“法治延庆”“平安延庆”建设，深入开展扫黑除恶专项斗争，始终保持社会安全稳定。

抓实抓好“街乡吹哨、部门报到”。坚持党建引领，构建简约高效、职责清晰的基层管理体制机制。综合设置基层审批服务机构，实现街乡层面由联合执法向综合执法转变。整合区域党建资源，深化党组织和在职党员“双报到”工作。坚持民有所呼、我有所应，完善服务群众的响应机制。探索建立以群众满意度为重要指标的考核评价制度。

（五）突出重点持续深化改革，增添地区发展新动力

深刻领会改革开放的伟大历史意义，牢记改革开放初心，全面落实中央、市委改革决策部署，勇于用改革创新思维破解难题，助力赛会服务保障和地区高质量绿色发展。

不折不扣完成好机构改革。坚持党对机构改革的全面领导，科学设置党政机构，确保上下贯通，实现优化协同高效。统筹推进街乡管理体制改革，理顺职能部门与街道、乡镇关系，把“条”的管理和“块”的治理协调起来。严明纪律要求，确保机构改革风清气正、平稳有序，保证改革期间各项工作连续稳定。

强化统筹狠抓改革落实。压紧压实改革主体责任，抓好中央、市委部署的重点改革和试点任务。突出“微改革”“微创新”，把更多精力放到解决实际问题上，增强群众改革获得感。深化重点改革，编制“两山”理论实践创新基地创建规划，建立任务体系和配套制度；理顺自然保护区管理体制，建立监管长效机制；深化国资国企改革，推进各类国企改革方案落地，不断优化国有资本布局；深化教育、医药卫生等领域改革，提升公共服务水平。加强改革督察，做好重点改革进展与成效评估。

四、切实强化党建引领，为服务保障赛会和高质量绿色发展凝聚强大合力

（一）以上率下落实全面从严治党责任。牢固树立抓好党建是最大政绩理念，抓住“关键少数”，真正把管党治党主体责任扛起来、一贯到底。区委常委会要以身作则，各级党组织都要负起责任，党组织一把手要带头，班子成员也要尽责。强化区委对各项工作的领导，完善党委决策、政府落实、人大和政协监督的工作格局。突出以落实中心工作的担当和实绩来检验党建工作实效的导向，开展好党组织书记抓党建述职评议考核，组织乡镇、街道党（工）委书记月度点评会。区里对各方面工作下管到村（社区），建立重点问题投诉村（社区）排名制度，发挥一线“赛马”的激励效应。

（二）提高站位加强政治建设。牢固树立“四个意识”，坚决做到“两个维护”“三个一”“四个决不允许”，严明政治纪律和政治规矩，坚决整改市委巡视反馈问题，以抓铁有痕的力度做好巡视“后半篇文章”，用扎扎实实的整改成效体现政治忠诚。

（三）守正创新筑牢思想根基。以圆满完成新时代文明实践中心建设试点任务为核心做好宣传思想工作，凝聚强大合力。坚持首善标准抓紧抓实抓好新时代文明实践中心建设试点。提高政治站位，深刻认识试点工作是宣传思想工作守正创新、开创新局的一个重大举措，是盘活基层、打牢基础的一项重大改革，是新形势下依靠群众服务群众、凝聚民心汇聚力量的创新之举、战略之举。要注重创新实践，着眼凝聚群众、引领群众，以文化人、成风化俗，加强顶层谋划，统筹资源力量，大胆改革创新，在体制机制、方法手段、平台载体、内容活动等方面积极主动探索，打造一批示范所站，努力形成首都特色经验。突出思想引领，用习近平新时代中国特色社会主义思想

牢牢占领农村思想文化阵地，把服务群众与教育群众结合起来，把满足需求与提高素养结合起来，做到群众在哪里，文明实践工作就延伸到哪里，使基层宣传思想工作扎实深入，农村精神文明建设水平不断提升，增强群众凝聚力和获得感，推动习近平新时代中国特色社会主义思想在基层落地生根、结出硕果。强化思想理论武装。坚持用习近平新时代中国特色社会主义思想武装头脑，抓好理论中心组学习和党员干部教育培训，扎实开展“不忘初心、牢记使命”主题教育，引导党员干部积极投身办大事促发展惠民生实践。牢牢掌握意识形态工作领导权。严格落实意识形态工作责任制。做好世园会舆情风险评估，编制应对预案，健全协同联动共享机制，分级分类做好舆情会商研判、风险防控、管控处置等工作，牢牢把握舆论主导权。持续推进区融媒体中心建设，提升传播力、引导力、影响力、公信力。

（四）突出担当狠抓队伍建设。落实新时代组织路线，切实加强干部人才队伍建设。严格标准选用干部。加强领导班子和干部队伍建设，树立重实干重实绩的用人导向，大力选用敢于担当、实绩突出的干部，让干部在赛会筹办等重点任务中经风雨、长才干。加强对干部的全方位管理，健全年轻干部培养锻炼机制，完善考核评价和激励机制，提升干部干事创业精气神。多管齐下汇聚人才。深入实施西北部生态涵养区人才管理改革试验区实施意见和冬奥世园人才行动计划，优化人才服务、引进机制，出台公租房配套政策，加大高端专业人才引进培养力度。

（五）固本强基建强基层组织。以提升组织力为重点，努力打造能力过硬、作风优良的基层战斗堡垒。深入开展冬奥世园先锋行动，激励引导广大党组织和党员争当先锋表率，带动群众发挥主人翁作用，打造党建品牌。抓紧抓好换届选举，严格落实“五好、十不能”“五不准”条件，坚决查处拉票贿选、破坏选举行为，确保选出心齐劲足的好班子、群众满意的带头人。组织好新任村（社区）“两委”干部培训，支持新班子开展好工作，扶上马、送一程。深入实施基层组织负责人素质提升工程，加强后备力量培养，建设一支听党的话、能带领群众振兴乡村的过硬队伍。切实加强基层党组织建设，认真落实党支部工作条例、农村基层党组织工作条例，紧盯基层党建重点问题、薄弱环节，深入推进党支部规范化建设，加强党务公开，严格日常管理，抓好软弱涣散村党组织整顿转化，夯实党建工作基础。

（六）正风反腐净化政治生态。以刀刃向内的勇气，巩固反腐败压倒性态势。加大巡察力度，完善区委巡察工作体制机制，将巡察范围扩展至全部村（社区），提升覆盖质量。持之以恒推进作风建设，强化纪律教育，深入开展“为官不为、为官乱为”等6项突出问题专项治理，重点整治形式主义、官僚主义，坚决纠正表态多调门高、行动少落实差、重“痕”不重“绩”等问题。深化运用监督执纪“四种形态”，综合运用各种监督形式，加强赛会廉政风险防控，提高监督执纪效果。严查发生在群众身边的腐败行为，对扶贫领域腐败问题和涉黑涉恶腐败问题依法依规、从速从重从严立案查处，以反腐惩恶的实际成效巩固党的执政基础。

各位委员、同志们，事业是干出来的。攻坚决胜世园会举办冬奥会筹办，推动地区高质量绿色发展，关键靠一个“干”字。我们一定要切实提高政治站位，牢固树立“四个意识”，坚决做到“两个维护”，自觉从首都全局出发认识自身使命，坚持以首善标准履职尽责，让“三个一”和“四个决不允许”在思想上扎根、行动上落地；一定要勇于担当善于作为，当好“施工队长”， 面对困难不躲不推不等，主动扛硬任务、敢于啃硬骨头，统筹全局突出重点，把握节奏弹好“钢琴”，提高本领勇于创新，深入一线解决问题，以只争朝夕、奋发有为的状态把工作抓紧抓实、干成干好；一定要走好新时代的群众路线，真心服务群众、切实依靠群众，以苦干实干赢得民心，以实绩实效赢得信任，凝聚起全区人民砥砺前行、同心奋进的强大合力。

让我们更加紧密地团结在以习近平同志为核心的党中央周围，在市委市政府的坚强领导下，按照“一刻也不能停、一步也不能错、一天也误不起”的要求，坚定信心、奋力冲刺，众志成城、攻坚克难，以优异成绩庆祝中华人民共和国成立70周年，努力交上服务保障赛会和高质量绿色发展两张优异答卷，为建设国际一流的生态文明示范区和美丽延庆不懈奋斗！

政府工作报告

——在北京市延庆区第二届人民代表大会第五次会议上

北京市延庆区人民政府代区长　于波

各位代表：

我代表延庆区人民政府向大会报告工作，请予审议，并请政协委员提出意见。

第一部分　2018年工作情况

2018年，在市委、市政府和区委的正确领导下，在区人大及其常委会的监督和区政协的支持下，区政府坚持以习近平新时代中国特色社会主义思想为指引，深入学习贯彻党的十九大及总书记对北京重要讲话精神，紧紧围绕市委十二届四次、五次、六次全会精神，按照区委二届五次、六次全会和区二届人大四次会议确定的目标任务，立足生态涵养区功能定位，着力抓好“三件大事”，坚决打好“三大攻坚战”，聚焦冬奥会世园会筹办，统筹推进办大事、促发展、惠民生，较好地完成了年度各项目标任务。全年PM2.5累计平均浓度为48微克/立方米，同比下降2%；4个考核断面水质全部达标，前三季度地表水环境质量指数排名第一。预计全年地区生产总值完成152亿元，同比增长8%左右；建安投资完成160亿元，同比增长68.4%；一般公共预算收入实现19.2亿元，同比增长18.6%；全区居民人均可支配收入达到3.39万元，同比增长7.5%左右；低收入户人均可支配收入达到1.12万元，同比增长12%左右；万元GDP能耗、水耗分别下降2.5%和4%左右。主要做了以下几方面工作：

一、聚焦聚力冬奥世园，赛会筹办取得明显进展

冬奥筹办工作全面加速。把服务保障赛会作为重中之重，深入贯彻“四个办奥”理念，落实可持续性要求，高水平规划设计，统筹协调推进各项工作。21项工程实现开复工，核心区提前进场征拆、施工，国家高山滑雪中心完成赛道清表，造雪系统、缆车系统同步实施，15个赛道自动气象站布设完成；国家雪车雪橇中心进行U形槽和赛道施工；冬奥村和山地新闻中心“投资、土地、施工三标合一”PPP招标已完成。西大庄科村改造方案完成并报市政府审批，交通、水电、气象、综合管廊等外围配套工程有序实施。加强赛区安全、质量和绿色文明施工等监管，赛区防火、防汛应急管理水平和综合能力有效提升。高山滑雪世界杯赛

筹备工作顺利推进，国内申办程序完成，组委会基本成立，正在编制场馆运行和外围保障计划。成功举办国际越野滑雪积分赛等7场冰雪竞技赛事，服务保障能力在实践中得到锻炼。

世园会重点建设任务基本完成。紧紧围绕筹办任务，倒排工期、挂图作战，园区建设基本成型，中国馆、国际馆等场馆主体竣工，公共景观布置和基础设施建设全面完成。园区外部10个临时停车场完工，13条道路基本达到通车条件；外围综合管廊主体结构全部完成，水气等各类管线入廊对接；园区周边绿化完成97%。开展“一对一”招展服务，实现“双100”招展目标，65个展园施工有序推进。涉及征拆村实现逢征必转，712户村民回迁上楼，365套闲置房签租世园公司、中青旅，有效解决工作人员住宿问题。下屯棚改项目完成实施主体招投标并启动拆迁。“寻找身边园艺达人”、世园会倒计时等一系列主题活动成功举办，全民迎世园氛围日益浓厚。

服务保障能力不断提升。以运动员和游客为中心，对标国际标准找差距、补短板，制定交通、餐饮等保障方案，并统筹推进。提供备选冬奥签约酒店23家，完成新建酒店1家、开工9家，完成验收首批世园人家124户。确定会时快餐配送企业，成立全市首个区级食药应急指挥中心，建立冬奥会食品药品应急保障跨区联合执法机制。新改建公厕10座，完成世园会公共卫生风险评估，确定冬奥医疗专区改造方案，医疗服务4个中心均已运行，实现部分重大疑难杂症在延庆手术和救治的历史性突破。启动“大培训、大练兵、大比武”专项行动，完成各类培训2.1万人次，紧抓国庆大客流契机开展综合演练，为实战积累宝贵经验。

二、专项行动坚定有序，生态环境质量持续改善

疏解整治促提升任务超额完成。“零容忍”打击违建行为，坚决拆除顺世华等违法建设36.2万平方米，“留白增绿”16.9万平方米。深入开展浅山区违法占地违法建设治理，严厉打击“抢栽抢种”，“大棚房”清理整治通过市级验收，创新整治“三块地”，新增耕地91.66公顷。查处占道经营违法行为4667起，调整退出一般制造业企业17家，治理“散乱污”企业22家，整治“开墙打洞”19处，疏解市场2家、提升1家，新建规范88个便民网点，增加停车位183个。完成76条背街小巷整治，万人志愿活动和志愿者监督环境问题常态化，“干净指数”连续5年全市第一。

空气质量进一步改善。建立拆违、清空、河长制三账销账及调度机制，全面落实蓝天保卫战行动计划。完成城东城南等5个单位745蒸吨燃煤锅炉清洁能源改造，农村煤改电、煤改气38个村10200户，压减标煤14万吨，新城及赛区园区周边基本实现无煤化。检查重型柴油车26.6万辆、非道路施工机械853台，处罚3.8万辆、74台，淘汰老旧柴油货车720辆。加强精细化管理，实施烟花爆竹禁限放，对裸地进行苫盖，城市道路清扫保洁新工艺作业覆盖率达90%。注重日常监管，开展扬尘治理大会战行动，查处涉气违法行为960起、立案371起、罚款982万元，形成高压震慑态势。

水环境治理取得明显成效。全面落实河长制，划定8条220公里河道蓝线，建立46条重点水系河道问题台账，推进“清河”“清四乱”专项行动，问题整改率97%。完成镇区两级集中式水源保护区环境评估，开展官厅、白河堡水库水源地环境保护整治。新改建供排水及雨污合流管线142公里，治理20处排污口，香营等3个乡镇级污水处理厂和16个村庄污水收集处理工程建成运行，关停退出212家养殖散户。印发实施节水三年行动方案，创建节水型单位4家、村庄10个，完成“两田一园”高效节水灌溉工程（800公顷），实现161个村庄农业用水收费。开展“绿盾2018”自然保护区监督检查，推进海绵城市试点建设，国家水生态文明城市创建通过技术评估。严格落实“土十条”，土壤环境不断改善。

生态景观质量持续优化。以冬奥世园标准

提升生态环境品质，推动绿景向美景转化。完成生态文明建设规划（2013－2020年）中期评估。推动国家森林城市创建总体规划落实，成功实施1966.67公顷（2.95万亩）新一轮百万亩造林、19400公顷（29.1万亩）林木抚育管护、200公顷（0.3万亩）彩色树种造林和733.33公顷（1.1万亩）京津风沙源治理工程，生态空间持续扩大。建成井庄等一批镇区公园、街角绿地，改造提升玉皇阁等9条街道、5个公园景观，建成夏都公园“园艺驿站”，创建达标8个首都绿色村庄，全方位提升城乡景观风貌。成功获评第二批“两山”实践创新基地。

三、高端要素借势集聚，绿色“高精尖”产业迈出坚实步伐

以冰雪产业促进全域旅游加速形成。坚持融合互促发展全域旅游，空间规划编制完成，通过国家全域旅游示范区创建市级评估。以冰雪体育带动旅游产业转型升级，“一轴两翼”冰雪产业格局落图，铭星冰雪等41家企业成功引入，举办14项冰雪赛事活动，建成运营3块共4万平方米以上的户外便民冰场，上冰上雪3万人次。推出12个精品旅游线路，实施8个特色小镇、12个特色民俗村、12个HBD产业园配套设施提升工程，完成10个旅游咨询站、13座旅游厕所改造，旅游要素品质进一步提升。“山楂小院”“长城胤巷”等24处精品民宿开业，入选首批全国民宿产业发展示范区。编制完善生活性服务业设施规划，超额完成“阳光餐饮”工程任务，提升改造康庄等特色商业街，新建首农食品中心便民综合体，不断增强旅游综合服务能力。强化八达岭办事处行政管理和保护职能，景区门票网络实名制预约销售系统启动试运行，八达岭至十三陵风景名胜区延庆部分详规获得批复。旅游综合收入预计完成76.3亿元，同比增长16%。

以园艺产业促进都市型现代农业提质增效。深入实施都市型现代农业发展三年行动计划，发布实施促进现代园艺产业创新发展若干措施，中关村现代园艺产业创新中心落户延庆。现代园艺产业集聚区“一区多园”总体布局基本形成，总部投入使用。成功引进园艺花卉类企业34家、科研机构10户。稳步创建国家农产品质量安全区，初步建成农业投入品与追溯产品监管系统，有序推进冬奥食用农产品供应40项任务。充分利用京东等电商平台，精准对接银行、学校等稳定大客户，线上线下销售7大类26种延庆优质农产品。成功举办京张优质农产品推介会、延怀河谷葡萄文化节等一批主题活动，延庆农产品品牌影响力持续增强。

以延庆园为重点促进科技创新产业落地生根。制定实施科技创新推动延庆绿色跨越发展三年行动计划，启迪延庆创新创业基地和中关村智造大街延庆服务平台正式运行，首家市级创新创业基地揭牌，首届全球双创大赛成功举办，理工全盛等50家创新型企业成功入驻，启动大数据、无人机试点，引进5家无人机企业，创新创业生态初步形成。能源互联网综合示范区项目获得批复并实施，新引进19家新能源节能环保企业，能源互联网产业不断壮大。“长城脚下创新家园”一期部分供地，二期取得开发授权，出台实施工业闲置低效空间盘活利用政策措施，发展空间持续优化。延庆园重点指标实现历史性突破，总收入等11项指标增幅位居全市前列，园区共引进企业585家，国高科、村高科企业累计达87家、151家，实现税收总额52.27亿元，形成区级财政收入10.01亿元，同比增长11%。

以服务企业和群众为核心促进营商环境持续优化。印发改革优化营商环境实施方案，完善重大项目推进落地、税源建设综合调度工作机制，全面落实“9+N”“10+3”系列政策，圆满完成世行迎检任务。深入推进“放管服”改革，清理规范26项行政审批中介服务事项、取消调整55项涉及企业和群众办事创业证明，19个部门实现“一科制”审批。推进政务服务“一网、一门、一次”改革，网上可办事项1366项，比例达100%，“一窗受理”事项1582项、综合窗口率达95.3%。政务服务中心即将试

运行，同步推进“最多跑一次”向基层延伸，香水园街道、永宁和沈家营镇试点标准化建设基本完成。加大企业服务力度，出台创新创业及产业扶持等区级政策，实施“杰青领航”青年企业家培养计划，建立“100+50”重点企业名单，优化重点企业服务办法，制定实施“服务包”制度和“服务管家”机制，区领导走访服务企业276家，送出“服务包”156个，有效落实201套人才公租房，受到企业欢迎。开展区域信用环境整改，信用监测排名稳步上升。

四、认真落实城市总规，城乡规划建设管理水平不断提高

规划体系日趋完善。坚持绿色、减量、可持续发展，认真落实新版北京城市总规，紧密结合赛会需要谋划城乡格局。聘请波士顿咨询公司开展冬奥带动区域发展战略研究，进一步明确发展方向。突出生态涵养功能，突出补齐公共服务短板，突出生态、产城人融合发展，发挥责任规划师团队和协作规划机制作用，分区规划及11个专项规划、14个乡镇域规划、120个美丽乡村规划和5个传统村落保护规划基本完成，启动实施冬奥、世园小镇规划，完成“十三五”规划中期评估，城乡一体发展蓝图逐步成型。初步制定城乡建设用地供应减量挂钩实施方案，梳理全区现有城乡建设用地情况，修订农村个人原有宅基地房屋建设管理办法，城乡建设的制度保障得到强化。

宜居新城建设不断加快。京张高铁延庆段施工建设进入收官阶段，京礼高速北六环至延庆段竣工通车，对外交通瓶颈即将打破。实施6个棚改项目，完成南菜园1-5巷主体工程，开工建设南辛堡-民主村-百眼泉安置房工程，小营-石河营棚改启动拆除，康庄一二三街棚改进入签约阶段，东关项目回迁工作顺利完成。世园会二期等4个项目完成入市交易，实现土地供应55.07公顷，万达商业综合体落户延庆。完成妫川广场景观风貌改造及城区夜景照明三期等工程，实施城区街巷胡同、居民小区及世园会周边环境整治与建设工程，受到群众普遍欢迎。制定实施综合交通治理方案，完成妫水大街等5项综合整治工程，启动5条路侧停车电子收费改革试点，新增电动出租车100辆、公租自行车1000辆，绿色出行更加便捷。

乡村振兴战略全面实施。制定实施3个三年行动计划，持续推进农村全面协调发展。以“清脏、治乱、增绿、控污”为重点加强农村人居环境整治，累计整改1000余处环境问题，113个村庄通过环境验收检查。启动120个美丽乡村建设，编制完成95个村庄建设方案，建立农村基础设施长效管护机制，入村实测所有保留村现有基础设施。加快农业产业转型升级，新增藜麦、中药材等经济作物5000余亩，蔬菜总产量增加11.4%，农产品质量安全快速检测实现全覆盖。四海镇前山村获评全国“一村一品”示范村，五福兴农等5家农民专业合作社获评北京市级示范社，康庄镇成立绿化管护公司，通过发展集体经济带动农民增收致富。深化文明村镇、星级文明户等群众性精神文明创建活动，大力推进乡风文明建设，获评新时代文明实践中心试点。

五、始终坚持以人为本，民生保障能力稳步提升

保障水平不断提高。“六个一批”精准帮扶措施到村到户，15条强化措施重点帮扶标准线以下1670户，58个低收入村分别与市农业局、市属国企、高校及海淀区结对帮扶，统筹5500余万元实施51个低收入产业项目，预计脱低率达90%以上。持续深化与兴和、怀来、宣化的对口帮扶，累计投入2000万元。积极推进十万人次大培训计划和“送岗下乡”等活动，开发高质量就业岗位1万余个，组织招聘活动204次，促进就业9091人。发挥区养老服务指导中心平台枢纽作用，设立2条养老服务热线，供给需求有效衔接。创新养老助老模式，慈善“1+1”关爱空巢助老项目15个乡镇全覆盖，1205名困境老人获助。建成18个社区老年配餐服务站，辐射城区1.3万名老年人，基本实现全覆盖。推进建设60家幸福餐桌，惠及近万名农

村老年人。政府救助与慈善救助统筹衔接，为6000余名困难群众发放救助资金7580余万元。

民生福祉有效改善。推进城区5所幼儿园、一职新校区等重点项目建设，配合市教委完成北京国际奥林匹克学院建设方案，4所学校成为首师大附属分校，高考本科上线率、一本上线率均居郊区前列。实施城区小学营养配餐专项行动，开展校外培训机构专项整治，取缔7所无证园。增加1500万元，加强与市级医院医联体建设。区中医医院迁建一期工程项目开工。强化基层公共卫生服务能力建设，部分社区医院实现区级医院影像诊断服务，80个村级卫生室基本建成，招募、定向培养乡村医生26人，建立家庭医生服务团队111个，累计签约14万人，基本实现30分钟就医全覆盖。编制长城文化带保护发展规划和行动计划，以八达岭长城为核心，开展长城保护抢修，强化风貌管控和文化传承，创编演出大型原创话剧《春风正度》，各类文化演出2000余场，文化惠民累计达到10万小时，极大地丰富了百姓的精神文化生活。推出3126套共有产权房，制定农村危房改造三年行动方案，已完成100户，低收入户危房改造确户工作启动实施，12个山区危村险村完成搬迁，推进5个老旧小区综合整治工程，加装电梯3套，改善了居住环境。

社会治理更加精细。落实“街乡吹哨、部门报到”机制，737名协管员下沉网格一线，初步构建以区和街乡镇两级城市管理指挥中心为平台的“多网融合”城市管理指挥体系。加快建设集环保、交通、旅游、养老等于一体的智慧系统，推进社会治理实现弯道超车。深入践行社会主义核心价值观，开展“延庆榜样”“美德少年”等选树工作，发挥乡亲议事会等平台作用，全民总动员创建全国文明城区，国家卫生区通过专家组技术评估，城市文明水平不断提升。稳步推进村（居）委会换届选举，圆满完成全国“两会”“中非合作论坛”等服务保障任务，顺利完成食品安全示范区考核验收，全年未发生工矿贸易、生产经营性火灾类生产安全事故，安全生产形势持续稳定。深入推进“平安延庆”建设，大力开展扫黑除恶专项斗争，全面防汛、防火，积极应对非洲猪瘟等重大动物疫病疫情，创建全国禁毒示范城市，获评全国法治区创建活动先进单位，群众安全感保持全市前列。

六、持续加强党的建设，政府履职效能进一步提高

重点领域改革深入推进。健全生态文明建设领导体制和工作机制，分解落实市绿色发展指标体系和生态文明建设考核目标要求，细化扩展为6方面70项责任指标，制定完善国际一流生态文明示范区指标体系和工作机制，生态文明体制改革取得阶段性成果。医药卫生体制改革取得新进展，“一控两降”专项行动成效显著。研究制定职业教育转型发展实施方案，探索建立统筹各类职业教育资源的体制机制。加快实施投融资体制改革，完成小张家口垃圾综合处理和城东城南供热中心PPP项目，制定政府性债务风险应急处置预案，政府债务风险平稳可控。农村改革稳步实施，334个行政村土地确权审核公示圆满完成，大榆树镇乡镇级产权制度改革试点有序开展。机构改革稳步推进，国税地税、规划国土合并挂牌，工作衔接平稳有序。大力推进住建、园林、旅游等国资国企板块化改革，制度建设持续增强。举办“壮阔妫川时代印记”庆祝改革开放40周年图片展等系列主题活动，展现我区改革开放40年来发展历程和经验成绩，进一步坚定改革开放的决心信心。

政府自身建设不断加强。坚决执行区人大及其常委会的决议和决定，自觉接受各界监督，市、区人大代表、政协委员建议提案办复率100%。坚持会前学习，严格执行重大行政决策法定程序，健全完善政府法律顾问体系，专项梳理制定生态保护地区管理职权事项和联合执法机制，研究建立打击“抢栽抢种”长效机制，探索建立村集体收回土地征拆新路径，政府依法办事能力进一步增强。认真履行全面从严治党主体责任，严格落实意识形态工作责

任制，健全舆情监测、研判和应对机制，掌握意识形态阵地主动权。加强效能监察和审计监督，出台政府投资项目审计监督管理办法、冬奥会和世园会重点建设项目审计监督管理办法等文件，建立督查考核组全程监督及聘请第三方机构专项督查工作机制，将廉洁办奥、阳光世园的标准贯穿筹办工作全过程和各环节。

一年来，国防动员、双拥共建、民族宗教、妇女儿童、保密外事、邮政电信、档案史志、气象防震等各项事业均取得了新的成绩。

各位代表，一年来，我们紧跟新时代发展步伐，坚持把筹办好赛会当作最大的政治，坚持把狠抓落实作为第一要务，坚持把转作风作为有力保障，工作成绩有目共睹、来之不易。成绩的取得，是在市委市政府和区委正确领导下，在区人大及其常委会的监督和区政协的支持下，全区干部群众辛勤劳作、努力奋斗的结果。在这里，我代表区政府向长期以来奋战在各条战线上的广大干部职工、向所有关心支持延庆发展的各界人士表示崇高的敬意和衷心的感谢！

同时，我们也要清醒地认识到，工作中还面临不少问题和挑战。一是赛会服务保障聚焦聚力不够，专项服务保障工作需加快补短板、提水平，城市精细化管理需全面加强。二是城乡环境质量距功能定位要求和赛会服务标准有差距，PM2.5降幅全市最低，PM10不降反升，制止新生违法建设不够坚决有效。三是部分同志对生态建设盲目乐观，绿色发展思想不够坚定，借势借力赛会发展的路径不清晰、信心不足，冰雪、园艺产业项目引进力度不够，优化营商环境与企业需求相比还有差距。四是低收入村户发展增收任务艰巨，居民人均收入增速低于经济增速；按照“七有”“五性”要求，公共服务与人民群众期盼还有差距。五是党建引领重点任务落实不够，形式主义、官僚主义在一定程度上仍然存在，钉钉子的狠劲韧劲不足，等等。对此，我们将在今后工作中下大力气加以解决。

第二部分　2019年重点工作任务

2019年是新中国成立70周年，是决胜全面建成小康社会的关键之年，北京将以做好国庆活动服务保障为统领，统筹举办第二届“一带一路”国际合作高峰论坛、2019年北京世园会、亚洲文明对话大会等重大国事活动。延庆进入“大考”之年，世园会开园迎客，高山滑雪世界杯筹备工作10月底需基本完成，生态保护、高质量绿色发展等各项任务也异常艰巨，风险挑战叠加，责任之大、压力之大，前所未有，迫切需要我们全面贯彻《关于推动生态涵养区生态保护和绿色发展的实施意见》，按照区委二届七次、八次全会要求，狠抓落实。

2019年全区工作的指导思想是：以习近平新时代中国特色社会主义思想为指导，深入贯彻党的十九大精神，深入贯彻习近平总书记对北京重要讲话精神，严格落实北京城市总规要求，以新中国成立70周年庆祝活动为主线，以高质量发展为根本要求，把服务保障好冬奥会世园会作为重中之重，坚定不移实施生态文明发展战略，坚持稳中求进工作总基调，抓好“三件大事”，打好“三大攻坚战”，聚焦聚力、苦干实干，坚决交出服务保障赛会和高质量绿色发展两张优异答卷。

强化生态保护和绿色发展导向，努力建设绿色发展的示范区，2019年主要指标为：$PM_{2.5}$平均浓度达到45微克/立方米以下，地表水考核断面水质综合达标率100%，森林覆盖率达到59.5%，地区生产总值按不变价增长7.5%左右，一般公共预算收入同比增长6.5%，全区居民人均可支配收入同比增长7.5%左右，低收入农户人均可支配收入同比增长10%，万元GDP能耗累计下降率、水耗下降率超过生态涵养区平均水平，重点做好以下几方面工作：

一、举全区之力攻坚决胜，圆满完成赛会筹办举办任务

（一）聚焦会时运行，全力确保世园会举

办成功

会时就是战时，全区上下必须强化主人翁意识，紧盯目标，决战决胜，做到保障高效、整洁有序、文明热情、安全祥和。

实现高效保障。落实属地责任，全力保驾园区建设及运营，配合完成园区场馆、园林景观、世园酒店、安保中心等全部建设任务。主动对接园内商户需求，做好工商注册等各项服务，确保顺畅运营。3月底前，完成园区外围综合管廊、路网交通等配套基础设施建设，做好水、电、气等市政供给，满足园区需求。4月中旬，完成绿化拼缝、景观布置，物资储备、人员保障等各项工作全部准备就绪。

全面构建会时指挥运行工作体系，成立由区领导任组长的10个会时服务保障专项领导小组。明确园区、外围保障区、延庆全区三级保障范围，在市服务保障领导小组统一指挥下，充分发挥城市管理指挥平台作用，做好与市级指挥平台、世园村综合指挥中心的协调对接，发挥好街乡18个分中心作用，形成统一指挥、职责清晰、运转高效的指挥体系。

以网格为基础做好服务保障工作，将安全维稳、环境卫生等各项任务细化落实到414个基础网格。深入落实“街乡吹哨、部门报到”机制，完善区、街乡镇、社区村三级管理体系。统筹推进街乡管理体制改革，理顺职能部门与街道、乡镇关系，协调“条”的管理和“块”的治理。强化基层社会治理，加快力量下沉，深化协管员队伍整合，充实网格员力量，统筹发挥好街巷长及小巷管家作用，切实提高处置和解决问题的能力。

保持环境优美。以“绿水青山就是金山银山”实践创新基地建设为契机，持续改善生态环境，为赛会打造美丽底色。深入落实蓝天保卫战和冬奥承诺达标行动计划，加大农用车、非道路移动机械管控力度，检查重型柴油车不低于27万辆次。持续开展扬尘治理大会战，规模以上工地全部安装视频监控和颗粒物在线监测系统并联网，从重处罚违法行为，确保达到“六个百分百”和“门前三包”要求。加强“三烧”监管力度，完成50个村庄的无煤化改造，开展燃气锅炉达标排放专项执法行动。严格执行餐饮行业大气污染排放标准并加大执法检查力度，尽快完成餐饮企业和行政企事业单位食堂提标改造，让蓝天白云迎接八方宾客。

围绕会时全域考核断面水质稳定达到Ⅲ类及以上目标，全面落实河长制、湖长制，完善河湖问题台账销账机制，加大联动执法与考核问责力度，全面清理侵占河道违法项目，严查违规排污，确保河湖治理成果长效保持。推进6座乡镇级污水处理厂建设，排污口实现“清零”，结合非洲猪瘟防疫，优化养殖布局，规模场区全部实现达标排放，确保考核断面保持达标。申报海绵城市试点，高效运行城西再生水厂，完善再生水管线取水口建设，有效提升水资源利用效率。

加快提升城乡绿化质量及园林景观品质，实现“让园艺融入自然，让自然感动心灵”。建设城东公园及冬奥世园主题特色街区和精品公园，对园区赛区周边、重点交通干道进行生态景观打造，创建花园式单位1个、花园式社区1个、首都绿色村庄6个，持续推进绿景向美景转变。统筹山水林田湖草系统治理，实施2.8万亩新一轮百万亩造林绿化工程，围绕林地、河湖建设健康步道、骑行步道，打造绿色开放休憩空间。加快构建“一核、一环、三带、五廊、九园、多点”的城市森林格局，圆满完成国家森林城市迎检任务，建设景城共融的首都美丽后花园。

加大城乡环境整治力度，深入推进“迎世园”秋冬季环境整治13项专项行动，持续加强“门前三包”等专项执法，确保3月底完成重点区域集中整治任务。加强城区、园区周边、关键点位及主要道路沿线日常清扫保洁、管理维护。完成小张家口填埋场扩容，推进垃圾分类示范片区创建，加强建筑垃圾规范化管理和资源化利用，营造干净整洁的城乡环境。

保证运行顺畅。高效运行智慧交通系统，

实时掌控并发布路况信息，重点做好外围保障区、城区及周边地区，特别是重要节点的交通管控，统筹做好停车管理和换乘接驳；动态调整优化公交线路，增加发车频次，力争会时90%以上游客区内绿色出行。探索实行错峰上下班，倡导本地居民绿色出行，缓解会时交通压力，确保“进得来”“出得去”。

稳定基本供给，加强与快餐品牌企业合作，提升配餐能力，及时足额供应会时餐饮，确保“吃得上”。加强就餐引导服务，利用智慧旅游系统，高效保障游客就近快速到达目标餐厅。开展餐饮业品质提升行动，打造特色餐饮品牌，推出10种世园花宴、20种乡村美食桌宴。强化食品质量安全全链条监管，储备应急食品，严防食品安全事件。

细化住宿接待方案，统筹2.9万个三星级及以上民宿户及快捷、星级酒店床位供给，运营标准化服务，强化卫生、消防等监管，做好住宿引导，确保“住得下”。持续做好对参展单位、园区工作人员食宿等服务，提升满意度。

春节前运行智慧旅游服务系统，实现一部手机游延庆。宣传推介好世园特色旅游产品，高效运营5条旅游专线，用足用好12条精品旅游线路，确保“玩得好”。综合做好秩序引导、旅游咨询等志愿服务，快速响应、妥善处置游客投诉，持续严打“六黑”现象，确保旅游市场稳定。

做到文明热情。以创建全国文明城区为抓手，开展“欢迎来世园 欢迎到我家”素质提升专项行动，持续深化“我为世园做贡献，我为冬奥添光彩”“向五大不文明行为宣战”“礼让斑马线”“文明旅游我最美”“绿色生活进社区”等活动，提升市民文明素质。强化文明礼仪培训，突出抓好公共卫生、公共秩序、公共交往等领域文明行为规范，着力提高窗口行业单位的业务技能和服务水平。拓宽渠道、广泛动员全民参与，当好东道主，展示优秀传统文化、区域文化和文明形象。协助保障好开闭幕式、中国馆日等重大活动，策划开展好特色文化活动，充分发挥融媒体中心综合信息平台作用，密集强化宣传，积极营造全民支持世园、参与世园、奉献世园的良好氛围。

围绕服务保障赛会和加强生态文明建设，扎实推进新时代文明实践中心试点建设，提升城乡文明，助力乡村振兴，推动形成社会文明进步新风尚。贯通区级新时代文明实践中心、18个街乡实践所、423个村庄社区实践站，以六大平台打通宣传、教育、关心、服务群众“最后一公里”，为美丽乡村建设提供文化动力。优化“2+6+18+N”志愿服务体系，形成推动新时代文明实践的中坚力量。积极在体制机制、方法手段、平台载体等方面不断探索创新，试出经验、抓出实效、唱响品牌，与服务保障赛会同向发力，培育践行社会主义核心价值观，深化乡风文明建设，以文化人、成风化俗，形成具有首都特色、可复制可推广的典型经验。

确保和谐稳定。落实落细57个安保工作方案，把确保政治安全放在第一位，增强全民防恐意识，严密防范、坚决打击敌对势力渗透破坏活动。强化社会矛盾风险预测预警预防，会前攻坚化解一批重点矛盾，妥善处理信访问题，依法及时就地解决群众合理诉求。强化外围保障区安全管控，巩固立体化、信息化社会治安防控体系，深入开展扫黑除恶专项斗争，依法打击违法犯罪活动。

严格落实安全生产责任制，持续开展城市安全隐患整治三年行动，加大隐患排查力度，加强各类人员密集场所的安全检查，加大安全生产监督管理和源头治理力度，强化消防安全、建筑施工、道路交通等重点领域整治，坚决遏制重特大安全事故。筑牢食品药品安全防线，加大水电气热等设施设备巡查、管护力度，切实保障城市生命线运行安全，以平安延庆保障平安世园。

尽快稳定应急预案，全方位开展综合演练、模拟专项演练，提高应急实战能力。会时全面启动应急机制，依托“1+17+18+N”应急指挥体系，分级响应安全维稳、医疗卫生、环境保护等各类突发情况，处置要快准稳。强化舆情管控与引导，确保会期平稳有序和城市正常运行。

做好会后利用。提早谋划世园遗产高效利用问题，会同世园局制定园区会后利用方案。会期结束后，全面总结北京世园会成果，汇集活动精华，发掘亮点，为服务保障高山滑雪世界杯、冬奥会积累经验。同步启动后世园专题推介、人才落地、技术资源转化等各项工作，确保办成一届永不落幕的世园会。

（二）办好测试赛，全面推动冬奥会各项筹办任务

认真落实“一刻也不能停、一步也不能错、一天也误不起”的要求，统筹推进高山滑雪世界杯筹备及冬奥会各项筹办任务。

全力做好高山滑雪世界杯筹备工作。履行好主办职责，整合现有机制编制运行方案，配合组建场馆运行团队，完成外围保障计划编制，总结用好世园经验编制完善各专项服务保障方案，做好市场资源开发，确保7月份保障团队准备就绪，10月底具备造雪条件。同步做好高山滑雪世界杯赛道、通讯、气象等硬件设备设施运行检测，严格落实各项保障方案和应急预案，提前做好运动员接待、赛事组织、媒体宣传等工作，确保高山滑雪世界杯取得圆满成功。

高标准抓好冬奥会筹办工作。加速推进冬奥会35项重点工程建设，保证高山滑雪中心、雪车雪橇中心等24个已开工项目完成年度目标任务，11个未开工项目抓紧实施，确保9月底高山滑雪中心部分竞速赛道及相关配套设施交付使用，水务、电力等配套工程满足造雪需要。统筹推进各专项服务保障工作，抓紧补短板，用好冬奥旅游饭店运营保障奖励资金，加快配套酒店建设，确保6家建成。继续推进冬奥食品安全区域协作、基地保障、全程监管，与外埠签署监管协议，开展供京食品基地核查，形成合作互动、优势互补的大监管格局。启动冬奥医疗服务定点医院建设，强化医务人员雪上医疗救援演练培训。加强冬奥宣传推广，配合做好吉祥物发布、倒计时1000天等活动，引导社会各界广泛参与冬奥筹办。

认真践行可持续发展理念。全面落实54项生态环境保护措施和34项可持续性承诺任务，保障绿色施工。加强科技应用，启动智慧赛区研究，实现科技冬奥目标。编制冬奥遗产规划，确保赛后可持续发展。

二、紧抓赛会黄金窗口期，加快区域高质量绿色发展

（一）注重减量发展，推进城乡规划建设更加有序

深入落实北京城市总体规划，坚持减量集约刚性约束，统筹推进城乡建设，补齐基础设施和公共服务建设短板，提升城乡承载力。

加强规划建设管理。加快完成分区、专项等规划报批，制定分区规划实施方案、建设用地减量实施方案。优化责任规划师团队和协作规划机制，开展新城控制性详细规划编制，加快形成完善的城乡规划体系。强化“两线三区”全域统筹管控，落实城乡建设用地增减挂钩机制，统筹安排城乡建设用地供应与减量腾退的时序与数量，实施工业闲置低效空间资源盘活利用方案，完成减量任务。严格落实拆建比、拆占比及土地用途管制制度，建立健全建设项目统筹机制，制定申报审核办法，抑制开发建设冲动，确保区域土地开发强度只降不升。加强规划实施监督考核问责，为一张蓝图干到底提供保障。实施城区夜景照明工程，完成南菜园1-5巷、小营石河营等年度棚改任务，促进城市形象更新、环境更新，提升宜居水平。

靠前完成专项任务。深刻汲取秦岭违建别墅问题教训，保持拆违高压态势，拆除违法建设40万平方米，确保零新生，“留白增绿”8.91万平方米。强力推进“开墙打洞”、占道经营治理，疏解一般制造业5家，清理整治再生资源回收站点11个，巩固“大棚房”清查整治工作成果。坚决治理浅山区违法占地违法建设，确保市级任务、创新任务全部达标。盘活闲置低效空间资源，完成18个基本便民商业

网点新建或规范提升，升级改造恒生市场。

整体推进乡村振兴。深入落实3个“三年行动计划”，统筹建设美丽乡村，严把申报、评估、资金、质量关，实施好第一批120个美丽乡村工程建设。全面启动剩余村庄美丽乡村规划建设，全面开展以“清脏、治乱、增绿、控污”为重点的农村人居环境整治，培育30个区级示范村，打造具有延庆特色的点、线、面相结合的美丽乡村风景线。以康庄园艺风情小镇和张山营冬奥冰雪小镇建设为重点，提升新型城镇化水平。落实都市型现代农业三年行动计划，培育发展有机食品供应基地，打造区域特色农产品品牌，增强赛会服务供给能力。继续开展都市型现代农业示范乡镇、“一村一品”示范村创建工作，以发展高端民宿、建立新型生态管护机制、创建新型物业管理模式等为重点，推广康庄镇、下虎叫村等先进典型经验，发展壮大农村集体经济。加大政策支持力度，鼓励各类人才到农村创新创业，提升发展活力，推动乡村全面振兴。

（二）注重创新发展，加快构建绿色“高精尖”产业体系

持续推进供给侧结构性改革，强化科技、文化创新驱动，走出一条特色化、品牌化、差异化的高质量发展之路，努力建设绿色发展聚宝盆。

聚力发展全域旅游。实施全域旅游发展空间规划，以提供优质服务为目标，深入实施生活性服务业品质提升三年行动和商务服务保障工作方案，稳定运行八达岭长城景区网络实名制预约销售系统，打造2条“最美旅游公路”，不断提升旅游要素品质。以旅游为主导加快产业融合，挖掘区域文化内涵，促进文化体验、民宿创意、生态农业、休闲旅游等互促发展。打造精品旅游线路和文化旅游产品，扩大文化消费，培育园艺、冰雪消费，增加游客旅游体验厚度，加快建设国际文化体育旅游休闲区。聚焦会时精品、特色消费需求，深入推进“旅游+农业”，建设北方首个民宿集群，线上线下联动加大“延怀河谷葡萄”等延庆优质农产品推广力度，打造点线面结合的精品休闲农业区域品牌，吸引会时游客进入延庆腹地。

持续壮大冰雪产业。推进京张文化体育旅游带建设，推动旅游、冰雪体育互融互促，落实“一轴两翼”冰雪产业布局，对接冰上项目训练基地，主动布局、大力发展冰上竞技体育项目。升级改造八达岭、万科石京龙滑雪场，完成会展中心室内冰场建设，为承办大型赛事及群众冰雪运动普及提供场地保障。打造良好的政策环境，设立冰雪体育产业发展资金，制定资金管理办法，加快集聚产业要素。积极承办举办国际雪联中国北京越野滑雪积分大奖赛等14场冰雪体育赛事活动，全面提升延庆冰雪知名度，为冬奥会筹办积累丰富经验。创新发展冰雪装备制造业，满足赛事供给需求，提高冰雪运动附加值。培训232名雪技能体育志愿者及滑雪教练员，争取更多培训者获得滑雪教练指导员一级证书，定期输送滑雪人才参与市级裁判员培训，为冬奥会储备一批技术过硬的专业人才。

高质量发展园艺产业。深入实施促进园艺产业发展指导意见和政策措施，加快建设现代园艺产业集聚区，持续壮大“一区多园”，扩大园艺产业发展空间载体。用足用好现代园艺产业创新中心，做实做强创新平台，重点推进康庄设施园区提升改造和平台化运营，加快建设农场科研中心和智能温室，承接中农富延等重点项目落地。深入对接世园会参展园艺企业和科研机构、行业组织入驻现代园艺产业创新中心，加快承接世园会新优园艺成果、园艺技术等就地转化推广。继续推进产业园用地和重点项目建设，推动一批产业融合型园区会时运营。

着力培育科技创新产业。持续做强中关村延庆园第三引擎，加快特色产业要素聚集，成立体育科技、现代园艺技术联盟，构建产学研用协同创新体系。吸引聚集一批行业高新企业与研发平台，形成新能源环保产业发展集群。落实与3所高校签订的科技成果转化协议，促

进高校科研成果在延转移转化。推进创新家园开发建设，完善园区交通、住宿等生活配套设施，不断提升承载能力。深化与海淀园的协作对接，探索建立利益分享机制，共享创新服务平台和服务体系工作机制。修订实施促进创新创业支持资金管理办法，大力支持实体经济发展。推动第一届创新大赛成果在延落地，集聚各类人才来延发展，吸引本地人回乡创业，助推众创空间、创新型孵化器高端化发展。编制无人机创新园规划，推动“无人机小镇”项目落地，高品质运营启迪之星体育科技创新园，实现第一批企业成功入驻。

（三）注重以人为本，不断提高民生保障水平

坚持办大事、促发展、惠民生，持续推进以“七有”“五性”为重点的民生建设，注重从市民诉求出发做事，不断满足群众日益增长的美好生活需求。

攻坚“摘帽”促进就业增收。坚持把赛会筹办与就业增收紧密结合，精准聚焦低收入村户，全面落实“六个一批”帮扶政策，积极做好结对帮扶，加快实施重点产业项目，确保10814户、22223人全部“脱低”。认真落实助力怀来宣化兴和脱贫攻坚三年行动计划。开展“大培训、大练兵、大比武”，建立用工企业与培训机构的常态化对接机制，开发更多就业岗位，持续做好生态就业，确保全年城镇新增就业6000人。

补齐短板优化公共服务。办好人民满意的教育，推进幼儿园及中小学设施建设，增加学前学位390个。贯彻落实全国、全市教育大会精神，开好全区教育大会，实施乡村学校质量提升行动，强化教师队伍建设，加速北京国际奥林匹克学院落地。提升医疗卫生保障能力，推进区医院晋升三级医院，加快建设中医院。完善国家卫生区长效管理机制，启动全国健康促进区创建。招募、合理调配乡村医生，提高基层医疗服务能力。丰富文体娱乐生活，建成全民健身中心，公共文化设施人均面积达到0.38平方米，开展全民健身活动不少于25项，完成公益电影放映1.5万场、各类演出2000场。加快推进西山永定河、长城文化带建设，制定西山永定河文化带发展规划和行动计划，健全长城保护机制，摸清底数，列出抢修抢险清单，开展分层分类保护。做好非物质文化遗产保护与传承，办好端午文化节等大型文体娱乐活动，与世园会时活动相衔接，为冬奥世园增添延庆元素。

紧扣需求提升社会保障能力。推进养老机构“公建（办）民营”“医养结合”，推行为老服务标准化，提高服务质量和管理水平，新增5家养老服务驿站，千人养老机构床位数达到10张。推进老年幸福餐桌品牌工程，提升18个社区老年配餐站服务管理水平，实现新建社区老年配餐站全覆盖，新增40家村级老年餐桌。继续兴办村级“温馨家园”，开展“妫川希望”助学、“拒绝绝望”大病救助等项目，政府救助与慈善救助有效衔接，兜底保障困难群体。加快建设保障性住房，实现03街区2500套共有产权住房配售。完成130户农村危房改造，启动6个村1951人搬迁工程建设。

三、坚持党建引领，不断加强政府自身建设

（一）加快重点领域改革，持续增强发展动力活力

深刻领会改革开放的伟大历史意义，围绕创造优良营商环境、提供优质公共服务精准发力，推动各项改革举措落地见效，切实增强绿色发展的内生动力。

推进重点领域改革。加快落实各项改革任务，积极稳妥推进机构改革，尽快完成职能配置、职责分工、人员接替等各项任务。完善减量发展的体制机制，探索建立减量发展实施倒逼机制、城乡建设用地增减挂钩机制、生态保护红线刚性约束机制。深化生态文明体制改革，落实自然保护区生态保护红线管理相关制度，完成生态保护红线校核及勘界定标，理顺自然保护区管理体制，建立监管长效机制，

编制“两山”理论实践创新基地创建规划，建立任务体系和配套制度。实施医药卫生体制改革，完善医疗卫生机构设置规划，试点建立公立医院绩效评价机制，完成全民健康信息平台一期建设并与市级平台实现互联互通，推行门诊全流程“先诊疗后付费”信用就医模式。推进教育综合改革，促进职业教育转型发展。深化国资国企改革，推进各类国企改革方案落地，优化国有资本布局。注重开放发展，做好服务业扩大开放试点工作，营造公开透明的市场环境，吸引更多优质企业落户延庆。

着力优化营商环境。深入落实优化营商环境三年行动计划实施方案，细化落实“9+N”“10+3”政策体系，完善绿色高精尖产业配套政策及服务企业发展系列办法，持续用好“服务包”“服务管家”制度，构建亲清政商关系。深化“互联网＋政务服务”，推进投资项目在线审批监管平台建设，完善公共资源交易平台工作标准，促进“一网、一门、一次”改革持续深入。高标准运行政务服务中心，完成乡镇（街道）政务服务中心、村（社区）政务服务站规范化建设，不断提高服务水平。继续深化“放管服”改革，动态调整权责清单，减证便民，切实把改革措施落到实处。加大市场监管力度，加快建设社会信用体系，持续优化信用环境。

（二）转变政府职能，努力建设人民满意的服务型政府

肩负重任必须要敢于刀刃向内，自我革命，要强化党建引领，加快转变政府职能，进一步提高公信力和执行力。

提高政治站位。牢记“看北京首先要从政治上看”的要求，切实增强“四个意识”，坚定“四个自信”，坚决做到“两个维护”“三个一”“四个绝不允许”。严格落实意识形态工作责任制，深入开展“不忘初心、牢记使命”主题教育，更加自觉践行党的根本宗旨。加强“四个中心”功能建设，提升“四个服务”水平，在首都发展大局及赛会筹办举办中做好延庆表达。

强化依法行政。坚持会前学法并向基层延伸，深化政府法律顾问机制，不断提升政府系统运用法治思维、法治方式及法律手段解决问题的能力。严格执行“三重一大”决策程序，持续加强对重大决策、重点改革、重要合同及规范性文件的合法性审查。全面推进政务公开、信息公开力度，强化对行政权力的监督制约。开展法治宣传教育，加大执法力度，营造良好法治环境。

增强工作实效。紧紧围绕全年各项任务，细化分工，压实责任，确保事事有人抓、件件有着落。增强责任感使命感，面对困难不躲不推不等，主动扛硬任务、敢于啃硬骨头。大兴调查研究之风，走好新形势下的群众路线，领导干部要当好“施工队长”和班组长，以上率下，办好应该办的事情。注重工作创新，加大统筹力度，切实提高工作效率。

深化廉洁从政。深入落实全面从严治党各项要求，推动政府系统党风廉政建设向纵深发展。锲而不舍执行中央八项规定精神，坚决反对“四风”，加大形式主义、官僚主义整治力度。积极有效履行“一岗双责”，细化廉政风险防控措施，全面落实从严治党主体责任。始终保持反腐败高压态势，加强公共资金、国有资产、国有资源和领导干部经济责任审计，持续加大“为官不为、为官乱为”及侵害群众利益等问题的治理力度，确保干成事不出事。

各位代表、同志们，2019年是极具挑战的一年，挑战即为机遇，压力就是动力。让我们在习近平新时代中国特色社会主义思想的指引下，在市委市政府和区委的坚强领导下，把服务保障赛会作为重大政治任务扛在肩上，抓在手上，落实在行动中，以强烈的责任担当、务实的工作作风，努力奔跑，追梦前行，为交上服务保障赛会和高质量绿色发展两张优异答卷而努力奋斗！为建设国际一流的生态文明示范区和美丽延庆而努力奋斗！以优异成绩庆祝中华人民共和国成立70周年！

（栏目编辑：景冰芳）

专 文

延庆发展农村集体经济的几点思考

（2019年1月）

中共北京市延庆区委书记 穆鹏

“三农”问题是关系国计民生的根本性问题，党的十九大提出实施乡村振兴战略，是解决农业农村农民问题的总抓手，为新时代做好“三农”工作提供了根本遵循。实施乡村振兴战略，核心是产业振兴，康庄镇、刘斌堡乡下虎叫村等积极探索发展集体经济，取得初步成效，对进一步解决好“三农”问题具有重要的借鉴意义。

一、延庆区农村集体经济现状及特点

延庆有376个行政村，其中72%为山区村；农业户籍人口15.1万人，占全区户籍人口的52.8%，是典型的农业区，生态优势突出，林木绿化率、森林覆盖率分别达到74.95%、58.41%，近10年来，林业产值年均增长9.9%。区委区政府始终把“三农”工作放在首位，在促进农村经济发展的同时，村集体经济也不断发展，主要呈现以下几个特点。

一是资产总量逐年增加，增速较快，但内生动力不足。截至2017年年底，全区乡、村两级集体资产总额93.6亿元，农民人均4.8万元。10年来，年均增长17.8%，快于同期GDP增长8个百分点。其中，绝大部分来自土地征占费用和民生工程建设固定投入等外源因素，特别是筹办冬奥会世园会带来的大量征拆与基础工程建设，使得集体资产总额猛增，但具有高竞争力、可持续发展的内生动力性产业不足，村集体经营性收入仅占农村经济总收入的2.4%。

二是集体经济组织多，“空置”也多，经营形式相对单一。2017年，经营性收入小于50万元的村有272个（低收入村45个），其中无经营性收入的村有25个（低收入村有4个）。村集体账内收不抵支村有147个，特别是在58个低收入村中，村集体基本没有主营业务收入，村集体经济组织“空壳化”的现象比较突出。

三是受地理空间的客观制约，区域发展不均衡。川区和山区呈现两级分化趋势，2017年年底，增幅较大的延庆、康庄、八达岭、永宁4个镇，集体资产同比增加24.8亿元，占全区集体资产总增量（31亿元）的80%，而四海、千家店、珍珠泉3个山区乡镇集体资产仅增加855.7万元，占总增量的0.3%。2017年，集体经济收入小于10万元的143个村，有99个村集中在山区乡镇，集体资源、资产经营难，仍处于靠山不会吃山、靠水不会吃水的境地。

四是资产资源经营渠道窄，收益效率低。自2009年全区产权制度改革以来，通过北京农村产权交易平台，累计完成农村集体产权交易项目32宗，涉及土地面积9996亩，成交金额1.19亿元。但仍有很大一部分土地、山林资源处于低效利用或闲置状态，即使是正在经营的，也仍以简单分散的土地、房屋、山场租金为主，经营方式单一，收益低。

五是资产负债率逐年攀升，债务有效化解不足。截至2017年年底，乡村两级负债总额从2007年的34.5亿元攀升到54.1亿元，年均递增4.6%。2017年底我区农村集体经济资产负债率53.2%，比同期全市低13.2个百分点，但有效化解债务意识与能力不强，近3年村级仅化解债务12823.2万元。

二、实践探索与启示

（一）康庄镇成立管护公司发展绿化产业

康庄镇位于延庆区西南部，2019北京世园会园区31%位于康庄镇内，区域范围内有3648.8亩绿化面积，管护任务繁重。为做好绿化管护工作，同步解决好失地农民长久生计问题，康庄镇于2017年3月成立镇集体所属园林绿化管理中心，承担辖区主要生态区域管护，包括生态林管护、工程建设（重点工程树木移植、平原造林工程、商业街保洁）、应急抢险处置等。公司现有人员共计994人（合同制绿岗就业217人，非合同制生态就业777人），全部为当地农民，特别是土地流转户达到全覆盖。公司运营以来，农民就业增收明显，近千土地流转户在家门口实现了就业，每年增收近2000万元，217名绿岗人员平均年工资约3.5万元，777名生态人员平均年工资约8400元，42户低收入户通过就业直接实现了脱低，老百姓切切实实吃上了“生态饭”；管护质量不断提高，在延崇高速等重点工程占用平原造林占补平衡项目树木移植工程中，移植各类乔灌木约2.6万株、成活率达90%以上，生态林管护及周边环境绿化美化在季度验收评比中名列前茅；初步锻炼出来自百姓的专业队伍，培养了10余人组成的管理团队、40余人组成的技术劳务团队、30人组成的应急抢险处置团队。

康庄镇探索发展集体经济的主要做法有3点：一是紧紧抓住园林绿化领域做文章。紧邻世园园区周边、中关村延庆园所在地是康庄镇得天独厚的区位优势，辖域内近10%农用地成为生态林地是康庄镇的最大资源，对这些林地进行有效管护是重点任务，也是培育新型业态、发展绿色产业的契机。镇党委政府就是抓住了区域特点，按照“宜农则农、宜工则工、宜商则商”原则，通过成立镇办公司将生态林这一集体优势资源盘活经营，走生态路，吃“绿色”饭。二是将落实上级决策部署及区内重点任务与解决本镇农民现实问题统筹解决。筹办好冬奥会世园会是党中央国务院交给延庆的重大政治任务，康庄镇将服务保障好重点工程建设与解决好由此带来的失地农民就业等问题一体谋划、一体落实。农民进入绿化公司工作，解决了后顾之忧，积极主动配合工程建设，有效推进了重点任务的落实。三是针对农民意愿和技能特点设置就业岗位。康庄镇平原造林产生的待业人员中，大多数年龄在45岁以上，文化程度仅有小学文化甚至文盲，呈现了年龄偏高、文化程度偏低、就业能力匮乏的特点。同时，待业人员需要照顾家庭、更希望就近就业。而公司目前的作业范围在本镇，主要任务是生态林管护中的修枝涂白、浇水灭虫和临街道边的清扫保洁等技能要求相对较低，经过简单培训后就能上岗，这既兼顾了他们自身的特点，又发挥了其素有种养殖技能的长处，一举多得。

（二）下虎叫村做精品民宿发展乡村旅游业

下虎叫村位于延庆东部山区，村域面积4939.2亩，耕地580亩，全村共62户、141人，其中低收入农户占一半以上。2016年以村书记为带头人成立农民专业合作社，引入远方网旗下的隐居乡里乡村产业综合开发项目，盘活闲置农宅，先后运营12处精品民宿小院，发展乡村旅游。精品民宿运营以来，取得了较好的效益，形成了村委会分红、合作社分红、房租收入、民宿用工工资性收入、特色农产品销售等多个增收渠道。2017年年底，全村人均可支配收入、低收入户人均可支配收入比2015年分别增长35%和36%。并已经辐射带动周边上虎叫村和小观头村共同发展，连片之势正在形成。

下虎叫村发展集体经济的主要做法有4点：一是走精品之路。引入经验丰富的高端民宿经营企业，对闲置房屋院落进行整体设计装修，在满足优质居住条件的同时，镶嵌在村庄内的小院，也迎合了城市居民亲近自然、体验乡村生活的精神需求。同时，加大互联网营销力度，更符合现代人的消费习惯。二是增强集体话语权。村集体充分发挥引领带动作用，发展初期，主动对接优质企业，达成合作意向后，积极发动村民参与经营，并全面改善村貌民风。与合作公司构建有效的利益分配和风险分担机制，签订合同的第一年，公司向村集体承诺100间夜客房的最低收益结算量，小院管家优先使用本村村民等，切实保障村民利益。此后，积极争取镇政府及相关部门支持，投入近150万元，建成了“北方民宿学院”和“大炕”酒吧，进一步增强了综合服务能力。2018年，村集体实现收入近14万元，合作社实现收入16万元，村民仅通过分红最多可达6500元，最低也能分到500元。三是实行合作社负责制。下虎叫村党支部先后成立了种植合作社和虎叫乡村旅游合作联社，在参与投资建设小院的同时，负责农副产品的收购、加工和销售，以及乡村秩序、环卫、保障、应急等工作。目前，入社成员26户，覆盖全村80%的家庭，其中低收入户15户。2018年，合作社100%解决了全村农产品销售问题，村民销售收入增长2～3倍。四是小院经营采取管家制。培训当地村民做管家，负责客房的餐饮、接待、清洁、维护等工作。从客人入住小院开始，提供全方位、家庭式服务，给人宾至如归的感觉。小院管家月平均工资3000元，根据院落大小，每接待一批客人再享有相应分成，年收入总共可达到4万～5万元。

同时，珍珠泉乡小川村、延庆镇李四官庄村村委会充分发挥组织协调作用，对接赛会需求，主动探索发展现代园艺、房屋租赁等产业，虽然集体还未取得明显收益，但却有效促进了百姓的就业和增收。小川村距世园会园区70千米，村集体充分利用生态环境好的优势，与西诺花卉种业有限公司签订合作框架协议，打造“三千花谷”项目，集体流转9.33公顷（140亩）土地重点培育发展花卉园艺产业，使42.9%的劳动力实现了就地就近就业，带动88.4%的低收入户完成了脱低摘帽。李四官庄、谷家营村位于世园会园区建设规划区域，回迁安置楼除自家使用外，约有520套房屋空置。为增加村民收益，李四官庄村委会充分发挥组织作用，将分散在居民各家各户的房子整合起来，集体签租世园公司、中青旅，帮助解决员工住宿问题，租赁价格比分户单租每年多1.2万元左右。

三、进一步促进农村集体经济发展的对策建议

农村集体经济作为公有制经济重要组成部分，在促进农村经济社会发展中具有不可替代的作用。部分镇村进行的探索实践，有的虽然还未形成规模效应，但星星之火可以燎原。针对延庆的实际情况，要重点通过以下5个方面加快推进。

一是实施乡村振兴战略，加快落实“3个三年行动计划”[1]。深刻把握延庆资源特色和发展的阶段性特征，按照产业兴旺、生态宜居、乡风文明、治理有效、生活富裕的总要求，加快实施《北京市乡村振兴战略规划（2018—2022年）》。重点落实好区级“3个三年行动计划”，突出人居环境整治，下大力气抓好农村垃圾污水处理、“厕所革命”、村容村貌整洁等任务；要统筹建设好美丽乡村，严把申报、评估、资金、质量关，实施好美丽乡村建设工程，不搞大拆大建，切实提升农村基础设施和公共服务设施水平；要落实好都市型现代农业三年行动计划，创新构建高端高效高辐射的都市型现代农业产业体系、生产体系和经营体系，为集体经济发展奠定良好基础。

二是紧抓冬奥世园重大机遇，因地制宜选好重点产业。促进农村集体经济发展，产业兴旺是根本。要充分认识办大事、促发展、惠民生的关系，深挖区域资源特色，对接赛会需求，找准切入点、结合点和发力点。要针对延庆绿化面积大，管护任务重的特点，学习推广康庄镇经验做法，探索发展绿化管护业；要紧抓赛会带来的发展机遇，学习借鉴小川、李四官庄村做法，加快发展冰雪体育、现代园艺、赛会服务等相关产业；要学习下虎叫村的经验做法，按照全域旅游示范区创建工作的统筹安排，发展精品民宿和乡村旅游产业；要深刻认

1 延庆区针对农村农业农民发展出台的3个三年行动计划，即都市型现代农业三年行动计划（2018－2020年）、美丽乡村建设三年行动计划（2018－2020年）、农村人居环境整治三年行动计划（2018－2020年）。

识、牢牢把握加速城镇化进程中的发展机遇，探索发展新型城镇化物业管理等产业。同时，要坚持科技创新、文化创新，注重大数据、互联网等新技术应用，强化与文化融合互促，推进产业向绿色“高精尖”方向迈进。

三是强化顶层设计和政策支持，为集体经济发展保驾护航。乡村振兴，规划先行，要按照新一轮美丽乡村建设要求，高标准编制好村庄规划，统筹安排好集体经济发展方向、布局及重点任务，保持定力，久久为功。要加大政策资金支持力度，统筹安排专项扶持资金，采取以奖代补、项目资助形式支持镇村发展集体经济。要根据集体经济组织承担的农村社会管理和公益服务职能，在土地增值税等相关税费方面给予税收优惠政策。对符合区域功能定位、发展前景好的集体经济项目要优先安排落地。同时，要建立健全集体经济、组织管理等制度，制定实施既体现集体优越性又调动个人积极性的农村集体经济运行新机制，规范经济组织运行，确保实现健康可持续发展。

四是培养创新创业人才，引领“三农”发展新实践。富民先富农，兴村先兴人。要加大“三农”干部培养力度，继续深化“第一书记”机制，让专业人才深入农村一线促进农村生产力的发展。要选拔培养好村干部和致富带头人，严格村“两委”换届纪律，真正把心中有群众，懂经营、懂市场，具有开拓创新精神的有识之士选拔到领导岗位上来。要加大农民技能培训，结合十万人大培训专项行动，因人施策，提升农民在园艺插花、冰雪体育、餐饮服务、酒店管理、生态管护等岗位的技能素质，培养造就有文化、懂技术、会经营的新型职业农民。要积极引进人才，鼓励企业精英、专家学者、大学生等回乡创新创业，用好大学生村官，为乡村振兴提供智力支持。

五是强化党建引领，切实发挥好镇村集体组织优势。集体组织优势不可替代，要充分发挥农村基层党组织的战斗堡垒作用和党员的先锋模范作用，推动党的组织优势转化为发展优势，助推集体经济发展见实效。要通过集体牵头、村干部和党员带头等形式成立公司、专业合作社等营利性组织，把农民组织起来。要发挥好农民的主体作用，实行民主协商、民主议决，真正让农民成为集体经济的参与者和受益者。要用足用好农村集体“三资”，在依法依规的前提下，探索多种形式，让土地流转起来，形成规模经营。要盘活闲置集体资产，充分发挥农村产权流转交易市场作用，使集体资产在规范管理下寻求更高的价值空间。要牢牢把握赛会形成的聚光灯效应，持续加大招商引资力度，创新组织形式、合作模式和运行机制，使集体资产、资金、资源发挥更大效应。同时，要规范决策程序，强化监督管理，形成更大更可持续的收益。

发展农村集体经济是增强基层党组织创造力、凝聚力和战斗力的现实需要，是提高农民组织化程度、推进农业现代化、建设美丽乡村的客观保障，更是巩固党的执政基础、发展农村公益事业、实现农民共同富裕的有效途径。既需要我们发扬不等不靠的精神，大胆作为，主动作为，更需要用科学的态度谋划工作、分析问题，探索出适合本区域新型农村集体经济发展之路，为全面促进乡村振兴奠定坚实基础。

（栏目编辑：景冰芳）

国民经济和社会发展主要指标完成情况

国民经济和社会发展主要指标统计表

表1

项　目	单位	2017年	2018年
人　口			
户籍人口	万人	28.5	28.7
常住人口	万人	34.0	34.8
经济总量			
地区生产总值	亿元	136.2	151.9
第一产业	亿元	6.8	7.7
第二产业	亿元	42.9	52.5
第三产业	亿元	86.5	91.7
固定资产投资			
全社会固定资产投资增速	%	43.7	77.1
房地产开发投资增速	%	-26.7	97.7
能源消费			
能源消费总量	万吨标准煤	66.56	（未公布）
万元地区生产总值能耗	吨标准煤	0.489	（未公布）
万元地区生产总值能耗下降率	%	8.81	2.58
财政收支			
公共财政预算收入	亿元	16.2	19.2
公共财政预算支出	亿元	121.6	140.1
农　业			
农林牧渔业总产值(现价)	亿元	17.7	20.0
主要农产品产量			
粮食产量	万吨	8.1	7.2
蔬菜产量	万吨	5.9	5.8
禽蛋产量	万吨	3.7	2.8
干鲜果产量	万吨	1.8	1.1
牛奶产量	万吨	4.1	4.0

续表1

项　目	单位	2017年	2018年
出栏猪	万头	10.3	10.4
出栏鸡	万只	224.0	190.0
工　业			
规模以上工业总产值（现价）	亿元	79.0	87.3
轻工业	亿元	20.6	21.1
重工业	亿元	58.4	66.2
规模以上工业年末从业人员	人	8657	7811
建筑业			
建筑业总产值	亿元	59.2	44.6
商　业			
社会消费品零售额	亿元	94.2	98.3
商品交易市场成交额	亿元	15	10.8
旅游业			
A级及主要景区景点接待人次	万人次	1572	1068
A级及主要景景点旅游收入	亿元	10.7	10.9
观光民俗旅游接待人次	万人次	633.7	545.5
观光民俗旅游收入	亿元	4.0	3.9
对外经济贸易			
实际利用外资	万美元	509	922
外贸进出口总额	万美元	11366	13552
出口额	万美元	9093	9259
金　融			
金融机构存款余额	亿元	453.5	512.0
城乡居民储蓄存款余额	亿元	212.0	236.0
金融机构贷款余额	亿元	128.6	168.7
教　育			
学校个数			

续表2

项　目	单位	2017年	2018年
高等学校	所	5	4
普通中学	所	21	21
职业中学	所	1	1
小 学	所	28	28
幼儿园		54	51
在校学生数			
高等学校在校学生数	人	7843	8221
普通中学在校学生数	人	8577	8458
职业中学在校学生数	人	1234	983
小学在校学生数	人	12288	12496
幼儿园在园幼儿数	人	7863	7350
文　化			
公共图书馆藏书	万册（件）	58.4	64.1
电影放映场次	万场	1.5	1.5
卫　生			
卫生机构数	个	320	318
卫生机构床位数	张	1037	1102
卫生技术人员数	人	2475	2583
执业医师（含助理医师）	人	1062	1113
注册护士	人	947	995
人民生活			
城镇居民人均可支配收入	元	41599	44916
城镇居民人均消费支出	元	27109	29238
全区居民人均可支配收入	元	31555	33887
全区居民人均消费支出	元	21449	23023
城镇单位在岗职工工资总额	万元	505678	547478
城镇单位在岗职工平均工资	元	75820	83843

（栏目编辑：景冰芳）

2018年组织机构及负责人

中国共产党北京市延庆区第二届委员会

书　记　穆　鹏（11月任）
李志军（11月免）
副书记　穆　鹏（11月免）　李军会
常　委　穆　鹏　李军会　张　远　刘学亮
黄克瀛（女）　吕桂富　谢文征
蒋达峰　张　琦（2月任）
委　员（按姓氏笔画为序）
卫红涛（满族）　马红寰　王罗颐
吕桂富 孙凤霞（女，12月任）
刘学亮　刘瑞成　祁增华　李军会
李志军（11月免）吴世江　张　远
张利忠　张树坡（12月免）
张　琦（2月任）　张景军　陈合安
陈桂芬（女）　孟顺利　赵琳锋
胡玉民　胡春华　胡耀刚　段福华
祖　宇　贺常荣（女）
贾春媚（女）　徐自成
黄克瀛（女）　黄金龙
常迎六（满族）　崔旭龙　董　亮
蒋达峰　鲁世宽　谢文征　穆　鹏
候补委员（按得票多少为序排列）
杨国柱　张　莉（女）　郭慧成
卫洪英（女）　郭清尧　魏旭斌

中共北京市延庆区委工作机构负责人

办公室主任　马红寰
保密局（由区委办管理）局长　张光临
组织部部长　刘学亮（兼）
常务副部长　杨志强
老干部局（由区委组织部管理）局长
郑玉伶（女）
宣传部部长　黄克瀛（兼，女，1月任）
常务副部长 张树清（女）
精神文明建设委员会办公室（挂靠宣传部）
主任 齐鲁延
统战部部长　黄克瀛（兼，女）
常务副部长　徐赟
台湾工作办公室主任　王　云（女）
政法委书记　吕桂富（兼）
常务副书记　张勇军
副书记　马建波
社会治安综合治理委员会办公室（与政法委合署办公）主任　张勇军
维护稳定工作领导小组办公室（与政法委合署办公）主任　张勇军
流动人口和出租房屋管理委员会办公室（与政法委合署办公）主任　张勇军
610问题办公室（挂靠政法委）
主任　路俊海（满族）
研究室（挂全面深化改革领导小组办公室牌子）主任　刘聪玲（女）
全面深化改革领导小组办公室主任
李军会（兼）
常务副主任　刘聪玲（女，蒙古族）
机构编制委员会办公室主任　张　河
直属机关工作委员会书　记　李军会（兼）
常务副书记　郝　健
区委巡察工作领导小组办公室主任　靳　柯
区委网信办　空　缺

中共北京市延庆区委派出机构负责人

发展和改革工作委员会书记　空　缺
农村工作委员会书记　贺常荣（女）
住房和城乡建设工作委员会书记　空　缺
旅游发展工作委员会书记　空　缺
商务工作委员会书记　空　缺
经济和信息化工作委员会书记空　缺
教育工作委员会书记　王建军（满族）
社会工作委员会书记　吴　皓
百泉街道党工委书记　赵振华
儒林街道党工委书记　贺建昌（1月免）
空　缺
香水园街道党工委书记　冯浙军
中关村科技园区延庆园党工委书记　王振龙

中国共产党北京市延庆区第二届纪律检查委员会

书　记　蒋达峰
副书记　韩　策　杜国华　冯殿荣
常　委　蒋达峰　韩　策　杜国华　冯殿荣
赵春生　祁春生　高国忠　王新生
沈小嘉（女）
委　员（按姓氏笔画为序排列）
王茂华　王秋林　王新生　冯殿荣
吕　莉（女）　祁春生　杜志军
杜国华　李庆民　杨立宏（女）
吴连军（满族）　沈小嘉（女）
张胜军　孟庆云　赵春生　郤占军
徐怀安　高国忠　郭　蓬（女）
郭东亮　郭铁石　曹艳军　蒋达峰
韩　策　韩志忠　焦万宏（女）
焦顺新（满族）　魏秀芝（女）
监察委员会（监察体制改革，成立区监察委员会）主　任　蒋达峰
副主任　韩　策　杜国华　冯殿荣

北京市延庆区第二届人民代表大会常务委员会

主　任　胡耀刚
副主任　武　克　郑世华　郭永华　闫承发
吴辰英（女，不驻会）
常　委（按姓氏笔画为序排列）
王铁林　古燕翔（女）　田玉柱
田毅敏（女）　付　强（满族）
冯浙军　司彦忠　吕毅夫
朱怀明　任秀莲（女）　刘井辉
刘世记　刘亚欣（女，蒙古族）
刘金江　李富兴　杨青林　吴子广
张玉华（女）　张勇军　赵伯玉
赵振华　柳千训（朝鲜族）
贺建昌（2月免）　贺鸿文（女）
席维国　鲁亚军（女）　鲁明祥
鲁振中　谭　颖

北京市延庆区第二届人大常委会工作机构负责人

办公室主任　付　强（满族）
法制办公室主任　刘金江
财政经济办公室主任　鲁亚军（女）
教育科技文化卫生体育办公室主任　刘世记
城市建设环境保护办公室主任　席维国
农村办公室主任　鲁明祥
代表联络室主任　司彦忠
研究室主任　刘亚欣（女，蒙古族）

北京市延庆区人民政府

区　长　穆　鹏（11月任区委书记）
常务副区长　张　远
副区长　谢文征　刘瑞成　祖　宇　罗　瀛（女，满族）　董　亮　吴世江

北京市延庆区人民政府工作机构负责人

政府办公室党组书记、主任　黄金龙
发展和改革委员会党组书记　祁增华
主任　程大庆
教育委员会　主任　魏旭斌
教育督导室（由教委代管）主任　闫利宽
科学技术委员会（挂知识产权局牌子）
党组书记　国学利
主　任　杨雪平（女）
知识产权局　局　长　杨雪平（女）
经济和信息化委员会（挂中关村科技园区延庆园管理委员会牌子）党组书记、主任　徐自成
中关村科技园区延庆园管理委员会
主　任　罗　瀛（兼，女，满族）
常务副主任　王振龙
民政局（挂民族宗教事务办公室牌子）
党组书记、局长　胡玉民
民族宗教事务办公室主任　胡玉民
司法局党组书记、局长　张书亭
财政局党组书记、局长　张景军
人力资源和社会保障局（对外可使用公务员局开展工作）党组书记、局长　胡春华
环境保护局党组书记、局长　常迎六（满族）
住房和城乡建设委员会（挂住房保障和改革办公室牌子、房屋征收办公室牌子）
党组书记、主任　赵琳锋
住房保障和改革办公室主任　赵琳锋
房屋征收办公室主任　赵琳锋
城市管理委员会（挂城乡环境建设委员会办公室牌子）党组书记、主任　鲁世宽
城乡环境建设管理委员会办公室
主任　鲁世宽
交通局党组书记、局长　李明海

农村工作委员会（挂山区建设办公室牌子）
党组书记、主任　贺常荣（女）
山区建设办公室主任　贺常荣（女）
水务局党组书记、局长　苏利茂
商务委员会（挂粮食局牌子）
党组书记、主任　贺　利（回族）（11月免）
空　缺
粮食局局长　贺　利（回族）（11月免）
空　缺
旅游发展委员会党组书记、主任　姜言泉
文化委员会党组书记、主任　叶　东
卫生和计划生育委员会
党组书记、主任　尹文强
审计局党组书记、局长　焦万宏（女）
社会建设工作办公室（与社会工作委员会一个机构两块牌子）主任　吴　皓
安全生产监督管理局党组书记、局长　臧文柱
体育局党组书记、局长　党　强

统计局党组书记、局长　吴连军（满族）
农业局（挂动物卫生监督管理局牌子）
党组书记、局长　池合仓
动物卫生监督管理局局长　池合仓
园林绿化局（挂绿化委员会办公室牌子）
党组书记、局长　田全升
绿化委员会办公室主任　田全升
民防局党组书记、局长　包喜全（蒙古族）
政府法制办公室党组书记、主任　空　缺
区委、区政府信访办公室（挂社会矛盾调处中心牌子）党组书记、主任　孙凤霞（女）
社会矛盾调处中心主任　孙凤霞（女）
政府外事办公室（挂政府侨务办公室牌子）
党组书记、主任　王卫东
政府侨务办公室主任　王卫东
国有资产监督管理委员会
党委书记、主任　郛劲松

北京市延庆区人民政府直属行政执法机构负责人

城管执法监察局党组书记、局长
贺建昌（1月任）

北京市延庆区人民政府派出机构负责人

政务服务管理办公室（3月政务服务中心机构更名）党组书记、主任　赵红英（女）
百泉街道办事处主任　谷建英（女）
儒林街道办事处主任　马素军（女）
香水园街道办事处主任　李艳芬（女）

区属事业单位、临时机构、企业负责人

区委党校（加挂北京科技大学延庆分校、北京市延庆区行政学院、北京市延庆区社会主义学院牌子）

校长　李军会（兼）

社会主义学院院长　黄克瀛（女，兼）

科大分校校长　谢文征（兼）

党委书记　空　缺

常务副校长、科大分校常务副校长、社会主义学院常务副院长　杨国柱

广播电视中心（挂新闻中心牌子）

党组书记、主任　董喜延

史志办公室　主任　王留艳

档案局（档案馆）党组书记、局长　史建柱

地震局局长　晏红利

机关事务管理服务中心

党组书记、主任　张立新

康西草原管理处党组书记　刘贵亭（12月免）

吴立新（12月任）

主　任　吴立新

农村合作经济经营管理站

党组书记、站长　宋　刚

农机服务中心党组书记、主任　杜　壮

水产服务中心党组书记　李凤春（12月免）

主　任　闫富军

种植业服务中心党组书记　龚富强（12月免）

主　任　路宝庆

投资促进局党组书记、局长　邢　涛

八达岭特区办事处党组书记　赵建军

主　任　卫红涛（满族）（12月免）

空　缺

中国长城博物馆馆长　赵建军

野鸭湖自然保护区管理处

党组书记　房荣年（12月免

孙胜利（12月任）

主　任　孙胜利

北京延庆世界地质公园管理处

党组书记、主任　尤宝军

重大项目协调服务中心

党组书记　胡树森（12月免）

空　缺

主　任　赵琳锋

北京马铃薯产业高科技园区延庆筹备办公室

党组书记、主任　空　缺

北京世界园艺博览会延庆区筹备领导小组办公室（挂北京世界园艺博览会园区管理委员会筹备办公室牌子）主　任　吴世江（兼）

党组书记、常务副主任　郭清尧

中关村科技园区延庆园服务中心

党组书记、主任　王　楠

中关村延庆园投资发展有限公司

总经理　夏建伟

八达岭旅游总公司党委书记　王铁林

总经理　莫广涛

八达岭旅游有限公司（筹备阶段，组建后免去原八达岭旅游总公司职务）

党委书记、董事长人选　王铁林

党委副书记、总经理、副董事长人选　莫广涛

龙庆峡管理处党委书记、主任　朱　岩

绿富隆农业股份有限公司党委书记　刘　宇

董事长　空　缺

总经理　刘　宇

绿富隆农业科技发展有限公司（筹备阶段，组建后免去原绿富隆公司职务）

党委书记、董事长人选　刘　宇

党委副书记、总经理、副董事长人选　韩慧敏

八达岭国际会展中心总经理　姚建华

物资总公司党委书记、经理　空　缺

供销合作总社党委书记、主任　高俊岭

饮食服务公司党委书记、经理　空　缺

商贸总公司党委书记、经理

李占根（10月免）　空　缺

市区双管单位负责人

市规划委员会延庆分局（因机构改革2月撤销）
党组书记、局长　空　缺
市国土资源局延庆分局（因机构改革2月撤销）
党组书记、局长　刘亚利（2月免）
市规划和国土资源管理委员会延庆分局
党组书记、局长　郎运波（2月任）
市路政局延庆公路分局党委书记　空　缺
局　　长　刘元则
地税局（因机构改革撤销）
党组书记、局长　王　竺（女，6月免）
国税局（因机构改革撤销）
党组书记、局长　马文辉（6月免）
国家税务总局北京市延庆区税务局
党委书记、局长　王　竺（女，6月任）
市工商行政管理局延庆分局
党组书记、局长　田素芬（女）
质量技术监督局
党组书记、局长　王留富
食品药品监督管理局
党组书记、局长　唐来发
气象局　党组书记、局长　闫　巍
邮政局　党委书记、局长　赵惠卿（女）
烟草专卖局党组书记、局长　王献军
经济社会调查队队长　国造红（女）

中国人民政治协商会议北京市延庆区第二届委员会常务委员会

主　席　陈合安
副主席　刘明利　谷艳兰（女）　张立新
张留全　程大庆（不驻会）
杨雪平（女，不驻会）
秘书长　马　岗（藏族）
常　委（按姓氏笔画为序排列）
王　力　王　竺（女）
王金玲（女）　王宝海
王剑英（满族）　王惠杰（满族）
白　华（蒙古族）　朱万富　朱向晨
许泽玮　孙艳萍（女）
李迎霞（女）　杨宏华（女）
吴金淑（女）　张天路
张艳波（女）　周　坤
徐红梅（女）　高文洲
曹艳华（女）　释悟凡
蔡玉芳（女）　薛雪菲（女）

政协北京市延庆区第二届常委会工作机构负责人

办公室主任　张燕霞（女）
研究室主任　马健壮
专委会工作一室主任　吴月清
专委会工作二室主任　刘存华（女）
专委会工作三室主任　韩冬雪（女）
专委会工作四室主任　王剑英（满族）
专委会工作五室主任　李志红（女）

北京市延庆区各人民团体负责人

总工会党组书记　张树坡（12月免）　空　缺
主　席　张树坡（12月免）
郭永华（兼，12月任）
常务副主席　杜志刚
共青团延庆区委党组书记　王　磊
书　记　王　磊（12月免）
林　俊（12月任）
妇女联合会党组书记、主席　卫洪英（女）
残疾人联合会党组书记、理事长　朱万富
工商业联合会党组书记　徐　赟
主　席　许泽玮（兼）
常务副主席　张绍芬（女）
文学艺术界联合会党组书记、主席　高文洲
科学技术协会党组书记、主席　贾春媚
红十字会会长　罗　瀛（兼，女，满族）
党组书记、常务副会长　王丽敏（女）

北京市延庆区乡镇主要负责人

延庆镇党委书记　郭慧成
镇　长　张海峰
康庄镇党委书记　陈桂芬（女）
镇　长　张春元
八达岭镇党委书记　孟顺利
镇　长　曹凯锋
永宁镇党委书记　葛　新
镇　长　陈志海
旧县镇党委书记　郭铁石
镇　长　王　赢（6月任）
张山营镇党委书记　崔旭龙
镇　长　郁世民
四海镇党委书记　张胜军
镇　长　马庆有
千家店镇党委书记　张利忠
镇　长　王晓娟（女）
沈家营镇党委书记　郭雄强
镇　长　王建柱
大榆树镇党委书记　辛文军
镇　长　赵满江
井庄镇党委书记　曲荣杰
镇　长　刘　军
大庄科乡党委书记　徐志中
乡　长　荣欣锋
刘斌堡乡党委书记　崔秀海
乡　长　程立军
香营乡党委书记　李新生
乡　长　李英铁
珍珠泉乡党委书记　王　琦
乡　长　闫茂先

北京市延庆区公安、司法、军事机构负责人

人民检察院检察长　段福华

人民法院院长　王罗颐

人民武装部政委　张　琦

部长　屈　辉（3月任）

市公安局延庆分局政委　许　杰

局长　祖　宇

（栏目编辑：景冰芳）

中共北京市延庆区委员会

概　述

2018年，区委坚持以习近平新时代中国特色社会主义思想为指导，深入贯彻中共十九大和中共中央总书记习近平对北京重要讲话精神，全面落实市委十二届四次、五次全会部署要求和蔡奇书记调研指示精神，坚定不移实施生态文明发展战略，聚焦冬奥会世园会筹办，抓好“三件大事”，打好“三大攻坚战”，统筹推进办大事促发展惠民生，各项工作取得了良好进展。

坚持全面从严，党的建设不断加强。以首善标准管党治党，为赛会筹办和地区发展提供坚强保证。认真落实“看北京首先从政治上看”的要求。牢固树立“四个意识”，坚决做到“两个维护”“三个一”“四个决不允许”。深入开展冬奥世园先锋行动，一批优秀典型冲锋在前，引领广大党员干部“往前站、向我看、领着干”。思想宣传工作深入开展。深入学习宣传贯彻习近平新时代中国特色社会主义思想和中共十九大精神，组织专题轮训和分级分类培训。启动新时代文明实践中心试点，建立区、乡镇（街道）、村（社区）三级组织体系，组建理论政策宣讲等六个平台，建立“2+6+18+N”志愿服务队伍，打通宣传、教育、关心、服务群众的“最后一公里”通道。成立区融媒体中心，建成“广电+报业”模式“中央厨房”，谋划“新闻+”全媒体平台，融媒体产品阅读量超过千万次，媒体报道总量是去年同期的近4倍。成立冬奥世园舆评中心，开展城市品牌战略规划和海外宣传推广。基层组织建设扎实有序。严格落实“五好、十不能”“五不准”条件，有序推进村（社区）“两委”换届选举，严厉打击换届选举中的违法违纪行为。推进党支部规范化建设，制定严格党员发展6条措施，为基层配备一批党建助理员，扎实推进32个软弱涣散村党组织整顿转化。干部队伍不断优化。在基层一线和赛会筹办等重要任务中培养锻炼干部，落实西北部生态涵养区人才管理改革试验区实施意见，实施冬奥世园人才行动计划，项目化培训200余名专业技术人才，柔性引进33名博士后、5名专家。党风廉政建设和反腐败斗争更加深入。深化监察体制改革，实现对行使公权力的公职人员监督全覆盖。强化政治纪律建设，完成3轮巡察，召开全区警示教育大会，启动6项专项治理，整改一批突出问题。保持高压反腐态势，紧盯赛会工程、“环保督查”等14项重点任务及“四风”问题，严肃查处张艳超违规入党等一批违纪违法案件。自身建设持续加强。区委常委会牢固树立抓好党建是最大政绩的理念，坚决扛起全面从严治党主体责任，开展5轮党建督导，层层传导管党治党压力。支持区人大、区政府、区政协履职尽责，完善“大统战”工作格局，加强党对宗教工作的领导，扎实推进老干部工作，深化群团组织改革，支持人大代表、政协委员以及社会各界监督赛会筹办、环境整治等重点工作。以上率下大兴调查研究之风，区委区政府主要领导带头践行一线工作法，建立大调研机制，四套班子主要领导开展调研340多次，带动形成深入基层破解难题、干在一线狠抓落实的良好氛围。

坚持聚焦发力，冬奥会世园会筹办阶段性任务按时完成。把服务保障赛会作为重中之重，深入贯彻“四个办奥”理念，落实可持续性要求，高水平规划设计，统筹协调推进各项工作，赛会筹办整体进展顺利。坚持党员先锋引领，核心区提前进场征拆、施工，A部分场馆建设按计划实施，B部分社会投资人招标完成，冬奥村建设启动。西大庄科村改造方案已报市审批；水务、电力、气象、综合管廊等配套设施工程有序推进；冬奥医疗专区改造方案确定，创伤、消化、心脏、康复中心运行；遴选23家酒店作为配套酒店，建成1家、开工9家；除停保中心外，其他各项工程均达到年度计划要求。高山滑雪世界杯国内申办程序基本完成，组委会基本成立，正在编制场馆运行和外围保障计划。兴延高速、延崇高速平原段年底竣工，制约延庆多年的交通瓶颈即将打破。全力保驾世园会围栏区和世园村建设，园区建设基本成型，回迁安置顺利完成。实现“双100”招展目标。外围道路、景观、管廊、停车场等配套工程基本完工，水电气等管线如期入廊对接，保障了园区运行。妫水大街改造等5项交通综合整治工程基本完工。扎实推进住宿、餐饮、志愿者等专项服务保障任务，加强智慧旅游、交通、安保、环保等信息系统以及大数据试点建设，提升精细化管理水平；以社会矛盾纠纷“减存量、控增量”五年行动为抓手推动“平安延庆”建设；紧抓国庆大客流契机开展旅游接待和城市运行实战演练，广泛开展“大培训、大练兵、大比武”活动，努力提升实战服务能力。

坚持自我加压，生态环境持续改善。把守护好绿水青山作为头等大事，大力提升生态品质。完善生态文明建设机制。健全生态文明建设领导体制和工作机制，完成生态文明建设规划（2013—2020年）中期评估，分解落实市绿色发展指标体系和生态文明建设考核目标要求，细化扩展为6方面70项责任指标，探索生态文明示范区建设标准，保持定力、厚植本底的导向更加坚定。强化生态保护提升。加强“两线三区”全域空间管控，大力推进国家森林城市创建，新一轮百万亩造林新增、提升1966.67公顷，留白增绿16.9万平方米，积极推进国家公园体制试点、海绵城市试点，绿色生态空间持续扩大。狠抓环境治理。聚焦冬奥世园，以拆违为龙头深入开展疏解整治促提升专项行动，超额完成各项任务，拆违36.2万平方米，“大棚房”清理整治通过市级验收，开展浅山区违法占地违法建设专项治理，清理212家畜禽散养户、9家规模养殖场。以推进环保督察、“绿盾行动”和地表水源地问题整改为牵引重拳清空净水，开展扬尘治理大会战，加强重型柴油车等移动源监管，农村煤改电、煤改气38个村10200户，压减标煤14万吨，完成城东、城南供热中心等745蒸吨燃煤锅炉清洁能源改造，赛区园区周边和新城基本无煤化；落实河长制，“清河”“清四乱”行动问题整改94.5%，水生态文明城市创建通过技术评估。以提升群众获得感为核心深化城乡环境整治，统筹开展创城创卫，完成76条背街小巷整治，万人志愿活动和志愿者监督环境问题常态化，创卫通过国家专家组技术评估验收。入选全国第二批“两山”理论实践创新基地。

坚持借势而为，绿色“高精尖”发展方向日益清晰。着眼赛会带来的历史机遇，结合落实冬奥课题成果，突出区域特色，推进绿色发展。确立中关村延庆园引擎定位，聚焦发展特色产业。重点培育和扶持冰雪体育、现代园艺、新能源、无人机等特色主导产业，制定科技创新推动绿色跨越发展三年行动计划，实施现代园艺产业创新发展措施和冰雪产业发展规划。举办首届创新创业大赛，设立首家众创空间。无人机试点启动建设，现代园艺产业创新中心落户，启迪之星体育科技创新园揭牌，引入34家园艺企业、9家园艺科研机构、41家冰雪体育企业、19家新能源节能环保企业、5家无人机企业，一批具有行业影响力的企业入驻。坚持融合互促方向，发展全域旅游。编制《全域旅游空间规划》，通过“旅游+”促进要素融合，突出发展生态旅游，全域旅游示范区创建通过市级评估。借势赛会带动效应，举办14项冰雪赛事活动，推出124家“世园人家”，入选首批全国民宿产业发展示范区，加快推进旅游品牌建设。实施特色小镇、民俗村旅游配套设施提升工程，助力休闲农业提质、乡村旅游升级。

坚持规划先行，城乡功能品质加快提升。严格落实北京城市总规要求，紧紧围绕赛会需要谋划城乡格局、提升发展质量。着力完善城乡规划体系。突出生态涵养功能，突出补齐公共服务短板，突出生态、产城人融合发展，充分发挥责任规划师制度和协作规划机制作用，基本完成分区规划编制，同步编制专项规划，启动实施冬奥、世园小镇规划，完成120个美丽乡村和5个传统村落保护与发展规划，城乡一体发展蓝图逐步成型。提质提速城乡建设。实施6个棚改项目和老旧小区综合整治，改造提升玉皇阁等8条街道、5个公园景观，完成妫川广场景观风貌改造等一批民生工程，新城人居环境不断改善。实施美丽乡村建设三年行动计划，制定建设标准，编制完成95个村庄建设方案，建立农村基础设施长效管护机制，美丽乡村建设扎实推进。不断提高城乡治理水平。党建引领落实“街乡吹哨、部门报到”，深化城市管理体制改革，建立城市管理指挥中心，做实街乡综合执法平台，推进“多网融合”，737名协管员下沉网格一线，城市管理重心进一步下移。

坚持人民立场，民生福祉有效增进。坚持落细落小，办成了一批民生实事，办大事惠民生执行力不断强化。聚焦脱低精准帮扶。出台15条强化措施重点帮扶标准线下1670户，推进“六个一批”帮扶政策精准到村到户，统筹5500余万元实施51个低收入产业项目，58个低收入村分别与海淀区、市属国企高校结对帮扶。编制助力受援地脱贫攻坚三年计划，扎实开展扶贫协作和对口支援。公共服务逐步提质。围绕赛时服务、赛后发展需求，着眼高质量就业目标，实施十万人次大培训计划，全年培训2.1万人次。加快教育扩容提质，本科上线率、一本上线率居郊区前列，实施城区小学营养配餐专项行动，加强师德师风建设，与市教委合作完成北京国际奥林匹克学院建设方案。深化医药卫生体制改革，加强与市级医院医联体建设，区中医医院迁建一期项目开工，村卫生室基本实现30分钟就医全覆盖。健全养老服务体系，推进建设60家幸福餐桌，惠及近万名农村老年人，18个社区配餐服务站基本覆盖城区老年人，“1+1”关爱空巢助老项目实现乡镇全覆盖。编制长城文化带保护发展规划和行动计划，以八达岭长城为核心，开展长城保护抢修，强化风貌管控和文化传承；挖掘培育乡镇特色文化品牌，百姓文化生活更加丰富。突出便民利民，实施生活性服务业品质提升三年行动计划，“一刻钟社区服务圈”建设扎实推进。进一步强化住房保障，推出两批3126套共有产权房，东关项目回迁工作顺利完成。社会保持安全稳定。深入推进“平安延庆”“法治延庆”建设，深入开展扫黑除恶专项斗争，圆满完成中非合作论坛安保任务，安全生产形势持续稳中向好，群众安全感满意度位居全市前列。

坚持问题导向，改革创新逐步深化。盯住重点领域关键环节，着力推动改革落地见效。营商环境持续优化。深化“放管服”改革，推进政务服务“一网、一门、一次”改革，政务服务效率大幅提升。制定支持重点产业发展、创业创新、人才服务等政策，实施“杰青领航”青年企业家培养计划，确定“100+50”重点企业，全面落实“一企一策”、重点企业“服务包”制度和“服务管家”机制，建立区领导联系企业机制，深入开展服务企业大走访。各领域改革稳步推进。认真落实市委市政府部署任务，按时完成改革“自选动作”。研究制定职业教育转型发展实施方案，探索统筹各类职业教育资源的体制机制。全面推进国资国企改革，确定住建、园林等系统所属国企改制重组方案，补短板堵漏洞工作有效落实。举办“壮阔妫川 时代印记”庆祝改革开放40周年图片展等系列主题活动，展现我区改革开放40年来发展历程和经验成绩，进一步坚定改革开放的决心信心。

单位名称：中共北京市延庆区委员会
地　　址：延庆镇湖北西路1号
电　　话：69140245

（晏博文）

重要会议

【全区领导干部会议】 2月6日，召开全区领导干部会议，传达全市区委书记会议精神，部署春节和全国“两会”期间安全稳定和服务保障工作。3月24日，召开全区领导干部大会，传达学习市委书记蔡奇、市长陈吉宁调研指示精神，统一思想、深化认识，全力以赴做好赛会筹办工作。区四套班子领导出席会议。7月21日，召开全区领导干部大会，传达学习市委书记蔡奇、市长陈吉宁就冬奥会、世园会筹办工作进行“双调研”的重要指示精神。李志军主持会议。穆鹏、胡耀刚、陈合安等区领导出席会议。11月8日，召开全区领导干部大会。会议宣布市委决定，穆鹏任中共北京市延庆区委书记，李志军不再担任中共北京市延庆区委书记、常委、委员职务，调市委农工委工作。市委常委、组织部部长魏小东出席会议并代表市委讲话。12月16日，召开全区领导干部大会，传达学习第四次区委书记月度工作点评会、市领导围绕实施乡村振兴战略拉练检查现场推进会和12月15日市委书记蔡奇、市长陈吉宁围绕推动长城文化带保护发展和推进世园会筹办工作到区调研指示精神。

（晏博文）

【区委常委会民主生活会】 2月8日，区委常委会召开2017年度民主生活会。班子成员围绕学习贯彻习近平新时代中国特色社会主义思想、认真执行党中央决策部署和上级党委决议决定、对党忠诚老实、担当负责、纠正“四风”不止步、严格执行廉洁自律准则6个方面，联系班子和个人实际，严格按照规定程序，深入进行对照检查和党性分析，逐一开展批评和自我批评，李志军主持会议并讲话。市纪委及市委组织部领导出席会议。

（晏博文）

【基层党建述职评议会】 2月24日，区委召开基层党建述职评议会。23名乡镇、街道、系统党（工）委（党组）书记围绕履行党建第一责任人职责情况进行述职，并接受与会领导点评。李志军强调要筑牢基层党建主阵地，加大基层党建创新力度，充分发挥基层党组织和党员在重大工程建设、赛会筹办举办、疏解整治促提升和清空净水等工作中的作用。

（晏博文）

【创城委2018年第一次会议】 3月20日，延庆区创城委召开2018年第一次会议，总结上一轮创城工作经验，部署2018年相关工作。会议听取延庆区创建全国文明城区三年工作情况报告及2018年工作思路、关于调整延庆区创建全国文明城区工作委员会人员及组织机构的建议的汇报，与会领导就相关工作进行讨论。会议决定创城委下设一办、八部、八组、十九个分指挥部，形成“1+8+8+19”的组织机构体系。区创城委主任李志军主持会议，区四套班子领导全员出席。

（晏博文）

【冬奥世园服务保障大会】 3月23日，延庆区召开服务保障冬奥会世园会筹办部署大会。会议传达北京市全面推进2022年冬奥会和冬残奥会筹办工作动员部署大会会议精神和全市“全力打好蓝天保卫战”调研座谈会精神，部署冬奥会、世园会筹备及下一步重点工作，安排部署创建全国文明城区和国家森林城市工作。北京世园局常务副局长周剑平出席会议，北京冬奥组委延庆运行中心主任李志军讲话，穆鹏主持会议，胡耀刚、陈合安等参加会议。

（晏博文）

【世园会省区市参展第二次工作会】 3月30日，2019北京世园会省区市参展第二次工作会暨参展企业签约活动在区举办，全国政协人口资源环境委员会副主任、中国花卉协会会长、北京世园会组委会副主任委员江泽慧，全国绿化委员会办公室专职副主任胡章翠，中国国际贸易促进委员会副会长张伟，北京市副市长王红以及北京世园局、延庆区相关领导和31个省、自治区、直辖市主管部门负责人、17家参展企业代表参加会议。

（晏博文）

【市第三环保督察组督察反馈会】 5月31日，市第三环保督察组督察延庆区情况反馈会召开。按照市委、市政府的统一部署，2017年12月20日至2018年1月19日，北京市第三环境保护督察组对延庆区开展环境保护督察，并形成督察意见。督察组充分肯定延庆区在生态文明建设和生态环境保护等工作中取得的成绩，并指出目前环保工作中存在的问题。李志军代表区委、区政府表态：完全赞同督察组反馈的问题和整改意见，照单全收，坚决整改、全部整改、彻底整改。区四套班子领导出席会议。

（晏博文）

【四套班子领导干部会】 7月25日，召开四套班子领导干部会议，传达市委十二届五次全会精神。李志军主持会议。胡耀刚、陈合安等区领导出席会议。

（晏博文）

【区委二届六次全会】 8月11日，中共延庆区第二届委员会第六次全体会议召开。李志军作常委会报告并讲话。全会指出，要以习近平新时代中国特色社会主义思想为指引，深入贯彻中共十九大精神，全面落实市委十二届五次全会的工作部署和市领导调研指示精神，精准聚焦服务保障冬奥会世园会筹办举办，进一步统一思想、明确任务，提振精神、铆足干劲，确保圆满完成全年各项目标任务，为交出赛会筹办和区域发展两张优异答卷打好坚实基础。

（晏博文）

【服务保障冬奥会培训工作会】 9月3日召开。会议对实现精准化、高标准培训，提升农民专业技能水平，服务保障冬奥会筹办举办，为延庆发展留下宝贵人才遗产等工作进行部署。李志军等区领导出席。

（晏博文）

【新时代文明实践中心试点会】 10月8日召开。会议研究《北京市延庆区新时代文明实践中心建设试点工作方案》，并围绕贯彻落实中央、市委部署要求，切实推动相关工作落到实处进行研讨。新时代文明实践中心建设试点工作从8月开始，为期一年。全国共50个县（市、区）被列入全国“新时代文明实践中心建设试点县（市、区）”名单，延庆为北京市唯一入选的试点区。

（晏博文）

【四套班子工作研讨会】 11月24日召开。区四套班子领导共同学习市领导研究谋划生态涵养区工作到门头沟调研精神，总结2018年工作特色和亮点，对明年工作发展思路和任务进行交流研讨。穆鹏主持会议。

（晏博文）

【全区领导干部警示教育大会】 11月28日，区委召开全区领导干部警示教育大会。会议传达全市领导干部警示教育大会精神，全面落实新时代全面从严治党总要求，按照全市领导干部警示教育大会要求，深入剖析当前全区全面从严治党存在的突出问题和发生的违纪违法案例，推动全面从严治党向纵深发展。穆鹏出席会议并讲话。区四套班子领导、区法院院长、区检察院检察长出席。全区各处级班子单位、乡镇、街道及全区纪检监察系统干部等500余人参加会议。会前与会人员集体参观“知敬畏、存戒惧、守底线——延庆区以案明纪警示教育主题展”，现场向基层单位代表发放《以案明纪警示教育材料汇编》。

（晏博文）

【二届区委第80次常委会】 12月1日，二届区委召开第80次常委会（扩大）会议，传达学习区委书记月度工作点评会等会议精神。与会区领导分别结合分管工作对号入座，深入查找工作短板并立行整改。

（时亚辉）

【区委二届七次全会】 12月16日，中共北京市延庆区委二届七次全会召开。会议回顾2018年工作，对2019年工作任务进行部署。穆鹏代表区委常委会作题为《聚焦聚力，苦干实干，坚决交出服务保障赛会和高质量绿色发展两张优异答卷》的报告，并作总结讲话。区委委员和候补委员38人出席会议。北京冬奥组委延庆运行中心、北京世园局相关领导和不是区委委员的区级领导，区纪委委员，区处级单位党政正职，延庆区出席市十二次党代会代表，部分基层党代表以及市（军）管单位党政主要负责w 列席会议。

（晏博文）

【区委二届八次全会】 12月29日，中共北京市延庆区委二届八次全会召开。全会审议通过《北京市延庆区机构改革方案（送审稿）》，同意按程序上报市委。全会表决通过《中国共产党北京市延庆区第二届委员会第八次全体会议决议》和《中国共产党北京市延庆区第二届委员会第八次全体会议关于递补孙凤霞同志为区委委员的决定》，表决通过《中国共产党北京市延庆区第二届委员会第八次全体会议关于批准张树坡同志辞去区委委员职务的决定》。区委常委会主持会议。穆鹏就改革方案作说明，并就全面做好机构改革工作讲话。

（晏博文）

主要工作和重大活动

【冬奥文化发展论坛】 1月15日，“2018冬奥文化发展论坛”在区举办。副市长程红，区领导李志军、穆鹏以及北京冬奥组委、中国社会科学院、中央美术学院、首都体育大学、北京林业大学等单位的专家学者参加论坛，围绕“冬奥会与延庆区域发展”等主题提出建议对策。

（晏博文）

【延庆区与乌兰察布市对口帮扶】 1月19日，内蒙古自治区乌兰察布市委书记杜学军带队到区对接对口帮扶工作。北京市支援合作办和区委、区政府领导参加交流。李志军表示，延庆将借助冬奥会世园会重大发展机遇，引导驻区企业加强与乌兰察布市特别是兴和县的沟通交流，创造更多就业岗位为兴和县发展提供智力支撑。5月14日，内蒙古自治区乌兰察布市人大常委会主任徐志明、市政协主席云淮带队到区，围绕对口帮扶和深化两地合作等内容进行考察，并同李志军、穆鹏、胡耀刚、陈合安等区领导座谈。

（晏博文）

【吉林市领导与区领导座谈】 2月28日，吉林省吉林市委、市政府领导到区，就进一步深化延庆区与吉林市在冬奥会筹办、冰雪产业发展等方面的交流合作进行座谈。李志军、穆鹏等区领导出席座谈会。

（晏博文）

【杜飞进调研】 3月10日，市委常委、宣传部部长杜飞进到区调研媒体融合及公共文化建设情况。实地察看永宁古城、世园会建设现场、区广电中心，召开座谈会听取工作汇报和一线工作者意见建议。区领导李志军、穆鹏等全程陪同。

（晏博文）

【宋秀岩调研】 3月13日—14日，全国妇联党组书记、副主席、书记处第一书记宋秀岩到区，就乡村振兴巾帼行动相关工作进行调研。先后到北京妫水人家妇字号基地、康庄镇太平庄村喻海庄园、北京北菜园农业科技发展有限公司、康庄镇屯军营村、百泉街道振兴北社区等地，实地了解妇女创业就业、妇女之家建设等情况，并听取延庆区在乡镇妇联建设、妇联干部发挥作用等方面工作情况的汇报。市委组织部部长魏小东，北京市妇联主席蔡淑敏，区领导李志军等陪同调研。

（晏博文）

【陈旭调研】 3月16日，清华大学党委书记陈旭带队到区，围绕双方进一步加强合作进行调研。先后到延庆规划展览馆、世园会中国馆施工现场和冬奥会进场路、综合管廊施工现场，实地察看延庆历史概况、城市发展和冬奥会世园会筹办情况。在随后召开的座谈会上，陈旭听取冬奥会筹备进展情况及相关工作需求情况，双方围绕人才、科技、体育等方面合作进行座谈交流。区领导李志军等陪同调研。

（晏博文）

【蔡奇、陈吉宁三次到延庆调研】 3月24日，市委书记蔡奇到区调研冬奥赛区建设情况，现场推进筹办工作。市委副书记、市长陈吉宁一同调研。实地察看高山滑雪、雪车雪橇场馆、外围配套综合管廊建设进展和2019年世园会建设场地。7月21日，蔡奇、陈吉宁就冬奥会、世园会筹办工作进行“双调研”。蔡奇强调，冬奥会延庆赛区已进入全面建设阶段，世园会筹办也进入决胜收官的冲刺阶段。要进一步提高政治站位，切实增强责任感和紧迫感，按照“一刻也不能停、一步也不能错、一天也误不起”的要求，全力以赴把各项筹办工作抓紧抓好。12月15日，蔡奇到区，就推动长城文化带保护发展和推进世园会筹办工作进行调研。市委副书记、市长陈吉宁，国家文物局局长刘玉珠陪同调研。

（晏博文）

【延庆区与宣化区对口帮扶】 4月7日，区四套班子领导带队到对口支援地区——河北省张家口市宣化区，实地调研对接与宣化区的对口帮扶工作。张家口市委和宣化区四套班子领导陪同调研。区领导一行实地了解深度贫困地区发展现状，走访5家建档立卡的贫困户，了解他们的生活状况、致贫原因，研究帮扶措施，并送去慰问金。4月18日，河北省张家口市宣化区四套班子领导到区，就进一步深化对口帮扶工作进行回访并与区领导座谈交流。

（晏博文）

【“透过平昌看北京”大讨论】 5月23日，延庆区开展“透过平昌看北京”大讨论，落实5月22日市委书记、北京冬奥组委主席蔡奇在平昌冬奥会和冬残奥会实战培训成果总结汇报会上的讲话精神。冬奥组委延庆运行中心主任李志军强调，要深入贯彻落实市委书记蔡奇重要讲话精神，认真借鉴往届冬奥会办赛经验，以“一刻也不能停、一步也不能错、一天也误不起”的状态抓好各项筹办工作，确保完成中央、市委交给延庆的重要政治任务。

（时亚辉）

【市扫黑除恶第七督查组到区督查】 6月6日，市检察院党组书记、检察长敬大力带领市扫黑除恶专项斗争第七督查组到区对延庆扫黑除恶工作进行督查。李志军向市督查组汇报全区扫黑除恶专项斗争总体工作开展情况。市督查组各成员单位分别反馈前期对口检查情况。区领导穆鹏等出席会议。

（晏博文）

【延庆与海淀对接低收入农户帮扶】 6月7日，延庆区党政代表团到海淀区围绕低收入农户帮扶工作进行对接。双方党政领导出席座谈会。延庆主管副区长介绍延庆区经济社会发展情况以及结对促进低收入农户帮扶工作中存在的困难，海淀主管副区长介绍海淀区经济社会发展情况以及结对帮扶工作计划。双方签订结对帮扶协议。9月21日，海淀区委、区政府领导带队到区，围绕低收入农户帮扶工作进行考察对接。李志军、穆鹏等陪同考察并参加座谈会。11月14日，海淀区委书记于军率代表团到区对接推进结对协作工作。穆鹏等区领导参加对接活动。双方先后到蔡家河流域平原造林区、区妇幼保健院、中关村延庆园实地察看，随后就延庆区推动生态涵养区生态保护和绿色发展需求、海淀与延庆结对协作工作进展进行座谈交流。11月21日，穆鹏带队到海淀区围绕生态涵养区生态保护和绿色发展进行对接。双方领导先后到海淀区西北旺镇百旺种植园、中关村集成电路设计园、创客小镇、中关村国家自主创新示范区展示中心，实地察看海淀区现代农业、高新技术产业发展情况，针对产业发展结合点进行深入对接。

（晏博文）

【刘雅鸣调研】 6月8日，中国气象局局长刘雅鸣围绕冬奥会世园会气象服务保障工作到区调研。先后深入区气象局和冬奥会延庆赛区、世园会园区施工现场，调研指导基层气象工作及汛期气象服务，看望慰问一线气象干部职工；了解冬奥会和世园会筹备工作整体进展及气象服务准备情况。中国气象局副局长余勇、北京市副市长卢彦、市政府副秘书长陈蓓、市气象局局长姚学祥、河北省气象局局长张晶和区领导李志军、穆鹏等陪同调研。

（晏博文）

【延庆与兴和对接扶贫协作】 6月25日—26日，李志军带领延庆党政企代表团到扶贫协作对口地区——内蒙古自治区乌兰察布市兴和县，围绕加强帮扶合作、推动两地携手奔小康进行对接考察。7月5日—6日，内蒙古自治区乌兰察布市兴和县四套班子领导组成的党政代表团到延庆，围绕延兴两地扶贫协作工作进行考察。区四套班子主要领导陪同考察。

（晏博文）

【延庆与首农集团洽谈合作事宜】 8月17日，首农集团党委书记、董事长王国丰和区领导李志军、穆鹏等，就借助冬奥会世园会筹办举办深化合作，实现双方互利共赢进行座谈。11月17日，北京首农食品集团就服务保障赛会筹办、助推区域绿色发展和企业发展双赢再次与延庆区座谈。集团党委书记王国丰、纪委书记乔书征与区领导穆鹏等出席座谈会。首农集团各所属企业和延庆区各相关部门负责人分别就目前合作业务进展情况进行深度沟通交流。

（晏博文）

【区城市品牌管委会成立】 8月23日，延庆区城市品牌管理委员会成立并召开第一次会议，研究延庆区城市品牌战略和城市形象视觉识别系统设计工作。区城市品牌管委会主任李志军主持会议，穆鹏等区领导以及城市品牌管委会成员单位负责人出席会议。

（晏博文）

【王庭大调研】 9月28日，全国党建研究会常务理事、科研院所专委会主任委员王庭大带队到区，围绕党的政治建设和加强党的全面领导等工作进行调研。全国党建研究会科研院所专委会副主任委员、中科院直属机关党委副书记房自正和区领导李志军等陪同调研。

（晏博文）

【烈士公祭活动】 9月30日，延庆区在平北抗日烈士纪念园，以向烈士敬献花篮的形式举行烈士公祭活动，深切缅怀革命先烈的丰功伟绩，弘扬革命先烈的崇高精神。区四套班子领导和老战士、军烈属代表、学生代表、驻延部队官兵代表以及全区各界群众代表等500余人参加公祭活动。

（晏博文）

【世园会倒计时200天活动】 10月11日，“放歌新时代”2019北京世园会倒计时200天活动在夏都公园举行。副市长王红以及市直机关工委、中国花卉协会、中国贸促会、市园林绿化局、北京世园局和区委、区政府相关领导出席活动。国家大剧院职工爱乐合唱团、金融街金歌合唱团等团体演唱《长城》《幸福永远》等歌曲，与会领导为获得北京世园会倒计时200天世园歌曲传唱活动优秀组织奖、“十佳合唱团”以及获得“最佳演唱奖”的单位颁奖。

（晏博文）

【徐麟调研】 10月24日，中宣部副部长、国务院新闻办公室主任徐麟到区，围绕新时代文明实践中心试点建设工作进行调研。市委常委、宣传部部长杜飞进陪同调研并为延庆区新时代文明实践中心授牌。中宣部新闻局、中央文明办一局、市委宣传部、首都文明办相关领导和区领导陪同调研。

（晏博文）

【市委第四巡视组进驻】 10月25日，市委第四巡视组进驻延庆区，开展为期3个月的巡视工作。当日召开巡视工作会，市委第四巡视组组长侯志光，副组长顾伟达、熊红和区领导李志军、穆鹏、胡耀刚、陈合安等出席会议。

（晏博文）

【区新时代文明实践中心成立】 10月26日，延庆区召开新时代文明实践中心成立大会，对建设新时代文明实践中心试点工作进行部署，18个乡镇、街道新时代文明实践所正式挂牌。李志军出席会议并讲话。穆鹏主持会议。与会区领导为18个乡镇、街道新时代文明实践所授牌。

（晏博文）

【国家电投集团领导到区交流】 11月28日，国家电投集团党组成员、副总经理时家林带队到区，围绕氢能源产业发展与区领导进行座谈交流。穆鹏等区领导出席座谈会。

（晏博文）

【延庆成为全国“绿水青山就是金山银山”实践创新基地】 12月15日—16日召开的中国生态文明论坛年会上，延庆被生态环境部授予第二批16个“绿水青山就是金山银山”实践创新基地，成为全市唯一获得“生态文明建设示范区”和“绿水青山就是金山银山”实践创新基地两项殊荣的区。

（晏博文）

【区领导集中调研】 年内，区四套班子领导分别带队、先后5次开展集中调研。4月22日，围绕“打好精准脱贫攻坚战，做好低收入农户帮扶工作”开展集中调研。7月2日，集中调研2018年环境建设重点项目，到大榆树镇下屯村、延康路—康张路交叉口、康庄商业街、绿韵广场等地，实地了解环境建设项目内容。11月10日，区委书记、区长穆鹏带队以“四不两直”和四套班子联合大调研的形式，围绕环境整治和赛会环境保障工作开展第二次秋冬季环境整治拉练综合大检查，并就检查中发现的问题进行现场督导。11月20日，区委常委会组织区四套班子领导以及相关部门、乡镇和街道负责人下沉一线，就服务保障冬奥会世园会筹办举办工作进行专题调研，并以区委常委会（扩大）会议的形式听取工作汇报、交流意见建议，对服务保障冬奥会世园会筹办举办工作进行再动员、再部署。12月30日，区四套班子领导对全区秋冬季环境整治情况进行第五次拉练检查。先后到香水园街道、八达岭镇及康庄镇部分区域，实地察看旧京银路沿线环境整治、垃圾渣土清理等情况，并详细了解相关乡镇环境整治进展及经验做法。

（晏博文）

【区委理论学习中心组学习研讨】 年内，区委理论学习中心组分别于5月16日—18日、8月24日、9月11日、12月24日，5次举行学习研讨会，围绕深入贯彻中共中央总书记习近平在纪念马克思诞辰200周年大会上的重要讲话精神和学习实践马克思主义以及新修订的《中国共产党纪律处分条例》进行学习研讨并交流学习体会；邀请中国社会科学院财经战略研究院城市与房地产经济研究室副主任刘彦平，围绕城市品牌建设作专题报告；邀请“平昌实习团延庆大讲堂”成员介绍平昌冬奥会实习经验；邀请北京清华同衡规划设计研究院有限公司副总规划师张晓光，就《延庆分区规划（2017年—2035年）》作专题报告。区四套班子领导参加学习。

（晏博文）

组 织

【概况】 中共延庆区委组织部（简称区委组织部）是负责全区组织工作、干部工作、人才工作的区委工作机构。内设办公室、组织科、干部科、干部监督科、人才科、干部教育科、信息调研科、党员教育管理科、党员电化教育中心、党代表联络办公室、党建研究中心11个职能科（室），其中党员电化教育中心、党代表联络室和党建研究中心为事业单位。2018年，全区组织工作坚持以习近平新时代中国特色社会主义思想为指导，深入学习贯彻中共十九大精神和习近平总书记对北京重要讲话精神，认真贯彻落实全国、全市组织工作会议部署要求，紧紧围绕赛会筹办、机构改革、低收入村（户）帮扶等中心工作，坚持抓基层、打基础，强班子、带队伍，引人才、汇合力，扎实推进组织工作各项任务落实。制定《关于在全区基层党组织和党员中深入开展“冬奥世园先锋行动”主题实践活动的意见》，倡导各基层党组织和广大党员聚焦服务保障冬奥会世园会筹办、举办工作“对标看齐”走在前、“凝心聚力”走在前、“攻坚克难”走在前、“岗位建功”走在前、“服务奉献”走在前，不断凝聚起办大事、促发展、惠民生的强大合力。为攻坚决胜冬奥会世园会筹办举办，推动延庆实现绿色发展新跨越提供坚强组织保证。制定印发《延庆区关于党建引领街乡管理体制机制创新实现“街乡吹哨、部门报到”的任务分工方案》，召开全区相关工作专题会，举办专题培训班，推动全区“街乡吹哨、部门报到”工作深入开展。全年举办4期党员发展对象培训班，培训党员发展对象421人，发展党员453人。按照上年度全区党员人数，申请下拨基层党组织党建活动经费1024.53万元。帮扶生活困难党员318名，其中市级困难党员90名，区级困难党员228名，发放帮扶资金90.6万元。

单位名称：中共延庆区委组织部
地　　址：延庆镇湖北西路1号
电　　话：69103954

（吕适艺　周志芳）

【第一书记选派工作动员部署会】 1月4日，第三批第一书记选派工作动员部署会召开。面向首批第一书记任期届满的低收入村和低收入户集中村选派20名村党组织第一书记，全区在岗村党组织第一书记人数达到112名，实现对帮扶村的全面帮扶、接力帮扶。

（何江涛）

【“博士后服务团”服务延庆】 1月5日，延庆区委与人社部留学人员和专家服务中心（中国博士后科学基金会、全国博士后管委会）举行战略合作签约仪式，共同组织“博士后服务团”到区开展实践研究和科技服务。年内，2批次33名博士后研究人员组成的“博士后服务团”，分别在科技、教育、医疗卫生、文化旅游和政府管理等领域，提供了优质的人才智力服务。

（花凯）

【区党建研究会首次代表大会】 1月12日，延庆区党的建设研究会第一次会员代表大会召开。会议审议通过《延庆县党的建设研究会理事会工作报告》和《延庆区党的建设研究会章程》，选举产生区党建研究会第一届领导机构成员，李军会当选会长。

（吴祖葵）

【党支部规范化建设工作部署会】 2月6日，全区党支部规范化建设工作部署会召开。会议面向全区机关、企业、事业单位、农村、社区、学校等各个领域，全面部署党支部规范化建设工作。提出用好“一规一表一册一网”工作载体，认真落实三会一课、主题党日、党支部评星定级等党内制度的具体要求。旨在提升党支部政治功能和组织力。

（何江涛）

【全区城市基层党建工作座谈会】 2月11日，召开区委党建工作领导小组会暨延庆区城市基层党建工作座谈会。会议审议《加强和改进城市基层党建工作的实施方案》，并对全区城市基层党建工作进行部署，部分部门、街道、社区代表进行交流发言，李志军作总结讲话，对做好全区城市基层党建工作提出要求。

（何江涛）

【基层党建工作述职评议考核会】 2月24日，延庆区乡镇、街道、系统党（工）委书记抓基层党建工作述职评议考核会召开，全区23名乡镇、街道及系统党（工）委书记现场述职。区委常委、区委党建工作领导小组及办公室成员、区“两代表一委员”、基层党员群众代表现场听取述职汇报并填写测评表。李志军作点评讲话，市委组织部相关负责人出席会议。

（何江涛）

【区人才工作领导小组会议】 3月7日和6月20日，两次召开区人才工作领导小组会议。先后研究审议《北京市延庆区人才工作领导小组调整名单》《北京市延庆区冬奥会和冬残奥会人才行动计划（2018—2022年）》《北京市延庆区人才公共租赁住房管理暂行办法》《关于北京市延庆区、河北省张家口市联合建设西北部生态涵养区人才管理改革试验区的实施意见》及《西北部生态涵养区人才管理改革试验区建设重点任务分解》等文件，并对博士后研究人员的引进、住宿、留用等有关工作进行研究。

（花凯）

【区党建研究会一届一次理事会】 4月3日，延庆区党的建设研究会第一届理事会第一次全体会议在八达岭温泉度假村会议中心召开。大会审议通过延庆区党建研究会2017年度工作报告，印发2018年度全区党建研究课题指南，并对2017年度全区党建调研优秀课题成果进行表彰。区党建研究会全体理事、监事，以及2017年度全区党建研究获奖课题组代表80余人参加会议。

（吴祖葵）

【“双报到”工作完成】 4月11日，全区基层党组织和在职党员“双报到”工作部署会召开。会议决定建立“三项清单”（责任清单，任务清单，问题清单），督促指导基层党组织和在职党员按照规定时限、规定流程积极做好报到对接。旨在加强区域化党建工作，提高基层社会治理水平。截至5月底，全区358个法人单位基层党组织和12246名在职党员全部完成报到工作。

（何江涛）

【农村实用人才工作开发培养】 4月20日，农村实用人才开发培养工作部署会召开。会议确定新培养农村实用人才129名，同时选配区级指导教师27名、配备乡土专家31名。年内，旧县镇华海田园创办人田海涛获评“北京市有突出贡献的农村实用人才”荣誉，沈家营镇北京兴业富民果蔬种植专业合作社“葡语农庄一二三产业融合发展项目”获评北京市农村实用人才优秀创业项目。

（花凯）

【村级“三务”公开工作部署】 4月26日，全区村级“三务”公开工作部署会召开。区委组织部、区民政局、区经管站分别对党务、村务、财务公开工作进行部署，印发村级“三务”公开模板，就公开内容、公开模板、公开流程、公开要求等具体内容进行详细解读，对做好村级“三务”公开工作提出明确要求。

（何江涛）

【基层党建重点任务推进会】 6月26日，全区基层党建工作重点任务推进会召开。会议印发《全区基层党建工作重点任务清单》，区委组织部传达全市基层党建重点任务推进会会议精神，对基层党建重点任务进行安排部署，提出具体要求，部分乡镇党委围绕软弱涣散党组织整顿、村“两委”换届选举准备工作等进行工作交流。

（何江涛）

【村、社区“两委”换届选举】 7月19日，召开全区村、社区“两委”统一换届选举工作调度会，传达全市村、社区“两委”换届选举相关工作会议精神，对全区村、社区“两委”换届选举前期准备工作进行部署。7月30日至8月20日，召开4次区委党建工作领导小组会，逐乡镇（街道）、逐村（社区）听取前期筹备情况汇报，对做好全区村、社区“两委”换届选举工作提出要求。10月16日，召开延庆区村和社区“两委”统一换届选举工作专题会，对换届选举中的有关问题进行政策解读。11月5日，延庆区在全市率先启动村和社区“两委”换届选举工作。11月9日，乡镇街道全部完成村和社区“两委”换届选举工作动员部署。截至12月31日，全区18个乡镇（街道）423个村（社区）中，有418个村（社区）党组织完成正式选举，占应选总数的98.8%；有83个村（社区）完成村（居）委会正式选举，占应选总数的19.6%。

（何江涛）

【组工干部能力提升专题培训班】 7月24日—26日，举办组工干部能力提升专题培训班。区委组织部相关人员对信息撰写、评论文章、调查研究等组织人事工作具体业务进行系统讲解，旨在提升组工干部的专业能力。全区各工委副书记、街道党工委副书记、乡镇组织委员，各处级班子单位组织工作信息员、2018年党建研究立项课题执笔人等168人参加培训。

（杜晓娜）

【基层党代表培训班】 10月16日—18日，举办区第二次党代会基层一线代表专题培训班。通过集中授课、实地参观、现场教学等形式，围绕增强党性修养、提高履职能力及筹办举办冬奥世园等全区中心工作进行重点培训。区直机关、企事业单位、街道、社区、卫生、教育系统的39名基层一线党代表参加培训。同期，43名农村基层一线代表跟班参加“村党支部书记学习贯彻十九大精神培训班”。

（李娟）

【区级优秀人才培养】 10月22日，区委组织部与清华大学公共管理学院签署社会实践基地共建协议书，旨在共建人才实践与培养基地。加大区域人才工作协作。10月25日，召开区级优秀人才培养资助工作会议，确定以项目化形式对优秀人才的成长给与持续关注和支持，同时加强项目化的考核管理与跟踪服务。广泛开展人才工作合作。10月29日，延庆区与河北省怀来县共同举办“延怀河谷”产区葡萄酒行业管理技术基础培训交流会，选派10名专业技术人才和科技工作者、实用人才参加交流。

（花凯）

【市委组织部调研】 11月11日—12日，市委组织部城乡党的建设“三级联创”调研组到区调研督导工作，调研组通过访谈、听取汇报、实地走访等方式，对全区乡镇、街道、村、社区、国企、机关、园区、非公企业等各领域党的建设情况进行实地督导检查，并为提升全区基层党建工作整体水平提出指导意见。

（何江涛）

【“改革开放40年党的建设成就与经验”研讨会】 12月28日，区党建研究会召开“改革开放40年党的建设成就与经验”理论研讨会。大会对优秀理论征文进行表彰并颁奖。区委党校、永宁镇、区纪委、区委宣传部4个单位党组织代表交流发言。中央党校党建教研部教授、博士生导师卢先福作主旨发言。

（吴祖葵）

【领导干部报告个人有关事项】 年初，召开全区2018年个人有关事项报告工作部署会，区委组织部和区纪委、监委主要负责人对个人有关事项报告工作进行重点强调，提出明确要求。全区33名市管干部、964名处级干部，集中填报《领导干部个人有关事项报告表》。按照相关规定及领导干部报告个人有关事项信息管理系统的操作规范，完成领导干部个人有关事项报告表的信息录入、汇总等工作。截至年底，对105名干部的个人有关事项报告进行重点抽查和随机抽查，对未如实填报的，严格按照有关规定作出严肃处理。

（王永刚）

【村干部学历提升】 年初，落实市委组织部、市委农工委工作部署，做好北京农职院村务管理专业大专学历教育工作，组织网上报名、体检、资格审核、现场确认等衔接工作，全区有653名村干部和农村青年报名，338人参加北京农职院自主招生考试，其中43人通过笔试、面试、政审等环节，并于5月被录取。

（何江涛）

【基层党建工作助理员招录】 年初，面向全区公开招录60名基层党建助理员，9月初，将60名党建工作助理员全部分配到岗，统筹安排到村（社区）党组织或街乡党建工作部门工作，

（何江涛）

【干部选拔任用】 年内，区委组织部严把政治关、品行关、能力关、作风关、廉洁关，鲜明树立注重实干、注重实绩的选人用人导向，大力选拔使用敢于担当负责、敢于攻坚克难的干部。全年联动调整处级干部6批81人次，其中，提拔或转任重要岗位24人，平级交流、改任或转任22人。增职、减职或兼职8人，免职18人。全年履行科级职务任免手续7批124人次。

（韩猛）

【干部培养】 年内，区委组织部在绿色发展大事筹办举办、东西部扶贫协作、京津冀协同发展等工作中培养锻炼干部，通过挂职、轮岗等方式，多平台多岗位拓宽干部视野，增长干部才能。积极搭建实践平台，强化实践锻炼，让干部经历大事、要事、急事的锻炼，提高分析问题、解决问题和谋划发展的能力。全年派出挂职干部人才52人，其中，到中央企业挂职处级干部1人；到河北宣化挂职处级干部1人、科级干部1人、专业技术人才48人；到内蒙古兴和挂职科级干部1人。接收区外挂职干部人才58人。推荐8名科级干部到北京冬奥组委工作。

（韩猛）

【干部日常管理】 年内，开展各类干部管理政策研究，指导处级班子按照干部管理权限履行管理职责。做好区管干部日常管理工作，全年为33名处级干部办理退休手续，为7名符合晋升条件的乡镇、街道副处级干部履行晋升正处职级手续，审批处级干部社团、企业兼职17人次。

（韩猛）

【年轻干部队伍建设】 年内，按照中央、市委关于发现培养选拔优秀年轻干部的工作要求，抽调人员组建调研组，采取个别谈话、档案查核、政治素质测试等方式开展专题调研，综合分析研判全区年轻干部队伍建设情况，发现一批优秀年轻干部并列入储备库。

（韩猛）

【党政正职离任检查和经济责任审计】 年内，对6名离任党委（党组）书记履行干部选拔任用工作职责情况进行检查，委托区审计局对18名处级领导干部进行经济责任审计，对2名处级领导干部进行自然资源资产离任审计。

（王永刚）

【干部选拔任用全程纪实】 年内，落实干部选拔任用全程纪实制度，在处级干部选拔任用全程纪实系统中录入81名处级干部选拔任用的全过程信息，确保干部选拔任用工作可追溯、可追查。

（王永刚）

【“带病提拔”集中倒查】 年内，按照市委组织部有关要求，会同区纪委，梳理年内受撤销党内职务或行政职务以上处分的科级领导干部名单。经过筛查，全区不存在“带病提拔”问题。

（王永刚）

【选人用人专项检查和不担当不作为问题检查】 年内，按照市委组织部有关要求，研究印发《关于在区委巡察过程中开展选人用人专项检查的工作方案》《关于在区委巡察工作中开展不担当不作为问题检查的工作方案》。成立巡察检查组，对区委宣传部、区文委、区广电中心、区体育局、区文明办等单位开展选人用人专项检查和不担当不作为问题检查。

（王永刚）

【基层党组织换届】 年内，建立基层党组织到届督促提醒机制，更新全区基层党组织换届

工作台账，健全挂销账制度，督促指导到届基层党组织严格按照法定程序开展换届选举工作，实现“应换尽换”的目标任务。

（何江涛）

【低收入帮扶】 年内，进一步加大对低收入村的资金帮扶力度，从市、区两级留存补交党费中，按照每个村24万元的标准，为58个低收入村和44个发展落后村补助2448万元，用于村党组织活动场所修缮提升、党员教育设施更新和党员培训。

（何江涛）

【乡镇党代会年会】 年内，下发《关于组织开好2018年度乡镇党代会年会的通知》，各乡镇党代会年会分别听取党委工作报告、纪委工作报告、党费收缴及使用情况报告和代表提案办理情况报告；35名区级、镇级代表围绕履行代表职责、发挥代表作用进行交流发言；31名代表围绕乡镇党委和纪委工作报告相关内容及党的建设方面的重要工作，直接向乡镇党委进行面对面询问；收集代表提案119件，确立代表提案93件。

（李娟）

【“人才京郊行”活动】 年内，开展第十批“人才京郊行”活动，将市级选派5名挂职专家分别安排到区广电中心、区投促局、区金融办、中关村延庆园管委会和世园会延庆区筹备办挂任实职。挂职专家为冬奥世园筹办及服务保障工作提供有力人才智力支撑，提升了媒体宣传、产业发展及金融服务等整体水平。

（花凯）

【干部教育培训】 年内，深入开展习近平新时代中国特色社会主义思想教育培训，全区处级干部全部参加专题读书活动。紧密结合全区绿色发展大事，加强处级干部和青年人才培养，举办主体班4期、专题班32期，选调干部参加中组部、市委组织部组织的各类培训班42期，全年培训干部3758人次。加强干教网延庆分中心建设，开发20门在线学习课程，全区2571名在线报名学员全部完成学习任务。

（苏学友）

【党员电教片拍摄制作】 年内，拍摄完成《一把尺子量到底 和谐拆迁暖人心》和《扎根社区 平凡不平庸》两部电教片及《冬奥赛区守护者》《铭记历史，红色传承》《平北精神再闪耀 砥砺奋进促党建》《不忘初心退休不褪色 牢记使命薪火永相传》《职责融于使命，初心情系群众》《百姓宣讲》6部微视频。其中《扎根社区 平凡不平庸》参选市委组织部全市党员教育电视片观摩交流活动，获得三等奖，《职责融于使命，初心情系群众》参选“不忘初心、牢记使命”主题微视频观摩交流活动获市级三等奖；向中组部推荐刘斌堡乡第一书记康名彦作为纪录片《第一书记扶贫记》拍摄候选人并获批。为北京长城网《农村大讲堂》栏目推荐珍珠泉乡小川村党支部作为“组织的力量”典型组织、农工委种植中心谷培云为“榜样在身边”典型人物、井庄镇表演的大鼓《妫川河畔迎盛会》为“文化驿站”题材并协助做好拍摄工作。

（段欣超）

【处级领导班子年度考核】 年末，根据区委、区政府关于考核工作的相关文件精神，按照乡镇、街道、行政事业单位、党群单位、经济单位、双管单位分类，通过党建考核和绩效考核，对全区103个处级领导班子进行综合考评，评选出51个先进单位。

（王永刚）

【处级干部年度考核】 年末，按照市委组织部和区委工作部署，统筹落实936名处级干部2018年度考核工作。全区857名处级公务员（含参公事业）中，被确定为优秀等次184名，被确定为称职等次665名；获嘉奖奖励181名，获三等功奖励40名。47名处级规范事业人员中，被确定为优秀等次8名，被确定为称职等次37名；获嘉奖奖励8名，获三等功奖励1名。32名处级其他事业人员中，被确定为优秀等次8名，被确定为合格等次23名。

（王永刚）

宣　传

【概况】 中共延庆区委宣传部（简称区委宣传部）是负责全区宣传思想文化工作的区委工作机构。内设办公室、新闻科、宣教科、文化创意产业促进中心（对外宣传中心）4个职能科室。年内，深入学习宣传贯彻习近平新时代中国特色社会主义思想和中共十九大精神，学习宣传贯彻全国、全市宣传思想工作会议精神，围绕市委十二届四次、五次、六次全会精神和调研指示精神，全面落实区委二届五次、六次全会部署要求，牢牢守住守好意识形态前沿阵地，加强理论武装，组织开展区级理论中心组学习16次，配发学习书籍3万册，全年组织宣讲493场次，受众9万余人次；加强宣传舆论引导，在中央和市级以上媒体发稿13755条；充分发挥先进文化引领作用，努力为攻坚决胜冬奥会世园会筹办、推动延庆绿色高质量发展，创造良好的理论氛围、社会氛围、舆论氛围、文化氛围。参与中宣部庆祝改革开放40周年“百城百县百企”活动。延庆《生态领先模式的形成与发展》一文刊登于社会科学文献出版的《改革开放与中国县域发展》上卷第四篇。

单位名称：中共延庆区委宣传部
地　　址：延庆镇湖北西路1号
电　　话：69174789

（赵恩阳）

【中共十九大精神百姓宣讲会】 1月3日，延庆区举行“不忘初心扬帆新征程，牢记使命筑梦新时代”学习宣传贯彻中共十九大精神百姓宣讲会，8名宣讲员结合中共十九大精神和身边故事，讲述自己和身边的感人故事。区四套班子领导和冬奥会工程建设者代表、世园会工程建设者代表、中关村延庆园企业代表、延庆传媒联盟代表、劳模代表、“北京榜样”代表、学生代表以及文明引导员代表等现场聆听宣讲。

（时亚辉）

【新闻发言人培训班】 5月11日，举办2018年第一期新闻发言人培训班。以《当前舆论生态和舆情应对》为主题进行辅导。全区各单位、乡镇及企业的新闻发言人、发言人秘书及新闻工作者300余人参加培训。9月12日，举办第二期新闻发言人培训班，世园会重点服务保障单位140名新闻发言人及发言人秘书开展5天脱产培训，邀请国内顶尖师资团队进行授课和案例分析，旨在全面提升融媒体时代延庆区新闻发布能力，服务保障好冬奥会世园会筹办举办。

（赵恩阳）

【“美丽延庆　精彩世园——百花争延”活动】 6月30日，“美丽延庆 精彩世园——百花争延”首都高校校园推广活动在世界葡萄博览园启动。活动由团市委、北京世园局、延庆区委区政府共同主办。从2018年7月开始到2019年3月结束，设置定向越野、辩论大赛、创意演讲、歌手大赛、书画大赛、文创设计大赛、舞蹈大赛、民宿设计大赛、知识竞赛、短视频大赛10大主题活动，分别由该领域内专业高校负责承办，通过主题活动向外界宣传美丽延庆和精彩世园。

（赵恩阳）

【创意创新创业大赛】 7月5日，延庆区创意创新创业大赛暨2018北京文化创意大赛延庆分赛场、“创业北京”创业创新大赛延庆分赛场活动在中关村延庆园正式开赛。活动于6月正式启动，其间征集参赛项目50余个，22个项目进入正式路演比赛（其中，6个项目进入北京赛区100强，3个项目进入30强）。延庆区启迪之星基地分赛场被评为最具成就赛场。

（赵恩阳）

【欢乐丰收节开幕式】 9月15日，魅力金秋 共享丰收2018欢乐丰收节在世界葡萄博览园开幕。开幕式通过“春华秋实”“家园芬芳”“梦想传承”“盛世欢歌”4个篇章，表达延庆人民对春耕秋收、辛勤劳作、收获果实的丰收喜悦之情。活动从9月15日至10月14日，为期一个月。

（赵恩阳）

【“我爱你中国”主题灯光秀】 9月29日至10月3日，区委宣传部在八达岭长城举办“我爱你中国”主题灯光秀活动。在景区关城广场，以“我爱你中国”为主题元素，以激光投影的形式映射冬奥会和世园会图片于长城墙体。作为国庆69周年的献礼，表达延庆人民对祖国母亲生日的祝福和祖国日益强大的美好祝愿。

（赵恩阳）

【“我与改革开放”故事征集10篇获奖】 9月，市委宣传部、市网信办、市委讲师团联合主办“北京市‘我与改革开放’故事征集活动”，区委宣传部评选整理出优秀作品10篇参选。1篇获得三等奖，9篇获得优秀奖。

（赵恩阳）

【新时代文明实践站和实践基地挂牌】 11月5日，全区18个乡镇（街道）新时代文明实践所的第一批180个村（社区）实践站完成挂牌。11月29日，为第一批77家新时代文明实践基地授牌，其中包括：理论政策宣讲基地10家、科技科普服务基地17家、教育服务基地15家、文化服务基地21家、医疗卫生服务基地3家、健身体育服务基地11家。基地面向农民开展参观、实践和培训活动，旨在助推农民素质全面提升。

（赵恩阳）

【改革开放40周年图片展】 12月16日，“壮阔妫川时代印记”延庆区庆祝改革开放40周年图片展在八达岭国际会展中心开幕。展览陈列的图片通过百姓视角，展示改革开放40年来特别是中共十八大以来，全区人民群众生产生活发生的巨大变迁。各单位职工和城乡居民2万人次参观展览。

（赵恩阳）

【新时代文明实践志愿服务总队成立】 12月22日，延庆区新时代文明实践志愿服务总队成立大会在会展中心召开。会议部署新时代文明实践志愿服务工作，为6支区级职能部门专业志愿服务队和18支乡镇（街道）志愿服务队授旗，专业志愿服务队进行表态发言。区四套班子领导出席大会。

（赵恩阳）

【系列动漫宣传延庆】 12月，区委宣传部组织制作《生态蓝图一绘到底》延庆区发展历程回顾动漫长图，通过“一图”，回望延庆生态文明坚守之路，展现延庆生态文明发展成果，表达全区人民对世园会的期盼和延庆美好未来的期待。动漫长图在北京延庆官方微信、延天下刊登。同期制作4集动漫《您好，这里是延庆！》《延庆的幸运色》《从“一二三”到“三二一”》《幸福延庆人》，陆续在延庆电视台、北京延庆官方网站播出。

（赵恩阳）

纪检监察

【概况】 中共延庆区纪律检查委员会（简称区纪委）与延庆区监察委员会（简称区监委）合署办公，在市纪委、市监委和区委领导下，履行纪检、监察两项职能。机关内设办公室、宣传部、组织部、研究室、党风政风监督室、信访室、案件监督管理室、案件审理室、第一纪检监察室、第二纪检监察室、第三纪检监察室、第四纪检监察室、第五纪检监察室、第六纪检监察室。全区有派驻纪检监察组13个，乡镇纪委15个；市区双管单位纪检组10个。年内，贯彻落实新时代全面从严治党新要求，以党的政治建设为统领，强化监督执纪问责和监督调查处置。编制《延庆区委巡察工作相关文件汇编》，出台《中共北京市第二届延庆区委巡察工作规划》《中共北京市延庆区委巡察工作实施办法（试行）》，突出政治巡察，聚焦党的领导弱化、党的建设缺失、全面从严治党不力等三大问题。加强党风廉政宣传教育，发放《以案明纪警示教育资料汇编》4000多册；举办“知敬畏、存戒惧、守底线”警示教育展览，185家单位8000多名党员干部参观。组织全区各单位主管财务工作负责人及财务人员等180余人旁听延庆首起留置案的庭审宣判。开展第四届廉政文化节暨警示教育月活动，组织370多名科级干部进行廉政知识测试。完成大庄科乡红廉教育基地建设。截至年底，受理信访举报931件次，综合运用“四种形态”处理742人次，处置问题线索424件，新立案169件，党纪政务处分154人，通报曝光典型案件10批15起47人，问责党组织2人、党员干部35人。区纪委、区监委给予党纪政务处分154人（其中5人受双重处分），同比上升5%。其中，党纪处分136人，政务(事业)处分23人；处级干部24人，乡科级干部27人，其他人员103人。

单位名称：中共延庆区纪律检查委员会
地　　址：延庆镇苏子街4号
电　　话：69103160

（代强）

【区纪委二届三次全会】 2月9日召开。会议传达十九届中央纪委二次全会和市纪委三次全会精神，李志军出席会议并作讲话。蒋达峰代表区纪委常委会作题为《严格落实新时代全面从严治党新要求，为延庆赛会筹办和绿色发展提供坚强保证》工作报告，总结2017年纪检监察工作，部署2018年工作任务。部分乡镇纪委、区纪委区监委派驻纪检监察组主要负责人向全会述责述廉。会议讨论并表决通过全会工作报告和会议决议。区纪委委员28人出席会议，区四套班子领导、区法院院长、区检察院检察长和处级班子主要领导、全区纪检监察系统副处级以上干部、党风政风监督员270余人列席会议。

（代强）

【巡察工作】 4月2日，召开区委巡察工作动员部署会，部署《交叉巡察工作方案》和《第三轮巡察工作方案》，采取全市各区交叉形式开展纠正“四风”专项巡察，延庆区派出3个组赴怀柔区巡察；区农机服务中心、井庄镇和区农委接受昌平区巡察组巡察。同时启动区内第三轮巡察，被巡察对象为延庆镇和张山营镇，会议宣布交叉巡察组和第三轮巡察组组长、副组长授权任命，对巡察工作进行安排部署。截至年底，组建5个巡察组，完成4轮对16家单位的巡察任务，移送问题线索105件，立案审查16人，组织处理20人，问责基层党委1个。

（代强）

【张硕辅调研】 4月12日，市委常委、市纪委书记、市监察委主任张硕辅到区，围绕做好冬奥会冬残奥会筹办和扫黑除恶专项斗争进行调研。实地察看京张高铁八达岭隧道施工现场，听取关于冬奥会冬残奥会筹办及监督工作情况和扫黑除恶专项斗争开展情况的汇报，并与区纪委区监委班子成员进行个别谈话。李志军、蒋达峰等陪同调研。

（代强）

【延庆张家口纪检监察协同合作】 9月28日，延庆区纪委、监委与张家口市纪委监委协同合作文件签字仪式在张家口举行。北京市纪委、河北省纪委相关领导出席。延庆区与张家口市纪委领导分别代表双方签署《关于加强纪检监察机关全面协作框架协议》《关于冬奥会筹办监督工作协同合作办法》。

（代强）

【陈雍调研督导】 12月3日，市委常委、市纪委书记、市监委代主任陈雍到区调研督导“大棚房”专项整治工作，听取区政府落实“大棚房”专项整治工作有关情况和区纪委、监委在专项整治工作中开展执纪监督工作情况的汇报，到北京兴业富民果蔬种植专业合作社设施农业项目园区进行现场检查，重点察看设施农业园区管理用房的使用情况，对巩固“大棚房”排查清理成果、规范设施农业用地管理、保护基本农田等工作提出要求。市纪委、市监委、市规划和自然资源委、市农业农村局相关负责人陪同调研。

（代强）

【监察体制改革】 年内，修订《延庆区反腐败协调小组工作规则》，健全反腐败协调机制，重新调整全区反腐败协调领导小组成员。成立乡镇监察办和街道监察组，确认全区监察对象16783人，提升监察覆盖面。推动纪法衔接，建立监察机关与检察机关工作协作机制、与审判机关咨询会商机制。

（代强）

【政治纪律督查】 年内，对全区各级党组织执行党章和贯彻中共十九大精神情况进行监督检查，重点查找党风廉政建设责任制、民主生活会和组织生活会、个人有关事项报告等制度落实中存在的问题，对瞒报、漏报个人有关事项的3名处级干部进行立案查处。集中开展党员入党核查工作，会同组织部门对全区各单位党员入党档案材料进行全面排查，发现问题及时纠正。加强选人用人监督，及时回复党风廉政意见，年内，共审查81批8195人次，其中审查村和社区“两委”候选人资格49批次7195人次。

（代强）

【“四风”问题专项督查】 年内，重申廉洁纪律，明确“十严禁”纪律要求，在门户网站、主要媒体开通信访“直通车”，发布监督举报公告、设置监督举报飘窗，保持整治“四风”问题高压态势。组织重点问题专项督查，深入偏远农家乐、乡村旅游特色店等隐蔽场所开展监督检查，对各乡镇、街道18个便民服务大厅、区级2个综合服务大厅的窗口人员工作作风情况重点督查，对公务加油卡使用情况进行集中检查。立案查处违反中央八项规定精神案件22件、处分21人，重点查处两起工作日期间违规饮酒案件，给予10人党纪、政务处分，6人批评教育，3人诫勉谈话。

（代强）

【冬奥世园专项监督】 年内，出台《党员干部、国家公职人员插手干预重大事项、工程建设记录报告制度的规定》，制定《冬奥会世园会筹办纪检监察组进一步深化筹办监督工作落实方案》；成立综合监察组和专业监察组，建立联席会议制度；形成延庆与张家口地区纪检监察机关冬奥会筹办监督的协同合作机制。对承担冬奥世园建设项目的央企、市属企业相关工程建设进展等开展日常监督。

（代强）

【审查调查“小官贪腐”】 年内，制定《延庆区纪委区监委“走读式”谈话工作办法》《延庆区纪委区监委审查调查安全预案》，聚焦冬奥世园筹办、扶贫领域腐败问题，集中整治“小官贪腐”。区纪委区监委处置问题线索424件，同比上升71.7%；新立案169件，同比上升4.3%；涉嫌犯罪移送司法机关2人，留置4人；通报曝光典型案件10批15起47人。

（代强）

【践行“四种形态”处理742人】 年内，健全提醒谈话、谈话函询、诫勉谈话等制度流程，综合运用“四种形态”处理742人次。其中，第一种形态588人次，占比79.3%；第二种形态132人次，占比17.8%；第三种形态10人次，占比1.3%；第四种形态12人次，占比1.6%。

（代强）

【执纪监督】 年内，制定《2018年重点监督工作任务手册》，对“冬奥世园筹办”“环保督查”“扶贫攻坚”“河长制”“街乡吹哨、部门报到”“疏解整治促提升”等14项中央、市委重大决策部署进行重点监督，全面规范基层履职行为。深化“为官不为、为官乱为”“查处群众身边的不正之风和腐败问题”专项整治，问责党组织2个、党员干部35人。集中开展扶贫领域监督执纪，建立监督数据库和监督台账，组织低收入农户帮扶资金专项检查。强化派驻监督，各派驻纪检监察组开展日常监督、专项监督和作风建设监督700余次，发现苗头性、倾向性问题220多个，提出整改意见建议260多条，处置问题线索103件，立案25件。

（代强）

【信访举报受理】 年内，制定《关于进一步规范北京市延庆区纪检监察信访举报受理、办理工作的暂行办法》《北京市延庆区纪检监察信访举报工作应急处置预案》，将区纪委区监委领导约访、接访和包案督办重点信访举报件工作制度化，对信访举报件办理不力的乡镇纪委进行约谈、督办。全区纪检监察组织受理信访举报931件次，同比上升71%。其中，重复举报416件次，同比上升102%。

（代强）

机构编制

【概况】 延庆区机构编制委员会办公室(简称区编办）是区委机构编制委员会的常设办事机构，既是区委的工作机构，又是区政府的工作部门，列入区委机构序列。区政府审改办设在区编办，内设综合科、机构编制管理科、监督检查科（加挂行政审批制度改革科牌子）3个职能科室和机构编制信息管理中心1个事业单位。主要负责全区行政管理体制改革、行政审批制度改革、政府机构改革、机构编制日常管理等工作。年内，推进区级党和国家机构改革。印发《机构编制评估实施办法（试行）》，确定16条评估原则。与区委组织部联合印发《关于印发延庆区街道党工委和办事处职责清单（试行）及“街乡吹哨、部门报到”专项清单（试行一）的通知》。设立中共北京市延庆区委网络安全和信息化领导小组，明确职责和人员编制事项。区政府审改办转发落实《市政府审改办关于本市全面推行政务服务告知承诺制的实施意见（试行）》，印发政务服务事项目录3354项，转发落实市级精简审批服务事项1177项。与区财政局、区人力社保局、区政府法制办联合转发《北京市市、区政府部门权力清单动态管理办法》。先后7次印发文件，公布取消调整行政职权事项133项，取消基层证明55项，公布全市暂时保留基层证明目录95项，公布清理规范后的中介服务事项26项。截至年底，全区有事业单位法人312个。

单位名称：延庆区机构编制委员会办公室
地　　址：延庆镇西街2号
电　　话：69102430

（韩雪）

【机构编制管理】 年内，区编办批准设立北京市延庆区营商环境建设领导小组等10个议事协调机构和5个临时机构。按程序撤销北京市延庆区国有资产经营公司。为区发展改革委和区城市管理委所属事业单位以及区劳动保障监察大队、区政务服务中心更名；在区广电中心加挂区融媒体中心牌子；为区城市管理指挥中心增加20名事业编制；加强学前教育督查职责并增加2名事业编制，撤销北京市延庆区永宁镇民族小学，设立北京市延庆区第九幼儿园；为区旅游委等3个机构重新核定事业单位科级领导职数5名；调整完善延庆区自然保护区和风景名胜区管理机构和区河长制工作机构；整合设立北京市延庆区公共资源交易中心，加挂北京市延庆区政府采购中心牌子，并明确职责。

（韩雪）

【专项责任清单】 年内，区编办起草，区政府办印发突发事件应急救助、雪天道路交通应急保障、突发公共卫生事件应急处置、缓解交通拥堵、河湖生态环境治理、旅游市场综合监管6个专项责任清单，转发城市轨道交通运营突发事件应急处置专项责任清单。

（韩雪）

网络安全

【概况】 中共北京市延庆区委网络安全和信息化领导小组办公室（简称区委网信办）于2018年2月批复成立。年内，深入贯彻习近平新时代中国特色社会主义思想、中共十九大精神，特别是习近平网络强国战略思想，对标对表中央、市委、区委对网信工作的各项要求，始终与中心工作同频共振。按照汇集、研判、报送、督办、反馈、回复6个环节，闭环应对网络舆情，回应百姓关切，推动民生诉求解决。建立“网民吹哨，网信报到”服务群众响应机制，利用互联网大数据，广泛收集网络民生诉求，上报区委、区政府，流转责任单位落实办理，推进网民诉求、民生舆情解决，切实解决服务群众“最后一公里”问题，走好网络群众路线。充分利用北京延庆政务“双微”官方平台发布各类政策解读、辟谣、服务等信息4600余条，深入研究政务服务功能定位，聚焦服务保障冬奥会世园会筹办举办，围绕优化营商环境、创城等策划主题宣传，实现线上线下良好互动，扩大延庆正能量网络传播范围。全年“北京延庆”官方微信发布文章2000余篇，微博2600余条，提供招聘、天气、供电、医疗、交通等便民信息服务660余条，在“今日头条”“北京时间”等平台开展微访谈、直播等互动式宣传活动30余次。强化网络安全工作统筹，协调经信、网安、维稳等部门，开展全区重点网站、重要信息系统、关键信息基础设施安全隐患排查，建立基础台账，保障区内网站运行稳定有序。

单位名称：中共北京市延庆区委网信办
地　　址：延庆镇湖北东路118号。
电　　话：69109927

（朱涛）

【全国首家舆评中心成立】 5月28日，延庆区与人民网战略合作签约仪式在人民日报社举行，人民网党委书记、总裁叶蓁蓁和延庆区委书记李志军出席并致辞。双方代表签署《北京市延庆区·人民网战略合作框架协议》并共同为人民网－延庆冬奥世园舆评中心揭牌。合作协议旨在借助《人民日报》系强大的传播力、影响力和专业度，讲好世园会故事，传播北京冬奥会好声音，表达延庆人民、中国人民与世界人民友好交往的美丽心愿。

（朱涛）

【网信领导小组第一次会议】 6月25日，召开2018年延庆区网络安全和信息化领导小组第一次会议。学习贯彻中共中央总书记习近平网络强国战略思想，贯彻落实全国、全市网信工作会议精神，研究2018年延庆区网信工作要点及网络安全和信息化领导小组组成人员名单。

（朱涛）

【网易北京延庆号获“头条直播星”称号】 7月5日，区委网信办联合北京时间、网易、新浪等平台同步开展“兴延高速上跨京包铁路立交转体”网络直播，直播双桥同时转体74.5度、完成对接的全过程，活动曝光量14万，网易北京延庆号获得网易“头条直播星（政务）”称号。

（朱涛）

【政务新媒体矩阵构成】 12月15日，区委网信办依托北京延庆微信公众号建立25个网站、62个微信和31个微博构成的政务新媒体矩阵，实现整体联动、集体发声，全区政务新媒体的传播力、引导力、影响力、公信力全面提升。

（朱涛）

【民生热点网络访谈】 年内，区委网信办组织住建委、城管委等12家单位围绕不动产登记、现代园艺产业政策、楼房漏雨、供暖价格调整等民生热点开展网络访谈直播4场次，打通民生政策宣传“最后一公里”。

（朱涛）

【舆情刊物】 年内，创新舆情刊物编发模式，借助互联网大数据，聚焦涉延民生热点，编发《每日舆情》365期；加强分析研判，及时跟进区内敏感级以上网络舆情事件舆论动态，报送《舆情专报》120余期；聚焦新媒体管理与社会治理、舆情回应、互联网发展等新形势，出刊《舆情参阅》24期。

（朱涛）

统 战

【概况】 中共延庆区委统一战线工作部（简称区委统战部）是区委主管统一战线工作的职能部门；中共延庆区委台湾工作办公室（延庆区人民政府台湾事务办公室）（简称区台办），负责全区对台工作；延庆区海外联谊会，负责全区海外联谊工作；延庆区党外知识分子联谊会，负责全区党外知识分子联谊工作。区委统战部与区台办合署办公。年内，区委统战部以习近平新时代中国特色社会主义思想为指导，深入贯彻中共中央总书记习近平关于加强和改进统一战线工作的重要思想和《中国共产党统一战线工作条例（试行）》要求，全区统一战线把握机遇、乘势而上，围绕中心、服务大局，进一步彰显统一战线价值，展现统一战线作为。对台湾事务宣传通过传统媒体、新媒体刊登18条，开展“2018北京延庆端午文化大舞台京台社区交流”和“2018年北京延庆冰雪文化京台社区交流”两项活动，协助完成赴台人员考察任务审批21批次61人次，完成大型来访接待考察7批次134人次。

单位名称：中共延庆区委统战部
地　　址：延庆镇新城街2号
电　　话：69103030

（张珅）

统战与台湾事务

【统一战线宣讲会】 1月12日，延庆区“不忘初心扬帆新征程 牢记使命筑梦新时代”百姓宣讲团统一战线宣讲会在区文化馆小剧场举行。全区各民主党派成员、无党派人士、宗教团体成员、非公有制经济人士、新的社会阶层人士等120余人聆听宣讲。

（张珅）

【民主协商会】 1月18日，区委统战部组织召开“延庆实施乡村振兴战略推进美丽乡村建设专项行动”民主协商会。全区各民主党派成员代表、非公经济人士代表23人参加座谈并发言，围绕主题提出多条意见。穆鹏出席会议并与代表交流。

（张珅）

【迎春座谈会】 2月13日，区委统战部组织召开迎春座谈会，会议通报2017年统战工作总结、2018年工作思路及统战部2017年度民主生活会情况，民主党派人士聚焦冬奥世园筹办举办，结合各自2018年工作计划进行座谈交流。民主党派代表人士20人参加座谈。

（张珅）

【京台联合志愿服务】 3月，在2018第七届高雄北京特色周上，延庆参访团受北京市延庆区墨墨祝福志愿者协会委托与高雄实践大学观光管理学系签订《2019北京世园会京台志愿合作交流项目框架性合作协议书》。6月16日，台湾实践大学学生与延庆区青年志愿者共同参与端午文化节志愿服务活动，用实际行动践行合作协议内容。

（张珅）

【“五一口号”发布70周年专题培训】 4月23日，区委统战部组织召开纪念中共中央发布“五一口号”70周年专题培训会，邀请中国人民大学教授、中国统战理论研究会政党理论研究基地负责人周淑真讲解《“五一口号”的历史意义和现实启示》。各民主党派区级组织成员骨干，部分区政协委员，区委统战工作领导小组成员单位统战工作负责人等70余人参加培训学习。

（张珅）

【区委统战工作领导小组会议】 4月24日，区委统战工作领导小组2018年全体会议召开，会议传达市委统战工作领导小组全体会议及全市统战部部长会议精神，部署《2018年全区统战工作重点任务清单》，审议和讨论《全区关于加强新的社会阶层人士统战工作的实施方案（审议稿）》。李志军主持会议并讲话。小组成员单位主要领导40余人参会。

（张珅）

【统一战线志愿服务活动】 4月28日，区委统战部组织全区统战各界人士举办“不忘合作初心 同心携手创城”统一战线志愿服务活动。全区各民主党派、工商联以及各爱国宗教团体80余人参加活动。

（张珅）

【首都留学人员助力冬奥专项行动】 5月19日，首都留学人员“凝心聚力、相约冬奥”专项行动启动仪式暨冬奥延庆赛区活动在区举行。全国政协常委、北京航空航天大学副校长、市欧美同学会副会长陶智出席，区委主管领导以及首都留学人员代表120人参加活动。

（张珅）

【黄廷方长城保护资金捐赠仪式】 6月8日，“世界从这里认识长城·我们在这里发出邀请”——黄廷方慈善基金捐赠长城保护资金、黄廷方/信和“香港青年长城知旅”、万里长城保护志愿服务联盟启动仪式在八达岭长城举行。黄廷方基金会副主席、香港信和集团副主席、北京市政协委员黄永光向中国文保基金会捐赠长城修缮资金1000万元，用于延庆长城67—69号敌楼及边墙的抢险加固。同时启动的还有黄廷方/信和“香港青年长城知旅”项目，活动旨在定期组织香港青少年走访首都，开展长城主题文化交流。由延庆区、怀柔区、密云区以及清华大学、河北省张家口等地10支志愿服务队，现场宣布成立万里长城保护志愿服务联盟。市委统战部、中国文物保护基金会等单位相关领导出席活动。

（张珅）

【端午文化节京台基层交流】 6月16日，23名台湾里长、里民应区台办邀请到区参加“第十届北京端午文化节开幕仪式”，台湾同胞代表参与“七省九地”之水融合仪式，（“七省九地”：湖北省秭归县、黄石市，湖南省汨罗市，江苏省苏州市，河北省张家口，北京延庆，台湾高雄、日月潭，河南省内乡）活动现场用“七省九地”融合之水浇灌世园微缩景观，表达全国人民对2019北京世园会的美好祝愿。

（张珅）

【京台龙舟交流赛】 6月17日，第十届北京端午文化节暨“世园杯”京台龙舟交流赛在延庆区夏都公园举行。10名来自台湾高雄实践大学的师生和香水园街道的龙舟队员共同组成京台龙舟联队参加比赛，获得“世园杯”京台龙舟交流赛特别奖。

（张珅）

【统一战线中秋诗歌朗诵会】 9月21日，区委统战部举办“不忘合作初心 继续携手前进——延庆区统一战线纪念改革开放四十周年中秋诗歌朗诵会”，活动包括“不忘合作初心，继续携手前进” “喜迎两大盛会，共建美丽延庆” “展望美好未来，同心共筑中国梦”3个篇章。全区统战各界成员150人参加活动。

（张珅）

【民主党派骨干培训】 10月14日—19日，区委统战部组织40名民主党派骨干赴重庆开展专题培训，重温各民主党派发展史，传承统一战线和多党合作的优良传统。

（张珅）

【纪念改革开放40周年专题培训】 12月14日，区委统战部组织召开“纪念改革开放40周年”专题培训会，邀请中国社会科学评价研究院专家讲解《改革开放与延庆生态文明建设40年》。各民主党派区级组织成员骨干、非公经济人士、中关村延庆园新社会阶层人士、宗教界代表人士等120余人参加培训。

（张珅）

民主党派活动

【民革延庆支部“暖流行动之春雨计划”】 5月9日，由民革延庆支部牵头，北京妇女儿童发展基金会、欧尔美公益金主办的“一帮一”圆梦助学活动走进革命老区大庄科乡，为需要帮助的贫困儿童筹集学习生活用品，助推“精准扶贫”工作。

（张珅）

【民建延庆支部法制委员会成立】 5月10日，“绿色产业法律保障”研讨会暨民建延庆支部法制委员会成立大会在区举行。民建市委和区政府相关领导，区党派成员代表，区女企业家协会代表，区青创会代表，北京市隆安律师事务所律师代表，民建延庆支部的会员代表等40余人参加会议。

（张珅）

【民革市委调研】 5月20日，民革北京市委副主委率调研组到区，就“冬奥医疗卫生保障工作”进行调研。区政府副区长、民革延庆支部主委罗瀛等陪同调研。

（张珅）

【民建延庆支部助学】 6月1日，民建延庆支部会员赴延庆区大庄科中心小学，为学生捐款、捐物，与孩子们共度“六一”儿童节。

（张珅）

【民盟中国地质大学支部调研】 6月2日，民盟延庆总支与民盟中国地质大学支部在区联合组织开展官厅水库库滨带（海拔479米以下）退耕还草环保调研活动。中共中国地质大学委员会统战部、中国地质大学民进支部、九三支社、致公党支部各主委、副主委等陪同调研。

（张珅）

【民建市委艺术家会员到区演出】 7月31日晚，为庆祝2022年北京冬奥会申办成功三周年，民建北京市委艺术家会员到张山营镇开展“相约冬奥 同心同行”文艺演出慰问活动，活动由民建北京市委、中共延庆区委主办，中共延庆区委统战部、延庆区张山营镇协办。市政协、市委统战部、北京冬奥组委等部门领导出席活动并和400名冬奥建设者一起观看演出

（张珅）

【农工党延庆支部联合义诊】 8月11日，应农工党延庆支部邀请，中国医学科学院委员会组织北京协和医院10名党内专家、北京天佐恒口腔医院的7名医护人员，到大庄科乡社区卫生服务中心开展义诊活动，步长制药集团提供部分药品赞助，延庆蓝天救援队6名队员为义诊活动开展安全保障。70多名群众接受诊疗。

（张珅）

【九三学社延庆支社义诊】 8月19日，首个“中国医师节”，九三学社延庆支社组织社内医药卫生社员走进延庆兴延高速建设工地开展义诊活动。8名副主任医师以上的医学专家参加义诊，涉及神经内科、骨科、中医科、中西医结合科等多学科。诊疗患者20余人次，咨询30余人次，发放健康教育材料30余份，免费发放药品100余盒。

（张珅）

【民盟延庆总支赴西柏坡学习】 8月25日—26日，民盟延庆总支组织盟员代表一行15人，赴西柏坡等地开展“重温光荣历史、弘扬优良传统”专题学习调研活动。

（张珅）

【民进延庆总支全体会议暨支部换届大会】 12月14日，民进延庆总支召开一届三次全会暨支部换届大会。会议总结2018年工作，部署2019年工作，学习《中国民主促进会章程》和总支工作制度，选举产生新一届支部委员会委员。

（张珅）

政策研究

【概况】 中共延庆区委研究室（挂中共延庆区委全面深化改革领导小组办公室牌子），主要负责全区调查研究的组织协调、区委重要文稿起草等工作。内设综合科（调研科）和政策研究中心（挂改革研究中心牌子）。年内，完成区委二届六次、七次全会报告以及区委主要领导在服务保障冬奥会世园会筹办动员部署大会、在2018年党委系统工作会、在全区老干部工作会等重要会议上的发言、汇报、讲话20余篇。撰写市委主要领导、市政协领导到区调研时的全区工作情况汇报等发言材料以及关于减量发展、党的政治建设、扶贫协作等领域汇报文稿50余篇。编发《关于加强水污染防治的经验借鉴和对策建议》《关于提升园林绿化品质的经验借鉴和工作建议》《关于推进垃圾分类工作的经验借鉴和工作建议》《浙江农村违建治理的经验介绍》等多篇政策建议性文章。

单位名称：中共延庆区委研究室
地　　址：延庆镇湖北西路1号
电　　话：69104054

（张明湛）

【政策统筹与调查研究联席会】 6月，召开延庆区政策统筹与调查研究联席会议2018年第一次（扩大）会议，安排2018年全区政策统筹与调查研究工作、区级重点调研课题推进工作。

（张明湛）

深化改革

【概况】 中共延庆区委全面深化改革领导小组办公室（简称区委改革办），作为常设性工作机构设在区委研究室，一个机构、两块牌子；主要负责处理区委全面深化改革领导小组日常事务，对各专项工作统筹、协调、督促、检查和推动。年内，对领导小组成员和专项小组设置进行调整优化，组织开展区全面深化改革重大问题的政策研究，统筹协调有关方面提出的改革方案和措施，协调督促有关方面落实领导小组决定事项、工作部署和要求。完成或基本完成改革任务35项，出台30余个改革文件。梳理全面深化改革以来各领域改革工作的特色亮点、典型经验，编辑成册；配合区委宣传部制定庆祝改革开放40周年宣传工作方案；编发改革工作简报、改革学习交流17期，深入总结探索精品民俗发展模式、“慈善养老+”模式、水环境治理等改革亮点工作经验成效，并在《北京改革情况交流》刊发，为推进改革工作营造良好氛围。

单位名称：中共延庆区委改革办
地　　址：延庆镇湖北西路1号
电　　话：69143273

（张明湛）

【第五次全体（扩大）会议】 2月26日，召开二届区委全面深化改革领导小组第五次全体（扩大）会议，审议《区委全面深化改革领导小组2017年改革工作总结报告》《区委全面深化改革领导小组2018年工作要点》《关于调整区委全面深化改革领导小组专项小组设置的方案（修订稿）》《中共北京市延庆区委全面深化改革领导小组工作规则（修订稿）》《中共北京市延庆区委全面深化改革领导小组办公室工作细则（修订稿）》《中共北京市延庆区委全面深化改革领导小组专项小组工作规则》《改革事项决策程序（修订稿）》《北京八达岭奥城实业有限公司组建方案》，听取全面推进行政审批“一科制”改革工作情况的汇报。

（张明湛）

【第六次会议】 4月25日，召开二届区委全面深化改革领导小组第六次会议，听取关于2018年改革督察督办工作安排的汇报以及生态文明体制改革工作情况的汇报。

（张明湛）

【第七次会议】 5月23日，召开二届区委全面深化改革领导小组第七次会议，听取关于2018年4月区委全面深化改革任务整体进展情况的汇报，审议《北京广厦投资建设有限公司（暂定名）组建方案》。

（张明湛）

【第八次会议】 7月17日，召开二届区委全面深化改革领导小组第八次会议，听取关于2018区委全面深化改革任务整体进展情况的汇报，以及2014年至2017年已出台改革方案落实情况的汇报。听取关于农村村民个人原有宅基地房屋建设管理办法、全面推进新型城镇化加快建设精品小镇实施意见落实情况的汇报、关于美丽乡村建设相关改革方案落实情况的汇报、关于发展全域旅游实施意见落实情况的汇报。

（张明湛）

【第九次会议】 8月8日，召开二届区委全面深化改革领导小组第九次会议，审议《街道管理体制改革方案》《关于落实街道乡镇相关职权的试行方案》《延庆区关于规范协管员队伍管理建立专职网格员队伍的实施方案》，听取关于区城市管理指挥中心运行情况的汇报，审议国际一流生态文明示范区指标体系和生态文明建设工作机制，审议《延庆区推进“十三五”时期低收入农户增收及低收入村发展实施意见》《延庆区大气污染防治工作强化措施（2016－2017）实施方案》《延庆区水污染防治工作方案》《延庆区关于完善矛盾纠纷多元化解机制的实施意见》4个改革方案落实情况的督察报告。

（张明湛）

【第十次会议】 9月11日，召开二届区委全面深化改革领导小组第十次会议，研究《延庆区生态环境（绿色GDP）核算体系研究报告》，审议《延庆区环境保护督察整改工作方案》《整合延庆区园林绿化局下属国有企业，组建北京夏都园林绿化有限公司的方案》《延庆区公立医院薪酬制度改革试点工作实施方案》《延庆区科协系统深化改革实施方案》。

（张明湛）

【第十一次会议】 10月16日，召开二届区委全面深化改革领导小组第十一次会议，听取关于2018年全区改革任务进展情况以及工业闲置低效空间资源盘活利用、推进职业教育转型发展、科技创新推动延庆绿色跨越发展三年行动计划（2018—2020年）改革进展情况的汇报，审议《关于实施乡村振兴战略提升乡村治理能力的意见》以及关于市政供暖所在编及退休人员安置方案。

（张明湛）

老干部管理与服务

【概况】 中共延庆区委老干部局是负责全区离休干部和副处级以上退休干部组织、服务、管理工作的职能部门。设政办室、行政科、服务科、延庆区老干部活动中心4个职能科室。全年服务管理离休干部92人，其中本地81人、代管7人、易地安置4人；副处级以上退休干部1090人，其中副区级以上35人、正处级451人、副处级604人。年内，认真贯彻落实中办《关于进一步加强和改进离退休干部工作的意见》、京办《关于进一步加强和改进离退休干部工作的实施意见》和京延办《关于进一步加强和改进离退休干部的实施细则》，加强离退休干部政治建设、思想建设和党组织建设，组织引导老干部为党和人民事业增添正能量，用心、用情做好离退休干部服务工作。元旦、春节期间，对全区离退休干部进行普遍慰问，发放慰问品及学习材料。组织全区80个单位600余名处级退休干部到昌平中国航空博物馆开展“我看北京新变化”考察参观活动；组织老干部和机关党员干部参观“伟大的变革”纪念改革开放四十周年大型展览；组织离退休干部开展以“增添正能量 共筑中国梦 纪念改革开放四十周年”为主题的系列活动；编印并内部发行《画说2018——延庆区2018年离退休干部工作集锦》1300册。

单位名称：中共延庆区委老干部局
地　　址：延庆镇香苑街107号院
电　　话：69144298

（杨冬）

【老干部工作会】 2月6日召开。会议传达全国老干部局长会议精神，总结2017年全区老干部工作，部署2018年老干部工作任务。李志军对2018年老干部工作提出要求。离退休干部代表、离退休干部党支部书记代表、区老干部工作领导小组成员、全区处级班子单位党委（党组）书记、主管老干部工作的负责人参加会议。

（杨冬）

【老干部“禁放”巡查队成立】 2月6日，延庆区老干部文化艺术服务联合会组建成立了老干部“禁放”巡查队，开展对禁放烟花爆竹区域的巡视活动。巡查队由23名退休老干部组成，巡查日期从2月6日起，至3月3日结束。

（杨冬）

【老干部（海南文昌）临时党支部成立】 3月6日，中国共产党北京市延庆区老干部（海南文昌）临时支部成立大会在海南省文昌市举行。临时党支部下辖4个党小组，共有党员80名，其中由区委老干部局服务管理党员40名。

（杨冬）

【区老年人消费维权教育指导中心成立】 3月15日，延庆区老年人消费维权教育指导中心成立。由市工商行政管理局延庆分局、区民政局、区委老干部局共同发起，旨在面向辖区老年人开展有针对性的消费维权教育，营造养老、孝老、敬老的放心消费环境。

（杨冬）

【党风廉政建设和反腐败工作情况通报】 5月18日，区纪委书记、区监委主任蒋达峰为老干部通报全区党风廉政建设和反腐败工作情况。全区离退休干部代表及区委老干部局全体干部职工100余人参加会议。

（杨冬）

【社区资源服务离退休干部工作会】 8月14日，召开延庆区利用社区资源做好离退休干部服务工作协调会，传达《北京市离退休干部工作领导〈责任制〉检查考核工作方案》，部署市委老干部局到区调研、利用社区资源做好离退休干部服务管理工作的调查问卷填写等工作任务。区委老干部局、百泉街道、儒林街道、香水园街道主管领导参加会议。

（杨冬）

【《行走妫川·乡村记忆》摄制组汇报会】 8月31日，延庆区《行走妫川·乡村记忆》拍摄活动阶段性工作汇报会在区委老干部局召开。区委组织部、区委宣传部、区委老干部局、区档案局、区财政局、区发改委等13家成员单位主管领导出席会议。

（杨冬）

【老干部书画摄影展】 9月14日，举办“增添正能量、共筑中国梦、纪念改革开放四十周年”书画展，展出作品160幅，其中书法112幅，国画48幅。11月18日，举办“增添正能量 共筑中国梦”《画说家乡美》摄影展，展出作品100幅。

（杨冬）

【老干部文艺演出】 9月27日，延庆区老干部纪念改革开放四十周年暨“增添正能量 共筑中国梦”庆国庆迎重阳文艺演出在区文化馆举行。市委老干部局、市委农工委老干部活动中心、区委组织部、区委宣传部、区直机关工委、区社会工委、区文委、区文明办和区民政局社团办等相关单位负责人出席，全区老干部代表、老干部社团组织代表、老年大学学员代表等200余人参加活动。

（杨冬）

【全区重点工作进展情况通报】 10月9日，李志军向离退休干部通报世园会、冬奥会筹办和全区经济社会发展等重点工作进展情况。离退休干部代表、离退休干部党支部书记代表、军休所离退休干部代表及区委老干部局机关党员干部职工等120余人参加通报会。

（杨冬）

【重阳节慰问】 10月，区委老干部局组成6个慰问小组，对接管的破产转制企业离休干部、75岁以上区级离退休干部和老干部局机关离休干部共45人进行入户走访慰问，为他们送去节日的问候和祝福。

（杨冬）

【离退休干部统计培训会】 12月12日，区委老干部局举办全区离退休干部统计培训会。会议总结通报2017年全区离退休干部统计工作情况，安排部署2018年统计年报具体任务。并就离退休干部“三项建设”基础数据统计工作和离退休干部信息系统操作使用及统计年报流程进行讲解。全区87家单位具体工作人员参加培训。

（杨冬）

【离休干部服务】 年内，为离休干部和区级退休干部购买家庭保洁服务支出2.94万元。为破产转制困难企业离休干部上缴医疗保险金198万元，核算发放住房补贴2.40万元、物业补贴5.37万元、取暖补贴5.45万元。为101名离休干部做好提高护理费的审批工作。看望生病住院老干部151人。为老干部送生日祝福105人。送别老干部17人。

（杨冬）

精神文明建设

【概况】 延庆区精神文明建设委员会办公室（简称延庆区文明办）是延庆区精神文明建设委员会的办事机构，负责全区精神文明日常工作，下设综合科、创建科和文明建设促进中心。年内，全面启动“人人当好东道主 同心同向迎盛会”系列活动，召开“向五大不文明行为”宣战、创卫冲刺令等发布会。在《光明日报》《精神文明报》等中央级媒体及《北京日报》《京郊日报》等市、区媒体刊发专题、专栏文章。启动创城“四个100”（100堂课、100

场知识竞赛、100场宣讲、100场文艺演出）宣传活动。开展2018北京重阳节延庆区系列文化活动，打造“到延庆、度重阳，登慈山、走孝道，迎世园、盼冬奥”活动品牌。“2018延庆榜样”选树，推举张凤亮等候选人30名，郎恩鸽、陈建新、高建春、闫永杰、周顺海分别获评“北京榜样”月榜人物。组织榜样录制公益歌曲、拍摄公益广告；成立5支创城宣讲团，开展“讲榜样故事、做创城模范”宣讲近100场；印发《美丽延庆人Ⅵ》。成立8个创城督查组，对八大指挥部和18个街乡分指挥部进行日常督查。启动“我为世园做贡献、我为冬奥添光彩”主题实践活动，开展三大方面10项冬奥世园文化活动。推出“延庆乡亲”议事会。启动“最美街巷我来拍、我来讲、大家评系列活动”。公共文明引导员《世园英语》培训120名。在城区29条主次干道和10条背街小巷安装公益广告展板1577块，彩绘六中东街和国润东街墙面1672平方米。联合三街一镇、各街道执法队推进四条试点街“门前三包”工作。组织全区120名公共文明引导员在重要交通路口、重点地区站台、主要大街开展文明排队、文明乘车、秩序维护、引导文明出行等活动。清明节、端午节、“五一”、“十一”、重阳节等节假日，在S2线、15个公交站台、公园等地增设服务岗，服务游客25.3万人次，帮扶受困群众447人次。在18个机关单位、街道社区、学校，开展“学习英语迎盛会”“助人为乐做榜样”“文明出行我带头”“文明引导乐其中”等主题宣讲，并在全市宣讲比赛中，获个人二等奖2名，三等奖1名。开展“礼让斑马线 文明延庆人”、公共文明引导日、推举文明有礼好乘客、生态文明十大专项行动等活动。开展迎冬奥世园英语、岗位服务技能、理想信念教育、文明礼仪、旗语手语、应急救护知识以及队列训练等培训71班次，受训人数8520人次。

单位名称：延庆区文明办
地　　址：延庆镇西街1号
电　　话：69178291

（时雨）

【全体党员干部慰问西卓家营村贫困户】 1月12日，区文明办慰问结对帮扶单位西卓家营村，全体党员干部走访慰问贫困家庭和低收入家庭54户，邀请区文联书法协会为村民书写春联400余幅。

（时雨）

【文明家庭创建工作会】 1月18日，文明家庭创建工作会在沈家营镇下花园村召开。文明办负责人总结2017年工作，部署2018年工作。表彰2017年度文明家庭。张山营镇、沈家营镇及文明家庭代表发言。区委宣传部、区纪委、区农委、区民政局、区妇联、区广电中心主管领导及各街道副书记、乡镇宣传委员和“十佳”文明家庭代表参加。

（时雨）

【延庆榜样座谈会】 1月19日，2018延庆榜样座谈会召开，会议宣读第六届全国道德模范表彰决定，学习延庆区文明委关于贯彻中央文明委《全国道德模范荣誉称号管理暂行办法》，榜样代表作为大众评审为“2017延庆榜样”候选人投票并进行座谈。文明办负责人为第六届全国道德模范提名奖获得者赵玉忠颁发证书。30名榜样代表参加。

（时雨）

【联合志愿服务队成立】 2月11日，区5支志愿服务队成立联合志愿服务队，全体人员宣读志愿服务誓词，区领导为5支志愿服务队授旗，区文明办负责人部署相关工作和春节期间学雷锋志愿服务活动。“千人找差团”团长、志愿者代表发言。区委宣传部、区文明办、区城管委、区社工委、团区委、香水园街道、百泉街道、儒林街道、延庆镇背街小巷工作主管领导及街巷长、千人找差团、社区文明小使者、公共文明引导员、首都文明单位代表近300人参加。

（时雨）

【公共文明引导日主题活动】 2月11日，区文明办联合交通局、区交通大队开展“人人当好东道主 同心同向迎盛会——公共文明引导日”活动，在东关、南菜园、妫水北街3个公交站台设置宣传台，向行人和乘客发放福字、移风易俗倡议书、礼让斑马线倡议书、《市民文明手册》等宣传材料。现场推举赵万胜、陈淑芳等11人为2018年第一批文明有礼好乘客。

（时雨）

【学雷锋志愿服务工作会】 2月28日，学雷锋志愿服务工作会召开。会议总结2017年学雷锋志愿服务工作，部署2018年工作。对延庆区第一幼儿园“棒棒糖”早教志愿服务队等10个“金牌团队”，王晗旺等10名“金牌志愿者”，陈海霞家庭等10个“优秀家庭”进行表彰，授予蒋小婷等100名志愿者“优秀志愿者”称号。全区各成员单位、工委、乡镇、街道主管领导，13支区级学雷锋志愿服队代表等200余人参加。

（时雨）

【学雷锋月主题活动】 3月8日，延庆区“服务世园 助力冬奥——‘妫川健身舞蹈队’巾帼志愿行 共创文明城”学雷锋月主题活动在妫川广场举行，区文明办、团区委、区妇联、区体育局、区香水园街道相关领导出席。活动现场邀请文化艺术、体育体操届嘉宾，香水园街道社区文体专干，妫川舞蹈健身队成员300多人参加。

（张小利）

【自行车协会骑行宣传】 3月25日，区自行车协会组织理事、监事、各队正副队长、直属队、骨干队60名会员，环延庆城区主要街道开展两会精神骑行宣传活动。8月29日，区自行车协会组织150余名会员在八达岭国际会展中心广场举行2018年“健康延庆周”骑行宣传活动启动仪式，活动持续至9月1日，分3组每组50人按不同路线进行骑行宣传活动。

（张小利）

【2017延庆榜样颁奖典礼】 3月29日举行。区相关领导出席并为榜样颁奖。各工委、街道、乡镇、相关单位及往届榜样代表，社区居民100余人参加。“2017延庆榜样”主题教育活动历时6个月，各单位、社会各界共推荐221名候选人，经层层推荐、评审委员会评审、相关部门审核等程序，评选出“2017延庆榜样”10名，分别为陈建新，贺玉凤、张义，王茂华、闫明、薛雪菲、沈丽丽、赵俊英、胡双伏、高稳荣、国学荣。同时评选9名“2017延庆榜样”提名奖，评选冬奥会轮椅冰壶项目冠军队员陈建新为延庆榜样突出贡献奖。

（时雨）

【清明祭英烈教育实践活动】 4月4日—6日，区文明办组织未成年人开展“铭记历史 缅怀先烈”清明祭英烈教育实践活动。全区1.3万名中小学生分别到22处烈士纪念馆、烈士陵园祭扫。通过延庆文明网、文明延庆微信平台开设网上祭英烈专栏，微信鞠躬、献花1.04万人次，留言3490条。

（时雨）

【“不文明行为专项整治”启动】 4月8日，“不文明行为专项整治”发布会召开。会议展播《向不文明行为宣战》公益微动漫，发布《延庆区“向不文明行为宣战”行动方案》，石河营西社区文明劝导队队长发言。延庆三小20名小学生同唱《创城歌谣》。会后正式启动“向不文明行为宣战”专项行动，提出向“不礼让斑马线、不文明养犬、随地吐痰、乱扔垃圾、车辆乱停乱放”五大不文明行为宣战，发布“文明征集令”“文明宣战令”“文明攻坚令”“文明拍客令”“文明集结令”“文明展示令”六大宣战令。区政府、区政协相关领导以及社区居委会干部、居民代表，公交车司机、出租车司机、快递员司机代表等200余人参加。

（时雨）

【创城督查专题会】 4月24日召开。创城办汇报《延庆区创建全国文明城区督查工作方案》，卫计委汇报《延庆区“五一劳动总动员，环境卫生大扫除”活动检查方案》，区主管领导对创卫工作进行通报，创城委八大督查组表态发言。胡耀刚、陈合安等出席，区纪委、区委组织部、区委宣传部、区创城办、区卫计委、区委区政府督查室和三街一镇等相关单位参加。

（时雨）

【文明旅游我最美表彰会】 4月27日，区旅游委和文明办联合召开“文明旅游我最美”表彰会。会议传达《夏伟东同志在提升中国公民出境旅游文明素质部际联席会议上的讲话》精神，部署延庆旅游行业文明旅游教育引导和监督管理工作，延庆公安分局出入境管理队负责人讲解出入境具体要求，八达岭特区代表宣读《延庆文明旅游倡议书》。表彰李淑月等5名“最美游客”、闻明云等5名“最美导游”、北京龙庆峡农家乐民俗餐厅等10个“最美民俗户”。区文明办、区创城办、区旅游委、区公安分局，各乡镇主管领导、各旅游景区、饭店、旅行社、重点民俗村户经营者等70余人参加。

（时雨）

【首都文明单位进世园培训】 5月9日，区文明办开展首都文明单位进世园专题培训。培训会上播放世园会筹办进展、北京世园会宣传片。讲解世园会相关知识，文明办负责人对文明单位提出要求。各工委、街道、乡镇以及首都文明单位、首都文明风景旅游区、首都文明校园主管领导，区级学雷锋志愿服务队、社区居委会主任和居民代表、区创城办、文明办全体工作人员200余人参加。

（时雨）

【文明养犬现场会】 5月18日，区文明办召开文明养犬工作现场会，并成立养犬劝导队。会议部署“向不文明养犬行为宣战”6个系列，十大活动安排。向养犬劝导队代表授旗。儒林街道“东礌养犬劝导队”队长表态发言，各方代表进行“文明养犬”承诺。“爱猫爱狗”宠物医院现场进行宠物义诊、免费注射疫苗。区动监局、区疾控中心等相关部门向群众发放各类宣传材料1000余份。养犬劝导队、志愿者们在30个社区同时开展爱宠便纸箱纸张投放和捡拾狗粪志愿服务活动。区创城办、区社工委、延庆公安分局、儒林街道、香水园街道、百泉街道、延庆镇等单位领导，以及在职党员、志愿者、社区养犬户代表、代表和第七幼儿园师生等近200人参加。

（时雨）

【文明单位创建工作推进会】 5月25日，“道德讲堂”观摩暨文明单位创建工作推进会召开。会议现场，区检察院以“看短片、唱歌曲、诵经典、学模范、谈感悟、送寄语、长知识、作承诺”八个环节展示道德讲堂内容。区相关领导、各工委、乡镇、街道、首都文明单位主管领导，检察院干部职工等120人参加。

（时雨）

【“十佳美德少年”颁奖典礼】 5月31日，区文明办举行“我为世园作贡献，我为冬奥添光彩”2018年“十佳美德少年”颁奖典礼。第一小学李梓岐、第二小学钟何沐希、第三小学闫欣彤、第四小学牛若涵、张山营学校刘媛媛、第一中学张云泽、第二中学王寒雪、第五中学詹培、十一学校史一鸣、香营学校岳峰10名学生获评“十佳美德少年”。第一小学徐鑫泽媛等10名学生获得“十佳美德少年”提名奖。区委宣传部、区文明办、区教委、区广电中心、团区委、区妇联、区冬奥办、区世园办和各街道负责人，各中小学校长、幼儿园园长、各社区居委会主任、学生家长代表以及第二小学师生等1300余人参加。

（时雨）

【礼让斑马线广场舞大赛】 6月11日，区文明办举办“礼让斑马线、文明伴我行”广场舞大赛，16支代表队参加。儒林街道青洋舞蹈队、永宁学校代表队获得一等奖；延庆区公共文明引导队等6支队伍获得二等奖；延庆工商分局代表队等8支队伍获得三等奖。区文明办、区创城办、儒林街道、香水园街道、百泉街道相关负责人以及公共文明引导员、社区居民、中小学生代表等近600人参加。

（时雨）

【延庆乡亲议事会】 6月19日“延庆乡亲”议事会首期会议召开。会议播放《向不文明行为宣战，我们在行动》专题片。区文明办以及相关单位、街道等8个部门通报“向不文明行为宣战活动”开展情况。区人大代表、政协委员和居民代表，千人找差团、墨墨祝福、文明养犬劝导队等创城先锋团队及相关责任单位200余人参加。截至年底，议事会以“妫川广场建设管理”“延庆交通”等内容为议题，召开5期会议，现场征集意见建议1000余条，近500名市民代表参与。

（时雨）

【童心向党歌咏比赛】 6月21日，区文明办、区教委、区融媒体中心、团区委、区妇联、区关工委联合举办“童心向党”歌咏比赛。8所小学学生参加。第二小学获一等奖；康庄小学、靳家堡中心小学、太平庄小学获二等奖；大榆树中心小学、小丰营中心小学、西二道河中心小学、珍珠泉中心小学获三等奖。

（时雨）

【创城誓师大会】 6月28日，区文明办、区创城办联合开展“庆七一 亮身份 展风采 做表率”创城誓师大会。会议部署全国文明单位创建工作，各单位对创城工作作出集体承诺。区地税局、区环保局、区委党校、区检察院、区人力社保局、延庆工商分局、延庆供电公司、八达岭长城景区、八达岭镇等9个全国文明单位代表230人参加。

（时雨）

【创建全国文明城区万人志愿行动】 6月29日，区创城办组织各单位开展主题为“创建全国文明城区 喜迎建党97周年”万人志愿行动。全区各机关企事业单位、乡镇、社区、学校志愿服务队结合工作，在单位周边，商场、医院、公交站台等地对地面痰渍、狗粪、烟头、楼前楼后、绿地集中清理。创城办分7个检查组对各主要街道重点单位志愿服务情况进行检查。

（时雨）

【区关工委工作会】 6月29日召开。文明办负责人总结关工委2017年工作，部署2018年重点工作。会议对5名优秀宣讲员进行表彰，8名“五老”成员代表做交流发言。区文明办、区老干部局、区教委、百泉街道、香水园街道、儒林街道等单位主管领导以及区关工委“五老”宣讲团全体成员参加。

（时雨）

【“四个100”系列活动启动】 7月10日，召开创建全国文明城区“四个100”系列活动启动会，同时举行“讲榜样故事、做创城模范”创城榜样宣讲团成立仪式。文明办负责人对创建全国文明城区“四个100”［即围绕“创城那些事儿”走进机关、走进学校、走进街道（乡镇）、社区（农村）开展100堂课、100场知识比赛、100场宣讲、100场文艺演出活动。］系列活动进行部署，仪式后进行100堂课第一讲。首都文明办、全区各工委、街道、乡镇、区处级班子单位领导干部，五支创城宣讲团、社区居民、啄木鸟志愿督查队和千人找差团代表近300人参加。

（时雨）

【妫川广场重修开放仪式】 7月31日，延庆区举行妫川广场重修开放仪式。区文明办负责人致辞，少年儿童向广场建设者代表敬献鲜花，区城管委、区绿化办相关人员分别介绍重修和维护情况。广场建设工作者代表、道德模范代表、市民代表、残疾人代表、美德少年代表、海陀农民滑雪队队长共同启动重修开放仪式。全国文明单位、首都文明校园、延庆榜样、志愿团队、广场建设者、文明引导员代表、热心市民等500余人参加。

（时雨）

【“门前三包”工作会】 8月8日，区文明办召开“门前三包”工作会。会议传达北京市“门前三包”文件精神，区城管委、城管执法局、工商分局汇报“门前三包”工作推进情况。对“门前三包”责任制工作管理办法进行讨论。

（时雨）

【创城榜样宣讲100场】 8月—10月，“创城榜样”宣讲团走进23个机关单位，巡回宣讲100场。22名宣讲员讲述自己的亲身经历和身边榜样的事迹，助力创城。

（时雨）

【创城知识总决赛】 9月22日，举行“创城那些事儿 看你知多少”知识竞赛总决赛。经过初赛选拔，32组家庭进入总决赛。李文利等2个家庭获得一等奖，王春芳等4个家庭获得二等奖，钱九仙等4个家庭获得三等奖。同时，近200组家庭通过北京延庆、文明延庆及延庆三微联盟微信公众号通道和现场报名方式参与总决赛后的“创城历奇记”闯关答题体验活动。创城知识竞赛是“四个100”社会宣传系列活动之一，竞赛内容包括中共十九大、冬奥、世园、创城、创卫、创森知识问答及游戏体验。

（时雨）

【乡情村史与宣传视屏建设推进会】 9月27日，区文明办召开乡情村史陈列室与精神文明宣传视屏建设推进会。会议播放北京市乡情村史陈列室巡礼专题片——《美丽乡愁》，年内新建和提档升级乡情村史陈列室的乡镇汇报建设情况和升级提档思路，区文明办解读《乡情村史陈列室和农村精神文明宣传视屏建设管理办法》，部署下一步工作，各乡镇主管领导参加。

（时雨）

【家风故事宣讲比赛】 9月28日，区纪委、区监委、区文明办、区教委、区妇联、区关工委联合组织开展“喜迎国庆传家风 倡导文明助创城”中华美德少年行——家风故事宣讲比赛活动。全区44所中小学校81名学生讲述家风故事。延庆第一小学彭晶晶等13名学生获得一等奖，姚家营中心小学胡鑫奥等24名学生获得二等奖，西二道河中心小学张曦蕊等44名学生获得三等奖。

（时雨）

【全市文明城区测评延庆位列第五】 9月—10月，首都文明办对全市16个区开展文明城区创建工作测评检查，延庆区文明城区测评总得分400.92分，在16个区中位列第5名，其中实地考察项满分为300分，延庆区得分267.69分，在全市16个区中排名第4位；问卷调查项满分为165分，延庆区得分为133.23分，在16个区中排名第4位。

（时雨）

【周末卫生大扫除活动】 10月13日，区创城办和儒林街道和联合开展周末卫生大扫除活动。在职党员、志愿者和商户代表近300人分别组成红袖标、小黄帽、蓝马甲、绿T恤、白手套“五彩”志愿服务队，清洁巨幅公益广告9组、巨幅玻璃门4组、美食一条街油污路面200余米。整齐摆放自行车1000余辆。加装围栏200米，施画停车线348米，安装防腐木座椅12组，并在460米消防通道手绘13组社会主义核心价值观创意彩绘。

（时雨）

【重阳文化节系列活动】 10月16日，2018年北京重阳文化节延庆系列文化活动开幕式在大庄科乡慈母川村慈孝广场举行。开幕式分为“望长城 话重阳”“传美德 敬重阳”“歌盛世 贺重阳”“庆丰收 品重阳”四个篇章。首都文明办、市老龄办、人民日报社、孔庙和国子监博物馆馆、延庆区政府相关领导，区慈孝家庭、金婚夫妇、延庆孝星代表以及特别邀请的首都高校教授、西城大妈、北京榜样、曾经在延庆工作的知青等共同登慈山，走孝道。重阳文化节延庆系列文化活动包括“望长城故乡、观妫水毓秀、伴夕阳而行”三大版块，12类56项文化活动。

（时雨）

【“五老”宣讲团宣讲48场】 年内，“五老”宣讲团在全区中小学和30所社区家长学校开展宣讲48场，受教未成年人及家长5000余人

（时雨）

【未成年人思想道德建设迎检部署会】 11月15日，区文明办召开未成年人思想道德建设测评工作迎检部署会。会议对《全国未成年人思想道德建设工作测评体系》网上申报材料、实地考察和问卷调查需注意事项进行培训。要求各责任单位按测评体系标准，完成材料撰写、收集整理、上报，做好实地检查和问卷调查迎检工作。未成年人教育环境指挥部各成员单位、各乡镇街道、学校和各社区主管领导、工作人员近200人参加。

（时雨）

【创建全国文明城区推进会】 11月20日，延庆区召开创建全国文明城区推进会。会议对2018年全国文明城区测评体系网上申报、实地考察、问卷调查新增项目、指标要求变化部分做重点解读，并部署创城迎检工作任务。区委、区政府相关领导出席。各二级班子单位党政正职，主管副职，各金融机构、电信、星级饭店等窗口行业单位负责人300余人参加。

（时雨）

【千人健步走活动】 11月22日，区文明办举行“创城全民总动员，文明单位做示范——延庆区文明单位千人健步走”启动仪式。活动现场设置体育健身区、趣味答题区、文明承诺区3个互动环节。区文明办负责人总结文明单位创建和24个文明单位路口志愿引导工作，部署文明单位创城测评工作。为13个路口引导工作优秀单位颁奖。区社教中心展示《等灯、等灯》礼让舞蹈，全区首都文明单位标兵、首都文明单位、首都文明校园、首都文明旅游风景区以及各乡镇、街道主管领导和干部职工代表1000人，以健步走的方式，宣传冬奥世园和创城相关知识，为即将到来的2019北京世园会和我区创建全国文明城区工作助力加油。

（时雨）

【闲置物品置换鲜花】 11月10日—18日，全区三个街道30个社区开设大集，进行废旧物品置换活动，创城办为各社区提供鲜花绿植5000余盆。同步开展闲置杂物大清理、小区院落大扫除等活动。

（时雨）

【全国文明城市年度测评获82.27分】 12月，中央文明办组织国家统计局、中央文明委部分成员单位组成测评组，以实地暗访考察、入户问卷调查、网上材料审核3种方式，对延庆区进行2018年文明城市年度测评。延庆区在创建全国文明城区工作测评中，得82.27分，在北京四个创建区中排名第一，在直辖市的24个创建区中排名第16。在未成年人思想道德建设工作测评中，得92.88分，在北京4个创建区中排名第一，在直辖市的24个创建区中排名第6。

（时雨）

【未成年人思想道德建设座谈会】 年内，2次召开未成年人思想道德建设工作座谈会。一是文明办负责人总结2017年工作，部署2018年工作；二是讲解《全国未成年人思想道德建设工作测评体系》内容和网上材料申报工作。区委宣传部、区文明办、区教委等17个成员单位负责人参加。

（时雨）

【“千人找差团”活动】 年内，千人找差团创城志愿服务队开展创城督查61次，查找并整改问题3013个。

（时雨）

【思想道德建设创新案例2家获奖】 年内，推选未成年人思想道德建设优秀创新案例参加市级评选，延庆区香水园街道“冬奥世园体验馆”获首都未成年人思想道德建设创新案例奖，延庆区八达岭中心小学“寻找长城传说夏令营”获创新案例提名奖。

（时雨）

【最美街巷建设】 年内，开展“最美街巷我来拍、我来讲、大家评”活动，征集摄影作品200余幅，在区内媒体开辟五好街巷展评专栏，讲述街巷故事。组织最美街巷网络投票。打造胜利街历史文化一条街、妫水北街延庆榜样一条街、功德巷红色文化一条街和川北东社区东西街世园会文化一条街等精品街巷。

（时雨）

【“文明延庆”微博微信】 年内，延庆文明网、“文明延庆”微信公众号、官方微博发布信息5000余条，累计阅读量664万人次。参与中国文明网、其他省市地方文明网站和首都文明网稿件征集，微信公众号粉丝3.6万个。开展网络文明传播，组织网络文明传播志愿者讨论、转发、互动，累计阅读量6万人次，1600人次参与。志愿者队伍402人，开展“市民随手拍”、知识答题、点赞留言投票等活动20余次，创城信息发布100余期，累计阅读量12万人次，网友参与互动8.8万人次。

（时雨）

区直机关党建

【概况】 中共北京市延庆区委员会区直属机关工作委员会（简称区直机关工委）是区委的派出机构，所属党、政、群机关58个单位，含概3个党委和13个机关党委，基层党（总）支部270个、4781名党员。年内，把落实习近平新时代中国特色社会主义思想作为首要政治任务。定期开展中心组理论学习，坚持分层分类抓好党支部书记、党务干部、党员的学习培训。组织开展专题报告会和理论宣讲58场次，受众近5000人次。注重落实党建责任，主动研究推进机关党建工作，通过签订责任书、分片调研指导、听取党组织书记述职评议考核等方式，把党建工作责任层层传导到位，全面推进支部规范化建设，修订完善17项工作制度，审批发展预备党员和预备党员转正61人，全年组织支部书记、党务干部培训班4期，党支部书记轮训实现全覆盖。建立机关分片联系制度，组织召开支部书记座谈会，对机关党建工作进行调研。选树先进基层党组织43个。区级以上媒体刊发党建经验类信息38条次。编发《党务与业务工作相融合案例集锦》《微党课案例集》等党建经验汇编。

单位名称：中共北京市延庆区委员会区直属机关工作委员会
地　　址：延庆镇新城街2号
电　　话：69101131

（张伟娟）

【基层党建工作述职会】 2月28日，区直机关工委召开2017年基层党建工作述职会。地税局等15个单位的党组织书记围绕履行党建第一责任人职责情况进行现场述职，区委组织部、区委宣传部、区纪委（区监委）、区党建办相关领导结合分管工作进行集中点评。区直机关工委系统党组织书记、主管政工领导干部近百人参加会议。

（张伟娟）

【党支部规范化建设部署培训会】 3月22日，区直机关工委召开2018年党支部规范化建设部署培训会，对全面推行党支部规范化建设工作进行动员部署，并就“一规一表一册一网”的运用等内容进行业务培训。全系统各处级班子单位主管政工副职领导、各机关党委书记和副书记、各处级班子单位党支部书记近300人参会。

（张伟娟）

【新任党支部书记培训班】 3月26日—30日，区直机关工委举办2018年新任党支部书记培训班。培训以“个人自学+集中辅导+现场教学”的方式进行，安排中共十九大报告，全国“两会”精神，新党章解读，以及如何讲好党课、新任党支部书记业务培训等课程。58个单位的94名基层党支部书记参加培训。

（张伟娟）

【创建全国文明城区动员部署会】 4月25日，区直机关工委召开创建全国文明城区动员部署会。会议对各单位创城工作进行动员部署，基层党支部、志愿服务队队员代表作表态发言，2017年延庆榜样人物发出创城倡议。工委各单位创城工作主管副职领导干部，各级党组织书记，党员、群众、志愿服务队代表近300人参加部署会。

（张伟娟）

【第二届职工趣味运动会】 5月9日，区直机关工委以“全民健身，助力冬奥，喜迎新时代”为主题的第二届职工运动会在区体育场举行。运动会设定点投篮、跳绳、三人四足等6个集体项目、15个单项比赛。工委50余家单位近800人参加活动。

（李建华）

【第三届职工越野赛】 12月7日，由区直机关工委与区体育局联合举办的延庆区第三届长跑日暨区直机关工委第三届职工越野赛在世葡园举行。比赛以“世园冬奥当先锋 健康快乐伴我行”为主题，区直机关工委系统1100余名干部职工参加。越野赛设有男子甲组、女子甲组、男子乙组、女子乙组4个组。税务局、检察院、人力社保局、食药监局的运动员分别摘得越野赛男子甲组、男子乙组、女子甲组、女子乙组的冠军。

（李建华）

党 校

【概况】 中国共产党北京市延庆区委员会党校（简称中共北京市延庆区委党校），是在区委直接领导下培养党员领导干部和理论干部的学校以及党的哲学社会科学研究机构。校园占地3.53公顷，建筑面积2.3万平方米。2018年，有教职工65人，其中专职教师21人。下设办公室、培训处、学员管理处、科研处、教务处、学生处、后勤保障处和教研室8个处室，分别负责日常党务行政、干部培训、成人学历教育、科研资政、学生教育管理、后勤保障和教学科研工作。年内，制定完善《部门、参公人员、事业管理人员及事业教研人员考核试行办法》《教职工因私出国（境）管理暂行规定》《考勤管理暂行规定》等制度，提高从严治校的制度化水平。制定《著作（教材）出版资助的暂行办法》，增强教职工参与主业主课动力。创建名师工作室，着力培养一批政治强、思想纯、纪律严、业务精、品行正的骨干教师。鼓励教师积极进行职称评定，2名教师取得副教授资格。制定《区委党校党性教育大纲》，为党性教育教学提供参考依据和制度保障。主体班次实施项目制，建立培训计划协调会商机制，提升干部教育培训科学化、规范化水平。开发教务通管理平台，一站式满足学员签到、在线学习、考评、互动交流、提交作业、课堂评估、查询课程信息教师信息等需求。创新推出“1+5+20”红色经典导读方法、探索“五微一行一会”党性教学法、开展“寻找延庆榜样、我身边的英雄”访谈式教学、设置美丽延庆建设单元，助力绿色大事筹办举办，促进干部培训取得实效。全年举办主体班次4期，专题班次40期，培训学员6000余人次。

单位名称：中共北京市延庆区委党校

地　　址：延庆镇庆园街69号

电　　话：69103148

（徐辉　蔺天娇）

【基层党校建设】 年内，制定《延庆区乡镇、街道系统党（工）委党校规范化系统化建设指导意见》，规范化、制度化指导区内22家乡镇、街道、工委党校办学。举办区党校系统骨干培训班1期、“传承·提升”经验交流会1次、专题讲座5期，开展送学下乡20余场次。

（徐辉）

【成人教育】 年内，中央党校战略哲学专业毕业33人。北京市委党校经济管理专业招生56人，毕业52人。截至年底，在校4个班192人。

（焦丽艳）

【新课程开发】 年内，开发习近平新时代中国特色社会主义思想系列课程12门，其中1门课程已通过审核。“向毛泽东学读书”等9门新课通过审定并获得进入主体班次资格。

（王建军）

【理论研究成果】 年内，校内课题结题9项、校年度蹲点调研课题结题1项、北京市委党校协作课题结题4项、北京市思想政治工作研究会课题结题1项、北京市社会主义学院年度课题立项2项。向区委、区政府呈送《党校送阅件》15期。

（邓国军）

社会主义学院

【概况】 延庆区社会主义学院是在区委领导下党政干部培训重要组成部分、党外代表人士教育培训主阵地、民主党派和无党派人士联合党校。社院领导体制是：区委常委、统战部部长兼任社院院长，区委党校常务副校长兼任社院常务副院长，区委统战部常务副部长和区委党校主管培训工作的副校长兼任社院副院长。学院与区委党校两块牌子、一套机构。年内，以深入贯彻落实《中国共产党统一战线工作条例（试行）》《社会主义学院工作暂行条例》为依据，突出教学与科研工作“两个重点”，做好教育培训、科研创新、队伍建设三项工作，坚持“高层次、有特色、正规化”的办学方针，坚持“爱国、团结、民主、求实”的校风，坚持一致性和多样性统一的工作主线和基本方针，落实教育培训党外代表人士的重要职责。

单位名称：延庆区社会主义学院

地　　址：延庆镇庆园街69号

电　　话：69103148

（焦丽艳）

【教育培训】 年内，完成“杰青领航”B计划培训班、民主党派骨干专题培训班、“全国宗教会议精神解读培训会”3期班次的培训任务；协助区委统战部组织开展“纪念‘五一口号’70周年活动”专题讲座、参观詹天佑纪念馆和青龙桥百年老站统一战线爱国主义教育活动、同心圆大讲堂系列培训等教学活动。

（焦丽艳）

【科研课题】 年内，申报两项北京市社会主义学院2018—2019年度课题：《首都郊区街乡党（工）委统战工作研究》和《年轻一代民营企业家精神培育研究》；完成2017—2018年度课题“加强和改进基层统战工作研究（以延庆区为例）”。

（焦丽艳）

地方史志研究

【概况】 延庆区史志办公室（简称区史志办），是区委系统党史、地方志工作的职能部门，下设党史科、志鉴科和综合科。年内，出版发行《北京延庆年鉴（2018）》，《延庆县志（1995—2010）》进入出版程序，推进《中共北京市延庆县历史》编写工作，启动延庆区地名志编纂工作。配合市委党史研究室编写北京改革开放40周年资料征编、北京市中共抗日战争口述史料征集整理研究和《中国改革开放全景录》(北京卷)，宣传红色文化，开展延庆党史宣讲系列活动，宣讲视频被制作成北京干部教育网延庆区年度指定课程；对《岔道村志》进行评审，启动市级传统村落志《柳沟村志》编纂；协助旧县镇策划编修《旧县镇志》；研讨推介延庆地方文化符号“妫”字，考证“海陀”历史渊源，为世园会、冬奥会宣传报道提供准确地名信息，参与延庆区文化创意舞台剧原名《长城台》暂名《春风度》定名《春风正度》脚本审读，对重编《文明·延庆》特刊提供历史文化资料，参与筹备《北京冬奥会冬残奥会文化遗产志》。

单位名称：延庆区史志办公室
地　　址：延庆镇新城街2号
电　　话：69103604

（张鹏）

【《延庆县志（1995—2010）》通过终审】 1月—9月，邀请市志办专家2次对《延庆县志（1995—2010）》进行审阅，通过终审。按照专家意见，调整章节25处，修改大事记等文字200多处，更换彩插和随文图50多处，重标图注30余处，修正表格7份，形成27编97章331节的终审稿，送北京出版社审阅。至年底，完成三审。

（张鹏）

【地名志（典）编纂】 6月6日，召开《北京市延庆区地名志》编纂工作部署会，向全区120多个二级班子单位部署地名志资料征集任务。会后，重点对41个供稿单位的供稿人进行业务培训，讲解《北京市延庆区地名志》篇目设置和任务分解，并讨论沟通各单位供稿任务。到年底，收集41个供稿单位地名志资料，并与各单位沟通补充完善相关资料。

（张鹏）

【《北京延庆年鉴（2018）》发行】 12月，《北京延庆年鉴2018》印刷发行，为延庆年鉴总第十五卷，全书87.7万字，彩插107幅，印刷1200册，向社会各界发放。与上年相比，《北京延庆年鉴2018》对部分框架的一级标题进行规范完善，“法治 军事”改为“法治 国防建设事业”，书后增加索引。重新设计全书封面，精装锁线，烫金起凸，按照时间顺序排列图片。

（张鹏）

【《中共北京市延庆县历史》完成二次统稿】 12月底，完成《中共北京市延庆县历史》初稿二次统稿。全书共12章53节，25万字。记载时间从1922年至2015年年底，跨度93年；包括新民主主义革命、社会主义革命和建设、改革开放和社会主义现代化建设3个时期延庆地区中国共产党的历史。

（张鹏）

（栏目编辑　王新华）

延庆区人民代表大会

概　述

北京市延庆区第二届人民代表大会常务委员会(简称区人大常委会)。工作机构设办公室、研究室、代表联络室及法制、财政经济、教科文卫体、城建环保、农村5个办公室，代表联络室加挂市人大代表联络处牌子，设副处级信访室，由办公室代管。年内，围绕区二届人大四次会议确定的各项任务，召开7次常委会会议，完成33项议题，依法任免国家机关工作人员28人次。区人大常委会先后对民事案件审判、赛会周边环境整治、水污染防治、美丽乡村建设等工作进行监督，并提出相应意见和建议。区人大各专门委员会对垃圾分类、食品安全、低收入户增收、民族村发展等工作进行监督，推动相关问题解决。接待群众来信来访88件次，其中群众来信6件次，来信来访同上年持平。

单位名称：延庆区人大常委会
地　　址：延庆区高塔路70号
电　　话：69142876

（常淼）

重要会议

【第九次常委会】　2月6日召开。会议决定有关人事事项；听取区政府关于2018年重点工作折子工程和为群众拟办重要实事工程的专项工作报告；通过区人大常委会2018年工作要点。

（常淼）

【第十次常委会】　4月12日召开。会议听取区人民政府关于开展“疏解整治促提升”专项行动情况的报告；听取并审议区人民法院关于民事审判情况专项工作报告；听取区人民检察院关于行政法律监督工作情况专项工作报告。

（常淼）

【第十一次常委会】　6月12日召开。会议决定有关人事事项；通过关于许可对个别代表采取强制措施的决定；通过延庆区预算审查监督办法；听取并审议区政府关于水污染综合防治情况的专项工作报告；听取并审议区政府关于贯彻实施《北京市全民健身条例》的报告。

（常淼）

【第十二次常委会】　7月26日召开。会议审查并批准区政府关于2017年决算的报告；听取并审议区政府关于2018年上半年预算执行情况的报告；审查并批准区政府关于2018年地方政府债务限额及预算调整方案的报告；听取并审议区政府关于2017年度区级预算执行和其他财政收支审计工作的报告；听取并审议区政府关于2018年上半年国民经济和社会发展计划执行情况的报告；听取并审议区政府关于区二届人大四次会议代表建议办理情况的报告。

（常淼）

【第十三次常委会】　10月9日召开。会议听取并审议区政府行政执法情况的专项工作报告；听取并审议区政府关于世园会冬奥会周边综合环境整治工作进展情况的报告；听取区政府关于《延庆县生态文明建设规划（2013—2020年）》中期评估的报告；听取并审议区政府关于区“十三五”规划纲要实施情况中期评估的报告，批准延庆区“十三五”规划纲要部分指标调整方案；听取区政府关于平原造林工程落实情况的报告并进行专题询问；听取区政府关于实施乡村振兴战略推进美丽乡村建设情况的报告。

（常淼）

【第十四次常委会】 11月29日召开。会议听取并审议区政府关于《延庆分区规划（2017年—2035年）》有关情况的报告，通过关于批准《延庆分区规划（2017年—2035年）》的决议。

（常淼）

【第十五次常委会】 12月25日召开。会议决定有关人事事项；通过关于接受李志军辞去北京市第十五届人民代表大会代表职务请求的决定；通过召开北京市延庆区第二届人民代表大会第五次会议的决定；通过北京市延庆区第二届人民代表大会第五次会议的有关事项；通过2018年区人大常委会工作报告；通过北京市延庆区第二届人民代表大会常务委员会代表资格审查委员会关于代表资格的审查报告；听取A类代表建议落实情况的报告；对2018年财政预算执行情况和2019年财政预算（草案）初步方案进行初步审查；通过《延庆区人民代表大会常务委员会讨论、决定重大事项的规定》。

（常淼）

主要活动及工作

【宪法专题讲座】 5月24日，区人大常委会组织学习贯彻《中华人民共和国宪法》专题辅导讲座，邀请市委党校教授吕廷君就合宪审查、宪法发展、2018年宪法修改和宪法理念4方面进行详细解读。常委会组成人员、人大各专门委员会组成人员、各乡镇街道人大干部、机关工作人员等50余人参加培训。

（常淼）

【监察法专题讲座】 8月29日，区人大常委会举行学习贯彻《中华人民共和国监察法》专题讲座，邀请市委党校教授吕廷君辅导《中华人民共和国监察法》。讲座围绕立法意义、立法过程、主要内容及实施中的问题等4个方面进行。常委会组成人员、区监察委部分干部、各乡镇街道人大干部、机关工作人员等60余人参加培训。

（常淼）

【基层人大干部赴密云怀柔考察】 8月30日，区人大组织基层人大干部到密云区蔡家洼村和怀柔区北宅村进行考察。学习两地在基层组织建设、产业发展、环境整治、村民就业等方面的经验做法。常委会组成人员、各乡镇街道人大干部、机关工作人员等50余人参加考察。

（常淼）

【区人大代表集中视察】 9月13日，组织区人大代表视察城西再生水厂和延崇高速第七标段的施工建设情况。110余名区人大代表参加活动。

（常淼）

【代表建议议案培训班】 10月31日举办。代表联络室主任结合近几年区人大代表提出的具体议案和建议文本，从议案建议的基本概念、主要特征、基本要素、处理程序和书写格式等方面进行讲解。各乡镇、街道的人大干部30余人参加培训。

（常淼）

（栏目编辑　王新华）

延庆区人民政府

概 述

2018年，在市委、市政府和区委的正确领导下，在区人大及其常委会的监督和区政协的支持下，区政府坚持以习近平新时代中国特色社会主义思想为指引，深入学习贯彻中共十九大及中共中央总书记习近平对北京重要讲话精神，紧紧围绕市委十二届四次、五次、六次全会精神，按照区委二届五次、六次全会和区二届人大四次会议确定的目标任务，立足生态涵养区功能定位，着力抓好“三件大事”，坚决打好“三大攻坚战”，聚焦冬奥会世园会筹办，统筹推进办大事、促发展、惠民生，较好地完成了年度各项目标任务。

赛会筹办取得明显进展。冬奥筹办工作全面加速。21项工程实现开复工，核心区提前进场征拆、施工，国家高山滑雪中心完成赛道清表，造雪系统、缆车系统同步实施，15个赛道自动气象站布设完成；国家雪车雪橇中心进行U形槽和赛道施工；冬奥村和山地新闻中心“投资、土地、施工三标合一”PPP招标已完成。西大庄科村改造方案完成并报市政府审批，交通、水电、气象、综合管廊等外围配套工程有序实施。世园会重点建设任务基本完成。园区建设基本成型，中国馆、国际馆等场馆主体竣工，公共景观布置和基础设施建设全面完成。园区外部10个临时停车场完工，13条道路基本达到通车条件；外围综合管廊主体结构全部完成，水气等各类管线入廊对接；园区周边绿化完成97%。启动“大培训、大练兵、大比武”专项行动，完成各类培训2.1万人次，全民迎世园氛围日益浓厚，服务保障能力不断提升。

生态环境质量持续改善。疏解整治促提升任务超额完成。“零容忍”打击违建行为，坚决拆除顺世华等违法建设36.2万平方米，“留白增绿”16.9万平方米。深入开展浅山区违法占地违法建设治理，严厉打击“抢栽抢种”，“大棚房”清理整治通过市级验收，创新整治“三块地”，新增耕地91.66公顷。查处占道经营违法行为4667起，调整退出一般制造业企业17家，治理“散乱污”企业22家，整治“开墙打洞”19处，疏解市场2家、提升1家，新建规范88个便民网点，增加停车位183个。完成76条背街小巷整治，万人志愿活动和志愿者监督环境问题常态化，“干净指数”连续5年全市第一。建立拆违、清空、河长制三账销账及调度机制，全面落实蓝天保卫战行动计划，空气质量进一步改善。全面落实河长制，划定8条220公里河道蓝线，建立46条重点水系河道问题台账，推进“清河”“清四乱”专项行动，问题整改率97%。水环境治理取得明显成效。以冬奥世园标准提升生态环境品质，推动绿景向美景转化。完成生态文明建设规划（2013－2020年）中期评估。创建达标8个首都绿色村庄，成功获评第二批“两山”实践创新基地。生态景观质量持续优化。

绿色“高精尖”产业迈出坚实步伐。以冰雪体育带动旅游产业转型升级，“一轴两翼”冰雪产业格局落图，铭星冰雪等41家企业成功引入。推出12个精品旅游线路，实施8个特色小镇、12个特色民俗村、12个HBD产业园配套设施提升工程，旅游要素品质进一步提升。“山楂小院”“长城胤巷”等24处精品民宿开业，入选首批全国民宿产业发展示范区。全区旅游综合收入完成76.3亿元，同比增长16%。以园艺产业促进都市型现代农业提质增效。深入实施都市型现代农业发展三年行动计划，发布实施促进现代园艺产业创新发展若干措施，中关村现代园艺产业创新中心落户延庆。现代园艺产业集聚区“一区多园”总体布局基本形成，稳步创建国家农产品质量安全区，初步建成农业投入品与追溯产品监管系统，有序推进冬奥食用农产品供应40项任务。延庆农产品品牌影响力持续增强。以延庆园为重点促进科技创新产业落地生根。制定实施科技创新推动延庆绿色跨越发展三年行动计划，启迪延庆创新创业基地和中关村智造大街延庆服务平台正式运行，首家市级创新创业基地揭牌，首届全球双创大赛成功举办，理工全盛等50家创新型企业成功入驻，创新创业生态初步形成。能源互联网综合示范区项目获得批复并实施，新引进19家新能源节能环保企业，能源互联网产业不断壮大。延庆园重点指标实现历史性突破，总收入等11项指标增幅位居全市前列，园区引进企业585家，实现税收总额52.27亿元，形成区级财政收入10.01亿元，同比增长11%。以服务企业和群众为核心促进营商环境持续优化。印发改革优化营商环境实施方案，深入推进“放管服”改革，清理规范26项行政审批中介服务事项、取消调整55项涉及企业和群众办事创业证明，19个部门实现“一科制”审批。推进政务服务“一网、一门、一次”改革，网上可办事项1366项，比例达100%，“一窗受理”事项1582项、综合窗口率达95.3%。

城乡规划建设管理水平不断提高。坚持绿色、减量、可持续发展，紧密结合赛会需要谋划城乡格局。分区规划及11个专项规划、14个乡镇域规划、120个美丽乡村规划和5个传统村落保护规划基本完成，启动实施冬奥、世园小镇规划，完成“十三五”规划中期评估，城乡一体发展蓝图逐步成型。宜居新城建设不断加快；京张高铁延庆段施工建设进入收官阶段，京礼高速北六环至延庆段竣工通车。实施6个棚改项目，世园会二期等4个项目完成入市交易，万达商业综合体落户延庆。完成妫川广场景观风貌改造及城区夜景照明三期等工程，完成妫水大街等5项综合整治工程，新增电动出租车100辆、公租自行车1000辆，绿色出行更加便捷。乡村振兴战略全面实施；制定实施3个三年行动计划，持续推进农村全面协调发展。以“清脏、治乱、增绿、控污”为重点加强农村人居环境整治，113个村庄通过环境验收检查。启动120个美丽乡村建设，编制完成95个村庄建设方案。加快农业产业转型升级，新增藜麦、中药材等经济作物333.33公顷（5000余亩），蔬菜总产量增加11.4%，农产品质量安全快速检测实现全覆盖。大力推进乡风文明建设，获评新时代文明实践中心试点。

民生保障能力稳步提升。“六个一批”精准帮扶措施到村到户，15条强化措施重点帮扶标准线以下1670户，58个低收入村分别与市级单位结对帮扶，统筹5500余万元实施51个低收入产业项目，年度脱低率90%以上。推进10万人次大培训计划和“送岗下乡”等活动，开发高质量就业岗位1万余个，促进就业9091人。创新养老助老模式，慈善“1+1”关爱空巢助老项目15个乡镇全覆盖。政府救助与慈善救助统筹衔接，为6000余名困难群众发放救助资金7580余万元。推进城区5所幼儿园、一职新校区等重点项目建设，配合市教委完成北京国际奥林匹克学院建设方案，高考本科上线率、一本上线率均居郊区前列。强化基层公共卫生服务能力建设，建立家庭医生服务团队111个，基本实现30分钟就医全覆盖。编制长城文化带保护发展规划和行动计划，创编演出大型原创话剧《春风正度》，各类文化演出2000余场，文化惠民10万小时。推出3126套共有产权房，制定农村危房改造三年行动方案，低收入户危房改造确户工作启动实施，12个山区危村险村完成搬迁。落实“街乡吹哨、部门报到”机制，737名协管员下沉网格一线，初步构建以区和街乡镇两级城市管理指挥中心为平台的“多网融合”城市管理指挥体系。加快建设集环保、交通、旅游、养老等于一体的智慧系统。全民总动员创建全国文明城区，国家卫生区通过专家组技术评估，城市文明水平不断提升。深入推进“平安延庆”建设，大力开展扫黑除恶专项斗争，获评全国法治区创建活动先进单位，群众安全感保持全市前列。

政府履职效能进一步提高。重点领域改革深入推进，农村改革稳步实施，机构改革稳步推进，国资国企板块化改革平稳有序，制度建设持续增强。加强政府自身建设，坚决执行区人大及其常委会的决议和决定，自觉接受各界监督，市、区人大代表、政协委员建议提案办复率100%。严格执行重大行政决策法定程序，健全完善政府法律顾问体系，政府依法办事能力进一步增强。认真履行全面从严治党主体责任，严格落实意识形态工作责任制，健全舆情监测、研判和应对机制，掌握意识形态阵地主动权。

单位名称：延庆区人民政府
地　　址：延庆镇湖北西路
电　　话：69112345

重要会议

【2018年全体会议】 1月6日，区政府召开2018年全体会议，以攻坚决胜冬奥会世园会筹办举办为主线，全面部署年度工作，确保实现“开门红”。区政府领导全员出席会议。

（时亚辉）

【环保督察工作专题会】 1月8日召开，会议对市第三环保督察组举报受理转办件办理工作进行阶段性总结，并对下一步工作进行再动员再部署。截至上年12月底，全区环保督察立查立改办结113件。

（时亚辉）

【第48次常务会议】 1月8日召开，会议研究2018年区政府重点工作折子工程等工作。穆鹏主持会议。

（时亚辉）

【第49次常务会议】 1月16日召开，会议研究落实北京市委、市政府安全生产第五督察组反馈意见的整改报告等工作。穆鹏主持会议。

（时亚辉）

【乡镇“三农”工作交流会】 1月20日和2月3日，两次召开乡镇政府工作交流会，15位乡镇长就各乡镇如何做好2018年“三农”工作进行交流探讨。区政府领导全员出席会议。

（时亚辉）

【第50次常务会议】 1月30日召开，会议研究2018年“疏解整治促提升”专项行动和世园会筹办等工作。穆鹏主持会议。

（时亚辉）

【区政府党组年度民主生活会】 2月8日，区政府党组召开2017年度民主生活会，紧扣认真学习领会习近平新时代中国特色社会主义思想、坚定维护以习近平为核心的中共中央权威和集中统一领导、全面贯彻落实中共十九大各项决策部署主题，对照党章党规，对照中共十九大精神，对照初心和使命，结合思想和工作实际，深入查找问题、剖析原因，开展严肃的批评与自我批评。区政府党组书记穆鹏主持会议。

（时亚辉）

【生态文明与城乡环境建设动员大会】 3月1日，召开“延庆区迎世园、盼冬奥”深入推进疏解整治促提升促进生态文明与城乡环境建设动员大会，对相关工作进行部署。李志军强调，要提高政治站位，强化政治担当，擦亮生态文明金名片，服务保障赛会筹办。穆鹏主持会议。市城管委党组副书记、首环办专职副主任吴亚梅和区委、区政府、区政协相关领导出席会议。

（时亚辉）

【区政府第18次党组会】 3月2日召开，会议传达学习市政府第一次全体会议和市应急委第十五次全体会议暨全国两会安全保障工作部署会议精神。区政府党组全员参加会议。

（时亚辉）

【第55次常务会议】 3月27日召开，会议研究“蓝天保卫战”“疏解整治促提升”等工作。穆鹏主持会议。

（时亚辉）

【创卫全民总动员新闻发布会】 4月20日，区政府举办“人人当好东道主，同心同向迎盛会”第三场新闻发布会——“创建国家卫生区全民总动员”发布会，向全区市民发出创建国家卫生区全民总动员“冲刺令”，动员全区市民积极参与创卫工作，共同营造文明、有序、干净、整洁的城市环境，为服务保障冬奥会世园会奠定基础。

（时亚辉）

【第58次常务会议】 4月23日召开。会议研究蓝天保卫战行动计划等工作。穆鹏主持会议。

（时亚辉）

【廉政工作会】 5月2日，区政府召开2018年廉政工作会，总结2017年廉政工作，部署2018年重点工作。穆鹏出席会议并讲话。区政府和区纪委领导参加会议。

（时亚辉）

【第60次常务会议】 5月21日召开，会议研究2018年防汛和河长制等工作。穆鹏主持会议。

（时亚辉）

【烟花爆竹禁放座谈会】 5月24日，区政府召开烟花爆竹禁放工作征求意见座谈会，围绕烟花爆竹禁放工作向基层群众代表征求意见。区政府和延庆公安分局领导与城区3个街道和延庆镇的12名群众代表参加座谈。

（时亚辉）

【第61次常务会议】 5月28日召开，会议研究固定资产投资和市区两级重点工程进展、区政府工作规则修订等工作。穆鹏主持会议。

（时亚辉）

【第63次常务会议】 6月11日召开，会议研究打赢蓝天保卫战督查重点、“绿盾2018”自然保护区监督检查专项行动、烟花爆竹禁放等工作。穆鹏主持会议。

（时亚辉）

【第64次常务会议】 6月25日召开，会议研究2018年上半年疏解整治促提升专项行动进展、加强耕地保护和改进占补平衡等工作。穆鹏主持会议。

（时亚辉）

【第68次常务会议】 7月30日召开，会议研究2018年上半年行政执法、《〈延庆县生态文明建设规划（2013—2020）〉评估报告》，以及贯彻落实党中央、国务院、市委、市政府关于“放管服”改革工作部署要求，明确今年重点任务。穆鹏主持会议。

（时亚辉）

【世园会省区市展园建设中期会】 7月31日，世园会省区市室外展园展区建设中期工作会议在区召开。会议主题是全面高质量、高效率推进国内省区市展园建设和室内布展工作。与会领导和嘉宾观看2019北京世园会筹备进展宣传片。北京世园局常务副局长周剑平通报世园会筹备进展情况。国家林业和草原局局长、北京世园会组委会副主任、执委会执行主任张建龙，北京市副市长、北京世园会组委会委员、北京世园局局长卢彦，中国花卉协会副秘书长张引潮和区领导李志军、穆鹏等出席会议。

（时亚辉）

【第70次常务会议】 8月13日召开，会议研究1月至7月疏解整治促提升专项行动进展、改革社会组织管理制度促进社会组织健康有序发展等工作。穆鹏主持会议。

（时亚辉）

【环境检查考评结果专题分析会】 9月4日，召开市区两级环境检查考评结果专题分析会，就2018年1月－7月市区两级环境检查考评结果进行总结分析，并对下一步工作进行部署。

（时亚辉）

【第75次常务会议】 9月25日召开，会议研究冬奥会世园会环境整治与建设等工作。穆鹏主持会议。

（时亚辉）

【79次常务会议】 11月5日召开，会议研究固定资产投资、城乡环境考核情况等工作。会议听取关于延庆区固定资产投资和市、区两级重点工程进展的汇报。穆鹏主持会议。

（时亚辉）

【第84次常务会议】 12月18日召开，会议听取关于2018年政府工作报告、2019年重要民生实事、2018年国民经济和社会发展计划执行情况与2019年国民经济和社会发展计划（草案）报告、2018年预算执行情况和2019年预算（草案）报告的汇报。

（时亚辉）

【第85次常务会议】 12月24日召开，会议研究加快科技创新构建高精尖经济结构等工作。会议听取关于《加快科技创新构建高精尖经济结构实施意见》的汇报，会议强调，要牢固树立“四个意识”，切实提高政治站位，进一步明晰区域产业定位、发展方向、实施方案，努力推动延庆实现高质量绿色发展。

（时亚辉）

主要工作和重大活动

【市环保督察组到区督查】 1月3日，市第三环保督察组到旧县镇、永宁镇和沈家营镇，进行实地督察检查，听取相关负责人工作汇报。5月31日，市督察组召开督察延庆区环境保护情况反馈会，市第三环保督察组组长尹燕京和区领导李志军、穆鹏、胡耀刚、陈合安等出席会议。

（时亚辉）

【延庆与中电国际签署协议】 1月5日，区政府与中国电力国际有限公司签署战略合作框架协议。中电国际将积极参与延庆区综合智慧能源领域发展建设，实现互利共赢。区长穆鹏和中国电力国际有限公司党委书记、董事长余兵分别代表双方签署协议。

（时亚辉）

【区冰雪调研组到吉林市调研】 3月12日，区政府主管领导带领相关单位组成的调研组到与区政府签订冰雪产业战略合作框架协议的吉林市进行调研。调研组在吉林市万科松花湖滑雪场与雪场负责人就雪场的产业发展定位、雪场运营情况、与政府的合作模式、青少年业训和竞训情况及雪场带动周边农民转型、促进农民就业等方面进行座谈，围绕冰雪运动、冰雪产业发展及举办冰雪赛事的成熟做法和成功经验进行交流。同时选派延庆区海陀农民滑雪队11名队员及滑雪少年王凯文赴吉林市松花湖滑雪场进行为期一周的滑雪培训。

（张小利）

【李萌调研】 3月15日，科技部副部长李萌到区，就“科技冬奥”重点工作进行调研，了解冬奥会的相关科技需求。北京冬奥组委技术部部长喻红和区领导穆鹏等陪同调研。

（晏博文）

【王宁调研】 3月15日，副市长王宁带队到区，围绕推进教育发展和京张铁路文化建设等工作进行调研。到北京科技职业学院八达岭校区，实地考察学院实际情况并听取延庆区教育产业规划和京张铁路博物馆改扩建工作的汇报，到詹天佑纪念馆和京张铁路青龙桥火车站，察看文物保护情况和改扩建京张铁路博物馆规划相关情况。区领导李志军、穆鹏等陪同调研。

（时亚辉）

【市相关委局总公司领导调研】 3月19日，市交通委党组书记、主任李先忠带队到区，围绕冬奥会世园会交通服务保障工作进行调研。4月26日，中国农业发展银行北京市分行党委书记、行长张俊强到区，就加强与延庆的业务合作进行调研，并与区政府领导座谈。6月6日，市民政局党委书记、局长、市防汛督查组组长李万钧带队到区，就延庆城市安全和重点工程防汛工作进行检查督导。7月17日，市档案局局长程勇到区，就档案工作进行调研。8月9日，首发集团党委书记、董事长张闽到区，就“一村一企”结对帮扶工作推进情况进行考察。并与香营乡聂庄村签订帮扶项目协议。11月22日，中国振华进出口总公司党委书记、董事长郑炜到区，就园艺产业合作等事宜与区领导座谈。11月22日，中青旅控股股份有限公司党委书记、董事长康国明带队到区，就进一步深化战略合作进行调研。中青旅各所属公司和区各相关部门负责人分别就目前合作业务开展情况及未来合作设想进行沟通交流。11月26日，市审计局党组书记、局长马兰霞带队到区，围绕自然资源资产离任审计工作进行调研，实地了解世园筹办情况和审计工作开展情况。

（时亚辉）

【延庆与首师大共建签约】 4月10日，区政府与首都师范大学举行合作共建签约仪式，首都师范大学延庆实验小学、首都师范大学延庆实验幼儿园、首都师范大学学前教育研修基地3所由首都师范大学和延庆区政府共建实验学校一同揭牌。根据协议，双方将把康庄中心小学、康庄幼儿园、区第四幼儿园共建为3所实验学校。市教委副主任李奕、首都师范大学校长孟繁华、区政府穆鹏等领导出席签约仪式。

（时亚辉）

【卜度安·哈弗到区考察】 4月16日，比利时布鲁塞尔国际葡萄酒大奖赛组委会主席卜度安·哈弗一行到区，对大奖赛延庆分会场活动筹备情况进行考察，并与区领导穆鹏等进行座谈。

（时亚辉）

【保障房建设合作协议】 4月25日，区政府与市保障性住房建设投资中心签署战略合作框架协议，双方就保障性住房建设进行合作，以提高保障房建设运营的专业化、市场化和规范化水平。市保障性住房建设投资中心党委书记、总经理金焱，区领导李志军、穆鹏等出席签约仪式。

（时亚辉）

【十万人次大培训行动计划启动】 5月17日，延庆区启动“服务冬奥世园，促进绿色发展”十万人次大培训行动计划。旨在为延庆服务保障冬奥会世园会、实现绿色发展提供优质人才保障，推动实现“办大事、促发展、惠民生”有机统一的发展目标。市人力社保局和区委、区政府主要领导出席启动仪式。

（时亚辉）

【中关村现代园艺产业创新中心落户延庆】 5月30日，中关村现代园艺产业创新中心揭牌暨政策发布会在北京林业大学举行，中关村现代园艺产业创新中心正式揭牌成立，由延庆区政府与中关村管委会联合制定的9大现代园艺产业政策同步正式对外发布，为延庆打造“北方园艺之都”提供强大动力。中关村管委会、北京林业大学、延庆区委、区政府主要领导出席发布会。

（时亚辉）

【第十届北京端午文化节开幕】 6月16日，第十届北京端午文化节暨北京市第五届“非遗大观园”端午游园会在夏都公园开幕。市委宣传部、首都文明办、人民网相关领导，区四套班子领导和自由式滑雪空中技巧世界冠军、2022北京申冬奥形象大使李妮娜，2018平昌冬残奥会冠军陈建新等出席活动。

（时亚辉）

【对口帮扶对接】 7月13日，穆鹏带队到河北省张家口市怀来县，实地调研对接对口帮扶工作。张家口市和怀来县领导陪同调研。

（时亚辉）

【首都专家延庆张家口行】 8月6日，2018年“首都专家延庆、张家口行”活动在区举行，近30名冬奥会筹备、医疗卫生、生态农业等领域的专家，就冬奥会世园会筹办举办、生态涵养区建设等工作与延庆相关部门负责人对接交流。

（晏博文）

【“千村万场体育电影展映”启动仪式】 8月10日，“迎冬奥——千村万场体育电影乡村展映”启动仪式在康庄镇文体中心举行。活动在全市4000个基层乡村、街道放映体育电影10万余场次，旨在传播奥林匹克精神，让更多市民参与支持冬奥会筹办。市新闻出版广电局党组书记、局长杨烁，国际奥林匹克文化与遗产传承基金会主席弗朗西斯·加贝特及夫人，北京奥运城市发展促进中心党组书记、主任付晓辉和区领导李志军、穆鹏等出席活动。

（时亚辉）

【水生态文明城市创建通过技术评估】 8月16日，作为北京市水生态文明城市建设试点，延庆接受水利部专家组的实地查勘和综合评估，全区水生态文明城市各项指标基本达标，通过技术评估。区领导李志军、穆鹏陪同。

（时亚辉）

【冬奥延庆赛区场馆建设引入社会资本】 8月31日，区政府与中标冬奥会延庆赛区PPP合作招标的住总集团、万科集团和中建一局联合体签订框架协议，北京2022年冬奥会和冬残奥会再次成功引入社会资本参与场馆建设和运营，标志着冬奥会延庆赛区场馆建设的全面提速。市重大办、北控集团、北京住总集团、万科集团、中建一局相关负责人和区委、区政府领导参加签约仪式。

（时亚辉）

【校企合作加盟冬奥延庆赛区】 9月4日，北控置业集团有限公司和哈尔滨体育学院签订战略合作协议，双方合作共建实习实训基地和中国冰雪运动学院延庆分院，为冬奥延庆赛区打造示范场馆、建设场馆运营团队、发展冰雪产业提供强有力的人才支撑。北京冬奥组委、延庆区委和区政府、北控集团、哈尔滨体育学院主要领导出席签约仪式。

（时亚辉）

【中央农村人居环境整治督导组调研】 9月12日，交通运输部总工程师周伟带领中央农村人居环境整治督导调研组到区，对农村人居环境整治工作进行督导调研。穆鹏汇报相关工作开展情况。

（时亚辉）

【2018欢乐丰收节开幕】 9月15日，以“魅力金秋·共享丰收”为主题的2018欢乐丰收节暨第二届延怀河谷葡萄文化节在延庆世界葡萄博览园开幕。各乡镇设立分会场，活动内容涵盖第二届延怀河谷葡萄文化节延庆地区活动、第十届菊花文化节、2018京张优质农产品推介会、“全民享丰收”各乡镇系列活动及丰收采摘体验活动等。市农委、中国农学会葡萄分会、河北省怀来县和延庆区四套班子领导出席开幕式。

（时亚辉）

【国际冬季运动（北京）博览会分会场活动】 9月20日，2018国际冬季运动（北京）博览会分会场活动在八达岭长城望京文化广场举行。活动由延庆区政府主办，万科集团承办，会议以“冬奥延庆，未来无限”为主题，国内外体育、金融、冰雪等行业的200余位嘉宾到场，共商未来延庆冰雪产业发展。延庆区与中央广播电视总台国际在线、人民网、中国新华新闻电视网3家传播平台签署海外推广战略框架合作协议，借助三大平台为延庆区品牌形象进行全方位的海外宣传和推介。

（杨莹）

【园艺产业招商推介】 9月29日，北京市投促局驻京企业投资延庆行暨延庆区园艺产业招商推介活动正式启动，全市60余家园艺企业围绕世园会和现代园艺产业寻求商机与合作。市投促局、中国农业大学农业规划科学研究所、中农富通公司、蒙草集团以及延庆区主要领导出席推介会。内蒙古自治区乌兰察布市兴和县和河南省内乡县相关负责人也到场进行招商推介。

（时亚辉）

【第20届北京国际旅游节闭幕】 10月4日，以“中非丝路情，相聚在北京”为主题的第20届北京国际旅游节在区闭幕。市旅游发展委员会、区政府、区委宣传部主要领导出席闭幕式。

（时亚辉）

【王红到区检查营商环境】 10月5日，副市长王红带队到区，对优化营商环境工作推进情况进行检查，并主持召开座谈会。王红听取关于优化营商环境工作推进情况的汇报，市发改委、政务服务办等部门针对现阶段优化营商环境工作存在的问题和下一步工作重点提出整改建议。穆鹏陪同检查。

（时亚辉）

【区领导值守“12345”热线】 10月9日，区政府领导走进“12345”北京市非紧急救助服务中心，接听延庆区市民来电，并及时解决市民反映问题，回应群众关切。区城管委、住建委、环保局等13个部门、乡镇、街道主要负责人一同接听热线。

（时亚辉）

【加拿大科堡市代表团到访】 10月12日，加拿大科堡市代表团到区访问，与区政府签署友好备忘录。双方确定在冰雪产业、冰雪运动教育等方面开展合作，推进延庆筹办举办冬奥会和加快冰雪产业发展。科堡市市长吉尔·布罗卡尼尔、副市长约翰·亨德森、中国留学人才发展基金会文化教育专项基金委员会主任赵立萍和区领导李志军、穆鹏等出席座谈会。

（时亚辉）

【兴延高速石峡隧道全线贯通】 11月7日，兴延高速公路石峡隧道右线最后2米围岩爆破成功，全市在建的最长公路隧道经过939天的努力，胜利贯通。兴延高速石峡隧道穿越北京昌平、延庆两区，右线全长5.8千米，在延庆区内长度为4.3千米，是兴延高速公路建设的重难点和控制性工程。

（时亚辉）

【法国金鸡集团到访】 11月22日，法国金鸡集团董事长Bruno Cercley到区访问，洽谈金鸡集团产品体验中心落地事宜，与区政府、北控集团签署合作备忘录及协议。穆鹏参加会谈。

（时亚辉）

【专题调度优化营商环境】 11月26日，区政府专题调度优化营商环境工作。区营商环境工作专班、发改委、政务服务办、税务局分别就近期营商环境重点工作进展、落实民营企业融资措施、“四个一”工作进展、民营企业减税降费政策落实等情况进行汇报。

（时亚辉）

【环保督察整改】 11月26日，区政府对中央环保督察整改、“大棚房”整治和浅山区违法占地违法建设专项治理工作进行再动员、再部署。听取区有关部门负责人关于延庆区落实中央和北京市环保督察反馈意见整改、大棚房问题清理整治收尾工作进展、浅山区违法占地违法建设整改情况的汇报。

（时亚辉）

【市第一届冬运会延庆区代表团成立】 11月29日，区政府举行北京市第一届冬季运动会延庆区代表团成立暨誓师大会。与会领导为延庆代表团旗手授旗，代表团执行副团长宣读严肃赛风赛纪和反兴奋剂规定。区滑雪教练员、竞技滑雪组运动员、群众组运动员、场地保障组代表分别代表本领域参赛人员宣誓。穆鹏等区领导出席誓师大会。市第一届冬运会于12月5日正式开幕，延庆选派200余名运动员和冰雪爱好者参加竞技组除冰壶以外3个大项和群众组全部5个大项的比赛。

（时亚辉）

【延崇高速北京平原段主体结构贯通】 12月2日，位于延庆区张山营镇的延崇高速公路北京段上跨京新高速公路转体桥成功转体81.5度，顺利跨越京新高速公路，与11月25日转体成功的上跨大秦铁路桥完美对接，标志延崇高速公路（北京段）工程平原段主体结构全部贯通。

（时亚辉）

【“美丽世园·科技冬奥”延庆双创大赛】 12月10日—11日，“美丽世园·科技冬奥”2018延庆创新创业大赛决赛暨中关村延庆园第一届双创节在中关村延庆园企业之家举行。大赛由区政府和启迪控股联合主办，中关村延庆园管委会、启迪之星承办，旨在吸引园艺、体育产业人才、技术、资本、市场等各类创新创业要素集聚延庆，推动高精尖产业发展，为冬奥会世园会筹办举办提供科技人才支撑。海内外500余家企业报名参赛，涵盖智能、医疗、新能源、体育文化等众多领域。科学技术部火炬高技术产业开发中心主任张志宏和区委书记、区长穆鹏出席颁奖仪式并致辞。科技部火炬高技术产业开发中心、市科委、市经济和信息化局、北京林业大学、北京体育大学、首都体育学院、启迪控股公司和区人大、区政协主要领导出席活动。

（时亚辉）

【科技成果转化与服务平台建设合作协议】 12月11日，区政府与市科委、北京林业大学、北京体育大学、首都体育学院签署《北京市科技成果转化统筹协调与服务平台建设合作协议》。合作内容包括共同推动生态建设、现代园艺等领域的科技成果转化落地，在生物多样性保护方面建立监测系统及信息化技术等方面的技术服务。

（罗振）

【延庆交通换乘中心奠基】 12月26日，延庆综合交通服务中心（换乘中心）项目举行奠基仪式，市重大办、区属相关部门领导及参建单位人员参加仪式。项目建设地点位于延庆区火车站北广场，东至妫水南街、南至延庆火车站、西至百莲路、北至圣百街，总占地面积约6.6公顷，总建筑面积14951平方米，地上9707平方米（其中铁路用房6034平方米），地下5244平方米，地上二层，局部五层，地下一层。建设内容包括北站房、北广场和公交首末站，同时满足高铁与S2线到发、车辆接驳、冬奥服务保障等多项功能。工程计划于2020年5月完工并投入使用。

（时亚辉）

政务服务

【概况】 延庆区政务服务管理办公室（简称区政务服务办），为区政府派出机构，主要负责推进全区政务服务体系建设，指导街道、乡镇及相关部门政务服务工作。政务服务管理办公室下辖政务服务中心、不动产登记事务中心、婚姻登记中心、办税服务厅、农机服务中心、出入境及人口办事大厅、社会保险事业管理中心7个服务大厅。其中，政务服务中心入驻政务服务部门46家，开设窗口42个，包括区工商局、区卫生监督所、区食品药品监督管理局、区质量技术监督局、区司法局、区民政局、区发改委、区园林绿化局等，派驻工作人员102人，可办理政务服务事项1473项。5个大厅全年办件448.91万件。年内，完成网上政务服务大厅与区政府网站的对接，乡镇（街道）、村（社区）政务服务事项办事指南可在线查询。深化“放管服”改革，推进政务服务“一网、一门、一窗、一次”。“只进一扇门”，让服务更高效。完成新政务服务大厅建设，推动各部门服务事项进驻政务服务中心统一办理，除受场地限制无法进驻的事项外，全区46个政务服务部门的1652项政务服务事项进驻区政务服务中心及分中心，进驻率99.5%。“一窗受理”，让服务更标准。实现1652个政务服务事项“一窗”分类受理，综合窗口率达99.5%。“一网通办”，让群众少跑腿。网上政务服务大厅上线运行，实现互联网端事项网上申报、查询、预约、咨询、投诉、建议等功能。1366项区级政务服务事项实现网上可办，可办率100%。“最多跑一次”，让服务更便捷。解决企业、群众办事“最后一公里”问题，推动148个高频事项实现“最多跑一次”。

单位名称：延庆区政务服务管理办公室

地　　址：延庆镇新城街2号

电　　话：69146493

（薛媛）

【试点单位建设】 年内，对香水园街道、永宁镇、沈家营镇进行试点改造，大厅选址、面积、功能布局、场所标识、基础设施建设均实现规范化，统一名称、悬挂统一标识标牌，明确规章制度及人员构成，对运行机制、信息化及人员管理作出统一要求。

（薛媛）

【窗口队伍建设】 年内，成立政务服务中心窗口党支部。在全区政务服务窗口行业开展“优化营商环境，提升政务服务水平”主题实践活动，开展政务服务礼仪培训和相关业务知识竞赛。在争创“最美服务之星”“最美服务窗口”活动中，人力资源公共服务中心、香水园街道社保所等10个窗口获得“最美服务窗口”称号，住房和城乡建设委员会熊于男、人民政府信访办公室周淼等20名窗口工作人员被评为“最美服务之星”。

（薛媛）

外事和侨务

【概况】 延庆区人民政府外事办公室（简称区政府外事办）是延庆区外事工作的综合归口管理部门和延庆区委外事工作领导小组工作机构。区政府外事办加挂区侨办牌子，下设延庆区外事侨务服务中心，负责全区侨务事务。年内，围绕2019北京世园会、2022年冬奥会和地区经济社会发展，优化因公出国管理体系，全年受理因公临时出国任务37批66人次。拓展国际多边交流深度，接待境外来访团组22批292人次。加强延庆国际语言环境建设，开展“全民学外语”活动，培训2659人次。对区内相关双语标识进行翻译审核整改。充分发挥侨务资源优势，有序开展涉外应急工作，外事工作实现平稳、快速发展。

单位名称：延庆区人民政府外事办公室

地　　址：延庆镇庆园街65号

电　　话：69146222

（杨莹）

【海外华裔青少年冬令营活动】 1月1日，“中国寻根之旅·魅力北京”迎冬奥冰雪冬令营延庆行活动在区举行。来自10个国家的120余名海外华裔青少年及20余名带队教师，在八达岭长城参加2018年全国新年登高健身大会并参观世葡园。

（杨莹）

【区政府与美国杰克逊镇签署友好备忘录】 2月28日至3月1日，美国杰克逊镇代表团一行9人到区访问，实地考察万科石京龙滑雪场、野鸭湖湿地公园，和区规划展览馆，其间与区政府座谈并签署友好交流备忘录。双方同意共同推进两地在冰雪产业人才培训、青少年文化交流、建筑节能等方面的深度交流与合作。

（杨莹）

【“绿动全球”活动在八达岭长城举行】 3月16日，爱尔兰在八达岭长城举行“绿动全球”活动，爱尔兰驻中国大使李修文（Eoin O'Leary）、爱尔兰旅游局企业服务与策略总监Shane Clarke共同出席活动。

（彭丰）

【爱尔兰圣帕特里克节“点绿长城”】 3月16日晚，爱尔兰驻华使馆在八达岭举行“点绿长城”活动，迎接国庆日圣帕特里克节。“圣帕特里克节”是爱尔兰最重要的传统节日，同时也是国庆节，2018年是该活动第5次来到八达岭景区。活动中绿色的灯光在长城北二楼至北三楼段将长城染做翠绿一片，变身“绿色长城”。仪式现场有爱尔兰的音乐人演奏爱尔兰民族风情的歌曲和延庆区的非物质文化遗产“跑竹马”表演。爱尔兰副总理兼外交与贸易部长西蒙科文尼、爱尔兰驻华大使李修文、延庆区副区长吴世江出席仪式。

（杨莹）

【比利时布鲁塞尔国际葡萄酒大奖赛延庆分会场活动】 5月12日，以“长城脚下，葡乡风情——延怀河谷葡萄游”为主题的2018（北京·海淀）比利时布鲁塞尔国际葡萄酒大奖赛（以下简称“CMB大奖赛”）分会场系列活动在区举行，51个国家近200名CMB大奖赛评委参加活动。区政府和CMB大奖赛组委会签订旨在促进延庆葡萄及葡萄酒产业发展的《战略合作框架协议》。

（杨莹）

【荷兰南荷兰省代表团到访】 5月14日，荷兰南荷兰省副省长安德瑞·布姆-莱姆斯塔率团到区采访，考察现代园艺产业集聚区（HBD）以及园艺产业发展情况。并进行友好交流。

（杨莹 张宪博）

【牵手冬奥公益讲座】 6月22日，市外办组织的“牵手冬奥”系列公益讲座活动暨延庆区外事礼仪主题讲座在会展中心举办，全区各相关单位60余名机关公务人员参加活动。

（杨莹）

【“文化中国·水立方杯”音乐夏令营】 7月25日，2018年“文化中国·水立方杯”音乐夏令营成员到区访问，70余名华裔青少年举行登长城活动。

（杨莹）

【意大利特伦省代表团到访】 9月25日，意大利特伦省政府合作、文化及公民保护局局长迪奇亚诺·梅拉利尼率团到区访问，进行友好交流。

（杨莹）

【芬兰代表团到访】 12月7日，芬兰国家商务局冬季运动管理中心副主任米可·萨瑞能率团到区访问，进行友好交流。

（杨莹）

【区政府与美国福遍郡签署友好备忘录】 12月15日—17日，副区长吴世江率团访问美国，期间吴世江代表区政府与美国福遍郡签署友好交流备忘录。

（杨莹）

保密管理

【概况】 延庆区国家保密局（简称区保密局）与中共延庆区委保密委员会办公室（简称区委保密办）一个机构、两块牌子，是指导全区党政机关保密工作的区委工作部门，又是区政府主管全区保密工作的行政管理机构。年内，围绕全区工作大局，深入贯彻落实中央、市委和区委关于保密工作的决策部署，加大保密统筹管理力度，提升保密宣传教育水平，深入推进保密服务指导，大力加强保密监督检查，加快推动全区保密事业稳步发展。开展全民国家安全教育日活动，发放宣传材料200余份；举办全区保密干部业务培训，为区公务员科级干部任职培训班、区公务员初任培训班、区直工委系统党建大课堂举办保密专题讲座，为区处级班子单位送教上门、播放警示教育片，受教育2800人次；编发保密提示短信24条，受教育4.4万人次；为区世园冬奥筹办、区委区政府办公楼节能改造工程、区政务内网建设等大事要事提供保密服务保障，为区民防局相关工程项目、区纪委相关网络项目等提供定密服务指导；启动保密监管平台二期工程建设工作，与区公安局、区网信办共同推进相关系统保密管理、信息发布保密审查等工作；以暗查暗访、互查互评等方式对全区处级班子单位开展保密检查，覆盖率100%；开展中高考、成人高考、自学考试等保密检查，全年检查7次；开展宾馆酒店、会议中心和废品回收站保密检查，张贴告知书20份，发保密联系卡45张。

单位名称：延庆区国家保密局

地　　址：延庆镇西街1号

电　　话：69143265

（于江）

【保密委全体会议】 4月19日召开，会议审议并通过全区2018年保密工作要点。区委保密委员会全体委员出席会议。

（于江）

【保密工作暨业务培训会】 5月16日召开，会议学习传达全市保密工作会议精神，总结2017年全区保密工作，部署2018年工作任务。区保密局干部结合延庆区保密工作实际，分别作《增强保密意识 做好保密工作》《如何做好保密档案资料管理》的保密业务培训。全区各处级班子单位保密工作主管领导、科室负责人、保密管理员等300余人参加培训。

（于江）

【保密宣传系列活动】 7月—11月，开展“传承红色基因，筑牢保密防线”系列宣传活动。组织全区各机关、单位保密工作主管领导70余人，到北京交通大学进行保密教育实训；组织《中国共产党保密工作史（1921—1949）》阅读征文活动，收集征文134篇，评选出一等奖3名、二等奖6名、三等奖11名，优秀组织奖6个。

（于江）

【业务指导培训】 10月中旬，对新成立的机构改革小组办公室保密管理工作进行业务指导，帮助制定保密工作制度，并对全体工作人员进行培训。

（于江）

【保密工作部署会】 10月26日召开，专题部署机关、单位《国家秘密事项一览表》编制和涉密人员确定两项工作。全区各机关、单位保密管理员70余人参会。

（于江）

档案管理

【概况】 延庆区档案局和延庆区档案馆（简称区档案局、区档案馆）的职能是贯彻执行档案工作方针、政策及法律、法规，负责全区档案工作的检查和指导，接收与征集党和国家永久、长期保管的档案，对档案进行整理和科学管理，研究和出版档案史料，积极提供利用，为政治文明、精神文明、物质文明和生态文明服务。设政办室、法规科、业务指导科、管理科、编研科、信息技术科。年内，制订《延庆区档案馆利用工作管理办法》《延庆区档案馆档案利用工作服务指南》《延庆区社区档案管理办法》，联合区农委下发《关于做好美丽乡村建设档案工作的通知》。制订相关制度和办法，在PDE系统开设相关用户，设定用户权限，联通内部网络，开通自主查询功能，实现用户自己利用电脑查询档案资料。依法对全区立档单位档案开展档案执法双随机检查，抽查23个单位，制发检查清单101份，发出整改通知1份。百泉街道办事处通过测评验收，晋升为市级档案工作优秀单位。全区历年通过测评验收的48家单位中，10家单位完成市级优秀单位满3年复查工作。举办21期各类档案知识培训班，培训专兼职档案员600余人次。围绕冬奥会世园会绿色发展大事，通过主动服务、定期指导、骨干参与、深入施工单位服务等形式，做好档案服务。按照《延庆区档案馆档案接收工作安排意见》要求，接收5家单位档案1446卷4415件，照片档案314张，光盘7张。征集名人档案资料300件（册、张），对东门营、柳沟、南天门、榆林堡、岔道5个传统村落进行全方位留存拍照，存档200余张。截至年底，馆藏137个全宗，各类纸质档案118975卷、147465件，照片档案28341张，馆藏图书资料9106册，全部实现电子查询。全年接待档案利用者2877人，接待电话咨询300余人次，提供档案资料3687卷、392件次。参与国家档案局举办的征文活动，区档案局获得“优秀组织奖”。

单位名称：延庆区档案局（馆）

地　　址：延庆镇妫水北街14号

电　　话：69144530

（王晓洁）

【档案法宣传】 2月26日至3月2日，开展“档案法进社区，进学校”主题宣传活动，在张山营学校、妫水北街等地摆放档案法制宣传漫画展板，300余名学生和200余名社区居民参观。

（王晓洁）

【美丽乡村建设档案工作推进会】 3月，召开村级档案检查暨美丽乡村建设档案工作推进会，明确村级档案收集范围和保管期限的要求，全区15个乡镇档案工作主管领导和档案员参加会议。9月，在永宁镇和平街村召开美丽乡村建设档案工作现场推进会，实地参观和平街村档案室，档案局工作人员进行现场档案业务培训和指导。截至年底，124个美丽乡村的档案工作明显提升。

（王晓洁）

【社区档案规范化管理】 4月，召开社区档案规范化管理工作会，解读社区档案规范化管理标准，并举办社区档案业务培训班，结合社区档案工作实际，针对文书、科技、照片、实物等门类档案的收集、整理进行详细讲解。全区3个街道、30个社区的33名专兼职档案员参加培训。截至年底，30个社区全部完成建档工作，其中8个社区实现规范化。

（王晓洁）

【第十届档案馆日宣传】 6月8日，区档案馆以“档案见证改革开放”为主题，通过发放宣传材料、接待档案知识咨询、召开座谈会、档案征文等多种形式，开展国际档案日暨延庆区第十届“档案馆日”系列宣传活动。内容包括参观固定展——“档案中的延庆”和专题展——“延庆改革开放四十年”以及区委、区政府荣誉展，并进行档案查询体验活动。同时在全区15个乡镇、3个街道设置分会场，组织特色宣传。社区居民350余人、在校学生120余人参加活动。

（王晓洁）

【专题展览】 年内，协助宣传部筹办“波澜壮阔40年 延庆发展新变化”图片展。举办“雷锋故事”主题展、“改革开放40年”档案图片专题展，接待参观学生和群众1500余人次。

（王晓洁）

【档案征文】 年内，以“档案——见证改革开放”为主题，开展档案征文活动，各单位报送征文60余篇，评选出一、二、三等奖并将优秀稿件上报市档案局。区档案局参与国家档案局举办的征文活动，获得“优秀组织奖”。

（王晓洁）

【档案开放鉴定】 年内，鉴定档案530710件，向社会开放档案263570件、拟延期开放档案267140件，档案开放率为50%

（王晓洁）

【档案数据备份】 年内，对文书、科技、会计、照片、婚姻、土地房照档案等42个档案数据库，162万余条文件级档案目录，858万页原文，分别进行本地和异地备份，总容量3.4T。

（王晓洁）

【档案数字化管理】 年内，完成馆藏文书档案的全文扫描17.4万页，并全部实现原文挂接，完成规范数据库文件题名40万余条，馆藏档案数字化达到100%。对婚姻档案目录进行规范整理，将34700多条目乡镇的婚姻档案目录及2018年以前全部婚姻档案目录131624条，890911页原文的数据导入数字档案馆系统，在全市率先实现全市跨馆查询利用、出证服务。

（王晓洁）

【档案编研材料成书】 年内，出版《荣誉——延庆区各立档单位获得国家、省、部级以上荣誉图册》和《延庆第一事》编研材料，两书近17万字，收录照片500余张。编辑《延庆发展简史》和《旧貌新颜》，两书共6万余字、收录照片近300张。

（王晓洁）

世园会筹办

【概况】 北京世界园艺博览会延庆区筹备领导小组办公室是延庆区临时机构，加挂北京世界园艺博览会园区管理委员会筹备办公室牌子（简称北京世园会筹备办）。内设机构5个，分别为综合处、规划协调处、发展促进处、宣传文化处、服务保障处。工作人员采取干部挂职、从部门抽调等方式组成。主要职责为组织或参与编制延庆区的筹办战略、行动纲要和相关规划并组织实施；协调推进世园会园区内制止违建、征地拆迁等相关工作，组织协调园区外相关配套设施的规划、建设工作；负责与世园局的联络协调及区内相关工作的组织协调；督促落实延庆区筹备领导小组议定事项并承担日常工作。年内，开展2019北京世界园艺博览会延庆区筹办举办工作，统筹推进世园会延庆区宣传、规划、产业发展和服务保障工作。

单位名称：北京世园会筹备办
地　　址：北京市延庆区庆园街65号
电　　话：56766355

（张宪博）

【世园会纪念品设计大赛评审结果】 1月5日，北京市八达岭旅游总公司组织业内专家进行第一届2019北京世园会特色纪念品设计（征集）大赛评审工作。专家组对征集的54个产品类和40个设计类作品进行评审。确定二等奖2名、三等奖3名，最具创意奖、最具实用奖和最具人气奖各1名。

（张宪博）

【世园会项目团队与延庆地质博物馆座谈】 1月16日，世园办组织万科企业股份有限公司2019北京世园会植物馆“万花筒”项目团队到区与延庆地质博物馆座谈，对接植物馆展陈设计与植物文化传播相关事宜。双方确定将延庆本土植物历史引入万科植物馆展陈。

（张宪博）

【世园办与市科协对接】 1月23日，世园办与区科协赴市科协对接科技助力延庆区现代园艺产业发展事宜。双方就如何充分发挥科技社团专家团队资源，服务延庆现代园艺产业发展进行探讨，就建立HBD专家智库、主题示范等事宜交换意见。北京科技社团服务中心、北京工艺美术学会、北京烹饪协会、北京园林学会、北京土木建筑学会相关领导参加座谈。

（张宪博）

【世园会回迁安置】 1月26日，正式启动世园会回迁安置工作。2月27日，谷家营、李四官庄两村712户、2300余套回迁安置房选房工作完成。

（张宪博）

【世园办赴河南招商】 2月2日—6日，世园办赴河南省郑州市、鄢陵县、宁陵县进行招商工作。其间，世园办与郑州双桥花卉市场、郑州贝利得花卉有限公司、鄢陵花木市场交易中心有限公司、鄢陵新绿洲园林绿化工程有限公司、鄢陵建业绿色基地、宁陵万亩梨园6家企业行深入对接。

（张宪博）

【“迎接世园会 当好东道主”互动体验】 2月16日—21日，世园办在延庆世界葡萄博览园开展以“迎接世园会 当好东道主”为主题的互动体验活动。活动设兰花展知识介绍、世园合影墙、“小小园艺师”VR体验、“小萌芽小萌花请您来闯关”、H5网上答题等内容。300余名少年儿童参与VR园艺体验，12000余名群众参与答题闯关。

（张宪博）

【国际园艺生产者协会主席考察】 3月15日，国际园艺生产者协会（AIPH）主席伯纳德·欧斯特罗姆到区考察2019北京世园会筹备工作，实地察看园区万花台、中国馆、国际馆、世园酒店等重点建筑施工程建设进展情况，并听取2019北京世园会筹备进展情况汇报。

（张宪博）

【世园会筹备领导小组与中国花协对接】 3月26日，世园会筹备领导小组与中国花协、国际竹藤中心座谈对接。双方围绕中国花协、国家花卉研发中心（北京）、国际竹藤中心花卉景观研究所科研基地，中国花协相关办事机构与延庆合作等事宜进行洽谈。

（张宪博）

【会时S2线运营专题会】 3月28日—29日，主管副区长召开两次专题会议，研究世园会期间S2线运营事宜。经调整改造方案，世园会期间S2线小火车可正常通行，不受京张高铁延庆支线及站台改造影响，城铁公司计划会期运用4组车底，按照16对/日组织运营，日发送旅客单向可达1.44万人，轨道交通将在现状运力基础上提升1倍客运能力。

（张宪博）

【世园餐饮服务保障筹备座谈会】 4月11日，市商务委组织市烹饪协会及全聚德等10多家著名连锁餐饮企业代表就世园餐饮服务保障筹备工作进行座谈交流，世园局、世园公司就园区内餐饮保障工作基本情况、方案设想及餐饮服务需求进行介绍，世园办就世园会服务保障工作进展情况及需求进行介绍。全聚德、东来顺等10多家知名餐饮企业负责人参与座谈并表达合作意向。区政府、世园局、世园办、区商务委、世园公司经营部等领导参加座谈。

（张宪博）

【姜增伟调研】 4月12日，中国贸促会会长、北京世园会组委会副主任委员姜增伟以及北京世园会政府总代表王锦珍到北京世园会园区，就2019北京世园会规划、建设情况进行调研。世园局领导周剑平陪同调研。

（张宪博）

【世园会倒计时一周年】 4月28日，世园局、市文化局、延庆区政府在八达岭国际会展中心共同主办2019北京世园会倒计时一周年活动。活动以“花开新时代”为主题，通报北京世园会筹备工作进展情况，发布北京世园会志愿者招募信息和特许产品，并进行倒计时牌揭幕。副市长王红，国家林业和草原局副局长刘东生，北京世园会组委会委员、政府总代表、中国贸促会副会长王锦珍，团市委书记熊卓，北京世园局常务副局长周剑平和区领导穆鹏、胡耀刚、陈合安等出席。北京世园会执委会各成员单位、世园局干部职工、北京世园会全球合作伙伴、各省区市、施工建设者、志愿者代表、延庆区各界代表等200多人参加活动。

（张宪博）

【世园会新品种评选活动启动仪式】 5月13日，由HBD入驻企业北京棕科植物新品种权管理有限公司承办的2018国际（延庆）植物新品种保护与维权论坛暨助力世园会新品种评选活动启动仪式在区举办。国家林业局新品种保护办公室、国家农业农村部新品种保护办公室、世园局、中国花卉报等单位领导出席，荷兰、法国、德国、意大利、西班牙、日本等国家的专家以及台湾、广东、云南、浙江、上海、江苏、辽宁以及京津冀等地约80余位专业人士参会。

（张宪博）

【世园会主题彩绘飞机首飞】 6月15日，2019

北京世园会主题彩绘飞机“花开盛世号”北京往返昆明航班首飞成功。昆明至北京的航班上，世园局、国航和延庆区共同开展“传递绿色梦想”的主题航班活动。

（张宪博）

【杜永臣考察】 6月19日，中国园艺学会理事长杜永臣就筹备2018年中国园艺学会年会到区考察。先后到HBD办公总部、八达岭国际会展中心、新华人寿培训中心、世界葡萄博览园、瑞德苹果园等现代园艺产业园进行实地考察。

（张宪博）

【世园会第一次国际参展方会议】 6月25日—26日在北京召开，2019北京世园会国际参展已由招展阶段转入建设布展阶段。会场设置延庆传统手工艺品展示专场，由穿着中式服装的延庆技能达人亲自传授手工艺品制作技巧，邀请国际友人参与互动体验。20个国际参展方集中签署参展合同，截至月底，英国、德国、上海合作组织等97个国家和国际组织书面确认参展。

（张宪博）

【“百花争延”活动启动仪式】 6月30日，由北京世园局和延庆区共同主办的“美丽延庆，精彩世园”——“百花争延”首都高校校园推广活动启动仪式在世界葡萄博览园举行。首都11所高校近百名大学生参加仪式。世园局、团市委、区委、区政府相关领导出席活动。

（张宪博）

【领导干部园艺大讲堂】 8月2日，延庆区领导干部园艺大讲堂第三讲在区委党校开讲，世园办各成员单位主要领导及城市运行、应急管理等相关单位负责人175人参加培训。

（张宪博）

【温室植物栽植】 8月8日，“2019北京世园会植物馆‘万花筒’温室植物栽植暨奋战百日冲刺竣工活动”在世园会植物馆“万花筒”项目建设现场举办，7株热带植物入驻世园会植物馆。世园局、区政府、万科集团相关领导，植物馆相关专家以及建设施工合作方参加活动。

（张宪博）

【北京中农富延园艺科技有限公司落户延庆】

8月20日，北京中农富延园艺科技有限公司在延庆工商分局完成注册手续，正式落户延庆。

（张宪博）

【第二批《2019科技世园专项》专家评审会】

8月24日，区科委及世园办联合组织的第二批《2019科技世园专项》专家评审会举行。邀请观赏园艺、果树、园林植物、经济等领域的5位专家参与评审。正式申报的中国传统菊花新品种培育与产业化关键技术研究、抗逆性菊花新品种选育、高效栽培技术研发与示范、新型冷凉花卉引种、繁育技术研究与示范等9个项目通过专业评审。

（张宪博）

【“相约美丽延庆 共享精彩世园”共建活动】

8月29日，世园办和西城区园林绿化局共同举办的“相约美丽延庆、共享精彩世园”共建活动在西城区园艺文化推广中心右安驿站举行。活动现场，延庆区环保志愿者“环保奶奶”贺玉凤与2017“感动西城人物”、西城区五星志愿者“西城大妈”柳素霞交流志愿服务经验。

（张宪博）

【世界气象组织在区签署参展世园会合同】

11月7日，世界气象组织与北京世界园艺博览会事务协调局在延庆签署2019年中国北京世界园艺博览会参展合同，并任命北京市气象局局长姚学祥为世界气象组织参展世园会展区总代表。世界气象组织代表以及中国气象局、市政府、市气象局、北京世园局相关负责人出席合同签署仪式，并实地调研由世界气象组织和中国气象局联合建设的世园会生态气象馆布展施工进度，听取相关工作汇报。参加调研的还有市气象局相关单位负责人和区世园办、区气象局负责人。

（杨航）

【国际竹藤中心开展“南竹北引”试种项目】

11月初，国际竹藤中心在延庆苗圃试种9个竹品种3200株，面积约666.7平方米。在希森马铃薯基地种植水仙、牡丹等11个品种1600株，面积约1000平方米。

（张宪博）

【首都高校大学生歌手大赛总决赛】 12月3日，“美丽延庆、精彩世园”首都高校大学生歌手大赛总决赛暨颁奖仪式在中央音乐学院歌剧音乐厅举行。作为“百花争延”系列活动第五站，中国人民大学、中国传媒大学、北京电影学院和中央音乐学院等41所高校大学生参与。经过前期近两个月的初赛选拔，最终有10组选手晋级决赛。区委宣传部、统战部，中央音乐学院，团市委相关负责人出席活动。

（张宪博）

【世园会第二批形象大使发布】 12月21日，北京世园会第二批形象大使发布暨世园行动启动活动在首钢体育大厦举行。继中央电视台主持人董卿成为第一批形象大使之后，北京大学保护生物学教授吕植、影视表演艺术家刘劲成为北京世园会第二批形象大使。活动现场，两位形象大使与参会领导共同倡导大家关注世园会、参与世园会，加入自然保护的行列中来，传播、践行生态文明理念，为即将举办的北京世园会加油助力。

（张宪博）

【首都高校大学生辩论大赛】 12月23日，“美丽延庆，精彩世园”——“百花争延”首都高校大学生辩论大赛决赛在中国农业大学举行。大赛由延庆区委宣传部和团市委大学中专部主办，团区委、中国农业大学团委、北京农学院团委承办，清华大学、北京大学、中国农业大学等16所高校参与，是整个“百花争延”系列活动的第七站。中国农业大学以11.5比3.5的比分战胜北京交通大学，获得冠军。

（张宪博）

北京冬奥会延庆赛区筹办

【概况】 北京2022年冬奥会和冬残奥会延庆赛区筹办工作领导小组办公室（简称区冬奥办），内设3个处室，分别是综合处、协调处、督查处，工作人员从区内各部门抽调组成，是北京冬奥组委延庆运行中心与延庆区委、区政府沟通协调的平台。负责协调落实北京冬奥组委相关要求、贯彻落实领导小组决策事项，推进完成延庆赛区各项筹办工作任务。重点推进落实督办“四个办奥”要求、“科技冬奥”工作和中央首长、市领导重要指示精神的落实情况，申奥可持续性承诺任务、重点建设工程、PPP项目招标、赛会运行服务、世界杯赛、冬奥课题以及冰雪产业促进等工作内容。年内，颁布《区冬奥办运行工作机制》，在全区范围内印发《北京2022年冬奥会和冬残奥会延庆赛区行动计划》，提出88项任务和123个重点项目。全面落实市委、市政府《关于推动生态涵养区生态保护和绿色发展的实施意见》，制定区级实施方案，围绕生态建设、绿色产业发展、公共服务提升、低收入帮扶等领域与海淀区结对协作，推动区域高质量绿色发展。印发《领导涉冬奥讲话材料汇编》《国际雪联世界杯赛事管理指南（组织手册）》。组织参与平昌实战培训成果汇报会，深入社区、乡镇和学校普及冬奥知识，参与民盟冬奥论坛、会旗首站之旅、投洽会、冬博会、京港洽谈会、国际雪联越野滑雪中国巡回赛万科石京龙站等活动。严格落实54项完善生态保护与环境保护的具体措施，认真履行申奥可持续性承诺34项具体任务，聘请北京林业大学专家团队，开展赛区森林生态系统环境监测和评价工作，完成《冬奥会延庆赛区生态环境管理手册》《冬奥会冬残奥会水环境保护工作指南》《山地绿色施工办法》及《2022年冬奥会延庆赛区林业有害生物防控体系建设计划书》。区政府采取多种措施推广清洁能源应用，降低$PM_{2.5}$浓度。延庆赛区场馆周边村庄煤改清洁能源建设工作，截至6月底全部完成。完成“北京2022年冬奥会对延庆区域影响分析和发展战略研究”课题研究工作，提出“生态发展2.0”模式。配合市发展改革委起草《促进延庆区高质量发展行动计划（2019—2021年）》，将研究成果转化为推动生态涵养保护、产业转型升级、城市品质提升、优秀人才集聚的发展动力。全面实施五年10万人大培训计划，大力开辟就业增收渠道，吸纳劳动力千余人参与工程建设，海陀农民滑雪队队员到万科石京龙滑雪场担任滑雪指导员，人均增收2万元。全年筹备组织领导小组会议23次、决策审议58个事项；召开办公室主任会议60次、研究安排102个事项；刊发冬奥简报44期、专刊5期以及市政府“昨日市情”特刊1期；及时协调办理重要文件和重大事项480余件。

单位名称：延庆区冬奥办
地　　址：延庆镇湖南东路1号
电　　话：69106903

（王艳芳）

【冬奥文化发展论坛】 1月15日，由民盟北京市委和中共延庆区委共同主办的“2018冬奥文化发展论坛”在区举行，10余名专家围绕“为冬奥会筹备出力，为延庆区发展建言”主题，从多个层面为延庆借助冬奥会重大机遇实现跨越发展建言献策。北京市副市长、民盟中央副主席、民盟市委主委程红以及相关区领导出席论坛开幕式。

（张珅）

【奥林匹克会旗延庆之旅】 2月27日，“五环旗到北京，双奥之城再焕文化之光”奥林匹克会旗之旅延庆站活动在八达岭长城望京广场举行。活动由北京冬奥组委指导，区委、区政府主办。延庆青少年代表接受北京冬奥组委秘书长韩子荣授予的奥林匹克会旗并共同展示，正式开启奥林匹克会旗延庆之旅。韩子荣和李志军分别致辞。区委、区政府相关领导和平昌冬奥会自由式滑雪男子空中技巧亚军获得者贾宗洋，高山滑雪运动员张洋铭，雪车运动员史昊出席活动。

（赵恩阳）

【首届冬奥文化主题展览】 2月27日至3月31日，延庆区联合《文明》杂志社，在八达岭国际会展中心举办《冬奥·北京与冰雪文化》——延庆区首届冬奥文化主题展览。展览分为“习近平总书记关心冬奥，嬉冰御雪、荟萃东西，璀璨华夏、圆梦冬奥，冰雪邀约、再聚北京和双奥城市风采展”5个部分，旨在全面多元地展示冬奥文化内涵，宣传北京办奥愿景理念。

（赵恩阳）

【冬奥世园筹备工作发布会】 3月26日，延庆区召开“人人当好东道主 同心同向迎盛会”冬奥世园筹备工作发布会，奥运冠军陈建新宣读《人人当好东道主 同心同向迎盛会——致全区父老乡亲的一封信》。区委、区政府相关领导，全区各二级班子单位、各乡镇街道精神文明建设主管领导，公共文明引导员、千人找差团、啄木鸟督查队、学生代表，各社区居委会主任以及《精神文明报》《北京日报》、北京电视台等9家媒体记者共200余人参加发布会。

（赵恩阳）

【国际雪联专家考察】 4月23日—25日，国际雪联高山赛道委员会主席伯恩哈德·鲁西带领国际雪联、国际残奥委会相关专家，会同相关中方人员对高山滑雪竞技结束区进行考察。外方专家对中方工作给予积极评价，并分别就高山滑雪项目赛道、热身道和训练道的设计，缆车系统规划、赛事运行负责人确认和专业雪上作业人员聘用培训、山地救援方式、造雪机制、气象预报、无障碍设计、2号路修建等工作提出具体修改建议及需求。

（王艳芳）

【冬奥实战培训主题大讨论】 4月28日至5月8日，区冬奥办组织区内相关单位参加平昌冬奥会实战培训系列主题大讨论活动。结合延庆赛区筹办工作涉及业务领域实际情况，组织区委宣传部、区旅游委、区体育局、区交通局、区重大项目协调服务中心等19家单位44人次参与北京冬奥组委组织的平昌冬奥会实战培训系列主题大讨论活动中的18个专题讨论，体验总结平昌冬奥会在接待、餐饮住宿、医疗、志愿者、交通等赛事运行及保障等方面工作的开展方式。

（王艳芳）

【冬奥延庆赛区核心区成立党委和工会】 6月27日，在位于小海陀山海拔1500米的冬奥延庆赛区工地上，举行全市“海拔最高”的联合党委和联合工会揭牌仪式，建设单位北控京奥公司和5家总包单位的7支青年突击队同时宣布成立，并启动为期100天的劳动竞赛。

（王艳芳）

【雪车雪橇赛道通过模块测试】 7月24日，2022年北京冬奥会延庆赛区国家雪车雪橇中心通过赛道模块测试，各专项施工技术及专利技术获得国际雪车联合会、国际雪橇联合会相关专家的一致认可。

（王艳芳）

【国家高山滑雪中心确定为示范场馆】 9月6日，北京冬奥组委场馆工作动员部署大会上，国家高山滑雪中心（延庆赛区）与国家游泳中心（北京赛区）和云顶滑雪公园（张家口赛区）共同被选定为示范场馆。

（王艳芳）

【冬奥会雪上运动纪念邮票发行】 11月16日，由北京冬奥组委与中国邮政集团公司联合发行的《北京2022年冬奥会——雪上运动》纪念邮票及相关邮品正式面市。同时发行的还有“北京2022（临）”邮戳。纪念邮票一套4枚，分别表现越野滑雪、高山滑雪、冬季两项和自由式滑雪4个雪上运动项目。

（时亚辉）

【冬奥延庆赛区保证性客房预分方案确定】 年内，根据北京冬奥组委各利益相关方代表部门提出的延庆赛区保证性客房3027间的需求总量，提供15家酒店（6家存量酒店和9家新建酒店），3727间客房，同时储备8家备选酒店。完成一般性客房（观众）预分配方案7648间，满足7526间承诺需求。建立学校、军训基地住宿设施台账（15处、3.37万张床位），完成针对工作人员、志愿者的分配方案。

（王艳芳）

【冬奥人才行动计划】 年内，培养受国际滑雪指导员协会及其37个成员国认可并取得滑雪教练指导员一级教学证书的学员51人、教练指导员二级滑行技能证书的学员4人；24名青少年获得瑞士国家职业滑雪指导员培训认证书；完成145名冰雪项目运动员注册工作。

（王艳芳）

【冰雪体育产业发展】 年内，全面构建“一轴两翼”冰雪产业布局，加快推进市冰上项目训练基地、万科石京龙升级改造、娅豪滑雪等项目；全年引进并举办冰雪赛事14场，其中区级4场、市级4场、国家级4场、国际级2场。自冬奥申办成功至2018年年底，共接待冰雪旅游和冰雪运动游客830万人次，实现收入5.64亿元。

（王艳芳）

【冬奥文化宣传活动】 年内，组建北京冬奥会宣传全媒体团队，在中央、市级媒体刊发新闻报道共2095条。广泛开展冰雪培训、冰雪文化、冰雪旅游等各类活动，全年3000余名、10000人次职工和3000余名中小学生参加上冰上雪培训；评定15所区级冰雪特色学校；成功举办奥林匹克会旗首站之旅活动等多项重要活动；围绕冰雪文化推出10条精品冰雪旅游线路。

（王艳芳）

【冬奥会可持续性承诺工作任务督查】 年内，依据《北京市人民政府关于印发〈北京2022年冬奥会和冬残奥会可持续性承诺工作任务分解清单（北京部分）〉的通知》精神，经梳理分解，确定涉及延庆赛区任务34项，建立延庆赛区可持续性承诺工作督查台账，组织区内各责任部门，严格落实各项可持续性承诺工作任务，并按规定程序定期向北京冬奥组委报告工作推进落实情况。

（王艳芳）

信 访

【概况】 延庆区人民政府信访办公室（简称区信访办），承担区委、区政府接待办理群众来信、来访等工作。设综合科、来信办理科、来访接待科3个科室。设立延庆区社会矛盾排查调处工作中心，为区信访办所属公益一类正科级财政补助事业单位。2018年，全区信访总量1641批次5084人次。其中，群众来信696件次1513人次，同比件次下降43.9%、人次下降5.4%；群众来访945批次3571人次，同比批次下降28.2%、人次下降13.7%；集体访159批次2222人次，同比批次下降1.9%、人次下降8.6%；到市、国家信访局628批次919人次，同比批次下降2.2%、人次下降13.9%；集体访7批次168人次，同比批次下降73.1%、人次下降48.3%。受理复查案件33件，到市政府，申请复核6件，全部维持。群众反映问题主要集中在城乡建设、农业农村、劳动社保等方面，信访形势总体平稳可控。

单位名称：延庆区信访办

地　　址：延庆镇城隍庙街8号

电　　话：69180671

（陈 洋）

【主题宣传活动】 6月22日，在香水园街道尚书苑社区举行“坚持以人民为中心，推动法治信访建设”为主题的信访条例宣传月启动仪式，现场向18个乡镇、街道代表发放信访宣传品。重点对依法分类处理信访诉求、依法逐级走访和北京市信访工作责任制、“手机APP和微信公众号”信访诉求新渠道进行宣传，向140余名社区居民发放折页、围裙、水杯、布袋等宣传品2000余份。

（陈 洋）

【信访接待】 年内，区委区政府听取信访情况汇报5次，区委书记、区长召开信访专题会2次，对信访工作提出具体要求，推动重点矛盾化解。区领导接待信访群众22批次130人次，包案32件，结案化解13件；报送《信访摘报》和《信访情况》50期、信访形势分析6期。

（陈 洋）

【矛盾排查化解】 年内，参与社会稳定风险评估13次，参与信访评估16次；最大限度地从源头上减少信访矛盾隐患。全年开展矛盾纠纷大排查和专项排查12次，摸排出矛盾纠纷136件，所有矛盾全部落实包案领导、责任人和稳控责任单位。截至年底，已化解96件，化解率71%。

（陈 洋）

机关事务管理

【概况】 延庆区机关事务管理服务中心（简称区机关事务中心），主要负责各集中办公区机关运行成本的统计、分析和评价，基建规划、拆迁维修、地下工程维护，供水、供电、供暖、食堂、卫生、保卫、绿化及设施设备的维修，公务用车监督、管理、运行，办公用房管理及规划展览馆管理、维护等工作。内设综合科、财务科、服务科、基建科、公务用车监督管理科、安全保卫科6个科室和延庆区公务用车管理运行中心1个正科级事业单位。年内，起草《延庆区党政机关办公用房管理办法（试行）》。完成西街食堂自助餐改造工作，提升食堂就餐环境与服务。全年9个食堂接待用餐人员377694人次；4个会议中心接待各类会议5213场；为区委、区政府等9个集中办公区派遣保安38名、巡防队员3名、特勤人员15名、保洁人员33名、绿化美化人员2名。9个集中办公区开展电器设备、照明设施维修650次、弱电工程维修600次、自来水及上下水管道维修900次、门窗维修300次、其他临时承办的维修工程100次。公务用车管理运行中心承接出车任务3376次；开展公务用车监督巡视检查65次。规划展览馆接待参观6467人次，其中接待参观团队240个，参观群众1272人次。

单位名称：延庆区机关事务管理服务中心
地　　址：延庆镇湖北西路1号
电　　话：69142289

（刘晓芳）

【办公楼节能改造】 6月—10月，完成区委、区政府办公楼节能改造任务，改造项目总建筑面积5673.97平方米，项目内容包括：加装外墙保温；更换外门窗；照明系统、空调系统、消防设施及电梯改造。

（闫俊）

【公务用车监督管理】 年内，完成车改剩余封存车辆处置工作，全区消减车辆处置率100%。完成区公务用车管理平台92辆公务用车调拨过户手续。通过中央车改督察调研组对区车改工作检查。完成区公务车辆信息化运行中心平台建设，并对全区党政机关、企事业单位公务用车安装车载信息化定位终端。开展公务用车使用巡视检查65次，并对38家党政机关公务用车使用情况进行监督检查，有效杜绝公车私用现象。

（闫童）

【办公用房管理】 年内，根据《北京市市级党政机关办公用房管理暂行办法》，起草《延庆区党政机关办公用房管理办法（试行）》，并经区委、区政府审议通过，12月印发实施。

（于海强）

【土地房屋规范化管理】 年内，对梳理出的全区企事业单位103项土地房屋出租出借合同进行审查，并对2018年年底到期的32项进行清理。

（于海强）

【区档案馆选址】 年内，会同区档案局进行档案馆选址，对12处备选地址的土地、房屋进行产权、面积摸底调查，形成选址方案。

（于海强）

（栏目编辑　王新华）

政协延庆区委员会

概　述

中国人民政治协商会议北京市延庆区委员会（以下简称延庆区政协）是中国人民政治协商会议北京市延庆区的地方组织，下设政协办公室、政协研究室和5个专委会工作室共7个工作机构。年内，区政协常委会在中共延庆区委的领导和市政协的指导及社会各界的支持下，以习近平新时代中国特色社会主义思想为指引，深入学习贯彻中共十九大和中共中央总书记习近平对北京重要讲话精神，全面贯彻落实市委、区委全会精神，牢牢把握团结民主两大主题，紧紧围绕全区重点工作任务，紧密联系各民主党派、人民团体，依靠广大委员，切实履行政治协商、民主监督、参政议政的职能，较好地完成了二届二次会议提出的工作目标和任务，充分发挥思想引领、协调关系、汇聚力量、建言献策、服务大局的作用，为奋力推动赛会筹办和跨越发展取得新成绩，加快建设国际一流的生态文明示范区和美丽延庆作出了新贡献。

单位名称：政协延庆区委员会
地　　址：延庆镇高塔路70号
电　　话：69101565

（李屹）

重要会议

【第八次常委会议】 2月6日，召开第八次常委会议。听取区政府关于2018年重点工作折子工程和为群众拟办重要实事工程安排情况的通报，讨论通过《区政协常委会2018年工作要点》和《区政协2018年协商工作计划》。

（李屹）

【年度协商计划工作会】 2月28日召开，会议就区政协2018年重点工作及年度协商工作计划作说明，与会领导围绕相关议题开展交流讨论。穆鹏、陈合安出席会议并讲话。

（李屹）

【重点课题调研动员会】 3月23日，召开“提升农村人居环境，推进美丽乡村建设”重点课题调研动员会，会议通报课题调研方案并部署具体任务及相关要求。主管区长应邀参加会议。

（李屹）

【议政调研情况通报会】 4月10日，召开“提升农村人居环境，推进美丽乡村建设”议政调研情况通报会，分别听取区农委、区发展改革委、区住建委、区城市管理委、区卫生计生委、区文委、区旅游委、区财政局、区水务局、区园林绿化局、区环保局及市规划国土委延庆分局相关工作开展推进情况的通报，并进行座谈讨论。

（李屹）

【协商议政开题会】 4月12日，召开“世园会会时服务保障”协商议政开题会，分别听取世园会筹办工作进展情况、全国文明城区创建情况和“墨墨祝福”爱心公益协会平昌冬奥会志愿服务考察情况的通报，部署议政课题调研工作的具体任务及相关要求，并到“墨墨祝福”爱心公益协会、“延庆蓝”志愿服务岗亭及智慧养老中心实地视察。

（李屹）

【第九次常委会议】 4月24日，召开第九次常委会议。听取区政府关于棚户区改造工程进展情况的通报，实地视察南菜园1-5巷和南辛堡村-民主村-百眼泉村棚改项目推进情况，并就用足用好棚改政策、择优选择实施主体、保持征拆政策平衡以及加强配套公共服务设施建设等方面问题进行座谈交流，提出意见建议。

（李屹）

【第十次常委会议】 6月14日，召开第十次常委会议。实地视察世园会相关工程建设进展情况，听取区政府关于世园会相关工程建设及会时专项服务保障工作进展情况的通报，并围绕“世园会会时专项服务保障工作”建言献策，提出意见建议。

（李屹）

【专题议政会】 6月14日，举行委员建言“世园会会时专项服务保障工作”专题议政会议。常委、委员实地视察世园会相关工程建设进展情况，听取区政府关于世园会相关工程建设及会时专项服务保障工作进展情况的通报，并围绕“世园会会时专项服务保障工作”建言献策，提出意见建议6条：⑴发展家庭公寓住宿业态，为延庆旅游产业注入新的活力；⑵实施智慧交通升级改造，全力做好交通组织工作；⑶强化城市志愿者培训，不断提高服务水平；⑷加大卫生系统基础设施建设，为赛会举办提供优质医疗服务保障；⑸搭建特色餐饮等展示平台，提升延庆国际知名度；⑹科学谋划会后综合利用问题，推动延庆经济社会可持续发展。区政协领导全员出席会议。

（李屹）

【第十一次常委会议】 8月6日，召开第十一次常委会议。审议通过《区政协关于加强委员队伍建设的意见》和《区政协关于专门委员会聘请特邀人士的暂行办法》。听取区政府关于2018年上半年国民经济和社会发展计划执行情况的通报，并到望京科技园调研考察，同时围绕全区重点工作，提出加快推进赛会筹办任务、以园艺冰雪产业助推延庆“高精尖”经济发展、抓好志愿服务和人才引进等意见建议。

（李屹）

【第十二次常委会议】 9月21日，召开第十二常委会议。听取区委办、区政府办关于区政协二届二次会议委员提案办理情况的通报和区旅游委关于冬奥会、世园会住宿服务保障工作进展情况的通报。还听取世园办关于延庆现代园艺产业发展情况的通报，并到北京双时助农花卉种植专业合作社和绿富隆公司农业基地进行实地视察。

（李屹）

【第十三次常委会议】 11月1日，召开第十三常委会议。会议学习全国政协系统党的建设工作座谈会、市政协系统党的建设工作会精神和《中共中央办公厅关于加强新时代人民政协党的建设工作的若干意见》《中共北京市委办公厅关于加强新时代政协党的建设工作的实施意见》，围绕如何加强政协系统党的建设工作主题，谈学习心得，讲认识体会，并就在今后工作中，如何加强政协系统党的建设，发挥党员委员职责，提升履职能力等方面提出意见建议。还围绕“实施乡村振兴战略，推进美丽乡村建设”建言资政。听取相关工作情况的通报，提出切实做好规划编制，推进乡村资源要素整合；持续改善农村人居环境，稳步提升村容村貌；大力培树区域品牌，积极推动产业融合发展；不断加强人才引进和培养，助力乡村振兴；夯实基层医疗卫生基础，推进健康乡村建设；大力培育文明乡风、良好家风、淳朴民风，不断提升乡村文明程度等意见建议。

（李屹）

【第十四次常委会议】 12月27日，召开第十四常委会议。听取区纪委区监委关于党风廉政建设、反腐败工作情况和区政府关于2018年工作情况的通报，就《政府工作报告》（征求意见稿）进行协商讨论。审议通过《政协北京市延庆区委员会关于聘请特邀人士的决定》和关于召开区政协二届三次会议的有关事宜，讨论《政协常委会工作报告（讨论稿）》和《常委会提案工作报告（讨论稿）》，并提出修改意见。

（李屹）

【提案办理协商会】 年内，先后5次召开提案办理协商会，就重点提案进行集中协商督办，听取相关部门及单位关于提案办理情况的汇报，并围绕相关问题进行协商座谈，提出意见和建议。3月22日，围绕二届二次会议期间委员提出的“关于利用基督教堂西侧空地建文化广场的建议”和“关于改善京张路口到日上市场道路拥堵状况的建议”与区文委、延庆规划国土分局、延庆公路分局、公安交通大队等政府相关部门进行调研协商，并实地视察北京基督教会延庆堂及日上市场周边环境。4月17日，对“实施乡村振兴战略、加快建设美丽乡村的建议”“关于延庆区水环境污治理的建议”等9件重点提案进行集中协商督办。4月26日，对“关于加强城中村及城乡结合部环境整治的建议”“关于加强城市市容管理——对街道路口烧纸钱祭奠加强管理的建议”“关于随季节变化调整路灯开关时间的建议”等10件重点提案进行集中协商督办。5月8日，听取区教委关于中高考改革推进情况和提案办理情况的通报，并就“关于教育资源信息公开和合理分配的建议”“关于加强未成年人心理健康教育的建议”和“关于城区学校封闭管理，为教师提供午餐补助的建议”等10件重点提案的办理思路、采取的主要做法措施以及推进情况进行深入座谈。8月23日，听取区委办、政府办关于提案办理情况的通报，总结上半年提案工作，并对下半年工作进行研讨，提出具体要求。

（李屹）

主要活动及工作

【走访慰问】 1月，组织部分委员、书法志愿者到珍珠泉乡称沟湾村开展“宣传贯彻十九大，普法送‘福’迎盛会——2018年法治春联下乡”活动，为村民们义务书写春联，送去新春祝福。部分委员和机关干部到珍珠泉乡称沟湾村和小川村走访慰问低收入户。区政协领导先后到北京邮电大学世纪学院、金果园老农（北京）食品股份有限公司、北京庆和食品有限公司走访慰问区政协委员。

（李屹）

【吉林调研】 2月28日，市政协主席吉林带队到区，围绕冬奥会筹办工作和冰雪产业发展进行调研。北京冬奥组委秘书长韩子荣和区领导李志军、穆鹏、陈合安陪同调研。吉林一行先后来到延庆规划展览馆、冬奥会延庆赛区进场路和综合管廊施工现场以及万科石京龙滑雪场，实地了解延庆经济社会发展、冬奥会筹办工作和冰雪产业发展情况。下午，吉林主持召开座谈会，听取冬奥会筹办和服务保障工作以及延庆冰雪运动开展情况的汇报。吉林在讲话中充分肯定冬奥会各项筹办工作。冬奥组委延庆运行中心和区相关领导陪同调研。

（李屹）

【政协委员参与监督评议】 2月，选派部分委员分别担任区政府、区纪检监察、区司法等部门的特约监督员、行风政风评议员，参与监督检查和评议活动，听取群众反映，反馈意见建议，履行监督职能。

（李屹）

【政协委员知情明政大课堂】 3月21日，举办首场“政协委员知情明政大课堂”，邀请区委党校教授作题为《新时代中国特色社会主义》的专题报告。9月14日，举办第二期“政协委员知情明政大课堂”，听取美国波士顿公司和北京方迪经济发展研究院关于《2022年冬奥会对延庆区域影响分析和发展战略研究》的报告，邀请区发改委领导介绍延庆“生态发展2.0”模式的基本情况。12月20日，举办第三期“政协委员知情明政大课堂”，邀请区城管委和区人社局相关领导，就全区重点市政工程建设情况和医保相关政策进行详细介绍解读，并就有关问题进行互动交流。

（李屹）

【学习中共中央总书记习近平关于政协工作重要思想】 6月14日，召开学习贯彻中共中央总书记习近平关于加强和改进人民政协工作的重要思想动员部署会，就学习贯彻工作进行部署。7月3日，召开党组扩大会议，传达学习全国政协系统党的建设工作座谈会精神和市政协党组书记、主席吉林以“学习习近平总书记关于加强党对人民政协全面领导的重要思想”为主题的党课精神，专题研究部署学习贯彻中共中央总书记习近平关于加强和改进人民政协工作的重要思想有关工作。7月12日，召开学习贯彻中共中央总书记习近平关于加强和改进人民政协工作的重要思想座谈会暨交流研讨会。市政协党组副书记、副主席杨艺文出席会议并讲话。区政协领导和部分区政协委员代表、机关各委室主任及机关干部参加会议。截至年底，区政协组织相关学习研讨活动9次，征集理论文章和学习体会31篇，查摆问题征集意见建议数8项，并逐条加以改进。

（李屹）

【三区政协暑期读书班到区活动】 7月，丰台、朝阳、昌平三区政协暑期读书班先后到区，参观延庆规划展览馆，听取延庆区经济社会发展情况及世园会冬奥会筹办工作情况的介绍，实地查看世园会施工现场、京张高铁八达岭站，考察野鸭湖管理处湿地保护情况。陈合安等区政协领导全程陪同。

（李屹）

【区政协常委暑期读书班】 8月6日—8日，举办2018年区政协常委暑期读书班。李志军作《关于赛会筹办情况、遗产利用和发挥政协作用，推动延庆跨越发展》的专题报告；陈合安作《以习近平新时代中国特色社会主义思想为指引，努力推动新时代延庆政协工作再上新台阶》的辅导报告。邀请政协第十三届全国委员会社会和法制委员会委员，国家行政学院党委原委员、原副院长杨克勤作了题为《中国共产党的奋斗历程和优良传统》的党史报告。听取延庆区2018年上半年国民经济和社会发展计划执行情况的通报，到望京科技园调研考察，并围绕全区重点工作提出意见建议。

（李屹）

【杨艺文调研】 11月29日，市政协党组副书记、副主席杨艺文带队到区，围绕2019北京世园会园区，园区外道路、景观、停车场建设工程进行实地调研。北京世园局常务副局长周剑平以及区委、区政府、区政协相关领导陪同调研。

（晏博文）

【创城督查】 年内，区政协主要领导及政协各督查组协调人，两次督查创城工作。5月31日，到延庆镇和儒林街道，就车辆乱停乱放、垃圾乱倒乱堆等问题进行督查，并现场提出整改建议。12月9日，到金锣湾、东街及南菜园双信商城至园博酒店沿线，对环境卫生、交通秩序和日常管理等方面情况进行督查。截至年底，政协4个督查组深入全区各镇村，街道社区，开展督查活动50余次，对发现的问题及时督促整改。

（李屹）

【市政协相关领导调研】 年内，市政协港澳台侨和外事委员会、市政协民族宗教事务委员会、市政协城建环保委员会先后到区调研世园会、冬奥会筹办工作进展情况，以及延庆区落实京津冀区域联防联控联治措施，加强重污染天气应对机制建设工作和煤改清洁能源工作情况。陈合安等区政协领导陪同调研。

（李屹）

【外埠政协到区考察】 年内，区政协接待4批次外埠政协到区考察调研活动。8月14日，广东省广州市政协到区调研，参观规划展览馆，了解延庆区经济社会发展情况。实地考察野鸭湖湿地保护和蔡家河平原造林情况，听取延庆区生态文明建设和世园会冬奥会筹办工作情况的介绍，并就相关问题进行座谈交流。9月25日，河北省张家口市崇礼区政协到区考察，了解延庆区经济社会发展情况，先后考察延崇高速工程项目、野鸭湖湿地生态保护建设情况、现代园艺产业发展情况和井庄镇柳沟村民俗旅游产业发展情况，并就相关问题进行讨论交流。9月25日，内蒙古自治区乌兰察布市政协到旧县镇东龙湾村“左邻右舍”和井庄镇三司村“原乡里”就乡村休闲旅游产业发展情况进行考察，并围绕相关问题进行座谈交流。10月10日，河北省张家口市宣化区政协到区考察，参观规划展览馆，了解延庆区经济社会发展情况，实地考察世园会园区建设和筹备进展情况及野鸭湖湿地生态保护建设情况，并就相关问题进行讨论交流。

（李屹）

【区内视察调研】 年内，区政协领导深入基层开展调研活动，听取相关汇报并进行座谈讨论，提出指导意见建议。陈合安带队就交通重点工程进行专题调研，视察新建京张铁路官厅水库特大桥主桥施工现场，实地视察延崇高速温泉及佛峪口隧道、兴延高速石峡隧道出口；先后到北京利嘉物业管理有限公司、北京换流站、区人力社保局、中机科（北京）车辆检测工程研究院有限公司和联系服务企业——中材科技风电叶片股份有限公司走访调研。刘明利带领委员到万科石京龙滑雪场就无障碍设施建设情况进行视察、到世园办听取世园会筹办工作进展情况的通报。谷艳兰带领委员到同方药业集团有限公司调研，听取公司生产经营状况、产品研发、市场拓展等方面的专题汇报。张立新带领委员到井庄镇社区卫生服务中心调研医改工作和乡村医疗队伍建设情况，带领委员听取区文委关于长城文化带建设情况的通报。张留全带领委员就城乡环境建设进行视察调研，听取区城市管理委员会关于2018年冬季供暖及燃煤锅炉清洁能源改造工作情况的通报。截至年底，区政协完成《系统性做好冬奥会世园会城市志愿者工作的调研》《关于培育创新驱动力，助力延庆发展的思考》《坚守绿色发展之路，打造“两山”理论实践创新基地》等多篇调研报告。通过《情况反映》，报送“关于八达岭机场周边环境问题的反映”“关于医孟路格兰二期路口加装电子监控设施的建议”“关于延庆区道路施工过程中存在四个方面问题应引起重视的反映”等多篇社情民意信息。

（李屹）

【提案办理】 年内，全体政协委员、各界别和政协各专门委员会，共提出书面建议158件，经审查整理后形成正式提案128件，其中集体提案11件、合并提案7件。128件提案中，交由区委部门办理的17件，交由区政府部门办理的111件，全部文字办复，办复率100%。所提出的问题建议在年内解决、采纳或部分解决、采纳的提案94件，占提案总数的73.4%；列入工作计划的提案29件，占提案总数的22.7%；受目前法规、政策、财力和物力等客观条件限制，短期内不能解决的提案5件，占提案总数的3.9%。作为一般建议转交有关部门参考的委员书面建议形成2期《情况反映》，所反映问题均得到解决或列入工作计划着手解决。

（李屹）

（栏目编辑　王新华）

群众团体

延庆区总工会

【概况】 延庆区总工会是中共延庆区委和北京市总工会领导下的人民团体，是党联系职工的桥梁和纽带，是延庆职工的“娘家人”。内设办公室、组工部、权益部和财务部4个行政科室，下属北京市延庆区工人文化宫、北京市延庆区职工技术交流中心和北京市延庆区职工服务中心3个事业单位。年内，全区新建独立工会17个，新增涵盖单位18个，新发展会员4015人，全区会员总数37267人；新办会员互助服务卡3489张，总卡数36836张。开发服务项目16个，其中包含20个子项目，服务职工12.35万人次。市总工会“12351”热线派单受理58件，完成率100%。推行职工健康管理和体质监测工作，区总工会为300余名在职职工进行免费体质测试，获市总工会优秀组织奖。“冬送温暖”慰问劳模、困难职工、大病职工和生产一线职工589人次，发放慰问款物137.23万元。“夏送清凉”慰问冬奥会建设工地（西小庄科）、世园会万科植物馆（一期项目部）、中铁十五局（京张高铁隧道）等施工现场工作人员，送去价值2.5万元的防暑物品，慰问一线职工329人。“金秋助学”为45名困难职工子女发放助学金27.7万元。利用区职工专项温暖基金应急救助大病困难职工82人。全年无偿为党政机关、企事业单位、基层工会组织提供会议活动服务50场次，服务职工5773人次。为助力冬奥、世园会，组织450名职工代表参加职工冰雪运动体验季滑雪活动，组织55名职工代表参加“走进现代园艺产业园”活动。分3批组织全区200名优秀和先进职工疗休养。

单位名称：延庆区总工会
地　　址：延庆镇高塔街66号
电　　话：69143298

（刘芳）

【安全生产宣传】 2月，组建113人的“千企万人”延庆区安全生产社会监督职工志愿者队伍，参与工业企业安全生产联合大检查。4月，到中关村延庆园服务中心和中材科技风电叶片股份有限公司举办职业病防治法宣传周主体宣传日活动，发放宣传资料1200份。5月，举办“保安全、迎世园”安全生产知识竞赛，全区24支企业队伍96人参赛。6月，举办“千企万人”安全生产志愿者授旗仪式并发放安全生产宣传品6000份。组织全区58家单位407个班组4919名职工报名参加北京市“安康杯”竞赛活动，获优胜单位、优秀组织个人、安全卫士和优胜班组称号各1个。

（刘芳）

【首都劳动奖状奖章推荐评选】 2月，启动2018年全国五一劳动奖状、奖章和全国工人先锋号，2018年首都劳动奖状、奖章和北京市工人先锋号推荐评选工作。4月，市总工会授予北京大学第三医院延庆医院“首都劳动奖状”称号，北京凯宏鑫医药有限责任公司仓储部“北京市工人先锋号”称号，八达岭旅游总公司总工程师张洪波，张山营镇政府科员徐建喜，金果园老农（北京）食品股份有限公司车间主任王坡“首都劳动奖章”称号。

（刘芳）

【工间操指导员培训】 3月29日—30日，区总工会、区体育局共同举办延庆职工2018年工间操指导员培训班，培训以创意工间操“唱起来跳起来”和第九套广播体操为主要内容。邀请市体育舞蹈健身操舞协会副秘书长、国家级健身操舞裁判员胡彦教授，国家级社会体育指导员、市第九套广播体操推广教师刘广泉，国家一级舞蹈啦啦操教练员王晶等知名教师授课。全区120余名指导员参加培训。

（张小利）

【职工赛事活动】 3月15日，举办2018年延庆职工“迎冬奥世园”扑克牌双升级比赛，52支代表队参加。4月19日至20日，举办延庆职工学习贯彻中共十九大精神知识竞赛，56支代表队参加比赛，八达岭特区工会获第一名。5月4日，举办以“劳动光荣”为主题的演讲比赛，34名选手参加比赛，遴选出3名选手参加市总工会举办的“劳动光荣”主题演讲比赛，区园林绿化局李建亮获得三等奖。5月中旬，选派25名队员参加北京市职工第十二届“和谐杯”乒乓球总决赛单项决赛和团体决赛，区总工会一队和二队分获团体第五名和第九名。张超获青年组男子单打第七名，谢瑶荣获青年组女子单打第四名，赵海英获常青组女子单打亚军，岳淑芳获常青组女子单打冠军和无年龄级别女子单打第四名，刘少强获公仆组男子单打第六名，帅相娟获公仆组女子单打第六名，延庆区总工会获市第十二届“和谐杯”乒乓球比赛优秀组织奖。8月15日，举办“劳动创造幸福 迎世园冬奥”延庆职工第三十六届象棋赛，151名象棋爱好者参加比赛。9月28日，举办“同心迎盛会 奉献添光彩”延庆职工第五届乒乓球比赛，31个基层单位的267名职工参赛。

（刘芳）

【劳模植树活动】 4月1日，在康庄镇苗家堡村开展“迎冬奥世园 展劳模风采”义务植树活动。全区在职劳动模范、延庆区总工会全体机关干部60余人参加活动。

（刘芳）

【“八小时约定”主题教育】 4月—10月，开展“敬业八小时，做好今日事——八小时约定”主题教育实践活动，组织“劳动光荣、敬业高尚”主题征文比赛和“美丽延庆，暖在身边，最美劳动者”主题摄影比赛，收集征文作品85份、摄影作品95份，评出摄影一等奖8个，二等奖10个，三等奖11个和征文作品一等奖8个，二等奖8个，三等奖9个。

（刘芳）

【区总工会一届七次全会】 5月11日召开，会议总结工会2017年工作，表彰上年工作表现突出的先进集体和先进个人，部署2018年重点工作，进一步明确工作方向和职责任务。区委主管副书记出席会议并讲话。

（刘芳）

【第三十六届“五月鲜花”歌咏比赛】 5月30日，举办以“劳动光荣·我为世园做贡献·我为冬奥添光彩”为主题的延庆职工第三十六届“五月鲜花”歌咏比赛活动，46个节目参加比赛。6月25日，举办延庆职工第三十六届“五月鲜花”文艺汇演暨职业技能竞赛颁奖晚会。

（刘芳）

【第九届工间操交流展示】 6月27日，举办延庆职工第九届工间操比赛，内容为创意工间操“唱起来 跳起来”和第九套广播体操。遴选延庆工商分局代表队参加2018年“互助保障杯”首都职工健身操舞（自创编工间操）交流展示赛，获得二等奖。

（刘芳）

【劳模体检】 6月，组织全区73名劳模体检，自2003年开始开展劳模免费体检活动，每两年开展一次，截至年底，已经开展9次免费体检活动。

（刘芳）

【职工志愿服务】 8月，举办“当好主人翁、建功新时代、同心迎盛会、奉献添光彩”庆祝首届“中国医师节”暨深化首都职工志愿服务活动大会，为58支直属基层工会的首都职工志愿服务队授旗。9月，首都职工志愿服务总队联合延庆区志愿服务总队走进冬奥建设工地，为建筑工人播放电影《红海行动》。10月，组织40名职工志愿者参加以“助力职工更美好、助力生活更美满、助力城乡更美丽”为主题的首都职工志愿服务助力北京城市副中心建设启动仪式。首都职工志愿服务“大篷车”开进冬奥会建设工地，为建筑工人提供健康义诊、义务理发等服务。香水园和儒林街道、环卫中心金辰暖心驿站、江水泉公园4个单位的志愿服务岗，获评首都职工志愿服务岗，其中香水园街道获得市总工会物资支持。

截至年底，全区有58支首都职工志愿服务队，志愿者人数7099人。

（刘芳）

【职工健步走】 9月12日，组织50名职工到昌平新城滨河森林公园参加“让健步成为习惯、让生命更加精彩”2018年首都职工秋季健步走（昌平站）活动。年内，全区有5414名职工参与线上活动，职工健步走线上全市排名第一，区总工会获优秀组织奖。

（刘芳）

【“网聚正能量 争做好网民”活动】 9月至11月，开展“网聚正能量 争做中国好网民”活动，以“新时代新蓝领新作为”为主题的网络正能量图文、摄影、征文作品征集；以“身边的劳动者”为主题的网络正能量微电影征集；以“聚焦好网民六个意识”为主题的网络正能量公益广告征集；以“诵读传递正能量，争做中国好网民”为主题的网络正能量诵读作品征集。区总工会选取部分优秀作品报送给市总工会网络工作部，14部作品获奖，其中城市管理委员会工会联合会上报作品《蓝色清道夫》获得一等奖。

（刘芳）

【网络安全知识培训】 10月16日，邀请市人力资源和社会保障局高级研修班讲师陈青民进行网络安全知识讲座，对直属基层工会140名干部进行培训。

（刘芳）

【“职工技协杯”职业技能竞赛】 年内，举办“迎世园 助冬奥”2018年延庆区“职工技协杯”职业技能竞赛，涉及安全生产执法、卫生应急救助、邮政投递、冰雪雕刻等13个工种24个竞赛项目，2100余名职工报名参加。203名参赛职工取得区级竞赛名次，其中一等奖34人、二等奖68人、三等奖101人，14个单位荣获优秀组织奖。在市级技能大赛中，延庆区精神病医院的职工郭逸成在2018年北京市第二届公共卫生医师精防岗位技能大赛决赛中获得全市第一名。

（刘芳）

【职工互助保障】 年内，对68家直属工会146名职工互助保障工作经办人员进行业务培训。截至年底，吸纳互助保障会员27719人，投保资金212.97万元，赔付慰问职工1.4万人次304万元。区总工会被中国职工保险互助会考核评为“基层职工互助保障工作成绩优秀”。延庆职工保险代办处主任张歆媛被中国职工保险互助会考核评为“基层职工互助保障工作成绩优秀”。

（刘芳）

【职工书屋建设】 年内，北京凯宏鑫医药有限责任公司职工书屋被评为2018年全国职工书屋示范点，市总工会为其配备846册图书（总价3万余元）及1万元补助资金。全区市级职工书屋6个，包括延庆二小、延庆三小、延庆二幼、延庆四幼、延庆五幼和延庆十一学校，市总工会各配备3000余元的书籍。

（刘芳）

【企业工资集体协商】 年内，落实工资协商指导员责任，指导推进集体协商工作，205家企业开展工资集体协商，覆盖职工10953人，建制率为98.55%。18家百人以上企业全部开展独立协商，覆盖职工2874人，建制率为100%。女职工专项集体合同签订率为100%。

（刘芳）

【劳动争议调解】 年内，强化区劳动争议调解中心法律援助职能，调解劳动争议案件61件，涉及职工61人，为职工挽回经济损失59万元，提供法律咨询服务164次。

（刘芳）

【编外职工入会】 年内，开展编外职工状况调查统计工作，下发《关于集中做好延庆区机关事业单位编外职工入会和建会工作的通知》，截至年底，全区有6000余名编外职工加入工会组织。

（刘芳）

【职工沟通见面会】 年内，推进“职工沟通见面会”“企业沟通见面会”双沟通常态化。全年开展“职工沟通会”101场，“企业沟通会”14场，职工咨询4763人，申请入会708人，有6家单位在沟通会达成建会意愿。

（刘芳）

【“十百千万”职业技能人才发展助推工程】 年内，评选5个区级创新工作室、47名区级首席职工，推荐4个职工创新项目获得市总资金助推，为47名考取国家职业资格证书的技能人才发放助推金。举办公益大讲堂8场、通用能力培训班1期，培训职工1273人。聚焦世园会冬奥会筹办举办服务保障，联合区卫计委、区安监局、区邮政分公司和万科石京龙滑雪场开展卫生应急、安全生产、旅游服务、冰雪体育人才精准培训68场次，4200余人次接受培训。

（刘芳）

【工会服务体系建设】 年内，制定《北京市延庆区基层工会服务站监督检查管理办法》和月度检查通报制度，对基层工会申报的1家示范职工之家、4家新建会百人以上企业建立职工之家、130家职工暖心驿站建设情况进行实地验收。职工会员手机APP注册用户18710人，占全区职工总数的52%，全市排名第一。截至年底，受理“12351”热线派单58件，完成率100%；新申请法人资格证的工会25个，349家基层工会持有工会法人资格证。

（刘芳）

共青团延庆区委员会

【概况】 共青团延庆区委员会（简称团区委）是在区委领导下的延庆区先进青年的群众组织，是党联系青年的桥梁和纽带。设有办公室、社会工作部、组宣部3个行政科室，以及区志愿服务指导中心1个事业单位。全区有直属团组织62个，其中团工委4个、团委37个、团总支5个、团支部16个，全区14～28岁团员3082人。年内，组织团员青年志愿者完成元宵节花会展演、第九届北京端午文化节、第八届北京国际自行车骑游大会、2019北京世园会倒计时一周年志愿服务活动、奥林匹克会旗之旅延庆站活动等20余项全区大型赛事活动的秩序维护、文明引导、现场服务等志愿服务工作。在节假日积极开展志愿服务活动，组织志愿者在“学雷锋纪念日”和“五一”劳动节、“十一”国庆节等重要节假日开展志愿服务活动。截至年底，全区参加各类志愿服务的志愿者有1万余人次，服务总时数超过10万小时。依托希望工程延庆工作站，争取资金25.97万元，资助中小学生199人次。

单位名称：共青团延庆区委员会

地　　址：延庆镇新城街2号

电　　话：69140120

（卢佳）

【“团小青”系列主题团日】 3月，基层团组织围绕全区冬奥会、世园会两件绿色大事、清洁空气、节水护水、垃圾分类、文明出行、背街小巷整治等内容，开展18场特色主题团日活动。

（周颖）

【学习中共中央总书记习近平点赞的优秀党员先进事迹】 3月，在石河营西社区点赞优秀共产党员学习基地陆续开展学习参观活动，向基层团组织下发《学习十八大以来总书记点赞的优秀共产党员实施方案》，并组织各基层团组织负责人、团员青年、学生团员学习中共中央总书记习近平点赞的11位优秀共产党员先进事迹。

（周颖）

【世园会倒计时一周年志愿服务】 4月28日，组织50名青年志愿者完成世园会倒计时一周年活动的秩序维护、文明引导、现场服务等志愿服务工作。

（张景睿）

【“人人当好东道主 同心同力迎盛会”系列活动】 5月4日，“人人当好东道主 同心同力迎盛会”系列活动正式启动，邀请“税小青”“园小青”等12支小青队伍、五星志愿者代表、青年团员代表100余人参与，现场共同学习中共中央总书记习近平“五四”寄语。

（赵东冉）

【“志愿邮路 让延庆更有温度”系列活动】 5月21日，“志愿邮路 让延庆更有温度”系列活动正式启动。活动现场为全区45条邮递路线全部交通工具配备贴纸等宣传标志，为邮递员配发夏季马甲、冲锋衣、帽子、背包、水杯、雨伞等志愿服务专用衣物。邮递员每周五统一着装，打造志愿服务主题邮日，并在“志愿北京”注册成为正式志愿者。

（赵东冉）

【端午文化节诗文诵读大赛】 6月16日，“诵离骚古韵 传中华美德 迎世界盛会”延庆区青年诗文诵读大赛在延庆夏都公园举行。大赛共11个参赛节目，大中小学生和团员青年等100余人参加活动。

（胡晓曼）

【基层团建督导员上岗】 6月，为18个街乡（镇）各配备一名基层团建督导员，协助街乡（镇）团（工）委负责人落实共青团改革要求、掌握辖区常住青少年基本情况、督导推动基层团组织完成重点任务，夯实共青团基层团组织基础。

（周颖）

【“不忘初心，重走长征路”活动】 7月3日，团区委在玉渡山景区举办“不忘初心，重走长征路”徒步玉龙大峡谷活动。全区基层团组织代表68人，踏寻当年革命先辈走过的路，徒步穿越玉龙大峡谷。

（付艳春）

【全区团员注册志愿者2950人】 8月，召开全区团员注册志愿者工作部署会，统计全区社区（村）数量并统一下发青年志愿者服务队账号，截至年底，全区团员注册志愿者2950人，全员参加社区“周末大扫除”等志愿服务活动。

（周颖）

【国语图书捐赠】 9月—10月，开展2018年第三批“好书伴成长”——为新疆和田地区中小学生捐赠国语图书活动。全区团员团干部，为新疆中小学生捐赠图书10000余册，60多个基层团组织的800余名青年团员参与活动。

（赵东冉）

【交友联谊活动】 11月8日，在珍珠泉举办“相约珠泉 爱在身边”为主题的交友联谊活动，为青年交友提供平台。中关村延庆园、教师、护士、警察等各行各业青年60余人次参与。交友活动与东部山区住宿学生心灵陪护相结合，参与活动的青年在交友过程中，实现对山区儿童的帮扶。

（赵东冉）

【“青少年模拟法庭”作品评选】 12月7日，团区委邀请区教委、延庆公安分局、区检察院、区法院、区司法局作为评委在行政综合楼二楼第六会议室针对学校开展的“青少年模拟法庭”11部作品行进评选。延庆一中等5个学校获得一等奖，下屯小学等6个学校获得二等奖。

（胡晓曼）

【志愿服务培训】 年内，按照志愿者、志愿者骨干、志愿服务组织管理者3个层级，构建分级分类的培训格局，分别开展“人人当好东道主 同心同向迎盛会”大型赛会志愿服务工作培训、志愿组织孵化培训、滑雪技能培训等活动。全区近40个志愿组织和团队4000多人次参加培训。

（张景睿）

【志愿组织建设】 年内，举办首届志愿组织团建展示交流会和志愿组织沙龙，为广大志愿组织搭建交流发展平台。8个志愿项目获得16.5万元的北京市社会领域V创投和北京市小微志愿项目的资金支持。

（张景睿）

【志愿服务设施建设】 年内，在延庆迎宾环岛东南侧和八达岭外宾餐厅对面各设置一个延庆志愿服务岗亭，兼具延庆志愿者之家、专业志愿服务岗、城市品牌宣传室、绿色大事展示厅、流动社区青年汇、城市图书漂流站、京郊骑友驿站和志愿服务主题邮局等多种功能。截至年底，为游客提供信息咨询服务近万人次。端午节期间，流动志愿服务房车在夏都公园亮相，为应对大客流提供便利的阵地支持。

（张景睿）

【志愿服务进社区】 年内，开展“五大青年行动”（由北京团市委提出的志愿活动合称，包括清洁空气、节水护水、垃圾分类、文明出行、背街小巷整治五个方面的志愿活动）及延庆区志愿服务进社区主题活动，推进“五大青年行动”。截至年底，开展志愿服务项目200余个，其中对接志愿服务组织总数30个，联系发动团员青年的总人数超过1000人，参与志愿服务的志愿者超过2000人次，志愿服务累计时长超过2万小时、服务覆盖总人数超过1万人。

（张景睿）

【希望工程】 年内，依托希望工程延庆工作站，争取资金259700元，资助学生199人次。其中，希望之星“1+1”捐助119人，学子阳光奖学金和国酒茅台各11人，远洋之帆45人，瞬联软件10人，社会爱心人士捐助3人。

（胡晓曼）

延庆区工商业联合会

【概况】 延庆区工商业联合会（简称区工商联）是延庆区委、区政府领导下的由工商界组成的人民团体和民间商会，是党和政府联系非公有制经济人士的桥梁和纽带，是政府管理非公有制经济的助手。下设办公室和非公有制经济服务中心。年内，按照“团结、服务、引导、教育”八字方针推进各项工作，制订《延庆区工商联亲清政商关系实施意见》和《非公党建工作方案》。新发展会员企业40家。6家企业入围北京市百强企业。4家企业入围社会责任百强。会员企业有党组织59家，其中10家获市级非公党建示范单位、3家获市级党员驿站荣誉称号。组织“不忘初心，牢记使命”主题教育及贯彻中共十九大精神宣讲会等培训26次，培训近2000人次。组织“迎世园、盼冬奥”系列活动6次，服务两件大事企业间对接13次。组织优化营商环境意见征求会5次，收集企业意见40余条。

单位名称：延庆区工商联
地　　址：延庆镇新城街2号
电　　话：69101374

（张艳红）

【精准帮扶】 年内，承接区内19户低收入户帮扶任务，慰问区内困难党员4次。与内蒙古自治区乌兰察布市兴和县、张家口市宣化区及怀来县扶贫对接5次，6家企业捐款、捐物52.2万余元，落地扶贫项目一个。4家企业进入社会责任百强。选派第一书记到大庄科乡慈母川村，组织金果园老农、91金融、青龙河公司、腾泰路桥到大庄科乡慈母川村慰问困难群众。

（张艳红）

【银企对接】 年内，与延庆中行“大美延庆”信用卡对接，与建设银行延庆分行签署战略合作协议。延庆中行向延庆二中捐款18万元.

（张艳红）

【杰青领航计划】 年内，培养青年企业家26人，组织培训7次。与南锣鼓巷商会战略合作签约，形成一帮一、多帮一、一帮多共建模式。

（张艳红）

【六地区缔结友好商会】 年内，区工商联先后与内蒙古赤峰市工商联，河北雄安工商联，张家口市宣化区、崇礼区、张北县工商联签订协议，缔结友好商会。

（张艳红）

【原工商业者慰问】 年内，慰问原工商业者及遗孀代表28人，发放慰问金11.2万元。机关党员献爱心1350元，“博爱在京城”捐款950元。

（张艳红）

延庆区妇女联合会

【概况】 延庆区妇女联合会（简称区妇联）是在区委领导下的人民团体组织，是党和政府联系妇女群众的桥梁和纽带，代表和维护妇女权益，促进男女平等。机关内设办公室、组宣部、权益部、儿童部4个职能科室，另设妇女儿童工作委员会办公室。所属2个事业单位：延庆区妇女儿童社会服务中心和延庆区妇女权益指导服务中心。全区设15个乡镇妇联，3个街道妇联，96个行政机关企事业单位妇委会，376个村妇代会，47个社区妇联。年内，以“双学双比”“巾帼建功”“和谐家庭”创建三大主体活动为载体，组织引导妇女参与全区的政治、经济、文化、社会、生态文明建设，协调推进妇女儿童发展规划落实，推动妇女儿童事业创新发展。开展“妇女之家”服务大讲堂及“益家行”项目，以“巾帼建功新时代 助力世园冬奥会”为主题，在全区范围内启动“益家行”项目及“妇女之家”服务大讲堂，以讲座与实操相结合的形式，开展十九大精神解读、妫川文化、女性礼仪、插花艺术等培训209场，培训妇联干部10445人次。举办电子商务培训班11期，参训600余人。实施“生态文明巾帼先行”项目18个，开展生态文明、园艺、文明礼仪等培训98场，参训学员5115人次；组织开展捡拾垃圾、文明引领、绿色家庭创建等活动139场、参与人员12661人次。

单位名称：延庆区妇女联合会

地　　址：延庆镇新城街2号

电　　话：69143467

（史建美）

【“妇女之家”维权干部培训班】 1月15日—16日，为深化基层妇联干部对性别平等、社会工作方法、女性四自精神的认识，提升法律思维和依法维权的能力。区妇联与北京市妇女干部学校联合举办“妇女之家”维权干部培训班。各乡镇街道专职副主席、基层妇联干部等60人参加培训。

（史建美）

【“温暖冬衣”行动】 1月25日，区妇联联合妫水人家主食坊，在珍珠泉乡妇联的配合下开展“温暖冬衣”行动，为珍珠泉乡中心小学和幼儿园72名小朋友赠送新春礼物——棉马甲和由北京妇女儿童发展基金会提供的运动鞋。

（史建美）

【市妇联到区走访慰问】 2月2日，市妇儿工委办公室常务副主任、市妇联副巡视员一行到区，走访慰问建国前老妇救会主任、农村两癌患病妇女等困难妇女群体5户，为她们送去慰问金和生活用品。

（史建美）

【“三八”节亲子阅读活动】 3月3日，区妇联妇女儿童社会服务中心举办迎“三八”“放下手机 携手共读 重塑书香家庭”活动启动仪式。现场为北京妇儿中心公益童书馆——延庆馆招募的14名“阅读公益使者”颁发荣誉证书，“阅读公益使者”向所有家庭发出阅读倡议。各街道社区的80多个家庭近200人参加活动。

（史建美）

【“三八”维权周活动】 3月5日，区妇联、区司法局、区卫计委、区工商局、区禁毒办、区残联以及香水园街道等部门联合开展第十九个“三八”妇女维权周宣传活动。维权周以“建设法治中国首善之区 · 巾帼在行动——维权服务进社区、进家庭、到身边”为主题，通过现场咨询、发放宣传册的形式向妇女群众宣传相关法律知识，发放《中华人民共和国反家庭暴力法》《中华人民共和国妇女权益保障法》《中华人民共和国婚姻法》以及消费维权、妇女健康、禁毒等内容的手册等宣传品5000余份。

（史建美）

【“三八”节慰问】 3月7日，市民政局社救处和区妇联到大榆树镇陈家营村，慰问北京市“双学双比”示范基地、北京兄弟新贵种植专业合作社理事长张国霞，代表市民政局送去慰问金5000元，并进行座谈。

（史建美）

【“三八”节纪念活动】 3月7日，在康庄镇屯军营村举行“巾帼建功新时代 助力世园冬奥会”——延庆区妇联庆“三八”暨“生态文明引领”“妫川文化倡扬”“巾帼志愿服务”三大行动启动式。活动现场对5个获得北京市三八红旗集体的单位和10个获得三八红旗奖章的个人进行表彰，并为巾帼志愿者服务队配发理发工具，开展义诊、义务理发以及法律法规咨询等现场服务。

（史建美）

【家教讲座】 3月23日，区妇联妇女儿童社会服务中心与区第三幼儿园在延庆教科研中心联合开展“家庭教育和家庭公约”讲座。300余名家长聆听讲座。4月27日，区妇联妇女儿童社会服务中心与区第三幼儿园联合开展“家长如何助力孩子更好成长”讲座。60名家长聆听讲座。

（史建美）

【一届四次执委扩大会】 3月28日在区总工会一楼报告厅召开。会议传达全国妇联党组书记、副主席、书记处第一书记宋秀岩到区调研乡村振兴巾帼行动和妇联组织改革情况，区妇联一届常委会做工作报告。对2017年度综合考核优秀单位、基金会延庆工作站先进单位和捐款基地进行表彰。区妇联一届2位执委代表进行2017年工作述职。

（史建美）

【女性专场招聘会】 3月16日和3月30日，区妇联与区人保局在延庆人才交流中心和张山营镇举办2场女性专场招聘会，招聘主要对象是有就业意向的女性劳动者。用人单位53家，提供就业岗位2032个，达成就业意向605人。

（史建美）

【村妇代会改建妇联工作会】 4月3日召开。会议对《关于全面推进村妇代会改建妇联工作的实施意见》进行解读，对全区村妇代会改建妇联工作进行具体安排部署，明确提出时间节点和任务要求。区委组织部、区委农工委、区民政局相关领导，各乡镇党委副书记、妇联主席、专职副主席近50人参加会议。到4月28日，全区376个村妇代会全部改建成为妇联；共选聘主席376人、兼职副主席741人、执委4659人。

（史建美）

【市妇联检查评估科技基地】 4月11日，市妇联及市科委、市农委、第三方评估机构等相关部门组成的联合检查组，到区对2018年“首都巾帼现代农业科技基地”和“重点示范项目”进行现场评估和调研。检查组先后到北京四海清源花卉种植专业合作社、北京大地群生养殖专业合作社、北京妫川巧娘手工艺品专业合作社进行实地检查，采取现场查看和提问相结合的方式，听取相关负责人的汇报，并对项目执行过程中遇到的问题给予指导意见。

（史建美）

【妇女创业就业】 4月23日，延庆区妇联“妫川儒匠”手工塾的皮雕作品作为延庆世园主题文创手工艺品登上“多彩世园号”首航，与寓意播种希望的种子、北京世园会吉祥物一起作为礼物送给乘客。此款皮雕作品的设计理念是以世园花卉为主题，蕴含长城文化元素，采用传统技艺手工雕刻而成，向中外友人传递“绿色梦想 美丽家园”世园会主题，用延庆巧手姐妹的智慧为2019年世园会增光添彩。

（史建美）

【兴延高速工地慰问劳动者】 4月26日，区妇联组织雅蓝退休女干部联谊会成员和八达岭镇巾帼志愿者，到兴延高速工地进行慰问演出，联谊会成员现场表演舞蹈、合唱、诗朗诵和广场舞，巾帼志愿者为50余名工人义务理发。

（史建美）

【亲子拓展活动】 4月29日，区妇联妇女儿童社会服务中心在儿童游乐园举办庆“五一”亲子拓展游戏活动，活动项目有团队合作、比赛竞技和亲子游戏，全区5~10周岁儿童和家长50个家庭参与。6月16日，区妇联妇儿中心联合区妇幼保健院、传世佳儿（北京）科技有限公司在儿童游乐园举办“健康妇孺 情绘端午”亲子活动，区妇幼保健院的医生为孩子和家长现场咨询、义诊，普及医学常识和健康知识。还有传统手工艺发画亲子制作体验，50个家庭参与现场制作。7月25日—26日，依托市妇儿中心“送服务进社区”活动项目支持，区妇联妇儿中心在儒林街道开展“快乐暑期”亲子体验活动，活动内容有亲子烘焙和手工制作，两天开展8场活动，近200个家庭参与。8月1日，在儒林街道开展传统手工制作亲子体验活动，内容为彩绘脸谱和团扇，4场活动近100个家庭参与。

（史建美）

【国学课堂“十三经舍”启动】 5月5日，区妇联妇女儿童社会服务中心举办“开办‘十三经舍’再造书香门第”启动仪式，旨在通过长期开展“国学课堂”“家长经典课堂”，让家长与孩子一起接受经典的熏陶。50个家庭参加活动。

（史建美）

【妇联干部培训班】 5月15日，区妇联以“巾帼建功新时代 助力世园冬奥会”为主题，举办2018年妇联干部培训班。全区各乡镇、街道、行政机关企事业单位专兼职妇联干部，村、社区“妇女之家”负责人骨干140余人参加。

（史建美）

【以案释法维权讲座】 5月16日，邀请北京五辰律师事务所范新梅律师，就反家暴法下如何维权，进行专题讲座。全区50余名妇女干部参加活动。

（史建美）

【市级示范儿童之家颁牌】 5月30日，区妇联为张山营镇胡家营村儿童之家颁发市级示范儿童之家标识牌。区妇联和张山营镇主要领导参加活动。

（史建美）

【北京妇女儿童发展基金会助学活动】 5月30日，北京妇女儿童发展基金会爱心人士到延庆区大庄科中心小学，看望“欧尔美”公益金“一帮一”圆梦助学活动资助的儿童，赠送100副羽毛球拍和100根跳绳作为节日礼物。该项目在延庆区开展助学活动5年，已资助大庄科乡、千家店镇、珍珠泉乡等10个乡镇的孤儿、大病、残疾、低收入等近200户家庭，捐款救助金额累计130余万元。

（史建美）

【庆“六一”暨2018年度最美家庭揭晓】 5月31日，区妇联主办的“传承优良家风 助力冬奥世园”——庆“六一”暨2018年度最美家庭揭晓活动在延庆儿童游乐园举办，活动现场对81户延庆区最美家庭，21家优秀组织单位进行表彰，并由“最美家庭”代表向全区家庭发出《“精彩冬奥世园，延庆家庭总动员”家庭倡议书》，启动“我家丹青绘冬奥”延庆区家庭书画才艺展示活动。

（史建美）

【城乡小朋友手拉手】 6月4日，区妇联、北京女青年会、大榆树镇在大榆树中心小学以“迎世园，助冬奥，诵经典，筑梦想”为主题，再次开展“助梦成长”“六一”城乡小朋友手拉手活动。北京女青年会培训学校百余名师生、家长与大榆树中心小学的师生和家长志愿者共庆儿童节。

（史建美）

【妇女舞蹈培训班】 6月20日，区妇联妇女儿童社会服务中心在市妇儿中心“北京妇女儿童能力素质提升工程”项目支持下举办为期一天半的舞蹈培训。聘请中华女子学院教师应莉授课。雅蓝退休女干部联谊会成员及部分社区舞蹈爱好者50余人参加学习。

（史建美）

【心理疏导技能培训】 6月25日，区妇联巾帼亲情服务队素质提升暨心理疏导技能培训开班，培训由市妇联提供资金支持，为期6天，培训内容包括：心理健康基础、婚姻家庭辅导训练、倾听训练、心理问题的评估与转介、压力的自我调试以及团体辅导课程。100名巾帼亲情服务队学员参加培训。

（史建美）

【社区家长学校暑期大课堂】 7月—8月，区妇联开展“迎世园冬奥 做最美家庭”社区家长学校暑期大课堂活动，共举办18场，服务范围涵盖全区3个街道所有社区，惠及家庭成员近千人次。

（史建美）

【首届家庭书画作品展】 8月1日，“我家丹青绘冬奥·延庆区妇联首届家庭书画才艺展示活动”作品展开展仪式在区文化馆举行，100幅作品进行展览展示，包括软笔书法、硬笔书法、国画作品、儿童画作品；展期10天。市妇联、区冬奥办、区委宣传部、区文明办、区文委、区妇联的有关领导和书画爱好者家庭参与活动。

（史建美）

【市妇女儿童规划中期评估督导】 8月16日，市“十三五”妇女儿童规划中期评估督导组到区，对“十三五”时期妇女儿童发展规划进行中期评估督导。听取区“十三五”时期妇女儿童发展规划实施的进展情况，并到延庆区红苹果幼儿园、第七幼儿园、永宁镇文体中心，实地查看幼儿园和农村文化体育设施建设情况。区委、区政协相关领导出席会议并陪同督导组进行实地检查。

（史建美）

【扶贫对接】 8月17日，区妇联及女企业家代表10人赴宣化区深井镇李家庄村开展对口帮扶。区妇联与李家庄村签订帮扶协议，向该村17户困难妇女儿童家庭发放慰问金5000元，并向孩子们赠送文具盒等学习用品，还到部分贫困家庭进行入户走访。

（史建美）

【中国好家庭好家风巡讲】 9月2日，由全国妇联主办、北京市妇联承办，延庆区妇联协办的“2018梦想起航——中国好家庭好家风巡讲活动”到区，讲述最美故事，分享最美家风，传递最美能量。全国妇联家庭和儿童工作部、市妇联以及区委相关领导，区妇联、区委宣传部、区文明办主要领导，全区各乡镇街道、委办局妇联干部，延庆区最美家庭代表等近百人参加活动。

（史建美）

【妇联干部初任培训班】 9月13日，区妇联与市妇干校联合举办基层妇联组织成员初任培训班。全区各乡镇（街道）、村（社区）新任妇联主席、专兼职副主席、执委，党政机关企事业单位妇联干部等240余人参加培训。

（史建美）

【“双学双比”基地验收】 9月18日，区妇联2018年度申报的13个市级“双学双比”示范基地进行验收，并对有意向申报2019年项目的19个单位进行初评。对验收合格的项目基地资金拨付到位，并把初评合格的14家单位项目书进行上报。旨在通过项目资金的支持，扶持创业女带头人，带动本地区及周边地区的妇女就业。

（史建美）

【婚姻家庭纠纷预防化解工作会】 9月20日，区妇联联合区综治办、区司法局、区法院、区公安分局、区检察院、区社工委、区民政局、区信访办召开延庆区婚姻家庭纠纷预防化解工作会。会议宣读《关于延庆区婚姻家庭纠纷预防化解机制建设工作方案》。邀请北京市炜衡律师事务所律师进行以案释法培训。婚姻家庭预防化解机制建设工作联席会的各成员单位领导、联络员以及乡镇街道妇联主席、副主席等70余人参加活动。会后，在区民政局婚姻登记处正式挂牌成立婚姻家庭纠纷调解工作室，并在全区18个乡镇街道妇女之家设立婚姻家庭纠纷调解工作站。

（史建美）

【男女平等专题讲座】 9月26日，区妇联与区委党校联合邀请中华女子学院党委书记、法学教授、全国妇联人才开发培训中心主任李明舜，为区处级干部研修班学员和区委党校干部教师近100人作题为《以党的十九大精神为指引，贯彻落实男女平等基本国策》的专题讲座。

（史建美）

【村（社区）妇联换届】 11月5日，对妇联换届选举工作进行部署。11月15日，举办村（社区）妇联换届选举工作培训班，对《北京市民政局 中共北京市委农村工作委员会 北京市妇女联合会 关于在全市村（社区）换届选举中推进女性进“两委”和做好妇联换届工作的意见》进行解读，并就换届选举的时间节点、工作流程、重点事项等进行全面辅导和培训。

（史建美）

【北京家庭文化展示活动获奖】 12月1日，市委宣传部、首都文明办、市教委、市妇联共同举办汇聚·成长——2018北京家庭文化展示活动。延庆区妫川书院凭借“我家丹青绘冬奥·家庭书画才艺展示活动”为推进延庆区家庭文明工作，服务冬奥作出贡献，获得2018年北京市妇联家庭文明建设项目优秀合作机构；北京市延庆区鹏鲲社会工作事务所实施的“延庆区留守（困境）儿童关爱帮扶项目”为延庆区困境儿童提供专业帮扶，获得2018年北京市家庭文明建设创新项目；延庆区百泉街道振兴北社区多年来为社区家庭提供志愿服务，获得2018年北京市家庭建设示范基地称号。

（史建美）

【插花培训班】 12月5日—7日，为落实“普及世园知识，提高园艺技能、促进妇女增收”的工作重点，结合妇联工作职能，以提高妇女从业素质，促进创业就业、增收致富为落脚点。在区人力社保局举办为期3天的插花花艺培训班，40余名妇女参加培训。

（史建美）

【最美家庭活动启动会】 12月11日，区妇联联合区委宣传部、区文明办共同召开工作部署会，启动2019年度延庆区寻找“最美家庭”活动。康庄镇妇联、儒林街道妇联、区卫计委妇委会做典型发言。各乡镇街道妇联副主席、各党政机关企事业单位妇委会主任参加会议。

（史建美）

【西式面点培训班】 12月19日—21日，区妇联举办西式面点培训班。作为全区服务冬奥世园系列培训之一，培训蛋糕、蛋挞、比萨等西式面点的制作方法和技能。50名社区妇女参加培训。

（史建美）

【最美庭院绿色家庭交流展示暨插花培训】 12月28日，区妇联在新兴西社区举办“绿色家庭我先行 最美庭院扮世园”交流展示暨插花技能培训活动，现场为140户最美庭院和31户绿色家庭的代表授牌。全区18个乡镇街道妇联副主席以及获得2018年最美庭院和绿色家庭的代表50余人参加活动。

（史建美）

【2018年度恒爱行动】 年内，区妇联启动恒爱行动——“百万家庭亲情一线牵”公益活动。活动由延庆区妫水女手工艺发展促进协会承办，在全区招募爱心妈妈33人，编织毛衣、毛裤等55件。编织品由市妇联统一送到新疆和田的困难儿童手中，为他们送去北京妈妈的爱和温暖。

（史建美）

延庆区科学技术协会

【概况】　延庆区科学技术协会（简称区科协），是区委领导下的科技工作者群众团体、北京市科协的地方组织。设办公室、科普学会部2个科室。年内，组织实施“科普惠农”“科普益民”和全民科学素质工程，举办“第二十届北京延庆科普之春”和延庆“全国科技工作者日”，全年完成各项实用技术培训班88个，聘请市级专家51人次，实际培训7317人次，向市、区报送各种信息70条。

单位名称：延庆区科学技术协会
地　　址：延庆区高塔街58-1号
电　　话：69141533

（郝合奎）

【“科普之春”活动】　2月27日，区科协在大榆树镇启动2018“延庆区科普之春”活动。现场发放关于冬奥、春季养生科普宣传挂图、科普口袋书、科技生活周刊等科普宣传资料650余份，新增关注“延庆科普”“酷科延庆”100余人。

（郝合奎）

【全民科学素质行动计划纲要实施工作会】　5月4日，延庆区2018年全民科学素质行动计划纲要实施工作会召开。会议部署延庆区全民科学素质行动计划纲要的实施工作及《全民科学素质行动计划纲要》实施“十三五”中期评估工作。主管副区长出席会议并讲话。全区42个成员单位主管领导、15个乡镇及3个街道主管领导参加会议。

（郝合奎）

【科普讲座】　5月7日，2018农民科学素质提升行动进校园活动在延庆四中举行。邀请中日友好医院预防保健科高级营养师肖志云为现场200余名的中学生普及运动损伤的防范与医疗知识。

（郝合奎）

【区科协第一次代表大会】　5月22日，延庆区科学技术协会第一次代表大会在新华保险培训中心召开，大会审议通过关于工作报告的决议草案和关于《北京市延庆区科学技术协会管理办法》的决议草案，选举产生延庆区科协新一届领导机构。市科协以及区四套班子领导出席开幕式，市科协和区委领导讲话。

（郝合奎）

【基层科普工作者能力提升培训班】　6月7日—8日，市科协、延庆区科协联合举办“2018年基层科普工作者能力提升计划培训班”。参加培训的有全民科学素质纲要办成员单位、乡镇街道及社区、区学会和企业科协、学校等基层组织的专兼职科普工作者等100余人。

（郝合奎）

【“百村提素　科普下乡”活动】　7月31日，区科协开展的延庆区科技大讲堂“百村提素 科普下乡”系列活动，在延庆镇蒋家堡村正式启动。活动旨在实施乡村振兴战略，普及自然科学和社会科学知识，推广科学技术应用，提升农民科学素质。活动现场进行“农民科学素质读本”讲解，30余名村民参加活动。年内，活动在全区100余个美丽乡村陆续开展。

（郝合奎）

【市专家到区指导蔬菜种植】　8月16日，市农林科学院蔬菜研究中心研究员陈春秀到区王木营蔬菜种植合作社，为基地带来新品种蔬菜10余种。并针对西红柿、辣椒的温湿度控制、育苗、病虫害管理等关键技术进行专业指导，对合作社存在的种植技术问题进行分析并提供解决方案。

（郝合奎）

【公民科学素质大赛】　9月4日，区科协在圣世苑会议中心召开“公民科学素质大赛部署工作会”，60个全民科学素质纲要实施工作办公室成员单位和各乡镇、街道科协机关负责人参会。12月27日，2018年北京市公民科学素质大赛延庆区决赛举行，比赛以线上网络知识竞答为基础，以获奖者最终排名累计积分为依据，确定18位名次靠前的获奖者为参赛选手进入决赛。区卫生计生委的王德银、区经济信息化委王轶民、区教委王晓娜获得一等奖。延庆镇、区教委、旧县镇、康庄镇、区司法局、区安全监管局6家纲要办成员单位获得大赛组织工作一等奖。“北京市公民科学素质大赛”线上网络知识竞答获奖者代表参加决赛活动。

（郝合奎）

【科学嘉年华基层巡展】 9月21日—22日，以“创新筑梦迎冬奥 科技绽放益民生”为主题的全国科普日基层巡展暨延庆区第二届科学嘉年华活动在北京八达岭国际会展中心举行。活动展列科学秀表演区、VR体验区、人工智能展示区、DIY互动展示区、防震减灾展示区、反邪展示区、科学＋生活宣传区等7大展区，区委主管领导以及全区区万余名公众参加活动。

（郝合奎）

【第二届北京延庆天文科普发展论坛】 9月23日—25日，在旧县镇华海田园天文科普教育实践基地举行。市科协和北京天文馆馆负责人颁授“北京科学中心天文观测体验中心”“北京市科学技术研究院科学传播中心延庆培训基地”标牌。论坛主题为“赏独山月夜，盼花好月圆”，内容包括3场天文科普主题沙龙，一场天文科普影片放映及导演交流，一场座谈会和两场户外天文观测活动。北京师范大学天文系教授、博士生导师何香涛教授为参会人员讲解新中国天文学的发展历程和中西方天文学科普工作变化。国家天文台、北京天文馆、北京师范大学天文系、区科协等部门以及天文爱好者和中小学生500多人参加活动。

（郝合奎）

【送科技下乡】 10月23日，北京市东城区科协、延庆区科协联合在延庆区华海田园天文科普示范基地即北京科学中心天文观测体验中心开展送科技下乡活动。基地负责人介绍开展科技培训和天文观测的基本情况，两区科协就基地设施建设和活动品牌的质量提升开展研讨交流，并提出建议。

（郝合奎）

【区第一家企业科协成立】 12月23日，启迪之星延庆入孵企业北清通航科技有限公司企业科协成立大会在启迪之星延庆基地党员活动室召开。会议选举产生北清通航科技（北京）有限公司科协第一届委员会及主席、副主席。人民日报出版社、中关村延庆园投资发展有限公司、启迪之星（延庆）基地及“北清通航”等相关领导出席活动。

（郝合奎）

延庆区文学艺术界联合会

【概况】 延庆区文学艺术界联合会（简称区文联）是区委、区政府联系全区广大文艺家和文艺工作者的桥梁和纽带，履行联络、协调、服务职能。下属作家、美术、摄影、书法、楹联、诗词、老年书画研究会、戏剧、曲艺、音乐、根雕、民间文艺等18个协会。会员总数2657人。其中，市级会员594人、国家级会员89人。年内，按照“贴近实际，贴近生活，贴近群众”要求，以队伍建设、展示艺术家风采、文艺创作等为载体，围绕中心，服务大局，举办一系列在区内外有影响的文艺活动，编辑出版文学季刊《妫川》4期，举办大型活动9次。

单位名称：延庆区文学艺术界联合会
地　　址：延庆镇西街1号
电　　话：69186426

（郭强）

【送春联下基层】 1月14日至2月14日，区文联组织书法家400多人次，到15个乡镇和3个街道办事处，为老党员、持有慈善卡的老人、贫困户家庭送春联近1700户，现场书写、赠送春联18000余副。戏剧协会、音乐协会、曲艺协会80多名会员，举办演出9场，成为“两节”期间服务群众的品牌活动。

（郭强）

【首都文艺工作者送文化进万家】 1月25日，市文联、北京书法家协会、北京民间文艺家协会主办的“我们的中国梦·首都文艺工作者送文化进万家”，“两节”期间系列慰问活动在张山营镇小河屯村举行，书法家创作春联300余副，“福”字400多个，送出民间艺术品600余件。

（郭强）

【迎春征诗征联】 1月—3月，区文联与区委宣传部、区文委、区融媒体中心联合举办“长城脚下是故乡”迎春征联活动。为充分挖掘、宣传长城文化，区诗词楹联学会面向全国征稿，共征集到作品5000多篇。3月25日，诗词和楹联分别评选出一等奖3名、二等奖6名、三等奖12名、优秀奖20名。

（郭强）

【区舞蹈协会成立】 3月23日，延庆区舞蹈协会成立，60余名舞蹈爱好者及各成员单位代表参加成立大会。经过酝酿和讨论，选举产生延庆区舞蹈协会第一届理事会领导机构，盛爱芳当选第一届主席，桂志敏当选常务副主席。

（郭强）

【野鸭湖畔诵端阳诗会】 6月17日，区文联在野鸭湖国家湿地公园举办野鸭湖畔诵端阳诗会。活动以爱国、生态为主题，进行诗歌诵读。延庆环保奶奶贺玉凤与来自北京、湖南、河南、黑龙江、新疆五地青年诗人齐聚一堂，朗诵诗歌，祭屈原，颂生态。

（郭强）

【区曲艺协会第二届会员代表大会】 7月24日召开。大会选举产生第二届理事会领导机构。孙宏超任延庆区曲协主席，郭宁等5人任副主席。聘请区曲协第一届主席王久生为区曲协名誉主席。

（郭强）

【泽润书画院成立】 9月23日，区文联为打造区内外书画艺术联盟，以泽润寺书画笔会为活动平台，成立泽润书画院。旨在团结区内书画家，让书画走进百姓生活，使书画院成为艺术爱好者的摇篮和全区文化的公益走廊。截至年底，开展“月圆京城 情系中华”中秋书法笔会活动以及“孝满京城 德润人心”重阳诗词吟诵暨书法笔会活动。区内外书画家60余人次，共创作300余幅弘扬传统文化、讴歌新时代的书画作品。

（郭强）

【首届妫川文学发展基金评选】 9月—12月，区文联启动首届妫川文学奖评选及相关资助奖励工作。邀请国内知名作家、编辑家组成评委会，对申报文学奖作品进行打分评选，对申报资助书稿进行审读提名。最终张和平的长篇小说《暗斗》、北狼的中篇小说《虎爷》、杨东旭的短篇小说《祭驴》、孙国强的短篇小说《荒芜的土地》、林遥的报告文学《世界屋脊上的北京门巴》、孙广勋的散文《印象海陀》获奖。赵万里的小说集《家宴散后》，孙广勋的散文随笔集《微幸福》，连禾的诗歌集《等待秋天》3部作品，获得妫川文学发展基金出版资助。张和平的长篇小说《暗斗》，曾于2017年12月获得第十三届金盾文学奖，被评委会列为省部级文学奖。

（郭强）

【京津冀10地书法美术摄影联展】 10月10日，京津冀10市区县书法联展第九站到延庆，主题为“喜迎世园冬奥，建设美丽延庆”。活动展出京津冀10市区县的百余幅书法精品，展示京津冀协同发展的宏伟愿景、幸福生活和在党领导下建设美丽家园的坚定信念。10月27日，京津冀书法美术摄影展在区文化馆开幕。活动围绕“京津冀协同发展规划纲要”，用艺术形式歌颂党的政策，抒写京津冀改革开放40周年以来协同发展的巨大变化及丰硕成果。活动展出170幅书法美术摄影精品，创作题材既有对改革开放40年回望，也有对现实的诠释和展现。

（郭强）

【红色评书志愿服务队首场演出】 11月29日，“新时代文明实践红色评书志愿服务队”在香营乡新时代文明实践站举行启动仪式和首场演出。74岁的艺术家刘兰芳，现场表演评书《大孝惟忠》。评书志愿服务队先后到全区各个乡镇、街道进行评书演出，为群众宣讲中国故事、红色故事、新时代的文明故事。

（郭强）

【《平北英魂谱》播出】 年内，区文联整理散落在民间的平北抗战小说等作品，挖掘整理平北抗战英雄人物故事，推出30集系列红色评书，并邀请专业评书演员进行录制。7月14日至9月13日，先后在北京人民广播电台“听听”节目以及故事频道、文艺频道首播和重播，延庆广播电台和微信平台同时播出，点播收听2万余次，播出受众60余万人。

（郭强）

延庆区残疾人联合会

【概况】 延庆区残疾人联合会（简称区残联），是区委、区政府领导下残疾人自身代表组织、社会福利团体和事业管理机构的残疾人事业团体，具有“代表、服务、管理”3种职能，是中国残联的地方组织。内设政办室、残疾人康复服务指导站、残疾人劳动就业服务中心、残疾人文化体育指导站、残疾人组织联络中心5个科室及下属事业单位。年内，走访慰问贫困残疾人3958人，发放慰问品慰问金合计285万元。通过自主创业、公益性就业、辅助性就业、按比例就业等多种方式实现残疾人就业8539名，就业率92.5%。加快推进辅助器具进社区入家庭，截至年底，全区辅具购买补贴政策落实率达到持证残疾人的55.73%以上。稳步推进精准扶贫和对口帮扶工作，做好与内蒙古乌兰察布兴和县以及张家口宣化区、怀来县的扶贫协作。对229名残疾人进行职业技能培训，对300名农村户籍残疾人进行实用技术培训，组织142名残疾人参加北京市第九届残疾人职业技能竞赛，覆盖工种16项。对17个老旧小区进行扶手安装和墙面修复，安装扶手63414延米，墙面修复12.30万平方米。

单位名称：延庆区残疾人联合会
地　　址：延庆镇百泉路37号院
电　　话：69102602

（李征）

【区残联第二次代表大会】 1月18日，区残联召开第二次代表大会。会议以无记名投票方式选举产生区残联第二届主席团委员，推举产生区残联第二届主席团主席、副主席，第二届执行理事会理事长、副理事长。全区有关部门代表，全区各乡镇、街道代表，残疾人代表等共计103人参会。区委、区政府相关领导出席会议。

（李征）

【市残疾人冰雪嘉年华活动】 2月8日，第二届中国残疾人冰雪运动季暨北京市残疾人“心系冬奥 喜迎新春”冰雪嘉年华活动，在区世界葡萄博览中心举行。全市16个区和燕山地区残联的17支代表队近600名残疾人参加活动。

（李征）

【陈建新冬奥夺冠】 3月17日，延庆旧县镇残疾青年陈建新在第十二届平昌冬残奥会轮椅冰壶比赛中，与队友团结协作，顽强拼搏，出色发挥，为中国体育代表团夺得金牌，实现我国在冬残奥会上金牌零的突破。

（李征）

【2018年残联工作部署会】 4月12日召开，会议部署2018年延庆区残疾人各项工作，全体参会人员观看工作纪实片《爱在路上（五）》。会议提出，2018年残联工作要提升务实干事意识、做残疾人的贴心人，全力推进全区残疾人事业又好又快发展，谱写延庆残疾人事业的新篇章。各乡镇街道主管领导、残联理事长参加会议。

（李征）

【第28次助残日活动】 5月15日—16日，中残联、区残联、旧县镇、香营乡政府联合举办"走基层送文化"慰问演出活动。中残联艺术团团长邰丽华以及市残联、张家口市万全区残联、延庆区人大等相关领导出席活动并讲话。张家口市专门协会及香营乡、旧县镇约800人观看演出。

（李征）

【"互联网+"手机应用培训班】 5月8日—11日，由北京市盲人按摩中心主办、区残联协办的盲人"互联网+"手机应用培训班，在区残联四楼会议室举办。培训班通过安装专门为盲人开发的"保益悦听"软件，帮助盲人使用"滴滴出行""饿了么"和"手机京东"等使用软件，最大限度地满足盲人衣食住行的手机应用需求。25名低视力残疾人和盲人参加培训。

（李征）

【第九届残疾人职业技能大赛】 6月11日，延庆区残联承办的北京市第九届残疾人职业技能大赛刺绣、插花、中式面点项目的初赛在延庆第一职业学校举行。全市各区100名残疾人参加比赛。

（李征）

【区残联到结对帮扶村调研】 8月14日，区残联到对口帮扶的内蒙古自治区乌兰察布市兴和县店子镇芦苇沟村开展扶贫调研。在店子乡政府，调研组与兴和县及店子镇党政领导班子进行座谈，听取镇党委关于乡镇基本情况及全镇扶贫攻坚和农村产业发展规划情况的介绍。

（李征）

【市残联理事长调研精准帮扶】 9月19日，市残联理事长吴文彦到珍珠泉乡下花楼村调研精准帮扶工作，了解全村低收入户情况及残疾人情况，重点关注村内残疾人收入情况及产业基地发展情况。

（李征）

【温馨家园改革培训会】 10月26日，区残联邀请市残联温馨家园改革工作专家吕飞对全区18个乡镇街道的理事长及温馨家园主要工作人员进行培训。培训的主要内容有温馨家园的服务目标、如何选择改革方式、温馨家园改革服务要求对比等。

（李征）

【区第五届残疾人乒乓球赛】 11月15日，由区体育局、区残联联合举办的延庆区第五届残疾人乒乓球赛在区体育馆举行，来自全区18个街道乡镇的29名选手参加了比赛。该次比赛设男子组、女子组两个组别，各代表队选手克服自身残障、奋勇争先。最终旧县镇的王海波成功卫冕男子组冠军，香水园街道的宋小民获得了女子组冠军。

（张小利）

【中残联领导调研无障碍设施】 11月16日，中残联副主席吕世明、维权部副主任周建一行，到八达岭长城望京广场、世园会施工现场实地察看无障碍建设情况，详细了解无障碍建设规划，并实地体验轮椅坡道、盲道、直行电梯、残疾人专用卫生间等无障碍设施。

（李征）

【康复协调员培训班】 12月17日，区残联康复协调员培训班正式开班，聘请中国残联理原事兼宣文部主任赵济华，讲解冬残奥会志愿服务引领效应及残疾人助残志愿服务等问题。全区18个街乡镇的主管领导、理事长及参加开班仪式，康复协调员等工作人员414人参加培训。

（李征）

【残疾人冰雪冬令营】 12月29日，"助力冬

奥 展现风采”2019年延庆、宣化、怀来三地残疾人冰雪冬令营在万科石京龙滑雪场开营，来自三地约90名残疾人冰雪运动爱好者参加活动。冬令营为期3天，邀请北京联合大学特殊教育学院冯希杰教授为大家讲解冬残奥相关知识，带领残疾人到世葡园体验冰上趣味运动，在万科石京龙滑雪场举行三地滑雪友谊赛及融合接力比赛。

（李征）

延庆区红十字会

【概况】 延庆区红十字会是区委、区政府领导下从事人道主义工作的社会救助团体，以发扬“人道、博爱、奉献”精神，保护人的生命和健康，促进人类和平进步事业为宗旨。机关内设办公室和业务部，下属事业单位应急救护指导中心。年内，认真履行法定职责，充分发挥党和政府在人道领域联系群众的桥梁和纽带作用，顺应形势发展，积极创新作为，积极探索新时代红十字工作新格局，不断提升新时代红十字组织的凝聚力、感召力和影响力。积极参与新时代文明实践和全国文明城区创建活动，在精准帮扶、冬奥世园筹办举办绿色发展大事中发挥作用。根据北京市红十字会《关于进一步加强会员队伍建设的指导意见》和《北京市红十字会关于进一步推进会员发动工作实施方案》的要求，召开会员发动工作推进会3次，举办“添彩世园、助力冬奥”进社区宣传活动15场。截至年底，有北京市红十字荣誉会员3名，团体会员单位72个，个人会员2647人。

单位名称： 延庆区红十字会

地　　址： 延庆镇西街1号

电　　话： 69104066

（曹军娟）

【世界红十字日主题宣传】 5月11日，在区文化馆小剧场，开展以“人道——为了你的微笑，奉献——助力世园冬奥”为主题的“五八”世界红十字日宣传活动。以播放宣传片、人物访谈、演讲、诗朗诵、相声、歌舞等形式，展示区红十字会开展的应急救护、募捐救助、志愿捐献、志愿服务等方面工作，同时启动2018年“博爱在京城”募捐活动，全区志愿者和市民近300人参加活动。

（曹军娟）

【红十字会青少年植树】 5月18日，联合延庆区第二中学，在玉渡山景区以“树博爱 讲奉献”为主题开展红十字青少年志愿植树活动，60余人参加活动，现场招募志愿者33名。

（曹军娟）

【红十字会青少年夏令营】 8月7日—9日，在北京鹫峰国家森林公园，以“绽世园花，圆冬奥梦，我奉献，我快乐，争当优秀小红豆”为主题开展首届红十字青少年夏令营活动，第一中学优秀高中生29人参加活动。

（曹军娟）

【红十字运动宣传】 年内，以文艺汇演、摆放宣传展板、发放宣传材料等不同方式，举办宣传活动10余次，主要开展红十字运动、无偿献血、造血干细胞捐献、器官捐献、遗体捐献、应急救护等相关知识宣传，其间发放宣传材料8000余份，接收现场应急救护知识咨询1200余人。

（曹军娟）

【红十字关爱活动】 年内，出资11万元，开展“人道惠民——关爱失独家庭”活动，对20名69周岁以上失独老人进行慰问，为全区90名69周岁（含69周岁）以下49周岁（含49周岁）

以上失独人员上护理保险；开展“京津冀脑瘫儿童联合救助行动”活动，为15名患有脑瘫病症的儿童进行免费初筛；开展“千人听障救助公益活动”，为75名低收入农户家庭的贫困听障人士免费佩戴助听器。

（曹军娟）

【造血干细胞血样采集】 年内，培养6名造血干细胞宣讲师，组织各类青年志愿者参观中华骨髓库，联合区中心血站、区儒林街道居委会胜芳园社区，在区中心血站和环球新意广场东门，开展“血脉相连传博爱，无私奉献聚爱心，助力冬奥世园，我们在行动”造血干细胞血样采集宣传活动，有28人完成造血干细胞血样采集，有4人参加无偿献血。

（曹军娟）

【应急救护培训】 年内，组织千家店镇、四海镇、永宁镇、延庆镇等8个乡镇森林消防队队员和村民，14个企事业单位执法工作人员，4个志愿服务队志愿者，举办111期培训班，普及培训5913人，同比增长65%。其中，取得技能证和救护员证的人数为2334人，增加1975人，取证率同比增长550%。

（曹军娟）

【红十字会师资认证考核】 年内，结合“三创建”（创城、创卫、创森）、冬奥会世园会筹办举办、安全生产、社会安全稳定等工作，加强师资管理，在全区首次组织师资认证考核，有17人取得北京市红十字会颁发的讲师、训练师师资证书。

（曹军娟）

【募捐救助】 年内，接收募捐款115.18万元，支出募捐款113.67万元，主要针对突发事件、意外伤害造成生活困难的家庭，用于两节“送温暖”大病生活救助活动，全区直接受益808人。

（曹军娟）

（栏目编辑 王新华）

法治 国防建设事业

法 治

概 述

中共北京市延庆区委政法委员会（简称区委政法委），是区委领导和管理全区政法工作的职能部门，区维护稳定工作领导小组办公室、区社会治安综合治理委员会办公室、区流动人口和出租房屋管理委员会办公室与区委政法委合署办公。区委政法委内设副处级部门1个，行政科室8个：办公室、政工科、组宣科、综合科、法制监督科、综治科、维稳科、指导科，以及巡防管理中心、反恐维稳情报信息管理中心2个规范事业科室。年内，紧紧围绕全区中心工作，服务大局，立足两大安保任务，全面构建反恐防恐体系；立足平安延庆建设，扎实推进世园会、冬奥会安保工作。以司法改革为契机，全力推进法治延庆建设；以党的建设为统领，精心打造一流政法队伍。围绕冬奥会、世园会场馆及配套设施建设、棚户区改造、美丽乡村建设等领域，对全区42项重大决策项目进行社会稳定风险评估备案工作，从源头上预防和减少社会矛盾。各项工作取得新进展，群众安全感保持全市前列，为建设国际一流生态文明示范区、筑牢首都西北安全屏障作出积极贡献。

单位名称：中共延庆区委政法委员会
地　　址：延庆区新城街2号
电　　话：69103498

（王丹丹）

【政法工作会】 2月11日召开，会议总结上年政法工作，提出2018年工作重点。会议强调，要全力服务保障冬奥会世园会筹办，确保赛会绝对安全；要强化各类安全风险防范化解，确保延庆社会大局稳定；要全面加强和创新社会治理，建设和谐宜居的平安延庆；要全面落实司法体制改革，建设更高水平的法治延庆；要全面落实新时代党的建设总要求，努力打造一支过硬政法队伍。区人大、区政府、区政协相关领导和各乡镇街道、相关各部委办局公司（中心）处级班子单位综治主管领导，以及政法系统科级以上干部250余人参会。

（王丹丹）

【政法系统党建工作会】 3月23日召开，会议对2017年政法系统党的建设工作进行回顾，对2018年政法系统党的建设工作进行部署：区公安分局、区法院、区检察院结合工作实际进行大会交流发言。政法各单位党委（党组）主管领导、政治部门负责人、政法系统各单位基层党支部书记120余人参加会议。

（王丹丹）

【法律专题培训】 4月18日，在区检察院会议室举办《中华人民共和国监察法》专题培训。中国政法大学法治政府研究院曹鎏教授，对国家监察法进行详细的解读。政法系统各单位政工干部、纪检监察干部、基层党支部书记、区法学会各分会负责人及党员干部代表100余人参加培训。5月22日，在区检察院组织《中华人民共和国宪法》专题培训。北京联合大学管理学院党委书记、法学学科带头人杨积堂教授，作题为《弘扬宪法精神，树立宪法权威》的专题讲座。区公安分局、区检察院、区法院、区司法局、区民政局、区残联、区信访办等单位103人参加。

（王丹丹）

【区法学会常务理事会】 6月7日召开，会议总结区法学会上年工作，并对2018年工作进行部署。区法学会各分会负责人对各分会2017年以来学会工作开展情况及推进工作思路进行汇报交流。区法学会常务理事、区法学会各分会会长参加会议。

（王丹丹）

【政法系统全面从严治党专题培训班】 6月21日，在会展中心二层报告厅举办。培训主题是新形势下如何开展基层党风廉政建设和反腐败工作。与会人员集中观看北京市纪委、监察委制作的警示教育专题片。区公安分局、区法院、区检察院、区民政局4家单位党委和党组负责人围绕落实全面从严治党要求、扎实履行主体责任进行交流发言。政法系统各单位基层党支部书记、纪检监察干部、政法系统各单位中层以上干部代表等260余人参加培训。

（王丹丹）

【创城工作培训会】 6月27日，法治环境建设指挥部举办2018年北京市文明城区测评检查工作培训会。区委宣传部就《北京市文明城区测评检查工作方案》重点工作进行说明，区创城办工作人员对《2018测评手册》（网上申报、实地考察和问卷调查）进行培训。区委政法委领导以及法治环境建设指挥部各牵头单位、责任单位负责法治环境建设创城工作主管领导参加会议。

（王丹丹）

【“不忘初心献忠诚，牢记使命勇担当”宣讲报告会】 6月28日，区委政法委举办政法系统“不忘初心献忠诚，牢记使命勇担当”庆祝建党97周年宣讲报告会。与会党员重温入党誓词。区公安分局、区法院、区检察院、区司法局、区民政局5家单位的7位优秀宣讲员，用鲜活的故事讲述政法系统身边的感人事迹。政法系统各单位主要领导、政治工作主管领导、基层党组织负责人代表、党员代表100余人参加报告会。

（王丹丹）

【冬奥会法律知识专题培训】 10月23日，在延庆区社教中心举办2018年“百名法学家百场报告会”延庆专场—冬奥会法律知识专题培训。中国法学会体育法学研究会会长、北京市法学会体育法学与奥林匹克法律事务研究会会长、中国政法大学硕士生兼职导师刘岩，作《北京奥运会、冬奥会法律知识择要与法律工作综述》专题报告。158人参加培训。

（王丹丹）

【宪法专题讲座】 11月22日，区委政法委、区法学会在区总工会一层报告厅举办延庆区2018年法治文化基层行——宪法专题讲座。中国人民大学硕士研究生导师、比较行政法研究所研究员史全增作《宪法视野下法治理念、制度与实践》专题报告。政法系统领导干部、干警、区法学会会员、区法律工作者150余人参加培训。

（王丹丹）

【张延昆调研】 12月20日，市委常委、政法委书记张延昆到区围绕世园会安保维稳工作进行调研。实地察看世园会施工现场，随后召开会议听取相关工作情况汇报。市委副秘书长、市委政法委副书记以及区委相关领导陪同调研。

（晏博文）

法治政府建设

【概况】 延庆区人民政府法制办公室是区政府的工作部门（简称区政府法制办）。内设综合科、行政执法监督科、行政复议科、行政复议接待室、行政调解指导中心5个科室。年内，以“深入推进依法行政，加快建设法治政府”为目标，紧密围绕服务保障冬奥世园筹办等中心工作，全面履行政府法制工作的综合、统筹和监督职责。全年接待群众来访、来电500余人次，办理行政复议案件39件，同比增长18%。其中，因调解达成和解18件，调解率47.4%；撤销和确认违法6件，纠错率15.8%。在区公安分局、区卫计委、区食药监管局等矛盾纠纷较多的14个部门建立行政调解委员会。截至年底，全区各行政调解主体调解案件2342件，化解矛盾纠纷1780件，调解成功率76%。

单位名称：延庆区人民政府法制办公室
地　　址：延庆镇西街2号
电　　话：69183546

（庄萍　霍文丽）

【赛会法治服务】　年内，选派专人全程进驻5个棚改项目一线，实时实地跟进10余项重点工程建设，参加协调专题会议100余次；全面参与延庆赛区PPP合同、园艺产业发展政策等60余件文件的审查把关。牵头与法院建立涉冬奥世园案件沟通协调机制，妥善处理相关案件50余件；研究建立打击“抢栽抢种”长效机制，肃正社会风气，节省征拆资金上亿元。探索建立村集体收回土地征拆新路径，确保重点工程如期进场；对冬奥核心区所涉20宗地块逐一梳理研究，做到“一事一卷、一地一策”，为其他征拆项目提供示范。

（庄萍）

【法治政府建设】　年内，印发工作要点，分解落实31项具体任务；巩固领导干部学法长效机制，组织会前学法12次，执法专题培训讲座18次；严格执行重大事项合法性审查机制，坚持列席区政府常务会和专题会，审查各类事项、方案、文件、合同500余件；充分发挥区乡两级法律顾问“外脑和智库”作用，落实服务事项800余件。

（庄萍）

【行政执法】　年内，编印《行政执法职权梳理意见汇编》《生态保护红线特别区域职权梳理》《街乡综合执法事项、职权、依据汇编》，印发《强化行政执法衔接配合、妥善处理权责争议》文件和宣传折页，明确7项行政执法衔接配合机制和6项权责争议处理原则。建立9项工作机制，刘家堡村等污染环境案件依法移送公安机关查处，小河屯村等小产权房及时顺利拆除，昌赤路、东姜路等抢栽抢种苗木依法强制清除。全区1292名行政执法人员换发证件，实现联网管理；坚持用大数据监测行政执法权力运行，全年人均处罚量18件，排名生态涵养区第一。

（庄萍）

【行政应诉】　年内，市四中院和区法院受理区行政机关一审行政诉讼案件169件，区政府法制办代理区政府行政应诉案件80件，已审结案件胜诉率98%。全年行政机关负责人出庭应诉86件，出庭应诉率66.2%，创历史新高。

（张金花）

社会治安综合治理

【概况】　延庆区社会治安综合治理委员会办公室（简称区综治办），是区综治委的常设办事机构，与区委政法委合署办公。负责宣传贯彻社会治安综合治理的方针政策和有关法律、法规、规章，执行上级关于社会治安综合治理工作的决定和部署；研究和制定全区社会治安综合治理措施供区委、区政府决策，并组织实施；指导协调和组织联合执法检查，推动全区各地区、各部门社会治安综合治理工作；负责掌握全区社会治安综合治理工作动态和社会治安形势；开展调查研究，总结推广综合治理工作经验和做法。年内，组织区铁路护路干部参加市级业务知识培训。组织开展区、乡镇街道两级综治干部以及社会治安志愿者业务培训。对市级挂账社会治安重点地区（康庄地区、夏都地区），社会治安问题突出乡镇街道（八达岭镇）开展全面整治工作，运用多年形成的整治工作机制，组织相关职能部门围绕治安突出问题开展联合执法，采取集中打击、集中整治的工作措施，有效降低和防范重点地区各类案事件的发生，治安秩序明显好转。完成挂账重点地区、治安问题突出乡镇的摘牌工作。

单位名称：延庆区综治办
地　　址：延庆镇新城街2号
电　　话：69181189

（张世涵）

【“中非论坛”维稳安保工作】　8月—9月，成立“中非论坛”全区和乡镇街道两级领导专班；制定区社会面防控实战演练工作方案；开发延庆区社会面防控群防群治系统；发挥专群结合优势，搭建社会面防控4个对接；组织动员全区群防群治力量，加强社区巡逻、搜集情报信息、重点人员管控等工作，确保“中非论坛”社会面安全稳定。全区1.8万名志愿者参与“中非论坛”维稳安保工作。

（张世涵）

【基层综治中心建设】 年内，全面推进基层综治中心建设，强化软硬设施、组织体系、工作机制和信息化建设，完成全区村（社区）综治中心100%覆盖的工作目标。构建区—乡镇街道—村（社区）三级综治中心责任网络体系框架，形成以乡镇街道综治中心为平台，以村社区综治中心为依托，以巡防员、流管员、治安巡逻志愿者队伍等群防群治力量为基础，三位一体的辖区社会治安防控责任网络体系。

（张世涵）

【平安村（社区）创建活动】 年内，制定创建“平安村（社区）”活动实施方案，建立常态化机制，整合村（社区）治安防范力量，健全村（社区）治安防范组织，落实村（社区）治安防范措施，年底全区建成56个平安村、4个平安社区，实现全区符合标准“平安村（社区）”比例达到15%的目标。

（张世涵）

【“雪亮工程”建设】 年内，延庆城区、世园会、冬奥赛区周边区域增补高清监控1447路、人脸识别系统152套、电子围栏282个，实现城区监控覆盖密度达到40路/平方千米，在10个主要路段建设治安卡口10套、在20个主要路口部署电子警察160台，实现全区重点区域、领域的重点部位视频监控全域覆盖及联网应用，为两大赛会举办打下坚实基础。

（张世涵）

【铁路沿线安全隐患专项整治】 年内，全面开展铁路护路联防工作，陆续建成大秦线5个工作站，陆续开展了铁路沿线杂物清理、重点火情隐患排查整治等专项治理，全年未发生任何涉路交通事故和突出治安问题，专项整治行动成效显著。

（张世涵）

公　安

【概况】 北京市公安局延庆分局主要职责是：负责掌握、处置辖区内危害国家安全和政治稳定的情况和案件；负责辖区内刑事案件的侦查工作，预防违法犯罪；负责实施辖区治安管理，处置治安案事件和其他公安行政案件；负责管理辖区实有人口、出租房屋；负责出入境管理有关事项及外事治安工作；负责实施辖区内消防监督；负责依法指导、监督、检查辖区内机关、企事业、文教单位的内部治安保卫工作；负责依法收押、监管犯罪嫌疑人、被告人和行政违法人员；参加警卫工作；组织实施社会安全防范，参与社会治安综合治理；负责交通管理工作；承办上级交办的其他事项。年内，圆满完成全国“两会”、中非合作论坛北京峰会等重大会议和端午、国庆等重要节点维稳安保任务。强化外围检查站智慧管控系统建设，开展人脸识别、电子围栏等试点工作，固化实施24小时视频巡查、重要节点对抗式检查制度，全年核录检查车辆人员608.2万笔、查获拘留处理以上人员300名、查获被盗车11辆，收缴违禁品870件。稳步推进“雪亮工程”，将全区各单位、主要区域部位、重点行业领域约1.1万余路图像资源整合接入区图像共享交换平台，纳入分局监控使用范围。推进智慧交通项目建设，提升道路交通拥堵预测、组织管理、应急调度处置能力。截至年底，破获刑事案件566起，受理查处治安案件4189件。发生一般以上交通事故97起，重大事故47起，死亡49人，经济损失60.2万元。依法查处交通违法行为19.8万余笔，拘留处理严重交通违法犯罪人员270名，暂扣违规违法机动车936辆。治安监管全面到位，严格审批把关，调派1.4万余名警力前置维护秩序、处突备勤，确保在区举办的71场次大型活动安全顺利。狠抓危爆物品、刀具销售、物流寄递等安全监管，加强烟花爆竹安全管理，实现不失管不漏控。社会面防范全面从严，排查辖区安全隐患，加强群防群治力量发动，持续深化“五防”宣传，创新开展“三防一创”活动，督促指导开展平安村庄（社区）创建，推进筑基础、压发案各项工作，全区刑事发案同比下降1.4%，没有发生重大影响违法犯罪。持续推进“放管服”改革，与市局同步推进“互联网+公安政务服务”建设，深化权力瘦身、审批提速等系列专项行动，保障人民群众办理公安业务“一次排队、一次受理、一次办结”。全面打造忠诚干净担当过硬队伍，党委班子成员带头落实党风廉政建设“两个”责任和党内组织生活制度，先后104次参加分管单位党支部民主生活会和队伍摸排分析，并分层签订责任书、层层压实管党治警责任，督促落实各项纪律规定。精心组织“北京榜样·最美警察” 延庆榜样”等评选活动，打造“长城卫士女子警队”形象品牌。制作《金盾之光》栏目40期；在各类媒体发表新闻稿件和影视新闻300余篇。

单位名称：北京市公安局延庆分局

地　　址：延庆区湖南西路18号

电　　话：81198020

（于海堂）

【分局驻延庆监狱警务工作站揭牌】 1月4日上午，市公安局、市监狱管理局在延庆监狱召开座谈会暨分局驻延庆监狱警务工作站揭牌仪式。市公安局、市监狱管理局、分局领导参加活动。

（于海堂）

【110主题宣传】 1月10日，延庆分局在妫川广场设立主会场，局属各派出所在本辖区设分点同步组织开展“110，守护新时代美好生活”主题宣传活动，全区共设立110宣传站12处，设立展板108块，发放宣传材料9500余份。

（于海堂）

【分局党委第一次代表大会】 2月9日上午，中共北京市公安局延庆分局第一次代表大会召开。会议听取分局党委《不忘初心牢记使命、高举旗帜凝心聚力，全面推进延庆公安工作科学发展》的工作报告和分局纪委做《进一步推进和强化纪检监察工作，努力打造忠诚担当、廉洁奉公的延庆公安队伍》的工作报告。选举产生分局新一届党委委员及新一届纪委委员。

（于海堂）

【春节走访慰问】 2月9日—13日，分局领导分别对基层一线单位和烈士遗属、因公牺牲遗属、因公伤残民警、患病致困民警、离退休老党员等层面民警及家属集中开展春节走访慰问，并送上慰问金和慰问品。

（于海堂）

【元宵花会展演安保】 3月2日，元宵节花会展演活动路线全程1.8千米，设40个表演点，参演群众1500人，观众3.6万人，分局出动800余名警力现场维持秩序，圆满完成安保任务。

（于海堂）

【系列扒窃案】 3月4日，延庆分局破获辖区系列扒窃案件，抓获3名犯罪嫌疑人，经审查，该3名犯罪嫌疑人对多次进行扒窃的犯罪事实供认不讳。

（于海堂）

【分局民警拦截一起电信诈骗案】 3月22日16时许，分局民警在辖区工作时，发现一居民要出门汇款。民警立即问明系其女儿发短信以要出国学习为由要求其汇款6.8万元人民币。民警提醒其不要轻信短信内容，并与其女儿打电话做进一步确认，证实短信内容确系电信诈骗，避免当事人遭受经济损失。

（于海堂）

【区域警务合作工作会】 3月25日，延庆分局与张家口市局座谈交流区域警务合作工作。会议通报全国“两会”安保区域警务合作有关工作，各参会领导就进一步深化区域警务合作进行交流发言。延庆分局、张家口市公安局、怀来县公安局、赤城县公安局有关领导及相关人员参加座谈交流。

（于海堂）

【世园会安保倒计时一周年动员部署会】 4月28日下午，分局召开世园会安保倒计时一周年动员部署大会。会议宣读“护航世园·奋进2018”平安行动工作方案；分局领导代表分局党委作动员部署讲话。会后，分局专门举行世园会倒计时牌揭牌仪式。分局党委班子成员、局属各单位正职领导参加会议。

（于海堂）

【分局打掉一流窜盗窃团伙】 5月10日，分局组织80余名警力成立3个抓捕组，一举抓获湖南道县籍流窜盗窃犯罪嫌疑人21人、江苏阜宁籍收赃犯罪嫌疑人1人，打掉窝点6处，现场起获被盗手机57部、作案用两轮摩托车3辆，核破案件67起。

（于海堂）

【实弹射击训练】 5月24日—25日，为进一步备战世园、冬奥“两件大事”安保工作，分局按照全年规范执法素质提升培训计划，在区武装部靶场组织全局民警开展2018年实弹射击训练工作，全局有805人次参加。

（于海堂）

【消防支队救助发病儿童】 6月30日19时许，一群众报在张山营镇后河景区内孩子发烧抽搐，需要救助。接报后分局立即部署消防支队、派出所出动警力携带药品爬山寻找，开展救助。经5个小时施救，7月1日0时将孩子及家属护送下山，送往区医院治疗。

（于海堂）

【中意警务联合巡逻】 7月16日，按照公安部整体部署，中国和意大利警方在八达岭长城景区开展警务联合巡逻工作。此次联巡工作是意大利警员第二次在华开展警务联巡。

（于海堂）

【系列碰瓷诈骗案】 8月23日，延庆分局破获系列碰瓷诈骗案，抓获4名犯罪嫌疑人。经审查，四名嫌疑人对盗窃自行车实施多起与机动车碰瓷的犯罪行为供认不讳。

（于海堂）

【运输毒品案】 10月18日 延庆分局破获一起运输毒品案，抓获二名犯罪嫌疑人，经审查，两人对运输毒品的犯罪事实供认不讳。

（于海堂）

【用煤取暖户安全检查】 11月—12月，延庆分局会同各街乡镇，检查用煤取暖户3.4万余家次，配发安装风斗9575个，督促整改炉具安全不达标、一氧化碳报警器未正常使用等问题2700余件。

（于海堂）

【处级民警到街道乡镇挂职】 12月28日，分局召开9名处级民警兼任街道乡镇党（工）委副书记挂职宣布会。区委组织部主要领导，分局班子及相关所属部门、区有关乡镇党委书记、街道工委书记参加会议。

（于海堂）

【规范执法素质提升培训班】 年内，延庆分局确定为“规范执法素质提升年”，举办封闭式大轮训14期、专项技能培训8期，参训民警分别为570名和320名，并结业考核。

（于海堂）

【冬奥世园安保】 年内，启动实施冬奥世园安保筹办工作机制，制定世园安保方案和冬奥高山滑雪世界杯安保总体方案编制，并开展安全生产大检查，整改各类安全隐患610处。

（于海堂）

【交通安全宣传】 年内，延庆分局制播《一路平安》等电视节目26期，举办大型宣传活动31场次、交通安全讲座85场次，发放宣传材料30万余份，受教育群众35万人次。

（于海堂）

【“两创建一提升”服务保障】 年内，延庆分局全力保障“两创建一提升”服务保障工作，参与区联合执法行动，配合区有关部门拆除违法建设36.2万平方米、治理“散乱污”企业22家、整治“开墙打洞”19处、疏解提升市场3家；查处机动车乱停乱放行为3.9万余起，收置流浪犬2130条；启动贯穿全年的违法出租房屋、移动排污源专项治理行动，推动实施区域烟花爆竹限改禁措施。

（于海堂）

【消防安全】 年内，辖区内发生火灾106起，经济损失156.54万元。延庆分局为消除消防隐患，组织开展消防单位场所检查2.3万家次，发现整改隐患1.1万余处。

（于海堂）

【旅游市场秩序整治】 年内，立足地区全域旅游发展，推进打击“非法一日游”、旅游市场秩序百日整治等工作，截至年底，查处各类旅游扰序行为860起。

（于海堂）

检　察

【概况】 北京市延庆区人民检察院（简称延庆检察院）是依法履行法律监督职能的国家机关，设审查逮捕部、公诉部、职务犯罪检察部、未成年人案件检察部、侦查监督部、刑事审判监督部、刑事执行检察部、民事检察部、行政检察部、检察管理监督部、政治处、检务督察室、检察技术部、法警大队、行政事务管理局15个部门。2018年，延庆检察院持续深化司法体制改革，全面履行检察职能，维护辖区和谐稳定，服务保障冬奥会世园会筹办举办。推进平安延庆建设，确保辖区和谐稳定。截至年底，批准逮捕各类刑事犯罪嫌疑人178人，提起公诉223人。维护国家安全，起诉破坏法律实施案4人。推进扫黑除恶专项斗争，从严从快、依法办理破坏生产经营、强迫交易等为非作歹、欺压百姓的黑恶势力犯罪4件26人。保护公民人身权、财产权、人格权。起诉危害公共安全、侵犯公民人身权利和民主权利、妨害社会管理秩序等犯罪154人。惩治“小官大贪”和“微腐败”，关注征地拆迁、社会保障、涉农资金管理等领域犯罪，与区监察委签订《关于建立工作协作配合机制的意见》。推进平安校园建设，起诉侵害未成年刑事犯罪25件32人，在延庆区中小学开设“检察法治课堂”，到学校周边开展宣传，受众3000余人。立足绿色发展，开展民生检察。严厉打击破坏人居环境、生态环境的刑事案件，依法查办全面整治小产权房及违建工作中的刑事犯罪，办理全市首例渔业资源领域刑事附带民事公益诉讼案件。加大生态环境司法保护力度，重点查办污染大气、水源、土壤以及非法占用耕地、破坏性采矿等破坏环境资源犯罪，发出公益诉讼诉前检察建议8件，督促清理垃圾5.83余万立方米，恢复耕地0.11公顷（1.7亩）、林地0.32公顷（4.74亩）。保障舌尖上的安全，与区食药监局多次对接，深入全区大型超市、母婴用品店、批发市场排查，重点清查学校周边商户的食品餐饮；对网络餐饮服务平台上186家经营者线上摸排、实地核查，针对15家经营者的违法行为，向监管部门制发诉前检察建议，推动全区开展网络餐饮专项整治。强化对未成年人保护力度，落实合适成年人到场、社会调查、附条件不起诉、犯罪记录封存等制度，7名涉嫌轻微犯罪的未成年人经检察官帮教后重返校园，多次帮助本地及河北户籍的未成年被害人申请“小额爱心救助基金”。强化对刑事、民事、行政诉讼的法律监督。健全监督工作机制，完善《派员列席公安分局执法监督委员会工作例会制度》《对派出所联合检查制度》，推动区政府制发《关于检察机关依法开展公益诉讼工作推动法治延庆建设的实施意见》《关于进一步加强行政执法与刑事司法衔接工作的意见》。强化对刑事立案、侦查活动监督，共受理立案监督线索23件，要求侦查机关说明立案、不立案理由，通知侦查机关立案5件。强化驻公安分局执法办案管理中心检察室工作，办理的李某某销售假药案获评北京市检察机关精品案件、北京市“两个专项监督”优秀案件。加强刑事审判监督，口头纠正违法行为10次，发出书面纠正审理违法意见书2份、类案情况通报1份。开展清理判处实刑罪犯未执行刑罚专项活动，对罪犯判决前未羁押，判实刑后未入狱，流散社会甚至重新犯罪问题，推动各政法机关开展专项清理。首次开展跨省刑事执行检察，与河北省赤城、怀来两地检察机关开展社区矫正工作衔接；赴重庆市璧山区开展核查，清理判处实刑未收监执行3人。开展民事、行政同级监督，为国家挽回损失15.57万元。聚焦赛会筹办，服务发展大局。制定出台《北京市延庆区人民检察院服务保障冬奥会世园会筹办举办的实施意见》，将该意见细化分解为28个专项工作，落实时间表、路线图、责任人。严肃审查涉赛会的刑事案件，办理世园会园区建设工地的过失致人死亡案，保障“世园会”建设的社会环境和谐稳定。在赛会建设中当好“公共利益的代表”，对10处饮用水水源保护区全面排查，筛选出重点河流的42个问题建立台账，实现对污染河道类案件的动态监控。为赛会建设开展法律服务，开展“十进百家、千人普法”活动，深入景区、学校、农村、社区、军营、行政单位开展宣传。有效化解社会矛盾，接待群众来访524批次591人次，受理各类信访案件56件。加强对上访老户的思想疏导和矛盾化解工作，减少对立情绪，排除影响赛会建设的不安定因素。加强队伍建设。加强政治建设，落实院发《意识形态工作责任制检查考核办法》。全面从严治党，落实巡视反馈意见，建立整改台账清单，巩固扩大巡视成果。推进司法体制改革，落实以审判为中心的刑事诉讼制度改革，对情节轻微、不妨碍诉讼顺利进行的犯罪嫌疑人，依法不批准逮捕65人；对社会危害性不大等没有起诉必要的案件，依法不起诉26人；启动非法证据调查核实案件5件，纠正移送起诉遗漏罪行5人。推进认罪认罚从宽制度改革，促进案件繁简分流，危险驾驶案、交通肇事案的平均办案期限缩减为3.94天和16.11天。对轻微刑事案件建议适用速裁程序，审查起诉周期缩短至11天。市院刑事执行检察部组织开展全市检察机关办理羁押必要性审查案件评选活动，延庆检察院刑事执行检察部办理的周某某羁押必要性审查案件被评为全市羁押必要性审查精品案件。延庆检察院办理的该院督促纠正市住建委怠于履行职责检察建议案入选《北京市检察机关督促纠正行政机关违法行使职权和不行使职权典型案例选》。提升业务素能。实行分层分类培训，在全市检察机关第六届业务技能比武中有5人进入决赛，1人获得审判监督业务能手称号。拓宽监督渠道，开展“两中心一平台”和“四新”检察院建设。加强案件信息公开，组织7次不起诉案件公开听证会，对社会公开生效法律文书156件、案件程序性信息329件。延庆检察院机关党委课题组申报的《关于高素质专业化干部队伍建设的研究》一文获区党建研究会2017年度调研课题优秀成果二等奖。

单位名称：北京市延庆区人民检察院

地　　址：延庆镇庆隆街99号

电　　话：69141513

（宗振国）

【百姓宣讲团到院宣讲】 1月11日，北京市“不忘初心跟党走，圆梦京华普新篇”百姓宣讲团之昌平分团应邀到延庆检察院宣讲，宣讲员结合中共十九大精神和自身工作实际讲述平凡岗位上有奉献、有作为、有担当的事迹。全系统90余名干部代表参会。

（宗振国）

【水环境治理工作推进会】 1月19日，延庆检察院行政检察部召开水环境治理工作推进会，针对市水务局落实该院京延检行建〔2017〕3号《检察建议》情况进行跟进监督，北京市水务局官厅水库管理处副主任和执法队队长参加会议并说明情况，与会双方结合《北京市人民检察院北京市水务局关于协同推进水环境水生态水资源保护工作机制的意见》，对推进《检察建议》全部落实达成一致意见。

（宗振国）

【两法衔接工作】 1月22日，延庆检察院联合区政府向全区各行政执法机关及司法机关制发《关于进一步加强行政执法与刑事司法衔接工作的意见》，实现“两法衔接”工作中的检察权前置，为推进延庆区“两法衔接”工作奠定制度基础。

（宗振国）

【留守儿童法治课】 1月23日，延庆检察院未检部全体人员在民政局的邀请下到大浮陀村，为该村20余名留守儿童及看护人讲授寒假安全法制课，受到好评。

（宗振国）

【向看守所提出书面检察建议】 1月31日，延庆检察院刑事执行检察部在初查看守所在押人员丁某控告办案人员刑讯逼供案件时，发现区看守所体检室有监控盲区，存在重大安全隐患，遂向看守所发出检察建议，建议加装监控设备，消除安全隐患，看守所收到检察建议后，立即整改落实，部署安装监控设备。

（宗振国）

【律师座谈会】 2月9日，延庆检察院公诉部联合检察管理监督部组织召开听取律师意见座谈会，听取在区法律援助中心备案的值班律师的意见，双方就如何进一步开展好适用认罪认罚从宽处理工作、如何共同开展刑事犯罪教育转化工作等问题达成共识。

（宗振国）

【挪用资金案专家论证会】 3月13日，延庆检察院召开史某挪用资金案专家论证会，中国政法大学刑事司法学院教授罗翔、北京工商大学法学院副院长俞亮、中国政法大学刑事司法学院副教授于冲应邀到会并发表论证意见。区监委、区公安局代表参加会议。

（宗振国）

【执法检查】 3月15日—16日，延庆检察院派驻公安执法办案管理中心检察室与法制支队首次开展联合检查，先后检查延庆所、旧县所、夏都所和康庄所等4个派出所。驻中心检察室就各派出所在近期执法办案中存在的主要问题与瑕疵进行通报，并要求相关责任所进一步完善办案程序，避免类似问题的再次发生，4个派出所均对检察机关的法律监督工作表示认可。

（宗振国）

【康保县法院违法现象纠正】 3月16日，延庆检察院针对河北省康保县人民法院在对罪犯张建波判处缓刑并交付执行过程中，存在交付执行不规范、不到位，没有依法送达监外执行法律文书的违法情形，向其发出纠正违法通知书，康保县人民法院立即回复、说明原因，并表示要整改工作作风，杜绝此类事件再次发生。

（宗振国）

【案件公开审查】 4月27日，延庆检察院就闫某某涉嫌故意毁坏财物案依法开展公开审查，经听取各方意见，对闫某某作出不批准逮捕决定，这是该院审查逮捕部首次采用公开审查方式开展司法化审查工作。

（宗振国）

【个案联席会议】 5月8日，延庆检察院就吴某某、李某某非法捕捞水产品案组织市渔政监督管理站、官厅水库管理处、区水产中心、区渔政监督管理站、区公安分局等多部门召开联席会。市检察院公诉部检察官、延庆检察院检察长、副检察长、公诉部检察官及检察官助理参会。市渔政监督管理站与延庆检察院就如何推进区域水系环境保护，如何促进行刑衔接达成初步共识。

（宗振国）

【公众开放日活动】 5月30日，延庆检察院举办题为“关注儿童保护，净化成长环境”的公众开放日活动，邀请市、区人大代表、政协委员，团区委、区教委的代表及延庆区第二小学师生家长代表等60人参加活动。

（宗振国）

【市院检察长督查扫黑除恶】 6月6日，市检察院检察长敬大力一行9人到区督察扫黑除恶专项斗争工作情况，李志军汇报延庆区开展扫黑除恶专项斗争工作，各相关单位领导进行补充汇报，第七督查组成员反馈前期对口督导检查情况。敬大力对延庆区扎实推进扫黑除恶专项斗争工作提出指导意见。区委、区政府主要领导以及相关部门负责人参加会议。

（宗振国）

【不起诉及临界预防训诫会】 7月9日，延庆检察院未检部就两起不起诉案件召开不起诉训诫会及临界预防训诫会，参与方包括检察官、法律援助律师、北京青年妫川社会工作事务所社工等，他们通过耐心教导，让涉罪的未成年认识到个人行为的社会危害性和违法性，从中吸取教训，树立正确的人生观和世界观，预防再犯。

（宗振国）

【首例刑事司法救助】 7月17日，延庆检察院检察管理监督部和公诉部检察人员专程到被害人刘某家中，送去3万元救助金，缓解被害人因遭受犯罪造成的经济困难，这是该院办理的首例刑事司法救助案件。

（宗振国）

【律师违法违规行为检察】 7月，延庆检察院在办理浙江省舟山市司法局备案的专职律师时某某阅卷申请时，发现其同时代理两名同一刑事案件的犯罪嫌疑人，违反《中华人民共和国律师法》的相关规定。遂于8月1日向浙江省舟山市司法局发出检察建议，该局于9月26日作出复函，延庆检察院于10月上旬收到复函以及相应的整改意见书和行政处罚决定书。这是延庆检察院首次对律师违法违规代理行为发出检察建议。

（宗振国）

【协作配合会签仪式】 11月13日，延庆区监察委员会、延庆区检察院就关于建立工作协作配合机制举行会签仪式。双方签署《关于建立工作协作配合机制的意见（试行）》。区纪委、区监察委，区检察院领导班子成员及相关职能部门人员参加会议。

（宗振国）

【“国家宪法日”普法宣传】 12月4日，是第五个“国家宪法日”，区检察院领导带队，到野鸭湖湿地公园管理处开展“法律进景区”普法宣传活动，湿地公园管理处工作人员30人参加活动。

（宗振国）

审　判

【概况】 延庆区人民法院（简称区法院）属于北京市基层法院，主要负责辖区内第一审刑事、民事、商事、行政、环境保护类案件的审判执行工作，并对人民调解工作和行政执法工作进行法律指导。设23个审判机构和职能部门。年内，受理案件15375件，同比上升7.62%，审结14948件，同比上升11.54%，一审服判息诉率达94.76%，法定审限内结案率97.22%。严惩影响群众安全和社会治安的犯罪，全年审结刑事案件198件，判处罪犯293人。推进以审判为中心的诉讼制度改革，适用认罪认罚从宽处罚程序审结案件147件，占刑事案件总数的74.24%；审结民商事案件11606件，同比上升15.40%。加大对高利贷、套路贷等非法借贷案件审查力度，依法保护企业间合法融资借贷关系，全年为辖区企业挽回经济损失约4亿元；审结行政案件140件，同比增长109%。发布行政审判白皮书，全面梳理行政案件审理情况，助推辖区法治政府建设；加大执行力度，创新工作举措，全年受理执行案件3042件，执结2957件，执结率为97.21%。依法冻结被执行人银行账户3000余个，执行到位案款金额2.1亿元。引入执行悬赏机制，吸收更多社会力量参与查人找物；成立扫黑除恶专项斗争领导小组，建立扫黑除恶工作台账，加强涉黑涉恶线索摸排，坚决铲除黑恶势力滋生土壤，维护辖区社会安全稳定；进一步深化司法体制改革，健全完善与司法体制改革相适应的审判管理机制，推进建立权责明晰、监督有序、配套齐全的审判权力运行体系；成立服务保障北京世园会、冬奥会工作领导小组，建立案件专项办理机制，开设绿色通道，公正高效审理涉世园会、冬奥会工程的各类案件纠纷160余起；实施人民陪审员“倍增计划”，新增人民陪审员69人，一审案件陪审率91.39%。

单位名称：延庆区人民法院
地　　址：延庆镇湖南西路20号
电　　话：61115113

（郭敏娜）

【法官职业体验课】 1月18日，延庆法院联合延庆一中，首次举办以“遇见未来的自己”为主题的法官职业体验课。向学生介绍法院的组织机构、案件审理的基本流程，并以案释法，讲解寻衅滋事、故意伤害等校园内常见的典型案例与自我保护相关法律常识。在观看延庆法院自创微电影《笑脸》后，学生来到法庭，身着法袍、走上审判席、敲响法槌，零距离体验法律的庄严和神圣。100名学生参加活动

（郭敏娜）

【涉民生案件新闻通报会】 1月24日，延庆法院召开“把爱带回家”涉民生案件专项执行行动新闻通报会。通报会现场，延庆法院执行局为31名外地务工人员发放案款30余万元。随后，延庆法院介绍专项执行活动中法院采取的亮点举措和取得的成效。执行法官发布涉民生案件典型案例并以案释法，针对司法救助、先予执行等提出对策与建议。

（郭敏娜）

【法院领导走访人大代表】 1月，为加强与人大代表的联系，更好地接受人大监督，切实改进法院工作，延庆法院主要领导走访人大代表，向代表们介绍法院的工作，并面对面征询人大代表对法院工作的意见和建议。

（郭敏娜）

【区法院干警参加京津冀协同发展法学研讨会】 3月15日，延庆法院干警受邀参加北京市法学会、天津市法学会、河北省法学会共同举办，天津市法学会承办的第三届“京津冀协同发展法学交流研讨会”。延庆法院干警就“京津冀协同发展”与“破解执行难”等4篇论文进行阐述，介绍延庆法院在加强京津冀协同司法方面所采取的具体举措。

（郭敏娜）

【悬赏保险项目启动】 5月4日，延庆法院与中国人民财产保险股份有限公司北京市分公司签订《战略合作意向书》，双方“悬赏保险”项目正式启动，申请执行人与保险公司签订第一份悬赏保险合同。执行悬赏保险主要针对长期躲避、逃避、规避执行的被执行人，通过悬赏方式动员社会力量参与打击失信拒不执行行为，形成社会共同关注、共同参与、共同协作的合力，进一步缩小“老赖”的躲避空间，减轻申请执行人的经济负担，为赏金的兑现增加保障。

（郭敏娜）

【区法院与高校签订合作共建协议】 6月8日，延庆法院与中央财经大学举行合作共建协议签字及揭牌仪式。合作共建协议包括建立“中央财经大学法学院校外实践基地”、教师与法官双向交流机制、建立实践教学合作机制、组建志愿者服务团队、建立涉外案件后备人才库等5项合作内容。合作共建协议有助于法院与法学院之间实现理论与实践的优势互补。

（郭敏娜）

【水源保护地违章建筑拆除案】 7月7日，延庆法院执行局、法警大队出动53人，在延庆区张山营镇官厅水库库区，成功执结一起涉北京市水源保护地的违章建筑案件。依照执行方案，执行人员对涉案房屋进行逐一清退和拆除。对房屋内物品的清理，执行人员一物一登记，一物一拍照，并全程录音录像。历时两天，涉案4座房屋全部强制执行完毕。

（郭敏娜）

【巡回审判调解争议】 10月31日，延庆法院沈家营法庭法官开展巡回审判。庭审中，主审法官详细听取案件由来、实地察看涉案标的物状况，并向双方当事人释法答疑。通过归纳整理案件争议焦点、依法调解双方纷争，最终促使双方达成一致，形成调解方案。庭审后法官进行了以案释法，讲解了相邻关系纠纷的处理原则，双方的容忍义务，以及费用的分担。

（郭敏娜）

【国家宪法日宣誓仪式】 12月4日，国家第五个宪法日来临之际，延庆法院举行宪法宣誓仪式，全体干警参加宣誓。

（郭敏娜）

司法行政

【概况】 延庆区司法局主要履行法律宣传、法律服务、法律保障三大职能。设办公室、政工科、基层工作科、法制宣传科、社区矫正和安置帮教科、公证律师管理科、信息科7个科室，同时承担区依法治区领导小组办公室、“法治延庆”建设办公室、区综治委特殊人群专项组和社会矛盾多元调解专项组办公室的日常工作。下辖18个基层司法所、1个公证处、1个法律援助中心、1个阳光中途之家、6家律师事务所和1个公益法律服务中心（民办非企业单位）。年内，完成“七五”普法中期检查验收工作。法治宣传教育领导小组办公室先后对全区36个行政单位、8个垂直双管单位、13个正处级事业单位、18个街道办事处和乡镇的“七五”普法档案进行2个轮次检查，成立由区委书记、区长任组长，政法委书记和主管副区长任办公室主任的“法治延庆”建设领导小组。深入推进《全面推进“谁执法谁普法”工作实施方案》和《关于贯彻落实党政主要负责人履行推进法治建设第一责任人职责规定的实施细则》，就法治宣传教育工作的领导体制、工作机制、考核评估等进行全面规范。制作《新时代 新使命 法治扬帆新航程》普法工作展示画册和工作汇报片。深入开展“法律十进”“以案释法”“宪法宣传”“法治春联下乡”“法治文艺大赛”“疏解整治促提升”“服务营商环境”“扫黑除恶”等专项普法宣传教育活动2783场次，法治讲座191场次，以案释法530场次，受教育人数41万余人次。利用疏解整治腾退空间建成珍珠山水景区法治文化广场、S2线火车站法治宣传阵地、儒林街道康安宪法宣传一条街、悦安居法治文化园、珍珠泉乡八亩地法治漫画墙等阵地设施。实施“互联网＋法治宣传”行动。在“法治延庆”微信公众号推送普法微信48期，在延庆电视台播放“妫川说法”栏目22期，在延庆报“以案说法”版块刊登普法案例24期，拍摄法治微电影20部。制定下发开展扫黑除恶专项斗争及全面推进扫黑除恶专项斗争向纵深开展2个工作方案。先后召开3次党组会、13次局长办公会专题研究扫黑除恶专项斗争工作。始终抓牢“两类”人员稳控、教育和线索摸排工作。制定人民调解纠纷大排查大调解专项活动实施方案，并建立工作台账。深入开展律所及律师巡查检查，建立代理重大敏感案件、信访疑难案件以及涉黑涉恶案（事）件报备制度。集中开展扫黑除恶主题法律宣传活动46场次，悬挂法律宣传条幅406条，为全区开展专项斗争营造良好的法治环境。

单位名称：延庆区司法局
地　　址：延庆镇东外大街96号
电　　话：69143748

（边文秀）

【法治春联下乡主题活动】 2月2日，区司法局在珍珠泉乡称沟村启动“宣传贯彻十九大 普法送福迎盛会——2018年法治春联下乡”主题活动。在全区各乡镇、街道开展21场次，发放法治春联1.2万副，受教育人数2万余人次。

（边文秀）

【艾特律师公益APP首站发布】 3月7日，延庆区作为全市首家村居法律顾问APP线上试点，首站发布“艾特律师公益APP”，并现场开展线上平台试运行培训。51名村居法律顾问律师、18个基层司法所工作人员统一安装“艾特律师公益APP”律师端，并由专家讲解使用方法。

（边文秀）

【人民调解员培训】 4月19日，区司法局邀请《第三调解室》知名调解员刘跃新讲授调解技巧，全区18个乡镇（街道）以及部分村（居）200余名基层人民调解员参加培训。

（边文秀）

【智能机器人入驻区法律援助中心】 5月9日，由中国法律援助基金会向北京市法律援助机构捐赠的智能机器人入驻延庆区法律援助中心。

（边文秀）

【世园会冬奥会律师专家团成立】 5月21日，区司法局与朝阳区律师协会联合成立“延庆区司法局服务保障世园会冬奥会律师专家团”，律师专家团由14名有赛事服务经验的合伙人以上身份的律师组成。

（边文秀）

【“司法行政在身边”开放日活动】 6月23日，区司法局举办“司法行政在身边——公共法律服务伴你行”——第八届司法行政开放日活动。全区设21个开放点，100余名司法干警与千余名群众开展互动，共发放宣传材料15000余份，解答群众咨询500余人次。

（边文秀）

【法治文艺大赛决赛】 7月19日，延庆区举办“迎世园 盼冬奥 同心共筑中国梦 法治文艺京城行”2018年法治文艺大赛决赛。经过基层层层选拔，儒林街道、八达岭镇、区安监局、区文委等部门选送的12个节目进入决赛。最终京东大鼓《话说刘大娘》、情景舞蹈《礼让斑马线》获一等奖，戏曲《弘扬法治 祖国昌盛》、乐器独奏《世博园里唱赞歌》等10个节目分别获二、三等奖。

（边文秀）

【法律进军营活动】 7月31日，区司法局走进战略支援部队某部开展“法律进军营”活动。活动包含法律援助联系点揭牌仪式、赠书仪式、“以案释法”法律知识讲座、法律咨询等环节。

（边文秀）

【首家婚姻家庭调解室成立】 9月20日，延庆区成立首家婚姻家庭调解室——“晓琴”婚姻家庭调解室，地点设置于延庆区婚姻登记处。调解室通过整合社会资源，吸纳妇女工作者和优秀法律工作者担任人民调解员坐班，提供免费法律咨询和人民调解服务。

（边文秀）

【京张五地司法行政服务世园冬奥座谈会】 11月2日，区司法局召开京张五地司法行政工作服务世园冬奥座谈会。河北省张家口市崇礼区、怀来县、涿鹿县、赤城县四地司法局局长出席座谈会，并共同签署京张五地司法行政工作服务世园冬奥协作协议。

（边文秀）

【区律师协会成立】 12月1日，延庆区召开律师协会成立大会，选举产生延庆区律师协会理事9名，监事3名，会长1名，副会长2名，监事长1名，聘任秘书长1名。

（边文秀）

【“弘扬宪法精神”开放日活动】 12月4日，区司法局开展“弘扬宪法精神 走进司法行政”全国司法行政系统第一届开放日活动。活动设立6个开放点，其中冬奥主题开放点为区展览馆二楼、儒林街道悦安居社区为2个主开放点，同时将1家律师事务所、1家公证处、1家法律援助中心、1家阳光中途之家作为其他开放点。在区司法局三楼会议室利用电子投影设备，为前来参观的群众播放司法行政工作专题片，通过发放调查问卷形式征询社会各界对司法行政工作的意见和建议，并就司法行政普法宣传和法律服务等方面内容开展座谈。

（边文秀）

【国家宪法日主题宣传活动】 12月4日，延庆区在规划展览馆冬奥主题馆开展“喜迎冬奥 法治先行”“12 · 4”国家宪法日主题宣传活动。作为全市“12 · 4”活动的分会场与市局主会场进行现场连线，冬奥办工作人员和普法志愿者巩国防分别就法治宣传助力冬奥进行发言。活动现场还通过剪纸作品普及法律知识。150人参与活动。

（边文秀）

【法律知识考试暨宪法宣誓活动】 12月13日，延庆区开展“尊崇宪法 学习宪法 遵守宪法 维护宪法 运用宪法”法律知识考试暨国家工作人员宪法宣誓活动。考试采取闭卷形式，内容涉及《中华人民共和国宪法》《中华人民共和国监察法》《民法通则》《中华人民共和国行政许可法》等相关法律法规、政策知识和党内法律法规，以及世园会、冬奥会、创建全国文明城区、服务营商环境等相关知识。全区各二级班子单位领导干部、公务员、其他公职人员和大学生“村官”助理参加。

（边文秀）

【人民调解】 年内，区司法局组织全区骨干人民调解员培训2场次。与区法院联合召开多元化解纠纷工作推进会，共同推进诉前调委会进驻立案庭工作，诉前人民调解委员会共调解案件1214件，成功840件，涉及金额1582万元。与区综治办、信访办联合下发《关于开展人民调解参与信访问题化解试点工作的实施意见》，人民调解组织参与调解信访纠纷420件，成功56件。在全国“两会”“中非论坛”等重要时期，全面开展地毯式矛盾纠纷排查化解工作，全区各人民调解组织调解纠纷1715件，成功1286件，调解协议涉及金额2436.6万元。

（边文秀）

【社区矫正和安置帮教】 年内，组织开展为期100天的“警钟长鸣固防线 排查整治铸安全”社区矫正安全隐患专项排查整治活动。在全国“两会”“上合峰会”“中非论坛”等重点时间节点，严格落实“七包一”管控措施。其间，走访排查4062人次，召开教育会39场次，社区服刑人员电话报告、微信定位累计4369人次，开展专项督查79次，给予社区服刑人员社区矫正警告处罚3人次。新建一家区级社区矫正和安置帮教过渡性安置基地。全年组织“两类”人员各类教育36次，社会适应指导9场次，心理辅导8场次，开展视频会见52人次。与北京市和诚社工事务所签订“社会调查评估和居住地核实”服务协议，开启以政府购买社会服务形式参与社区矫正工作管理新模式。

（边文秀）

【法律援助】 年内，在全区建成法律援助联系点407个，为弱势群体寻求法律援助开通渠道。同时全面落实法律援助初审权下放工作，批准受理初审权下放案件119件。推进“法律援助进监区”结对共建工作，落实开展刑事案件认罪认罚从宽制度工作，律师在公检法法律援助工作站为犯罪嫌疑人和被告人提供法律帮助284人次。开展妇女、残疾人、青少年、军人军属、老年人维权周等法律援助宣传活动210场次。法律援助中心接待来电来访法律咨询6108人次（其中来访咨询876人次，来电咨询5232人次），承办法律援助案件418件，涉案金额620余万元。

（边文秀）

【律师服务】 年内，对律所及律师巡查检查116次，未出现因律师、律所违法违纪引发的投诉案（事）件。成立延庆区律师协会。与13家律所77名律师签订“村居法律顾问”三方协议，实现全区村居专业法律资源全覆盖，并将村居法律顾问纳入人民调解专家库。截至年底，村居顾问律师提供法律咨询服务7013人次，举办法治讲座189次，发放法治宣传资料7.5万份，代写法律文书193份，提供法律援助62次，化解疑难矛盾纠纷17件。

（边文秀）

【公证服务】 年内，为西大庄科村办理自谋职业协议公证45件。完成李四官庄、谷家营农转非扫尾工作，完成上述公证709件。为北京市世界园艺博览会事务协调局办理保全证据公证，提供维权证据支撑。开通微信公众号办证和邮寄送达服务。开通绿色通道为老人免费办理遗体捐献声明书公证。为部队官兵办理公证23件。2018年卷宗全部录入全国公证行政管理和和行业管理系统。全年办理公证235件，收到锦旗2面，在全市公证质量检查活动中卷宗合格率100%，未发生公证投诉、信访、诉讼、赔偿等案件。

（边文秀）

【公益法律服务】 年内，组织公益法律服务工作者开展“强技能 提素质 岗位练兵”案例解析评比、重走红军路以及司法部137号、138号部令学习培训等活动4场次。全区各公益服务中心为群众解答法律咨询4566次、代书2647份、代理诉讼1224件、代理非诉讼案件443件。承办中央专项彩票公益金项目案件433件，承办“慈善北京”公益项目884件，为群众挽回经济损失1000余万元。

（边文秀）

【公共法律服务三级实体平台建设】 年内，落实《延庆区司法局关于公共法律服务实体平台建设的实施方案》，全区投入406万元，建成1个区级公共法律服务中心，18个街道（乡镇）级公共法律服务站及406个社区（村）级公共法律服务室，实现三级公共法律服务实体平台全覆盖。

（边文秀）

【疏解整治促提升专项行动】 年内，夏都公证处积极配合区法院对官厅水库范围内的违章建筑进行强制执行，协助区城管对延庆镇违建进行强制拆除的清登工作，参与延庆区“绿盾2018”自然保护区攻坚等重大联合执法行动8次。统筹动员全区律师资源，入驻小营村、石河营村棚户区改造指挥中心“群众接待站”提供专业法律服务。出动工作人员339人次，入户走访453人次，引导当事人接受法律咨询379人次，调解法律纠纷7起，对13户存在家庭突出矛盾的村民，进行3轮次的预约座谈。在棚户区改造工程中发挥职能作用，受到当地党委、政府的充分肯定。

（边文秀）

【优化营商环境】 年内，制定优化营商环境工作方案，成立领导小组，全面落实“9+N”“10+3”系列政策，深入开展“五个一”（即：一个媒体联盟、一场主题宣传、一场专题讲座、一次微信有奖竞答、一场知识竞赛）法治宣传活动，助力营商环境建设。推进“放管服”改革，围绕局承担的律师、法律援助等19个公共服务事项进行梳理，推进“一网、一门、一次”改革，实现“网上+窗口”同步。夏都公证处推出“最多跑一次”试点工作，52项公证事项证明材料清单向社会公示，方便群众办理公证事项。

（边文秀）

国防建设事业

人民武装

【概况】 中国人民解放军北京市延庆区人民武装部是延庆区委的军事部、区人民政府的兵役机关，承担本地区国防后备力量建设等工作，下设军事科、政治工作科、保障科3个科室，同时辖民兵武器装备仓库1个、民兵训练基地1个。年内，坚持高举习近平新时代中国特色社会主义思想伟大旗帜，牢固确立习近平强军思想的指导地位，深刻把握“举旗铸魂、聚焦打赢、厉行法治、强基固本、创新推动、坚强班子”的思路抓建设、谋发展，着力在练兵备战、全面从严治军、加强基础建设、强化党的建设上下功夫见成效。以学习贯彻中共十九大精神为主线，重点加强思想政治建设，始终坚持把思想政治建设摆在首位，确保绝对忠诚、绝对纯洁、绝对可靠。严格落实定期理论学习日制度，采取自我学习、首长授课、领读要点、交流讨论等方式，不断强化对中共十九大精神、习近平强军思想的学习理解，坚持用习近平新时代中国特色社会主义思想武装官兵，持续强化“警卫战士忠于党”系统教育，扎实开展“传承红色基因、担当强军重任”主题教育活动，强化所属人员军魂意识、使命意识，培育战斗精神，弘扬优良传统；广泛开展“破除和平积弊”大讨论，牢固树立战斗力这个唯一的根本标准，大力向战斗力聚焦，提高部队全面建设和军事斗争水平。圆满完成年度各项工作任务，武装部建设取得新的发展和进步。截至年底，协调公安、消防、法院、工商、综治、园林等部门，协助部队完成全部停偿工作。

单位名称：延庆区人民武装部
地　　址：鸿川北路6号院-1
电　　话：69143222

（高军）

【区四套班子领导慰问走访部队】 2月—8月，在春节和建军节期间，协调区四套班子领导2次深入部队一线走访慰问，送去全区人民对子弟兵的关心厚爱，共计80余万元的慰问品。

（高军）

【拥政爱民活动】 4月，协调部队参加植树造林，植树千余棵。全年协调部队担负防火、防汛、应急救援等急难险重任务，修订方案，关注动态，信息共享，沟通协调，随时做好应急准备。

（高军）

【民兵分队训练】 4月，组织应急分队进行拉动演练。5月至7月，组织区民兵开展专业训练，并赴乐亭综合训练场完成实弹战术演练，并在实弹射击考核中取得考核弹迹优秀，综合评定全优。8月，组织对口保障民兵分队技、战术训练，进一步提高全区民兵分队遂行保障任务的能力水平；10月下旬，组织民兵应急分队进行拉动点验，有效提高民兵分队整体素质和遂行任务的能力。

（高军）

【北京卫戍区领导到区调研】 9月21日，北京卫戍区副司令员张宏到区，围绕贯彻落实市委军民融合发展委员会第一次全体会议精神，对区人武部工作进行调研，到区人武部新址，实地察看营区建设、办公环境和指挥系统运行情况并听取区人武部相关工作开展情况的汇报。区委、区政府、区人武部主要领导同调研。

（高军）

【新办公区建设】 9月，协调区委、区政府在前期建设投入2000余万元的基础上，又投入370余万元用于新办公区软硬件改造和配备。9月下旬按时搬迁，部署地点由苏子街10号调整到鸿川北路6号院－1。

（高军）

【民兵安保执勤】 年内，在“两会”“中非论坛”期间，组织民兵担负安保执勤任务，确保地区安全稳定，受到军地好评。

（高军）

【国防教育】 年内，与区教委对所属军训基地进行综合检验，并保障2000余名大学生实弹射击。协调部队参加烈士公祭、清明诗会和烈士墓祭扫活动。配合驻军创新开展“传承红色基因、担当强军重任”主题教育，组织部队官兵代表、专武干部和军属参加大型红色纪录电影《北平以北》免费观影活动。

（高军）

【首长机关训练】 年内，根据新大纲规定要求，制定首长机关训练计划，坚持按纲施训，确保首长机关军事训练落到实处，在卫戍区组织的军官素质考核认证中取得优异成绩。结合人武部一人多职、一人多岗实际，采取领导讲、同志帮、压担练相结合的方法，强化岗位培养，提升干部队伍胜任本职、办文办事的能力水平。

（高军）

【民兵组织建设】 年内，坚持“建在身边、抓在手中、用在关键”的原则，对照新一轮军队系统结构规范和力量编成改革的要求，着力加强民兵预备役部队应急应战能力建设，拟制有利于提高建设质量的“十三五”期间民兵调整改革实施方案。通过召开现场会，进一步规范基层武装部民兵营连部建设和“青年民兵”之家，民兵分队和基层武装部整体建设保持较高水平。

（高军）

【征兵任务完成】 年内，把征兵工作作为二、三季度的首要任务。突出大学生这一征集重点，落实征兵“五率”（报名率、上站率、合格率、择优率、退兵率）动态监测制度，多措并举搞宣传，上门发动挖潜力，一线督导促实效，严格把关求质量，圆满完成征集任务，没有发生退兵情况。

（高军）

【军民融合】 年内，会同区发改委、区经信委等部门，总结军民融合深度发展经验做法，拟制未来3年军民融合行动计划，推动服务两大赛事等重点工作。

（高军）

【拥军优属】 年内，坚持把部队困难纳入工作范畴，协调区领导深入部队调研、现场办公，统筹研究解决部队在军队改革过程中出现的交通出行、环境整治、垃圾清运、紧急任务交通保障、“煤改气”等具体问题。协调区教委优先优质安排军人子女入园入学。协调相关部门妥善安置转业干部，转业干部满意率为100%。

（高军）

【3名现役军人获评最美家庭】 年内，协调部队积极参加首都最美家庭评选，3名现役军人家庭获得“延庆最美家庭”称号其中1名还获得“延庆区十佳文明家庭”和“首都最美家庭”称号。

（高军）

人民防空

【概况】 延庆区民防局是区国防动员委员会的常设办事机构，是区政府民防工作的主管部门。内设办公室、工程科、法制宣传科3个科室，下属信息管理中心、人防工程应急抢险中心2个科级规范管理事业单位。年内，办理行政审批17件，其中规划项目5件，易地项目5件，可不结合修建7项。办理人防工程使用证6个。结合各专项活动局开展人防工程安全督查检查273处次，出动人员1092人次。全年应急指挥中心共承接市县相关视频会议245次

单位名称：延庆区民防局

地　　址：延庆镇湖北西路3号

电　　话：69143330

（吴玉英）

【警报试鸣】 9月15日，北京市五环外统一开展防空警报试鸣。警报试鸣日在温泉东里社区、延庆区第二小学组织疏散演练，300余人参加演练。

（吴玉英）

【乡镇指挥所建设】 年内，为张山营镇民防指挥所投资48万元高清视频会议系统建设，截至年底已完成安装、验收工作。

（吴玉英）

【早期土洞安全隐患治理】 年内，根据各乡镇的土洞隐患实际情况，向延庆镇、永宁镇、香营镇等5个乡镇拨付隐患治理款115万多元，排除全部安全隐患。

（吴玉英）

【人防工程和普通地下室安检】 年内，民防局和住建委相关部门积极配合，对全区人防工程和普通地下室开展日常巡查和不定期检查，出动2005人次，检查人防工程和普通地下室630处次，整改安全隐患65处。

（吴玉英）

【通信演练】 年内，在山西大同、浑源参加2018年京冀晋跨区通信协同演练。在天津蓟县和河北易县参加京津冀人防无线通信协同演练。

（吴玉英）

【防空防灾知识讲座】 年内，邀请民防讲师团到康安、舜泽园、颍泽州、高塔、双路、格兰二期社区开展6场防空防灾知识讲座，300余社区居民听讲。

（吴玉英）

【公共安全知识进校园】 年内，制作防空防灾安全知识展板29块，在30所中小学校进行巡展，受教育人数16804人。

（吴玉英）

【安全生产月宣传活动】 6月，围绕“生命至上，安全发展”的活动主题，开展“安全生产月”活动，分别于11日、15日、19日聘请北京市民防讲师团在延庆一小、二小、三小、四小开展“安全生产进校园”，为在校学生普及安全生产相关知识，受教育人数5590人。14日开

展“安全生产进社区”活动，在舜泽园小区居委会为小区居民发放防灾减灾折页、公共安全知识海报、民防宣传袋和民防知识扑克牌等200份。15日在振兴南社区参与“安全生产月”宣传咨询日活动，发放防灾减灾公共安全知识折页、宣传画300份。

（吴玉英）

（栏目编辑 景冰芳）

经济管理

综合调控

【概况】 延庆区发展和改革委员会（挂延庆区新能源与循环经济办公室牌子），是负责全区国民经济和社会发展统筹协调、经济体制改革综合协调、新能源与循环经济发展的区政府工作部门。设工委办公室（监察科）、办公室、体改调研科、综合科（挂延庆区国民经济和装备动员办公室、经济运行协调办）、发展规划科、基础设施科、产业投资科（行政审批科）、社会发展科、法规稽察科、环境资源科（节能监察办）、价格管理科、金融服务工作办公室、人事教育科、新能源发展科、循环经济发展科、收费检查科、工农价检查科、价格综合科18个行政科室。其中，收费检查科、工农价检查科、价格综合科隶属区物价检查所。另有延庆区区域协同发展和对口帮扶合作服务中心、延庆区营商环境服务中心、延庆区发展建设投融资管理中心、延庆区发展和改革委员会信息中心、延庆区价格认证中心以及延庆区有机农产品发展中心6个事业单位。年内，制定下发《延庆区重大项目及投资协调推进机制》《北京市延庆区非法集资监测预警工作制度》《延庆区发展和改革委员会关于印发〈延庆区落实企业发展和项目落实服务工作方案〉的通知》《北京市延庆区助力受援县（区）脱贫攻坚2018—2020年总体行动计划》等。完成人代会报告和季度经济社会分析4篇。全年区级批复项目92个，其中审批18个、核准45个、备案29个，经初审后向市发改委上报审核事项39项，向市发改委核准转报事项13项；40个项目争取到位市政府固定资产投资资金22.1亿元。服务窗口接待来人来电咨询400人次，满意率100%。创新采用“三标合一”（社会资本方、国有土地使用权和施工总承）招标方式，吸引北京住总集团、万科集团、中国建筑一局与北控集团，成立SPV项目公司，全力推进延庆冬奥村和山地新闻中心场馆建设。缩短招标周期，保障建设进度，属全国首例。为冬奥PPP项目搭建融资对接平台，促成由中国银行、农业银行、工商银行、建设银行、北京银行组成银团贷，贷款承诺达25.78亿元。成立区委书记、区长任组长的防范化解P2P网贷风险领导小组，制定《2018年延庆区涉嫌非法集资风险专项排查整治行动方案》《北京市延庆区非法集资监测预警工作制度》，完善监测预警、排查治理、协同配合、群防群治工作体系。全市生态涵养区排名位居第一。

单位名称：延庆区发展和改革委员会
地　　址：延庆镇新城街98号
电　　话：69187018

（张玮）

【全区经济平稳增长】 年内，地区生产总值完成151.9亿元，同比增长8.5%，连续两年保持在合理区间。一般公共预算收入完成19.2亿元，同比增长18.6%。总消费完成171亿元，同比增长8.7%。全区居民人均可支配收入完成33887元，同比增长7.4%。低收入农户人均可支配收入完成11826元，同比增长18.1%。

（张玮）

【投资再上新台阶】 年内，完成社会固定资产投资283.6亿元，同比增长77.1%，在2016年首次突破百亿大关后再上一个新台阶；全年完成建安投资175.6亿元，同比增长70.8%，增幅居全市首位，超额完成市级下达指导性目标（160亿元）的9.8%。

（张玮）

【项目库建设】 年内，区级重点工程122个，包括重点建设项目96个（含新开工项目49个、续建项目47个、冬奥会世园会项目64个、其他项目32个），重点推进前期项目26个；梳理2019年区级重点工程122个，包括重点建设项目80个（含新开工项目32个、续建项目48个、冬奥会世园会项目34个、其他项目46个），重点推进前期项目42个。

（张玮）

【市政府投资项目40个】 年内，全区有40个项目合计争取到位市政府固定资产投资22.1亿元，与2017年基本持平。其中，世园区周边8条市政道路、新城南部地区供排水管线工程、世园会外围安保运行保障系统等17个世园会项目争取到位11.4亿元；其他冬奥周边项目争取到位5.5亿元，两件大事（世园会、冬奥会）外围保障项目共计争取资金占全部到位资金的76.5%；南山环线（一期）道路工程、中医医院迁建新建一期工程、区体育中心（全民健身中心）、新一轮百万亩造林工程等其他城乡基础设施、生态环境提升、社会事业项目共19个，争取到位5.2亿元。

（张玮）

【16个项目纳入市级绿色审批通道】 年内，延庆赛区A部分场馆配套基础设施、延庆冬奥村、2022年冬奥会延庆赛区外围配套综合管廊工程、冬奥会延庆赛区造雪引水及集中供水工程、延庆冬奥森林公园建设工程、延庆综合交通服务中心（换乘中心）、海陀及玉渡110千伏输变电工程等16个项目新增纳入市级绿色审批通道，其中冬奥会项目12个。

（张玮）

【疏解整治促提升】 年内，制定实施《延庆区“疏解整治促提升”专项行动2018年工作计划》，超额完成9类18项专项行动任务。疏解退出一般制造业企业17家，并治理“散乱污”企业27家，疏解提升康庄镇兴隆、永宁镇永博翰、八达岭镇青龙集贸3个市场，拆除顺世华等违法建设36.6万平方米，拆后“留白增绿”达到16.9公顷，新城、冬奥、世园区域及对外的116条街巷道路整治提升全部完成，占道经营中踏超市、南菜园双信超市2个重点点位完成销账，整治“开墙打洞”12处，实现“动态清零”，整治无证无照经营148户，完成井庄镇镇区公园等绿地景观公园建设；新建规范86个便民网点。民意调查显示，全区居民对2018年大力推进的“疏整促”工作关注度近九成，九成以上的被访居民对专项工作表示总体满意。

（张玮）

【优化营商环境】 年内，成立延庆区营商环境建设领导小组，设立营商环境服务中心；深入落实北京市优化营商环境“9+N”“10+3”系列政策，完成世界银行营商环境评价迎检、国务院大督查、全市营商环境考核评价等工作；全面落实《市级三年行动计划》，印发《北京市延庆区外商投资重大项目清单制度》，出台《延庆区优化营商环境三年行动计划实施方案》、重点企业“服务包”制度以及众创业创新、现代园艺产业、人才管理改革试验区等一系列政策；实施行政审批“一科制”改革，深化“互联网+政务服务”，“一网通办、只进一门、一窗受理、最多跑一次”均达到市级规定要求并超额完成任务，对涉及冰雪、园艺、高新技术产业开通“绿色通道”，开办企业实现“一次核准两小时取照”，13家冬奥世园企业快速落地；实施“多规合一”协同平台，并联服务世园项目《建设工程规划许可证》审批时间从20个工作日缩短到3个工作日。2018年，全市营商环境排名延庆区从第15位升至第9位。

（张玮）

【京津冀协同项目】 年内，延崇高速（北京段）南部实现通车，完成京张高铁（延庆段）桥梁架梁、底座板、隧道开挖以及主线、支线、八达岭长城站征拆工作；与津南区、承德市、南开大学、服务学院签订京津冀乡村旅游发展战略联盟协议，开发延怀两地精品二日游、三日游旅游线路；举办2018中国葡萄酒大会暨延怀涿葡萄酒主题推介、第二届延怀河谷葡萄文化节等活动；完成“一带一路”高峰论坛期间水污染联防联控，与怀来、赤城县联合开展林业植物检疫检查和林业有害生物踏查行动，签订食品药品应急保障联合执法协议，建立延庆－张家口－乌兰察布鼠疫联防联控联动机制；实时结算跨省异地就医住院医疗费用54.98万元，启动跨地区劳动保障监察案件协查程序2次，挽回经济损失136.37万元；与怀来奥伦达部落联合举办“2018原鄉 · 古崖居山地探索”越野跑活动，举办2018年“延怀赤”三地象棋联谊赛、“津冀千人骑游助力冬奥”等活动。

（张玮）

【风沙源二期工程】 年内，完成京津风沙源治理二期工程，项目投资1424万元，占总投资34%。其中，困难立地造林66.67公顷（1000亩），封山育林1万亩，人工种草1万亩；小流域治理项目完成8%；易地搬迁项目基础设施建设工程完成施工招投标。

（张玮）

【节能降耗】 年内，印发实施《延庆区2018年节能工作方案》《2018年延庆区节能专项监察工作方案》《延庆区节能工作联席会议制度》，完成《延庆区“十三五”时期节能规划》《延庆区“十三五”时期能源发展规划》《延庆区“十三五”时期新能源和可再生能源发展规划》的自评，完成延庆区延庆新城03街区会展中心东侧一期等地块二类居住、供电、环卫设施及基础教育用地项目节能审查意见，开展北京市延庆区市政供暖所、延庆经济开发区公用事业事业服务中心、北京玻钢院复合材料有限公司清洁生产以及北京顺兴隆混凝土有限公司进行能源审计工作，完成区内8家重点排放单位碳排放权交易工作，开展8家用能单位能源利用状况报告内容审核情况专项监察，围绕“节能降耗，保卫蓝天”和“提升气候变化意识，强化低碳行动力度”，开展多种形式宣传活动。2018年延庆区能源消费总量70.19万吨标准煤，万元GDP能耗同比下降2.85%，完成市政府下达任务目标。

（张玮）

【能源项目建设】 年内，能源项目核准、备案涉及新能源（包括地源热泵、分布式光伏发电）、电力、燃气、供热、能源互联网示范项目共计67个，总投资22.13亿元，完成2017年煤改气等4个项目上报市发改委资金申请补助，补助资金约1.39亿元。2018年新能源和可再生能源占能源消耗比重28.1%。企业及自然人分布式光伏发电备案6948.3千瓦。其中，自然人79户，装机容量1289.04千瓦；企业法人23家，装机容量5659.26千瓦。地源热泵项目累计供暖面积达30.3万平方米。

（张玮）

【金融业税收7亿元】 年内，金融行业对GDP贡献占3.85%（5.9亿元），实现区级财税收入7亿元，占区级财税收入的70%，占区级一般公共预算收入的36%；年末全区社会各项存款余额512亿元，同比增加17%；居民储蓄存款余额236亿元，同比增加6.78%；银行各项贷款余额165.33亿元，同比增加31.39%；重大项目授信额度达到281亿元。高效服务实体经济、支持小微企业、推广普惠金融，实现小微企业贷款“三个不低于”。其中，信贷额度28.5亿元，同比增长132%；贷款户数822家，同比增长12%；申贷获得率97.7%，同比增长1.7%。金融机构设立乡村便利店88家，覆盖全区15个乡镇。

（张玮）

【价格认定】 年内，对区内司法、行政执法、纪检监察等机关的刑事、治安、民事、经济等案件中的涉案物品进行价格认定，全年受理各类物品价格认定案件422件，认定金额101万元，为有关机关办理各类案件及时提供了客观、公正的价格依据。

（张玮）

【价格监督检查】 年内，对城市供水、供气、供热、电信以及机动车停车收费、学前教育收费、疫苗、“三伏贴”、殡葬、涉企收费、供电、农副产品和生猪市场等13个行业和领域价格行为进行专项检查，开展转供电环节价格行为专项检查，共检查企业400家，完成“一般工商业电价平均降低10%”的目标，为全区1913家终端用户减少电费开支近398万元；保障12358、12345价格举报电话畅通，及时解答和处置价格咨询和投诉案件，受理价格举报投诉187件，办理行政处罚案件10件，罚款9550元。

（张玮）

【物价管理】 年内，受理12件机动车停车场调价申请，规范八达岭森林公园、古崖居景区的门票价格，平均每张门票降价1.5元；审验、上报监测数据报表580余条次，开展蔬菜、副食品、医疗、医药、停车场、食盐、农业生产资料、工业生产资料等市场日常巡查180余次。完成5大类300余个品种的居民耐用消费品、服务价格及工业生产资料、农业生产资料的价格监测工作；完成对2017年奶牛、生猪、白菜、苹果、鸡蛋的生产成本调查和全年生猪直报工作；完成市发改委下达的涉企服务收费专项清查报告4篇。

（张玮）

【对口帮扶协作】 年内，制定《北京市延庆区助力受援县（区）脱贫攻坚2018—2020年总体行动计划》《一县一策帮扶方案》《延庆区对口帮扶对口协作项目资金管理办法》等文件；支持帮扶宣化区300万元，支持帮扶兴和县300万元，支持帮扶怀来县200万元；组织54家医疗机构、23对学校结对，实施京冀、京蒙帮扶项目31个，引进7家北京企业，举办“京张优质农产品推介会”，带动脱贫4433人；组织18个乡镇（街道）与受援地28个乡镇（街道）结对，63个部门、乡镇街道、企业与84个贫困村结对，44个村（社区）与39个贫困村（社区）结对，社会各界捐款捐物合计2893万元；召开5场劳务招聘会，帮助就业2536人。全年，助力兴和县3336户8175人脱贫、27个贫困村退出；怀来县456户820人脱贫；宣化区3664户6325人脱贫、87个贫困村退出，实现脱贫摘帽。

（张玮）

国有资产管理

【概况】 延庆区人民政府国有资产监督管理委员会是区政府工作部门，根据区政府授权代表政府履行出资人职责。区国资委党委下辖7个国有企业党委、52个国有企业党支部。年内，强化党委领导作用，制定国企党建31项重点工作任务，签订党建责任书推动责任落实。进一步明确和细化党组织与企业经营管理层的权责边界，全面推行党组织研究讨论作为董事会、经理层决策重大问题的前置程序。党委成员和企业领导层双向进入、交叉任职基本完成，区管一级国企基本实现了书记、经理一肩挑。推进党建工作要求入章程实现各级国有企业全覆盖。开展全面从严治党主体责任日常监督考核，举办处级领导干部专题读书活动，鼓励企业结合经营实际，一企一策创造性开展党建工作，坚持全面从严治党扎实推进党风廉政建设，组建“国企责任与担当”宣讲团，凝心聚力营造改革发展氛围，实现全区国有企业稳步健康发展。落实延庆区便民服务三级体系建设，饮食服务总公司投资6046.1万元建设的同喜生活广场项目进入竣工验收阶段，着手产业招商；绿富隆、首农合作的延庆区生活必需品配送中心项目进入供地阶段；圣世苑酒店改造项目进入深化设计阶段；广厦公司投资1.12亿元开展冬奥会延庆赛区核心区的征拆工作，完成国家高山滑雪中心、市政配套基础设施等地区伐移及赛区部分区域征拆工作；延庆园投资公司冰雪体育产业、现代园艺产业、能源互联网产业布局初步形成，保障世园、冬奥配套服务场所如期提供。

单位名称：延庆区国资委
地　　址：延庆镇西街1号
电　　话：60159740

（闻爱中）

【国有资产总量与经营】 年内，全区纳入国有资产统计报表编报范围的区属国有企业（含子公司）60户。资产总额66.4亿元，同比2017年度的67.6亿元，减少1.2亿元；负债总额为53.2亿元，同比2017年度的57.4亿元，减少4.2亿元；所有者权益总额13.2亿元，同比2017年度所有者权益总额10.2亿元，增长29.4%；资产负债率80.12%，同比2017年度资产负债率84.91%，下降4.79个百分点。延庆区国有企业2018年度营业总收入10.6亿元，同比2017年度营业总收入8.1亿元，增加2.5亿元，增长30.9%；实现净利润-5942.9万元，同比2017年度实现净利润-5849.7万元，增亏93.2万元。60户企业有职工5300人，支付职工薪酬4.1亿元。

（闻爱中）

【国有资产监管】 年内，研究制定《北京市延庆区国有企业重大决策社会稳定风险评估管理办法》等系列改革文件；积极推进薪酬制度改革，研究制定《关于区属国有企业负责人薪酬管理办法》《关于延庆区区属国有企业在岗职工平均工资的确认办法》等配套文件。完成9家拟参改企业薪酬改革方案及改革风险评估报告审核，以及2017年在岗职工平均工资的确定工作。完成北京市延庆区国有资本投资运营中心设立，实现延庆区国资监管三级管理架构搭建。落实《北京市延庆区国有企业违规经营投资责任追究办法》《延庆区国有企业土地、房屋租赁备案管理办法》等文件规定，确保企业出租收益，规范企业出租行为。摸清国有企业房屋承租商户底数。全区国有企业房屋出租面积14.14万平方米，承租商户283户。全年审批备案房屋出租事项14项。

（闻爱中）

【国有企业改革】 年内，全面完成板块化改革方案，《北京八达岭奥城实业有限公司组建方案》《北京广厦投资建设有限公司（暂定名）组建方案》《整合延庆区园林绿化局下属国有企业，组建北京夏都园林绿化有限公司的方案》及《交通局下属国有企业产权移交及优化资产配置的工作方案》均通过延庆区二届区委全面深化改革领导小组会议审议，标志区国资系统中的旅游、商业、农业、园林、交通、建筑、资本运营等板块改革方案全部完成。

（闻爱中）

【优化国有资本布局】 年内，推进优质资产向旅游、城市、园区、农业等重点领域聚集，圣世苑培训中心、夏都文化传播公司产权无偿划转，壮大八达岭旅游总公司实力，诚信共享担保公司无偿划转助推绿富隆公司平台化转型。

（闻爱中）

统计工作

【概况】 延庆区统计局、延庆区经济社会调查队是对全区国民经济各行业进行统计和调查的职能部门。局队下设13个实体科室、18个基层统计所。年内，完成延庆区第四次农业普查任务；开展改革开放40年民生状况调查、北京家庭医生签约服务需求调查、企业发展状况调查、居民养老现状与需求调查、重要民生实事项目线索调查、小微企业融资状况调查、法人单位经营情况调查等专项调查工作。强化统计服务，开展全区经济运行情况分析研判；为“绿色”大事和全区经济社会高质量发展作出贡献。全年制发基层站（室）调查证422个。开展村级统计人员集中培训2期，培训247人。

单位名称：延庆区统计局
地　　址：延庆镇西街1号
电　　话：69178333

（李保安）

【第四次全国经济普查】　年内，完成延庆区第四次全国经济普查任务。划分普查区408个，普查小区435个，选调普查工作人员、指导员、普查员2066名。清查单位10988家、个体经营户11826家。

（李保安）

【统计产品】　年内，编印《延庆统计报告》《延庆统计手册》《主要经济指标月度手册》《区县主要指标横向对比分析》《数说延庆改革开放四十年辉煌历程》《十八大以来系列专题分析汇编》等统计资料。全年撰写经济类信息与分析165篇，其中统计分析60篇。被区委、区政府及市局采用115篇，被各类媒体采用44篇，得到区委、区政府主要领导批示28次。全年对外提供统计数据咨询182次，涉及指标64.7万个，查询数据量207.4万笔。

（李保安）

【统计执法】　年内，检查单位155家，立案处理单位4家。举办“诚信统计普法行”、普法讲座等宣传活动30余次，印发普法资料4000余份，开展微信有奖问答活动，近8000人参与，答题3.6万余次。

（李保安）

【农村住户收支与生活状况调查】　年内，在全区15个乡镇103个村，抽取1000户农户开展农村住户收支与生活状况调查。

（李保安）

财政管理

【概况】　延庆区财政局（简称区财政局）是负责延庆区财政收支、财税政策、财政监督、行政事业单位国有资产管理等工作的区政府组成部门。设22个科室。年内，财政局加强税源建设，加大组收力度，积极争取市级支持，优化支出结构，实现全区一般公共预算收入19.2亿元，同比增长18.6%，增幅位居全市第一；通过大力争取市级转移支付资金，财力不断壮大，一般公共预算支出完成140.1亿元，同比增长15.2%。完成3家行政事业单位和1家会计代理记账机构会计监督检查。完成23家行政事业单位的43个政府投资项目和19家行政事业单位的34个小额财政性资金项目专项监督检查。

单位名称：延庆区财政局
地　　址：延庆镇新城街108号
电　　话：69103146

（王晓春）

【财政收入】　年内，全区一般公共预算收入191670万元，同比增长18.6%。按收入性质分：税收收入129946万元，非税收入61724万元。按征收部门分：税务局完成131591万元，财政局完成60079万元。政府性基金预算收入534842万元，同比增长7.7%。国有资本经营预算收入507万元，同比增长10%。社保基金预算收入54020万元，同比下降11%。

（王晓春）

【财政支出】　年内，全区一般公共预算支出140.12亿元，同比增长15.2%。其中，农林水支出38.99亿元，同比增长49.8%；城乡社区支出22.39亿元，同比增长11%；社会保障和就业支出14.01亿元，同比增长21.6%；医疗卫生与计划生育支出8.2亿元元，同比增长34.5%；交通运输支出4.19亿元，同比增长157%；商业服务业等支出1.36亿元，同比增长14.5%。政府性基金预算支出63.14亿元，同比增长59.9%。国有资本经营预算支出380万元，同比增长5.8%。社保基金预算支出5.20亿元，同比下降3.5%。

（王晓春）

【税源建设】 年内，召开税源建设联席会议12次，扩充税源建设成员单位至24个，确定“100+50”重点企业名单，落实《关于财政支持疏解非首都功能构建高精尖经济结构的工作方案》，协助启迪之星体育科技创新园揭牌成立。完成区级税收12.99亿元，同比增幅15.3%。

（王晓春）

【国库管理】 年内，首次全面开展政府财务报告试编工作。推进国库业务电子化改革，实拨资金正式上线，拨付7笔，支付资金3.4万元。国库集中支付工作新增授权单位10个，新增工资统发单位3个。开展国库现金管理和养老保险基金定期存款。完成2017年度财政总决算编制、财政支出经济分类决算试编、部门决算会审、决算批复及公开工作。组织开展暂存暂付款项清理，加强财政和预算单位资金存放管理，开展财政专户和预算单位账户及资金存放情况调查，加强预算执行动态监控工作，推进非税收入收缴工作。

（王晓春）

【预算绩效管理】 年内，正式成立绩效考评中心，推进全过程预算绩效管理。按照绩效考评年度工作计划，对2017年18个财政支出项目进行绩效考评，涉及12家预算单位，项目总投资为16158.44万元，完成市局制定的增10%的工作指标。

（王晓春）

【投资评审】 年内，完成全区评审项目290个，报审金额22.37亿元，审定金额为18.65亿元，审减3.72亿元，平均审减率为16.63%。

（王晓春）

【政府采购】 年内，完成政府采购金额19.69亿元，比2017年增加11.18亿元。其中，货物类采购1.10亿元，工程类采购16.74亿元，服务类采购1.85亿元。

（王晓春）

【行政事业单位资产管理】 年内，完成2017年度行政事业单位资产年报编制工作，共涉及全区271个行政事业单位，编制人数15696人，行政事业单位资产总计205.36亿元。按照程序完成全区83宗资产处置审核批复。汇总整合延庆区国有资产报告，首次实现报告全口径国有资产基本情况。

（王晓春）

【融资担保】 年内，完善政府性融资担保体系建设，以北京首创融资担保有限责任公司分公司为依托，帮助中小微企业融资。完成融资项目2个，金额600万元，无代偿解除担保责任项目2个，金额380万元。在保项目1个，金额300万元。累计批准项目95个，担保业务金额9.63亿元。

（王晓春）

【内控报告编制】 年内，审核年度内控报告，汇总全区内控报告数据，完成区2017年261家行政事业单位内部控制编报工作；建立统一财务核算平台，全区有228家行政事业单位系统上线运行。

（王晓春）

税　务

【概况】　国家税务总局北京市延庆区税务局（简称延庆区税务局）于2018年7月5日挂牌成立，原北京市延庆区国家税务局、北京市延庆区地方税务局正式合并。延庆区税务局内设机构15个（办公室、法制科、货物和劳务税科、所得税科、财产和行为税科、社会保险费和非税收入科、收入核算科、纳税服务科、征收管理科、国际税收管理科、税收经济分析科、税收风险管理局、财务管理科、人事教育科、考核考评科），派出机构11个［第一税务所（办税服务厅）、第二税务所、第三税务所、第四税务所、延庆税务所、永宁税务所、康庄税务所、张山营税务所、八达岭税务所、旧县税务所、科技园税务所］，另设机构3个（机关党委〈党建工作科〉、老干部科、纪检组），事业单位2个［纳税服务中心（税收宣传中心）、信息中心］，级别均为正科级。9月21日，举行129名科级领导干部任命暨宪法宣誓仪式，确定并宣布内设机构、派出机构和事业单位其他工作人员安排。9月27日，所有工作人员按照岗位安排全部到位，完成科室职责划转、工作交接、人员到岗、公文系统信息配置等各项工作。9月30日，正式启用内设机构行政印章和公文系统。完成11个派出机构挂牌，并对外发布相关事项公告。完成征管信息系统名称、局轨、字轨等配置升级，并启用新机构业务印章。

单位名称：延庆区税务局

地　　址：延庆镇庆园街4号

电　　话：69145640

（胡琴）

【税收收入】　年内，坚持组织收入原则，统筹整合部门协作，发挥融合作用，加强对税收增减因素分析。全年完成各项税费收入67.17亿元，同比增长31.21%；完成税收收入65.28亿元，同比增长31.02%。其中，完成地方级收入26.73亿元，同比增长21.75%。完成区级一般公共预算收入13.16亿元，同比增长15.83%，在区财政收入中占比为68.65%。截至年底，入库非税收入1.89亿元，同比增收0.52亿元，增长38.32%。

（胡琴）

【税收政策落实】　年内，全面落实相关政策文件，为全区近3200户企业送去增值税政策服务套餐。开展多批次的实地调研、企业座谈，跟踪、解决、反馈辖区重点税源企业涉税问题。落实增值税降税政策，惠及全区4346户，一般转小规模215户，减税0.62亿元。做好小微企业税收优惠宣传及落实。全年享受小微企业增值税税收优惠政策的纳税人12327户次，申报免税收入4.94亿元，免征增值税0.15亿元。落实企业所得税减免税政策，为小型微利企业减免0.21亿元，高新技术企业减免0.73亿元；10月1日个人所得税执行过渡期政策至年底，延庆区有税户数同比减少423家，有税人数由4.7万人降低到3.7万人，个人所得税有税率（纳税面）由42%降低到30%，降幅明显。

（胡琴）

【税种管理】　年内，落实促进残疾人就业优惠政策、消费税调整、车辆购置税等政策，完成有奖发票试点、成品油归类管理等工作。严格落实增值税减免税审批备案工作，分批次进行多缴退税专项评估工作。推行网报信息预审，有效防范出口骗税行为，全年审核办理出口退税0.98亿元，其中退税0.63亿元，免抵税额0.35亿元。精准选取核查3031户异地经营等风险户开展信息采集与集中清理，修改基础信息1727条。筛选连续12个月未开票且正常使用税控设备、未采取风险维护的1866户纳税人，集中进行“降版降量”。强化所得税管理，确认并核实企业所得税税源户11252户。全面落实取消减免税事项审批备案工作，强化事后监督管理。开具全市首张水资源税缴款书，成功办结2022年冬奥会场馆建设耕地占用税首例减免业务，免征耕地占用税0.12亿元。

（胡琴）

【纳税服务】 年内，深化“放管服”改革，不断优化税收营商环境，建立偏远山区便民办税服务站，在区政务服务中心设立“延庆区新设立企业服务专区”，1250户新办纳税人通过“套餐式”服务流程完成注册登记，558户初次申领发票企业成功领取发票。整合办税服务厅，推广自助和网上办税，累计网上受理涉税事项24万余户次。开展纳税信用等级评价，落实信用等级奖惩措施。全年处理纳税服务投诉24件，咨询及意见建议44件。

（胡琴）

【税收宣传】 年内，结合国税地税征管体制改革、优化营商环境、世园冬奥筹办举办等内容，举办纳税人开放日活动，在首都之窗开展政务直播访谈，召开助力世园冬奥筹办举办座谈会，参加绿色骑行活动。全年在北京电视台、《中国税务报》《北京日报》《京郊日报》《法制晚报》等主流媒体及新媒体平台发表稿件48篇次，制作《妫川税务》电视栏目24期。组织开展税收政策宣讲会、专项培训31场次，重点税源辅导13场次，开展“点对点”上门辅导37场次，面向辖区民营企业开展“优化营商环境”意见征集。以官方网站、微信公众号、政策宣传微信群、电视媒体为渠道，及时推送最新税收政策和解读。

（胡琴）

【税务文化】 年内，倾力打造“税务·家”文化，开展“辉煌税月 情满家园”主题演讲读书分享会、健步走活动，组织复转军人座谈并参观中国人民抗日战争纪念馆，凝聚改革合力，全方位助力税收。多次开展谈心活动，搭建“连心桥”，发挥气排球、篮球、羽毛球、乒乓球、合唱队等兴趣小组桥梁纽带作用，通过开展全员健步走、文体比赛等活动，加深了解和融合。全年发动区局800余人次参与创城志愿服务活动。

（胡琴）

政府审计

【概述】 延庆区审计局是区政府综合经济监督部门，机关下设办公室、综合科、企业审计科、行政事业审计科、财政金融审计科、经济责任审计科、基建审计科、信息中心、内审指导中心、委托审计管理中心。年内完成审计项目51项， 审计和延伸审计单位115个。审计出管理不规范金额45438万元，增收节支31354万元；通过重大工程项目竣工决算审计和跟踪审计，审减拆迁补偿资金8199万元，向公安部门移送审计案件线索2件。向被审计单位提出审计意见和建议243条，促进有关部门健全完善制度办法11项。向社会公告审计结果15篇。

单位名称：延庆区审计局

地　　址：延庆镇香苑街109号

电　　话：69101855

（刘宝生）

【预算执行情况审计】 1月—5月，对区财政局、国库延庆支库本级预算执行情况进行审计，重点审计区级预算管理、预算收入完成、财政资金分配和预算资金收纳划解情况。对区市政市容委等13个一级预算单位的预算编制及执行、“三公”经费等情况进行重点审计，对预算管理、资金使用、项目管理和财务管理等方面存在的问题进行纠正和处理，提出规范预算管理的审计意见和建议。7月26日，受区政府委托，向区第二届人大常委会第十二次会议报告本级预算执行审计工作情况。9月30日，通过延庆政务网将13个部门预算执行和其他财政收支审计结果向社会公告。

（刘宝生）

【2018年审计工作会】 4月10日，在区人防办召开区2018年审计工作会。会议传达全国和市审计工作会精神，回顾过去五年的审计工作，对2018年审计工作作出部署。穆鹏主持会议并做重要讲话。区委、区政府、区纪委、区监委相关领导以及区各委办局、乡镇街道、企业主要负责人88人参会。

（刘宝生）

【第三次经济责任审计会】 5月28日，区经济责任审计工作领导小组组长穆鹏主持召开区第三次经济责任审计领导小组会议。会议传达中共中央总书记习近平在中央审计委员会第一次会议上的重要讲话精神、北京市第六次经济责任审计工作领导小组会议及市长陈吉宁讲话精神，总结2017年经济责任审计工作，部署2018年经济责任审计工作任务。穆鹏肯定2017年全区经济责任审计审计工作取得的成绩。对2018年经济责任审计和领导干部自然资源资产离任审计工作提出3点意见。

（刘宝生）

【马兰霞调研】 9月19日，市局党组书记、局长马兰霞一行到区，深入“冬奥会”和“低收入农户增收”审计组，现场调研“冬奥会”跟踪审计和低收入农户增收政策落实跟踪审计工作情况，并对做好“冬奥会”和低收入农户增收跟踪审计工作提出要求。11月26日，到区开展自然资源资产离任审计调研。区委书记、区委常委相关领导参加调研座谈会。

（刘宝生）

【自然资源资产离任（任中）审计】 9月—10月，对珍珠泉乡水资源资产管理和生态环境保护责任履行情况进行审计。通过审计，提出完善制度规定，加强对乡域内污染源的监管，完善排污设施监管措施的审计建议和意见。

（刘宝生）

【重大政策措施落实情况跟踪审计】 年内，分季度对全区2018年重大政策措施落实情况进行跟踪审计，重点检查疏解整治促提升专项行动推进情况、政府债务管理情况、财政收入真实性情况和减税降费等政策措施落实情况，促进完成75个便民网点改造提升任务。

（刘宝生）

【重大工程项目审计】 年内，组织对世园围栏区征地拆迁工程、百眼泉－南辛堡－民主村拆迁改造等12项重点工程投资项目征地拆迁补偿、工程管理、造价、验收、结算、财务收支与管理等方面的真实性、合法性和效益性实施跟踪审计。对公共安全视频监控建设联网应用项目、城西再生水厂工程和平原区地表水供水工程（一期）项目实施竣工决算阶段性审计。审计送审金额26.65亿元，审计认定金额25.83亿元，核减拆迁补偿资金总计8198.71万元。

（刘宝生）

【经济责任审计】 年内，对区农委、区住建委、区园林绿化局、区环保局、区农机中心、区残联、康西草原管理处、八达岭旅游总公司、市规土委延庆分局和康庄镇、旧县镇、井庄镇、珍珠泉乡、百泉街道14个单位19名党政领导干部开展经济责任审计。审计揭示部分单位重大经济事项决策制度执行不严格、财务管理基础工作有待进一步规范等问题，向相关单位提出严格执行重大经济事项决策制度，完善会议记录内容，强化财务管理基础工作等审计建议和意见。

（刘宝生）

【专项资金审计】 年内，开展专项资金审计3项，包括：京津风沙源治理工程审计、公证系统财政财务收支审计和北京夏都信达国有资产经营管理中心2017年度资产负债损益情况审计。通过审计，对个别项目工程进度缓慢、未按规定计提专用基金和业务收入确认不及时等问题，提出审计整改建议和意见。

（刘宝生）

【市区联动项目审计】 年内，与市局联动开展2022年冬奥会和冬残奥会延庆区建设项目2018年阶段性跟踪审计和促进低收入农户增收及农村经济薄弱地区发展政策落实情况审计。

（刘宝生）

工商行政管理

【概况】 北京市工商行政管理局延庆分局（简称延庆工商分局）主要负责辖区市场经营主体登记、构建新型市场监管体系、商标广告管理、打假维权、维护市场经济秩序等方面工作。设27个部门，其中14个职能科室，9个工商所，4个事业单位。年内，延庆工商分局围绕市局重点工作和区委、区政府中心工作，优化营商环境，加强事中事后监管，为冬奥会、世园会两件发展大事，营造宽松便捷的准入环境、公平竞争的市场环境、安全放心的消费环境。通过集中学习、座谈讨论、案例分析、上机实操等方式，邀请专家或者业务骨干进行授课，不定期开展政治理论学习和登记注册、消保维权、网络监管、商标广告监管等业务技能培训70余次，参与人员1700余人次。全区市场主体存量32308户，企业占市场主体的比例48.9%。受理消费者投诉举报612件，为消费者挽回经济损失60万元。

单位名称：延庆工商分局
地　　址：延庆镇东外大街70号
电　　话：69141535

（李志军）

【优化营商环境】 年内，分局建立新设立企业服务专区，实现企业开办“一门一窗，五天办结，刻章免费”。全年新设立企业1443户，免费发放印章6880枚，节省企业成本55.04万元。招录15名辅助人员充实到登记注册岗位，增加“咨询导办岗”，提供企业登记全程“一对一”帮办指导。全年受理咨询1700余件，引导办照830户。办理寄递业务400余件，通过全程电子化登记设立内资有限公司692户，占新设内资有限公司的95.58%。

（李志军）

【开墙打洞和无证无照治理】 年内，延庆工商分局对19处“开墙打洞”点位全面治理，疏解从业人员42人，实现延庆城区58条街巷“动态清零”，于6月底完成全年任务。对辖区无证无照违法经营行为开展摸底排查和联合执法检查，建立重点地区无证无照违法经营主体台账。无照经营挂账155户，销账149户，完成全年计划任务82户的181.7%。立案查处无照经营224起，罚没款8.45万元，疏解从业人员256人。

（李志军）

【有形市场疏解升级】 年内，严格执行北京市禁限目录，属于目录范围内的新增主体一律不予审批，实现市场总量控制、消减存量、规范管理。全年完成1个空壳市场注销工作，引导1个市场转型升级，协助关停2个有形市场。引导市场内商户办理注销或变更登记业务，疏解市场内商户134户，其中注、吊销98户，疏解从业人员170人，减少摊位面积1200平方米。

（李志军）

【专项治理】 年内，延庆工商分局联合相关部门开展安全生产、电动自行车、校外培训机构、烟草医疗违法广告、散煤治理、大气污染防治、水污染防治、拆违打非、地下空间和群租房治理、城乡环境建设等专项治理工作180次。办结各类案件2915件，罚没款136.86万元。

（李志军）

【跨区域执法协作】 年内，延庆工商分局主导建立2022年北京冬奥会赛区跨区域商标广告监管执法联动机制，延庆、朝阳、海淀、石景山、崇礼5地签订《2022年冬奥会赛区跨区域商标广告监管执法联动机制协议书》。

（李志军）

【消保维权】 年内，组织开展消费课堂进军营、进社区、进学校活动50次，开展“大喇叭”广播消费教育活动130次。延庆工商分局与区残联、教委、妇联、老龄委、老干部局等部门联系，联合建立消费维权指导中心。成立联合消费维权指导中心4个，残疾人消费维权服务站18个、青少年消费维权教育工作室12个、老年人消费维权工作室2个、妇女消费维权工作室1个。全年接到各类投诉794件，受理612件，成功调解493件，企业自行和解51件，为消费者挽回经济损失60余万元。

（李志军）

【助力冬奥世园筹办】 年内，对涉及冬奥会、世园会新设企业预约取消限号规定，实现“特事特办、即来即办、立等可取”，助力冬奥会、世园会640户企业快速落地。为冬奥、世园配套产业指定专人提供全程帮办服务，助力“石光长城”“百里乡居”“七彩山庄”等19户高端民宿投入运营。走访冬奥、世园企业了解需求，开展“送法律、送服务”活动，帮助企业了解最新的政策法规，指导企业正确使用和管理商标，引导企业正确使用合同示范文本，通过建立微信公众号，与企业及时沟通，提供精准帮扶。

（李志军）

【创城创卫】 年内，延庆工商分局作为延庆创城八大指挥部之一的市场环境建设指挥部，积极做好牵头工作，推动成员单位开展创城相关工作，按时完成3份规范性文件、17个说明报告的网上申报工作。收集各部门报送创城信息230余条，汇总报送创城办50余条。组织开展“守合同重信用”“星级文明商户”“诚实守信示范户”“诚信市场”等评选活动。对市场商户开展创卫活动宣传，实行驻场管理，纠正店外经营、乱摆乱放现象，清理200余块不规范广告牌匾。

（李志军）

延庆区私营个体经济协会

【概况】 延庆区私营个体经济协会（简称延庆私个协会）是连接工商部门和个体民营企业的社会团体组织。贯彻执行国家有关促进私营个体经济发展的法律、法规和规章，引导、培育私营个体经济健康发展；团结、教育辖区私营企业、个体经营者及其从业人员守法经营，履行“自我教育、自我管理、自我服务”职责；发挥协会办事机构“服务、教育、宣传、协调、监督”职能作用，促进私营个体经济发展。年内，延庆区私个协会与区司法局共同建立法律服务站开展法律宣传、法律咨询服务、法律维权服务、法律纠纷调解机制，更好地服务协会会员，推进非公企业经营法治化，拓展非公企业矛盾纠纷化解渠道。发放宣传材料100份，法律咨询50人次。

单位名称：延庆区私营个体经济协会
地　　址：延庆镇东外大街64号
电　　话：69141191

（李志军）

【志愿服务】 2月28日至3月5日，延庆区私个协组织各分会开展“学雷锋我们在行动”志愿服务活动。志愿服务队走进乡村、走进市场、走进敬老院开展义务修鞋、修腰带、修拉锁、修理自行车等服务活动。各分会设立工商法律法规咨询点，发放宣传材料1100余份，解答群众咨询180人次。

（李志军）

【2家企业获首都文明单位称号】 年内，延庆区私个协会组织非公企业参加2015—2017年度

首都精神文明先进单位评选活动。私个协会组织参选企业进行材料审核、实地考察、征求相关部门意见等工作。北京福润汽车修理有限公司、北京妫谷建平家具店获评“2017年度首都文明单位”称号。

（李志军）

延庆区消费者协会

【概况】 延庆区消费者协会（简称区消协）是具有法人资格，独立开展保护消费者权益工作的社会团体组织。对商品和服务进行社会监督，保护消费者合法权益，引导广大消费者合理、科学消费，促进社会经济健康发展。通过《大东说消费》以案例解读形式开展《中华人民共和国消费者权益保护法》宣传活动，全面普及《中华人民共和国消费者权益保护法》。年内，受理投诉271件，为消费者挽回经济损失近43万元。其中，服务类108件，占投诉总量的39.9%；家用电器类57件，占投诉总量的21%；百货类67件，占投诉总量的24.7%。

单位名称：延庆区消费者协会
地　　址：延庆镇妫水北街0号
电　　话：69187315

（李志军）

【消费宣传】 年内，通过广播、电视、大喇叭、大讲堂、微信、网络直播等形式开展新《中华人民共和国消费者权益保护法》宣传，录制《大东说消费》广播52期，播出208次，开展《大东说消费》进民俗村活动，采取措施提高《大东说消费》听众参与度。及时发布消费提示和警示信息，定期公布消费投诉集中问题。

（李志军）

质量技术监督

【概况】 延庆区质量技术监督局（简称延庆区质监局）负责贯彻执行国家有关质量技术监督工作的方针、政策、法律、法规，管理全区质量、计量、标准化和特种设备安全监察工作并行使其执法监督职能。设办公室、法制科、产品科、计量科、标准化科、特设科、稽查队、组织机构代码管理办公室8个科室及计量检测所、特种设备检测所2个直属单位。年内，围绕服务保障冬奥会世园会筹办举办，发挥质监职能，开展政府质量奖评选工作，完成冬奥世园标准化建设，编制完成并正式印发冬奥世园服务管理标准体系文件并开展宣传贯彻培训会以及有机农业病虫害防治技术培训。编制完成并实施《延庆区开展质量提升行动实施方案》。开展“质量提升年”和“双零”质量提升行动，全年开展执法检查2091起，办理行政处罚案件341件，检验特种设备2623台件，检定计量器具15373台件，受理行政许可事项75件。

单位名称：延庆区质量技术监督局
地　　址：延庆镇湖南东路20号
电　　话：5698050

（李志成）

【有机产品专项执法检查】 年内，开展有机产品获证企业执法检查，检测抽取有机蔬菜样品23个，合格率100%。

（李志成）

【第一届延庆区政府质量奖评选】 年内，启动第一届政府质量奖评选工作，完成动员申报、资格审查、资料评审、现场评审、审议公示等工作，评选出质量奖获奖企业3家、提名奖获奖企业3家。

（李志成）

【产品质量安全监管】 年内，加强工业产品生产许可证、强制性产品认证生产企业监管。开展“温暖行动”“质检利剑”“双打”等专项行动，重点对消防产品、电线电缆、低压电器生产企业进行检查。工业产品质量监督抽查合格率100%，全区未发生产品质量安全事件。

（李志成）

【型煤生产企业监督检查】 年内，加强煤炭生产企业日常巡查和监督抽查工作，检查煤炭生产企业119家次，抽查煤炭样品71个，合格率100%。

（李志成）

【特种设备监督检查】 年内，加大重大活动、重点领域特种设备安全检查力度。开展特种设备安全检查422起，检查特种设备1030台套，消除安全隐患125项。

（李志成）

【计量惠民】 年内，开展商场超市、集贸市场、景区周边等领域计量执法检查，检查计量器具使用单位442家次，检查计量器具3700余台件。

（李志成）

安全生产监督

【概况】 延庆区安全生产监督管理局（简称区安全监管局），是负责综合管理本区安全生产、履行安全生产监督管理职能的区政府工作部门。内设办公室、综合协调科、危险化学品监督管理科（加挂法制科、行政审批科牌子）、职业安全监管科4个科室，安全生产执法监察一队、二队、三队3个参公事业单位及安全生产指导中心1个规范收入事业单位。年内，坚持“安全第一、预防为主、综合治理”的方针，将服务保障世园会冬奥会以及完成市政府与区政府签订的《安全生产目标责任书》作为主线，制定68项年度重点工作。完成9家加油站贯标改造任务。大庄科乡金石通尾矿库通过工程治理的方式，提前完成尾矿库销库治理任务。全区4家非经营性加油站经过协商均全部拆除加油设备，提前完成非经营性加油站专项整治工作。完成30家试点企业的清单编制工作，并通过市级验收。安全生产责任保险投保企业649家，保费257.7万元，超额完成年度任务目标。开展安全隐患专项治理三年行动，排查发现隐患952项，确认上账隐患69项，年度挂账隐患整改率100%。完成769家生产经营单位职业病危害普查工作。全区2家白酒制造企业通过市专家组的检查验收。开展双随机执法28期，随机抽查企业60家，其中联合随机执法3期。开展寄递物流、危险化学品、有限空间等专项行动113次。行政处罚案卷在全市安监系统执法考核评议综合排名第二。完成5家医药企业标准化创建工作。全年安全生产形势平稳。

单位名称：延庆区安全监管局
地　　址：延庆镇西街1号
电　　话：69183175

（张静学）

【安全生产宣传】 6月，发挥延庆广电中心《延庆新闻》《延庆报》和市局微信平台的媒体宣传作用，面向全社会开展贴近实际生活、一线职工和社会公众的安全生产宣传教育活动。区教委获得优秀组织奖；区安全生产宣讲团的“做安全潮人”活动和区民政局的搭帐篷比赛活动获得最佳实践活动奖；区融媒体获得优秀新闻报道奖。年内，安全监管局组织安全生产宣讲团，通过讲解安全生产法律法规、播放事故案例、现场演示以及有奖提问等方式开展活动，受宣讲对象2120人，发放宣传材料2500余份。微信公众号推送信息78期224条，点击率17525人次。

（张静学）

【有限空间职业技能竞赛】 10月，联合区总工会组织开展“迎世园助冬奥”2018年延庆区“职工技协杯”有限空间作业职业技能竞赛活动，10支代表队参加理论和实操考核，北京诚惠电力工程有限公司获得第一名。

（张静学）

【安全生产巡查员队伍建设】 11月，结合乡镇、街道三级网格建立行政村、社区兼职安全生产巡查员队伍，414名行政村、社区兼职安全生产巡查员正式上岗履职。每个三级网格配备1名兼职安全生产巡查员，主要负责对辖区单位进行安全生产巡查，对发现的隐患进行现场督促整改，并及时上报。日常管理和建立检查、考核、退出等管理制度由各乡镇街道负责。

（张静学）

【危险化学品行业安全管理】 年内，全区有危险化学品生产经营单位42家。其中，危险化学品生产企业1家；危险化学品经营单位41家，包括成品油销售1家，加油站36家（中石化25家、中石油7家、社会站4家）、化工油漆经营单位1家、工业气体销售3家。截至年底，未发生安全事故。

（张静学）

【安全生产执法检查】 年内，检查生产经营单位4504家次，在全市18个行政区中检查总量排名第三，人均检查量全市第二。查处事故隐患3495项，隐患整改率达99%。行政处罚案件382起，是上一年的1.5倍，罚款金额219.2万元，同比上升15.7个百分点，人均处罚量全市排名第二，处罚总量全市排名第四，职权履行率9.93%，全市排名第五。7月1日，安全生产行政执法系统正式运行，各执法科队的移动终端使用率为83%，居全市第四。

（张静学）

【风险管控体系建设】 年内，对全区9大行业19个乡镇街道企业开展风险评估工作，整合形成全区风险源清单和数据库，并绘制安全风险电子地图，获取风险信息3429条。进一步制定安全风险管控办法，安全风险云服务系统填报率达100%。组织区政府应急办、市安全监管局应急处等多部门及有关专家，对重大危险源“中石化北京延庆康庄油库”修订后的应急预案进行评审，同时开展“一对一”应急演练，切实摸清全区的风险源底数，实现分级管控。

（张静学）

【安全生产标准化建设】 年内，制定工作方案，定期召开协调会，及时沟通解决问题。全区完成创建249家（其中三级达标企业38家，小微岗位达标211家），超额完成区政府与市政府签订的《2018年安全生产目标责任书》中200家的工作任务，完成率124.5%。

（张静学）

【安全生产信息化建设】 年内，安全生产企业台账系统新增企业2315家，修改企业5213家，核销企业33424家，信息完善率100%，居全市第一。审核发现的854项问题予以驳回，由属地重新审核。协助市局信息中心对儒林街道、延庆镇台账情况进行核查，发现两项问题，截至年底全部整改完毕。

（张静学）

【职业健康体检】 年内，协调石龙医院到延庆区设置临时体检室，分7次25天，为全区重点工程涉及职业病危害人员和企业职工3800余人进行职业健康体检，切实解决进京体检路途遥远、费用高、耽误工期的实际问题。

（张静学）

【有限空间专项执法检查】 年内，制定工作方案，检查企业358家次，出动执法人员102人次，发现各类隐患62项。全区排查涉及有限空间作业的工贸企业23家，其中自行作业3家，外包作业20家；涉及密闭空间2个；地下有限空间1040个；地上有限空间14个。

（张静学）

【“双百工程”建设】 年内，成立“双百工程”工作领导小组（“双百”即百名安全监管干部与万家企业主要负责人对话谈心和百名安全生产专家服务万家企业），制定工作方案，明确工作目标和任务。全区30名安监领导干部对话谈心企业330家，超额完成年度计划中252家的工作任务，完成率130.9%，发放宣传资料700份。专家服务企业200家，完成率100%，发放《安全用电》《燃气使用安全》知识手册400本，排查安全隐患2437处。

（张静学）

【“散乱污”企业整治】 年内，完成27家市级挂账“散乱污”企业安全生产整治工作，完成目标任务的100%。按照“动态摸排、动态清零”机制，开展拉网式排查，全年动态清零“散乱污”企业113家。全年出动执法人员1956人次，检查企业1770家次，下达责令限期整改指令书930份。

（张静学）

【专职安全员队伍建设】 年内，检查企业1.68万家次，检查覆盖率达99.88%，排除事故隐患6328个；进行安全生产法治宣传369次，宣传企业4902家次，发放宣传材料21.51万份；指导参加企业开展应急救援演练128次；参与大型活动保障288次，参与值守保障1412人次。延庆镇和永宁镇安全生产检查队获得市级“示范检查队”称号，延庆镇、中关村延庆园获得市级突出贡献奖。由全区15个职能部门28名专职安全员组建的职能部门安全生产综合督查检查队以高分通过规范化建设验收达标。

（张静学）

【安全生产教育培训】 年内，组织特种作业考试57期，1588人报名参加考试。其中，社会学员低压、高压、焊工、有限空间的取证和复审829人；为冬奥会世园会等重点工程培训225人（低压电工15人、焊工94人、有限空间116人）；配合区人力社保局开展大培训534人（低压电工410人、焊工124人）。组织高危行业考试6期，183人报名，其中主要负责人15人、安全生产管理人员168人。首次使用虹膜数据签到技术，减免报名费用，组织生产经营单位主要负责人和安全生产管理人员开展6期学员719人的培训考核，考试合格率98%。联合区委组织部组织全区78名属地和职能部门安全生产主管领导、科室负责人举办为期5天的领导干部安全生产专题培训班。

（张静学）

【行政许可】 年内，受理行政许可19件，其中危险化学品经营许可变更申请1家，延期申请13家，烟花爆竹经营（零售）许可申请5家，网上行政审批率为100%。

（张静学）

【举报投诉受理】 年内，制定工作制度、处置工作流程图和举报投诉工作统计台账，并增设办公室回访机制。处置安全生产举报投诉案件62件，同比增加59%，其中市局“12350”转派17件，非紧急救助服务中心派单14件，局办公室接收来电、来访案件31件。所有举报投诉案件均在规定时限内处置完毕，有效提高了“三率两度”（“三率”即按期办结率、及时反馈率、合理诉求解决率；“两度”即办理情况契合度和人民群众满意度）。

（郭燚）

食品药品监督

【概况】 延庆区食品药品监督管理局为市食品药品监督管理局负责延庆区食品（含食品添加剂）、药品（含中药、民族药）、医疗器械、保健食品、化妆品监督管理工作的派出机构，设立区级食品药品应急指挥中心。依法行使行政监督、技术监督、执法监督职能。下设12个科室：办公室（服务保障中心）、财务科、综合协调科、法制科、食品生产监管科、药品生产监管科、食品流通监管科、餐饮服务监管科、餐饮服务监管科、药品生产经营监管科、人事科、机关党委（基层工作科）。下辖食品药品稽查大队（食品分队、药品分队、综合分队）、受理大厅、监控中心、政务服务中心和18个乡镇（街道）食品药品监督管理所。全区有“四品一械”（食品、药品、化妆品、保健品、医疗器械）监管对象7320家。其中包括食品生产企业24家、食品生产加工作坊49家、食品销售经营单位2314家、餐饮服务单位3128家；药品生产企业5家、药品经营企业93家（其中批发企业2家、连锁总部3家、连锁门店55家、单体店33家）；一级以上医疗机构21家、一级以下302家；保健食品生产企业2家，化妆品经营企业855家；医疗器械经营企业205家、医疗器械使用单位322家。年内，宣传贯彻《中华人民共和国食品安全法》，为相对管理人免费发放手册12000册。开展食品安全宣传周、安全用药月等各种形式的宣传活动86次，发放《医疗器械宣传》《预防食物中毒手册》《非洲猪瘟防控手册》《阳光餐饮》等宣传材料8万册。开展“非洲猪瘟”“诺如病毒”等专项整治，保健食品、化妆品、网络订餐平台第三方专项行动等各类专项检查53次。完成春节、“两会”以及“五一”“十一”等重大活动及节日市场安全保障工作。按照世园会92次周例会精神，结合监管实际，开展“一月一战役”行动，完善整治实施体系，组织全区餐饮业品质提升培训，抽调骨干参加中非论坛保障活动，开展全员创卫和校园及周边专项整治两大行动。修订区局《创建国家卫生区实施方案》。将创城、创卫、疏解整治促提升与创建食品安全示范区工作统筹融合，一并实施。全年出动执法人员15000余人次，监督检查食品经营单位7000余家次，发放宣传材料8000余份，为全区食品类经营主体安装《延庆区食品安全信息公示栏》4063块。创建食品安全示范区和创建国家卫生区均通过验收。

单位名称：延庆区食品药品监督管理局
地　　址：延庆镇东外小区3 号院
电　　话：69141226

（赵晓光）

【联合执法演练】 4月，联合区卫计委、公安分局以及崇礼区、怀来县、赤城县食品和市场监管局等6部门，开展应急联合演练，检验联合执法机制，提高配合默契程度，旨在合力打造一流食品药品应急联合执法新模式和全面做好赛会食品药品安全保障工作。

（赵晓光）

【区级食品药品应急指挥中心成立】 5月22日，区食品药品应急指挥中心正式投入使用，服务范围辐射至周边崇礼、怀来、赤城等地，旨在为地区居民提供更高水准的食品安全保障。

（赵晓光）

【四地签订联合执法协议】 5月，区食药安办与崇礼区、怀来县、赤城县三地食药安办签订《2022年冬奥会、冬残奥会食品药品应急保障联合执法协议》，围绕食品药品监管执法联动和信息共享，实现区域一体、优势互补、良性互助。

（赵晓光）

【优化营商环境】 6月1日，正式施行《关于持续推动简政放权进一步优化营商环境实施方案》及实施细则，将食品（含保健食品）、药品、医疗器械经营许可及有关备案事项从受理到决定的时限原则上压缩至5个工作日内。截至年底，受理核发各类行政许可900余件，平均用时2.5天。

（赵晓光）

【基层所与公安派出所合作协议】 8月，区食药监局与延庆公安分局签订《延庆区实施所所衔接工作机制合作协议书》，旨在加强食品药品监督管理所与公安派出所在食品药品执法领域的有效衔接，合力打造食品药品市场“绿水青山”。

（赵晓光）

【食品药品监管队伍建设】 年内，制定《2018年“强素质 提能力 促尽责”食品药品安全培训方案》，通过“走出去”与“请进来”相结合以及“大比武、大演练”等方式开展业务培训。截至年底，组织餐饮品质提升、冬奥实用英语、食品快检培训等专题培训5场，开展食品类检测技能训练5次，培训检测人员48人。

（赵晓光）

【监控中心建设】 年内，食品药品监控中心下属的仪器室、化学室、中药室、理化室、气相室、光谱室、液相室和不良反应室投入使用，正式承担检验任务。投入资金200余万元购置微生物实验室配套仪器设备，食品检测能力得到有效提升。

（赵晓光）

【阳光餐饮工程】 年内，完成中小学校、托幼机构，养老机构73家食堂“阳光餐饮”建设验收工作。全区餐饮行业完成“阳光餐饮”建设1565户。完成市局指定任务和区政府折子工程任务两个100%。

（赵晓光）

【大型活动保障】 年内，参与全区各类大型活动食品安全保障工作，截至年底，完成21项大型活动保障，快速检测样品339件，留样771份，制作执法文书82份，保障29730人次在参与活动过程中饮食安全。

（赵晓光）

【食品药品安全检测】 年内，配合市局完成各类食品流通环节市级抽检1376件，不合格11件；完成区级抽检763件，不合格4件，其中国抽转移地方食用农产品188件，不合格3件；完成快速检测1800件，不合格3件。对违规经营商家进行行政处罚里，立案2件，已办结2件，罚没款100300元。药品抽检任务414批次。其中，国家抽验21批次，监督性抽检137批次，监测性抽检257批次，快筛20件。完成6批次药包材抽验任务，合格率100%。对多次整改力度差、整改不到位的企业，注销《药品经营许可证》2家。全年辖区内未发生重大食品药品安全事故。

（赵晓光）

【稽查执法】 年内，处理食品药品投诉举报602件，其中市局12331批转的326件、区局受理274件、食药所受理2件。在投诉举报产品分类方面，食品类543件，药品类35件，医疗器械类4件，保健食品类13件，化妆品类7件。受理一般及简易程序处罚案件6起，已办结案件罚没款686698.20元，其中罚款572248.50元、没收违法所得114449.70元。办理涉嫌刑事犯罪案件1起，由公安部门立案侦查。办理协查案件1起，举报奖励1件，申报奖励金额27468元。

（赵晓光）

【信息公开】 年内，通过区融媒体中心播发信息65期、近300条次。通过“延庆食药”自媒体刊发信息近500条，“首都食药”微信公众号采纳23篇，头条15篇。全年向市局和延庆区各委办局报送文字材料231份，各类综合信息679条。

（赵晓光）

招商引资

【概况】 延庆区投资促进局（简称区投资促进局），是全区招商引资工作的管理部门。设政办室、招商办公室、投资管理科、协调服务科、项目准入科、宣传策划科6个科室和延庆区设计创意产业园区服务中心1个科级事业单位。年内，紧抓筹办举办世园会冬奥会等绿色发展大事的契机，致力于优化营商环境，认真开展项目对接洽谈，及时进行项目论证评审，积极促进优质社会投资项目尽早落地，全力推动“高精尖”经济结构加快构建。全区实现招商引资固定资产项目89个，到位资金约51.3亿元。新建项目15个，到位资金5.2亿元。续建项目74个，到位资金46亿元。

单位名称：延庆区投资促进局

地　　址：延庆镇东外大街70号

电　　话：69142016

（杨田）

【园艺项目引进】 年内，同荷兰阿尔芬市建立友好关系，为批量引进荷兰花卉企业奠定基础；同浙江人文园林、山水文园集团、欧中投资商会、东旭蓝天新能源股份有限公司、众美集团就综合旅游项目洽谈，探索以园艺产业为切入点的全域旅游模式；建立以东方园林、中农富通、开源汇通等为代表的园艺企业清单；同多家国外企业开展洽谈，探索非围栏区的综合利用；同北京农圃投资控股有限公司、天畅和生态农业就园艺产业和现代农业开展洽谈；促成蒙草集团、中农富通与中关村延庆园签约；同清华大学控股公司、北京大学现代农学院等高等院校交流，推动一批具有前沿科技和示范引领作用的科研项目落地。

（杨田）

【冰雪项目招商】 年内，加快雪族科技、娅豪冰雪的实体化运行，同北京体育大学产业集团、清华大学体育产业研究中心建立联系，在清华大学冰雪产业论坛会上做冰雪产业招商推介。同法国山地署就冰雪产业、旅游产业开展深入交流；同北京翼翔冰雪时尚文化有限公司就公司落户延庆事宜开展洽谈；同吉林省吉林市建立联系，向其学习冰雪产业建设经验。参加上海体育用品博览会和2018年国际冬季运动（北京）博览会分会场，进行专题推介。

（杨田）

【区域协同发展】 年内，配合做好延庆区分区规划编制，为产业项目落地保驾护航；承办政协委员的提案，推进延庆高端的养老产业的引进工作；搭建京冀合作平台，共享招商信息，同怀来、宣化、兴和招商部门共享招商信息、共同举办招商活动。通过搭建招商平台促进产业合作，实现对口支援，将振华牧业引入兴和，通过引进产业开展扶贫工作。引进南水北调对口协作县河南省内乡县月季树项目，实现批量生产，产品打入钓鱼台国宾馆高端客户群，真正实现共享世界级绿色大事机遇，实现产业合作优势互补。与市投资促进局联合组织开展驻京中外知名企业投资延庆行暨延庆区园艺产业招商推介会，并邀请内蒙古兴和县和河南内乡县参与，共同推进区域合作发展。承担的折子工程建筑创意产业园国际培训中心主体结构施工、砌筑施工、装饰装修施工正在同步进行。世园会新疆园施工进展顺利，框架结构基本完成，正在进行外墙装饰。

（杨田）

【优化营商环境】 年内，延庆区根据上年度《区级贡献前100名重点企业名单》和《延庆区高成长性50名重点企业名单》，确定年度区“100+50”家重点联系服务对象。在“100+50”家重点服务企业中，选择34家有代表性以及成长性好的企业，作为区领导重点联系服务的对象，每位区领导联系对接2家企业。其余116家企业，由各部门负责人走访联系。在联系走访的150家企业中，41家企业提出87个需要解决的问题，提出问题的企业占走访企业总数27%。其中，部分问题通过优化营商环境，“9+N”政策的执行，基本得到有效解决。

（杨田）

（栏目编辑　池尚明）

金　融

中国银行延庆支行

【概况】 中国银行股份有限公司北京延庆支行（简称中国银行延庆支行）有机构3个，支行本部及所辖高塔街、妫水南街经营性网点支行。年内，以“两会”筹办举办为契机，贯彻落实总行建设新时代全球一流银行的战略决策，抢抓市场机遇，强化风险管控，加强队伍建设，担当社会责任，经营发展取得新成效，全年无任何资金案件和安全事故。截至年底，人民币存款余额47.58亿元，同比增长26.30%；实现利润4337.48万元，同比增长26.53%。

单位名称：中国银行延庆支行

地址：延庆镇庆园街12号

电话：69141843

（闫立君）

【存款业务】 年内，人民币各项存款余额47.58亿元，比上年37.68亿元增加9.90亿元。其中，人民币公司存款余额33.72亿元，增加7.27亿元；储蓄存款余额13.86亿元，增加2.63亿元。外币存款余额764万美元，与上年相比，减少3万美元。其中，公司外币存款余额3万美元，外币储蓄存款余额761万美元。

（闫立君）

【贷款业务】 年内，各项贷款余额为12.64亿元。其中，人民币公司贷款余额12.11亿元，比上年增加6.33亿元；人民币零售贷款余额为5325万元，比上年增加1555万元。不良贷款余额为0万元，资产不良率为0%。

（闫立君）

【中间业务】 年内，实现利润4337.48万元，比上年增加909.54万元，完成分行任务指标的105.39%。实现中间业务净收入534.90万元，与上年同期相比减少10.74万元，完成分行任务指标的55.68%。

（闫立君）

【国际结算业务】 年内，对公国际结算业务量495.89万美元，比上年增加3.64万美元。

（闫立君）

中国工商银行延庆支行

【概况】 中国工商银行股份有限公司延庆支行（简称中国工商银行延庆支行），内设机构5个，营业网点3个，附属机构1个。截至年末，本外币资产总计86.21亿元，比上年减少0.04亿元。人民币各项存款时点余额81.26亿元，较年初增加19.40亿元；各项贷款余额30.06亿元，较年初增加8.94亿元；拨备前利润12945万元，同比增加2544万元。

单位名称：中国工商银行延庆支行

地　　址：延庆镇东街28号

电　　话：69143392

（梁曼）

【代理国库业务】 年内，办理国库业务29.31万笔，金额405.49亿元。其中，预算收入26.01万笔，金额125.73亿元。预算支出3.14万笔，金额279.76亿元；收入退还1127笔，金额1.42亿元；更正通知书59笔，金额0.14亿元。办理县区授权支付和直接支付2.92万笔。

（梁曼）

【存款业务】 年内，对公存款余额54.69亿元，较年初增加16.65亿元。储蓄存款余额26.57亿元，较年初增加2.75亿元。外币储蓄存款余额177.71万美元，比上年下降16.12万美元。

（梁曼）

【贷款业务】 年内，个人贷款余额5.30亿元，比上年增加0.15亿元。公司贷款余额24.76亿元，比上年增加8.78亿元。

（梁曼）

中国建设银行延庆支行

【概况】 中国建设银行股份有限公司北京延庆支行（简称建行延庆支行），设8部室，4个营业中心。截至年底，实现本外币账面利润1.30亿元；本外币全口径存款时点余额64.45亿元；本外币各项贷款时点余额49.43亿元；五级分类不良贷款余额0.11亿元，不良率0.2%。

单位名称：中国建设银行延庆支行
地　　址：延庆镇东外大街97号
电　　话：69101571

（潘颖）

【存款业务】 年内，支行本外币存款时点余额64.45亿元，较年初新增8.65亿元；企业存款余额33.40亿元，同比增长1.68亿元；储蓄存款余额31.05亿元，同比增长5.81亿元。

（潘颖）

【贷款业务】 年内，贷款余额49.43亿元，较年初增加11.42亿元，区域四行占比第一。企业贷款余额42.57亿元，同比增加11.64亿元。个人贷款余额7.71亿元，同比增加1.41亿元。其中，住房贷款余额6.86亿元，区域四行占比41.20%，排名第一。

（潘颖）

【中间业务】 年内，实现中间业务净收入4549万元，同比增加774.26万元。其中，对公中间业务净收入2195万元，同比增加716万元；对私中间业务净收入1634万元，同比增加312万元。

（潘颖）

中国农业银行延庆支行

【概况】 中国农业银行股份有限公司北京延庆支行（简称农行延庆支行）内设部门6个，营业网点8个，包括支行营业部和7家二级支行。截至年底，各项存款余额109.8亿元，各项贷款余额20.4亿元（其中“三农”贷款余额3306万元），实现营业收入2.77亿元。年内，以服务经济建设为重点，深入机关、部队、企业等单位开展宣传活动，普及金融知识，服务区域客户。

单位名称：中国农业银行延庆支行
地　　址：延庆镇东外大街73号
电　　话：69144474

（蒋鸿宇）

【服务区域经济发展】 年内，积极参与区内棚户区改造项目，为“南辛堡棚改”和“小营、石河营棚改”两个项目投放贷款1.5亿元。主动服务冬奥会延庆赛区PPP项目贷款，参与签订7.5亿元银行合作协议与固定资产银团贷款协议。深入开展普惠金融业务与小微企业贷款业务，举办小微企业金融知识培训班和银企座谈会2次计40余人次，普及金融知识，服务区域经济发展。

（蒋鸿宇）

【贷款业务】 截至年末，各项贷款余额20.4亿元，较上年增加9.4亿元。其中，个人贷款余额10.3亿元，较上年增加1.0亿元；对公贷款余额10.1亿元，较上年增加8.4亿元。

（蒋鸿宇）

【存款业务】 截至年末，各项存款余额109.8亿元，较上年增加11.0亿元。其中，储蓄存款余额59.5亿元，较上年增加5.6亿元；对公存款余额50.3亿元，较上年增加5.4亿元。

（蒋鸿宇）

【中间业务】 截至年末，实现净利润1.44亿元，较上年增加2512万元。实现中间业务收入4308万元，较上年增加931万元。

（蒋鸿宇）

中国农业发展银行延庆支行

【概况】 中国农业发展银行北京市延庆区支行（简称农发行延庆区支行），1997年成立，内设2部1室，分别为办公室、信贷业务部、会计结算部。主要职责是按照国家的法律法规和方针政策，以国家信用为基础筹集资金，承担农业政策性金融业务，代理财政支农资金的拨付，为农业和农村经济发展服务。年内，支行紧紧围绕落实分行支行行长会议精神，坚持“党建领行、创新强行、服务兴行、合规治行”的发展思路，按照“党建统领、稳中求进、提升素质、廉洁自律”“四位一体”的工作要求，以支行年初提出的工作思路为主线，精心组织，真抓实干，支行的各项工作稳步运行。截至年底，支行各项贷款余额为67548万元，各项存款余额76336万元。

单位名称：中国农业发展银行延庆支行
地　　址：延庆镇妫水南街33号
电　　话：69188337

（冯烨）

【政策性粮油贷款管理】 年内，支行严格按照政策性贷款管理办法的有关规定，扎扎实实地做好政策性贷款业务的各项管理工作，不断加大对储备粮库存监管的力度，严格执行定期查库、季度交叉查库制度，认真核实粮食企业库存，确保本行政策性信贷资金的安全。支行累计发放贷款13笔，金额7.75亿元，累计收回贷款15笔，金额4.04亿元。累计办理地方储备粮贷款展期9笔，金额2.39亿元。

（冯烨）

【存款业务】 截止年底，支行各项存款余额7.63亿元，较年初增加1.16亿元。其中，企事业单位存款余额7.44亿元，较年初增加1.21亿元；财政性存款余额1910万元，较年初减少418万元。

（冯烨）

北京农商银行延庆支行

【概况】 北京农村商业银行股份有限公司延庆支行（简称北京农商银行），营业网点20个，其中1个支行营业部，6个非管辖行级网点，13个分理处级网点。支行围绕地区发展规划，努力为区重点项目、民生工程提供全面的金融服务支持。年内，继续坚持“立足城乡、服务“三农”、服务企业、服务百姓”的市场定位，以“深化改革、创新发展”为经营主题，努力实现更高质量、更有效益、更可持续的稳健全面发展。

单位名称：北京农商银行延庆支行
地　　址：延庆镇东外大街109号

电 话：010-69147141

（韩煦）

【存款业务】 年内，人民币存款总额达到156.08亿元，比上年增加22.58亿元，增幅达16.92%，占全区市场份额的29.78%，在全区金融机构中排名第一。其中，对公存款余额88.38亿元，增幅27.06%；储蓄存款余额67.70亿元，增幅5.88%。

（韩煦）

【贷款业务】 年内，各项贷款余额5.82亿元，较上年增加1.21亿元，增长26.25%，不良贷款0.92亿元，不良率14.49%。其中发放银团贷款4户12笔1.85亿元、中小微企业贷款4户5笔450万元、个人经营类贷款3户3笔180万元。

（韩煦）

【中间业务】 年内，实现中间业务收入1674.44万元，比上年增加333.57万元，增幅24.88%。

（韩煦）

【便民服务】 年内，通过金融空白村调研，加紧乡村便利店建设，开放助农取款功能，新增乡村便利店28家，使全区存量乡村便利店达到60家，增幅87.5%。同时，完成支行营业部智能化改造工程，为客户带来全新的智能化银行服务体验。

（韩煦）

【精准帮扶】 年内，与珍珠泉乡庙梁村签订《北京市国有企业“一企一村”结对帮扶协议书》，总支行组织相关调研7次，支行召开帮扶工作小组会议10次，并实施系列帮扶举措，重点开展春节公益性赞助、联系高校国企进行产业帮扶调研、中秋节慰问困难党员、协助帮销村内杏仁油产品等，帮扶资金3.67万元。截至年底，已帮助庙梁村低收入户21户40人实现脱低。

（韩煦）

中国邮政储蓄银行延庆支行

【概况】 中国邮政储蓄银行股份有限公司北京延庆区支行（简称邮储银行延庆支行）。支行机关设3个部室，13个网点。年内，在北京分行的正确领导和支持下，延庆支行围绕年初工作目标和监管部门要求，坚持稳中求进、改革创新，不断增强改革活力，提升发展质量，各项业务稳步推进。全年无任何资金案件和安全事故。截至年底，实现收入6040万元，各项存款余额38.19亿元，各类贷款结余12.84亿元。

单位名称：邮政储蓄银行延庆支行

地 址：延庆镇东外大街72号

电 话：69146754

（段玉超）

【存款业务】 年内，各项存款余额达38.19亿元，同比增长2.82亿元，增幅7.97%。其中，居民个人储蓄存款累计28.96亿元，同比增长2.12亿元，增幅7.90%；对公存款累计9.23亿元，同比增长0.70亿元，增幅8.21%。

（段玉超）

【信贷业务】 年内，发放各类贷款6.58亿元，结余净增2.66亿元，增幅27%。其中，小额贷款发放3300万元，结余净增814万元，增幅24%；个人商务贷款发放2.47亿元，结余净增-1446万元，增幅-7%；住房贷款发放1930万元，结余净增955万元，增幅9.85%，综合消费贷款发放8440万元，结余净增3577万元，增幅54.38%；小企业贷款发放贷款7508万元，结余净增2708万元，增幅63%。公司贷款发放2亿元，结余净增2亿元，增幅37%。

（段玉超）

【中间业务】 年内，信用卡发卡2800张，同比增长972张，增幅53.17%；保险业务560.48万元，同比增长-384.88万元，增幅-40.71%；发展理财业务58912万元，同比增涨11125.58万元，增幅23.28%。

（段玉超）

（栏目编辑　景冰芳）

农　业

概 述

延庆区农村工作委员会（简称区农委），挂延庆区人民政府山区建设办公室（简称区山区办）的牌子，与中共延庆区委农村工作委员会（简称区委农工委）合署办公。区委农工委是负责本区农工委系统党的建设、思想政治工作和干部管理工作的区委派出机构。区农委（区山区办）是负责统筹协调全区农村发展和农村经济工作的区政府工作部门。设行政科室6个、规范事业单位1个、全额拨款事业单位1个，包括办公室、政工科（基层组织科）、综合科、发展改革科、村镇建设科、山区建设科、延庆区新农村建设服务中心和延庆区生态农业科技园区管委会。农工委系统所属11个单位，包括区农委、区农业局、区园林绿化局、区水务局、区气象局、区经管站、区种植业服务中心、区农机服务中心、区水产服务中心、马铃薯产业高科技园区管理委员会延庆筹备办和野鸭湖湿地自然保护区管理处。年内，区农委围绕全区中心工作，加大低收入村户增收工作力度，纳入监测数据库的低收入农户12174户25135人，低收入村58个；出台区《关于进一步加强低收入农户帮扶工作的措施》和《低收入产业帮扶项目收益分配使用管理指导意见》，安排50个低收入产业项目，完成17个低收入村与10个市属国企1家央企、6个市属高校对接帮扶和与海淀区结对帮扶签约工作。发展都市型现代农业与休闲农业，出台基本菜田补贴政策和都市型现代农业发展三年行动计划，引导产业布局特色化发展，围绕世园冬奥主题，推进休闲农业与乡村旅游基础设施提升改造。实施乡村振兴战略，出台《延庆区关于实施乡村振兴战略的措施》及其重点工作分工方案。有序推进美丽乡村建设，印发《延庆区实施乡村振兴战略推进美丽乡村建设专项行动计划（2018—2020年）》《延庆区实施乡村振兴战略推进美丽乡村建设专项行动补充方案》《延庆区实施乡村振兴战略推进美丽乡村建设工程管理流程》《北京市延庆区开展农村人居环境整治推进美丽乡村建设工作实施细则》《延庆区农村基层设施长效管护指导意见（试行）》等政策文件8个，开展农村人居环境专项整治，推进5个传统村落保护发展规划编制工作。建立美丽乡村联席会议制度，区社会主义新农村建设领导小组统筹推进各项任务落实。以“清脏、治乱、增绿、控污”为重点，在全区范围内开展农村人居环境拉练检查。第一批美丽乡村任务村120个村庄规划全部编制完成，95个村庄建设实施方案编制完成。改善农村农民生产生活条件，开展农村地区村庄冬季清洁取暖工作，实施山区搬迁工程，对“百里山水画廊”“四季花海”“冰川绿谷”三条沟域进行提档升级。印发《关于开展农村集体资产清产核资工作的实施方案》等政策文件3个；拓展农民增收渠道，规范合作社管理，印发《北京市延庆区2018年农民专业合作社扶持措施》和《关于促进和完善农民专业合作社规范发展的实施意见》。全区农村经济总收入完成138.8亿元，同比增长0.7%。低收入农户人均可支配收入11826元，同比增长18.1%；98.9%的低收入农户实现脱低，人均可支配收入超过11160元。

单位名称：延庆区农村工作委员会
地　　址：延庆镇西街2号
电　　话：69142610

（李春杰）

【农村工作会】 3月28日上午，延庆区在区民防局设立市农村工作电视电话会议分会场，听取全市农村工作报告和市委书记蔡奇重要讲话。同日下午，穆鹏主持召开贯彻市农村工作会议分会场讨论会，会议一致认为，要坚持以习近平新时代中国特色社会主义思想来引领全区“三农”工作，坚决贯彻落实市委书记蔡奇讲话精神，坚决执行市农村工作报告和市委市政府关于实施乡村振兴战略的措施两个文件，将市委书记蔡奇关于乡村治理、乡村文化、乡村建设等7个方面的讲话精神形成生动实践。市农委、首都绿化办、区政府相关领导出席讨论会。区直部门、乡镇党委政府负责人、龙头企业代表、农民专业合作社代表60余人参加讨论会。

（李春杰）

【京张优质农产品推介会】 10月12日—14日，2018年京张优质农产品推介会在区八达岭国际会展中心举办。是自2016年京张优质农产品推介会创立以来的第三届，也是第一届中国农民丰收节延庆区系列活动的重要内容。北京、天津、河北、内蒙古、山东等地的160家企业参展。展览面积6400平方米，展出品类600余种。近15000余名观众到场参观选购，现场成交额200余万元，意向签约额2500万元。

（李春杰）

【农民专业合作社参加双创博览会】 11月12日—18日，在南京举办2018年中国双创博览会上，北京五福兴农种植农民专业合作社联合社代表延庆区参展中国“互联网+”现代农业新技术和新农民创业创新博览会，展台72平方米，充分展现区“互联网+”现代农业新技术和新农民创业创新成果。

（李春杰）

【延庆获评2个好品牌5个好把式】 年内，在“北京农业好品牌”“京郊农业好把式”评选工作中，全区上报6家企业和6位农民参选，其中北京市八达岭镇里炮果品专业合作社、北京市前庙村葡萄专业合作社的“里炮”和“前龙”2个品牌获得“北京农业好品牌”称号；5位农民耿铁焕、任志怀、宋广起、吴建军和辛建芬获“京郊农业好把式”称号。

（李春杰）

【新型职业农民培养】 年内，组织实施新型职业农民摸底建档，申报新型职业农民4459人，其中生产经营型539人，专业技能型403人，专业服务型3517人。组织新型职业农民、民俗旅游接待户参加全市农业技术培训班和高级农村实用人才示范班，提升专业服务和经营水平。

（李春杰）

【5家合作社被评定为市级示范社】 年内，北京兴业富民果蔬种植专业合作社、北京兄弟新贵种植专业合作社、北京绿惠种植专业合作社、北京五福兴农种植农民专业合作社联合社、北京京北五彩园艺联合社5家合作社被评定为市级示范社，可享受免抵押担保贷款、贷款贴息、担保费补贴和产业项目优先扶持等优惠政策。同时全区还有17家表现突出的农民专业合作社受到市级表彰。

（李春杰）

【沟域经济建设】 年内，“乡宴柳沟”沟域被列为市级重点建设沟域，“百里山水画廊”“四季花海”“冰川绿谷”被列为区级建设提升沟域，安排农业领域专项转移支付项目28个，安排沟域经济建设转移支付支持资金1500万元，重点实施沟域经济建设和都市型现代农业示范区建设。

（李春杰）

【山区搬迁工程】 年内，按照美丽乡村示范村标准推进山区搬迁村建设，大庄科乡里长沟村、董家沟村，井庄镇碓臼石村、冯家庙村，香营乡山底下村开工建设。

（李春杰）

【“一事一议”财政奖补】 年内，确定“一事一议”财政奖补项目59个，其中覆盖低收入村20个，覆盖率34%。

（李春杰）

【低收入村户增收】 年内，58个低收入村、12174户（25135人）低收入村户被纳入监测数据库。统筹低收入产业资金实施现代农业、特色民俗等50个产业项目。建立低收入劳动力台账，帮扶低收入劳动力就业3049人。输送本区农村地区劳动力1900余人前往市区从事公共服务类岗位工作。对低收入老年人8131人和低收入农户家庭5546户进行意外伤害参保；确定712户低收入农户符合危房改造对象；完成全部因病致低收入群体摸底调查，明确帮扶方式，建立健康档案5675人，开展完成家医签约5434人，慢病管理3158人，提供送医送药服务4206人；对低收入村开展巡诊721次；全区14个低收入空白村卫生室房屋建设全部完工。对符合条件的低收入农户658户1398人纳入民政保障系统，做到应保尽保。对全区低收入农户2.1万人参加2019年城乡居民医疗保险个人缴费部分予以补贴。实施教育救助，惠及低收入农户子女2452人次。组织299个各类社会力量帮扶单位与低收入村、低收入户结对帮扶，帮扶低收入农户6055户12612人。低收入农户人均可支配收入11826元，同比增长18.1%；98.9%的低收入农户实现脱低，人均可支配收入超过11160元。

（李春杰）

【农村地区冬季清洁取暖】 年内，通过公开招标确定“煤改电”设备供应企业7家、优质型煤供应企业7家。完成5个乡镇12个村庄3781户“煤改电”设备安装，为15个乡镇、3个街道配送优质燃煤7.8万吨。

（李春杰）

行业监管

【概况】 延庆区农业局挂延庆区动物卫生监督管理局牌子。是负责全区农业生产管理、农业行政执法监督和兽医行政管理工作的区政府工作部门。设政办室、计财科、科教科、农产品质量安全科、法制科、种植农机管理科、畜牧水产管理科、应急防疫科8个科室，下属动物卫生监督所、动物疫病预防控制中心、畜牧技术推广站3个独立法人单位和9个基层派出机构（延庆所、康庄所、张山营所、大榆树所、旧县所、永宁所、四海所、井庄所、千家店所）。2018年全区实现农林牧渔业总产值19.96亿元，同比增长12.9%。其中，种植业实现产值5.02亿元，下降1.3%；林业实现产值7.00亿元，增长1.3倍；牧业实现产值7.30亿元，下降16.7%；渔业实现产值862.3万元，下降63.2%。

单位名称：延庆区农业局
地　　址：延庆镇西街2号
电　　话：69142076

（符饶）

【市级竞赛获奖】 11月9日，经过层层选拔，产生5名村级全科农技员组成参赛队伍，在北京农学院参加北京市村级全科农技员知识竞赛，取得全市第二名成绩。

（符饶）

【创建国家农产品质量安全区】 年内，启动国家农产品质量安全区创建工作。以“创建国家农产品质量安全区、提升农安监管水平、推动现代农业发展、助力绿色大事筹办”为创建口号，明确10项目标任务，确定10项重点工作。着力建立农业投入品与追溯产品监管信息系统，在93个农产品生产基地、农业投入品经营门店和屠宰企业进行试点应用，区级设视频监控中心；构建放心农业投入品经营与配送网络，建设安全农业投入品品牌店42个；提升区、镇两级农产品检测机构能力，更新仪器设备49台套；打造区级优级基地15家，涵盖种植、畜牧、水产、果品4个行业。全区质量安全总体水平维持在较高标准，根据第三方调查结果，群众满意度达到86%。10月底，通过市级评估。

（符饶）

【禁养区内养殖户退出】 年内，开展禁养区内养殖户退出养殖行业工作，全区申报退养356户，已经完成清理并通过联合验收312户，涉及存栏12.6万头（只），退养面积18.9万平方米。其中，关停249户，存栏9.9万头（只），面积14.8万平方米；拆除63户，存栏2.7万头（只），面积4.1万平方米。

（符 饶）

【畜禽养殖场粪污治理】 年内，结合畜禽规模化养殖场粪污现状，对全区9家企业开展畜禽规模化养殖场粪污治理综合化利用项目，涉及资金526万元，经区农委、区财政局、区农业局、属地乡镇政府联合验收，其中8家验收合格，剩余1家因设备未到位暂不予验收通过，待设备到位后再行验收。

（符 饶）

【消毒灭源】 年内，在全区范围内分别组织开展“预防重大动物疫病”消毒灭源工作。投入消毒药品9.851吨，涉及场户499个，消毒面积155.36万平方米，覆盖全区所有规模、重点养殖场、区、户。

（符 饶）

【“大棚房”排查整治】 年内，“大棚房”排查清理整治工作中，完成113宗设施农业项目问题整改，拆除大棚内外违法违规房屋及硬化30700余平方米，拆除非可视化围墙1500余米。对确实服务于农业生产的大棚类设施农业项目，在问题整改完成之后采取备案、确认、挂账、非农利用等措施妥善处置。

（符 饶）

【基本菜田补贴】 年内，全区享受蔬菜补贴面积987.33公顷（1.48万亩）。其中，露地蔬菜610.74公顷（9161.11亩）、日光温室蔬菜92.75公顷（1391.2亩）、钢架大棚蔬菜283.84公顷（4257.65亩），补贴资金778.8万元。

（符 饶）

【农邮通建设】 年内，全区利用邮政系统的物流优势解决农产品运输难、物流成本高的问题，建设“农邮通”服务站总站1处、分站10处。截至年底，运输农产品2661车次3000余吨，其中宅配25317单，商超2274车次。

（符 饶）

【有机农业发展】 年内，全区共有有机农产品生产企业（基地）25家，有机认证证书和有机转换认证证书数量29个，涉及8大类188个产品。全区有机农产品生产规模1566.67公顷（2.35万亩），年产量2.32万吨。获得有机农业生产资料评估证明企业2家，生产有机肥料8万吨。年终实现产值4.29亿元，占农业总产值的21.5%。

（符 饶）

动物卫生监督与管理

【狂犬病免疫宣传】 3月14日和9月28日，分别开展主题为“佩戴免疫标牌，倡导文明养犬，构建和谐社区”和“9·28”世界狂犬病日宣传活动，发放宣传材料5000余份。截至年底，全区13个犬只狂犬病免疫定点单位全年免疫犬只16418条。狂犬病应免免疫率100%，免疫标识佩戴率100%。

（符 饶）

【奶牛“两病”净化】 年内，开展春、秋两季奶牛两病净化工作（两病既结核病和奶牛布鲁氏菌病）。结核病检疫净化工作检测奶牛12598头，结果均为阴性。全年奶牛布鲁氏菌病净化采集血样6405头份，检出73头阳性，在监测结果反馈前，已淘汰61头，无害化处理布病阳性牛12头。

（符 饶）

【病死猪无害化处理】 年内，病死生猪无害化处理47596头，执行20元/头的补贴政策，全年补贴95.19万元。

（符 饶）

【集中免疫】 年内，进行3次集中免疫，免疫口蹄疫32.6242万头（只）次，禽流感1122.115万只次，新城疫1054.243万只次，免疫密度达到应免密度的100%。

（符 饶）

【重大动物疫病免疫抗体监测】 年内，采取集中免疫抗体监测、自免场按计划监测及紧急监测的方式开展免疫抗体监测工作。全年监测畜禽血液样本41287份，涉及各类场户2012个，免疫抗体合格率均高于部颁标准。

（符 饶）

【过敏反应鉴定及补偿】 年内，鉴定过敏现象371起。认定奶牛死亡7头、流产13头、肉牛死亡2头、猪死亡1头、羊死亡64只、流产65只、禽类死亡219只。过敏反应补偿资金7.275万元。

（符 饶）

【非洲猪瘟专项防控】 年内，区农业局成立防控非洲猪瘟领导小组和工作组，根据全国疫情形势发展，升级防控机制，落实驻场排查、路口管控、市场及调运监管、生猪清退等多项防控措施，保障延庆乃至京西北区域不发生非洲猪瘟疫情。在非洲猪瘟防控期间，全区多次召开生猪贩运人工作会，要求①严禁异地生猪进京；②生猪运输要严格执行农业农村部第79号公告，对运输车辆进行改造；③实行一场一车备案管理。延庆区14个生猪养殖场需备案14辆运输车，凭《生猪运输车辆备案表》点对点开展运输；④运输车辆在装前卸后，严格消毒。运载生猪前凭《备案表》到动物卫生监督所对空车进行消毒，凭《消毒单》方可运载生猪；⑤严格按照出具的《动物检疫合格证明》到达地点运载生猪，不得私自更改到达地点，全面落实闭环管理；⑥拉运生猪前提前报备，核实车辆历史运载轨迹后，方可运输生猪；⑦树立责任和法律意识，签订责任书和承诺书。截至年底，全区清退生猪养殖场户726个，清退生猪存栏20121头。

（符 饶）

【强制免疫“先打后补”试点】 年内，强制免疫试点场涉及生猪养殖场1个，奶牛养殖场5个。全年出栏生猪5898头，存栏奶牛3292头，补贴资金32612.36元。

（符 饶）

【动物卫生监督执法】 年内，出动执法车辆811车次，执法人员3079人次，检查场所1022场次，下达监督笔录728份，下达监督意见书728份。作出行政处罚69起，其中一般程序案件43起，简易程序案件26起。计处罚金额65947.38元。

（符 饶）

【产地检疫】 年内，检疫各种动物526.48万头（只），同比减少31 %；动物产品510.45吨，同比增加48.62%；消毒车辆3161车次，同比增长25.69%。

（符 饶）

【公路进京运输监督】 年内，4个公路动物防疫监督检查站检查进京车辆14355辆，同比减少16.39%；检查动物124万头（只），同比减少42.84%；检查动物产品105772.579吨（枚、张），同比增加133.84%。未出现“公路三乱”现象。查处案件26件，处罚金额39929.92元，无害化处理猪肉及猪产品781.45千克。

（符 饶）

【动物屠宰检疫】 年内，检疫禽类39.96万只，同比减少0.81%。其中北京康庄晓忠肉鸭屠宰场，屠宰鸭4.15万只；延续（北京）禽业养殖有限责任公司，屠宰鸭11.79万只；北京绿通庆丰禽类屠宰加工厂，屠宰鸡24.02万只。未发生畜禽非定点屠宰动物产品质量安全事件。

（符饶）

种植业

【概况】 延庆区种植业服务中心（简称区种植中心）隶属区政府，属事业单位。负责全区种植业管理；种植业技术试验、示范、推广；种植业技术开发、培训、服务；农作物病虫草鼠害监测及指导防治；农产品质量安全监督管理；农资、农产品质量安全检验、检测；面源污染控制；农村新能源开发、推广、服务等项工作。种植中心机关科室设置政工科、粮经科、蔬菜科、科技科、安全食品科、计财科、控制面源污染科、景观农业建设科、办公室、农村能源办公室。下属单位有农业技术推广站、农业科学研究所、植物保护站、农村新能源管理站、种子管理站、农产品质量安全检验检测中心。2018年，全区秋粮收获总面积10104.85公顷（15.16万亩），蔬菜播种面积1826.91公顷（2.74万亩），耕地地力保护补贴面积7544.87公顷（11.32万亩），蔬菜补贴面积987.33公顷（1.48万亩），全区蔬菜沼液滴灌可控面积120公顷（1800亩），无公害农产品种植业认证企业46家，有3家蔬菜企业通过绿色食品认证，年内，协助市农业局在3个配套保障基地完成“世园会百蔬园配套保障基地”年度预展工作。依法成功备案种子经营户49家；完成区委组织部制定的农村实用人才开发培养工程，选派指导教师16名为全区40户农民进行对接服务。截至年底，通过培训班、田间指导、科普赶集等形式，培训农民4500余人次，发放技术资料8000余份。

单位名称： 延庆区种植中心
地　　址： 延庆区东外大街88号
电　　话： 69103334

（王艳红）

【实验室星级评定】 11月1日，市农业环境监测站专家对种植中心植保站进行实验室星级评定，最终评分为85.3分，评定为三星实验室。

（王艳红）

【无公害农产品认证】 年内，全区无公害农产品种植业认证企业46家，239个产品，生产规模815.47公顷（1.22万亩），年产量4268.289万千克。其中，蔬菜认证43家，232个产品，生产规模793.85公顷（1.19万亩），产量4248.741万千克；杂粮认证3家，7个产品，生产规模21.62公顷（324.3亩），产量19.548万千克。

（王艳红）

【农资打假暨经营培训会】 年内，种植业服务中心会同区农业局、工商延庆分局联合召开“2018年农资打假暨规范农资经营使用培训会”。会议表彰9家农资诚信经营示范户。各农资经营单位、蔬菜生产基地分别与工商、种植中心及所属种子、肥料、农药执法部门签订《农资商品经营管理责任书》《“三品”基地农产品质量安全生产责任书》《农药经营责任书》《农药使用责任书》等。全区农资经营单位、蔬菜生产基地及种植中心所属执法单位110余人参加会议

（王艳红）

【农产品质量安全监测】 年内，检测中心在农产品监督抽查工作中完成全区15个乡镇6035个样品的检测，其中对603个样品进行定量检测，上报数据16773个。

（王艳红）

【重金属定量检测】 年内，检测中心完成市植保站委托的初级农产品重金属定量检测工作，全年检测蔬菜样本1655个，检测项目为铅、镉、总砷、总汞，上报结果数据6620个。

（王艳红）

【耕地地力保护补贴】 年内，全区15个乡镇306个村、2.51万户农民享受耕地地力保护补贴；补贴作物包括谷物、豆类、薯类、油料、中药材，补贴标准增至3000元/公顷（200元/亩）。补贴面积7544.87公顷（113173.08亩），补贴资金2263.46万元。其中，玉米补贴面积7306.39公顷（109595.92亩），补贴资金2191.92万元。

（王艳红）

【菜田补贴】 年内，完成全区15个乡镇118个村2亩以上基本菜田补贴的核实、汇总工作，惠及161个合作社（企业）和1337户农户。补贴总面积987.33公顷（1.48万亩），其中露地610.74公顷（9161.105亩）、日光温室92.75公顷（1391.2亩）、大棚283.84公顷（4257.65亩），补贴总资金778.80万元。

（王艳红）

【农业查灾定损】 年内，全区发生风雹灾2次，粮食受灾面积533.33公顷（8000亩），造成经济损失145万元。全区受灾理赔面积426.67公顷（6400 亩），总赔付资金153万元。

（王艳红）

【蔬菜沼液滴灌建设】 年内，全区有10个村安装12套设备，可控面积120公顷。追肥期沼液稀释到3500～6000倍浓度进行灌溉施肥，实现水肥一体化。

（王艳红）

【蔬菜生产和销售】 年内，全区蔬菜播种面积1826.91公顷（27403.6亩），其中露地蔬菜1226.57公顷（1.84万亩），设施蔬菜600.33公顷（9005亩）。种植面积在千亩以上的蔬菜品种有生菜、番茄、大白菜、花椰菜、青花菜、土豆、结球甘蓝、辣甜椒等。全区地膜覆盖播种面积716.93公顷（1.08万亩）。全区集中育苗总量1040万株。截至年底，全区蔬菜上市8089.94万千克，收入2.05亿元，收购均价2.53元/千克。

（王艳红）

【粮食生产】 年内，全区秋粮收获总面积10104.85公顷（151572.8亩），其中玉米面积9290.93公顷（139363.9亩），平均亩产504.97千克，比上年增加3.26千克/亩，增幅0.65%。玉米总产量7037.48万千克。

（王艳红）

【种子生产经营许可和经营备案】 年内，全区受理办结农作物种子生产经营许可证主证变更和副证变更事项各1件；依法成功办理系统备案的经营户有49家（其中委托代销5家，经营不再分装的种子经营户46家），受委托生产1家。

（王艳红）

【绿色食品认证】 截至年底，全区有3家蔬菜企业通过绿色食品认证，产品数量26个，产地规模9.6公顷（144亩），年产量94.3万千克。

（王艳红）

水产服务

【概况】 延庆区水产服务中心（简称区水产中心）为规范管理事业单位，承担全区渔业生产发展规划、管理和服务职能。主要负责全区养殖水面水产技术推广管理、新技术、新品种引进与试验示范、水产品种育苗、水产养殖技术推广，水产品监测、监督、管理和检疫工作，渔业行政执法检查，水生野生动物植物环境保护，渔事纠纷处理等。设政办室、财务科、渔政站、推广站、业务科。2018年，全区渔业水域资源面积3157公顷（47355亩），其中渔业生态养护水域（水库面积）2975公顷（44625亩），渔业养殖面积（池塘）182公顷

（2730亩）。全区养殖户76户，主要分布于延庆、康庄、张山营等12个乡镇。养殖和捕捞的主要品种为青、草、鲢、鳙、鲫及少量虹鳟、鲟鱼等。截至年底，成鱼产量807吨，产值1382.8万元；苗种产值324万元，流通服务业产值855.5万元；实现渔业产值2562.3万元。

单位名称：延庆区水产服务中心

地　　址：延庆镇城西路

电　　话：60159803

（郭万霞）

【渔业宣传活动】 3月15日，参加永宁镇农资打假普法下乡活动，发放宣传材料300份。禁渔期前，发放禁渔告知书100份。7、8月份水产品质量安全监管送达《水产养殖和水产品质量安全告知书》和《水产养殖场生产安全告知书》200份。12月1日在官厅水库妫水西湖两岸悬挂禁止垂钓禁止非法捕捞横幅20幅，向周边群众宣传《北京市实施〈中华人民共和国渔业法〉办法》。

（郭万霞）

【官厅水库禁渔期监管】 4月1日至8月15日，官厅水库进入禁渔期，在库区周边悬挂宣传条幅20条，送达禁渔告知书65份。4月1日起，开展为期两个月的“打击春季电鱼专项执法行动”。其间，6名渔政执法人员带领14名保安员分3组，采取定点看护与拉网式巡查相结合，对官厅水库进行执法检查。6月1日起开展为期3个月的“清理整治违规渔具专项执法行动”。年内，违法垂钓人员和收缴违法网具数量明显减少。

（郭万霞）

【京冀两地三方联合执法】 4月20日、8月17日延庆、怀来两地渔政部门联合执法2次，清理违规渔具3处700米。9月5日至6日，市渔政站在延庆区组织打击违法垂钓三地协同执法，于康张大桥下查获违法垂钓案件7起，1人驾车逃逸，没收钓具7件，行政处罚6人，其中市站立案5起，水产中心立案1起。三地执法人员对延庆区2家渔具店经营地笼等违规渔具进行检查，未发现经营禁用渔具行为。

（郭万霞）

【水环境监测】 4月至10月监测妫水西湖、西屯渔场、吴庄渔场、孟庄渔场、科技园、王泉营渔场6个渔场，面积5315亩，指标：水温、pH值、溶解氧、氨氮、亚硝酸盐，每月监测1次。6、7月份水温较高时部分养殖池塘氨氮、亚硝酸盐轻微超标，通过微生态制剂降解后指标正常。

（郭万霞）

【大宗良种引进】 5月5日和6月6日分别引进大宗良种长丰鲢水花200万尾，松浦镜鲤10万尾，在吴庄、科技园渔场养殖示范，长势良好。

（郭万霞）

【增殖放流】 6月6日，在妫水河畔举行“增殖水生生物资源 修复水域生态环境”增殖放流活动，放流2万尾大规格瓦氏雅罗鱼，在玉渡山放流2万尾细鳞鱼鱼苗；10月18日至20日，在官厅、白河堡、玉渡山水库、野鸭湖和妫水西湖放流鲢、鳙、草、青、鲂鱼8.1万千克。

（郭万霞）

【新品种引进】 6月引进大鳞鲃鱼苗3万尾，加州鲈鱼苗5万尾，匙吻鲟1000尾，在科技园渔场试验效果显著。

（郭万霞）

【“绿盾”2018自然保护区专项行动】 6月6日至9月9日参与环保局、园林绿化局“绿盾2018”专项攻坚行动。核查野鸭湖湿地自然保护区内涉渔违规场所，参与天泽苗木公司等在479（高程）范围内的违规鱼塘清理等联合执法行动，处理479以下渔场垂钓经营问题。出动执法人员126人次，保安人员567人次，执法车辆126车次。参加联合执法行动4次，出动执法人员11人次，劝退垂钓人员502人次。

（郭万霞）

【鱼病病害监测】 年内，对西屯渔场、吴庄渔场、孟庄渔场、科技园渔场（2018年为市级重点监测渔场）、王泉营渔场、北京鲟龙澎湃科技发展有限公司6个监测点21.33公顷（320亩）水面进行监测，监测寄生虫、细菌、真菌、病毒等。结果显示，上半年区养殖鱼类寄生虫病（车轮虫、指环虫、锚头蚤、中华蚤）、水霉、细菌性疾病（烂鳃、赤皮、肠炎）比较普遍，提出科学防治建议。为市级重点监测渔场发放益水宝等9种预防及免疫增强药物，价值6万元。

（郭万霞）

【渔业安全生产监管】 年内，组织资源环保类执法活动708次，出动执法人员1488人次、保安9092人次，执法车辆728车次，劝退垂钓人员2900余人，悬挂宣传横幅40条，发放宣传材料1225份，处理各类举报11起，收缴鱼竿11支，电捕工具1套，无主网具3000米，行政处罚立案18起，结案7起，罚款700元；撤案11起。非法捕钓等渔业违法行为得到有效遏制。

（郭万霞）

【饮用水水源环境保护】 年内，参与环保局牵头“自然保护区、地表水型饮用水水源保护专项行动”。对张山营镇张柏林砖混彩钢房屋、张秀利新建鱼塘、杨计亮私人房屋、胡合山农家院、北京万家方圆商贸有限责任公司、长波影视技术中心6个问题点位非法养殖和违建行为联合执法，完成官厅水库水源地整改任务。

（郭万霞）

【暂停核发捕捞许可证】 年内，因官厅水库（延庆界）捕捞区域与野鸭湖自然保护区核心区重合，经向区环保局、园林绿化局、野鸭湖征求意见，主管副区长批示同意，暂停核发官厅水库（延庆界）2018—2019年度捕捞许可证。

（郭万霞）

农机服务

【概况】 延庆区农机服务中心为财政补贴正处级事业单位。承担全区范围内的农业机械化服务工作。中心机关设有管理科（安全生产科）、政工科、财务科、企业科、办公室5个科室，下属单位有延庆区农业机械化技术推广服务站（延庆区农业机械化学校）、延庆区农机监理所2个事业单位。2018年，调整优化农机装备布局，推进农机新技术试验、示范和推广，提高农机化作业水平，进行农机社会化服务体系建设，强化农机监理和农机安全生产执法。全区农机总动力92846千瓦，在册拖拉机保有量884台，各类配套农机具2187台件。年内，实施“2018年现代农业机械化技术推广项目”为5个乡镇购置谷物播种机5台，每台0.6万元，共计3万元。全区完成机播玉米种植9866.7公顷（14.8万亩），其中精量播种9666.7公顷（14.5万亩），精播率超过97%。农作物秸秆综合处理完成4986.67公顷（7.48万亩），完成玉米黄贮666.67公顷（1万亩）、青贮饲料收集1333.33公顷（2万亩）、机械化收获2000公顷（3万亩）。完成深松整地1333.33公顷（2万亩），每公顷作业补贴825元。完成马铃薯机械播种213.33公顷（3200亩），中药材机械播种12公顷（180亩），万寿菊幼苗机械移栽80公顷（1200亩），露地蔬菜机械化幼苗移栽6.67公顷（100亩），藜麦试验种植9.33公顷（140亩）；全年组织各类培训14班次，计366人次。其中，培训拖拉机驾驶2期、62人次；玉米收获机驾驶培训1期、18人次；实用技术培训5期、226人次；无人机技术培训班1期、36人次；师资建设方面，集中学习5期、24人次。

单位名称：延庆区农机服务中心
地　　址：延庆镇东外大街90号
电　　话：69101241

（贾延文）

【春耕生产服务】 2月26日至3月30日，开办5期农机新技术培训班，主要讲解农机具保养和安全驾驶，参训人员450人次。涉及农机驾驶员安全操作常识、农机田间作业注意事项、玉米播种机安全生产操作规程等。4月1日至5月15日，成立春耕技术指导服务队，深入乡镇、村实地帮助农机户做好机具检修。检修拖拉机、配套农具以及植保、运输等机具2000台件，下发催检通知200份；做好配件供应，催促区内维修销售网点和区农业机械化技术推广服务站备足春耕生产中常用配件，及时有效的应对春耕高峰期的更换配件、机具维修等问题。春耕、春播期间新生产玉米精量播种机50台、六行玉米免耕播种机4台、六行中耕除草机4台，用于春耕生产作业。

（贾延文）

【秸秆收集处理工作会】 3月2日，农机中心召开秸秆收集处理工作会，8家秸秆收集处理中标合作社及刘斌堡农机户汇报秸秆收集处理进展情况及遇到的问题。会议对合作社及农机户提出“加强合作、整村整片推进和安全生产”等具体要求。

（贾延文）

【普法宣传日活动】 3月15日，在永宁镇举行以“3·15”普法宣传日为主题的大型宣传活动。现场向农民群众发放安全生产宣传画、宣传手册等宣传材料100余份；接待咨询人员20余名。向广大农机操作人员发放《拖拉机安全操作规程》《饲料粉碎机安全操作规程》《农机安全生产知识手册》等相关农业科普图书、农机安全生产宣传画1200余份、发放文化衫120件。

（贾延文）

【减肥减药有机肥机械抛肥现场会】 3月21日，在延庆镇广积屯村茂源广发种植专业合作社，举办延庆区减肥减药有机肥机械抛肥现场会，演示由区农机中心引进的韩国希望农机公司生产的HM-10堆肥撒布机。现场展示出农机施肥的巨大优势及有机肥替代化肥的意义和好处，实现“农机与农艺相结合”。参加现场会的有区农委、区农业局、区农机中心、区种植中心领导及各乡镇主管乡镇长、农服中心主任等。

（贾延文）

【农机从业人员实用技术培训】 5月17日—18日，区农机中心在中银酒店举办农机从业人员培训班。培训班由市农业局农机鉴定推广站技术专家，采取示范教学、专题讲座和实际案例分析方式开展培训。主要培训内容有“自然农法助力农产品质量提升”“果树病害防治”“秸秆综合利用技术”“农业废弃物处理与有机肥生产利用”“设施农业机械化技术”“谷物种植机械化技术”“农机春耕安全生产”等内容。各乡镇农机监理员、全科农技员、农机合作组织负责人等80人参加培训。

（贾延文）

【防汛工作会】 6月20日，区农机中心召开2018年防汛工作会。会议传达区农委、区农业局关于印发《延庆区农业系统2018年防汛工作方案》（征求意见稿）的通知精神，对农业系统防汛工作进行安排部署，要求各乡镇摸清2015－2017最近三年补贴机具（404、754、854、1024拖拉机）底数，组织抢险救援队伍，为抗旱、防汛等抢险救灾工作做好准备。全区15个乡镇农服中心主任及5个农机合作社负责人参加会议。

（贾延文）

【行政审批取消一项】 8月8日，按照国务院《关于取消一批行政许可等事项的决定》和市政府审改办《关于做好国务院取消一批行政许可事项落实工作的通知》要求，取消“农业机械维修技术合格证核发”行政审批。

（贾延文）

【送检下乡】 8月，拖拉机检验期间，区农机监理所与区环保局联合开展便民服务，利用移动检测设备下乡检验；其间检验拖拉机200多台，发放《农业机械安全监督管理条例》《北京市农业机械化促进条例》等宣传材料200余份。

（贾延文）

【首届无人机植保技术培训班】 10月25日—26日，举办首届无人机植保技术培训班。培训班分为理论教学、电脑模拟驾驶和实际操作3部分。聘请北京农职学院的教师讲授理论和电脑模拟驾驶，聘请北方天途航空技术发展（北京）有限公司的专业人员对实操部分进行讲解和指导。经过培训学习，所有参训人员（36人）全部通过现场考核，获得“无人机植保技术培训课程”结业证书。

（贾延文）

【市农委科技项目】 年初，2个市农委科技项目落户延庆，分别是位于北京海升农业有限公司果树种植基地的“标准化果园高效生产机械化技术集成与应用”项目和位于北京绿富隆农业股份有限公司的“设施果类蔬菜不同生长期减量施药植保机械作业参数研究”，协助市站完成前期调研和选择工作，完成机具的购置和测试，并在10月19日在北京海升农业有限公司果树种植基地举办“北京市标准化果园全程机械化技术培训会”，各区相关站所和林业部门160余人次参加。

（贾延文）

【露地甘蓝机械化集成与示范项目】 年内，在延庆镇广积屯村实施“露地甘蓝生产全程机械化集成与示范”项目，试验面积6.67公顷（100亩），在前两年成功示范推广的基础上，对实施方案进行提升改进和数据的积累、新机具的试验示范等工作，收获环节完成后项目已进入最后的总结和成果展示阶段。

（贾延文）

【马铃薯机械化种植试验】 年内，引进中机美诺1220型马铃薯种植机、1302型2行马铃薯中耕机、1802型马铃薯杀秧机、1600 型2行马铃薯收获机、希森天成1行马铃薯收获机等多种马铃薯种植机械。在茂源广发专业种植合作社等地开展试验，实验面积6.67公顷（100亩）。完成种植、中耕、杀秧、收获等环节试验和试验数据的采集工作。其中，中机美诺1220型马铃薯种植机可以一次完成种植、打药、覆膜、培土四个环节作业。

（贾延文）

【小型气吸式多功能精量播种机研制成型】 年内，依托“农业机械研制与推广”市级职工创新工作室创新团队，针对中小型地块，山区及半山区研制小型气吸式精量播种机，完成整机图纸的测绘及主要部件的加工和引进等后续工作。截至年底，样机基本成型，可以进行播种试验。

（贾延文）

【藜麦机械化种植试验】 年内，与北京南山健源农业发展有限公司合作，在位于永宁的基地进行藜麦4种播种机械的播种试验，试验面积9.33公顷（140亩），播种和无人机植保环节的对比试验已经完成。4种播种机在相同条件土地，行距能保持一致，机械播种受土壤因素、周边农作物种植环境、种子发芽率、播种机性能、后期田间管理等影响较大；植保打药环节，采用六旋翼植保无人机进行植保试验，工作效率达到每小时5至10亩。

（贾延文）

【世园会配套项目督导】 年内，参与《2019世园会百蔬园建设配套支撑项目——室外艺术体验园农机技术与装备试验》项目，负责项目的组织实施和项目跟进工作。对“北菜园”“茂源广发”“绿富隆”3个合作社的世园会配套布展蔬菜进行督导和检查。

（贾延文）

【市农机研究项目实施】 年内，在井庄镇的王木营村蔬菜专业种植合作社，实施市农机休闲文化与创意休闲农业融合发展运行模式研究项目。结合展示场所的实际，对资料进行精炼和完善；增加农机化技术及装备展示内容，整理动力机械、耕整地机械、播种机械、植保机械、收获机械、设施农业机械6方面内容。

（贾延文）

【秸秆综合利用】 年内，秸秆综合利用主要有机械还田、机械青贮收获、机械黄贮收获、捡拾打捆、制作有机肥、直接饲喂等方式。秸秆综合利用率超过97%。完成秸秆收贮4986.67公顷（7.48万亩），玉米青贮饲料2000公顷（3万亩）、玉米机械化收获1333.33公顷（2万亩）、黄贮666.67公顷（1万亩）。

（贾延文）

【农机安全生产】　年内，发生国家等级公路以外一般事故1起，死亡0人，直接经济损失1万元，农业机械安全生产形势稳定。

（贾延文）

【农机服务体系建设】　年内，在册依法登记注册成立的农机、农业合作社9家，入社人员68人，机具原值1958万元，作业收入515万元，秸秆处理作业面积4986.67公顷（7.48万亩），深松作业面积1333.33公顷（2万亩），服务农户14944户。

（贾延文）

【农机公共服务】　年内，“拖拉机、联合收割机登记及驾驶证核发”行政许可纳入公共服务事项系统。按照市政府审改办《2018年度第二批动态调整行政职权事项的通知》要求，将“拖拉机联合收割机登记及驾驶证核发”的行使层级由“市级、区级”变更为“区级”。

（贾延文）

【车辆年检和注销】　年内，全区在册拖拉机884台、联合收割机73台。截至年底，检验拖拉机226台，停驶434台。检验联合收割机12台，停驶28台。根据《农业机械安全监督管理条例》和《北京市农业机械安全监督管理规定》的相关要求，满足注销的农业机械予以公告注销，对车辆已经变卖、灭失等情况，进行申请注销。注销车辆1619台，其中变型拖拉机1307台（公告注销1304台，申请注销3台）、纯拖拉机215台（公告注销41台，申请注销174台）、收割机30台（公告注销3台，申请注销27台）、京NJ农田车67台。

（贾延文）

【行政许可】　年内，拖拉机、收割机注册登记等行政许可事项783项。拖拉机、收割机驾驶员审验和补换证等行政许可项目203项，新增驾驶员51人。拖拉机牌证发放8副。全区行政许可业务0投诉，满意率100%。

（贾延文）

【行政执法】　年内，出动车辆240车次，执法人员540人次，执法检查农业机械355台，足额完成规定目标。并全部录入执法平台。下发安全隐患通知书8份，责令整改通知书7份，制作处罚文书12卷，其中简易程序9卷，一般程序3卷，罚款150元。参加公安、交通、城管等部门“蓝天行动”联合执法13次。同环保局对拖拉机尾气治理与检查24次。同乡镇各个部门的综合检查8次。

（贾延文）

【结对帮扶】　年内，帮扶大庄科乡东太平庄村。促成北京电视台财经频道与东太平庄村共建学习型党支部，并在东太平庄村推进落实《共享养鸡场的试验项目》，农委“鸡司令”农文旅农民增收项目在太平庄村兴建12个养殖区域和鸡舍，占地6.67公顷（100亩），基础设施800多平方米。为东太平庄村低收入户解决就业11人，其中包括 1名管理人员，为村集体和低收入户创收近20万元；争取区农委农业综合项目硬化路面13000平方米、坝墙护坡1000立方米，为村集体创收100多万元。

（贾延文）

农村合作经济管理

【概况】　延庆区农村合作经济经营管理站（简称区经管站），履行“四大管理、两项服务”职能，即：负责指导全区农村土地承包合同管理、乡村集体经济组织“三资”管理、农民负担管理、农民专业合作经济组织规范化管理；通过市农村管理信息系统和依托农产品产销信息平台，为各级政府管理部门、农民专业合作社和广大农民等提供信息服务；围绕农村经济发展和农民增收进行广泛统计调研，为各级政府进行宏观决策和微观指导提供数据服务。同时负责指导新型集体经济组织规范化建设，指导乡镇开展农村集体经济审计和村干部任期和离任经济责任审计；农村土地承包经营纠纷调处、案件仲裁和农经政策宣传、农经管理人员业务培训等工作。设政办室、审批科、合同管理科、仲裁科、财务管理科、审计科、减轻农民负担办公室、调查统计科、培训科，下设农业和农村管理信息中心、农民专业合作社服务中心。年内，推进确权登记颁证工作；强化农地承包（租赁）及合同规范监管；深化农村集体产权制度改革；规范农村集体资产财务管理；推进农村集体资产清产核资工作；做好农村集体经济审计工作；推进新型经营主体规范化建设；提升农业和农村信息化建设；完善农经统计调研职能，以严谨务实的经管工作服务延庆绿色发展。

单位名称：延庆区农村合作经济经营管理站
地　　址：延庆镇西街2号
电　　话：69149234

（霍桂文）

【农村经济运行】 年内，全区农村经济总收入完成138.8亿元，同比增长0.7%。农民人均所得实现21328元，同比增长4.4%。全区农村经济走势较为平稳，农民收入水平稳步提升。

（霍桂文）

【低收入户统计监测】 年内，完成9820户和58个低收入村的年度监测任务，9712户低收入农户实现脱底，脱底率98.9%；58个低收入村全部脱低，脱低率100%。

（霍桂文）

【农村土地确权】 年内，推进农村土地确权登记工作。全区15个乡镇376个行政村，确定33个村属于暂不确权范围，开展确权村数343个（试点村2个），拟确权面积21600公顷（32.4万亩）。公示行政村334个，确权户数5.1万户，确权土地面积21200公顷（31.8万亩），完成拟确权总面积的98.1%。

（霍桂文）

【农地承包（租赁）及合同规范监管】 年内，签订农村集体经济合同340份，其中资源类合同117份、资产类合同151份、资金类合同3份、其他类合同69份。截至年底，全区、流转土地11866.67公顷（17.8万亩），新增流转面积582.53公顷（8737.95亩）。

（霍桂文）

【农村集体产权制度改革】 年内，进一步深化区农村集体产权制度改革，重点开展大榆树镇的镇级产权制度改革试点工作。截至年底，镇级产权制度改革清产核资与评估、成员界定、股份量化等工作全部完成。

（霍桂文）

【农村集体资产财务管理】 年内，进一步细化、完善村级财务公开内容，制定区级统一规范的27张财务公开模板，明确财务公开相关内容的具体公开时限。

（霍桂文）

【农村集体资产清产核资】 年内，成立延庆区农村集体资产清产核资工作小组，下发《关于印发〈关于开展农村集体资产清产核资工作的实施方案〉的通知》。为确保清产核资工作结果的客观、公平、公正，经常委会研究决定，区农村集体资产清产核资工作全部委托中介机构进行，同时联合派驻纪检监察组介入到清产核资工作中，督导、促进此项工作顺利进行。

（霍桂文）

【农村集体经济审计】 年内，完成2015－2017年度农村集体土地征地补偿费管理使用情况专项审计工作，涉及9个镇85个村，审计资金总额48.7亿元。完成公益事业专项补助资金年度专项审计及委托审计整改检查等工作。同时完成年度农民负担执法检查工作。

（霍桂文）

【新型经营主体规范化建设】 年内，积极组织并做好国家级、市级、区级“三级社”的申报工作，4家合作社评为区级规范合作社，5家区级规范合作社晋升为市级示范合作社社。对62%的区级以上合作社给予扶持。

（霍桂文）

【农业和农村信息化建设创新提升】 年内，区新建益农信息社30家，实现运营社87家。现运营的益农信息社月均销售流水23万元，带动农户就业74人（其中低收入农户19人、残疾7人），人均月收入1200元。

（霍桂文）

【智慧沟域项目验收】 年内，完成“四季花海”“百里山水画廊”。智慧沟域项目验收工作，项目建设助推沟域经济发展，推动农村产业和村务管理与服务水平的升级，有助于智慧农园及物联网建设顺利推进。

（霍桂文）

【农村矛盾纠纷调处】 年内，依法做好信访接待、矛盾调处及案件办理工作。全年依法接待群众来信来访162起249人次，均严格依照相关法律法规及政策规定予以分析解答。

（霍桂文）

产业公司

【北京马铃薯产业高科技园区】 北京马铃薯产业高科技园区延庆筹备办公室，隶属延庆区政府，按临时机构管理，纳入规范收入全额拨款事业单位。设办公室、财务室，有下属事业单位1个（延庆区苗圃）。北京马铃薯延庆筹备办的主要职责为负责北京马铃薯产业高科技园区的总体规划建设与管理，协调园区企事业单位与政府职能部门的关系，负责指导全区马铃薯产业发展及国际马铃薯中心亚太中心（延庆）项目建设，推进马铃薯产业高科技园区种业服务建设和为国际马铃薯中心亚太中心（延庆）项目正式运营做好服务保障工作。2018年，国际马铃薯中心亚太中心（延庆）项目建设工作全部完成，并通过四方验收，正式交付给国际马铃薯中心亚太中心。年内，北京希森三和马铃薯有限公司种植的大棚97个，有94个大棚用于微型薯生产；2个网棚用于杂交试验和新品种的选育；1个坡面棚用于雾培生产。生产的品种有希森3号、希森5号、希森6号等，全年收获微型薯约2300万粒。截至年底，延庆苗圃为格兰一期二期、儒林苑、三里河、悦安居、温泉馨苑等小区提供花草250余万株。与国家林业局、国际竹藤中心合作，利用苗圃0.33公顷（5亩）闲置土地，种植和驯化10多个品种的竹子，为世园会后期用竹提供服务。全年苗圃总收入143万元，总支出152万元。

地址：延庆镇延农路

电话：69148126

（王达超　王冬）

【北京绿富隆农业有限责任公司】 北京绿富隆农业有限责任公司（简称绿富隆公司）成立于2002年12月，为延庆国有全资农业企业，注册资金3300万元，以“专注有机农业，引领绿色生活”为宗旨，业务涵盖有机蔬菜的生产、加工、销售、配送等全产业链，连续多年通过有机认证，是中国农业有机产业发展联盟理事单位，获得北京市著名商标，北京市农业产业化龙头企业等荣誉。旗下拥有北京博绿园有机农业科技发展有限公司、北京中农绿安食品有限责任公司、北京惠农天地生产资料有限公司及合作社12家。2016年，开始建设延庆优质农产品基地。2017年8月，绿富隆借助“世园会”园艺蔬菜后备基地建设这一契机，开发阳台蔬菜、盆景蔬菜等全新产品，并整合区内资源，按区委区政府提出的“加强延庆优质农产品流通体系建设”的总体要求，借力世园会、冬奥会绿色大事举办的有利契机，建设延庆优质农产品营销流通体系，逐步实现国有企业转型发展，带动区内农业产业发展，带领农民增收致富。2018年2月，由粮经作物产业技术体系北京市创新团队和北京市农业技术推广站主办的第四届“北京草莓之星”评选及优秀园区推介活动中，绿富隆公司的传统品种“红颜”草莓获得“优秀奖”称号。2018年10月，在北京八达岭国际会展中心召开的“京张优质农产品推介会”上，绿富隆公司获得第二届中国延庆金禾奖TOP10优质农产品品牌奖。年初，位于延庆区东外大街60号的延庆优质农产品旗舰店正式试营业，面向新老客户，出售集合全延庆区最优质、最新鲜的农产品。旗舰店建筑面积200平方米，经营的产品和项目有：绿色安全蔬菜、优质干鲜果品、高档花卉园艺、特色现代种业、精品优质粮经产业、健康特色养殖以及高效农产品加工。年内，绿富隆公司搭建的延庆优质农产品营销流通体系平台与邮政公司合作，将里炮一级苹果3000千克销往北京市36家邮政惠民生活驿站，打开新的市场销路。在中关村延庆园举行的“美丽世园　科技冬奥”延庆创新、创业大赛决赛暨双创节颁奖仪式活动中，绿富隆公司应邀对场地进行装饰。布置现场的蔬菜包含观赏辣椒、盆栽生菜、羽衣甘蓝等20余种观赏蔬菜，向来宾展示了延庆区园艺蔬菜产业成果。在长沙国际会展中心举行的第十六届中国国际农产品交易会上，绿富隆公司代表延庆优质农产品营销流通体系参会，展示延庆区优质品牌蔬菜等产品，受到广泛关注。

地址：延庆区东外大街60号

电话：69101949

（宋克冰）

（栏目编辑　景冰芳）

工业和信息化建设

工 业

【概况】 延庆区经济和信息化委员会（简称区经济信息化委）。区经济信息化委是负责全区工业经济和信息化领域管理工作的政府工作部门。设办公室、经济运行监测科、产业发展规划科、中小企业科、信息化科、政工科（监察科）、综合科、创新能力建设科8个科室。2018年，全区规模以上工业企业产值87.3亿元，同比增长10.6%。其中，新能源和环保产业产值45.1亿元，同比增长5.5%，占规上工业总产值51.7%。全区工业完成税收4.4亿元，同比增长15.3%。年内，起草《延庆区加快科技创新发展绿色高精尖产业的指导意见》，明确主导产业发展方向，完善土地、人才、资金等配套政策，加快构建高精尖经济结构。对全区工业实体企业进行摸底分析，梳理我区高精尖产业领域企业目录。出台《工业闲置低效空间资源盘活利用的工作方案》，指导桑普新源、首科通达转型发展。鼓励传统企业转型升级。指导三吉利速凝技术工程研究中心建设，培育北玻、京城压缩机和恒阳电缆厂向研发中心转型。制定出台《疏解一般制造业和“散乱污”企业治理专项行动2018年实施方案》，引入第三方机构，建立“一企一档”，动态管理。疏解退出一般制造业企业17家，完成目标任务的170%。开展空气重污染应急保障，确定重污染预警期间18家制造业企业停限产名单。启动7次应急预警，出动人员131人次，检查企业221家次。固定资产投资3754万元，完成任务的188%。全区制造业禁限项目零准入，拒绝26个项目，备案9个项目,推动康斯特、国创智能项目前期手续办理。开展无人机试飞运行基地、无人机创新园、示范应用等工作，成立专家顾问委员会；举办无人机综合应用演示活动；推进氢能产业发展。通过实地指导和培训等方式，促进工业企业安全生产工作。汇集市区两级政策，制定《延庆区高精尖产业系列政策的宣传培训方案》，开展《中华人民共和国中小企业促进法》培训和钉钉办公软件培训。对3家中小企业服务平台和孵化基地进行“北京市中小企业公共服务示范平台”申报辅导。为凯宏鑫、光瑞机械等6家企业进行高新技术企业申报。强化与农行、建行签订战略协议，促成20家企业达成资金意向，贷款额度3000万元。11家企业取得环境认证；为23家一般制造业退出企业申报资金；对52家企业重点建立分组走访联系；为16家企业制定个性服务包。全面落实“一窗受理”“一网通办”工作，实现审批事项100%进驻窗口，100%上网。

单位名称：延庆区经济和信息化委员会
地　　址：延庆镇东外大街建业胡同2号
电　　话：69103310

（郑鑫）

【战略合作框架协议签订】 9月30日，延庆区入区企业中电智慧与内蒙古兴和县政府就开发风力发电、电解制氢等项目正式签订框架协议。中电智慧将发挥其在新能源领域投资和运营方面的优势，同时加强与国家电投集团在清洁能源领域的合作，推动重大项目在兴和县开发布局。兴和县、中电智慧、区经济信息化委及区相关部门领导出席签约仪式。

（郑鑫）

【无人机专家顾问委员会成立】 10月17日，区政府联合零度智控（北京）智能科技有限公司在八达岭机场举办“延庆区无人机专家顾问委员会成立仪式暨2018年无人机综合应用演示活动”市科委、中关村管委会、延庆区委、区相关部门领导以及零度智控等企业代表出席。活动邀请中国工程院院士钟山、北京航空航天大学教授王英勋等11位在无人机产业领域具有强大影响力的专家，成立无人机专家顾问委员会，为延庆区无人机产业在规划、管理、技术和运行等方面提供智力持。成立仪式举行后，现场进行了无人机巡查演练活动。

（郑鑫）

【安全生产指导检查】 年内，印发各类安全生产文件12件；相关科室出动306人次，对64家工业企业开展70次安全生产指导，发放宣传材料800余份。春节、国庆节、中非论坛前夕，组织安检、消防等相关职能部门对工业企业进行安全生产联合大检查9次，其中主管副区长带队检查2次。先后对100余家企业进行《北京市安全生产信用体系建设管理办法》等文件的培训。采取“四不两直”的方式深入北京天立成信机械设备公司、北京玻钢院复合材料有限公司两家企业开展安全生产督查。截至年底，区经济和信息化委对18家企业，结合黄色预警雾霾停产限产检查工作，开展安全生产指导，重点要求企业在空气重污染黄色预警期间，对烟尘、粉尘进行严格管控，着重加强对相关作业环节、重点部位的安全管理，进行自排自查消除火灾隐患。制订《延庆区经济和信息化委员会关于做好全国“两会”期间安全生产工作方案》，重点对大榆树镇的北京艾瑞机械有限公司和北京金都橡胶厂开展“两会”期间安全生产指导，要求相关企业做好全国“两会”期间日常生产安全及消防安全的检查，及时清理可燃物，预防春季火灾事故和触电事故，确保企业安全生产。

（郑鑫）

【中小企业素质提升培训会】 年内，为改善和提高延庆区中小企业劳动用工法律风险防范意识，掌握法律风险化解技巧，提高企业“事后事前防范”能力，减少因不规范行为给中小企业带来的法律风险。区经济信息化委组织中小企业素质提升培训会，全区59家企业，97人参加。

（郑鑫）

【中小企业促进法宣传贯彻会】 年内，区经济信息化委组织召开延庆区《中华人民共和国中小企业促进法》新法宣传贯彻会。区发改委、区旅游委等19家委办局和15个乡镇及59家企业负责人135人参加。

（郑鑫）

【优化营商环境“9+N”政策落实】 年内，为进一步落实关于优化营商环境“9+N”政策会议精神，区经济信息化委切实承担责任，坚持问题导向，组织10余次培训会宣传贯彻相关政策，由业务科室组成5个小组分头对全区50家重点工业企业实地走访，针对企业需求及问题进行梳理并现场解答，并将相关政策文件送到企业，确保“9+N”政策取得实效。（“9+N”即北京市2018年3月出台的优化营商环境9项主要政策和N项配套措施。）

（郑鑫）

【职业技能鉴定考试】 年内，市、区两级经济和信息化委紧密配合，为北京市延仲养鸭专业合作社开展“动物疫病防治员”（五级）职业技能培训鉴定工作。合作社的26名农民和农技人员，在完成144学时的技能培训后，参加由北京职业技能鉴定站组织的理论考试和实操考试。

（郑鑫）

【“普惠金融”对接】 年内，区经信委组织区企业发展促进会40余家会员单位先后到中国建行延庆支行等银行，开展“普惠金融”对接活动，举行“创营商环境 促企业发展”座谈会。旨在拓宽银企、政企对接的渠道，针对企业融资难问题提出解决方案，推动全区中小企业发展。

（郑鑫）

【一般制造业疏解退出】 年内，市经信委利用4天时间对延庆区17家一般制造业退出企业的主要生产设备拆除、工商营业执照注销或变更等情况进行实地核查。经检查，企业均按照要求完成疏解退出工作，通过市经信委验收。

（郑鑫）

【结对帮扶和产业合作】 年内，区经济信息化委，就结对帮扶、产业合作事宜到张家口宣化区、内蒙古兴和县实地调研。在宣化区，了解当地产业发展历史、现状及未来发展意向；走访王家湾乡，应邀对乡内旅游产业发展提出建议，并对谢家湾村结对帮扶贫困户进行慰问。在兴和县，双方达成一致意向：在产业合作上，结合各自优势，延庆区经济信息化委将引导三城一区外溢优质产业以及在延庆不具备扩大产能的北京市鼓励发展的高精尖产业到兴和投资建厂，基于此双方签订产业合作框架协议。

（郑鑫）

中关村延庆园

园区管理

【概况】 中关村国家示范区延庆园位于北京市西北部延庆区域内，与河北交界，毗邻京包铁路、京藏高速、京新高速等多条重要交通干道，是中关村产业发展与创新辐射的战略腹地和重要空间。延庆园规划面积490.96公顷（7364.4亩），包括北京八达岭经济开发区304.66公顷（4569.9亩）、北京延庆经济开发区129.3公顷（1939.5亩）、康庄农民就业产业基地57公顷（855亩）。延庆园定位为京西北科技创新特色发展区、延庆区域发展第三引擎、“三城一区”成果转移转化承载地。年内，为全面落实“高精尖”产业发展要求，延庆园结合延庆区域定位和世园冬奥两件大事机遇，将现代园艺、冰雪体育、新能源和新能源互联网及无人机产业作为重点培育和扶持产业。在园艺产业方面，引进绿墙盛世生态技术公司，是最专业的“建筑绿化装配产品生产企业”和“生态空间营造运营商”；棕科植物新品种权管理公司，是国内第一家成功注册“植物新品种权管理”的创新型平台公司；在冰雪体育科技产业方面，引进雪族科技公司，是一家从事智能雪场建设的专业公司，其信息化交易系统已服务200余家雪场。在其他高精尖产业领域，玻钢院复合材料公司，是国内最大的复合材料应性研发机构，承担着国家科技攻关、国防军工配套工程项目100多个；中电智慧综合能源公司，具体承担中电国际与清华、华为、国核电力设计院四方联合组多能互补综合能源管理系统研发、示范及应用；朗诗投资管理公司在中关村延庆园建成园区第一个被动房项目，并获得国内第一个德国PHI Plus金奖认证。在园区建设和产业发展方面，加快推进创新家园起步区建设，项目控规调整方案已获批，二期项目已完成土地一级开发授权。在重点产业集聚方面，现代园艺产业围绕特色花卉、果树、蔬菜、观赏植物和中草药等领域，重点发展生物育种和园艺新技术等环节。冰雪体育产业重点发展聚集体育装备、场馆运营、体育媒体，以及体育+健康、体育+教育等服务业。新能源和能源互联网产业以能源互联网发展为核心，围绕节能科技、水治理、大气治理、固废处理等领域，加快风电、太阳能、生物质能等能源领域关键技术研发、核心装备智能制造，发展研发创新、智能制造、应用服务等高端环节。园区内企业可享受国家、北京市、中关村示范区的各类优惠政策。2018年，中关村延庆园新增高新技术企业74家，共有高新技术企业151家。其中既是国家高新技术企业又是中关村高新技术企业共计69家，中关村高新技术企业82家。截至年底，中关村延庆园企业缴纳各项税金52.27亿元，形成区级财政收入10.01亿元，同比增长11%，完成年度任务（10亿元）的100%。其中，全年实体企业纳税4.60亿元，规模以上企业完成工业总产值78.01亿元，同比增长2%。

单位名称：中关村延庆园
地　　址：康庄镇紫光东路1号
电　　话：61166802

（王雪）

【创新创业】　年内，作为延庆首家市级孵化器的启迪延庆创新创业基地建成使用。中关村智造大街平台正式运行。中关村现代园艺创新中心、体育科技创新园正式揭牌。91延庆众创空间建设完成。联合启迪之星成功举办延庆创新创业大赛，最终经过线上筛选共有参赛企业336余家，其中市外参赛企业超过200家，签约项目36家。发挥启迪之星、智造大街平台作用，举办创新创业活动50余场。启迪协信创新创业智慧服务平台项目成功通过中关村示范区现代服务业试点项目评审。实施《中关村延庆园创新创业支持资金管理办法（试行）》，2018年支持项目153个，拨付政策资金1145.085万元。国创智能和北玻获得中关村示范区重点培育高精尖项目支持，将在3年内分别获得1000万元和3000万元政策资金，

（王雪）

【企业“管家式”服务】　年内，落实企业“管家式”服务，推行“全程免费代办”。实行企业设立工商、税务、审批全程免费代办，9+N政策出台后，办理企业设立362家，企业满意率100%。实行一对一、点对点服务。建立园区重点企业联系服务制度，组建创新型企业服务工作专班，聘请“环保管家”，开通中关村核心区班车，开展早餐会、座谈会、大调研大走访，落实领导干部走访企业和“服务包”制度，切实解决企业困难和诉求。加快企业之家建设。企业之家正式建成运营，会议、餐饮、商务等配套服务功能实现，招商展示中心、园区政务服务平台、创业会客厅、书吧咖啡馆正在加紧建设。扎实推进人才服务。协助企业储备青年人才，已为27家重点企业申请60多名应届毕生进京指标，先后开展3次专项人才推荐工作，协助5家企业引进9名高端急需人才。与北京林业大学、北京体育大学、首都体育学院、西北林业大学、北京邮电大学世纪学院等高校建立长效合作机制，通过校园宣讲、毕业生专场招聘等方式，吸引高校人才来中关村延庆园创业就业。截至年底，组织34家企业与300多名2019届毕业生达成初步就业意向。

（王雪）

【招商推介】　年内，中关村延庆园招商引资专项小组推进招商推介活动。对接神州数码、纳通医疗、中农富通等100余家企业；纳通集团世龙经略、神州数码旗下神州邦邦、神州一诺等公司入驻园区；与启迪之星、启迪协信、中关村智造大街、泰智会、磐石环保等10家产业中介组织达成合作意向。全年引进企业585家，注册资本金931735万元。其中，战略新兴产业35家、园艺类37家、金融类20家、体育类25家、科技服务类196家、商贸类38家、房地产类8家、建筑类37家、其他服务类183家、无人机产业6家。

（王雪）

入园企业

【金果园老农（北京）食品股份有限公司】
金果园老农（北京）食品股份有限公司（以下简称公司）成立于2006年12月12日，是一家集食品深加工、专卖店连锁、OEM品牌运作及产品代理为一体的专业休闲食品加工、销售型企业。公司注册资本6545.22万元，资产总额近3亿元，拥有北京市著名商标“果园老农”自有品牌系列休闲干果食品。2008年年初，为进一步扩大产能，公司于2008年、2012年分别在中关村延庆园、永宁农副产品加工基地，建立了2个深加工基地，占地面积8.67公顷（130亩），总建筑面积3万平方米，引进世界一流的全自动深加工流水线，其中现代化立体库房1.2万平方米、具备制药GMP标准的净化车间3000平方米。13年来，解决当地就业达1300余人次，企业累计纳税总额约2.7亿元。公司

已经通过了ISO 9001质量管理体系认证、ISO 22000（HACCP）食品安全管理体系认证、ISO 14001环境管理体系认证及食品工业企业诚信管理体系。公司以果仁、蜜饯、果干三大类为主打产品，主要产品甄选国内外原产地最高品级的新鲜原料，坚持采取“不染色、不漂白、非油炸”的工艺技术，产品秉承“原色（拒绝染色·纯天然·真实零负担）、原香（拒绝香料·初味道·口感更自然）、原味（拒绝添加·原滋味·健康更全面）”的产品特点。公司产品在北京及北方果仁休闲产品市场中占有较大市场份额，销售渠道已经覆盖到北京98%以上的KA卖场、连锁综超和百货商场（如家乐福、沃尔玛等），以及近2000家中小型C、D类超市，团购客户1800余家，100多个外埠市场，线上渠道已覆盖所有主流电视平台（如天猫、京东等）。公司在参与“光彩事业”“社会公益慈善事业”等方面做了大量的工作。已连续13年参加“手拉手·心连心”大型公益活动，每年向希望工程、延庆区爱心专项基金捐款、慰问孤寡老人、残障儿童、帮扶贫困村、冠名中小学美术班等，已累计捐款、捐物650余万元。公司谨以此实现在自身发展的同时不忘回报社会的企业宗旨。公司在“万企帮万村”精准扶贫工作中，深入康庄镇、大庄科乡、千家店镇等12个乡镇，针对农民增收、农产品滞销、剩余劳动力就业等问题进行交流与探讨。与旧县镇签署战略合作协议，形成农户+经济合作社+龙头企业的运行模式。针对剩余劳动力就业，拟定出10余种就业岗位，针对困难群体、青壮年劳动力、临时工和大学毕业生提出四种就业模式，保障贫困村农民增收致富，精准帮扶。年内，实现产值4.1亿元，实现销售额3.7亿元，缴纳税金2000万元，精准帮扶就业100多人。

地址：中关村延庆园东环路1号

电话：84598760转8009

（王雪）

【北京卓文时尚纺织股份有限公司】 北京卓文时尚纺织股份有限公司（以下简称“公司”）作为具有国际竞争力的全球知名毛针织服装供应商，已成为中国毛针织服装行业领军企业。公司主要从事毛针织服装的设计、开发、生产和销售，即毛针织服装的ODM与OBM业务。公司深度参与产品的设计开发，通过与品牌服装商合作开发新产品、共享信息成为品牌服装商供应体系的重要组成部分。公司具有针织成衣全套生产流程及先进的生产设备，拥有近1900台（套）的编织横机、缝合机，现有员工361人，具备年出品针织制品1800万件的生产能力。公司通过ISO 9001-2000质量管理体系认证、ISO 14001-2000环境管理体系认证和28001-2001职业健康安全管理体系认证。在拓展国际市场的同时，公司积极发展自主品牌“思诺芙德”。2009年“思诺芙德”品牌被北京市工商局认定为“北京市著名商标”，2011年12月，“思诺芙德”品牌被国家工商行政管理局商标局认定为“中国驰名商标”。同时被授予“北京时装之都北京市十大热销服装品牌”称号和“北京十大最具潜力时装品牌”称号。在自有品牌市场建设方面，“思诺芙德”品牌正在从传统渠道向线上渠道发展。近年来，公司凭借强大的纱线设计能力、优质的客户群体、严格的质量管理体系、敏锐快速的市场反应能力以及规模化的供应链资源管控能力，与国、内外优质服装品牌商和供应商建立了稳定的合作伙伴关系。经过多年的国际市场开拓，公司为国内外近100家服装品牌商提供自设计、生产管理、质量管理和物流等供应链服务，服务的客户包括全球服装排名前四位的H&M、ZARA、GAP和C&A等80家国际服装品牌商和中国服装零售排名前列的美特斯·邦威、森马、李宁、七匹狼等20家服装品牌商。公司与H&M签订《战略合作伙伴协议》，是与H&M达成战略合作伙伴关系的唯一一家国内针织服装供应商。ZARA和GAP将公司列为一级供应商（Very important supplier），C&A将公司评为中国唯一的一家金牌供应商。依据中国服装协会统计，2017年，公司位列服装行业“产品销售收入”百强企业第85名，位列服装行业“利润总额”百强第87名，位列服装行业“销售利润率”百强企业第69名。2018年，公司再度被北京市国家税务局被认定为“出口退免税一类企业”。年内，公司营业收入实现7.55亿元人民币，实现工业产值4.25亿元。

地址：延庆镇迎泉街3号

电话：53275188

（王雪）

【北京三吉利新材料有限公司】 北京三吉利新材料有限公司成立于2001年7月19日成立，是中国北方稀土（集团）高科技有限公司下属的一家专业稀土合金制备的高科技公司，是中国稀土行业协会会员单位。三吉利是国内第一家引进国外先进薄带炉，生产钕铁硼（NdFeB）合金薄带的专业制造商。公司自2002年引进日本ULVAC生产的第一台真空感应炉，先后引进多台日本、美国等先进的生产设备和检测设备。年内，其主导产品钕铁硼合金薄带年生产能力达到6000吨，已成为国内最大的钕铁硼（NdFeB）合金薄带专业制造商之一，稳定其钕铁硼合金薄带龙头企业地位。三吉利于2009年被评为国家级高新技术企业，2013年被评为中关村延庆园高新企业。公司已通过ISO 9001质量管理体系认证、ISO 14001环境管理体系认证、安全生产标准化三级企业。先后获得“北京市纳税信用A级企业”“北京市延庆区工业十佳企业”的荣誉称号。公司获得稀土领域发明专利三项，实用新型五项。年内，公司实现销售收入9.17亿元，产量6075吨，产值4.35亿元，在册员工人数150人。

地址：延庆镇益祥北街3号

电话：81196955

（王雪）

【北京众和聚源混凝土有限公司】 北京众和聚源混凝土有限公司于2002年成立，占地2.33万平方米。主营商品混凝土的生产和销售，注册资金20000万元。公司主要机械设备有：生产量180立方米/小时的混凝土生产线三条，水泥仓储量2000吨，混凝土搅拌运输车60辆，混凝土汽车泵6辆，装载机3台。试验室配置了能检测混凝土、水泥、砂、石、外加剂、掺合料等试验设备。完全具备生产C60及C60以下普通砼和高强、高抗渗、抗冻融、自密实等特种砼的能力。公司制度健全、管理体系完善，于2003年7月通过ISO 9001质量管理体系认证，2003年公司以优良的业绩和良好的经营状况，获得了北京市建筑委员会认定的《建筑企业资格》资质证书；2005年被评为“AA级信用企业”；2007年分别成立党支部和工会组织；2012年被北京市住房和城乡建设委员、北京市发展和改革委员会、北京市环保局评选为预拌混凝土绿色生产达标搅拌站；2014年被延庆县安全生产监督管理局评为安全生产标准化三级企业。2018年，公司年生产混凝土量为67余万立方米，产值32608万元，上缴税收675万余元。

地址：延庆镇东卓家营村

电话：61129381

（王雪）

【北京光瑞机械制造有限责任公司】 北京光瑞机械制造有限责任公司为股份制企业，2001年6月成立，注册资金369万元。占地面积14571平方米，建筑面积7830平方米，员工137人。具有与各公司合作开发设计医用X线机及生产制造能力。公司分为钳工车间、机工车间、喷漆车间、组装车间4个生产车间。拥有机械加工、焊接、板金冲压、电器安装、组装、喷漆表面处理等加工生产能力。公司先后通过了ISO 9001-2000质量管理体系认证，ISO 13485-2003医疗器械质量管理体系、ISO 14001-2004环境管理体系认证。产品为医用X线机系列产品：遥控床、摄影床、数字胸片架、UC臂、导管床、移动床等各种不同类型，主要为国内外医疗公司配套。公司先后荣获了延庆区创建学习型企业先进单位、延庆区优秀职工之家、北京市就业与社会保障先进民营企业、北京市和谐劳动关系先进单位、首都非公经济“文明单位”、北京市优秀职工小家、公司钳工车间班组被评为全国“安康杯”优胜班组、北京市厂务公开民主管理示范单位、纳税信用A及企业、中华全国模范职工小家、北京市非公有制经济组织党建示范单位、北京市和谐劳动关系先进单位、北京市工商联诚信经营承诺示范单位、中华全国总工会及国家安全生产监督管理总局“安康杯”竞赛优胜单位等称号。2018年实现工业生产值2692万元，实现产品销售收入2891万元；上缴各种税金273万元；净利润－28万元。

地址：康庄镇康祥路11号

电话：69136736

（王雪）

【北京迪威尔石油天然气技术开发有限公司】

北京迪威尔石油天然气技术开发有限公司（以下称“公司”），是集科研、生产、服务于一体的高新技术企业。于2002年成立机电设备分公司，占地2公顷（30亩）。累计投资近1500万元，建设研发综合办公楼、生产厂房及试验室。2008年9月，中国石油集团公司收购公司所有股份，公司正式由股份制公司转变为国有企业。2010年1月，公司与中国石油集团工程设计有限责任公司北京分公司整体合并，之后在北京分公司内部独立运行。2016年公司与中国石油工程建设有限公司重组合并，业务调整以设计和科技研发为主要业务，逐步缩减机电设备分公司制造业务比重。2017年公司停止生产制造任务，保留部分设计项目。公司拥有电子实验室、化学实验室、油气流程模拟实验室。公司在油气处理橇装设备、自动控制、阀门、加热换热设备、油田化学药剂等领域处于国内领先水平。累计销售自行研制生产的各种橇装设备800多台（套），各类阀门及仪器2000多台（套），化学药剂上万吨。公司具有自主知识产权的油气处理设备、加热换热设备、油田自动化技术与设备、采油工程设备、阀门、仪器仪表、油田化学药剂等7大类，30个系列、500多个规格型号的产品，用户几乎覆盖国内所有油气田，并在非洲、中东、北欧等国外油田得到推广和应用。公司自成立以来，获得专利证书70多项。公司拥有中华人民共和国进出口企业资格证书、机电设备施工资质证书；拥有压力容器设计（A1、A2和A3）和制造（A1、A2）证书、ASME U （美国机械工程师协会）证书、GC2级压力管道安装资格证书、压力管道元件组合装置制造许可证、特种阀门生产许可证；通过QHSE质量、职业健康安全和环境管理体系认证。年内，机电设备分公司员工数为14人。2018年度产值9600.51万元，实现利税172.92万元。

地址：延庆镇菜园南街8号

电话：81195555

（王雪）

【北京大兆新元停车设备有限公司】 北京大兆新元停车设备有限公司成立于2002年，是集机械式停车设备产品的研发、制造、安装、维护保养为一体的现代化专业厂家。是国家重机协会停车设备工作委员会团体会员单位。公司先后获得北京市高新技术企业、中关村高新技术企业等多项殊荣；公司总部设在北京海淀科技园区，拥有现代化生产基地——北京延庆生产基地。公司已取得国家质监总局颁发的《特种设备制造许可证》和《特种设备安装改造维修许可证》，并且是行业内较早通过质量、环境、职业健康三标体系认证评审的企业之一，公司严格按照体系要求进行企业的运营和管理，保持证书的持续有效。为北京市安全生产标准化三级企业，公司被评为2014年度、2015至2017年度获得销售20强，2015年度获优秀医院停车设备供应商企业等多项荣誉，2018年获销售30强及行业最具成长性企业。公司拥有自己的自主知识产权和优秀的设计团队，总部拥有各类专业技术人员。延庆生产基地拥有大型生产、检测设备。公司充分利用各地的人力资源及地域优势，所承接项目订单遵循区域性辐射、就近加工的宗旨，这将缩短设备的交货周期，也为保质保量的完成所承接的每一个工程奠定了坚实的基础，实现资源共享。延庆生产基地位于风景秀美、交通便利的延庆经济技术开发区，工厂生产及检测设备齐全，其中包括大型剪板机、大型数控折弯机、新型环保抛丸机、普通车床、立式铣床、龙门刨床等等机加工设备和二氧化碳气体保护焊等焊接设备，并将喷漆车间升级为高效环保的喷漆房，2018年新增国内先进的边梁生产线、浪板生产线，满足停车设备生产加工的需要。本公司产品技术源于韩国和中国台湾，并结合中国国情进行多项改进和创新，获得了多项国家实用新型专利和发明专利。公司于2007年与韩国专业立体停车设备公司合作，引进韩国先进的技术资源，生产具有世界先进水平的智能化高端停车设备——多层平面移动类及垂直升降类（塔库）停车设备。公司现已具有升降横移、简易升降、多层循环、平面移动、垂直升降（塔库）、汽车专用升降机等六大类几十个品种的机械停车设备产品及汽车回转盘、智能化管理收费系统等辅助设备配套设施产品，涵盖目前市场上常见的从普及型到高端的机械式停车设备产品，产品销售和售后服务网络覆盖全国大部分地区，具有很强的市场竞争优势。年内，公司通过公开招投标及内部邀标等形式共中标并签订合同12个项目，销售4216个车位，销售产品分布北京、四川、重庆、陕西、湖南、山西、天津、福建、辽宁、贵州等省份，2018年公司新增加就业岗位6个，公司年产值3078万元，总收入3501万元，缴纳各种税收151万元。

地址：中关村延庆园双杏东街48号

电话：63390445

（王雪）

【北京九龙制药有限公司】 北京九龙制药有限公司始建于1983年，于1997年成立，是集研发、生产、营销为一体的高科技企业。注册资金2040万元，占地面积54711平方米。生产车间完全按照GMP标准设计施工。生产设备均为国内的先进制药设备；检验及试验的仪器设备齐全；生产过程中采用了先进的生产监控系统及计算机管理系统，可实现生产的可视监控及自动化管理。公司为GMP认证企业，国家高新技术企业，ISO 9000和ISO 14000认证企业。九龙制药拥有国内一流的中药提取设备和技术，可进行：高温溶剂提取、低温浸渍、低温梯度渗滤；真空减压浓缩、双效蒸发浓缩、醇沉、乙醇回收、乙醇蒸馏；真空减压烘干等多种方法的中药有效成分的提取。公司现有5种剂型的生产线，即滴丸剂、片剂（薄膜衣）、颗粒剂、口服溶液剂（10ml~200ml）、合剂，28个品种，其中有12个品种的中药提取。单班年生产能力为：口服溶液剂1500万瓶；滴丸：8亿粒；颗粒剂：6000万袋；片剂：8亿片。同时北京九龙制药有限公司与北京中医药大学合作建立研究生培养基地，并合作开发具有自主知识产权的创新药物。年内，上缴税收236万元，完成产值达2740万元。

地址：延庆镇妫水南街13号

电话：69182080

（王雪）

【北京启迪之星创业加速科技有限公司】 2018年4月12日，启迪之星（延庆）正式揭牌成立，标志启迪之星全球孵化网络中的第113个节点在长城角下落地生根，延庆区第一次拥有以孵化企业为主要核心的公司。年内，推动“时光互联”邱虹云博士国际观星小镇，“上格云”的智慧楼宇、智慧园区，“全盛智能”无人机安防等特色项目落地；促成延庆区首家企业科协正式成立；成立北京启迪之星创业加速科技有限公司。2018年7月与延庆区合力承办文创大赛延庆区分赛场和创新创业大赛。9月至12月在延庆区政府的支持下，合作承办“美丽世园 · 科技冬奥”2018延庆创新创业大赛暨中关村延庆园第一届双创节，大赛吸引全球500多个高科技项目、39家参赛企业与中关村延庆园和启迪之星共同签约，落地延庆。截至年底，在延庆基地的服务平台落地企业60余家，其中，高端人才创业项目超过50%，高新技术企业13家，“海外高层次人才引进计划”项目1家、

“长江学者”项目1家，海外项目2家，院士项目3个。

地址：康庄镇八达岭新能源谷27号楼B1口三层

电话：61115686

（王雪）

【北京中科宇清环保有限公司】 北京中科宇清环保有限公司（以下简称“中科宇清”）是一家具有环境工程专业承包资质，以系统、高效、快速、低成本（简称SEFC）水环境治理技术的整体优化和应用推广为特色的系统治水服务商。2018年8月，中科宇清获得中关村高新技术企业资质。公司专业从事分散式生活污水处理、黑臭水体治理，以及河流水生态修复等业务，具有环保工程专业承包叁级资质，在水体富氧和水生态修复方面拥有自主专利技术8项，其主要产品为水体高效富氧装备和分散式污水处设立设备。中科宇清自2015年5月成立，业务以政府工程类项目为主，侧重项目实施，工期长，2017年研发投入110.79万元，签订销售合同额7779.7万元；2018年1月至6月，实现研发投入达176.78万元，是上年同期投入的1.6倍，已签订销售合同额242.6万元。公司目前股权结构是内资形式；公司实行总经理负责制，公司法人和总经理由谢涛博士担任，2018年有员工30余人，其中本科及以上学历占50%以上。下设市场营销部、研发部、技术部和运维实施4个部门。年内，公司在中关村延庆园的办公区域内，建立环境工程实验室（750平方米），具有水质分析检测试验条件，且具备开展水污染治理专用设备、水生态修复工艺的中试规模试验的环境和能力。并加入北京化工大学牵头成立的“北京市水处理环保材料工程技术研究中心（北京市科委认定）”与北京师范大学、北京化工大学等科研单位紧密合作，加大水处理技术与产品的研发工作。其中，联合开展的新一代水体高效富氧新装备和微动力分散式一体化污水处理装备，已得到初步应用，并取得良好效果。相关设备具有高溶氧性能、高效率、低能耗的特点，在黑臭水体治理和分散式污水处理方面具有显著的技术优势和广阔的市场前景。未来公司将围绕高效富氧技术和分散式污水处理设备两个核心产品，进行多级组合工艺的开发和优化，逐步打造“在线监测＋数据分析＋设计规划＋工程治理”一体化的综合性环境保护业务体系，以期成为具有技术特色和集成优化能力的系统治水服务商。

地址：中关村延庆园风谷四路8号院15号楼3层

电话：51286880

（王雪）

信息化建设

【概况】 延庆区经济和信息化委员会设立信息化科，负责全区信息化工作。依法对全区软件实行行业管理；负责全区政务网络与信息安全管理，统筹协调推进全区城乡一体化中的信息化建设；协调推进有关信息化建设试点示范工作；组织拟订信息化领域的发展规划、年度计划和相关政策；按照规定权限，核准、备案和上报规划内和年度计划内信息化产业固定资产投资项目，并组织实施；配合社会信用体系建设；组织执行软件和信息服务业技术规范和标准；指导和监督政府部门、重点行业的重要信息系统与基础信息的安全保障；负责各乡镇电子政务绩效考核；负责全区无线电管理，开展信息化领域对外合作与交流。年内，通信基础设施日趋完善。宽带光纤覆盖城区及所有376个行政村，并已具备100兆宽带接入能力；完成新建63个基站的工作任务，实现4G村村通；完成刘干路试点基站建设12个，解决刘干路干沟区域多年没有手机信号覆盖的问题。积极推进5G试点工作，世园周边及城区主干道路启动智慧灯杆建设，在世园路、湖南路等路段完成智慧灯杆安装36根，部署4G基站、路侧停车设施、监控等设施，预留5G位置，并为城市管理、环保等提供可选基础设施。智慧延庆建设取得阶段成果。完成延庆政务云平台建设，区旅游委、区交通局、区信息中心等6家单位的信息系统完成迁移部署工作。推进区级大数据工作，完成第一批、第二批政务数据汇聚需求对接工作，以及1+9+X+Y数据目录梳理工作。延庆智能城市运行管理平台二期项目统筹推进。完成74个教育机构重点场所高清监控点位共2306路，完成重点区域的140个点位和城区高点监控21个点位建设工作。政务外网升级改造项目申报前期工作全面启动，完成项目的初步设计并通过了专家评审、前置审批和财政资金评审。政府网站系统运行维护及安全保障工作持续推进，完成32个部门子站和4个独立建设子站的关停和整合，在全市优先实现“一区一网”。全年接听报修及技术支持电话850多个，外出排障170次，主动发现处理410次，主机房巡检365次，分机房巡检12次。世园冬奥通信基础设施建设有序推进。完成世园全部12个宏站的建设，中国馆、国际馆、生活体验馆室分均已完成80%。冬奥临时和外围保障工程进展顺利。建设完成2个核心赛区临时保障基站和松闫路5个基站建设，满足应急通讯及施工通讯的需求。冬奥外部通信管道工程4条市政道路段管道已完成，4条公路路段管道正在施工。社会信用体系建设工作取得新成效。以联席会议办公室名义印发《延庆区社会信用体系建设三年行动计划（2018—2020）》和2018年重点工作任务。完善“信用延庆”信息公示平台，督促各部门归集信用数据，平台归集信用信息14000余条，在北京市区域信用环境状况监测月报第22期、第23期中，延庆综合指数排名分别是第13名、第10名，排名稳步提升，第23期综合得分88.95，为历次最高得分，双公示工作在16个区中排名第1。全年开展信息化行政执法检查21次，在依法开展行政执法过程中未发现违反信息化相关法律法规的现象；完成各类投诉及反应问题回复48件，其中非紧急救助中心派单38件，每日舆情派单4件，网格化工单6件。

单位名称：延庆区经济和信息化委员会
地　　址：延庆镇东外大街建业胡同2号
电　　话：69103310

（郑鑫）

【世园会通信应急演练】 9月11日，区经信委、应急办、北京电信延庆分公司联合开展第一轮世园会通信应急演练活动。北京电信延庆分公司、北京市电信公司网络运行维护部机动应急通信中心主持演练活动。演练内容是：通过卫星电话指挥通信、“处置突发事件”C网通信保障以及大型应急通信车车载基站开通3个科目，系统检验电信公司应急指挥能力、现场快速处置能力以及协调作战能力。演练活动出动应急工作人员11人，应急通信车3辆。

（郑鑫）

【突发事故应急演练】 9月25日，区信息中心进行突发事故应急演练。演练活动从9时开始，模拟无预警停电情况下，启动应急预案，根据事件进展，启动UPS、数据应急备份、关闭服务器等系统。演练活动有助于提升中心应急反应能力，提高安全保障水平。

（郑鑫）

【国庆假期网络保障】 10月1日—7日，区信息中心成立安全工作领导小组，保证双人双岗进行7×24小时实时监控，重点巡查政府网站、内网办公等重要信息系统和政务外网、图像网运行情况。紧急恢复三起故障，第一起为八达岭镇图像传输服务器频繁瘫痪事件，第二起为政府主楼机房断电导致一个猫框损坏，第三起为八达岭镇政务外网光缆被车辆挂断。中心领导和运维人员及时排除故障，保障系统、网络安全平稳运行。

（郑鑫）

【两化融合管理体系贯标工作培训会】 年内，延庆区经信委召开两化融合管理体系贯标工作培训会。邀请北京专家讲解《两化融合管理体系贯标试点申报流程》。并对两化融合管理体系标准进行解读。全区20余家规模以上工业企业及重点企业30余人参加培训。

（郑鑫）

【5G业务知识普及培训会】 年内，区经济信息化委召开5G业务知识普及培训会。延庆区5G和大数据工作专班人员以及区经信委工作人员70余人参加培训。

（郑鑫）

【刘干路干沟区域信号实现全覆盖】 年内，刘干路干沟区域规划建设的13个基站全部完成，移动、电信、联通3家运营商的网络覆盖安装到位。采用交流电力、直流远供、太阳能光伏3种供电方式，实现信号全部覆盖。

（郑鑫）

【延庆区大数据平台建设】 年内，完成区级13个部门、35类数据目录梳理工作；完成市级市城管委、市公安局、市规土委、市交通委、市经信局、市文化和旅游局、市气象局、市商务委、市水务局、市卫健委10部门457类数据落地对接；完成支撑世园专项应用即市公安局、市生态环境局、市卫健委、市文化和旅游局、市信访办、市应急管理局、市政务服务管理局7部门共34类数据落地对接。

（郑鑫）

通信企业

【中国联合网络通信有限公司北京市延庆区分公司】 中国联合网络通信有限公司北京市延庆区分公司，隶属中国联合网络通信有限公司北京市分公司，下设4部室9中心，分别是办公室、党群工作部、客户服务部、网络部、网络维护中心，政企客户中心、市场营销中心、家庭客户中心，城关、永宁、康庄、龙庆峡、大榆树营服中心。2018年以中共十九大精神为指导，坚定不移地贯彻落实集团公司聚焦战略，紧密围绕集团公司“新基因、新治理、新运营、新能力、新生态”的工作思路，全面推进公司互联网化转型，加快创新突破，加大系统性变革，不断夯实基础管理，激发内部活力，持续提升效率效益，奋力开创公司高质量发展新局面。年内，为全面落实公司作为2022年冬奥会通信服务合作伙伴的各项承诺，推动奥运营销工作的全面实施，保障奥运期间网络的安全、高效运行，分公司成立冬奥领导小组和冬奥办公室。为做好汛期网络安全保障工作。组织修订防汛应急预案，完善各专业预案，做好汛前安全检查，对9个机房进行防水维修，彻底排除安全隐患，确保辖区内网络安全度汛。中非合作论坛北京峰会期间，为八达岭景区提供通信保障相关事宜。

地址：延庆镇东外大街107号

电话：69141003

（窦文艳）

（栏目编辑　景冰芳）

商贸服务业

概 述

延庆区商务委员会（简称区商务委），挂延庆区粮食局（简称区粮食局）牌子，是负责全区内外贸易、对外经济合作和粮食流通工作的区政府工作部门。内设办公室、政工科、流通发展科、服务交易科、外经外贸科、安全监管科6个行政科室，辖商务执法监察队、粮食管理中心、会展促进中心3个事业单位。年内，落实2018年版《外商投资准入特别管理措施（负面清单）》，推进产业对外开放、缩减服务业负面清单；承接外资企业设立及变更备案权限，强化属地备案、属地管理；开展全区营商环境考核评价工作。制定《2018年度延庆区粮食流通工作要点》和《2017年度粮食安全区长责任制考核整改方案》。完成全区2018 年粮食安全区区长责任制自查、考核工作。关停康庄兴隆、永宁永博翰市场，升级改造八达岭青龙集贸市场。编制《井庄镇特色街提升方案》和《八达岭商业街建设提升方案》，结合“阳光餐饮”工作打造康庄镇“食品安全一条街”。以“服务保障冬奥世园”为重点，以“疏功能、稳增长、惠民生、保安全”为主线，商务运行态势总体平稳，稳中提质。截至年底，全区总消费完成171亿元，同比增长8.7%；社会消费品零售额完成98.3亿元，同比增长5.7%；外贸进出口总额完成1.36亿美元，同比增长19.24%。

单位名称：延庆区商务委员会
地　　址：延庆镇新城街2号
电　　话：69101551

（王清波）

【世园冬奥餐饮服务保障】 年内，制定《延庆地区2019年北京世界园艺博览会和北京2022年冬奥会商务服务保障工作方案》；引进潇湘甲鱼村、金百万等品牌连锁企业入驻延庆；摸排全区配餐能力；开展“大培训、大比武、大练兵”培训，3957人次参训。冬奥40项任务完成37项。

（王清波）

【生活性服务业品质提升】 年内，编制《延庆区生活性服务业设施规划（2018－2022）》，完成86个便民网点的新建和规范提升，补建网点15个，引入“厢式柜”新模式服务社区居民。推进服务总公司与首农集团便民综合体试点项目建设。

（王清波）

【商务执法检查】 年内，出动执法检查人员719人次，检查行业内各类经营单位359家次，做出行政处罚决定103起，立销案程序2起，罚款79000元。开展商务领域安全生产培训14次，培训800人次。

（王清波）

商贸企业

【延庆区商贸总公司】 延庆区商贸总公司简称（简称区商贸总公司），2018年有延庆人民商场有限责任公司、夏都顺祥糖酒商贸中心、延食拓业劳务服务社、北京市华庆资产管理中心4家基层经营单位。年内，商贸总公司一次性出资315万元收购人民商场原职工个人股份

365.4万元；工商局给予办理出资人变更，人民商场企业性质由原来的其他有限责任公司变更为国有独资有限责任公司并完成企业法人变更。莲花池盐业销售中心院内南半部划归建设国家应急储备中心，食盐仓储库部分腾退，公司投资85万元对北部危旧房屋进行提升改造，既满足食盐储备的需求又改善了院内环境。投入75万元更换人民商场消防中控设备和监控及地下室排送风设备。同期投资37万元，升级改造各基层企业老旧线路和硬件设备。配合区委区政府提升市容市貌，对东街街面大楼外立面进行改造，同时公司投资42.9万元对院内门窗进行更换、办公楼外墙进行粉刷，使其与东街外立面相一致。截至年底，实现自营商品销售收入8197.13万元，同比上升26.76%；租金收入1475.1万元，同比上升8.01%；资产负债率25.49%，同比上升6.97个百分点；上缴税金342.19万元，同比下降0.45 %；职工收入增长率为21.41%；国有资产保值增值率99.36%。

地址：延庆镇东街11号

电话：69101143

（吴纪芳）

【延庆粮油有限公司】 北京市延庆粮油有限公司的前身是北京市昊利恒粮油贸易有限责任公司，2017年12月由北京市延庆粮油总公司更名改制为北京市延庆粮油有限公司，2018年隶属北京首农食品集团有限公司。公司是由原延庆县粮食局整体转制组成的市属国有独资企业，从事粮食贸易经营，承担粮食储存、管理，退耕还林粮食供应等职责。2018年，公司有土地面积67.57万平方米，房屋面积13.24万平方米，有北京市隆庆粮食收储有限公司、北京京粮隆庆贸易有限公司、北京市昊利恒粮油贸易有限公司、北京市隆庆夏都供应有限公司、北京康拓饲料加工有限公司、北京市成龙工程公司6家企业，业务涉及粮油贸易、粮油储备、不动产经营三大产业，形成以贸易为龙头、仓储和不动产经营齐头并进的经营格局。公司坚持“以收储为基础、以经营为根本、以效益为中心”的工作方针，加强市场研判，创新经营思路，不断提升粮源采购能力和市场反应能力。2018年，公司总资产2.65亿元，不动产经营土地面积23万平方米，年汇总收入6.4亿元，汇总利润206万元。依照《北京市新增产业的禁止和限制目录》2015年版的规定，清退低端租户40家，对全市范围内禁止和限制的行业不再进行招租，注销3家企业，北京京都银龙食品有限公司、北京市八达岭食品厂及北京市延庆粮管所。9月5日，公司举办第六届“一口清”业务比赛，各粮库保管员、检验员34人参加比赛。9名职工进入前三名。9月12日，在大榆树粮库举办公司第十一届职业技能竞赛暨首席职工评选，经过前期竞赛，各粮库保管员、检验员15人进入决赛。保管员经过业务知识笔试、害虫识别、熏蒸防护装备正压式空气呼吸器的使用三个环节，检验员经过业务知识笔试、粮食水份测试定、粮食脂肪酸值实验等级3个环节的比赛，评选出公司2018年度首席职工4人，其中保管员3人，检验员1人。年内，与国有企业黑龙江直属库管理有限公司合作，由对方代收代储稻谷4.01万吨，增加收入1.06亿元，增加利润80万元；与集团控股企业黑龙江源发粮食物流有限公司合作，随购随销玉米5.00万吨，增加收入8600万元，增加利润40万元。本地收购玉米49685.874 吨，竞价购入玉米12346.265吨，竞价购入小麦7577.26吨；同时提高随购随销经营数量和品种，随购随销玉米167291.115吨，小麦23505.833吨，稻谷4.08万吨，红小豆118吨、芸豆50吨。销售粮食30.14万吨，实现销售收入5.2亿元，实现利润156万元。销售成品粮1049吨。全年签订租赁合同126份，通过冬奥会项目建设和民政局救灾的物资存项目，新增租金200多万元，使全年不动产租金收入达到700万元。为大柏老粮库、大榆树粮库、永宁粮库、张山营粮库安装挡粮门；对康庄粮库、张山营粮库罩棚及维修车间的非阻燃彩钢板进行改造；装修张山营粮库、永宁粮库的办公楼；重新粉刷大榆树粮库砖仓外墙及钢梯；维修粮食大厦供水管道、西围墙；对大柏老粮库、康庄粮库、大榆树粮库、永宁粮库进行智能化升级改造。清理铲除张山营粮库杂草、可燃物10公顷（150亩），投入30万元进行围墙翻建维修加固；改造非阻燃彩钢屋顶和更换挡粮板投入130万元。公司安全生产总计投入178万元。退耕还林补助粮款供应发放工作涉及15个乡镇493个自然村17484户，合格面积3380公顷（5.07万亩），共计发放面粉1774.269吨。结对帮扶内蒙古兴和县赛乌素镇赛乌素村。向村委会援助资金52580元，用于赛乌素村基础设施建设，解决村民实际生活困难，慰问当地3户特困户，与对接镇、村加强联系、沟通，及时提供农产品销售信息。

地址：延庆镇京张路口南400米

电话：69144716

（李薇）

【延庆区饮食服务总公司】 延庆区饮食服务总公司隶属于延庆区国资委，是一家国有饮食服务企业。公司机关下设政工科、财务科、劳资科、业务科、办公室。分支机构包括：延庆区饮食服务总公司同丰酒店（原北京市新风大酒店）、延庆区饮食服务总公司同昊酒店（原新风分店）、延庆区饮食服务总公司同祥酒店（原延庆燕春饭店）、延庆区饮食服务总公司同喜大酒楼（原延庆县新城服务楼）、延庆区饮食服务总公司同凯酒店（原北京凯思大酒店）、北京顺德祥达商贸有限公司、北京博艺苑印章有限公司、北京永宁豆腐宴餐饮有限公司8家企业。2018年有固定资产7200万元，建筑面积3.5万平方米。年内，组织中式烹调师、中式面点师30人参加技师和高级技师职业资格证培训学习；邀请中国烹饪大师刘建民大师为50余名中式烹调师详细讲授烹调基本业务技能及常识。举办饮食服务总公司第22届职业技能大赛。88名选手参加中式烹调师、中式凉拼、中式面点师、餐厅服务员和刀工5个项目的比赛，24名选手进入前三名。总公司选派11名选手参加北京市2018年第八届商业服务业服务技能大赛决赛，中式烹调师项目吴琪获得第八名，中式面点师项目王冬梅荣获第五名、李冰获第七名。总公司所属新风大酒店、燕春饭店、凯思大酒店获首都餐饮业“品质餐饮示范店”称号。总公司将燕春分店二楼、三楼整体出租给九府羊经营，盘活企业闲置资产640平方米。同喜大酒楼（原新城服务楼）重建工程年底竣工。整体出租首农集团建设首农食中心项目。凯思大酒店所属的同心分店在温泉南区东里、格兰山水二期、新兴西社区等18个社区建立配餐点，全年实现营业收入83万元。截至年底，总公司实现营业收入8075.17万元，同比增长5.0%；累积实现利润59.48万元，同比增长6.6倍；累积发放工资总额2383.2万元，同比增长7.1%；累积上缴税金364.5万元，同比增长8.6%。

地址：延庆镇京张路口东南角（原新风分店）

电话：69103218

（张旭靖）

【延庆区供销合作总社】 延庆区供销合作总社（简称区供销社）是综合经营的集体所有制商业企业。机关设办公室、人事劳资保卫科、资产经营管理科及工会委员会、女工委员会组织。下属企业有城关、康庄、大榆树、旧县、张山营、四海、千家店7个乡镇级基层供销社。直属企业有鑫妫川购物中心、土产公司、农业生产资料公司、永安宏业商贸中心。年内，按照区委、区政府、区国资委清理散乱污及三合一经营场所的要求，经过清理摸排，全系统6个基层社的16家商户属于被清理对象。通过与商户沟通协商及联合执法等方式，16家被清理对象按规定要求清理完毕，年终减少租费收入30万元。区社配合市国家安全局、区政府抓好土产公司土地征用工作。该项目涉及承租户11户，土产公司职工77人。到12月末，77名干部职工全部分流安置，11户承租户补偿款全部支付。全年全系统商品销售额5174万元，税金完成96.3万元，实现利润2.5万元；资产负债率56.6%。

地址：延庆镇东外大街26号（鑫妫川购物中心5楼）
电话：69103212

（徐所柱）

【北京市延庆区烟草专卖局（公司）】 延庆区烟草专卖局（公司）（简称延庆烟草）负责延庆辖区的卷烟经营和市场管理。公司设七科二室：办公室（安保科）、专卖监督管理科（专卖稽查支队）、内部专卖管理监督派驻办公室、法制科、营销网建科、财务科、人事科、纪检监察科（党建工作科）、配送仓储科。2018年持续推进专卖行政大厅“一站式”证件办理服务，截至年底辖区有持证户1090户，同比减少177户。全年实现税利8229.21万元，同比增加1547.31万元，增长23.16%。卷烟配送行驶53980千米，配送零售客户38544户次，卷烟配送到位率100%。年内，延庆烟草联合北京市公安局延庆分局治安支队、延庆区邮政局和辖区物流快递企业召开打击非法运输烟草专卖品座谈会，强化烟草与公安、邮政等部门的协同工作机制，确定把物流快递行业作为卷烟打假打私的切入点，建立长效工作机制，定期开展物流寄递环节涉烟整治，规范物流寄递环节监管工作，防止违法犯罪分子利用快递物流运输违法卷烟扰乱卷烟市场秩序。开展“3·15”“5·15”“6·29”“12·4”普法宣传活动，通过在延庆区中心商业区环球新意东门、大型集贸市场日上市场、京烟零售店门口发放资料、现场咨询、设立展板等形式，“图文并茂”向零售户和消费者宣讲涉烟常见违法行为及处理办法和卷烟真伪鉴别知识；宣传“12313”烟草举报电话，提高群众的自我保护意识，鼓励群众积极举报涉烟违法行为，共同打击涉烟违法犯罪行为。活动发放宣传资料750份，接受普法群众1000余人。延庆烟草成立终端文明吸烟区专项工作小组，在辖区开展文明吸烟区市场调研工作。针对政府机关单位、公交枢纽、社区街道、商业区写字楼、医院等重点区域，了解区域内符合搭建吸烟区需求数。经与辖区政府相关部门协调沟通，选取区医院、S2线延庆站、中踏商场等11个拟建吸烟区，推进“烟头不落地 文明又美丽”专项行动，致力文明吸烟环境建设。卷烟打假打私查获各类违法卷烟案件73起，同比提升17.74%；查获违法卷烟164.74万支，案值82.67万元。全年开展专项安全检查3次，日常检查12次；梳理危险源27项，针对5项显著危险源制订应急措施；发生2次交通违章行为，季度违章率控制在20%以内；未发生重大安全事故，实现“1002”安全管理目标。

地址：延庆镇妫水南街9号
电话：81196686

（孙刚）

【北京八达岭国际会展中心】 北京八达岭国际会展中心（简称“八达岭国展”）位于延庆区庆园街65号。占地26.8万平方米，建筑面积5.3平方米，设党建办、办公室、资产经营部、财务核算部、会展部、工程部、保障部和北京妫川荣成会展服务有限公司、北京八达岭国际葡萄酒交易中心有限公司、北京八达岭长城会展中心有限公司3个全资子公司。主要职责是代表区政府对八达岭国展的资产进行经营管理。八达岭国展企业化经营后确定“政府扶持、市场化导向”的发展目标，坚持“品牌化、专业化、市场化、国际化”的办展原则，聚焦服务保障“世园会、冬奥会”重大绿色发展机遇，强管理、重效益，打造与其相关的国际性高端专业展会。成功获得世园会“布展服务类”“设备租赁类”和“展区管理类”服务供应商。年内，以市场化运作的方式成功筹办举办2018（北京·海淀）比利时布鲁塞尔国际葡萄酒大奖赛延庆分会场活动。连续举办两届2018中国葡萄酒大会、三届中国（北京）景观苗木博览会。为2018京张优质农产品推介会、改革开放40周年图片展、2019年北京世界园艺博览会 “花开新时代”倒计时一周年活动和第十届北京端午文化节等大型展会提供场地保障。自办 “2018北京延庆汽车文化节”等活动；为2018年全区领导干部警示教育大会、延庆区首都文明单位进世园专场培训会等多次大型会议活动提供场地及会务服务。截至年底，举办博览会及各类活动100场、举办会议49场，同比上年增加95场。参与2018年国际冬季运动（北京）博览会延庆展区的设计、搭建和展会接待等工作，获得“优秀展示奖”。获得中外会展颁发的“2018年度金五星优秀会展服务供应商奖”；中国会展杂志社、中国国际会展文化节组委会颁发的“2017—2018年度中国会展标志性展馆奖”以及中国会展杂志社颁发的“2018年度最佳城市形象场馆奖”。

地址：延庆镇庆园街65号

电话：69148188

（韩雪）

（栏目编辑　景冰芳）

旅游业

概　述

延庆区旅游发展委员会（简称区旅游委），是负责全区旅游发展统筹协调、产业促进和行业管理的区政府工作部门，设办公室、规划发展科、行业监督管理科、公共服务科、政工科（监察科）5个机构。下辖延庆区旅游宣传中心、延庆区旅游信息服务中心、延庆区旅游产品研发中心、延庆区旅游发展研究中心、延庆区乡村旅游发展中心、延庆区旅游标准化促进中心6个事业单位。2018年，全区有各类旅游企业150余家。景区景点30余处，其中A级旅游景区 20家（5A景区1家—八达岭长城；4A景区6家—龙庆峡、千家店百里山水画廊、松山森林旅游区、八达岭水关长城、野鸭湖国家湿地公园、世界葡萄博览园）。宾馆饭店80家（其中星级饭店13家），有旅行社39家，特色旅游购物场所2家，星级民俗村52个，星级民俗户1210户，特色业态76家。年内，区旅游委确立并实施全域旅游发展战略，深入推动旅游产业全域化发展，国家全域旅游示范区创建取得阶段性成果。制定《2018年延庆区全域旅游工作计划》，完成《延庆全域旅游空间布局规划》，涉及全区旅游、文化、农业等多个领域、近90个单位的全域旅游创建任务正在按计划稳步推进并处于收尾阶段；全面启动全域旅游创建资料汇总和归案工作，通过市级中期评估，并被确定代表北京市参加首批“国家全域旅游示范区”评估验收。推动区域旅游协同发展，编制《京张文化体育旅游带延庆工作方案》，与内蒙古兴和县、张家口宣化区在旅游培训、宣传推广等方面深入开展帮扶工作；与天津市津南区、河北省张家口市、南开大学旅游与服务学院签订京津冀乡村旅游发展战略联盟协议。围绕服务保障冬奥世园中心任务，实施旅游综合服务能力提升工程。召开服务保障冬奥世园部署会，制定世园会旅游接待组织方案、冬奥会住宿预分配方案，组织开展世园接待实地演练；提升住宿服务水平。

制定《北京冬奥会延庆赛区旅游饭店运营保障奖励资金管理办法》，推进新华家园、中银酒店等 6 家存量酒店的升级改造，与北京城区三家酒店签署帮扶协定，完成新华家园三星级、格林豪泰南菜园店二星级酒店评定；打造“世园人家”124户，举办世园花宴美食节等系列活动，策划推出“休闲花海游”等12个世园精品旅游线路，并推向市场运营推广；完成13座旅游厕所和10个旅游咨询站的改造工程，建设百里画廊滨水步道16.7千米，完成旅游智慧服务系统一期建设。建成旅游培训综合管理平台，组织旅游行业“大培训大比武大练兵”活动，开展接待技能、英语口语等专题培训5000人次。

单位名称：延庆区旅游委
地　　址：延庆镇妫水北街72号
电　　话：81191198

（谢雅娟）

行业管理

【冰雪旅游峰会推介延庆冰雪节】 1月4日—7日，延庆旅游委和区内重点冰雪旅游企业赴哈尔滨参加第三十四届中国·哈尔滨国际冰雪节暨第三届中国（国际）冰雪旅游峰会。出席第三届中国（国际）冰雪旅游峰会并推介“冰雪延庆 激情冬奥”为主题的延庆区第三十二届冰雪欢乐节，重点介绍延庆区正在开展的四大类40余项冰雪活动。

（谢雅娟）

【延庆旅游自媒体线下活动】 1月21日，“美丽延庆”自媒体在北京爱琴海购物中心举办旅游推广活动，万科石京龙滑雪场、金隅八达岭温泉度假村、辉煌国际度假区、世葡园、长城铁花、柳沟冰雪嘉年华6个冰雪旅游热门景区参加。活动现场通过扫二维码赠小礼品、冰壶球体验、现场赠票等互动活动，吸引3000余人参与，活动现场送出礼品及门票900张，发放延庆旅游宣传材料500余份，微信平台粉丝增加1061人次。

（谢雅娟）

【5大机场VIP贵宾室宣传延庆旅游】 2月10日，以“中国·延庆 世界从这里认识长城”为形象口号，以“冰雪延庆，激情冬奥”“全力创建国家全域旅游示范区”为主题，以冰雪欢乐节和永宁花灯庙会为内容的延庆旅游宣传画面亮相北京首都、上海浦东、上海虹桥、广州白云、天津滨海等5大国际机场VIP贵宾室。此次宣传利用春节前后旅客量大的优势，对准一线机场VIP贵宾室高消费群体，宣传延庆冬季旅游品牌形象，提升延庆冬季冰雪旅游以及节庆旅游知名度。春运期间有165万人次观看到宣传画面。5个机场累计投放刷屏机42台，宣传画面每15秒循环播放，每日循环播放120次，最大化覆盖流动性旅客。

（谢雅娟）

【春季旅游宣传】 4月，区旅游委结合踏青赏花、观光旅游、非遗表演等春季特色旅游资源。宣传以古长城第五届杏花节、长城铁花表演、玉渡山风景区以及龙庆峡风景区为主，选择市内、城郊48条热门线路215辆公交车，利用车身、车内广告进行全面推广，宣传周期为1个月。

（谢雅娟）

【客房服务员中式做床比赛】 8月24日，由区旅游委组织的2018年延庆区旅游行业客房服务员中式做床比赛选拔赛在金隅八达岭温泉度假村举行。选拔赛以“岗位练兵、技术比武”为主题，从专业技能、仪容仪表考评参赛人员的业务水平。全区重点星级饭店及住宿业33家、30人参赛。评委由北京市旅游行业技能大赛裁判员组成。经过半天的比赛，产生10名优胜者和2家单位获团体奖。

（谢雅娟）

【龙庆峡景区水上救援演练】 8月27日，由市交通委员会运输管理局主办，龙庆峡景区、北京水运游船行业协会承办的游船应急演练在龙庆峡景区举行，北京市水运游船协会下辖的28家成员单位参加观摩演练。内容包括游船消防应急救援演练和游船突发故障弃船应急救援演练两部分。其目的是评估景区应急准备状态，发现并修改应急预案和执行程序中的缺陷和不足，进一步培训和提高应急响应人员的业务素质和能力，提高景区全员安全意识。区交通局、区安监局、区旅游委、区消防大队等相关单位参加。

（付艳春）

【“微网站”服务】 9月12日，野鸭湖管理处为提升景区服务质量、打造城市名片，开设智慧旅游系统“微网站”服务，微网站和北京野鸭湖国家湿地公园微信公账号绑定，游客可通过微网站了解景区资讯、订票服务、停车导引等，还可通过扫描二维码的方式进行微信支付，有效减少游客的等待时间，提升游客体验度和满意度。

（宋亮楠）

【京张旅游管理人员培训】 9月26日—29日，由延庆区旅游委组织、北京尚游在线教育科技有限公司承办的“2018年京张体育文化旅游带旅游管理人员交流培训活动”在金隅八达岭温泉度假村举行。授课专家团由业内专家、行业管理者、业绩突出的京郊旅游业态代表组成。理论课内容涉及“京张体育文化发展旅游新思路”“精品民宿服务”“消费者心理”“景区与酒店高效执行力”“景区与酒店营销及策划”等。对口帮扶地区河北省张家口市宣化区、怀来县旅游管理人员、酒店行政管理人员及景区管理人员35人参训。

（谢雅娟）

【野鸭湖通过国家AAAA级旅游景区复核】 11月9日，市旅游委组织复核专家工作组对北京野鸭湖国家湿地公园进行国家AAAA级旅游景区复核。复核专家工作组由市旅游委行业管理处专家库、市旅游委协会景区分会专家、院校专家、第三方景区管理机构专家组成。复核工作从旅游交通、游览、旅游安全、卫生、旅游购物、旅游餐饮、综合管理、资源和环境保护等8个大项进行。

（宋亮楠）

【延庆区获“冰雪旅游十强”称号】 12月23日，2018中国冰雪旅游盛典在吉林省长春市举行。根据《中国冰雪旅游发展报告2018》研究成果，延庆区获评“2018冰雪旅游投资潜力区”，延庆区第三十二届冰雪欢乐节获评“2018冰雪旅游节事十强”。

（谢雅娟）

【恐龙足迹保育项目】 年内，延庆世界地质公园团队邀请希腊莱斯沃斯世界地质公园保育团队及中国地质大学（北京）张建平教授团队，对延庆1号点恐龙足迹化石开展保育项目合作，旨在提高恐龙足迹化石抵抗雨雪侵蚀和抗风化能力，截至2018年已发现确认的延庆恐龙足迹1号点的数量为185个。

（李昀倩）

【姊妹公园协议】 年内，延庆世界地质公园分别同沂蒙山国家地质公园和光雾山—诺水河世界地质公园结为姊妹公园，旨在地质公园管理、地质遗迹保护以及普及地学科普知识、带动地方经济发展等方面开展合作与交流。

（李昀倩）

【公共服务简化】 年内，旅行社服务网点业务实行“多证合一”。完成工商登记手续即视为完成旅行社服务网点的备案，企业无须再前往区旅游委办理备案登记，区旅游委也不再向企业发放《旅行社服务网点备案登记证明》。派驻工作人员进驻延庆区政务服务中心，开通网上办理通道，企业可在线进行事项网上申报；整合办事事项。根据《关于精简本市政务服务（公共服务）事项的工作方案》要求，对现有6项服务事项进行整合，经与市旅游委对接，将“旅行社设立分社”“旅行社分社变更登记事项”“旅行社撤销分社”3项整合为“办理旅行社分社备案”1项；将“旅行社设立服务网点”“旅行社服务网点变更登记事项”“旅行社撤销服务网点”3项整合为“办理旅行社服务网点备案”1项。

（谢雅娟）

【旅游行业培训】 年内，开展国际礼仪、英语口语、外事接待、西餐制作等多项专业培训，共开设52个班，培训近5000人次，完成“百千万”京郊旅游从业人员培训计划。组织“京张体育文化旅游带旅游管理人员交流活动”，加强对河北省张家口市宣化区、怀来县的对口帮扶；搭建集课程选择、在线学习、教培管理、反馈评估等功能于一体的网络综合培训管理平台，注册学员2871名，上线课程61

个，实现线上线下旅游培训一体化。

（谢雅娟）

【百里画廊滨水步道竣工】 年内，百里画廊滨水步道建设竣工投入使用，步道位于千家店镇百里画廊风景区，西起干沟大桥，东至朝阳寺广场，总长16.8千米，内设亲水平台、栈道、廊桥等节点景观，是集休闲游憩、康体养生、地质教育、户外运动于一体的山水步道，为延庆生态旅游景观增添了新亮点。

（谢雅娟）

【旅游标识引导系统升级改造】 年内，为满足2019年世园会、2022年冬奥会等一系列绿色发展大事的旅游交通需求，区旅游委在现有旅游交通标识牌基础上按照新标准重新规划设计旅游道路标识牌，涉及20个旅游景点、41个民俗村、4个咨询站，共计76个点位、185块标识牌，截至年底，已安装完成143块。

（谢雅娟）

【旅游市场管理】 年内，组织专项联合执法检查行动20余次。与各部门联合出动执法检查车辆1100车次；出动检查人员2500人次；检查旅游企业400家次；检查旅游车辆3000车次；检查导游员3000人次；查处黑旅游大巴车9辆；查处违法违规导游员2名；刑事拘留违法违规扰序人员18人，行政拘留6人；劝阻清退拉客揽客等违法违规人员100人次。

（谢雅娟）

【旅游安全检查】 年内，区旅游委于法定假日、全国“两会”“中非论坛”等重要时期，开展安全生产专项检查，出动执法人员1200人次，出动执法车辆930车次，检查企业1700余家次。推广“双随机”抽查机制，全年对86家旅游企业进行抽查；开展火灾防控、食品安全管控、安全用电管理和特种设备等安全隐患专项排查62次。

（谢雅娟）

景区管理

【八达岭特区办事处】 延庆区八达岭特区办事处是1981年北京市人民政府批准成立的旅游特区，同年6月正式挂牌。八达岭特区办事处作为延庆区政府的派出机构，负责辖区内的行政事务和社会公共事务，发展旅游事业和公益事业，贯彻执行法律、法规、规章和市、区人民政府的决定、命令，完成市、区人民政府部署的各项任务。设办公室、党建办公室、人事科、财政科、基建科、综合治理办公室、文物管理科、外事办公室、监察科、保卫科、旅游应急办公室、经济合作办公室12个职能科室。辖宣传营销中心、票务管理中心、后勤服务中心、环境保洁中心、游客服务中心、信息中心、园林绿化中心、综合管理中心、长城文化研究中心9个科级事业单位。年内，完成八达岭长城景区敌楼修缮工程，内容包括八达岭长城南四楼敌楼、北一楼敌楼、北四楼敌楼、北八楼敌楼以及东平台防水及地面砖修缮。完成八达岭特区办事处国宾接待室修缮工程、八达岭长城景区山体防护工程、八达岭特区办事处防水维修工程、中国长城博物馆消防升级改造工程、公交场站建设工程；启动八达岭长城文化广场改造项目、八达岭长城景区前山污水系统改造工程、八达岭特区办事处办公楼消防系统升级改造工程。长城文物保护方面，全年巡查1000余人次，下发维修通知单39次，更换磨损严重的地面砖、台阶砖280余块、松动封顶砖55块、维修焊接扶手栏杆15处；清除关城小树苗4处，剐蹭长城树枝2处。与区文委共同举办“三个文化带”的保护与传承纪念北京文物安全保护志愿服务行动四周年大型宣传活动、2018年文化和自然遗产日宣传活动。推进文物保护规编制工作，委托北京建工学院重新编制《长城－八达岭景区段保护规划》，推进八达岭长城刻画、涂鸦实验研究工作，并形成实验研究报告。绿化美化方面，开展集中清理10余次，清扫清运积雪3次、清理卫生死角38处、清理景区内杂草7次、清理垃圾3.2吨、出动车次10次、维修景区垃圾桶60余个，清除城上乱刻乱画200余处，出动保洁员876余人次。卫生间更换林场车场洗手池9个；更换西门外、滚天沟小便池27个；更换北四楼水泵1台、林场车场水泵2台；更换20块标识牌、6块标识牌、增加厕所指示牌2块；增加关城、西门外、熊乐园应急灯6个和安全出口2个；更换北八楼、望京寺隔断板；增加文明宣传牌135块。全年清运固体垃圾1762.93吨、液体垃圾约1415吨。配合景区各部门工作要求，完成标识牌新建60块、维修96块、加固6块、拆除2块、修改中英文信息500余条、增加信息13条。在景区旅游重要节点设立志愿服务岗8个，培训志愿者14次，合计300余人次；志愿服务活动14次，活动时长35天；参与人员300余人，服务接待19万人次，服务项目包括指路、咨询导览、饮水、医疗、无障碍登城、发放宣传资料、问卷调查等。全年完成游客日常服务接待101.5万人次，同比增长 41 %。其中咨询服务35.1万人次；便民服务32.3万余人次；休息、阅览、导游服务10万余人次；广播服务5万余人次；医疗处置及门诊售药2420人次；医疗紧急救助182人次，残障服务222人次。综合治理方面，全年出动检查人员1200余人次，发现安全生产、消防安全、环境秩序、市场秩序、服务设施、食品安全、服务质量等内容的问题140个，派发整改通知单120份，督促责任部门限期整改并进行回访，确保问题和隐患消除。执行安检任务217天，聘用专业安检人员1.06万人次，检查游客400万人，存包共1.76万个，查收打火机17万个，刀具1413个，旗帜600个。安全生产方面，召开安全生产工作会12次，制定各类安全生产、消防安全方案预案20项，签订各项责任书、安全生产协议书、承诺书150余份，下发安全生产建议书28份、隐患责令整改通知书117份。开展森林防火、社会消防、内保防盗、燃气安全、锅炉安全等各类安全检查、自查自纠检查180余次，检查对象800余家次。发现各类安全隐患470余处，整改率95%以上。开展12期安全生产宣传主题教育活动，利用大屏幕滚动播放全景区禁放、安全生产和防火提示信息36条次，通过信息平台向景区经营商户发送安全提示信息8条，发放安全生产、防火宣传材料700余份。组织各部门、景区商户开展专题培训4次、警示教育1次、消防演练1次。对景区消防设施进行全面检查维修，新增设森林扑火二号工具100把，年检灭火器670余具，其中报废更新130余具。开展夜间值班值守抽查检查4次。宣传营销方面，针对景区假日旅游接待、文化交流和员工风采等内容在中央电视台、北京电视台和延庆电视台进行电视宣传报道76条；在中共中央机关报、《人民日报》《北京日报》《北京晚报》《北京晨报》《北京青年报》等市级报纸对景区风光、服务接待、交通秩序、文明旅游等方面进行平面新闻报道148篇次；在人民网、新华网、中国网、北京旅游信息网、搜狐网、新浪网、千龙网、乐途网等网络媒体刊载八达岭长城相关新闻4000余篇次；利用八达岭长城微信公众号“八达岭长城”平台宣传推送40期。全年完成国际国内媒体采访和媒体拍摄、影视拍摄共18余次，接待境内外媒体记者100余人次；与北京及周边100家旅行社和北京市内280家三星级以上宾馆饭店签订合作协议；完成专题调研及季度调研报告20份；策划组织并协助完成各类文体活动19场次。

（张晓赫）

【八达岭旅游总公司】 北京市八达岭旅游总公司为区属国有企业，按二级班子单位管理。设9部1室（职能部室），包括办公室、人力资源部、监察审计部、党群工作部、财务部、经营管理部、市场营销部、基建工程部、事业发展部、应急管理部。下辖企业16家，即北京古崖居风景名胜区旅游中心、北京八达岭残长城旅游观光有限公司、北京八达岭国际旅行社、北京八达岭巨龙工艺品有限责任公司、北京八达岭饭店有限公司、北京八达岭世界葡萄博览中心、北京长城全周影院有限公司、北京八达岭伟业停车场有限公司、北京市八达岭综合市场中心、北京八达岭岔道古城旅游开发有限公司、北京八达岭智慧旅游有限公司、北京八达岭畅安地面缆车运营有限公司、北京八达岭水关旅游开发有限责任公司、北京万科八达岭旅游开发有限公司、北京八达岭索道有限公司、北京市八达岭水关长城旅游公司。年内，进一步优化总公司资产结构和国有资产配置，吸收合并京都公司及所属子公司，撤销京都公司的独立法人资格，并将所属子公司工艺品公司与索道公司的销售业务及人员进行整合；将停车场移交传奇公司管理；将无实际经营业务的岔道公司进行撤销。成立北京八达岭妫川酒店投资管理中心，负责圣世苑酒店改造项目的建设及运营管理。截至年底，实现旅游收入37641.34万元，比上年同期30816.26万元，增加6825.08万元；上缴税金形成区级财政收入5006.06万元，比上年同期4373.45万元，增加632.61万元；实现利润4906.15万元，比上年同期2273.23万元，增加2632.92万元。

（黄妹妹）

【龙庆峡管理处】 龙庆峡管理处1987年成立，属政府派出机构，同时成立北京市龙庆峡旅游公司，属国有企业，1990年8月，龙庆峡脱离水利部门，1998年10月加盟北京控股公司，成立北京龙庆峡旅游发展有限公司，属中外合资企业，2008年5月归属京泰实业集团有限公司。2018年，景区内有北京龙庆峡旅游发展有限公司、北京市龙庆峡旅游公司、北京腾龙游乐有限公司、延庆县龙庆峡管理处、北京玉渡山旅游发展有限公司5个单位联合办公，有20个科室部所。主要负责龙庆峡景区和玉渡山景区的日常管理、旅游开发、服务接待等工作。年内，成立安全工作领导小组，逐级签订安全生产责任书，完善《龙庆峡景区安全生产工作方案》《应急救援预案》等10余项工作方案，开展安全检查30次，落实整改措施40余条，开展旅游市场综合整治15次，开展各类应急救援演练10余次，景区安全生产的稳定形势得到进一步的巩固和加强。继续强化旅游宣传促销措施，积极招募客源。加强和完善龙庆峡韩国语网站和国内网站运营建设，发送《第二届“迎世园、盼奥运”北京龙庆峡最美代言人评选活动》《盛夏来临，龙娃带您畅游龙庆峡》等推文30余篇。参加“中国国际特色小镇生态与投融资博览会”、第五届“中国（北京）国际服务贸易交易会”和“2018北京国际旅游博览会”等10余次旅游宣传促销活动。与中央电视台第二频、北京卫视《特别关注》栏目以及周边的河北、山西等地方电视台开展广泛的合作。继续加强同中韩文化友好协会合作，举办“冰雪情－中韩缘文化节”“龙庆峡杯”第十四届中华缘大赛”等规模较大、规格较高、公信力较强的旅游宣传推广活动，为全面开发韩国客源市场奠定基础。

（付艳春）

【野鸭湖湿地自然保护区管理处】 野鸭湖湿地自然保护区（简称野鸭湖），是1997年7月批准成立的县级自然保护区；2000年晋升为市级自然保护区。2011年成立野鸭湖湿地公园管理处，2013年国家林业局对野鸭湖国家湿地公园进行授牌。野鸭湖湿地公园管理处与野鸭湖湿地自然保护区管理处合署办公，主要职能为：贯彻执行国家有关湿地管理的方针、政策和法规，拟定并监督实施野鸭湖的管理政策；拟定并实施野鸭湖的规划、计划；承担野鸭湖湿地的保护、管理和开发利用，确保资源永续利用；组织开展对外宣传；协助有关部门开展科学研究和科普教育；协调解决辖区内及周边乡镇、村的各类问题；完成地方政府交办的其他事项。年内，开展“绿盾2017”回头看、“绿盾2018”专项行动、自然保护地大检查及北京市环保督察反馈意见整改工作。完善基础设施建设，开设“微网站”服务，湿地公园“保护与恢复”工程和完善野生动物救护站项目竣工并通过验收；通过国家AAAA级旅游景区复核，通过市船舶检验所、延庆水运局进行的游船综合检查。不断刷新野鸭湖鸟类名录，截至年底，观测到鸟类19目65科343种。

（宋亮楠）

【北京延庆世界地质公园管理处】 北京延庆世界地质公园管理处，设综合管理科、地质遗迹保护与开发科、地质科普与宣传科、地学旅游与开发科4个科室，下属事业单位延庆区地质博物馆。年内，围绕“地质遗迹保护、地学科普宣传和地学旅游开发”的宗旨，完成同希腊莱斯沃斯世界地质公园合作的千家店园区内1号点恐龙足迹保育项目；完成恐龙足迹冬季保护与设施维修工作；完成地质公园标识系统巡查维护工作；完成《生态延庆 地质传奇》中英文版纪录片拍摄及播出；举办“地学殿堂迎宾客 张灯结彩闹元宵”第一届地质公园元宵节活动。举办2018年度延庆世界地质公园讲解员工作坊，30名园区讲解员参加，考核全部合格，其中优秀率86%。利用世界地球日、世界环境日等主题节日以及恐龙足迹保育等专题活动，开展地学科普，参与受众4389余人次。举办第一届地质公园战略合作伙伴联席会议；围绕地质公园“绿牌”通过再评估、恐龙足迹保育等重点工作，在《人民日报》《北京日报》《China Daily》、新华社等30余家媒体进行宣传报道，提升延庆世界地质公园品牌影响力。

（李昀倩）

【中国长城博物馆管理处】 中国长城博物馆管理处为正处级事业单位，设五部一室，分别为办公室、人事部、财务部、业务部、社教部、保卫部。年内，长城博物馆接待观众34.35万人次，其中学生5.36万人次、外宾0.66万人次；为观众免费讲解605次，连续多年保持接待零投诉。完成消防系统升级改造工程。此次消防系统新增极早期空气采样火灾报警系统、火灾自动报警系统、电气火灾自动报警系统、中控室综合管理平台。改造火灾自动喷水灭火系统、消火栓系统和局部装修格栅吊顶等项目。对原有5套排烟风机进行维修，并在原有设计基础上增加4套排风设施。举办“中国非物质文化遗产系列展•根雕艺术——玄清根艺作品展”，参观人数34.35万人。举办主题教育活动38场次，包括“习爷爷的教导记心中”建队仪式、“长城印记”长城砖石拓片实践课、“了解长城历史 感悟长城精神”长城知识有奖竞答活动、“我眼中的长城”绘画比赛等主题活动，参与活动人数4970人次。开展“了解长城历史 感悟长城精神”为主题的社会大课堂参观活动13次，参与师生2110人次。获得“北京阳光少年文化科普进校园活动”先进集体称号和优秀组织奖、“北京市中小学生社会大课堂十周年展示活动”先进集体称号，被延庆区委宣传部命名为“新时代文明实践基地”。

（王丽萍）

【康西草原管理处】 “康西草原管理处”和“康西草原旅游公司”于1989年12月经延庆区人民政府批准成立，管理处和旅游公司为一套机构两块牌子，归旅游办管理，属于企业性质，独立核算，自负盈亏，总占地面积580.05亩（38.67公顷）。1990年正式对外开放营业，同年2月经延庆区机构编制委员会延编发字〔1990〕第4号文批准，康西草原管理处为自收自支事业单位，实行企业管理。2005年9月，北京康西草原旅游开发公司整体转制。大部分职工进入民营企业（北京中坤投资集团成立的“北京中坤康西草原旅游开发有限公司”）。康西草原旅游公司职工102人与原公司解除劳动合同，78名职工与北京中坤康西草原旅游开发有限公司签订劳动合同。康西草原旅游公司保留，承担转制前遗留的债权、债务问题。2006年1月13日根据延编办〔2006〕第02号文件要求，重新组建“延庆区康西草原 管理处”（2015年12月改称延庆区康西草原管理处），确定为全额拨款事业单位，履行服务、协调、监督职能。内设办公室和综合治理办公室。

（方俊杰）

景点介绍

【八达岭长城】 八达岭长城是万里长城的杰出代表，明长城的精华，位于北京市延庆区南部八达岭镇域内，距北京市区60公里，始建于明朝弘治十八年（1505年），由抗倭名将戚继光、谭纶督建，历经弘治、嘉靖、隆庆、万历四代皇帝（1505—1589年），是扼守京西北居庸关—八达岭关沟军事防御体系的重要组成部分。明代《长安客话》中说："……路从此分，四通八达，故名八达岭，是关山最高者"。八达岭长城1958年正式对游人开放，国保段全长7741米。2018年，游览开放段全长3741米，19个敌楼。景区规划面积70.1平方千米，核心景区面积55平方千米。年内，八达岭长城接待游人996.73万人次，同比增长6.90%，实现旅游收入30611.63万元，同比增长6.05%，全年接待三级以上外事勤务133次，其中一级勤务11次，二级勤务15次，三级勤务107次。截至年底，历年累计接待外国元首和政府首脑516位。

（张晓赫）

【八达岭古长城】 八达岭古长城景区位于八达岭长城西南10千米处，是八达岭长城防御体系的西大门，景区于2000年4月29日正式对外开放，属国家AAA级风景区，是北京市爱国主义教育基地。古长城是在原来城体的基础上进行一种维持原貌的加固和修缮，保存原始，虽然残缺，雄峰犹存，断壁残垣，让人能从心底感受长城应有的历史沧桑感和厚重感。古砖窑和采石场遗址，供游人了解城砖的烧制过程和长城建造的历史，具有较高的考古价值。年内，景区接待游客5.41万人次，实现旅游收入206.97万元。

（黄妹妹）

【水关长城】 水关长城位于北京西北40千米，此段长城是八达岭段长城东端，因修建中国第一条自主设计的京张铁路而截断，属国家AAAA级旅游景区。水关长城历史悠久，古老沧桑又不失雄伟壮观，是明长城的遗址，距今已有400余年的历史，是拱卫京畿的重要关口之一，由抗倭名将戚继光督建，以宏伟的景观、完善的服务设施和深厚的历史文化内涵而著称。年内，景区接待游客52.42万人次，实现旅游收入1103.25万元。

（黄妹妹）

【中国长城博物馆】 中国长城博物馆坐落于八达岭长城景区，是一座以长城为主题全面反映长城历史、军事、建筑、经济、文化艺术及现状的专题性博物馆。1994年9月建成开馆，由时任国家主席江泽民题写馆名。2007年全面改陈，建筑面积4000平方米，展览面积3200平方米。展览主题为"世界奇迹 · 历史丰碑"。

（王丽萍）

【龙庆峡】 龙庆峡是国家AAAA级景区，距北京市区70千米；古称"古城九曲"，是一处水绕山环风光秀丽的峡谷，属于自然水域风光型景区，既有南国山水的妩媚秀丽，又不失北国山水的雄浑壮观。1973年10月建龙庆峡水库，大坝高70米，坝顶长90米，整个水库流域面积119平方千米，库区面积34万平方千米，库容852万立方米。1984年成立旅游公司，开始发展旅游事业。龙庆峡是新北京十六景之一。年内，接待游客54.5万人次，旅游收入5487万元。

（付艳春）

【玉渡山景区】 玉渡山景区为国家2A级景区，隶属于北京龙庆峡旅游发展有限公司，2002年7月正式对外接待游人。有财务科、旅游开发科、公园管理科和办公室4个科室。景区位于燕山第一高峰"海陀山"脚下，地域面积75平方千米，植被覆盖率90%以上。区内有维管束植物105科380属713种，乔木、灌木种类繁多，覆盖山野；山中溪水长流，春夏秋时节、花开不断；空气含氧量比市区高2~3倍，堪称天然“氧吧”；夏季凉爽宜人，最高温度只有28℃，比市区低5~6℃，是消夏避暑的佳地。年内，借助微信、微博、互联网、报刊等新闻媒媒介，宣传景区的旅游资源，通过举办首届“玉渡山818户外运动节”，第二届玉渡山高山草甸露营音乐节和保护后河峡谷环境徒步等户外活动，开发平北抗日军分区司令部旧址等红色景点。全年接待游客25万人次，旅游收入1126万元。

（付艳春）

【北京野鸭湖国家湿地公园】 野鸭湖国家湿地公园位于北京市延庆区西北部，新中国“建国第一库”官厅水库之滨，北依松山、大海陀山；是由官厅水库延庆辖区及环湖海拔479米以下淹没区及滩涂、河流、库塘、沼泽组成的湿地系统。公园总面积283.4万平方米，位于北京市面积最大、生物多样性最丰富的野鸭湖湿地自然保护区的实验区，是北京地区重要鸟类栖息地，也是国际鸟类迁徙路线东亚——澳大利亚路线的中转驿站。每年迁徙季节，有众多鸟类在此停歇，其中雁、鸭种类和数量最多，野鸭湖由此得名。野鸭湖湿地动植物资源丰富，已经记录到国家一级保护鸟类10种，国家二级保护鸟类43种，植物472种，高等植物456种，其中野大豆（Glycine soja Sieb.）、绶草（Spiranthes sinensis）为国家二级保护植物。有昆虫182种、鱼类40种，是人们亲近自然、放飞心灵的好去处。截至年底，观测到鸟类19目65科343种。

（宋亮楠）

【延庆地质博物馆】 延庆地质博物馆是以延庆世界地质公园为依托，集地质科普、延庆地质遗迹、自然景观与人文风貌于一体的综合性、公益性博物馆。博物馆以“燕山之魂”为展览主题，全面展示地质科普知识、延庆典型地质遗迹类型以及与地质与文化、社会发展的关系等内容。2013年7月20日正式开馆，先后被评为“中国地质大学教学科研基地”“北京市科普基地”“延庆区中小学生社会大课堂实践活动基地”“延庆区中小学地质科普知识师训基地”“全国科普基地”和“北京市社会大课堂资源单位”。年内，延庆地质博物馆被中国古生物学会授予“全国科普教育基地”称号；挂牌“延庆区新时代文明实践基地”。完成地质博物馆北京市电气防火检测和建筑消防设施检测，实施地质博物馆消防改造工程。开展丰富多彩的科普宣传活动及志愿服务活动，招募47名志愿者，累计服务时长1360个小时。全年接待延庆区社会大课堂中小学生1800余人。接待游客4.2万人次，其中个人游客3.5万人次，团队54批次7000人次。

（李昀倩）

【古崖居】 古崖居景区位于延庆区张山营镇域内，南邻妫水，北依海陀，1991年对外开放。古崖居景区属国家AAA级旅游景区，是中国目前已发现规模最大的崖居遗址，是由不见史志记载的古代先民在陡峭的岩壁上开凿的崖居洞窟。现有石室160个，大小不均、形状不一，上下多层、层层相通。全部石室或圆或方，均合乎美学规矩，表现出一种原始的审美情趣，古崖居的来历至今仍是千古之谜。2018年，景区接待游客9.99万人次，实现旅游收入315.12万元。

（黄妹妹）

【葡萄博览园】 世界葡萄博览园位于北京市延庆区张山营镇的东南部，是葡萄主题公园，属国家AAAA级旅游景区。2014年7月25日正式对外开放，是集葡萄品种展示、观赏采摘、生态体验、景区游览、科普教育、休闲娱乐等功能于一体的综合性博览园。园区落实“以农业为基础、以教育为支撑、以旅游为补充”的规划目标，打造“四季有花”的农业主题，连年举办百合文化节、菊花文化节、葡萄文化节以及冰雪节和文化庙会。年内，接待游客19.31万人次，实现旅游收入942.27万元。

（黄妹妹）

【万科石京龙滑雪场】 万科石京龙滑雪场位于延庆区张山营镇东北部，始建于1999年，是北京地区首家滑雪场，也是全国首家采用人工造雪的滑雪场。2016年年底，滑雪场重装开业，成为国内首家互联网滑雪场。营造开放式、平台式、友好型滑雪体验，客户可通过手机移动端实现网络订票、现场取票、雪具租赁、消费、滑雪等所有功能，实现滑雪场内无现金化消费。2018—2019年雪季，接待游客8.13万人次，实现旅游收入1717.53万元。

（黄妹妹）

旅游文化活动

【玉渡山举办首届雪世界活动】 1月6日，玉渡山景区举办“北京雪乡，激情冬奥——玉渡山第一届雪世界”活动。雪世界开设滑雪圈、雪地摩托、雪地寻宝、羊拉爬犁等雪上项目。活动旨在以丰富玉渡山冬季的娱乐项目和雪文化，建设独具特色的冬季冰雪文化之旅，打造玉渡山冬季冰雪旅游文化品牌。首届雪世界活动为期两个月，接待游客1.3万人次。

（付艳春）

【“龙庆峡杯”国际冰雕雪雕大奖赛】 1月16日—19日，第十四届“龙庆峡杯”国际冰雕雪雕大奖赛在龙庆峡景区举行。意大利、瑞典、印度、沈阳、吉林、哈尔滨以及龙庆峡等国家和地区的24支代表队48名选手参赛。大赛以“乐享冰雪，相约世园”为主题。沈阳队、哈尔滨队获得一等奖；牡丹江、七台河、北京喜来登队和吉林金龙、哈尔滨一队、黑河队、龙庆峡一队分获二、三等奖。延庆夏都和牡丹江队获得特别成就和谐奖和文化创意奖。

（付艳春）

【第三十二届冰灯艺术节】 1月19日，龙庆峡第三十二届冰灯艺术节正式对外开放接待游客。艺术节以“乐享冰雪，相约世园”为主题，占地面积20万平方米。分为彩灯区、娱乐区、冰展区三大区域。有冰灯作品350件、冰雕作品200件、雪雕作品100件；集中展示世园项目和冬奥元素冰雪雕作品有30余组。展期自1月20日至3月初。北京电视台、新华网、人民网、《中国青年报》《北京日报》《北京晚报》、交通台等30余家新闻媒体500余人参加开幕式。期间接待游客28.6万人次，旅游收入2400余万元。

（付艳春）

【第三届北京野鸭湖冰雪马拉松】 1月20日，第三届北京野鸭湖冰雪马拉松（半程）在野鸭湖国家湿地公园举办。活动由区政府、北京冬奥组委延庆运行中心、市体育总会、区体育局、团区委、区旅游委、康庄镇、北京野鸭湖国家湿地公园协同支持和承办。奥运冠军邢傲伟和滑雪世界冠军郭丹丹共同领跑，全国各地2022名选手参加比赛。

（宋亮楠）

【地质公园“绿牌”通过首次再评估】 2月1日，联合国教科文组织地球科学与地质灾害风险防控处正式通知，延庆联合国教科文组织世界地质公园“绿牌”通过首次再评估验收，继续保留延庆联合国教科文组织世界地质公园头衔（2018—2021）。

（李昀倩）

【2018冰雪情——中韩缘文化节】 2月3日，由龙庆峡风景区、驻华韩国文化院、（社）韩中文化友好协会共同主办，韩国文化体育观光部海外文化弘报院、韩国驻华大使馆、江苏省海外交流协会后援的第七届“冰雪情－中韩缘文化节”在龙庆峡景区开幕。文化节旨在借助冰雪文化交流平台，助力中韩民众心路相通，情谊久远，同时为平昌和北京冬奥的成功举办祝福祈愿。文化节

期间接待中外游客4万余人次。

（付艳春）

【冰雪文化庙会网络直播】 2月16日—21日，以“迎世园 盼冬奥 逛冰雪庙会 庆盛世新春”为主题的延庆冰雪文化庙会在延庆世葡园举办。“互联网+”概念的实际运用将传统庙会玩出新花样。互联网、手机移动端多平台宣传，视频直播让网友足不出户逛庙会。腾讯新闻客户端、腾讯大燕网、腾讯迷你首页、大燕政务企鹅号、美丽延庆企鹅号5大平台预热宣传、现场报道、互动抽奖，图文点击量高达91.1万。大年初二腾讯视频利用网络直播形式带网友直击庙会现场，观看人数高达20.5万。传统庙会首次运用AR科技，让游客感受虚实互动的新奇体验。游客无须下载任何APP，利用最新的WebAR科技，通过手机扫码即可进入AR庙会导览；AR黑科技互动环节，游客通过手机寻找藏在现实世界中的宝箱，虚拟和现实无缝衔接，老庙会牵手互联网，在传统年味中频现科技亮点。庙会期间，接待游客85000人次，实现收入175万元。

（谢雅娟）

【元宵节地学科普体验】 3月2日—3日，为促进传统文化和地学文化相融合，延庆世界地质公园开展首届“地学殿堂迎宾客 张灯结彩闹元宵”文化体验活动，推出猜灯谜，对楹联，长学问3种文化体验活动。1200人参加活动。

（李昀倩）

【第二届世葡园冰雪嘉年华】 3月3日，历时70天的世葡园第二届冰雪嘉年华活动闭幕。举办期间（自上年12月23日开幕），世葡园承接2018年残疾人冰上健身体验项目、第三届中国冰蹴球邀请赛、第三届延庆海陀冰雪徒步大会、“哈耶罗”杯青少年速度滑冰赛暨延庆区第二届青少年速度滑冰赛、“第二届中国残疾人冰雪运动季”暨北京市残疾人“心系冬奥 喜迎新春”冰雪嘉年华等主题活动。其间，接待游客15525人次，实现收入169.27万元。

（黄妹妹）

【天使（春季）马拉松赛】 3月16日，共铸中国心 健康起跑线 天使（春季）马拉松赛在北京野鸭湖国家湿地公园举办。活动由共铸中国心组委会、市红十字会基金会主办，延庆区侨办、野鸭湖国家湿地公园协办。市红十字会、市侨办、中共中央统战部七局、野鸭湖管理处等相关负责人和首都各医疗单位700余名医务工作者参加活动。

（宋亮楠）

【野生动物科学放归】 3月18日，在北京野鸭湖国家湿地公园举行“野生动物科学放归活动”。国家环志中心、市园林绿化局野生动物救护中心、市园林绿化局宣传中心、区园林绿化局等相关负责人出席活动。科学放归大天鹅3只、小天鹅4只、白腹鹞1只、苍鹰1只重归自然。

（宋亮楠）

【爱鸟周活动】 4月5日，野鸭湖国家湿地公园特举办主题为“保护鸟类资源，守护绿水青山”第36个爱鸟周主题活动。北京市野生动物救护中心、延庆区园林绿化局生态站相关人员及北京飞羽志愿者共同参与。北京飞羽志愿者代表发言并呼吁公众文明观鸟并保护湿地环境，野鸭湖野生动物监测员向大家介绍近期鸟况。启动仪式结束后，延庆区园林绿化局生态站的工作人员向游人发放宣传材料，北京飞羽志愿者在野鸭湖监测员的带领下，进入景区观鸟，并向游客普及观鸟知识。

（宋亮楠）

【第五届八达岭古长城杏花节开幕】 4月7日，第五届八达岭古长城杏花节开幕，开幕式包括聆听长城故事、“8090”趣味运动会、杏花海穿越、手印定制等亲子活动，并首次将书屋搬到长城上，让游客在赏花踏青的同时更加深入的了解长城，感受文化自信。开幕式当天有25万网友观看实时直播。

（谢雅娟）

【世界地球日公益行系列科普活动发布会】 4月20日，由中国地质科学院、国家地质公园网络中心、国土资源科普基地管理办公室、国土资源部宣传教育中心、脚爬客（武汉）信息技术有限公司联合主办，延庆世界地质公园协办的2018年度“地球日公益行”系列科普活动发布会在延庆世界地质公园地质广场举行。600人参加活动。

（李昀倩）

【愚公移山音乐节】 4月21日—22日，在新长城山谷举办。芝加哥的后摇教父Tortoise为音乐节首日开场，日本爵士后摇Mouse on the Keys、德国独立电子活化石The Notwist以及国内音乐人宋佳、窦靖童等共同演绎精彩节目，其间12组国内、国际知名音乐人参加演出。

（张晓赫）

【世界地球日科普进校园】 4月22日，延庆世界地质公园围绕第49个世界地球日的主题，走进大榆树中心小学，开设地学科普兴趣公开课，传播珍惜自然资源、保护生态环境的理念，引导学生保护地质遗迹，爱护我们的美丽家园——地球。现场赠送科普图书150册，学校师生300人参加活动。

（李昀倩）

【湿地保护研讨会】 4月22日，野鸭湖湿地管理处与首都师范大学、北京湿地研究中心共同举办“野鸭湖湿地保护和发展及科技合作专家研讨会”。会议邀请首都师大专家团队，结合野鸭湖保护发展的实际情况，为野鸭湖湿地的保护、发展建设、科技合作等提出合理化建议。

（宋亮楠）

【玉渡山春季徒步大会】 4月22日，区体育局、延庆绿手环体育志愿者协会和玉渡山风景区联合组织的“玉渡山春季徒步大会”在玉渡山风景区举办，全区360余名徒步爱好者参与活动。

（张小利）

【主题读书日活动】 4月23日，第23个世界读书日，野鸭湖管理处举办以“聚焦世园冬奥，畅享阅读时光”为主题的读书日活动。区文委、延庆图书馆及野鸭湖管理处干部职工30余人参加。区文委和延庆图书馆负责人共同为“野鸭湖流动图书室”揭牌，“书香中国北京阅读季”第七届金牌阅读推广人束忠琴分享读书心得，野鸭湖管理处职工代表为“野鸭湖共享读书室”捐赠各类书籍200余册。

（宋亮楠）

【“玉渡山森林体验活动”推广会】 4月25日，玉渡山景区推出2018年“玉渡山四季森林体验之旅”活动，200余家旅行社、5家旅游景区、户外、拓展公司参加推广活动，现场签订旅游协议60余份。

（付艳春）

【“世园花宴”美食节暨第六届妫州牡丹园文化节】 4月26日，区旅游委举办2018年“世园花宴”美食节暨第六届妫州牡丹园文化节开园活动。美食节以“迎长城脚下世园，品延庆花宴美食”为主题，将世园与乡村美食紧密结合，展示延庆特色美食、民俗文化、土特产品等交融一体的乡村旅游形象，表达延庆人民期盼世园的热烈心情。作为北京世园会优质旅游产品首次推介会，活动还推出3条世园主题精品旅游线路。

（谢雅娟）

【长城马拉松赛】 5月1日，第十七届国际长城马拉松赛在八达岭古长城景区举行。200多位外宾在景区进行5千米、10千米、20千米及全程马拉松比赛。

（黄妹妹）

【区青年人才培训班学员参观野鸭湖】 5月11日，延庆区第12期青年人才培训班全体学员到北京干部培训现场教学基地——野鸭湖参观学习。课程分为室内学习和室外参观，课程系统介绍湿地保护的相关政策，野鸭湖在湿地保护恢复、湿地鸟类监测与科普、生态旅游等方面取得的成绩等，让全体学员感受野鸭湖生态文明成果。

（宋亮楠）

【“重走前辈革命路”活动】 5月12日，由平北抗日战争纪念馆、玉渡山景区共同主办的“重走前辈革命路”活动在玉渡山风景区举办。邓华将军、詹大南将军的后人参加活动。

将军的后人在景区和纪念馆工作人员的陪同下，向当年八路军 望哨遗址敬献花篮并参观北平抗日战争纪念馆。460人参加活动。

（付艳春）

【“爱的奉献 感恩母亲”特别活动】 5月13日，野鸭湖管理处开展“爱的奉献 感恩母亲”母亲节主题日活动。工作人员化身“爱的使者”将红色的康乃馨送到职工和游客手中。同时，向游客讲解鸟类相关知识及保护环境、保护地球的重要性。活动发放康乃馨500盆、环保购物袋200余个、湿地宣传资料600余份。

（宋亮楠）

【中国旅游日宣传】 5月19日是“中国旅游日”，区旅游委组织6个重点旅游景区开展志愿服务活动，每个景区内设立5个咨询服务点，发放旅游宣传材料并提供咨询服务。同时，在世葡园设立中国旅游日延庆区分会场，推出门票8折优惠活动，以展板、易拉宝、咨询、发放材料等形式，宣传“全域旅游 美好生活”的中国旅游日主题，助力创建国家全域旅游示范区。

（谢雅娟）

【“2018长城森林艺术节”儿童专场】 5月26日—27日，在新长城庄园举办。活动以“休闲延庆 音乐生活 多彩地球村”为主题，力求打造中国最佳的户外儿童活动专场。演出的节目有普乐斯万打击乐《打击乐奇妙之旅》、动漫舞台剧《绝对小孩》、杂技儿童剧《玩具王国奇妙夜》、新民族音乐《藏在深山的音符》等，其中还贯穿多场针对亲子家庭的演出。活动现场专为家庭设置帐篷酒店区域，提供特色亲子餐饮、母婴室等贴心服务。

（张晓赫）

【第六届北京市中小学观鸟赛】 5月27日，第六届北京市中小学观鸟赛——实地观鸟赛在北京野鸭湖国家湿地公园举行。比赛由市教委主办，北京市学生活动管理中心、东城区教委、东城区青少年科技馆、中国观鸟会、北京野鸭湖国家湿地公园共同支持。东城、西城、朝阳、海淀、丰台、通州、大兴、昌平、顺义、延庆、怀柔、密云、平谷等13个区60余所中小学代表队近300名队员晋级市赛。

（宋亮楠）

【“龙庆峡杯”第十四届中华缘大赛】 6月9日，以“中韩两国的伟大发展”为主题的“龙庆峡杯”第十四届中华缘大赛在韩国国会议员会馆举办。晋级本届大赛决赛的有24组、60名选手，分别由韩国首尔、釜山、光州等全韩各地的50所高校、中文学院等机构的推荐，并经预选赛产生。PPT演讲组“跨世纪访谈”队的《跨时代-焦点访谈》和“两个吃货”队的《两国的伟大发展》、配音演员组“有福同享，有难同当”队的《中韩之间的关系》、演出组“支配观众”队的《京剧和板索里，最具魅力》获得大奖。其他队伍分获各组别金、银、铜以及鼓励奖。

（付艳春）

【国家湿地公园创先联盟综合培训班】 6月13日，国家湿地公园创先联盟综合培训班现场教学在野鸭湖国家湿地公园举行。国家林业局湿地保护管理中心、广州市林业局、广州海珠湿地、全国各地湿地公园成员参加培训。学员听取野鸭湖关于“生物多样性保护提升”主题现场教学、参观新恢复湿地区域、了解野鸭湖湿地保护和恢复工程实施情况、湿地恢复的技术方法和措施、湿地科普宣教的理念及实施成果，开展各地湿地公园新理念交流。

（宋亮楠）

【端午文化节分会场活动】 6月16日—18日，区文委、文联在北京野鸭湖国家湿地公园设立第十届北京端午文化节分会场。活动分为非遗项目展演、野鸭湖畔诵端阳诗会、冰雪项目体验。非遗项目展演有画脸谱、制作香包、绳结、舞龙、舞狮、苏州姑苏的画虎、湖南抬阁、南关竹马、顶幡等；野鸭湖畔诵端阳诗会。活动由延庆区作家协会、妫川青年事务所承办，野鸭湖湿地公园管理处协办，北京、湖南、河南、黑龙江、新疆等地青年诗人参加。

（宋亮楠）

【助力冬奥　弘扬传统文化】　6月18日，“助力冬奥 弘扬中国传统文化”活动在玉渡山进行。活动由区文委、区广电中心、玉渡山景区共同主办。2022人徒步玉渡山，并体验包粽子、煮粽子、吃粽子等端午传统文化活动。

（付艳春）

【延庆区第二十三届消夏避暑季】　6月20日，延庆区第二十三届消夏避暑季启动。结合延庆夏季丰富的旅游资源，消夏闭暑季期间推出山水避暑、节庆活动、民宿美食等十大类近60项旅游产品，以及10条精品旅游线路，为游客展示延庆的美丽生态环境和美好人文特色。

（谢雅娟）

【第四届北京百合文化节】　6月29日至7月31日，第四届北京百合文化节在葡萄博览园举办。活动以“相约延庆　盛世花海”为主题，推出百合公主选美大赛、农庄电影节、仲夏夜之梦假面舞会、亲子嘉年华、插花艺术表演等精品活动。其间接待游客9000人次，实现收入95.59万元。

（黄妹妹）

【“智慧女性·智慧生活”体验活动】　7月6日，“智慧女性·智慧生活”第五届北京国际青年关爱女性及传统文化志愿者体验活动在八达岭长城举办。参与活动的30余名志愿者走进八达岭长城景区，与游客互动，发放“性别权益”调查问卷，同时在现场号召大家在横幅上签名，呼吁“性别平等 人人受益”。

（张晓赫）

【全国青少年户外营地夏令营】　8月22日—25日，由中国登山协会、延庆区体育局主办，葡萄博览园、北京八达岭势至旅游管理有限公司承办的2018年“营动中国”全国青少年户外营地夏令营（北京站）在延庆葡萄博览园举办。营地开设自然教育、攀岩体验、丛林探索、户外露营、定向越野等体验类项目课程及英语舞蹈、戏剧创编等艺术展示类课程。其间，接待全国各地近200名8至12岁青少年参加活动。实现收入20万元。

（黄妹妹）

【第二届延怀河谷葡萄文化节】　9月15日至10月10日，第二届延怀河谷葡萄文化节在葡萄博览园举办。文化节推出品优质葡萄、赏民俗表演、尝特色葡宴、游休闲葡园、住高端民宿等活动，其间接待游客1.2万人次，实现收入46.39万元。

（黄妹妹）

【世界小姐游览八达岭长城】　9月16日，美国、法国、德国、加拿大、巴西等60个国家和地区的世界旅游小姐参观八达岭长城。活动集旅游观光、休闲度假、文化体验、商旅会议于一体，旨在打造中国汉文化的典范，并将通过选手们的宣传途径，将中国文化、长城文化传递到世界各地。

（张晓赫）

【易车网流行电子音乐节】　9月23日—24日，由北京易车互动广告公司主办，北京上声文化艺术传媒有限公司承办的易车RUNNING SHARK（奔跑的鲨鱼）流行电子音乐节在葡萄博览园举办。音乐节以DJ电子音乐、流行音乐为主，邀请国内外流行的DJ乐手及知名歌手58人现场演出。其间接待游客1.5万人次。

（黄妹妹）

【延庆旅游推介会】　9月26日—27日，“长城脚下的世园会”延庆旅游推介会在八达岭饭店召开。活动围绕世园会、长城文化和延庆旅游资源进行专题推介，由旅游委、世园办主办，八达岭旅游总公司承办，文委、八达岭特区办事处协办。国内大中型知名旅行社领导及嘉宾200余人参加活动。

（黄妹妹）

【首都大学生定向越野大赛】　9月29日，“百花争延”系列活动第一站——首都大学生定向越野大赛在野鸭湖国家湿地公园开幕，首都28所高校150余名高校学子和3支由延庆区群众组成的队伍共同参与。比赛采取团队赛形式，在传统越野的基础上穿插创意游戏、趣味问答等内容。

（张宪博）

【世园会合唱快闪拍摄活动】 9月30日，在八达岭长城举行长城脚下 鲜花之约世园会合唱快闪拍摄活动，庆祝北京世园会倒计时200天。北京林业大学学生合唱团身着印有北京世园会会徽“长城之花”的服装，手持会旗和国旗，在人群中高唱《我爱你，中国》和北京世园会金曲《请把我的绿色带回你的家》。

（张晓赫）

【地学科普专题活动】 10月15日，延庆世界地质公园特邀希腊保育专家伊利亚斯博士为地质科普学校千家店小学25名地质科普社团的学生开展“知家乡、爱家乡——我与恐龙足迹保育亲密接触”的地质科普系列活动，包括科普知识讲座、观摩恐龙足迹保育现场，画出“我心中的恐龙”绘画活动等。

（李昀倩）

【国家文物局专家考察古崖居】 10月15日，国家文物局文物专家对古崖居进行文物保护勘察。对古崖居全景、石窟进行勘察，并召开古崖居遗址保护研讨会，就古崖居文物保护提出相关意见建议。

（黄妹妹）

【第17届“创森杯”观鸟赛】 10月20日，北京野鸭湖国家湿地公园举办第17届“创森杯”北京高校观鸟赛活动。北京大学、清华大学、北京林业大学等13所高校、4所中学的70名参赛队员和20名指导教师、区科技馆50名冬奥小记者参加。北京师范大学和北大附中代表队分别获得本届大赛大学组和中学组的优胜奖。大赛的至尊鸟种是亚洲短趾百灵，并观测到全球极危青头潜鸭。

（宋亮楠）

【野鸭湖发现18种新鸟种】 10月20日，全国鸟类环志中心、北京林业大学、北京师范大学等专家根据在野鸭湖湿地自然保护区监测到的鸟类物种进行资料审阅、分析和鉴定，对野鸭湖鸟类名录进行重新修订，最终确定野鸭湖2018年新增鸟类名目为18种。

（宋亮楠）

【鸟类科学放归】 11月1日，北京野鸭湖国家湿地公园举行“尊重自然、顺应自然、科学救护、科学放归”活动。放飞红隼10只，秃鹫2只。市园林绿化局野生动物救护中心、区自然保护区管理中心、任鸟飞志愿者等参加活动。

（宋亮楠）

【科技教师观鸟培训】 11月8日，市教委组织全市科技教师到野鸭湖国家湿地公园进行观鸟培训。培训由东城科技馆承办，首都师范大学生命科学学院高武进行现场授课。全市科技教师56人参加。

（宋亮楠）

【第三十三届冰雪欢乐节开幕】 12月2日，2018京津冀冰雪旅游体验活动暨延庆区第三十三届冰雪欢乐节正式启动。活动以“冰雪融合文体旅、冬奥联动京津冀”为主题，持续至下年2月底。活动期间，举办冰雪赛事、冰雪文化、冰雪旅游、冰雪培训4大类近50项文化、体育、旅游类活动，推出10条覆盖京津冀地区冰雪资源的精品旅游线路。通过举办京津冀大学生高山滑雪赛、2018京张高山滑雪交流赛、全国速度滑冰马拉松赛等15项大型体育赛事，积累赛会筹办经验，提升冬奥会服务保障能力。延庆旨在通过冬季体育这一特色产品，打造“体育+文化+旅游”的创新模式，推动京津冀体育文化旅游资源联动发展。

（谢雅娟）

【春季旅游活动】 年内，区旅游委结合植树节、清明节等春季节日，推出世葡园郁金香风车节、古长城杏花节、八达岭国家森林公园丁香生态文化节、长城森林艺术节儿童专场五大主题活动，形成踏青赏花、户外运动、精品民宿、妫川美食、红色旅游等五大类旅游资源。结合红色旅游资源，大庄科开放式红色体验基地推出红色教育活动，玉渡山风景区发起“践行十九大精神，致敬革命先烈，重走平北抗日路”红色徒步游倡议；针对“六一”儿童节，北京阳光时代马球俱乐部推出儿童休闲骑乘、硅化木风景区进行儿童科普教育、永宁南山健源开展小动物认养等家庭亲子游专题活动；祁家堡村、广源居山庄、南山健源等地组织游客体验春耕、果蔬种植等特色活动。

（谢雅娟）

乡村旅游

【民宿产业发展研讨会】 1月6日—7日，应区旅游委邀请，国际知名住宿企业“爱彼迎（Airbnb）”组织专家委员会对延庆区民宿与冰雪旅游产品进行实地调研与体验，并在石光长城精品民宿举办延庆民宿产业发展研讨会。中国社会科学院旅游研究中心副主任戴学锋、中国科学院副教授席建超、中国旅游协会休闲度假分会副秘书长曾博伟，以及来自二外、首经贸、联大等6所高校的20余名旅游专家参与研讨。

（谢雅娟）

【冰雪乡村旅游推介会】 1月28日—29日，延庆区举办以“冰雪耀延庆 纵享冬奥情”为主题的2018年冰雪乡村旅游推介会。推介会以“冰雪+”“乡村+”为核心，对景区景点、精品民宿、特色美食、养生温泉等近百种延庆冰雪旅游资源进行集中展示和推介，并发布10条延庆冰雪旅游两日游、三日游线路。驻华使馆、国际旅游机构、国内外旅游企事业单位、新闻媒体等200余名嘉宾出席，并进行民俗考察、冰雪旅游资源体验、座谈交流等活动。其间，延庆与加拿大、美国科罗拉多州达成初步合作意向，在冬奥会筹备、安全运营、冰雪项目引进等方面开展合作交流；与全球最大的旅游共享平台爱彼迎（Airbnb）签订战略合作协议。推动北方民宿学院与北京第二外国语学院签订智库合作协议，延庆精品民宿联盟、乡村美食联盟、冰雪旅游景区代表签订资源共享协议。

（谢雅娟）

【延庆区乡村客栈联盟成立】 4月17日，延庆区成立乡村客栈联盟，客栈联盟是为延庆乡村民俗住宿提供沟通交流平台的行业自治组织，通过政府引导、联盟规范以及行业自律，解决民俗资源共享渠道缺乏、抱团发展意识不足等问题，提升民宿住宿业服务发展水平。12家民俗户成为首批联盟成员单位。

（谢雅娟）

【三地签订《京津冀乡村旅游发展战略联盟协议》】 4月20日，延庆区参加天津市“津南区春季旅游季暨京津冀民俗旅游嘉年华活动”，并与津南区旅游局、承德市旅游委、南开大学旅游与服务学院三地签订《京津冀乡村旅游发展战略联盟协议》，在联合开展产业提升、旅游扶贫、民俗文化挖掘等方面达成一致意见。协议的签订，有利于强强联合，促进乡村旅游产业迈入地域联动、资源互通、提档升级的发展新阶段，打造京津冀乡村旅游协同发展新标杆。

（谢雅娟）

【7家民宿获“中国好民宿”称号】 4月21日，“北京国际民宿产业合作发展论坛暨第二届京津冀民宿产业发展论坛”在北京亮马河会议中心举办。会议授予全国首批35家民宿“中国好民宿”称号。其中，延庆区“原乡里·三司”“左邻右舍”“山楂小院”等7家民宿名列其中。

（谢雅娟）

【民宿联盟与北京银行战略合作】 7月5日，北京银行“农旅贷”产品发布会在大兴区举办。区旅游委、区民宿联盟应邀出席。区民宿联盟与北京银行延庆支行签订战略合作协议。双方合作有助于创新民宿融资贷款新模式，借助农旅贷产品为延庆民宿建设提供金融服务和资金保障，推动延庆民宿产业发展。

（谢雅娟）

【北方民宿联盟成立大会】 11月14日，延庆区组织召开“北方民宿联盟”成立大会及联盟第一次会议，通过并发布《北方民宿联盟共同宣言》。北方民宿联盟以“资源共享、机遇共赢、协调发展”为核心理念，包括北京市门头沟、房山等6个区，天津市津南区，河北省承德市、秦皇岛市以及内蒙古兴和县等地的行业团体及企业代表44家成员单位。延庆区民宿联盟任秘书长单位。民宿联盟致力于京津冀区域民宿产业的一体化建设，将借助冬奥世园的发展机遇，深化在市场客源、资源推广、项目开发、人才培养等方面的合作，打造联合发声的共同体，开启北方民宿由单一品牌、单一地区到多区域发展的3.0时代。

（谢雅娟）

【延庆发布民宿品牌“世园人家”】 年内，“世园人家”住宿品牌的申报户为区内四星级以上民俗户、特色业态、精品民宿等，通过组织园林设计、相关部门等专家对申报户进行指导，并给予一定补贴，从世园园艺元素、文化氛围和旅游配套设施等方面进行提升。11月，首批124户通过验收，可提供2000张床位，以中高端为主。世园会开幕前拟打造200户“世园人家”，成为服务世园会的乡村住宿品牌和展示延庆旅游形象的重要产品。

（谢雅娟）

（栏目编辑　景冰芳）

交通 邮政

交通运输

路政管理

【概况】 延庆公路分局作为北京市交通委员会的派出机构，机关设办公室、计划科、工程管理科、养护管理科、路网管理科、安全质量监督科、乡村公路管理科、财务科、政工人事科、监察科、宣传科11个职能科室；辖公路路政执法大队1个直属机构。2018年，全区公路总里程1932.11千米，路网密度96.91千米/百平方千米。其中，国道160.09千米，省道230.52千米，县道418.75千米，乡道622.49千米，村道468.89千米，专用道路31.37千米。延庆公路分局管养里程为710.65千米，桥梁165座，隧道10道。分局管养干线公路一二类桥梁比例95.16%，分局管养干线公路中二级以上公路的比例55.8%。年内，分局完成总投资9.57亿元。其中，原路政局项目完成8.9亿元，乡村公路项目完成0.67亿元。全年实施新改建项目5项，新改建公路27千米；实施提级改造项目2项，大修工程2项，中修工程6项，改造公路78千米；实施综合整治工程4项，地灾防治工程3项，绿化工程2项，公路生命安全防护1项。完成农村公路建设改造13项，农村公路桥梁改造3座，共计22.6千米，涉及全区11个乡镇。分局连续22年被评选为“首都文明单位标兵”称号；分局团委被市交通委直属机关团委授予“五四红旗团委”荣誉称号；分局档案管理工作达到市级优秀测评标准。

单位名称：延庆公路分局

地　　址：延庆镇东外大街50号

电　　话：69142546

（胡明丽）

【联合执法打击抢栽抢种】 4月4日，延庆公路分局联合延庆区多部门开展集中执法行动，采用先通过航拍留证，再由区政府发布禁止抢栽抢种公告的方式，先后对东姜路的3万余株抢栽抢种树木依法进行清除，清除后未发生冲突及上访现象，遏止骗取补偿款2亿元。昌赤路清除抢栽抢种苗木3.8万株，遏止骗取补偿款2.9亿元。

（胡明丽）

【分局领导做客北京交通广播节目】 6月20日，延庆公路分局领导做客北京交通广播“一路畅通”“治堵大家谈”节目，介绍近年来延庆道路基础设施建设项目、建设意义、世园会会时保障等，并与听众互动，现场回答提问。节目旨在让市民进一步了解世园会相关工作进展情况，积极营造全社会关注世园、支持世园的良好氛围。

（张旭雪）

【联建共建双聚双促活动】 6月29日，延庆公路分局党委与养护集团党委积极开展联建共建、双聚双促活动，并举行“党员志愿服务先锋队”等5支先锋突击队授旗仪式。市路政局党委、市政路桥集团公司党委，养护集团党委和纪委领导等出席活动。

（胡明丽）

【职工暖心驿站挂牌】 8月23日，延庆区总工会为分局“暖心驿站”挂牌。职工“暖心驿站”的建成，为职工提供了阅读和休息的场所。

（胡明丽）

【滦赤路千小路大修工程】 10月，延庆公路分局负责修建的滦赤路、千小路大修工程完工。千小路起点为延庆千家店镇，终点为珍珠泉乡小铺村，全长18.6千米。滦赤路大修起点为延怀交界，经过硅化木国家级地质公园、百里画廊等景区，终点为红石湾村，大修全长

21.3千米。

（胡明丽）

【后吕庄桥改造工程】 12月，延庆八峪路后吕庄桥改造工程建成通车。后吕庄桥跨越古城河道，桥梁全长60.73米，设计荷载为公路-I级。

（胡明丽）

【百康路延农路工程】 12月，延庆公路分局负责修建的延农路、百康路世园保障项目完工。延农路为妫河森林公园北边界，距2019年世界园艺博览会园区非围栏区北侧约2千米，全长1.87千米。百康路是世园会外围最重要的东西向门户通道，为2019年世园会非围栏区南边界，路线全长3.835千米。

（胡明丽）

【三项综治工程通过验收】 12月21日，延庆公路分局联合设计、监理和施工单位相关人员组成验收小组对中轴路交通综合整治工程、八峪路交通综合整治工程、城区交通综合治理工程进行交工验收。验收小组对3个综治工程内业资料和外业工程质量进行综合检查，认为工程内业资料符合归档要求，外业总体工程质量良好，质量等级评定为合格，满足交工条件，通过交工验收。

（胡明丽）

交通行业管理

【概况】 延庆区交通局（简称区交通局），负责交通行业综合管理、综检治超运政执法暨安全检查等各项工作。全区有公交客运企业1家，区域内运营线路50条，区域公交配车234辆（其中LNG天然气公交车129辆，纯电动公交车105辆），区域内运营长度1895千米，跨区域公交车（919）配车140辆，均为LNG天然气公交车。919运营长度161千米，清洁能源、新能源公交占公交车总数的100%，年客运量约1100万人次，年运营里程约1100万千米。市郊铁路S2线延庆站、八达岭站到发旅客243.6万人，客流同比增长5.88%。出租汽车个体经营者5家、出租企业3家、汽车559辆。其中，电动出租企业1家、区域电动出租车250辆。汽车租赁企业10家，车辆34辆。货运企业2254家，运营车辆4743辆。其中，化危品运输企业4家、运营车辆23辆；水运游船企业6家，游船178艘。汽车维修企业115家。驾培机构3家，教练145人，教练车157辆。年内，制定《春运和春节期间交通运输安全保障工作方案》，结合延庆区实际情况和节日特点，增发客运车辆；加强货运企业、出租企业、汽车租赁企业、汽修企业及客运场站安全监管，确保节日安全；协调铁路部门春节期间确保S2线运力；建立应急队伍，对区域内公交线路、站点进行巡查，做好大客流应对准备工作及雪、雾天气应急保障。春运期间，运送旅客15.7万人次。

单位名称：延庆区交通局
地　　址：湖南东路20号
电　　话：81196331

（李凡）

【驾驶员培训行业工作会】 1月25日，召开辖区内驾驶员培训行业工作会议。会议总结2017年机动车驾驶员培训行业工作，部署2018年工作；解读驾培行业安全风险监控相关工作；宣传贯彻《北京市机动车驾驶员培训机构质量信誉考核办法（试行）》；部署春节期间机动车驾驶员培训行业安全稳定工作；分别与3家驾培机构法定代表人签订2018年度责任书。

（李凡）

【张山营综检站严格执法】 2月15日，张山营综检站加大节日值守力度，严格治理车辆超限超载。查处4辆超载车辆，依法按照《中华人民共和国道路运输条例》进行处理；执法人员责令超载车辆依法卸载。

（李凡）

【延庆公交实现无燃油化】 2月底，延庆公交全部更换为清洁能源、新能源车辆，实现无燃油化。

（李凡）

【驾培机构安全检查】 3月7日，区交通局对2

家驾校、1家教练场进行安全检查，重点检查驾校教学开展、培训场地的消防安全、教练场预约计时大厅、档案资料等内容，全力保障辖区“两会”期间机动车驾驶员培训行业安全生产和行业稳定。

（李凡）

【西康检查站严查客运车】 3月，为确保“两会”期间道路运输市场的安全有序，西康综合检查站运政部门联合公安部门对检查站进京站口展开交通安全检查。执法人员对客运车辆实行逢车必查，严查客车超员、超速、带“病”车上路等交通违法行为；切实做到不消除违法行为不放行，不进行教育不放行，不依法处罚不放行，形成严防、严管、严治、严惩的高压态势。

（李凡）

【“安全生产月”宣传】 6月4日，区交通局以“生命至上 安全发展”为主题，到北京众和聚源混凝土有限公司开展“安全生产月”宣传活动，要求各货运企业全面加大从业人员的安全生产教育培训力度，严格执行各项操作规程，克服麻痹、侥幸思想，杜绝超速、疲劳驾驶等不安全行为，消除各种不安全现象，筑牢树立安全生产这条防线。

（李凡）

【高考周边环境保障】 6月7日，区交通局为保障高考期间考场周边环境，派出执法人员两名在延庆一中考场附近道路协助维护交通秩序，同时监督考场周边公交线路绕行和禁止鸣笛情况。为考生创造良好的考试环境。

（李凡）

【流动治超联合执法】 6月21日，为遏制超限现象和重大交通事故发生。区公安交通支队、区公路分局路政执法大队、区交通局执法大队3个部门，出动执法车辆4辆，执法人员14人次，在延庆区滦赤路K143+600千家店旅游咨询站附近开展流动治超联合执法行动，检查过往货运车辆28辆，未发现超载超限现象。通过联合执法行动，加大对该路段的流动治超工作宣传力度，最大限度减少对桥梁的危害。

（李凡）

【水上安全应急演练】 8月28日，区交通局在延庆区龙庆峡景区组织开展“2018北京龙庆峡游船安全应急演练”，延庆区地方海事处、房山区地方海事处、丰台管理处、北京游船协会和部分游船单位工作人员现场观摩演练。

（李凡）

【公交安全检查】 8月29日，区交通局到客八分公司第一车队、第二车队进行安全检查。维护中非论坛期间延庆区公交车运营平稳，保障乘车群众的出行安全。

（李凡）

【世园会临时停车场项目启动】 9月10日，延庆区世园会停车场建设指挥部组织召开世园会临时停车场建设项目誓师暨动员部署会，标志着世园会临时停车场建设工程项目正式启动。截至年底，10个世园会临时停车场建设全面进场施工。

（李凡）

【秋冬季大气污染治理】 10月18日，区交通局正式启动秋冬季大气污染治理攻坚工作，制定下发攻坚方案，修订空气重污染应急分预案。截至年底，启动黄色以上空气重污染应急预案3次，其间协调增加公交、出租运力；减少或停止部分重型货车上路行驶；机动车维修企业封停喷烤漆房，停止电气焊作业；综检站加强洒水降尘；加大路面运政执法力度。

（李凡）

【水上交通安全知识进校园】 10月18日，延庆区地方海事处到珍珠泉小学，以“水上平安交通安全伴我成长”为主题对学生进行水上交通安全知识教育。水上安全进校园活动旨在提升学生水上交通安全意识，提高安全防范能力和水上自救技能。

（李凡）

【S2线火车站清洗空调井】 10月下旬，区交通局投资3.7万元，对S2线火车站空调井进行清洗。主要对空调井地下管道淤泥进行清理，并更换老旧管道，为冬季供暖提供保障。

（李凡）

【工地扬尘污染控制约谈会】 11月9日，区交通局组织召开施工工地扬尘污染控制工作约谈会，会议印发《延庆区交通局空气重污染应急分预案》，要求各施工工地在空气重污染预警期间，严格按照方案要求执行，确保重污染期间空气质量得到改善。治超办、执法大队及京张高铁十八局、五局、三局相关负责人参加会议。

（李凡）

【路侧停车电子收费试点运营】 12月1日，根据《北京市机动车停车条例》，延庆城区路侧停车电子收费试点项目投入运营。严格规范道路停车秩序，强化机动车占道停车管理，合理引导停车需求。

（李凡）

【延庆综合交通服务中心奠基】 12月26日，延庆综合交通服务中心（换乘中心）项目举行奠基仪式。项目建设地点位于延庆区火车站北广场，东至妫水南街、南至延庆火车站、西至百莲路、北至圣百街，总占地面积约6.6公顷（99亩），总建筑面积14951平方米，地上9707平方米（其中铁路用房6034平方米），地下5244平方米，地上二层，局部五层，地下一层。建设内容包括北站房、北广场和公交首末站，同时满足高铁与S2线到发、车辆接驳、冬奥服务保障功能。计划工期为2020年5月完工并投入使用。

（李凡）

【公交线路优化调整】 年内，区交通局调整优化Y15、Y43、Y45路3条公交线路，新增1条延庆火车站北广场至柳沟的Y47公交线路，方便三司、石河、果树园等处居民乘车。

（李凡）

【危险化学品运输企业专项检查】 年内，启动“GPS”动态监控系统专项检查。不定期对危险化学品运输企业进行“GPS”专项检查，指导督促企业做好道路运输车辆动态管理工作。

（李凡）

【车辆超限超载治理】 年内，完成5个综检站首都外围治安查控防线工程二期建设，开展综检站检测泵动改静工作，已完成13条并投入使用。全年检测货车259.49万辆（位居全市货车检测数量第一位），查处超限车辆7.3万辆，受检率、卸载率均达到100%。推进路警合一，配合公路分局将超限超载车辆移交公安部门处罚，截至年底，查处超载违法行为580起，罚款14.8万元，扣分1800分；严查劣质煤炭违规运输，共劝返劣质煤炭运输车辆84辆。

（李凡）

邮 政

【概况】 中国邮政集团公司北京市延庆区分公司（简称延庆区邮政分公司）隶属中国邮政集团公司，受集团公司和区委、区政府的双重领导，担负着全区邮政通信管理经营服务工作。设综合办公室、人力资源部、计划财务部、党委党建工作部、市场经营部、监督检查与安全保障部6个职能部室；以及代理金融业务分局、商函分局、报刊发行分局、电商分销局和集邮公司5个专业局；2018年寄递事业部（EMS物流）回归邮政。全区共有邮政服务网点24个（暂停1个），设立投递道段45条（其中汽车邮路12条）；设立机要专投1条。服务面积1994.88平方千米，服务人口34万人。全公司设邮路道段45条，包含汽车邮路12条、全长1040

千米；电动车道段34条，全长2295千米；设信筒、信箱410个（含村邮站内376个）。主要设备有汽车35辆，新能源汽车5辆，电动三轮车39辆，电动两轮车33辆；自有房屋面积14790平方米，固定资产总值3326.61万元。业务功能主要有：金融、集邮、发行、包件、函件、汇兑等传统业务和电子商务、礼仪分销、DM广告策划制作等新型业务。年内，延庆区全资费业务收入完成5760.82万元，完成年预算进度的103.09%，同比增长10.09%；净利润实现521.90万元，完成年预算进度的137.34%；成本费用完成5226.68万元，完成年预算进度的102.25%，同比增长9.11%。

单位名称：延庆区邮政分公司

地　　址：延庆镇庆园街16号

电　　话：69102695

（吴艳）

【农产品物流体系建设】 年内，改造乡、镇集散地7处、车辆10辆，建成总服务站1个、分站9个。投入专兼职人员12人，场地400平米。每天发送配送车辆5~7车次，24小时内多点发车直送北京市邮政公司同城网，初步形成农产品三级运行模式的物流体系，截至年底，运输农产品2661车次、3000余吨，其中商超2274车次、宅配订单25317件。

（吴艳）

【废旧电池回收】 8月15日，区分公司团支部开展“让文明在这里扎根，让清洁在城市延伸——废旧电池换礼品”主题活动，在各支局支行营业厅内显著位置以及机关办公室内设置废旧电池专用箱，并从当日起面向区分公司全体员工及全区广大民众回收废旧电池。

（吴艳）

（栏目编辑　景冰芳）

城乡建设和管理

市政建设

【概况】 延庆区城市管理委员会是负责全区城市管理、城乡环境建设的综合协调和市容环境卫生管理、能源日常运行管理、相关市政公用事业管理的区政府工作部门。设市政行业管理科、市政设施规划管理科、市容环境管理科、城乡环境整治科、办公室、政工科、能源运行管理办公室、再生资源回收管理科、财务科、燃气管理办公室10个科室。辖区环境卫生服务中心、延庆区市政管理处、延庆区市政工程公司、延庆区市政材料设备供应站、延庆区地下管廊和管线管理中心、延庆区供暖管理办公室、延庆区街巷管理中心、延庆区垃圾渣土管理办公室、延庆区农村环境管理办公室、延庆区市政工程项目管理办公室、延庆区城市管理指挥中心11个基层事业单位。年内，以“三街三镇”为试点创建北京市垃圾分类示范片区。推进百泉街道“两网融合”试点工作，建立一站式垃圾分类投放站12座，开展积分兑换活动，干湿垃圾从源头计量跟踪，完善垃圾源头排放登记制度。生活垃圾无害化率99.8%。实施背街小巷、美丽乡村建设及“拔钉子”专项整治行动。实施2019北京世园会市政配套8条道路建设、延庆城区交通环境整治工程。推进网格化城市管理体系运行。完成城区重点区域夜景照明三期工程。进行燃煤锅炉清洁能源改造。推进“送气下乡”“煤改气”工作。完成2017年申报的3个项目，新兴小区等16个老旧小区、大营等12个村庄及37条道路得到全面整治。2018年环境提升项目完成工程量的60%。

单位名称：延庆区城市管理委员会
地　　址：延庆镇东外大街89号
电　　话：69103648

（张冰）

【中轴路综合整治工程】 9月26日，中轴路交通综合整治工程正式开始施工。施工范围为中轴路南菜园街至庆园街段，全长约3千米，11月上旬竣工。

（时亚辉）

【世园会市政配套道路建设】 年内，完成世园路等8条世园会市政配套道路建设27.5千米，包括给水、雨水、污水、再生水等各种市政综合管线，新建桥梁6座、铁路顶进1处、百康路综合管廊2.5千米。

（张冰）

【交通环境整治】 年内，安装护栏1400米、挡车石330根；安装“注意儿童”“注意行人”等交通标识35套，施划道路交通标线1250平方米；维修破损交通标志牌205套，维修隔离护栏3100米，更换护栏基础墩660个；清洗粉刷城区内休闲座椅91处、冬奥雕塑小品20处、隔离护栏2.2万米；修补沥青路面3500平方米、人行步道1800平方米，整修树池口260座，维修路缘石1450米；改造过街路口、台阶等无障碍设施进行坡化45处；重新铺设盲道、盲点880平方米；配合交通局启动路侧停车电子收费改革试点项目，在妫水南街、湖北西路等5条道路试点运行，安装34个高位视频设备，设置车位429个；新增公租自行车500辆，新增站点35个。

（张冰）

【城乡环境整治】 年内，清理公路沿线、沿途村庄、城中村和景区周边重点区域环境问题737处，修复破损环卫设施230个，拆除牲畜棚、散养围栏、柴草棚、旱厕等私搭乱建120处4900平方米，关停砂场39座，整治脏乱路段130千米，整治沿线村庄117个，其中问题严重的18个村庄得到彻底整治；向18个街乡镇下发“拔钉子”整治台账149处，完成整改138处，整改率93%；整治120个村庄环境问题1200处，清理垃圾渣土500吨；清理城乡结合部地区和世园会周边乡镇垃圾渣土308吨，整改卫生死角142处。开展公路沿线环境整治工作，涉及15个乡镇，36条公路沿线，完成231处环境问题整改工作。

（张冰）

【妫川广场改造工程】 年内，完成妫川广场5.67公顷景观风貌改造工程，包括铺装花岗岩1.54万平方米，混凝土露骨料5430平方米，环形健身步道570米，铺设草坪3.02万平方米，种植树木318株、花卉7万余株，设置景观灯及水下射灯954盏，安装特色座椅6套，玻璃钢座椅70米，设置文化展示墙6座，冬奥及世园会标志、廊架、音乐喷泉、叠水等景观小品7座，安装围栏980米，新建公厕1座。

（张冰）

【垃圾分类示范片区创建】 年内，开展创建北京市垃圾分类示范片区工作，为创建范围内43个居住小区1297处配备分类垃圾桶，设置分类指示牌60个，安装垃圾桶外衣72个，配备垃圾分类指导员401名、垃圾分类督导员31名；118家党政机关企事业单位（含医院学校）配备总收集桶站的垃圾桶500余个，配备楼梯间、卫生间中转桶753个、办公室2色分类桶3513个，安排分类保洁员510名。开展垃圾分类活动156次，其中区级活动25次、街道宣传活动131次；规范签约、规范收运3099家餐厨垃圾。

（张冰）

【背街小巷环境整治】 年内，完成85条背街小巷环境整治。其中，修复破损路面20.7万平方米；粉刷外立面11.1万平方米，拆除私搭乱建1.33万平方米；规范广告牌匾2500余块；治理“开墙打洞”5处；完成绿化23万平方米；新建六中东路公园、林带路街心公园；在广兴街、东街、香苑街北段等道路设置人行步道和自行车车道，设立隔离绿化带，实现行人、自行车和机动车通行道路分离。

（张冰）

【城市照明管理】 年内，在三里河公园、江水泉公园、香水苑公园、庆园街及八达岭会展中心敷设电缆20万米、安装庭院灯、地埋腰鼓灯等各类灯具2.5万盏，实现夜景照明设施全面亮灯；解决延康路、延琉路、京银路北段及百康路西段“有路无灯”问题。

（张冰）

【建筑物天际线清理】 年内，完成全区建筑物屋顶户外广告牌匾标识专项整治工作，拆除违规户外广告牌匾标识1004块。

（张冰）

【渣土车专项整治】 年内，由7个部门成立渣土车联合执法组，开展渣土车联合执法274次，出动人员4384人次、出动车辆1918车次。接到北京市建筑垃圾管理系统派发案件145件，各部门按时处置回复137件，处置率94.48%。

（张冰）

【城乡环境网格化管理】 年内，建立网格化监察员队伍，包括67名城区网格化监察员和81名农村网格化监察员，案件上报量由原来的平均每月3614条上升至平均每月15869条，截至年底，网格化城乡环境管理平台共登入案件13.76万件，办结11.06万件，办结率80.42%。

（张冰）

【行政许可】 年内，办理行政许可531件，其中办理设置标语宣传品许可27件，办理临时占道3件，挖掘城市道路21件，建筑垃圾消纳许可111件，建筑垃圾、土方、砂石运输车辆准运许可363件，从事生活垃圾经营性清扫、收集、运输服务审批许可4件，设置建筑垃圾消纳场所许可1件，从事生活垃圾处理服务审批1件。

（张冰）

住房建设管理

【概况】 延庆区住房和城乡建设委员会（简称：区住房城乡建设委）加挂延庆区人民政府住房保障和改革办公室、延庆区人民政府房屋征收办公室牌子。区住房城乡建设委是负责本区住房和城乡建设行政管理的区政府组成部门。设办公室、政工科、工程管理科（行政审批科、安全管理科）、建筑业管理科、房屋登记科、房屋征收补偿科、住房保障科7个行政科室；工程质量安全监督站1个参公事业单位；建材办、招投标办、房屋鉴定站、房屋市场管理中心、小区办、房屋租赁办、住保中心、房屋征收事务中心、检测中心、测绘所、危改康居办、重大项目协调服务中心（内设：综合科、规划科、宣传联络科、棚改环境整治办公室、公路拆迁办公室、重点项目推进办公室6个科室）12个事业单位。年内，全区重点工程122项，实现开复工85项，其中政府投资项目51项、社会投资项目34项，完工20项。完成线性工程拆迁补偿工作11项。完成建筑业总产值44.63亿元，同比减少24.6%。延庆冬奥村运动员组团项目6个成功申报超低能耗建筑示范项目，建筑面积10730平方米。完成89套公租房的摇号选房，完成中交富力·雅郡2506套共有产权住房项目的摇号选房，已选房源1422套。完成新建商品房签约3518套，存量房网上签约1372件。办理施工许可证39项，其中房屋建筑工程38项，建筑面积119.3万平方米；线性工程1项，长度1.7千米。办理施工登记意见函30项，其中房屋建筑工程15项，建筑面积89.6万平方米；线性工程15项，长度37.36千米。完成商品住宅专项维修资金使用审核45件391.99万元，其中消防1件7.27万元，污水主管道3件3.24万元，屋面防水工程35件315.83万元，电梯5件29.08万元，外墙维修1件36.57万元。完成区农村危房改造项目房屋安全鉴定27项。办理各类房屋测绘项目29项，建筑面积142.6万平方米。办理物业服务合同备案相关业务29项。办理房屋租赁合同备案21件。完成全区国有土地上城镇房屋的安全检查，建筑面积597.58万平方米。完成农村危房改造100户。办理9家建设单位的15项节能专项验收备案，建筑面积9.95万平方米。实施棚户区改造项目5个，占地面积270.94万平方米，涉及3736户。办理竣工验收备案15项，建筑面积52.44万平方米。建筑工程项目安全生产监管96项、质量监管86项。实施行政处罚176起，罚款75.5万元。组织全区18个乡镇（街道）和26家物业服务企业进行"北京业主APP"培训。完成全区4家混凝土搅拌站的日常检查26次。北京市顺兴隆混凝土有限公司获评区级优秀。区住房城乡建设委获得北京市安全生产先进单位、北京市房地产开发企业资质审批工作标兵单位、北京市首都环境先进单位、延庆区社会治安综合治理优秀单位。

单位名称：延庆区住房和城乡建设委员会
地　　址：延庆镇东外大街89号
电　　话：69103360

（王海余）

【棚户区改造】 年初，全区在施棚户区改造项目5个，其中南辛堡、民主村、百眼泉村棚户区改造项目为上年度结转项目；小营、石河营，康庄一二三街，南菜园1-5巷棚户区改造项目为年内启动项目；大榆树镇下屯村棚户区改造项目为准备实施项目。总占地面积270.94万平方米，涉及3736户，完成征拆改造2633户，惠及6500余人。小营、石河营棚户区改造项目，于1月11日启动签约奖励期，2月10日奖励期结束时签约870户，截至年末签约率84.7%。南菜园1－5巷棚户区改造项目，北区于3月26日取得施工登记意见函，同时开展4栋安置房工程建设，工程主体全部封顶；南区于12月28日开始房屋征收签约工作，涉及348户，签约率95.6%。南辛堡、民主村、百眼泉棚户区改造项目，4月3日取得设计方案审查意见函，6月21日取得施工登记意见函，同时进行安置房土方施工，签约率98%。大榆树镇下屯村棚户区改造项目，于10月29日纳入《北京市棚户区改造项目册》，12月29日取得拆迁许可证。康庄一二三街棚户区改造项目，于12月6日取得项目规划条件，12月7日取得用地预审，12月27日取得拆迁许可证，12月28日启动拆迁工作，截至年末签约率70.8%。

（王海余）

【物业企业消防安全宣传】 10月31日，联合区社工委召开年度区物业火灾防控培训会，同时启动消防安全宣传月活动。宣传月活动期间，组织4家物业企业开展消防应急演练，400人参加，发放宣传材料310份。

（王海余）

【保障性住房建设】 年内，中交富力·雅郡共有产权住房项目于9月取得开工许可证，10月实现开工建设。世园会交通市政配套工程定向安置房项目列入2018年度北京市保障房“一会三函”项目，取得立项批复。康庄镇三街村集体土地租赁住房项目，取得土地预审、规划用地条件等相关审批手续。

（王海余）

【保障性住房受理备案】 年内，受理公租房申请并取得市级备案资格家庭733户，受理公租补贴申请并取得市级备案资格家庭178户，受理市场租房补贴申请并取得市级备案资格家庭5户。享受廉租住房租金补贴家庭13户，发放廉租房租金补贴3.88万元；享受公租住房租金补贴221户，发放租金补贴132.53万元；享受市场租房补贴12户，发放租金补贴7.77万元。

（王海余）

【保障性住房配租配售】 年内，首次采取快速配租的方式，面向区内保障房轮候家庭，完成天成家园小区剩余89套公租房房源的配租工作。完成中交富力·雅郡2506套共有产权住房项目的摇号选房工作，已选房源1422套，剩余房源1084套。

（王海余）

【房产实测绘成果审核】 年内，完成7个项目的房产实测绘成果审核，涉及15栋建筑，建筑面积2.3万平方米。

（王海余）

【建筑业及房地产业资质管理】 年内，办理建筑业企业资质相关业务51项，房地产企业资质相关业务45项，二级建造师相关业务503人次，起重机械登记备案23项，起重机械使用登记21项。

（王海余）

【新建住宅项目预售许可审批】 年内，完成延庆区天润·和丽嘉苑、天成家园、中交富力·雅郡3个新建住宅项目4个批次的预售许可审批，合计投入市场期房房源3518套、建筑面积273434.2平方米。

（王海余）

【存量房交易网签】 年内，完成购房资格审核2186笔，存量房网上签约1372套，建筑面积12.46万平方米。

（王海余）

【房地产交易市场管理】 年内，召开房地产经纪行业工作会4场，培训房地产从业人员97人次；房地产交易市场执法检查40次，发放责令改正通知4件，约谈房地产开发企业、房地产经纪机构6次。

（王海余）

【公共服务简化】 年内，施工许可证办理从15天缩短至5个工作日，所需要件由13项减为4项；社会投资的房屋建筑工程，由建设单位自主决定发包方式，不再强制要求进行招投标，新政实施后10家建设单位自主发包；个人购房资格审核从10个工作日缩短至1个工作日，取消房源核验环节，开通购房资格网上办理，完成在线办理购房资格审核470笔。

（王海余）

【物业服务合同备案】 年内，办理新增物业服务项目合同备案12项；物业服务项目合同备案变更16项；物业服务项目合同注销1项。

（王海余）

【房屋租赁市场管理】 年内，依托北京市房地产中介行业协会租赁网上服务平台（办理住宅租赁备案）和北京市房屋租赁合同网上备案系统（办理非住宅租赁备案），办理房屋租赁合同登记备案21件。开展房地产经纪机构租赁市场执法检查20次。

（王海余）

【普通地下室管理】 年内，与56家普通地下室安全使用责任人签订《2018年度延庆区普通地下室安全使用责任书》。组织开展5次专项执法行动，整改安全隐患66处，发放限期整改通知单19份，约谈告诫3人次，实施行政处罚3例，罚款0.2万元。

（王海余）

【城镇房屋安全检查】 年内，完成全区国有土地上城镇房屋的安全检查，合计建筑面积597.58万平方米。其中，完好房建筑面积514.52万平方米，基本完好房建筑面积77.60万平方米，一般破损房建筑面积5.36万平方米，严重破损房建筑面积0.1万平方米。

（王海余）

【超期公共建筑排查】 年内，排查超过合理使用期的公共建筑8处，建筑面积1982.56平方米。发放《超过合理使用年限继续使用的公共建筑进行鉴定督促通知书》1份，督促产权单位重新界定使用期，并采取措施加固。

（王海余）

【城镇房屋防汛】 年内，制定并印发《2018年延庆区城镇房屋安全迎汛工作要点》《2018年延庆区城镇房屋防汛应急预案》，面向社会发布《2018年延庆区房屋防汛公告》。汛期接报维修电话16个，处理积水21处，全区城镇房屋未发生房屋倒塌情况。

（王海余）

【危险房屋解危】 年内，接到北京市房屋安全管理事务中心危房报告单2份，确定北京水产养殖一厂（家属房）和北京市丰源建筑设备租赁有限公司（办公平房）为D级危险房屋。督导产权单位完成危险房屋的解危工作，拆除危房建筑面积4300平方米。

（王海余）

【玻璃幕墙安全检查】 年内，对延庆区使用年限10年以上的12幢建筑物上的玻璃幕墙开展安全检查，检查玻璃幕墙面积7132平方米。同时，发放宣传材料400余份，对2家玻璃幕墙存在严重安全隐患的产权单位下达责令整改通知书，责令其限期整改。

（王海余）

【农村危房改造100户】 年内，完成全区针对4类重点人群（低保户、农村分散供养特困人员、农村贫困残疾人家庭、农村建档立卡贫困户）和优抚对象的农村危房改造100户，涉及11个乡镇57个行政村。

（王海余）

【直管公房管理】 年内，全区直管公房有220户567间，分别位于延庆城区、南菜园一巷、康庄镇一至四街。全年出动房屋检查人员100人次，开展房屋安全检查20次，重点检查汛期房屋安全、秋冬季防止一氧化碳中毒等情况，未发生安全责任事故。张贴直管公房违规转租转借举报牌30块，公布24小时举报电话，发现或接报可疑线索及时进入租户家中核实情况，未发生直管公房违规转租转借现象。

（王海余）

【招标投标与承包发包交易】 年内，办理工程招标投标入场登记71项，其中公开招标41项、邀请招标24项、直接发包3项、告知性备案3项。中标价73.10亿元，建筑面积133.93万平方米。收取交易服务费218.38万元。

（王海余）

【建筑工程安全监督】 年内，建筑工程安全监督项目97项。其中，房屋建筑工程71项，建筑面积327.89万平方米；市政基础设施工程26项，长度20.67万米。出动安全监督检查人员2150人次，检查工程项目450项次，排查并消除各类安全隐患900余项。实施行政处罚74起，罚款24.85万元。其中，简易处罚53起，罚款5.30万元；一般处罚21起，罚款19.55万元。未发生建筑工程安全生产责任事故。

（王海余）

【建筑工程质量执法检查】 年内，建筑工程质量监督项目87项。其中，房屋建筑工程70项，建筑面积321.95万平方米。市政基础设施工程17项，长度14.97万米。出动质量监督执法检查500余人次，检查工程项目120项次。实施行政处罚23起，罚款8.41万元。其中，简易处罚8起，罚款0.21万元；一般处罚15起，罚款8.20万元。受理各类工程质量投诉150起，办结率100%，满意率95%以上。

（王海余）

【重点工程安全质量监督】 年内，开展重点工程市、区两级安全质量联合执法9次，同时组织召开情况通报会；采取购买第三方评估服务模式，面向社会公开聘请专业机构，开展冬奥项目评估检查工作7次，出具评估检查报告41份。

（王海余）

【施工现场扬尘专项治理】 年内，召开各类施工现场扬尘治理工作会议30余次，签订《延庆区2017－2018年度秋冬季建设工程施工扬尘治理责任书》40份。出动扬尘治理执法检查人员2357人次，检查工程1107项次，发放责令改正通知书339份。其中，责令停工整改83份，立即整改256份，约谈58起。移交区城管执法局处罚49项，区内停标4起，报请市住建委进一步处理5起。实现全区细颗粒物（$PM_{2.5}$）累计平均浓度为48微克/立方米，同比下降2%，完成全区细颗粒物49微克/立方米的市级年度任务目标。

（王海余）

【施工现场劳务管理】 年内，检查劳务总承包企业89家、监理单位83家、劳务（专业）分包单位430家，涉及工人2.8万人，下发责令整改通知书83份，约谈79次，处罚劳务企业50家。接待来访并协调解决拖欠建筑业农民工工资问题13起2388.5万元。

（王海余）

【建筑节能管理】 年内，办理9家建设单位15项节能专项验收备案，建筑面积9.95万平方米。其中住宅项目6项，建筑面积5.02万平方米；公共建筑项目9项，建筑面积4.93万平方米。开展综合执法检查12次，开展建材、禁止现场搅拌、建材采购备案、建筑节能及热计量装置、建筑节能与钢管扣件等专项检查61次，纠正不按施工图设计标准进行施工等行为，实现新建民用建筑施工阶段100%执行节能设计标准。

（王海余）

【公共建筑节能改造】 年内，辉煌假日度假区（酒店及酒庄）节能改造、北京学涵教育科技有限公司综合改造、延庆经济技术开发区管委会办公楼节能改造3个公共建筑节能绿色化改造项目，列入北京市公共建筑节能绿色化改造项目库，建筑面积19.55万平方米。

（王海余）

【建筑垃圾资源化处置利用】 年内，延庆区首个建筑垃圾资源化处置企业北京宏鹭升环保科技有限公司投入生产，年处理能力50万吨以上。处理洞渣11.38万吨，生产再生碎石2.70万吨，再生无机结合料8.41万吨，用于铺设世园会临时停车场。

（王海余）

【重点工程项目】 年内，全区有重点工程122项，实现开复工85项（政府投资项目51项，社会投资项目34项）。其中，兴延高速公路、世园会外部综合管廊、世园路、百康路、湖南路、复康路、康河路、西顺城街、圣百街、妫水河世园段水生态治理、延康路提级改造、世园会安置房市政基础设施配套支路、世园会配建临时停车场、旧县镇旧县村煤改地源热泵项目、城东-城南热源厂5台燃煤锅炉“煤改气”工程、保障住房城建万科城等20项重点工程完工。延庆山地新闻中心、延庆冬奥村、延庆综合交通服务中心（换乘中心）、延庆中医院迁建一期等重点工程开工建设，兴延高速等8条道路通车。

（王海余）

【线性征拆补偿】 年内，基本完成8项线性工程的拆迁补偿工作，分别为兴延高速公路、延崇高速公路、南山环线（一期）道路、百康路、东姜路、延农路、延康路和康张路提级改造工程。推进3项线性工程的拆迁补偿工作，分别为：延庆区重点电力工程项目、兴延高速二次征拆（外炮村住宅安置项目宅基地腾退项目）、昌赤路道路。

（王海余）

【信访受理】 年内，收到群众诉求1409件。其中，通过来信来访反映问题175件，非紧急救助1158件，每日舆情46件，创城专报15件，区长信箱4件，政风行风热线11件。受理1262件，转出147件；办结1262件，办结率100%。

（王海余）

规划和国土资源管理

【概况】 北京市规划和国土资源管理委员会延庆分局（简称市规划国土委延庆分局），设办公室、综合审批科（规划土地核验科）、地籍地名科、规划编制与城市设计科、规划实施与土地利用科、市政交通科、土地整理与耕地保护科、地质环境与矿产资源科、法制科（信访与信息公开办）、机关党委（党建工作科、人事科）、财务科、纪检办公室12个科室。下设北京市延庆区规划和国土资源执法队、北京市国土资源局延庆分局第一、二、三、四、五、六国土资源管理所、北京市延庆区不动产登记事务中心、北京市延庆区规划信息中心、北京市延庆区规划展览中心、北京市延庆区城市建设档案馆、北京市延庆区土地利用事务中心、北京市土地整理储备中心延庆区分中心、北京市延庆区规划设计所、北京市延庆区测绘勘察所15个事业单位。

年内，完成规划审批和服务事项256件。其中，核发选址意见书20件（其中，市政基础设施工程15件，总用地面积30.06万平方米；城镇建筑工程5件，核定总用地面积63.02万平方米）；核发建设用地规划许可证26件（其中，市政基础设施工程4件，总用地面积45.01万平方米；城镇建筑工程22件，总用地面积171.3万平方米）；核发建设工程规划许可证59件（其中市政基础设施工程18件，总建筑规模767平方米，线性工程总长度95260米）。城镇建筑工程40件，总建筑规模159.19万平方米。临时建设工程规划许可证1件，建筑规模4500平方米；核发乡村建设规划许可证5件，总建筑规模40.3万平方米；核发规划条件67件，其中市政基础设施工程41件，城镇建筑工程19件（自有用地17件、土地前期储备整理1件、土地储备供应1件），乡村建设7件；核发市政基础设施建设项目规划意见复函1件；核发规划意见函复10件，其中市政基础设施工程9件，城镇建筑1件；核发设计方案审查意见30件，其中市政基础设施工程设计方案审查意见10件，城镇建筑工程设计方案审查意见16件，乡村建设项目审查意见4件；核发“一会三函”审查意见函7件，其中市政基础设施工程5件，城镇建筑2件。核发规划核验（验线）21件；核发规划核验（验收）9件。完成建设项目压覆重要矿产资源核查24件。

单位名称：规划国土委延庆分局
地　　址：延庆镇香苑街6号
电　　话：69101119

（王欢）

【规划国土委延庆分局挂牌】 4月12日，北京市规划和国土资源管理委员会延庆分局挂牌成立。市规划和国土资源管理委员会以及延庆区委、区政府相关负责人出席。

（王欢）

【证件办理时间压缩过半】 年内，精简各项审批事项材料清单，缩减审批时间，建设工程规划许可证由20个工作日内压缩为7个工作日内办结，不动产登记实现在“移动预约系统”上网络预约，不动产权属证书物流递送，办理时限由10个工作日内压缩为5个工作日内办结。“一窗办理综合服务窗口”办理231件，从受理完成到领取新证平均用时40分钟。

（王欢）

【市规划研究和编制】 年内，编制完成《延庆分区规划（2017年－2035年）（草案）》，形成各乡镇总体规划初步方案。完成年度首批“美丽乡村”120个村的规划编制。组织编制《全区综合交通专项规划》《分区规划城市设计专项规划》《土地利用规划》等11个专项规划。《延庆区停车场专项规划》上报市规划自然资源委待批复。

（王欢）

【地名管理】 年内，完成2019年世园会交通市政配套工程8条道路名称的核实和命名工作，以及相关相交道路名称的核实工作；完成京礼高速收费站命名以及高速相交道路名称的核实工作；完成世园会参展人员公寓项目所在地块（世园村）、世园会回迁安置房地块（博园雅居）的建筑物名称核准工作以及内部12条城市支路的道路名称命名工作。

（王欢）

【项目审批】 年内，为延庆第一职业学校迁址新建工程、第九幼儿园等项目核发选址意见书。为延庆区南菜园1－5巷棚户区改造项目（安置房地块北区）、北京市冰上项目训练基地、延庆辉煌云栖谷等项目《建设用地规划许可证》，为世园会综合数字中心、中国馆、国际馆、生活体验馆等项目《建设工程规划许可证》。

（王欢）

【征地及农用地转用项目管理】 年内，完成征地批准和征地前期工作4个，用地面积97.30公顷（1459.5亩）；完成农转用批准3个，用地面积13.92公顷（208.8亩）。

（王欢）

【耕地保护与占补平衡】 年内，完成三级耕地保护责任书签订及耕地保护责任目标履行情况自查工作；完成1个土地整治项目验收，项目建设规模112.6公顷（1689.10亩），新增耕地33.29公顷（499.46亩）；实施2个整治项目，建设规模77.37公顷（1160.67亩）；完成4个占补平衡项目，补充耕地面积31.44公顷（471.06亩）；立项2个康庄镇棚改增减挂项目，规划完成10.45公顷（156.82亩）建设用地复垦；完成1个表土剥离项目验收及12个表土剥离项目方案审查，完成21个临时用地项目土地复垦方案评审，完成设施农业备案2宗。

（王欢）

【土地入市及保障性住房用地供应】 年内，一级开发项目完成供地4个项目，分别为张山营镇水峪村土地一级开发项目、2019年中国北京世界园艺博览会土地一级开发项目（二期）、2022年冬奥会及冬残奥会延庆赛区B部分土地一级开发项目、延庆新城03街区会展中心东侧地块土地一级开发项目（二期），面积73.56公顷，其中商品住宅用地供应18.37公顷，任务完成率167%（年度商品住宅供地任务11公顷），同时完成共有产权房项目入库5.19公顷（年度5公顷共有产权房供地任务）。

（王欢）

【土地储备开发】 年内，推动一级开发项目11个，规划建筑规模72.93万平方米。其中，在施阶段项目7个，土地面积241.17公顷，完成供应项目4个，土地面积122.39公顷，建设用地面积73.56公顷。

（王欢）

【不动产登记】 年内，共受理不动产登记业务7729件，发放证书6673本。完成权属审查45个项目，涉及土地面积15公顷，309宗地。完成地类认定项目14个，涉及土地面积202.43公顷，土地利用分幅图180张。完成权籍调查112个项目，涉及114宗地，土地面积372公顷。

（王欢）

【规划监督】 年内，核发建设工程规划核验意见30件，总建筑面积74.6万平方米。其中，建设工程规划验线合格通知书21件，建筑面积55.9万平方米；建设工程规划核验（验收）意见（合格告知书）9件，建筑面积18.7万平方米。

（王欢）

【执法监察】 年内，出具各类规划审批情况认定函271件，核发责令停止建设通知书6件；核发限期拆除决定书1件。土地违法共计立案查处80宗［其中下达行政处罚决定书22宗，未实施处罚决定24宗（案件调查过程中，已全部实施拆除）］，罚款139.89万元；结案72宗，未结案8宗，其中2宗待区政府对不动产移交下达批复，8宗申请法院强制执行。

（王欢）

【大棚房清理整治】 年内，成立区级“大棚房”专项清理整治工作领导小组，负责统筹全区“大棚房”专项清理整治工作。出动人员3500人次，核查大棚8787栋，未发现“大棚房”违建项目。针对八条整改标准，区113宗设施农业项目中不同程度存在各类不符合标准现象，其中耳房面积严重超标18栋、棚内养殖25栋、棚内地面硬化202栋、棚内存放非生产物品128栋、附属设施、管理用房超标及园区内私搭乱建问题252个。113宗设施农业项目按照市级要求全部完成整改。属于农业生产或服务于农业生产的大棚类设施农业项目，在问题整改完成之后采取拟备案、确认、挂账、非农利用等措施妥善处置，拟备案3宗、确认102宗、挂账2宗、非农利用6宗。

（王欢）

【地质灾害防治】 年内，发生崩塌事件4起，崩塌土石方约288立方米，均得到及时清理，无人员伤亡、财产损失情况。落实2015－2019年地质灾害隐患点治理计划，多次进行核实梳理，将29个隐患点打包成14个项目。2015年、2016年5个项目均已完成，2017年2个项目正在施工阶段，2018年3个项目即将开展招投标工作，2019年4个项目在勘察设计中。

（王欢）

【信访接待】 年内，受理信访举报事项264件次，同比增加14.8%。其中，信访事项159件次，同比增加24.2%；举报事项105件次，同比增加2.9%。接收来信26件，同比增加44.4%；来访202批次408人次，同比增加134.8%；集体访35批次377人次，同比增加483%；重复访63批次317人次，同比减少46%；网上信访件16件次，同比减少89.8%。

（王欢）

城管监察

【概况】 延庆区城市管理综合行政执法监察局，是负责全区城市管理综合行政执法工作的区政府直属行政执法机构。具有综合协调、综合执法、综合监管职能。年内，完成城市管理执法体制改革、下移执法重心工作。落实区委二届六次全会和区二届人大五次会议精神，聚焦依法行政和职权划转，加强城管执法队伍建设，强化对街道（乡镇）城管执法工作的业务指导、专业培训和执法监督职责，主要负责对街道（乡镇）城管执法工作的督查跨区域重大复杂违法案件的查处职责，在开展重大执法行动时，负责跨区域指挥相关街道（乡镇）执法队伍。推进“疏解整治促提升”行动、蓝天保卫战等重点整治任务。全年查处无照经营、黑车运行、非法小广告、渣土运输、施工扬尘、露天烧烤各类违法案件6007起，同比增长29.77%；罚款564.186万元，同比增长129.16%。向18个属地政府派发《监管通知单》2110件，整治违规广告牌匾、无照经营等环境秩序问题2400余件。

单位名称：延庆区城市管理综合行政执法监察局
地　　址：延庆镇京张路口北
电　　话：69174116

（邢思琪）

【拆违腾退任务完成600%】 年内，各街道（乡镇）建立“街乡吹哨，部门报道”工作机制，发挥综合执法中心协调作用，调动各成员单位联合执法，重点拆除世园会、冬奥会场馆周边及道路沿线、水源保护地、环保督导等典型违法建设。截至10月30日，完成市专指系统平台违法建筑销账438处，建筑面积268192平方米，完成市级专项拆违任务的244%，腾退土地662605平方米，完成市级专项腾退任务的600%。

（邢思琪）

【市容环境整治】 年内，创新执行街乡督察包片到人的网格管理机制，发挥热线举报平台和网格化管理的监督作用，依法查处市容环境管理类违法行为726起，罚款100.648万元，涉及处罚案由50个。

（邢思琪）

【空气污染治理】 年内，制定下发涉及施工扬尘管控、道路遗撒治理等“三尘三烧”类专项执法方案10余件，建立完善现场督察、信息通报相关机制，督促指导各街乡镇落实属地管理主体责任。结合冬奥会、世园会筹办环境秩序保障工作，强化巡查、定点盯守，指导责任人落实“六个百分之百”（六个百分百：工地周围100%围挡、物料堆放100%覆盖、土方开挖100%湿化作业、施工现场地面100%硬化、出去车辆100%清洗、渣土车100%密闭运输），立案查处大气污染类违法行为538起，罚款436万余元。

（邢思琪）

【占道经营整治】 年内，查处占道经营违法行为4648起，罚款110015元，2处占道经营挂账点位完成销账，举报集中街乡镇达到年度目标任务，全区17个街道（乡镇）达到占道经营工作“动态清零”标准，超额完成8个街道（乡镇）清零指标的212.5%。

（邢思琪）

【日常监管】 年内，城管执法协调办向18个属地政府派发《监管通知单》2110件，解决暴露垃圾、违规广告牌匾、无照经营等环境秩序问题2400余件。

（邢思琪）

【非法小广告治理】 年内，以金锣湾商业区、妫水街、东外大街等城区重点区域以及城乡结合部地区、背街小巷为整治重点，联合属地、公安、工商等相关部门依法查处违法散发和张贴喷涂等行为，查处非法小广告违法行为42起，罚款1.27万元。

（邢思琪）

公用事业

供　电

【概况】 国网北京延庆供电公司（简称延庆供电公司），是北京市电力公司直属供电企业，负责延庆范围内的电网规划建设、运行管理、电力销售和供电服务工作。设办公室、发展建设部、党委组织部、财务资产部、安全监察质量部、监察审计部、党建工作部、电力调控中心8个职能部门，设置运维检修部（检修分公司）、营销部（客户服务中心）2个业务支撑与实施机构，下设12个班组、7个农村供电所。年内，完成4项管理创新示范项目课题、6项典型经验课题和6项卓越绩效改进提升项目。获得授权专利15项、管理创新成果《供电企业高效开展工程转资的管理实践》获得北京市企业管理现代化创新成果二等奖。QC成果《电气设备夜间测温装置研制》获得国网QC成果发布赛三等奖，电力行业QC成果发布大会三等奖。成立“冬奥（世园）电网建设”等5个临时党支部，组建共产党员先锋队3支，设立党员服务站46个，党员先锋岗51个。结合“迎世界盛会我先行”等重点工作，以“党员服务队”的形式进驻世园村、平北抗日战争纪念馆开展用电服务。组织非一线党支部与电网建设、“煤改电”等工作对接，开展“不忘初心跟党走、牢记使命勇担当”和“感恩、责任、奉献”两期“道德讲堂”活动。策划“煤改电”助力绿色冬奥、风雪降温保供电等重点选题，在《人民日报》《北京青年报》等媒体刊发。在中央媒体刊登报道9篇，在国家电网报、电网头条等行业媒体刊登文章22篇。2篇作品入选国网故事汇，1篇获评“月度优秀作品”，“三零”服务宣传入选公司社会责任精品案例。延庆公司蝉联“全国文明单位”荣誉称号，连续11年摘得“首都文明单位标兵”称号。获公司年度“煤改电”工程突出贡献单位、公司中共十九大供电保障贡献单位、延庆区交通安全先进单位。取得“海洋王”杯QC成果发布赛多个奖项。

单位名称：延庆供电公司

地　　址：延庆镇庆园街53号

电　　话：69101219

（颜渊）

【电网规划与建设】 年内，取得地区重点项目可研批复、规划意见书、立项核准等前期手续18项。协调推进500 kV张昌三回输电线路工程、500 kV换流站下送昌平输电线路工程前期协调，完成500 kV柔直换流站“四通一平”工程，完成京张高铁配套110 kV康松一二线、35 kV康西线、延崇高速迁改工程；有序推进世园会、兴延高速高压迁改工程。

（颜渊）

【安全生产】 年内，完成全国“两会”、中非合作论坛北京峰会、高考等各类供电保障任务39项，其中特级保电任务2项，累计保电117天，同比增长11.43%。获得中非合作论坛北京峰会供电保障贡献单位等荣誉称号。地区用电负荷连续7次创历史新高，成功应对33.96万 kW地区最大负荷考验，有效保障地区电网安全稳定运行。全面运用配网APP，配网故障、异常台区比例同比下降45%、25%。开展安全管控专项行动46次，发现并治理各类安全隐患126件，治理率100%。开展现场到岗到位438人次，领导下现场检查24人次，对596个施工现场开展安全巡检、视频监控，发现问题148件，下发违章通知书5份。

（颜渊）

【营销与优质服务】 年内，完成52个村，1.53万户“煤改电”工程任务，按期完成全年新建6站56台充电设施投运工作，建成世园会周边0.9 km半径密集型网格化充电服务网络，获得5月份、8月份“电能替代”流动红旗。全年接电容量23.15万 kVA，完成年度接电指标的154.33%。受理分布式电源新装1166户，总装机容量21.45 MW，全部完成送电。压减客户报装接电时长，平均接电时间由原来32天缩短至3.8天，实现用电报装全业务“一网办理”。

（颜渊）

供　热

【概况】 延庆区供暖管理办公室设于区城市管理委员会，负责全区供暖、供热公用事业管理工作。年内，全区有供热单位14家，供暖总面积770万平方米。其中，居民供热面积534万平方米，占总面积的69%；非居民供热面积236万平方米，占总面积的31%。城区有居民 41991户，均由京能延庆热力集中供暖。

单位名称：延庆区供暖办
地　　址：延庆区城东热源厂
电　　话：69101826

（张冰）

【清洁能源改造PPP项目】　年内，完成城东、城南供热中心燃煤锅炉清洁能源改造PPP项目，挂牌成立京能延庆热力有限责任公司。

（张冰）

【设备运行管理】　年内，全区供暖单位完成供暖设备设施维修、燃煤储备、运行保障等任务。全区14家供热单位筹措资金，开展设施建设、维修和改造工作，检修改造90处，其中更新设施设备26处、更新锅炉12台、水泵20台，更新供暖管线3.56千米，设施设备大修25处，管网检修38处；完成张山营镇龙聚山庄锅炉房1台15蒸吨锅炉、北京缙北物业管理服务中心和北京八达岭信达资产管理中心2座锅炉房4台85蒸吨锅炉以及市政供暖所城东热源厂、城南供热中心2座锅炉房8台645蒸吨燃煤锅炉清洁能源改造工作。

（张冰）

供　气

【概况】　延庆区燃气管理办公室设于区城市管理委员会，行使延庆区燃气行业管理职能。年内，全区有4家天然气企业，铺设次高压管线10.15千米、中压管线251.59千米、低压管线473.4千米；6家液化石油气企业，其中5个充装站，1个储罐站。

单位名称：延庆区燃气管理办公室
地　　址：延庆镇东外大街89号
电　　话：60168635

（张冰）

【送气下乡】　年内，完成15个乡镇361个行政村开户工作（其余村使用天然气、沼气）。建设村级换瓶点282个，开户4281户，销售24.52万瓶。截至年底，累计开户6.7万户、销售97.12万瓶。

（张冰）

【农村煤改气】　年内，26个村庄通气，累计安装壁挂炉4560台，敷设燃气管道16万米。

（张冰）

环境卫生

【概况】　延庆区环境卫生服务中心隶属于延庆区城市管理委员会，负责城区清扫保洁、垃圾清运、公厕维护及主要环卫基础设施管理等工作。下设环卫清扫保洁一队、环卫清扫保洁二队、环卫清运一队、环卫清运二队、小张家口粪便消纳站、小张家口垃圾卫生填埋场、永宁垃圾卫生填埋场、环卫公厕保洁队8个正科级作业单位，内设行财科、政办室、管理科、安全科、收费室5个副科级科室。年内，完成城市清扫保洁、垃圾清运、公厕管理、垃圾处理工作。

单位名称：延庆区环卫服务中心
地　　址：延庆镇广兴街72号
电　　话：69103800

（张冰）

【国家卫生区创建】　年内，制定市容环境卫生组创卫年度工作方案，明确8方面38项创建任务和工作标准；统筹协调成员单位召开部署会、协调会及培训会34次，上报创卫周报96期；解决区级反馈、自查等各类问题1918件，整改率100%；完成日上、恒生市场垃圾收运设施升级改造；对创卫核心区17个村庄的垃圾收集方式进行调整，撤销50个露天垃圾大箱，更换为1500个垃圾桶；拆除城中村及城乡结合部旱户厕82座，拆除、封堵旱公厕42座，通过市级专家评估、国家专家评估验收工作。

（张冰）

【综合处理厂PPP改革】　年内，完成小张家口垃圾综合处理厂PPP改革，挂牌成立北京首创环境工程有限公司并实现自主运营。

（张冰）

【清扫清运】 年内，新增机扫面积10.92万平方米，机扫总面积88.77万平方米；新增清扫保洁组合工艺作业面积4.37万平方米，组合工艺作业总面积85.93万平方米；道路洗地用水量59777吨，道路尘土残存监测平均值由上年26g/㎡降至9.7g/㎡；清运生活垃圾5.9万吨，抽运粪污7882吨、清运渣土1.5万吨、清理大件垃圾7798件。

（张冰）

【公厕管理】 年内，在城区和城乡结合部地区新建改建公厕50座；为城区公厕加装除臭设施12个，更换便器231个、挡板183块，更新公厕指示牌37块，增设标识牌30块。

（张冰）

【垃圾处理】 年内，小张家口综合处理厂完成验收，正式投入运行，全年分类处理生活垃圾1.84万吨、餐厨垃圾3092吨、厨余垃圾5594吨、渗滤液14518.84吨、生产工业油脂70.72吨、营养土1228.7吨。

（张冰）

（栏目编辑　池尚明）

生态环境建设

环境保护

【概况】 延庆区环境保护局（简称区环保局）是对辖区内环境保护工作实施统一监督管理的区政府工作部门。设政办室（安全生产科）、行政审批科、污染源管理科（土壤环境管理科）、生态科、大气环境管理科，执法机构环境保护监察队，所属事业单位环境保护宣传信息中心、环境保护应急保障中心、机动车排放管理站、环境保护监测站共10个科室。年内，完成《北京市延庆区申报第一批国家生态文明建设示范区工作报告》《北京市延庆区申报第一批国家生态文明建设示范区技术指标完成情况说明》《北京市延庆区申报第一批国家生态文明建设示范区环境信息公开情况报告》，获“第一批国家生态文明建设示范区”称号。初步编制《延庆区创建国际一流生态文明示范区指标体系研究报告》和《延庆区创建国际一流生态文明示范区指标体系》，编制完成《北京市延庆区生态环境（绿色GDP）核算体系研究报告（2015年度）》《延庆区落实严格监管污染物排放环境保护管理制度的工作机制》。落实清洁空气行动各项措施，强化环境执法监督，推进污染减排，加强环境监测，严格建设项目审批。大气主要污染物二氧化硫、二氧化氮、可吸入颗粒物、$PM_{2.5}$平均浓度分别为6微克/立方米、33微克/立方米、80微克/立方米、48微克/立方米。二氧化硫同比下降25.0%，二氧化氮同比下降8.3%，可吸入颗粒物同比上升12.7%，PM2.5同比下降2%。

单位名称：延庆区环境保护局

地　　址：延庆镇香苑街102号

电　　话：69104090

（张振环）

【大气污染防治】 年内，制定《延庆区蓝天保卫战2018年行动计划》。完成城东城南745蒸吨燃煤锅炉清洁能源改造；以外埠过境大货车、城区周边柴油货车、老旧机动车为监管重点，防治机动车污染。采取“环保取证，公安处罚”的执法模式，截至年底，检查各类机动车27.98万辆，检测超标40302辆，其中公安处罚40015辆，环保处罚287辆。淘汰老旧柴油货车814辆。

（张振环）

【环境监测】 年内，编写《2017年北京市延庆区环境质量报告书》《2017年北京市延庆区环境状况公报》《2017年北京市延庆区污染源监测年报》。继续开展国家重点生态功能区县域生态环境质量监测、评价和考核。开展北京市、河北省地表水跨界断面联合监测工作。全年完成41个地表水断面、9个地下水监测点位监测455次、25个降尘点共300个大气降尘监测、噪声常规监测193个点位、污染源废气监测27家次、污染源废水监测69家、信访监测75次，应急监测4次。全年报出各类监测数据1.7万余个（含源解析数据）。

（张振环）

【水污染防治】 年内，制定水污染防治2018年重点任务分解，落实水污染防治工作方案及配套方案。开展乡镇级及以上集中式饮用水水源地保护专项排查并按照国家进度完成整治、开展乡镇间水环境区域补偿工作、完成村级及以上集中式饮用水水源地环境状况评估、完成加油站防渗漏改造、完成11条河道保护及管理范围划定、实施“河长制”、建设4条生态清洁小流域。排查企业废水排放去向和污染物达标排放情况，通过对涉水污染物排放企业、污水处理厂、垃圾填埋场、饮用水水源保护区检查，发现环境违法问题37个，均已立案，已下发处罚决定23个，罚款226.61万元。对部分养殖企业建立完善一厂一档工作，开展畜禽养殖专项执法检查，发现存在环境违法问题的14家单位，均全部立案处罚，下发行政处罚决定14家，罚款60万元。并利用新环保法4个配套办法对1起利用渗坑排放污水，2起污水处理设施不正常运行、1起非法倾倒垃圾的案件移送公安。按照《延庆区地表型集中式饮用水源地保护区整改方案》，对康庄镇、张山营镇和延庆镇官厅水库集中式饮用水水源地保护专项排查，未发现环境违法行为。配合市环保局完成官厅水库水源地标志牌安装工作。对饮用水水源地保护区内进行巡查，未发现新增违法建设项目和非法排污口，依法对位于白河堡饮用水源保护区二级保护区的北京唯客寒舍旅游管理有限责任公司罚款15万元。结合“绿盾2018”专项行动和监察总队下发的检查任务清单，区环保局水和生态科开展自然保护区和饮用水源地的巡查工作，并配合园林绿化局重点打击非法挖沙、采石、放牧、捕捞、砍伐、烧荒等违法行为，每月按时上报检查台账，对卫星拍摄的79个问题点位配合属地政府、园林、官厅水库管理处等单位完成整改。

（张振环）

【噪声污染防治】 年内，开展噪声环境信访及中高考期间噪声专项整治行动，向重点商户普及噪声污染相关法律知识。中高考期间，出动执法人员130人次，检查单位65家次（其中施工工地12家次）。对延庆区各考场周围环境噪声严格管理，中高考期间没有发生噪声污染事件。全年接到噪声污染类信访件63件，均及时受理办结。

（张振环）

【土壤污染防治】 年内，开展区域土壤环境调查与评估工作，进行农用地详查和地下集中式饮用水源地土壤污染状况调查，进行样品采集和分析，预计下年7月底完成全部工作内容。对2017年关停企业进行筛查，未发现对土壤造成污染的行业企业。区政府与小张家口垃圾填埋场、永宁垃圾填埋场签订土壤污染防治责任书，2家单位按照责任书要求对场区内土壤环境调查，并公开调查结果。环保、规划国土、住建部门建立污染地块联动监管工作机制；增加土壤检测人员和检测仪器，提升土壤环境的监测能力。

（张振环）

【固体废物管理】 年内，重点检查涉及危险废物企业的环评及环评批复、危险废物集中处置设施和场所建设、危险废物转移联单、分区分类存放情况、标志标识等，发现6处环境违法行为，均责令其立即停止违法行为，合计罚款10万元。对辖区内工业固体废物、生活垃圾、医院危险废物统一监管、统一收集、集中清运、安全处置。机关学校产生的电子废物交与北京市危废处置中心进行安全处置，收集废旧灯管（泡）865千克、电池170千克、硒鼓墨盒3960千克。全部交与有处置资质的相关单位处置。

（张振环）

【辐射环境监管】 年内，对延庆区31家具有射线装置（66个Ⅱ类、Ⅲ类射线装置）单位执法检查（无涉源单位）。未发现环境违法问题。

（张振环）

【建设项目清理整治】 年内，清理整治6个环保违法违规建设项目，其中淘汰关闭项目数3个，整顿规范项目数3个。全年环境影响评价审批34项，环境影响登记表备案340项。

（张振环）

【主要污染物减排】 年内，通过环保部、市政府污染减排和绩效考核现场检查核查，全年消减二氧化硫、氮氧化物、化学需氧量、氨氮四项污染物分别为143.20万千克、51.80万千克、180.50万千克、3.30万千克；减排比例分别为52.90%、25.81%、180.50万千克、3.30万千克；超额完成市政府制定的50%、15%、65.90万千克、2.90万千克减排任务。

（张振环）

【环保执法检查】 年内，出动7782人次，检查各类污染源3568家次，发现环境违法问题立案153起，下达处罚决定136起，罚款611.81万元，查封违法企业设施77家次，移交公安4起。

（张振环）

【环保宣传】 年内，对清空净水、生态文明建设、环保执法工作及时跟踪报道，在市、区两级媒体刊发环保新闻268篇（期）。新媒体平台微信、微博发布及推送2467期（条）。结合“6·5”世界环境日、世界地球日等主题日，深入机关、企业、社区、学校、农村开展环境主题日宣传、环保大讲堂活动，发放环保资料2万份、宣讲30场，受众1万人。

（张振环）

【环境应急】 年内，区环保局与北京市官厅水库管理处、张家口市怀来县、赤城县环境保护局签订《跨区域环境污染联合执法工作协议》。处理一般性突发环境事件1起，开展环境应急演练2次。组织全区重点单位召开应急预案备案工作部署会，学习《企业事业单位突发环境事件应急预案备案管理办法（试行）》，35家企业完成应急预案备案工作。

（张振环）

【环境信访】 年内，接到信访件670件，其中大气污染类384件，水污染类80件，噪声污染类63件，咨询及其他部门职责类 127件，固废、危废类14件，辐射类2件。立案处罚11起。双随机执法检查169家次。接到网格员上报并转至区环保局事件4件，办结3件，1件正在处理中。收到热点网格预警2个，对其网格内污染源及时排查；报警点位推送262处，发现问题102个。

（张振环）

【环境管理体系建设】 年内，对58个部门内审员进行新版标准培训，全部通过考试取得资格证书。进行环境管理体系内部审核，认证中心年度监督审核通过，延庆区继续保持环境管理体系认证资格。

（张振环）

【化学品调查】 年内，根据国家公布的优先控制化学品名录，对高风险化学品生产、使用进行严格限制，并逐步淘汰替代。调查妫水河、黑河、白河、白河堡水库、2个工业园评估环境和健康风险，落实防控措施。

（张振环）

【冬奥环境保障】 年内，启动延庆赛区规划环评矩阵表、可持续性承诺和延庆赛区行动手册各项任务。完成2022年北京冬奥会及冬残奥会延庆赛区场馆配套基础设施、奥运村及山地新闻中心建设项目审批。完成世园会参展一对一服务浙江省对接，建立参展对接服务台账。

（张振环）

园林绿化

【概况】 延庆区园林绿化局（延庆区绿化委员会办公室）是负责全区园林绿化工作的政府部门。内设7个机构：办公室、政工科、计财科、绿化公园科、林业科、林政资源管理科、自然保护区（风景名胜区）管理科。另设延庆区森林公安处、四海森林公安派出所，下辖千家店森林公安派出所和46个财政补助事业单位（含纳入工资规范管理事业单位16个：延庆区果品服务中心和15个乡镇林业站）。2018年，根据《北京市延庆区机构编制委员会办公室关于同意区园林绿化局调整完善自然保护区和风景名胜区管理机构的函》文件要求，延庆区园林绿化局设立自然保护区（风景名胜区）管理科，并将区园林绿化局所属公益一类正科级财政补助事业单位延庆区林业生态工作站（延庆区自然保护区管理中心）更名为延庆区自然保护区（风景名胜区）管理中心。同时按照属地管理原则，在7个基层林业工作站加挂自然保护区管理站牌子。年内，区园林绿化局紧扣赛会对优良生态环境的要求，以精细打磨精益求精为目标，坚持国际一流标准，统筹山水林田湖草系统保护和建设，着力打造赛会美丽底色，扎实开展创森各项工作，稳步推进绿色惠民建设，切实增强资源保护管理。制定《北京市延庆区园林绿化局北京2022年冬奥会和冬残奥会延庆赛区园林绿化工作方案》，编制完成《北京市延庆区国家森林城市建设总体规划（2017－2026）》，并完成专家评审。提出“京畿夏都宜居地，长城脚下森林城”的城市森林建设理念。制发《延庆区创建国家森林城市工作考核办法》等文件，把创森工作纳入市、区两级政府的折子工程和绩效任务。完成“关注森林网”的实名注册，上传延庆创森信息资料22篇，利用主题节日和节庆活动通过电子显示屏、延庆电视台、延庆报社等媒体平台进行宣传。成立“林小青”创森志愿者服务队。开展森林文化、园艺知识进村庄、进单位、进营区、进学校，进家庭的创森“五进”活动10余次。设计制作延庆创森Logo，完成创森动漫宣传片设计制作。打造夏都公园园艺驿站和夏都公园乡土植物文化科普教育基地，完成延庆区创森专题汇报片的外景拍摄，启动编制规划实施报告和指标自查报告。截至年底，完成新一轮百万亩造林、京津风沙源治理、森林健康经营等营造林工程22300公顷（33.45万亩），推进园艺社区建设4个，创建达标首都花园式社区1个、首都花园式单位2个，首都绿色村庄8个、首都森林城镇1个。全区森林覆盖率提高到59.28%，林木绿化率达到71.67%，人均绿地面积达到53.14平方米，人均公园绿地面积达到46.13平方米。

单位名称：延庆区园林绿化局
地　　址：延庆镇城隍庙街4号
电　　话：69103770

（刘艳萍）

【世界野生动植物保护日宣传活动】 3月3日是“世界野生动植物保护日”，恰逢水泉子村鸟节，区园林绿化局在鸟节主广场开设生态保护宣传区，通过悬挂横幅、摆放展板，发放宣传材料等形式，宣传野生动植物保护知识。现场发放生态保护宣传资料2000份，受众5000人。

（刘艳萍）

【首都义务植树活动】 4月1日，第34个首都义务植树日当天，开展以“绿化美化延庆大地 服务保障世园冬奥”为主题的全民义务植树活动。10万人参加，栽植各类树木1.6万株，养护树木31万株，出动绿色小信使5300人，清扫绿地60万平方米。截至年底，全区参加义务植树23.9万人次，植树92.6万株，其中新植树木17.8万株。

（刘艳萍）

【花芽抑制剂治理杨柳飞絮】 4月，园林管理中心首次对城区内所辖主要街道及部分公园的2011株杨柳雌株飞絮进行实验性药剂防治。采取树干注射花芽抑制剂的方法，实现全部植株的花芽抑制。治理药剂符合无公害防治要求。

（刘艳萍）

【京津冀协同防控】 5月8日，延庆、怀来、赤城三区县林保部门技术人员在玉渡山自然风景区联合开展林业有害生物踏查。发现暴马丁香上女贞尺蠖发生比较严重。6月6日，与怀来县森防站、赤城县森防站在延庆2019年世园会园区联合开展林业有害生物检疫防治交流活动。并到四海镇大吉祥村、黑汉岭村查看红脂大小蠹和延庆腮扁叶蜂防治情况。7月3日至4日，与市林保站、张家口森防站以及怀来森防站在怀来县白龙山、月亮岛国家级湿地公园联合进行灯诱、踏查活动。8月9日，与赤城县森防站、怀来县森防站联合开展林业有害生物踏查、灯诱活动。10月10日，到河北省小五台山国家级自然保护区进行考察学习。12月11日，邀请林业有害生物专家北京林业大学教授武三安、中国林业科学院研究员张永安、中国农业科学院研究员李世访等赴怀来开展松阴吉丁发生情况及防控措施研讨会。

（刘艳萍）

【区果树协会获奖】 5月12日，北京农村专业技术协会第二届第四次会员代表大会在京召开。延庆区果树协会获得2017年度中国农村专业技术协会科普奖和全国优秀农村专业技术协会称号。

（刘艳萍）

【“国际生物多样性日”宣传】 5月22日，在夏都公园举办生物多样性保护系列科普宣传活动，区创森办、区园林绿化局以及“林小青”创森志愿服务队队员参加。发放各类科普宣传材料1000余份，同时就野生动植物保护、严防外来生物入侵、生物多样性保护等方面接受游客咨询。

（刘艳萍）

【首都园艺驿站建设试点启动】 6月27日，首都园艺驿站建设试点工作启动仪式在延庆夏都公园举行。首都绿化委员会办公室主任和主管区长为夏都公园园艺驿站揭牌。首都绿化办、各区绿化办负责人以及参与“爱绿一起”活动的市民和志愿者120人参加活动。

（刘艳萍）

【第四届北京百合文化节】 6月29日，第四届北京百合文化节在区世葡园开幕。本届百合文化节由中国花卉协会球宿根分会、市园林绿化局、北京花卉协会和延庆区政府主办，延庆区园林绿化局、八达岭旅游总公司、延庆区花卉协会、西诺（北京）花卉种业有限公司承办。主题是“相约延庆，盛世花海”，活动为期一个月。分为室外展和室内展两部分。其中，室内展区面积4500平方米，展出百合品种64个、70多万株。

（刘艳萍）

【延庆鲜食葡萄获金奖】 7月25日，在湖北省公安县举行的第二十四届全国葡萄学术研讨会暨荆楚味道·第九届性灵公安葡萄节上，延庆区葡萄及葡萄酒产业促进中心选送的“瑞都香玉”与“早夏黑”两个品种获得全国优质鲜食葡萄金奖。

（刘艳萍）

【全市规模化苗圃企业观摩世园会园区建设】 8月28日，全市70余名平原地区规模化苗圃企业主要负责人及各区种苗站相关负责人到区，参加北京市林业种子苗木管理总站组织的2019年世园会园区建设情况观摩活动。参观建设中的北京世园会园区以及2018年新一轮百万亩造林——延庆区康庄镇平原地区造林工程和2012—2014年平原造林工程——蔡家河湿地公园。

（刘艳萍）

【市林保专家调研林业有害生物】 9月4日—5日，区林保站邀请市农林科学院研究员昆虫专家虞国跃博士、市林业保护站林保专家王合总工程师到延庆大海陀景区、松山自然保护区周边进行林业有害生物调研。并在大海陀景区开展灯诱活动。

（刘艳萍）

【杨树炭疽病防控专家研讨会】 9月7日，北京林业大学田呈明教授、北京市农林科学院李兴红研究员及北京市林业有害生物防控协会、北京市林业保护站有关专家一同到延庆江水泉公园、世园会园区实地调查杨树炭疽病发生危害情况，研究探讨行之有效的防治措施，为世园会和冬奥会生态安全提供保障。

（刘艳萍）

【第三届中国（北京）园林园艺景观苗木博览会】 9月9日—10日，“2018年第三届中国（北京）园林园艺、景观苗木博览会”在延庆八达岭国际会展中心举行。全国16个省（直辖市）的150余家企业参展，延庆区3个协会组织22家企业参展，展示特色苗木、精品花卉、水果盆景，多家参展企业售出各种苗木、花卉、盆景，谈妥多单生意。

（刘艳萍）

【第十届北京菊花文化节】 9月15日，第十届北京菊花文化节在区世界葡萄博览园开幕。文化节以“菊韵妫川·喜迎盛会”为主题，融合“葡萄”圆形设计元素，将园区设计成一线六区，以对菊花的观赏展示和体验互动为布展形式。文化节覆盖中秋、国庆两个节日，于10月10日结束。市园林绿化局、中国振华进出口总公司、中国菊花协会以及延庆区委、区园林绿化局相关领导出席开幕式。

（刘艳萍）

【延庆鲜食葡萄获奖】 9月16日，在第二届“延怀河谷”葡萄文化节优质鲜食葡萄擂台赛上，延庆区选送的鲜食葡萄品种获得6个奖项。其中，红地球二等奖1个、三等奖1个，美人指三等奖1个，新优品种一等奖1个、三等奖2个。

（刘艳萍）

【森林工程技术培训班】 9月18日—20日，全市山区森林经营工程管理和施工技术培训班在区举办。国家林业和草原局处长蒋三乃、北京市西山试验林场高级工程师阎海平、北京市林业碳汇工作办公室高级教授智信等授课，重点对山区典型林分抚育经营主要技术措施和作业要点的现场进行实操讲解。全市各远郊区园林绿化单位100余人参加培训。

（刘艳萍）

【森林防火宣传】 11月15日，区森林防火指挥部在妫川广场举办“保护绿水青山，森林防火当先”为主题的森林防火宣传活动。活动现场展出宣传展板20块，发放宣传材料2000份，播放防火知识，受教育群众近万人次。

（刘艳萍）

【平原生态林养护交流会】 12月5日，北京市平原生态林先进单位经验交流会在区召开。参会人员就单位内部管理模式、人员结构等方面的情况进行座谈，并到位于世葡园北门的平原生态林地块进行实地参观交流。市林业总站及全市14区平原生态林养护单位管理人员、技术骨干130余人参加。

（刘艳萍）

【养蜂新技术培训班】 12月20日，市蚕业蜂业管理站和区园林绿化局联合在区举办“2018年养蜂新技术培训班”。邀请全国知名蜜蜂饲养专家韩胜明教授，蜜蜂病虫害综合防控专家陈大福教授，蜂业生产基地建设与管理专家朱黎总经理授课。培训内容主要为“现代蜜蜂饲养高新技术”“蜜蜂病虫害综合防控技术”和“蜂业生产基地建设与管理”3个课题。全市各区180余人参加培训。

（刘艳萍）

【园林绿化重点工程】 年内，京津风沙源治理工程治理面积733.33公顷（1.1万亩）。其中，困难地造林（千家店镇六道河村）66.67公顷（1000亩），封山育林（珍珠泉乡下花楼村）666.67公顷（10000亩）。彩色树种造林工程（刘斌堡乡）造林面积200公顷（0.3万亩）、栽植苗木5.6万株，森林健康经营林木抚育项目完成7000公顷（10.5万亩），国家重点公益林管护工程完成1933.33公顷（2.9万亩），播草盖沙工程完成200公顷（0.3万亩），平原生态林管护完成10400公顷（15.6万亩）。

（刘艳萍）

【城乡景观质量提升工程】 年内，对夏都、香水苑、江水泉、百泉、迎宾5个公园进行景观提升，绿化面积约27.74万平方米，栽植乔灌木1.2万余株、种植花草地被26.8万平方米。对香苑街、玉皇阁大街等8条街道进行绿化改造，栽种乔木、色带、地被12.46万株。对妫水街、高塔街等4条街道进行城区街道景观提升，绿化面积6.71万平方米，栽植乔灌木、色块、草花组合16.04万株，草坪5.42万平方米。完成延庆新城世园会回迁房周边绿化22963.6平方米，完成世园会回迁房安置小区绿化4.8万平方米，完成村庄五边绿化48.2公顷（723亩），完成留白增绿任务24106平方米。

（刘艳萍）

【林业案件查处】 年内，森林公安接报警135起，同比下降17%。其中，立林业行政案件61起、经查无违法事实不立案62起、移交1起、重复信访10起、调查中1起。查处林业行政案件61起，其中盗伐林木案1起、非法移植案2起、非法猎捕案1起、毁坏林木案19起、滥伐林木案7起、擅自改变林地用途案23起。案件造成损失包括：林地28810.43平方米、林木2149株、立木材积84.934立方米，直接经济损失2.67万元。截至年底，处理违法单位25个、违法个人28人，行政罚款74.86万元，补种树木4903株。

（刘艳萍）

【野生动物保护】 年内，对全区取得野生动物驯养繁殖许可证的单位以及个人进行监督检查2次，其中对八达岭野生动物世界检查8次。野生动物疫源疫病防控：全区5个野生动物疫源疫病监测站严格执行信息日报告制度，年内无异常状况发生。野生动物救助：在区野鸭湖湿地公园、野生动物救护中心等野外进行玉米投喂两次。全年救助各种野生动物36只，其中国家二级重点保护动物18只，北京市一级重点保护动物3只，北京市二级重点保护动物9只。

（刘艳萍）

【野生动物损害补偿】 年内，野生动物损害补偿涉及11个乡镇、136个行政村、1985户，造成农作物面积损失51.78公顷（776.7亩），产量损失68万千克，损害家禽家畜1802只；总计损失金额184.03万元。按照损失比例的70%进行补偿，共补偿128.82万元。

（刘艳萍）

【护林员轮岗培训】 年内，完成2018—2019年度生态林护林员轮岗工作，涉及全区15个乡镇347个行政村，上岗生态护林员7625人，其中低收入户936 人。上岗护林员全部参加培训。

（刘艳萍）

【林业产业】 年内，确定申报食用林产品无公害初次认证基地1家133.33公顷（2000亩）、绿色认证基地1家40公顷（600亩）。全区花卉种植面积稳定在1000公顷（1.5万亩），实现产值1.5亿元。林下种植累存面积3066.8公顷（46002亩），主要分布在千家店、四海、珍珠泉等乡镇，平均每亩林地比种植其他农作物增收1200元，带动农民劳动就业3000余人；全区蜂群总量10030群，生产蜂蜜约45吨，蜂花粉2.2吨，蜂王浆0.5吨，实现产值约56.88万元。全区苗圃面积3333.33公顷（5万亩），其中规模苗圃2395.49公顷（35932.42亩）。

（刘艳萍）

【森林防火】 年内，制作宣传海报、挂历等各类宣传品投入30万元，签订防火责任书1.7万份。巡查队员制止野外违法用火1965次；发布高森林火险橙色预警4次11天。制定世园会周边以及冬奥赛区（松山地区）工作方案和应急预案，加强与河北省赤城县、怀来县的联防建设。全年有153名护林员受到表彰，发放奖金5.11万元，口头表扬856人次。处罚228人次，罚款3.88万元，开除7人。

（刘艳萍）

【林地和森林资源管理】 年内，完成康庄镇大王庄村新型农村集体建设用地项目等28个建设项目园林绿化审查意见的复函。审核审批占用林地74件，238.25公顷（3573.75亩），收取森林植被恢复费5.68亿元。办理林木采伐审批584件，采伐林木32882.22立方米、32.02万株；其中，主伐7055.2立方米、更新采伐2043.13立方米、其他采伐20974.31立方米、低效林改造52.42立方米、抚育间伐2757.16立方米。批准林木移植176件、13.3338万株。受理城区树木砍伐移植18件，批准砍伐树木91株，批准移植树木52株。

（刘艳萍）

【古树名木保护】 年内，对全区古树名木全面巡查一次，林业有害生物防控及保护170余株，完成古树维护9株；设立宣传标物9块，修建树盘4个，修建围栏6个，堵洞修补5株，外观仿生处理10株，防腐处理7株。同时，清理地面杂物36株，修枝整形130株，支撑加固5株，枝条拉纤3株，覆土施肥6株，挂营养液复壮3株，其他处理14株。

（刘艳萍）

【林业有害生物测报】 年内，全区设立国家级测报点1个、市级测报点40个、区级测报点80个、美国白蛾监测点80个，在世园会园区及冬奥赛区周边建立监测点55个、设置巡查路线10条。安装各类诱捕器560套，新安装太阳能测报灯22台，对80余种林业有害生物进行监测，测报准确率达到95%以上。发布林业有害生物发生趋势2次，发布虫情信息18期、800余份，制作延庆区有害生物测报点分布图、测报设备分布图和踏查线路图。

（刘艳萍）

【林业有害生物检疫】 年内，办理产地检疫125份，涉及苗木988.2万株；开具调运证书174份，涉及苗木35.1万株；开具要求书2052份，涉及21个省市。开具新建种苗繁育基地记录单3份，面积4.08公顷（61.2亩）；枯死木鉴定57份，涉及苗木3216株。完成世园会、新一轮百万亩绿化造林等工程苗木复检4743车、218个品种、1346.9万株，产地检疫率100%。设立专班对2019年世园会园区及周边绿化工程苗木进行复检，完成世园会、新一轮百万亩造林等工程苗木复检4743车、218个品种、1346.9万株。延庆区为全市唯一的非美国白蛾疫区。

（刘艳萍）

【林业有害生物防治】 年内，采取悬挂诱捕器、红色粘虫板、缠绑粘虫胶带、施放周氏啮小蜂等天敌和喷药的方法，完成全区林业有害生物防治面积1万公顷（15万亩），无公害防治率95 %以上；成灾率控制在1‰以下。

（刘艳萍）

【自然保护区管理】 年内，调整玉渡山区级自然保护区，新建水头区级自然保护区。调整后玉渡山区级自然保护区面积9082.60公顷（13.62万亩）。其中，保护区核心区2951.30公顷（4.43万亩），缓冲区786.10公顷（1.18万亩），实验区5345.20公顷（8.02万亩）。水头区级自然保护区面积1362.50公顷（2.04万亩），其中核心区666.50公顷（9997.5亩），缓冲区144.90公顷（2173.5亩），实验区551.10公顷（8266.5亩）。保护对象为珍稀动植物资源及其栖息地、地带性森林群落和森林生态系统。

（刘艳萍）

【精品水生植物种植】 年内，园林管理中心从白洋淀引入野生古代莲、多瓣荷花、睡莲等11个品种的精品水生植物，并从当地聘请专业种植人员到夏都公园和江水泉公园进行种植。其中，3万株种植在东湖紫光昭和宝塔东水域，5000株种植在江水泉水域内。

（刘艳萍）

水资源管理

【概况】 延庆区水务局（简称区水务局）是区政府的水行政主管部门，统一管理全区地下水、地表水和再生水等水资源；统一管理全区供水、节水、排水、污水处理、水土保持、水环境治理以及防汛抗旱、水政监察等工作。有行政科室7个，参照公务员管理事业单位3个，规范工资事业单位3个，财政补助事业单位8个，经费自理事业单位4个。年内，完善城乡供排水设施，完成19个村改水工程；城西再生水厂全面投入运行，缙阳水厂停运，完成郊区第一个污泥厂建设并投入运行；新建污水管线80.11千米，改造雨污合流管线7.2千米；完成香营、井庄、大榆树3个镇级污水处理厂建设并通水运行；完成17个村级污水治理项目。全面推进节水创建工作，完成10个村、4家单位节水创建工作；安装节水器具5000套；印发实施节水三年《2018至2020年节水行动计划》及2018年节水重点工作折子工程的通知；完成“两田一园”高效节水工程800公顷（1.2万亩）。持续开展水土保持生态环境治理工作，完成44平方千米的小流域治理任务。深化河长制工作，编制46条河“一河一策”方案，市总河长令清河行动圆满收官，清理垃圾渣土21处30270立方米，违法建设11处111355平方米。延庆妫水河获评2018年度优美河湖。开展防汛工作，汛期应对2次强降雨过程，防汛办被评为2018年北京市防汛抗旱先进集体。持续开展水库移民后期扶持工作，解决村民实际问题。联合属地制定《关于张山营镇“冬奥赛区、综合管廊、延崇高速”重点工程涉水事务管理办法》，强化施工监管，制定《延庆区中小河道周边问题清退补偿办法》，为河道多年遗留问题的整治清理工作提供坚实保障。落实最严格的水资源管理制度，批准开凿机井11眼。全年受理全程办事代理事项328件，其中审批事项183件，服务事项145件，全部办结。截至年底，万元地区生产总值水耗下降11.7%，污水处理率87.1%。

单位名称：延庆区水务局

地　　址：延庆区龙庆南路6号

电　　话：69101385

（杜洋）

【污泥处置工程】 1月1日，污泥无害化处置厂由北京龙庆首创污泥处理技术有限责任公司开始运营。该工程位于旧县镇常家营村，新建处理规模为130t/d（含水率80%），采用好氧堆肥工艺。

（杜洋）

【救灾抢险】 年内，全区发生2次强降雨，发布预警响应15次，其中暴雨预警响应7次，地质灾害预警响应8次。出动巡查人员5000人次，及时处置道路积水、塌方等各类险情26处。旅游部门多次关闭百里山水画廊、八达岭、野生动物园等涉山涉水景区；全区30处重点工程施工工地多次停工。转移安置山洪泥石流、危旧房屋、孤寡老人等险村险户4200人次。

（杜洋）

【水资源公报】 年内，地表水资源量0.27亿立方米，入境水资源量1.33亿立方米；地下水资源量0.64亿立方米；全区水资源总量2.24亿立方米。人均（不含入境水）水资源量为261立方米/人，人均（含入境水）水资源量为644 立方米/人。全区地下水位埋深18.02米，比上年全区地下水埋深17.94米下降0.08米。

（杜洋）

【水资源调度】 年内，白河堡水库入库水量8522万立方米，出库水量7809万立方米。其中，向密云水库输水4135万立方米，向延庆妫河、世园会小流量输水2876万立方米。自2004年以来首次恢复向十三陵水库试验性生态输水751万立方米。

（杜洋）

【水影响评价】 年内，受理全区建设项目水影响评价文件110个、全区建设项目防洪评价报告6个，全部获得批复，受理水影响评价事项咨询350次，全部予以答复。

（杜洋）

【供水】 年内，全区总用水量5425万立方米，其中农业用水2102万立方米，工业用水199万立方米，家庭居民生活用水1197.85万立方米，公共服务用水651.66万立方米，园林绿化用水427.3万立方米，其他用水847.19万立方米。

（杜洋）

【排水】 年内，全区污水处理总量为1505万立方米，其中城区污水处理量为989万立方米，镇级污水处理量为110万立方米，村级污水处理量为406万立方米。污水处理率为87.1%，再生水利用量为1050.25万立方米。处理污水厂污泥14368.2吨，使用污泥转运联单2296份。办理和更换到期《排水许可证 》39份，回复咨询函6件。

（杜洋）

【供排水管理】 年内，加强供排水行业监督管理，每月对镇及以上供排水厂和污泥处理厂开展日常检查，重要节日节点极端天气前，通过制定保障方案、部署协调等各项措施，保障供排水平稳运行。关停夏都缙阳污水厂，城区污水全部纳入城西再生水厂的处理范围。编制世园供排水保障专项预案，协调各方做好供水和再生水调试运行保障。开展水质监测，每季度向社会公布区级集中式生活饮用水水质安全状况。依法管理供排水行业违规行为，全年立案查处12件。解决群众反映各类问题，处理非紧急救助单、每日舆情、政风行风热线115份，办理信访举报案件13件。

（杜洋）

【降雨量统计】 年内，经人工观测统计，全区全年平均降雨量488.5毫米，比去年同期降雨量583毫米减少94.5毫米，减少16.2%；与多年平均降雨量443毫米相比，增加45.5 毫米，增加10.3%。降雨量最大的人工站为大庄科站629.9毫米，最小站为井庄站371.2毫米。汛期累计降水量为370.4毫米，比上年同期降水量432.4毫米减少62毫米，减少14.3%；与多年平均降雨310.1毫米相比增加60.3毫米，增加19.4%。汛期内多次出现局地短时强降雨过程，最大一次降雨发生在8月22日。全区平均降雨量为77.4毫米，降雨最大站是大庄科，降雨量114.6毫米，最小站是康庄，降雨量24.1毫米。

（杜洋）

【小城镇污水处理配套管网工程】 年内，新建污水管网建设80.11千米。其中，完成污水网管一期工程3.393千米。历经3年，7个乡镇污水管网建设一期工程完成191千米再生水管网10.36千米竣工。污水管网二期工程涉及张山营、沈家营、千家店、延庆镇、刘斌堡、四海镇、大庄科7个乡镇35个村，开工建设28个村，完成污水管网建设45.89千米，单村污水管网建设完成30.83 千米。

（杜洋）

【乡镇污水处理】 年内，完成井庄、大榆树、香营3座污水处理厂项目建设并通水运行。完成17个村级污水治理项目，其中新建联村污水处理设施2个村，升级改造村级污水处理站9个村，纳入城镇级污水收集管网6个村，解决17个村的污水收集处理问题。

（杜洋）

【排污口治理】 年内，完成3处市局排污口治理任务，治理田宋营村北排水口、田宋营村西北桥西排水口和田宋营村西北桥东排水口，委托第三方对水质进行持续监测，截至年底，已出具检测报告，水质检测合格，水质良好。

（杜洋）

【农村污水监测系统建设】 年内，完成农村污水处理与再生水利用设施运行监测系统建设，在延庆镇、大庄科乡、永宁镇等11个乡镇52处安装监测点并投入运行。

（杜洋）

【妫河世园段水生态治理】 年内，完成妫水河生态治理工程，采取污泥固化措施，完成清淤63.88万立方米。同时，更换农场橡胶坝坝袋3跨，维修农场橡胶坝上游左岸副坝，铅丝石笼砌护6.75万立方米，浅水湾及生境岛堆筑59.56万立方米，栽植水生植物35万平方米，绿化种植75746株，地被种植2.01万平方米，修建景观栈道2082平方米，生态浮岛1600平方米。通过工程和植物措施，改善妫水河水生态环境。

（杜洋）

【生态清洁小流域综合治理】 年内，投资3001.375万元，完成44平方千米生态清洁小流域综合治理任务。涉及2个工程项目。其中，2017年延庆区京津风沙源小流域综合治理工程29 平方千米，涉及滴水壶小流域10 平方千米，松树沟小流域5 平方公里，椴木沟小流域14 平方千米；2017年延庆区国家水土保持重点建设工程15 平方千米，涉及高庙屯小流域15 平方千米。

（杜洋）

【节水型社会建设】 年内，创建节水型单位4个，节水型村庄10个。在香水园街道、百泉街道的老旧小区推广节水型器具5000套，全部完成市级下达任务。

（杜洋）

【“两田一园”工程】 年内，完成“两田一园”（粮田、菜田和鲜果园）高效节水工程800公顷（1.2万亩），惠及7个乡镇35个村，完成“两田一园”骨干管网建设3600公顷（5.4万亩），实现161个村庄农业用水收费，大幅提高农业用水效率。

（杜洋）

【农村水务管理】 年内，全区15个乡镇376个行政村440个自然村完成农民用水协会及分会组建工作。完成对延庆区内刘斌堡乡、四海镇、千家店镇、珍珠泉乡、香营乡、永宁镇6个乡镇的93眼大口井进行永久封填与井盖防护工作，其中永久封填84眼、加盖防护9眼。

（杜洋）

【水库移民后期扶持登记和资金发放】 年内，核定农业户口水库移民24277人，发放直补资金1456.8万元；核定农转非水库移民4088人，发放无固定职业就业培训补贴229.096万元。双核登记总人数28365人，发放资金总额1685.896万元。

（杜洋）

【移民扶持项目】 年内，启动实施移民后扶专项资金项目39个，拨付资金4.8万元。工程内容涉及供排水改造、产业发展、基础设施建设、环境改造等。完成教育补贴、大病救助、创业扶持3个项目。其中，核定教育扶持人员714人，发放扶持资金128.4万元；核定创业扶持人员3人，发放扶持资金0.9万元；核定大病救助人员58人，发放救助资金49.76万元。

（杜洋）

【水务执法监察】 年内，针对非法凿井、侵占河道、违规排污、破坏水保生态等涉水违法行为，开展行政执法检查。查处或接到举报涉嫌非法取水、违规排水、侵占河道、影响行洪、破坏水利设施等水事违法行为110起，其中一般案件27件、简易处罚83件，罚款53.9708万元，经复查均已改正违法行为。参加违规排水、水源地违建拆除、禁养区执法调查、施工扬尘及盗采砂石、占道经营、市场疏解、清退沙场等联合执法检查30余次。

（杜洋）

【水务工程质量与安全监督】 年内，监督注册在建水利工程项目10项，新增水利工程安全备案17项（标）。参与完成竣工验收4项，单位工程验收4项，分部工程验收50余项。日常监督检查590余人次，形成监督检查记录和下达的通知书263余份，约谈施工单位一次，行政处罚20次（包括安全处罚13次），处罚金额8.84万元。组织开展安全教育培训1次，迎接市水务局督察组督查2次。全年在建水务工程质量与安全处于受控状态。

（杜洋）

【水务安全管理】 年内，完成水利工程建设动态42期，安全月期间共发放宣传材料1200余份，设置各类展板、标语30余块。集中安全教育培训6期，应急演练7场，参加活动800余人次。全年安全备案在建水务工程16项，检查在建项目、运营单位187家次，出动检查人员700余人次，排查出安全隐患459项，下达整改通知187份，隐患整改率100%。实施安全生产行政处罚案件16起，简易程序14起，一般程序2起，罚款6.4万元。

（杜洋）

【河长制管理】 年内，调整区、镇、村三级河长453名。修改完善河长六项制度，废止《延庆区河长制工作验收办法》，新增《延庆区河长职责》《延庆区河长制工作奖惩办法》《延庆区河长制工作约谈办法》《延庆区河长制检查通报制度》4项制度。建立区长例会制度及河湖长效管护机制，建立短信平台，实时与三级河长沟通，督促巡河工作开展，形成信息共享机制。建立“河长+警长+检长”三长联动机制，以保障“世园会、冬奥会”为重点，对全区46条河流进行巡查、检查、督查，严厉打击涉嫌水环境违法犯罪行为，完成全区河湖问题清理450余处。完成市级1号总河长令“清河行动”32处问题销账任务。河湖“清四乱”专项行动取得阶段性成果。完成一河一策编制并实施，截至年底，46条河湖管理范围划定前期底图勘测及规划编制全部完成。

（杜洋）

气　象

【概况】 延庆区气象局（简称延庆气象局）受北京市气象局及区政府的双重领导，负责区气象工作及气象行政管理，负责协助管理国家气象局档案馆延庆分馆和北京市人影办炮械库。下辖延庆国家基本气象站和佛爷顶国家一般气象站，设6个科室：综合办公室、业务管理科、社会管理与法制科、气象台、气象服务中心、人工影响天气办公室。主要工作职能包括：气象观测业务类（地面观测、区域气象站观测、生态气象观测、设施农业观测、卫星接收与雷达），气象预报预警服务类（常规天气预报预警服务、决策气象服务、公众气象服务、专项气象服务、农业气象服务），以及气象防灾减灾服务、人工影响天气服务和气象行政执法。辖区有区域气象站58个、防雹增雨站10个、高山地基增雪烟炉16个、土壤水分站2个、生态气象观测站1个、设施农业观测站5个。年内，延庆地区出现43次降雨过程，其中有“7·11”“7·16”“7·24”“8·11”4次重大天气过程。制作发布各类气象灾害预警信号115期，其中地质灾害气象风险预警15期，《天气情况》142期，《重要天气报告》7期，节假日气象服务专报7期，决策气象服务信息547期，公众气象服务信息429期，发布各类气象短信共计189万余条。圆满保障冬奥相关考察调研及评估活动、“花开新时代”2019年中国北京世界园艺博览会倒计时一周年活动和世园会200天倒计时活动、2018世界雪日暨国际儿童滑雪节、奥林匹克会旗之旅首站活动、第三届延庆女子半程马拉松等一系列服务保障。截至年底，开展科普巡展7次，科普讲座6次，观测场开放参观4次。

单位名称：延庆区气象局
地　　址：延庆镇湖南西路12号
电　　话：81196359

（杨航）

【苟仲文调研】 3月10日，国家体育总局局长苟仲文带队到区考察北京2022冬奥会海陀山赛区赛道。冬奥组委延庆运行中心主任李志军，冬奥组委体育部部长佟立新，北控集团总经理侯子波等陪同。考察组先后对竞速和竞技赛道建设情况进行考察。其间，苟仲文多次询问有关冬奥会气象服务保障有关问题，仔细了解气象站观测的要素、数据传输等细节，询问延庆赛区与平昌冬奥会有关赛区的气候差异。苟仲文充分肯定气象工作者所付出的艰辛和努力，要求延庆区气象局要在中国气象局和北京市气象局的领导和支持下，加强气象科技冬奥的研发，提高预报准确率，仔细分析研究气象对平昌冬奥会的影响，加强与国际气象合作交流。

（杨航）

【气象科普进校园】 4月27日，为落实气象科普进校园，加强青少年安全教育，区气象局与区教委签订关于气象科普和安全教育合作协议书，将气象防灾减灾知识纳入校园安全教育内容。

（杨航）

【汛期地质灾害应急演练】 7月5日，区气象局与市规划和国土资源管理委员会、规土委延庆分局、区水务局、千家店镇政府联合组织石槽村村民开展地质灾害防汛应急演练活动。全村山洪及地质灾害涉险区16户49人参加演练。市规土委、市规土委延庆分局、区水务局、区气象局、区防汛办、区应急办等相关负责人出席演练活动。

（杨航）

【全年气象】 年内，全区平均降水量为432.7毫米，较上年同期479.0毫米偏少46.3毫米。延庆城年降水量为460.5毫米，较常年同期441.5

毫米偏多19.0毫米，较上年同期546.5毫米偏少86.0毫米。年平均气温10.0℃；年日照时数2724.6小时。

（王燕娜）

【世园冬奥气象服务保障】 年内，完成高山滑雪周边15套自动站建设。完成世园会园区自动站建设、升级，全年进行34次维护，安装3套设施农业观测站。

（杨航）

【气象行业监管】 年内，执法122次。参加西北片区联合执法2次、联合世园冬奥安全监管组执法4次、与区住建委等5部门商讨延庆区住宅小区物业管理区域安全生产联合执法检查工作联席会。全年行政处罚5件。

（杨航）

【人工影响天气作业】 年内，组织火箭增雨作业3次，发射火箭弹12枚；组织防雹作业14次，发射防雹炮弹1779发。

（哈克佳）

防震减灾

【概况】 延庆区地震局（简称区地震局），承担区地震监测预报和地震灾害预防、地震应急管理、震后救灾与重建及防震减灾科普宣教、防震减灾依法行政等职责，是区政府负责管理地震工作的职能部门。设办公室、监测预报科（审批科）、震灾防御科和应急救援科。下属地震观测台点有松山地震观测站、南老君堂观测点、旧县盆窑地震观测点、新庄堡地震观测点和14个宏观测报点（震情灾情速报点）。年内，针对首都圈地区尤其是京西北延怀盆地、晋冀蒙交界地区开展地震前兆观测，利用SODE和MapSIS等软件对观测数据进行处理和分析，及时反馈地震异常情况。地震行政执法检查188次，行政处罚1次。完成67期周、月会商和加密会商。获评北京市2018年度区地震监测预报工作先进单位和2018年度全市区级地震部门综合考核优秀单位。

单位名称：延庆区地震局

地　　址：延庆镇康安小区11号楼3层

电　　话：69144269

（尤美倩）

【震后应急跟踪和处置】 2月12日河北永清4.3级地震和2月14日张北3.2级地震发生后，区地震局第一时间开展震后应急处置工作，关注网络舆情，防范地震谣言传播。

（尤美倩）

【专家指导民居简隔震施工】 5月23日—29日，市地震局高工罗华春、广州大学教师李文彦和博士刘晗、云南震安公司高级技工万照兵到农居减隔震技术试点村大庄科乡里长沟村，现场指导支座安装施工工作。

（尤美倩）

【世园会应急专题培训班】 11月26日—29日，在中国地震应急搜救中心凤凰岭国家地震紧急救援训练基地，举办2018年延庆区应急管理暨世园会地震安全保障专题培训班。培训以专家讲座为主，内容包括地震烈度评定及灾害调查评估、地震应急工作的宏观与微观、新疆地震现场应急工作介绍、突发事件与地震灾害处置、地震新闻媒体应对及谣言处置等内容。全区乡镇、街道防震减灾助理员、重点部门负责应急管理工作人员、市级防震减灾科普示范学校教师及地震应急志愿者34人参加。

（尤美倩）

【地震台网建设】 年内，协助市地震局完成北京市科学台阵刘斌堡乡小吉祥164观测站建设及台站日常看护工作，推进张山营01基准站工程项目选址工作 。

（尤美倩）

【地震科普示范单位认定】 年内，认定张山营学校和八达岭中心小学为区防震减灾科普示范学校，区级防震减灾科普示范学校达到7所。

（尤美倩）

【防震减灾科普创客大赛获奖】 年内，组织延庆区9所学校学生参加2018年北京市中小学生防震减灾科普创客大赛，获三等奖、最佳口才奖，新星奖3个奖项。

（尤美倩）

【地震公共安全宣传】 年内，开展地震科普宣传和演练活动17场次，发放宣传资料和宣传品1.80万份，受益群众3000多人次，其中“5 · 12”期间，围绕“行动起来，减轻身边的灾害风险”主题开展宣传活动15场次，邀请专家7名现场宣讲地震知识。

（尤美倩）

（栏目编辑　池尚明）

科技 教育

科 技

【概况】 延庆区科学技术委员会（简称区科委）是区政府管理全区科技工作的职能部门。设有办公室、管理科、综合科、知识产权科、科技协作服务部5个科室。年内，全区有科普场馆19个，其中科技馆3个、科学技术博物馆6个；市级科普教育基地10个，国家级科普教育基地4个；城市社区科普（技）活动专用室22个，农村科普（技）活动场地329个；科普宣传专用车5辆；科普专职人员194人，兼职人员1193人。截至年底，完成4项科技世园专项申报，获市扶持资金1000万元；完成1项市区两级重大紧迫任务科技支撑专项（北京京城压缩机有限公司申报的“燃料电池汽车加氢站隔膜压缩机研发”项目），获市扶持资金500万元。国家高新技术企业增至113家，市专利试点单位增至20家，市级创新型科普社区增至9家。全区技术合同交易额达到18.3亿元，同比增长2.59倍。开展以“科技世园、科技冬奥、美丽延庆建设”为主线的科普和知识产权进学校、进社区、进场馆、进企业活动。以科技专项的管理模式，与延庆一中、科学技术馆、香水园街道办事处、北京市独山清泉陶艺文化有限公司、詹天佑纪念馆等5家单位签订科技专项任务书。根据科技部办公厅相关文件精神，会同区编办完成北京延庆国家农业科技园区领导小组和管委会成立的批复。举办各类科技政策法规培训科普宣传、知识产权宣传等12期，培训6000人次。

单位名称：延庆区科学技术委员会

地　　址：延庆镇高塔街58号

电　　话：69142014

（罗振）

【首批科技世园专项课题立项】 1月18日，由北京国色牡丹科技有限公司、北京林业大学承担的“北京牡丹新品种培育与产业化关键技术研究”，北京农业生物技术研究中心、北京四海种植专业合作社、北京林业大学园林学院共同承担的“延庆地区药食同源菊花、玫瑰的品种培育和产业化关键技术的研发与应用”，北京绿富隆农业有限责任公司承担的“北京世园会观赏蔬菜园艺展示及关键技术研究”，北京昌延新谷苗木种植有限公司，中国农业大学共同承担的“北京世界园艺博览会月季新品种推广应用与创新”4个项目方案通过专家论证并立项。

（罗振）

【3家企业通过市级考核】 2月21日，“北京美正生物科技有限公司、北京合锐清合电气有限公司、北京子铭时代科技发展有限公司”3家市级知识产权试点单位通过市知识产权局考核验收。

（罗振）

【世界知识产权日宣传】 4月26日，区知识产权局联合区工商分局、文委等单位，以“加强知识产权保护运用，加快知识产权强国建设”为主题，在绿韵广场开展知识产权宣传咨询活动。通过发放宣传资料、解答疑问、图片展示等形式宣传《中华人民共和国商标法》《中华人民共和国专利法》《中华人民共和国著作权法》《北京市展会知识产权保护办法》《展会知识产权保护指导案例》等知识产权法律法规及基本知识，现场发放宣传资料和物品5000余份（册），受众3000人次。

（罗振）

【第24届科技活动周】 5月19日—26日，围绕“科技创新 强国富民”主题，举办延庆区第24届科技活动周活动。其间，开展科普活动100

余场，惠及居民10000余人次，发放宣传材料15000余份。

（罗振）

【3项科普活动通过市级验收】 6月，上年在市科委立项的延庆区绿色发展主题科普活动——盆窑村（科普体验厅）陶艺知识科普体验系列活动、独山中秋赏月系列活动、世界园艺博览会科普系列活动，均通过市科委的审计和验收。

（罗振）

【第二届延庆天文科普论坛】 9月23日—25日，第二届延庆天文科普论坛在旧县镇华海田园天文农庄举办。论坛主题为“赏独山月夜，盼花好月圆”，内容包括3场天文科普主题沙龙，一场天文科普影片放映及导演交流，一场座谈会和两场户外天文观测活动。天文爱好者及中小学生500多人参加活动。

（罗振）

【天文科普教育基地立项】 9月，延庆华海田园天文科普教育基地建设在市科委立项，该项目以探索生态科普路线，普及天文科普知识、开展生态科普教育、激发天文探究热情、全面提高公众科学素质为目的，项目建设内容包括全景式天文圆顶、球幕天象厅、天文科普大讲堂、VR天文科普教育系统4部分内容。

（罗振）

【科技大讲堂活动】 年内，以科技世园、科技冬奥和美丽延庆、创新发展为主线，以中心组理论学习、领导干部培训为平台，区二级班子主要领导、高新技术企业领导、乡镇及旅游、文化、体育、农业主管领导和专业技术人员为受众，举办延庆区2018年“科技大讲堂”6期。

（罗振）

【专利执法】 年内，区知识产权局执法人员到北京百信仁康大药房、康复之家医疗用品店、北京润 欣然孕婴童用品店等30多家药店及商场进行专利行政执法检查，查出涉嫌假冒专利产品20件，对涉嫌假冒专利产品上报市局立案处理。

（罗振）

【专利申请授权】 年内，全区专利申请443件，其中发明130件、实用新型229件、外观设计84件。授权311件，其中发明42件、实用新型215件、外观设计54件。截至年底，全区有效发明专利拥有量171件。

（罗振）

【国家高新技术企业建设】 年内，从全区700多家企业中筛选出30余家企业作为培育入库重点企业，其中20家企业成功出库，成为国家高新技术企业，获得市科委奖励资金720万元。北京市三北腾飞工贸有限责任公司、北京北菜园农业科技发展有限公司、国创智能设备制造股份有限公司等61家延庆区企业获得国家级高新技术企业认定，其中首次认定为国家高新技术企业的有50家，原国家高新技术企业有效期到期重新认定的有10家。截至年底，全区有国家高新技术企业113家，比上年增加54家。

（罗振）

教 育

教育管理

【概况】 延庆区教育委员会（简称区教委）是主管全区教育事业的职能部门。区教委与区委教工委合署办公，下设教育工委办公室（教工委机关党委办公室）、行政办公室、人事科、财务科、基建科、体育美育科、小学学前教育科、中学教育科、职业教育与成人教育科、政策法规与综合治理办公室、审计科、德育科、督政科、督学科，代管延庆区人民政府教育督导室。全系统在岗教职工5009人，专任教师3646人。年内，制定《延庆区教育委员会推进第三期学前教育三年行动计划主要任务及分工方案》《北京市延庆区教育委员会关于教育扶贫与对口支援工作的实施方案（2018—2020年）》。推进职业教育转型发展综合改革，研究制定《延庆区职业教育转型发展方案》（审议稿）。全年教育干部培训277人，其中市级培训21人、区级培训256人。1500人次参加干部“理论大讲堂”。接待河北省张家口市宣化区和怀来县教育系统干部教师14人到延庆区学校挂职学习。2539人参加中小学教师教学基本功和教学技能培训；40所幼儿园1164人参加网络培训、58所幼儿园1260人参加面授培训；158名骨干教师参加鸿雁计划——北京市特级教师京郊校本指导行动延庆项目；23人参加学科特色专题培训；1520人参加“骨干教师研修项目、学科专题研修项目、自主设计研修项目”三大类培训，470人参加北京市中学教师开放型在线辅导计划；186人参加新入职教师培训；13人参加“晨曦百家”学术论坛。截至年底，完成延庆一中等44个单位国有资产处置，总计9.02万件（套），原值3719.23万元。其中，报废计算机、多媒体等信息化设备0.31万件（套），原值891.90万元；家具、教学仪器、课桌椅等设备5.24万件（套），原值1916.23万元；捐赠给对口支援省市学校及河北贫困学校计算机、多媒体等信息化设备0.06件（套），原值427.84万元；家具、教学仪器、课桌椅等设备3.41万件（套），原值总计483.26万元。完成中小学计算机更新、中小学学业数据分析系统、中小学食堂、中小学家具购置等41个项目采购工作，结算资金3773.47万元。继续落实九年义务教育阶段各项减免政策，落实资金1276.46万元，惠及学生51292人次。其中，落实义务教育阶段“三免两补”减免资金1024.43万元，惠及48676人次；发放高中国家助学金58.66万元，惠及636人次；发放中等职业学校资助69.66万元，惠及622人次；精准扶贫 113.53万元，惠及1297人次；学前教育阶段资助10.18万元，惠及61人次。2018年，全区教育经费总收入20.93万元，比上年24.39万元减少3.46万元，降低14.19%。一般公共预算教育经费20.36万元，比上年23.81万元减少3.45万元，降低14.51%，低于财政经常性收入的增长幅度。全区各类生均公共财政教育事业费和生均公用教育事业费除职业高中支出较上年减少之外，其余均持续增长。

单位名称：延庆区教育委员会
地　　址：延庆镇高塔街51号
电　　话：69143122

（赵文新　张美丽）

【教育年鉴工作会】 1月4日，延庆教委召开延庆教育年鉴工作会。会议对延庆二幼、延庆二小等6个年鉴工作先进单位和22名先进个人进行表扬。延庆教育宣传中心负责人对2018卷延庆教育年鉴工作进行总结，部署2019卷工作；延庆教育史志编辑传达北京市教育年鉴工作会议精神，并结合具体实例对年鉴写作进行培训。全系统各单位80名撰稿人参加会议。

（赵文新）

【吴灵芬工作室揭牌】 3月15日，中国合唱协会“高参小”项目“吴灵芬工作室”在延庆二小举行揭牌仪式。“高参小”项目于2014年启动，即高校、社会力量参与小学体育美育发展工作，提升普通学校办学水平。根据协议，每周四下午项目组派专家教师走进课堂，为延庆二小一、二两个年级学生授课。从全区范围选拔24名音乐教师，通过听专家示范课、课后专项研讨、上翻版课等环节，提高教学水平。中国合唱协会领导、区教委领导、项目组专家教师、区部分音乐教师和延庆二小一年级学生400人参加活动。

（赵文新）

【校外培训机构专项治理】 9月11日—24日，

区教委等9个部门组成联合检查小组，对已摸排的68个校外培训机构进行实地检查。对14个开展学科类培训的校外培训机构下发行政指导书《责令（限期）改正通知书》，要求各培训机构承诺不采取“拔高、超前、抢跑”等方式开展教学活动。对51家开展语言、艺术、体育类及其他校外培训机构，要求签订不开展中小学生学科类培训《承诺书》。区工商分局对部分校外培训机构违规行为进行处罚。区消防支队针对办学场地存在的安全隐患进行约谈、并责令限期整改。

（宋佳）

【首届教职工运动会】 10月14日举行。运动会以“我与冬奥同行，健康与我相伴”为主题，62个单位1045名教职工参加混合八字跳绳、呼啦圈接力等4个集体项目和100米、跳绳、前抛实心球等40项个人项目比赛。延庆五中、延庆一职、延庆四小获得团体总分前三名。区政府教育督导室、区总工会、区体育局相关领导参加闭幕式，并向获奖单位颁发奖杯。

（赵文新）

【京津冀长城教育联盟成立】 10月25日，京津冀长城教育联盟成立仪式在延庆八达岭中学举行。活动由八达岭中学发起，与密云区古北口中学、天津市冀州区黄崖关小学、河北省张家口大境门小学、延庆区八达岭小学、延庆永宁学校等京津冀长城沿线14所学校对接联系，组建以长城符号为主题的公益组织。旨在使长城沿线教育逐步实现共建共享，促进学校办学品质提升。联盟学校代表宣读《长城教育联盟章程》，张家口市教育局和延庆区教委领导为长城教育联盟会徽揭牌，分别为联盟成员单位和联盟学生实践基地颁牌。延庆区委、区教委、张家口市教育局相关领导及14所联盟学校校长60人与会。

（赵文新）

【首家中国基础教育德育馆开馆】 11月13日，中国基础教育首家德育馆——中国德育馆（延庆馆）在延庆五中建成开馆。该馆分为序厅（系统展示中共中央总书记习近平自中共十八大以来立德树人教育思想）和中国古代德育、中国近代德育、中国当代德育和延庆德育（展示延庆德育教育发展概貌）4个展厅，通过网络资源、新媒体技术应用和图片文字展示，呈现中国古代、近现代历史时期以及新时期德育教育发展脉络、重大事件和主要德育思想。具有展览、研究、培训三大功能，面向各级各类学校和社会各界免费开放。德育馆由区政府投资兴建，工程造价1005.75万元，占地面积800平方米，建筑面积1370平方米。

（张美丽）

【航空类人才早期培养】 年内，延庆教委探索航空类人才早期培养模式，在延庆五中组建空军及民航类特色班。学生除完成高中全部课程外，还学习航空模型、飞行体验等专业课程，截至年底，在校航空班学员4个班100人。

（赵文新）

【三省四地教育扶贫与对口支援】 年内，区教委制定《北京市延庆区教育委员会关于教育扶贫与对口支援工作的实施方案（2018—2020年）》，开展三省四地教育扶贫与对口支援工作。按照“整体帮扶、突出重点”工作思路，从人才培训、送教指导、学校结对、职业技能等方面，与内蒙古自治区乌兰察布市兴和县教育科技体育局、河北省张家口市宣化区教育局及张家口市怀来县教育局、河南省内乡县教科体局形成“三省四地”教育帮扶网络：安排受援地区所选派70名干部、教师，以校长助理、副校长小助理和副书记助理等身份到延庆区优质学校和幼儿园进行挂职锻炼和培训学习，招收宣化区职业技术教育中心贫困生80人；选派本区5名区级骨干教师赴宣化、怀来、兴和三地开展为期一年支教服务，区属20所优质学校与受援地区23所基层学校进行结对帮扶，为兴和教育科体局和宣化二中分别捐赠价值252.98万元、108.37万元教学办公设备，区教委向精准帮扶对口村内蒙古乌兰察布兴和县哈拉沟村捐赠扶贫资金；延庆区教委及相关学校与兴和县、宣化区、怀来县签署26份3年帮扶合作协议。

（张美丽）

【教师职称评定】 年内，从北京市职称评审专家库中随机抽取延庆区评议组成员43人进行专项培训。全区申报职称评定教师294人，其中申报正高级6人、高级教师76人、中级73人、初级139人。通过评审、评定或晋升职称教师286人，其中正高级教师2人、高级74人、中级71人、初级139人。

（张美丽）

【教师资格认定】 年内，组建教师资格认定专家审查委员会，对春季、秋季301人申请教师资格认定人员进行考评。经评审对253人认定教师资格，其中初级中学教师资格28人，小学教师资格125人，幼儿园教师资格100人。

（张美丽）

【136人补充师资队伍】 年内，经区人力社保局批准，区教委发布教师招聘公告并成立考核组。应聘人员均参加面试，北京应届、往届毕业生和非京应届毕业生均按照面试考核成绩由高到低排序。共录用教师136人（北京市105人，京外31人），其中高中教师26人，初中教师22人，小学教师35人，幼儿教师50人，会计3人。

（张美丽）

学前教育

【概况】 年内，全区有幼儿园51所，其中教育部门办园36所、集体办园2所、民办园13所。共有教职工823人，其中专任教师645人。教学班205个，入园幼儿1727人（北京市户籍1601人），在园幼儿5561人（北京市户籍5170人），离园幼儿1943人（北京市户籍1820人），幼儿入园率95.4%。年内，延庆一幼在延庆十一学校办分园，2个班每班30个共60个学位；延庆三幼对延庆三小幼儿园进行改造，成立延庆三幼三小分园，3个教学班每班30个共90个学位。全区有北京市示范园3所、北京市一级一类园7所，一级二类园4所。

（张美丽）

【幼儿园自制玩教具展评】 4月，区教育装备中心开展幼儿园自制玩教具展评活动。全区28所幼儿园631名幼儿教师上交作品374件。从作品新颖、实用性强等方面进行评审，15件作品参加市级评比：康庄幼儿园“大花牛哞哞”获市级一等奖（国家级三等奖）、一幼“魔法音乐盒”、三幼“百变魔方”、五幼“欢乐投球”、七幼“拧来拧去迎世园”4件作品获市级二等奖；装备中心获组织奖。

（季文博）

【幼儿园创办小世园】 5月22日，延庆六幼创办小世园。幼儿以建世园、画世园、品世园、演世园、讲世园的形式展示。小世园以三园（小百花园、小百草园、小百蔬园）、两廊（绿色长廊、创意休闲长廊）为核心，两个月建成，投入草花、盆景、蔬菜8767棵（盆），资金4.64万元。北京电视台《非常向上》栏目组邀请园长和相关教师、家长到电视台做现场访谈。

（赵文新　龙久云）

【全员培训展示总结】 10月19日，区教委举办幼儿园园长、教师全员培训展示总结活动。展示活动分为综合主题体验、特色实践“小导游”微体验、幼儿主动学习社会领域教学、体验教学经验分享等5部分。教科研中心负责人就全员培训工作进行总结；延庆区教育督导室、区教委领导为在培训中获得优秀作业教师颁发证书。全区幼儿园干部、教师90人参加展示总结活动。

（张美丽）

【4所幼儿园通过市一级一类园验收】 12月18日—21日，延庆教委四所幼儿园通过市一级一类园验收。市、区两级学前教育专家到区第五幼儿园、第七幼儿园、康庄幼儿园、红苹果艺术幼儿园，分别从管理、保教、保健三方面对园所工作现场打分，进行全方位考核评价。四个园所在办园思路、师幼关系、教师队伍、幼

儿发展等整体办园质量方面得到专家肯定。截至年底，全区一级一类园达到7所。

（张美丽）

【2所幼儿园办分园增加150个学位】 年内，延庆区2所幼儿园办分园增加150个学位。延庆一幼在延庆十一学校办分园，2个班每班30个共60个学位，配备正式教职工30人。分园按照示范园标准进行设施设备投放，其中修缮和基本建设投入282.2万元、玩具图书等设备购置投入128万元、信息化投入48.5万元，全部资金458.7万元由财政投资。延庆三幼对延庆三小幼儿园进行改造，成立延庆三幼三小分园，3个教学班每班30个共90个学位，配备正式教职工11人。分园均按照示范园标准进行设施设备投放，其中修缮和基本建设投入 101.27 万元、玩具图书等设备购置投入85.04万元、信息化投入20.57万元，全部资金206.88万元由财政投资。

（张美丽）

中小学教育

【概况】 年内，全区有小学28所，其中中心校24所、完小4所；教职工1328人，其中专任教师1163人；教学班451个，招生2321人，在校生12463人（其中外省市户口借读生1748人），毕业1943人；小学入学率、巩固率100%、毕业及格率均100%。中学20所，其中初中12所、完全中学2所、高中2所、九年一贯制学校4所；教职工2055人，其中专任教师1410人；教学班300个，其中初中198个、高中102个；毕业2601人，其中初中1428人、高中1173人；招生2755人，其中初中1855人、高中900人；在校生8458人，其中初中5178人、高中3280人，在校生中外省市户口借读生517人。初中入学率、巩固率、毕业合格率均100%；高中入学率98.77%，毕业合格率84.01%。特殊教育单位1个，教职工35人，其中专任教师29人；教学班9个，其中小学班6个、初中班3个，在校生82人（小学43人、初中39人），残疾儿童入学率100%。校外教育单位2个，教职工57人，其中专任教师41人。中小学教师学历合格率99.9%，其中小学100%、初中100%、高中99.3%。中小学市级特级教师15人，高级专业技术职务教师410人，其中小学55人，初中192人，高中163人。全区1213人参加高考，本科上线率90.9%，其中一本上线率32.1%。高考录取率98.6%，其中本科录取率81.3%。中考成绩达到郊区平均水平，高中阶段教育升学率98.8%。延庆一职97名学生被高职院校自主招生录取。全区校舍总占地面积136.99万平方米，建筑面积51.54万平方米，固定资产总值129426.57万元。

（赵文新 张美丽）

【延庆学生参加世界雪日开幕式】 1月21日，2018世界雪日暨国际儿童滑雪节开幕式在延庆石京龙滑雪场举行，延庆二小、延庆康庄中心小学、延庆特殊教育中心等校700名学生参加。学生现场表演舞蹈、快板等节目。120名学生手持“北京2022年”冬奥会、冬残奥会会徽和会旗，从高山雪道滑下，还开展雪地拔河、雪地足球、雪地悠波球等活动。“世界雪日”由国际滑雪联合会（FIS）设立的活动项目，每年1月某个周日举办，全球40个国家同时展开。

（赵文新）

【市中小学冬运会获奖】 1月21日—26日，北京市第二届中小学生冬季运动会在首都体育馆举行。运动会设置小学组、初中组、高中组，以及教师组，涉及冰上、雪上2个大项13个小项比赛，全市16个区1735人次参赛。延庆区参赛队员由太平庄中心小学、延庆四中等6所学校的12名教师和25名学生组成，师生参加冰球射门等必选项目和自选项目10项比赛，获得团体总分第二名，还获得优秀组织奖和道德风尚奖。

（赵文新）

【奥林匹克会旗迎接仪式】 2月27日，延庆师生400人在延庆八达岭长城望京广场参加奥林匹克会旗迎接仪式。北京冬奥组委秘书长将奥林匹克会旗交至延庆青少年代表手中。平昌冬奥会自由式滑雪男子空中技巧亚军贾宗洋等中国运动员代表参加活动并与师生合影留念。

（赵文新）

【中小学运动会】 4月26日—27日举办。运动会以“迎世园冬奥、创文明城区”为主题，全区50所中小学1200名运动员参加田径两个大项16个小项比赛。设立高中组、初中组、小学组。延庆一中、延庆四中、康庄中学、延庆二小、沈家营中心小学、井庄中心小学分获各组别团体总分第一名；延庆三中学等16所学校获得体育道德风尚奖；王林等26名裁判员被评为运动会最佳裁判员。

（赵文新）

【三级联动教学研讨】 4月－10月，区教委开展小学区级教研、课改协作区教研、校本教研“三级联动深度教研”工作。以“聚焦主题，上下贯通，形成合力”为主旨，开展“挖掘教材文本价值关注学生实际获得”区级六年级语文教研活动；以“有效落实八度评价 深化小组合作学习”“建设多彩课程 点燃智慧人生”为主题协作区课堂教学展示活动；大柏老中心小学综合组走进延庆四小体验校级教学研讨交流等各层级教研活动700次。

（张美丽）

【学生手绘画板助冬奥】 6月21日，延庆一中学生在八达岭长城开展手绘画板助力冬奥活动。以“手绘艺术绽放长城，一中学子筑梦冬奥”为主题，130名学生在美术教师指导下，在各自负责区域将手中画板按照颜色、图形进行拼接。3367块手绘画板组成130米拼图，呈现“2022”滑雪、滑冰等冬奥元素图案。活动是延庆一中将美术实践课程与大地艺术相结合的首次尝试。1100名学生用半学期时间创作完成。

（赵文新）

【小学教师基本功培训与比赛】 9月—12月，区教委举办第三届“妫川杯”教师基本功培训与比赛活动。830人参加初赛，332人进入复赛，根据教学设计、现场说课答辩两项内容的评比标准，评出一等奖133人、二等奖189人。

（张美丽）

【第21届全国推广普通话宣传周活动】 9月12日，“第21届全国推广普通话宣传周”活动在八达岭关城广场举行。区语委和八达岭中心小学14名师生举行推广普通话启动仪式，并向游人发放宣传材料。中小学生是推广普通话的示范员、宣传员和监督员，活动旨在以学生带动家庭，以学校带动社会，使普通话由校园语言迈向家庭生活语言和社会语言。

（张晓赫）

【延庆张家口两地学生冬奥演讲比赛】 10月12日，区教委与河北省张家口市教育局联合举办“迎冬奥，赞家乡”演讲比赛。参赛学生从两地复赛中选出各20人，分小学组、初中组、高中组、大学组。比赛采用分组轮流赛制，每组10人，评委根据内容、语言、形象等标准现场打分。延庆二小、张家口市桥东区怡安街小学、张家口市张北县二中、延庆四中等学校学生分获各组别一等奖。

（赵文新）

【延庆四中组建航空航天模型社团】 年内，延庆四中与北京航空航天大学合作，组建航空航天模型社团，开展航模制作、模拟器训练等活动，受益学生100名。在波兰举行世界航空航天模型锦标赛中，延庆学生代表中国国家队参赛并获得铜奖，这是我国参加该项目世界锦标赛首次进入前三名。在全国航空航天模型锦标赛中，延庆学生取得28项奖牌。

（赵文新）

【小学生课后服务】 年内，全区各小学结合地域特点，构建城区模式、农村模式和寄宿制模式3种课后服务模式，满足不同家庭需求。在课后托管服务基础上，继续实施义务教育课外活动计划：开展社团及兴趣小组等各项活动；学生自主安排自习、做作业、校内阅读、趣味游戏等。参加课后服务学生12305人，占在校生总数98.76%；教职工1542人，占教职工总数89.2%。

（张美丽）

职业与成人教育

【概况】 2018年，全区职业高中1所，教职工228人，其中专任教师167人。开设专业15个，教学班66个，毕业478人，招生232人，在校生983人。学校占地面积11.37万平方米，建筑面积5.71万平方米。固定资产总值26071.41万元。全年教育经费投入7041.00万元，其中国家拨款7037.20万元、自筹经费3.80万元。区级成人学校3所，教职工166人（其中专任教师112人），开设专业46个，招生2396人，在校生5639人，全年学历教育毕业1414人，各类培训结业41217人次。乡镇、街道成人学校15所，市级示范性乡镇成人学校6所，市级示范性村成人学校35所，全年开展各类培训活动3万人次。区级成人学校建筑总面积2.87万平方米，固定资产总值6252.92万元。全年教育经费投入5031.55万元。

（高寒）

【市民积分兑物总结会】 1月16日，延庆区社区教育中心召开“市民终身学习积分制”积分兑物总结会。与会人员观看专题片“社区教育映妫川”；对优秀学员和单位进行表扬，优秀代表作交流发言。社教中心于2013年开始“延庆市民终身学习积分制”活动，开设电子琴班、钢琴班、书画班等34个培训班，涉及13类课程，培训学员709名，居民参与学习积分兑换相应物品。区教委、街道、社区相关负责人及社教中心学员300人参加活动。

（宋佳）

【无缝对接育人模式现场会】 5月8日在延庆第一职业学校举办。与会人员听取相关报告，并到“无缝对接育人模式”合作企业——伴君行汽车维修厂实地参观。“无缝对接育人模式”是延庆一职转型发展品牌建设项目，面向区域内15.6万名农民开展实用技术短期培训、职业技能取证培训、岗位员工职业素养培训和成人中专学历教育培训等教育服务，开展大中小学生职业体验教育，推动校企、学历教育与技术培训、职业教育与普通教育无缝对接。北京教育学会、区教委以及京、冀部分职业学校负责人等40人参加活动。

（宋佳）

【市民终身学习服务基地建设】 6月13日，延庆区学习办视导组，对区级市民终身学习服务基地——平北抗日烈士纪念园进行工作视导。听取负责人工作汇报、与相关领导和工作人员进行座谈，并对基地各项工作进行调研和指导。延庆时有区级市民终身学习服务基地14个，分别为延庆青少年活动中心、延庆第一职业学校、延庆社区教育中心、延庆文化馆、延庆图书馆、延庆新华书店、延庆文物管理所（博物馆）、延庆职业技术教育中心、延庆妇女儿童活动中心、中国长城博物馆、延庆平北抗日烈士纪念园管理处、延庆龙庆峡旅游发展有限公司、延庆科技馆和北京延庆野鸭湖湿地自然保护区管理处。

（宋佳）

【学习型家庭创建评估】 9月19日—29日，区创建学习型延庆领导小组办公室进行学习型家庭创建评估。评估小组通过听取创建家庭汇报，查看学习环境，与家庭成员座谈等方式分组对申报的51户城乡家庭进行评估。评选出学习型先进家庭46户，其中典型家庭9户。

（宋佳）

【农民培训招生】 9月，区职教中心和延庆一职共招收农民学员682人，包括园林技术专业600人，果蔬花卉专业40人，花卉园艺专业42人，培训为期2年，学员毕业后取得相应学历证书。

（宋佳）

【市政府研究室调研农民培训】 10月19日，市政府研究室农村发展处调研组到区调研农民培训和就业情况。区教委和延庆一职主管领导分别就开展农民培训情况进行汇报，调研组到延庆一职参观农民培训基地运行情况；深入培训班课堂听课，并与学员交流。

（宋佳）

【学习型组织建设专家顾问团成立】 11月15日，区创建学习型延庆领导小组办公室举行专家顾问团成立及聘任仪式。学习型组织建设专家顾问团9名成员均为在不同领域有一定专长的在职或退休人员，顾问团受聘指导全区各单位学习型组织创建工作。区教委、创建学习型延庆领导小组办公室相关负责人及受聘人员参加活动。

（宋佳）

【第14届全民学习活动周】 11月，以“全民学习提素质，世园冬奥展风采”为主题的区第14届全民终身学习活动周启动仪式在区职教中心举行。会议表彰区级学习型组织优秀单位、市级学习之星和学习型家庭代表共6人；学习之星宣讲团以“勤学苦练，精护生命”等主题演讲。全区各成员单位分别开展参观学习、知识讲座、读书演讲、摄影绘画比赛等活动。截至年底，始于2005年的全民学习周活动，已评选出318个学习型组织先进单位，1477户学习型家庭，学习之星184人，认定14个市民终身学习服务基地，30个学习品牌。

（宋佳）

校外教育

【概况】 年内，全区有校外教育机构2个，即延庆区青少年活动中心和延庆区科学技术馆，2个单位合署办公。占地面积1.33万平方米，建筑面积1.00万平方米。延庆区青少年活动中心教职工39人，开设舞蹈、书画、器乐、体育等40个专业，招生6000人次。图书馆藏书0.26万册。固定资产总值3137.60万元。全年教育经费投入1144.98万元。学校信息化经费投入48.20万元，拥有计算机93台，多媒体教室座位19个，校园网出口总带宽800Mbps，数字资源量200GB。延庆区科学技术馆内设展览教育部、培训部、办公室3个机构。教职工18人。图书馆藏书0.40万册，电子图书1.20万册。固定资产总值626. 30万元。全年教育经费投入632万元。学校信息化经费投入52.2万元，拥有计算机52台，多媒体教室座位120个，校园网出口总带宽100 Mbps，数字资源量1070 GB。

（赵文新）

【机器人大赛获奖】 4月12日，延庆区学生参加2018国家机器人发展论坛暨RoboCup机器人世界杯中国赛获奖。大赛分高中、初中、小学3个组。延庆5支代表队参赛。延庆一中获得冠军、延庆二中获得三等奖。由延庆区科技馆创立2年“延庆区机器人社团”组织的初中组队在参赛的33个赛队中取得一等奖第4名。区小学组2支参赛队获得二等奖。

（赵文新）

【冬奥小记者培训班】 9月6日，全区43所中小学每校推荐小记者2人，经过笔试和面试，每校录取1人进入冬奥小记者班学习。小记者班分26人小学班和17人中学班。学员承担学校通迅员的职责，成立学校冬奥通迅社，报道迎冬奥期间学校各项冬奥、科技及其他特色活动，相关活动持续到2022北京冬奥会结束。

（赵文新）

【首届中小学生本草节知识决赛】 5月10日，在延庆井庄卫生服务中心在全区中小学中普及中草药种类、药性、药用方法及标本制作方法等相关知识的基础上。区教委与井庄卫生服务中心联合举办首届中小学生本草节知识竞赛。活动以“传承本草国粹 · 助力世园冬奥”为主题，24支参赛队150名学生参加。根据笔试得分评选出一等奖20人，二等奖39人，三等奖41人。延庆刘斌堡中学等14所学校获优秀组织一等奖。

（赵文新　郑艳玲）

【延庆区第三十六届学生科技节】 9月25日举行。科技节以“体验、智造、共享”为主题，邀请中国关工委委员、贵阳学院教授钱贵晴作科技专题报告，组织观看无人机和航模飞行表演并参与科技体验活动。开幕式表彰获得科技教育先进单位、优秀科技干部、优秀科技教师、年内科技小达人荣誉和称号的单位个人。

区科协、区教委相关负责人以及河北省怀来县实验小学部分师生、区各中小学师生代表等1300人参加活动。

（赵文新）

【首届东城延庆创意嘉年华活动】 12月1日在延庆区科技馆举办。活动以“激情冬奥，创想无限”为主题，由北京东城区青少年科技馆与延庆科技馆共同举办，两区共有83名学生参加。活动分为作品展与现场竞技2项内容，现场竞技包括投篮游戏、跳台滑雪、钢架雪车及3V3冰球4个项目。作品展和现场竞技累计评分，延庆沈家营中心小学、东城科技馆七队获团体一等奖，延庆八中、延庆三小、东城科技馆二队和六队获团体二等奖，靳家堡中心小学、八达岭中学、小丰营中心小学、十一学校、第五中学、东城科技馆八队获团体三等奖。

（赵文新 郑艳玲）

【首届科技软陶作品比赛】 12月7日在区科技馆举办。活动以“创文明城区，塑多彩妫川，为世园冬奥添彩”为主题，全区31所学校320人参加。收集作品317件，其中教师作品97件，中小学生、幼儿作品220件。评出教师组一等奖20件，二等奖30件；中小学生、幼儿一等奖38件，二等奖54件。

（赵文新 郑艳玲）

特殊教育

【概况】 区特殊教育中心占地面积1.98万平方米，建筑面积0.40万平方米，体育场（馆）面积1.04万平方米。图书馆藏书2.32万册，电子图书1万册。固定资产总值1042.69万元。全年教育经费投入1328.71万元。拥有计算机91台，多媒体教室座位40个，校园网出口总带宽100 Mbps，数字资源量300 GB。普通教室7个、专用教室20个，教职工35人，开设教学班7个。在校生82人，其中初中39人、小学43人，有寄宿生22人。在校生82人中，智力障碍55人，听力障碍1人，视力障碍1人，肢体障碍9人，多重残疾14人，精神残疾2人。其中，自闭症16人、脑瘫10人。

（周英杰）

【特奥冰雪比赛获奖】 1月17日—18日，由中国残疾人联合会主办，中国智力残疾人及亲友协会承办，延庆特教中心和延庆残联协办，在延庆石京龙滑雪场和世界葡萄博览中心开展特奥冰雪比赛。设3项冰上项目，3项雪上项目，北京、天津、河北、黑龙江、吉林、内蒙古等省市区6支代表队100人参加。延庆特教中心8名学生参加冰壶、拔河、冰车、雪鞋走、足球射门、赶猪等冰雪项目，获得5金、4银、3铜。

（周英杰）

【融合教育】 3月—11月，特教中心组织50名学生到各自划片的25所普通中小学参加课堂教学、课间游戏等融合活动。普通学校为特教学生安排2~3名小伙伴，在生活、学习、活动上给予帮助。特教中心教师到各个中小学进行巡回指导。截至年底，特教中心200人次参与融合教育活动。

（周英杰）

【社会大课堂】 4月—10月，特教中心组织学生参加大课堂活动。先后到北京植物园、延庆青山园、延庆地质博物馆进行体验观察等活动。师生、家长220人次参加。

（周英杰）

【社会实践】 4月—11月，特教中心组织学生到延庆大庄科红色第一村祭奠先烈，听英雄故事；到超市学习购物、结账；到银行学习存款、取款；到车站学习坐车和乘车礼仪。种植小组学生在中心种植基地采摘蔬菜；环保小组收集处理废品。师生240人次参加活动。

（周英杰）

【第二届特奥运动会】 5月4日，特教中心举办延庆区第二届特奥运动会暨“特奥融合学校活动”。运动会设置5项融合项目（趣味投、塔桥过河、巨型筷子、翻山越岭、融合滚球）；3项个人项目（足球射门、保龄球、定点投篮）和4×50米接力跑集体项目。延庆百泉街道进行“八段锦”融合律动舞蹈展示。市区残联、区政府、区教委相关领导出席开幕式，邮电大学志愿者、特奥东亚区技术指导团队、延庆大柏老融合代表队以及特教中心师生和家长400人参加运动会。

（周英杰）

【送教上门】 9月—12月，特教中心教师对延庆镇、张山营镇、千家店、大榆树镇等10个乡镇、20个自然村极重度残疾学生21人实施送教上门，对学生进行教育教学、康复训练，对家长进行家庭指导。每周走进每个家庭1至2次，全年总计378次。

（周英杰）

教育督导

【概况】 2018年，延庆区人民政府教育督导室（简称教育督导室）以教育综合改革、教育督导改革要求为指导，以全国挂牌督导创新区评估认定为引领，坚持依法督导原则，做到专项督导聚焦、政务工作规范、督政工作入轨、全局工作到位，不断提高督导工作权威性、针对性和实效性，为教育科学发展提供服务和保障。修改完善《区政府履行教育职责督导评价指标体系》；制订《延庆区开展城乡义务教育一体化改革发展自查自评工作方案》。完成“全国中小学责任督学挂牌督导创新区评估认定”工作；组织开展教育法律法规执行情况督导检查；完成幼儿园办园行为督导检查；全区推进素质教育督导自查；开展春季和秋季开学专项督导；开展素质教育综合督导工作；完成国家义务教育质量监测、学前教育发展状况监测工作和义务教育阶段减轻学生过重课业负担督导监测工作。

（宋佳 康艳宁）

【风险防控督导检查】 3月5日，市教委到延庆区就春季开学安全风险防控进行专项督导检查。听取区教委关于风险防控工作汇报，到八达岭中学和小学就开学条件保障、校舍安全管理、食品饮水安全与卫生防疫管理、校车安全管理、校园安全管理和安全教育5个方面进行实地检查。区政府教育督导室和区教委相关领导参加。

（宋佳）

【市级督导调研】 4月10日，市教委副主任李奕与市教委政法处工作人员到延庆区部分幼儿园进行督查。检查范围涵盖公办幼儿园、民办幼儿园和无证照幼儿园，实地查看康庄幼儿园、人文大学幼儿园和育才幼儿园，主要检查各园视频监控管理工作。区教委、康庄镇相关领导及工作人员15人参加。4月13日，市政府教育督导室到区调研创建国家级中小学校责任督学挂牌督导创新区相关工作。分别到旧县中学、十一学校和延庆三小查看情况，并对全区专兼职督学进行现代信息技术支持教育督导工作专题培训。区教委和区教育督导室汇报责任督学挂牌督导工作开展情况。区教育督导室、区教委相关领导20人参加活动。

（宋佳）

【有偿补课督导检查】 4月，区教育督导室联合区教委人事科等组成5个督导检查组，通过听取学校汇报、查阅档案材料、干部教师访谈、学生调查问卷等方式了解学校情况，形成评价意见。要求各校总结成绩及经验，发现不足及时整改，杜绝学校组织或教师参与有偿补课。区政府教育督导室、区教委领导以及相关学校干部教师38人参加。

（宋佳）

【教育督导联络员工作会】 5月10日召开。会议部署创建“全国中小学校责任督学挂牌督导创新区”准备工作，明确各中小学工作任务和要求，解读各项创建内容标准，就全体督导联络员工作职责、规程，“北京市教育督导信息管理应用平台”和蓝信平台的使用方法进行培训。全区中小学、幼儿园、职业学校、特教中心以及校外教育机构等单位督导联络员70人参加。

（宋佳）

【义务教育质量监测】 5月24日，延庆区完成国家义务教育质量监测工作。抽样四年级和八年级部分学生及教师，监测数学、体育和健康学科。全区13所小学、8所中学的583名学生接受测试，190名教师参加问卷调查。这是延庆区第三次参加国家义务教育质量监测工作。

（宋佳）

【挂牌督导创新区评估认定工作会】 6月5日，区教育督导室召开全国中小学校责任督学挂牌督导创新区评估认定培训、部署工作会。对学校和责任督学档案材料准备、责任督学督导方案制定和听评课进行培训，部署责任督学督导检查和“减负”督导监测工作。区教委领导、责任督学、督导联络员100人参会。

（宋佳）

【督导信息化培训】 9月3日举行。区教育督导室邀请市政府督导室培训员以北京市教育督导信息管理应用平台功能介绍和操作步骤为内容，从责任督学开展挂牌督导工作和督导联络员及时进行整改结果反馈两方面进行培训。市、区教育督导室领导，全区教育单位及校外教育机构责任督学、督导联络员110人参加。

（宋佳）

【素质教育督导评估】 年内，区教育督导室选派督学32名，组成4个评估组，依据《北京市区县政府、教委、学校（教育机构）全面实施素质教育评价方案》，对20所中小学校（幼儿园）进行评估。各校听取校长汇报，查阅相关档案，查看课间操，巡视校园、专室，随堂听课，与干部、教师、学生及家长座谈，进行师生及家长问卷调查等形式收集信息，分析研究，形成评价意见，并要求学校对存在的问题及时整改。

（宋佳）

（栏目编辑　王新华）

文 化

综 述

延庆区文化委员会是负责全区文化、文物、新闻出版、广播影视工作的区政府工作部门。内设政办室、文化科、文物科、文化市场管理科（行政审批科）、财务审计科、文化行政执法队6个部门，下属文化馆、图书馆、文物管理所（博物馆）、公益电影放映中心、文化中心后勤服务中心、新华书店6个基层单位。年内，积极推进公共文化服务体系示范区建设，全面开展长城文化带建设工作，文化遗产得到有效保护，文物抢险修缮和展示利用成果显著，文化文物市场安全稳定。乡镇文体中心、基层图书室不断健全，品牌活动不断创新发展，文化惠民工程全面覆盖。成功举办延庆区第二届冰雪文化庙会、2018年群众文艺大汇演暨夏日文化广场活动、第九届群众舞蹈大赛、戏曲艺术节等多项大型群众文化活动。全年完成星火演出1128场、周末场演出54场、百姓周末大舞台6场。完成高端精品演出59场，受众近2万人次。完成公益电影放映1.5万场，观看群众20余万人次。举办大型展览5次，进行移动博物馆巡展活动9期。开展社会大课堂、红领巾读书等宣传教育活动216项，完成妫川大讲堂讲座14场。开展文化骨干培训45次，受众1万余人次。

单位名称：延庆区文化委员会
地　　址：延庆镇高塔街57号
电　　话：69183652

（彭丰）

文化活动

【元宵节花会展演】 3月2日，以“世园增色妫川美 长城相邀话冬奥”为主题，组织2018年元宵节花会展演活动。选拔全区40档优秀花会，融合世园、冬奥和非遗等多种元素，在庆园街、广兴街、庆隆街至新城街1.8千米环形路段进行展演，活动历时3小时，吸引近3万市民进行观赏。

（彭丰）

【端午节活动】 6月16日—18日，在夏都公园、会展广场举办第十届北京端午文化节和北京市第五届“非遗大观园”端午游园会活动，同期全区15个乡镇、3个街道分别开展特色端午活动。活动以“休闲延庆 多彩端午”为主题，策划开幕仪式和四大板块12项活动，其间集中展示全市区级及以上精品“非遗”项目20项。

（彭丰）

【第十三届舞动北京舞蹈大赛获奖】 7月—10月，在“首都市民系列文化活动”之第十三届“舞动北京”活动中，延庆区参演的《赞赞新时代》获规定曲目类一等奖、《冰雪之梦》获自创曲目类一等奖、《冰雪奇缘》获少儿组一等奖、《世博花语》获青年组一等奖、《妫川俏婆婆》获老年组二等奖、文化馆获最高荣誉——团体金奖以及优秀组织奖。

（彭丰）

文化事业

【文化基础设施建设】 年内，推进大榆树镇、大庄科乡、井庄镇、香营乡、珍珠泉乡、沈家营镇、四海镇、千家店镇文体中心建设工程。其中，井庄镇和香营乡综合文体中心投入使用；大榆树镇、大庄科乡、珍珠泉乡、千家店镇综合文体中心主体建设完成。

（彭丰）

【图书馆基础服务】 年内，配送图书100次、

32270册，回收图书17784册；增购图书报刊10508种、38638册。新办读者证2000个。截至年底，持证读者27789人，到馆阅览12.49万人次。

（彭丰）

文化市场

【行政审批制度改革】　年内，梳理确认33项审批事项，其中文化市场审批事项17项、文物审批事项16项。全年办理行政许可事项46件，群众满意率100%。完成92家出版物零售单位年度核验工作，通过核验92家，从业人员270人，销售总额1765万元。

（彭丰）

【文化执法】　年内，开展文化执法专项行动25项，出动执法人员1200余人次，检查各类文化娱乐场所1080家次，实施行政处罚15起，罚款1.7万元。

（彭丰）

文物管理

【区博物馆升级改造完成】　11月1日，延庆区博物馆以“长城内外是故乡”为主题升级改造完成后重新开馆，展陈面积增加300平方米、达到2700平方米；展出文物增加50件套、达到790余件套。建立数字化导览展示系统和双语讲解系统和智能蓝牙互动传感系统，增加高清图片8000余张，拍摄文物微纪录片110余部，制作360度全景漫游14处，与92处遗址和景区进行全方位互动，对353件文物进行3D数据采集，对重点景区开发VR、AR体验项目，全面展示延庆的历史文化和当代建设发展成果。

（彭丰）

【长城文化带建设】　年内，完成水关长城、岔道1－6号烽火台、东官坊烽火台、永宁天主教堂等长城本体及沿线重要文物抢险修缮工程；探索社会力量参与长城保护机制，与黄廷方慈善基金建立合作关系，启动古长城东段边墙及敌台抢险修缮工程；实施延庆区长城文化带绿化和景观提升工程，对长城沿线、交通干线和妫河两岸近20万亩林地进行绿化、养护、抚育和病害防治；创编长城文化主题作品《春风正度》，并在北京劳动人民文化宫和区内成功演出。

（彭丰）

【文物保护修缮】　年内，完成长城延庆段67－69号敌台及边墙抢险修缮等24个修缮项目和8项安技防项目申报工作，完成岔道城墙、东边村长城等6段长城及城堡的测绘和方案编制。开展红色遗迹保护，对大庄科后七村革命文物、窑湾地区红色遗迹进行实地调查；开展延庆区不可移动文物保护管理数据库建设，完成软件开发及数据录入。

（彭丰）

传媒管理

【概况】　延庆区广播电视中心（延庆电视台、延庆区新闻中心）是区级财政补助（全额拨款）规范管理事业单位，下辖延庆人民广播电台、延庆电视台、延庆区新闻中心（负责《延庆报》采访编辑出版）。2018年7月，经区编办批准，加挂北京市延庆区融媒体中心牌子。中心负责制定广播电视新闻事业发展规划并组织实施；负责广播电视新闻业务研究、培训、交流等工作；负责广播电视节目的采录、制作、播放、转播等工作；负责广播电视事业的技术服务、设备管理与维护等工作；负责农村广播电视覆盖工作；负责新闻采访、编辑、制作、发布等工作；负责主报出版等工作。下设15个科室：办公室、人事科、财务科、总编室、媒体融合科、新闻科、专题科、文艺科、广播科、社教科、广告科、技术科、播控科、纸媒采访科、纸媒编辑科，3个科级事业单位：北京市延庆区电视转播站、北京市延庆区广播电视记者站、北京市延庆区广播电视服务部。中心内设6个部门：基层报道部、基层新闻部、党建办、工会、食堂、内保科。改革后的延庆区融媒体中心下设总编室、采访部、编发部、新媒体部、技术部、综合服务部、工程办。机构改革完成前，两套机构并行。延庆电视台自办栏目有《延庆新闻》《聚焦时分》《天气预报》《印象妫川》《百姓大舞台》《妫川英语大家说》《消费风向标》《万事大吉》《宏超讲故事》；联办栏目有《卫生新视野》《水润妫川》《妫川说法》《妫川税务》《金盾之光》《法庭内外》《检察视点》《阳光民政》《绿色家园》《一路平安》《延庆教育》《乐游延庆》《德蕴清风》《工商视点》。延庆人民广播电台自办栏目《延庆新闻》《生活导航》《今日农村》《快乐调频928》《佳作欣赏》；联办栏目《工商进万家》《大东说消费》《食药连着我和你》《世园连着我和你》；书场类节目《名家讲坛》《百家书场》《广播剧场》《小说连播》和汽车类栏目《远誉快车道》。《延庆新闻》全年制播365期，总时长6000多分钟；《延庆报》每周一、三、五出版对开4版双面彩色印刷，2018年出版155期，刊发正版版面620个，加刊版面近100个，刊发版面700余个，撰写编辑新闻稿件200余万字。年内，完成融媒体中心机构设置、流程再造、人员整合、平台搭建、新媒体阵地建设、业务培训等重点工作，形成“一次采集、多种生成、多元传播”的融媒体采编流程。“延天下”微信、微博正式上线，注册官方抖音账号“延庆小可抖”，新华社现场云，推出H5动画小游戏等新媒体产品，开展网络直播，负责运营今日头条、百度百家号、网易新闻、一点资讯平台、北京时间、搜狐号等渠道的小号。截至年底，接待全国各省市区县参观到访306批次，500余人次，320家单位，包括及18个省、3个直辖市、4个自治区。涉及地级市52个，县级市和区县36个。中心领导受邀参加论坛讲座17批次，参加交流人员2000余人，涉及7个省市。

单位名称：延庆区广播电视中心（延庆区融媒体中心）
地　　址：延庆镇高塔街73号
电　　话：69103462

（赵飞）

【新媒体战略合作协议】 6月11日，延庆区广电中心与光明网签署新媒体战略合作协议。确定双方在重大主题宣传，新媒体账号建设，孵化新媒体产品，城市形象品牌宣传推广等方面开展合作。延庆区广电中心利用光明网作为思想理论文化领域的中央重点新闻网站优势和作为媒体融合与创新引领者的优势，推动延庆城市品牌形象宣传推广、融媒体中心建设和新媒体人才培养，为2019年北京世园会和2022年北京冬奥会筹办举办提供全方位、多层次、高质量的媒体服务。光明网总裁、总编辑杨谷出席签约仪式。

（赵飞）

【“延天下”两微上线】 6月11日，“延天下”微博微信正式上线。作为中心与光明网合力打造的新媒体产品，主要弥补中心新媒体从无到有、消息发布不及时、忽视年轻人及低龄化人群需求等问题。“延天下”联合延庆官方政务微信“北京延庆”和民营微信“延庆在线”等微信公众平台，联合打造新媒体矩阵。

（赵飞）

【延庆区融媒体中心揭牌】 6月16日，延庆区融媒体中心正式揭牌成立，成为国内首家“广电+报业”模式的“中央厨房”，集报纸、电视、广播和新媒体于一身的全媒体发展平台。市委宣传部、人民网，延庆区委、区政府主要领导出席揭牌仪式。

（赵飞）

【延广融媒公司注册成立】 11月16日，北京延广融媒文化发展有限公司注册成立。公司注册资金200万元，出资人为北京市延庆区广播电视服务部，属有限责任公司（法人独资），主要经营范围：组织文化艺术交流活动、设计制作代理发布广告、策划创意服务、会议服务、广播电视节目制作等。公司成立旨在践行“事业（北京市延庆区融媒体中心）+企业（北京延广融媒文化发展有限公司）”运营模式，进一步激发创造活力，提升党媒传播力、引导力、影响力和公信力。

（赵飞）

【《延庆报》试印新版】 12月18日，《延庆报》在新华社印务公司试印新版。《延庆报》自2000年创刊至2018年年底，共出报2119期。

（赵飞）

【移动融媒工具正式上线】 12月21日，延庆区融媒体中心移动融媒工具在苹果、安卓市场审核通过，正式上线。

（赵飞）

【新媒体宣传】 截至年底，“延天下”微博微信发布各类信息1900余条；建立15个微信公众号粉丝群；双微粉丝超79000人。抖音短视频注册账号20余个，制作发布短视频2000余条，其中2条抖音爆款观看量达3000万次。H5传播总量达2000万人次。进行网络直播12次。新媒体部运营5个渠道小号及多个公众号，发送各类信息2000余条，建成9个新媒体矩阵小号。

（赵飞）

【对外宣传】 年内，电视新闻外宣在北京电视台播发新闻285余条，16区排名第一。在中央台播发新闻19条（统计不含重播和其他栏目转播）。首次在北京、天津、河北、安徽、上海、海南等地区播发延庆相关报道。

（赵飞）

（栏目编辑　王新华）

卫生 体育

医疗卫生和计生管理

【概况】 延庆区卫生和计划生育委员会（简称区卫生计生委）是负责全区卫生和计划生育工作的区政府工作部门。机关设9个科室，包括办公室（卫生应急办公室）、公共卫生科（行政审批科）、医政科、中医管理科、计划生育基层指导科（流动人口计划生育服务管理科）、计划生育综合发展科、健康促进科（爱国卫生工作办公室）、财务审计科（综合治理办公室）、人事科。全系统有30个单位，其中卫生计生单位9个，包括卫生计生监督所、疾病预防控制中心、卫生干部进修学校、中心血站、社区卫生服务管理中心、信息中心、卫生和计划生育宣传中心、计划生育家庭服务中心、卫生应急保障中心；社会团体2个，包括计划生育协会和医学会。全区有医疗机构311家，其中二级医疗机构4家，包括区医院、区中医医院、妇幼保健计划生育服务中心（加挂“北京市延庆区妇幼保健院”“北京市延庆区第四医院”“北京市延庆区牙病防治所”牌子）、区精神病医院；社区卫生服务中心16家，社区卫生服务站57家，村卫生室162家，其他医疗机构73家（其中新登记注册医疗机构12家）。全系统编制床位1180张、卫生技术人员1858人，每千人拥有床位3.39张、执业（助理）医师2.64人、注册护士1.71人。全年出院18224人次，病床使用率81.2%，平均住院日（不含精神专科医院）9.12天。医护比1.3∶1。全年全系统总收入16.84亿元，其中财政拨款6.20亿元，业务收入10.64亿元；总支出17.86亿元。计划生育财政总投入1493.67万元，其中流动人口计划生育经费80万元。全年基建总投资1.09亿元，延庆区中医医院迁建一期工程实现开工建设。新建村卫生室用房113个。年内，制定完善《冬奥会医疗卫生服务保障行动计划》，确定7大项冬奥会医疗卫生保障提升项目。推进区医院晋升三级医院工作。开展高山滑雪医疗救援应急演练，积极参与2018年国际雪联世界杯系列赛事、北京市第一届冬运会的医疗保障。举办医疗卫生人才洽谈会，举办英语培训班、成立医生滑雪队。对世园会公共卫生风险进行全面评估，完善49部应急预案和工作方案。开展“大培训、大练兵、大比武”活动，邀请国家、市级公共卫生专家，结合夏奥会、APEC会议等保障经验开展系列培训；开展“每周一病”的传染病大培训。巩固医药分开综合改革，攻坚国家卫生城市创建工作、成功创建北京市慢性病综合防控示范区，在全系统开展“党建加强年”“优质服务年”“技术提升年”活动。完成国家卫生区现场技术评估，创建北京市健康促进示范村104个、健康示范社区11个，培养家庭保健员800人。发动全区开展“周末卫生大扫除”活动130次，出动18569人次，清理垃圾6936.85吨。加强病媒生物防治工作，防鼠设施合格率96%，全区鼠、蚊、蝇、蟑螂的密度达到国家病媒生物密度控制标准。组织社区居民参加“健康北京”社区风采大赛，获得健身类作品第三名。开展健康大课堂378场，受益22422人次。

单位名称：延庆区卫生和计划生育委员会
地　　址：延庆镇东顺城街26号
电　　话：69101695

（龚伟）

【京张地区鼠疫防控应急演练】 6月12日，区卫生计生委与北京朝阳区卫生计生委，张家口市卫生计生委联合举办“迎世园 保冬奥”2018年京张地区鼠疫联防联控应急演练。演练围绕医院接诊、疫情接报、疫情处置、密切接触者管理、疫情定性、疫源地处理6个场景展开。演练结合冬奥会世园会公共卫生服务保障需求，重点对医务人员使用英语开展疾病诊断和流行病学调查处置工作进行考察。国家卫生健康委卫生应急办公室负责人出席活动。

（龚伟）

【区康复中心和心脏中心揭牌】 11月27日，延庆区康复中心和延庆区心脏中心在北医三院延庆医院正式揭牌。北京大学第三医院院长、中国工程院院士乔杰，党委书记金昌晓和区长穆鹏等出席揭牌仪式并围绕冬奥会世园会医疗服务保障工作进行调研。

（时亚辉）

【区中医医院新址工程奠基】 11月28日，延庆区中医医院迁建一期工程举行奠基仪式，工程预计于2021年7月底竣工。旨在进一步完善全区医疗基础设施体系、改善群众就医环境，为冬奥会举办提供全方位、高水平医疗服务保障。

（时亚辉）

【专业技术队伍建设】 年内，全区有卫生专业技术人员1858人，其中执业（助理）医师918人，注册护士595人，药剂人员145人，检验人员98人，其他技术人员102人。按职称划分，有正高级职称72人，副高级职称184人，中级职称828人，初级职称668人，暂无职称106人。按学历划分，有博士学历2人，硕士学历150人，本科学历1172人，大专491人，中专及以下43人。新招聘专业技术人员43人，其中硕士研究生21人，本科学历9人，大专学历13人。引进人才2人，随调2人。

（龚伟）

【社区卫生服务】 年内，全区有社区卫生服务中心17家，其中政府办16家；社区卫生服务站57家，政府办56家，社会办1家。卫生专业技术人员685人，其中医生及全科医生367人，护士162人；全年门急诊1186492人次，同比增长5.84%；上门服务15310人次。A类社区卫生中心5家，B类3家，C类8家；B类社区卫生服务站3家，C类53家。家庭医生签约率42.77%，其中重点人群签约率90.58%。二、三级医疗机构支援社区医务人员551人次，服务1725.5天，上转患者3228人次。建立电子健康档案212583份，健康档案电子化率62.52%，健康档案动态使用率65.34%。截至年底，全区有村卫生室162家，全部为村办，服务覆盖率100%。乡村医生254人，岗位培训人均143学时。

（龚伟）

【医务管理】 年内，开展“一控两降”专项工作督导，全区公立医疗机构百元医疗收入消耗的卫生材料费用同比下降9.86%，药占比同比下降1.13%，医疗费用平均增幅同比下降0.37%。建立家庭医生签约服务激励机制，允许社区卫生服务机构业务收入扣除成本后的部分结余，用于社区卫生服务中心家庭医生签约服务人员奖励。1家非营利性医疗机构与区医院签订医联体协议，区医院加入市级神经内科医联体。开展医师多点执业医疗单位23家，医师70人，其中新办理26人。

（龚伟）

【生命统计】 年内，全区出生率12.79‰，死亡率7.80‰，人口自然增长率4.99‰。因病死亡2044人，占总死亡人数的91.54%。死因顺位前10位疾病依次为脑血管病，恶性肿瘤，心脏病，呼吸系统疾病，损伤和中毒，内分泌、营养和代谢等其他疾病，消化系统疾病，神经系统疾病，精神障碍，肌肉骨骼和结缔组织疾病。人均期望寿命79.84岁，其中男性77.37岁、女性82.65岁。

（龚伟）

【传染病防治】 年内，无甲类传染病报告。乙类传染病发病429例，死亡2例，发病居前三位的是梅毒、痢疾、猩红热。性病新发病138例；艾滋病患病总数51例，新发病11例，死亡1例；结核病患病总人数122人，新发病86人，死亡0人。布病发病12人，无死亡；未发现鼠间鼠疫和人间鼠疫病例；无其他人畜共患疾病报告。

（龚伟）

【慢性疾病和地方病防治】 年内，新成立高血压小组45组，糖尿病小组30组，脑卒中高危人群随访1026人，追踪核查891人，户籍肿瘤患者随访911例。监测居民碘盐301份；监测尿碘801件，其中育龄妇女200件、孕妇200件、成年男子200件、小学生201件；全区无地方性氟中毒、碘缺乏病报告。

（龚伟）

【精神卫生】 年内，在档重性精神障碍患者1906人，发病率0.2‰。其中，六类重性精神障碍患者1644人。1085名患者参加免费服药项目，较上年增加102人，免费发放药品13020人次，免费服药率56.71%。重性精神障碍患者规范管理率89.29%，在册患者规范管理率91.66%，在册患者规律服药率71.54%，在管患者病情稳定率99.75%，在册患者面访率91.34%。监护人看护管理补贴申领率90.88%。

（龚伟）

【学校卫生】 年内，全区应检学生21094人，实检20626人，受检率97.78%，视力不良患病率57.49%，营养不良患病率16.62%，超重患病率12.35%，肥胖患病率24%，恒牙龋齿患病率11.14%，贫血患病率1.96%，沙眼患病率0。无传染病暴发、集体食物中毒事件报告。

（龚伟）

【计划免疫】 年内，第一类疫苗11种，接种75867人次。第二类疫苗24种，接种40978人次。应急接种麻风疫苗1次，2人次。医务人员接种麻疹疫苗20人次，麻风腮疫苗40人次。流动人口接种麻疹疫苗和A+C群流脑疫苗1325人次。接种流感疫苗17923人，其中学生接种率27.32%，60岁以上老年人接种率50.15%。接种不良反应发生率33.51/10万针次，调查处理疑似预防接种异常反应45例，其中一般反应33例、异常反应6例、偶合6例。

（龚伟）

【食品卫生及饮用水监测】 年内，检测生活饮用水样品380件，合格率82.63%，主要超标指标为农村生活饮用水的微生物指标。检测食品化学污染物及有害因素、微生物及其致病因子、食源性疾病样品856件，其中5件油条中铝超标、20件食品标本中检出致病菌、56件粪便标本中检出致病菌。

（龚伟）

【控烟监督】 年内，开展控烟监督检查2290户次，责令改正187户次。受理控烟举报投诉案件30件，其中处罚控烟不力单位7家，罚款4.9万元，个人23人，罚款0.11万元。截至年底，全区有无烟医院18家，无烟机关13家，无烟学校覆盖率100%。

（龚伟）

【卫生监督】 年内，对传染病与消毒产品双随机监督637户次，监督覆盖率90%，合格率97.65%；处罚20件，罚款1.6万元。计划生育服务监督检查10户次，监督覆盖率100%，合格率100%。对全区医疗机构双随机监督626户次，监督覆盖率94.30%，合格率99.68%；处罚14件，罚款197900元，没收非法所得43541元，将1名相对人列入失信人员黑名单，对45户医疗机构下达《医疗机构不良执业行为积分通知书》。对生活饮用水日常监督198户次，监督覆盖率100%，合格率97.47%；双随机监督65户次，监督覆盖率82.93%，合格率92.31%；处罚33件，罚款5万元。对公共场所日常监督1844户次，监督覆盖率98.88%，合格率94.31%；双随机监督367户次，监督覆盖率86.83%，合格率89.65%；处罚124件，罚没金额4.01万元。截至年底，辖区公共场所448户，量化分级414户，其中A级255户，B级154户，C级0户，不予评级5户。

（龚伟）

【妇幼保健】 年内，辖区常住孕产妇3879人，孕产妇系统管理率96.66%，住院分娩率100%。高危产妇2952人，高危孕产妇管理率99.93%。剖宫产1631例，剖宫产率42.05%。孕产妇死亡1例，孕产妇死亡率25.78/10万。婚前检查425人，婚检率8.9%，疾病检出率5.88%。全年新生儿死亡4例，死亡率1.031‰；婴儿死亡5例，死亡率为1.289‰。5岁以下儿童死亡7例，死亡率为1.805‰。围产期出生缺陷发生率14.01‰，出生缺陷前3位依次为多指、先心病、肾积水。6个月内母乳喂养率67.84%。辖区0～6岁儿童11018人，系统管理率95.67%，贫血患病率3.29%。

（龚伟）

【生育服务】 年内，免费孕前优生健康检查定点医院1家，各乡镇街道为育龄群众提供生殖健康体检和生殖健康教育10万人次，有687对待孕夫妇参加免费孕前优生健康检查。全区免费避孕药具发放网点481个，其中49个提供24小时服务，占比10.18%。全年发放男用避孕套160895盒，口服短效避孕药13231板，外用避孕药5840盒。规范生育服务登记、再生育行政确认流程，简化办事程序、开通网上系统，缩短办事时限。全年流动人口本地出生106人，办理二孩以内生育登记33例。落实免费“四术”11人次。流动儿童预防接种率100%。完成40名流动育龄群众动态监测工作。目标人群健康知识获得率95%。

（龚伟）

【独生子女家庭奖励和综合保险服务】 年内，符合计划生育奖励扶助政策27937人，奖励总金额7424120元。其中，独生子女父母奖励费标准为60元/人·年，享受奖励24494人、总金额1469640元；独生子女父母一次性奖励标准1000元/人，享受奖励1310人、总金额1310000元；独生子女意外伤残、死亡一次性经济帮助标准10000元/人，享受帮扶12人、总金额120000元；独生子女死亡特别扶助金8640元/人·年，享受帮扶129人、总金额1114560元；独生子女伤残特别扶助金7080元/人·年，享受帮扶96人、总金额679680元。全年为计划生育家庭投保意外伤害保险、女性两癌特别关爱保险、家庭劳动力综合意外伤害保险、家庭子女综合保险39293份，受益家庭较去年增加3373户；共投保151万元，其中13个乡镇街道补贴18万元、14个乡镇101个村补贴15万元。

（龚伟）

【采血供血】 年内，区属医院全血用血量9单位，悬红2687单位；机采血小板123治疗量；自体采血50人、78单位。有采血点1个、采血车1辆。中心血站全年采血2686单位，其中机采血小板2017治疗量，全血699单位。全年供血量2819单位，其中全血9单位、悬红2687单位；血小板123治疗量。

（龚伟）

【信息化建设】 年内，区属单位信息化建设总投入1903.4万元。“延庆健康通”平台在区妇幼保健院试点运行，实现全流程“先诊疗后付费”，患者就诊时间节约60%。实现区医院与永宁镇、张山营镇社区卫生服务中心医学影像系统联通，完成远程诊断7400人次。

（龚伟）

【对口支援】 年内，与河北省宣化区、怀来县、内蒙古自治区乌兰察布市兴和县签订帮扶协议38份，派出专家27批72人次，诊治患者1135人次，会诊15人次，开展手术53例；开展学术讲座3次，受益医护人员511人次。免费接收17批77名医护人员进修学习，与宣化区、怀来县结成“传承师徒”12对；向兴和县、宣化区捐赠原价值741万元医疗设备。与兴和县蒙中医院建立医学影像远程诊疗和会诊平台，出具远程诊断结果3192例；为蒙中医院引入中医适宜技术12项。

（龚伟）

【延庆区医院】 延庆区医院为延庆区卫生计生委直属单位，差额拨款全民所有制事业单位，是全区集医疗抢救、教学科研、预防保健为一体的综合性二级甲等医院。占地68000平方米，2018年有床位610张，在职职工1176人，硕博研究生109人。专业技术人员中，高级职称142人，中级职称384名，初级职称538人。全院设16个职能科室，26个临床科室，10个医技科室，1个健康体检中心，1个120分中心。拥有核磁成像仪、全身螺旋式CT机、新型数字减影血管造影机、高压氧舱、彩色超声诊断仪、全自动生化分析仪、免疫测定仪、肾透析机、

CR、DR影像处理系统、心脏彩色多普勒超声仪、经颅多普勒脑血流检查仪TCD、脑地形图仪、电子胃肠镜、腹腔镜、宫腔镜及各种内窥镜等大型医疗设备器械。全年门诊929666人次，急诊87353人次，出院18419人次，住院手术5793例，病床使用率76.18%。体检站共接待体检32489人次，其中高考体检2200人。年内，特级护理合格率99.8%，护理技术操作合格率99.2%，护理文件书写合格率98.7%，急救物品完好率100%，基础护理合格率98.90%。共开展新技术、新项目64项。

地　　址：延庆镇东顺城街28号

电　　话：69103020

（龚伟）

【延庆区中医医院】 延庆区中医医院始建于1994年12月，是一所中医特色突出、中西医并重，集医疗、教学、科研、预防保健、康复为一体的综合性二级甲等中医医院，承担着延庆地区中医医、教、研、预防和基层指导任务。医院为国家级县级公立医院改革试点单位、国家中医药管理局第四批“治未病”预防保健服务试点单位、国家中医药管理局针灸理疗康复重点建设单位、“北京市示范中药房”单位、北京市中医皮肤特色诊疗中心协作单位，延庆区老年护理保健院，2015年被国家中医管理局确定为全面提升县级中医院综合能力单位之一，河北北方学院教学实习医院。2018年医院占地面积13500平方米，开放病床150张，日均门诊量1400余人次，年出院病人近4300人次。医院有在职职工350名，其中正、副主任医师38人，双高人才5名，博士生3名，硕士研究生30名。有25个临床医技科室，包括3个北京市重点专科，2个北京市中医管理局国家中医重点专科（1+X+N）辐射工程首都区域专科，2个基层老中医传承工作室，设有专病专台。有多排螺旋CT、全自动生化分析仪、体外冲击波碎石机、彩色多普勒超声诊断仪、大型X光诊断仪、腹腔镜、宫腔镜、电子胃肠镜等大型设备20台件，中医诊疗设备127件。中药房常备中药饮片530余种，能够提供普通饮片、小包装饮片及中药配方颗粒剂。

地　　址：延庆镇新城街11号

电　　话：69146621

（龚伟）

体　育

【概况】 延庆区体育局是负责全区体育工作的行政职能部门。局机关设政办室、业务科2个职能科室；社会体育管理中心（体育产业发展中心）、体育中心和青少年业余体校3个事业单位。年内，通过公开招聘录用10名全民健身辅助员。体育局获延庆区安全生产先进单位、志愿服务先进单位、交通安全先进单位、年度考核先进单位等多项荣誉，被网易评为2018年度最具影响力政务机构。全区有43个体育生活化社区，33个体育特色村，21个体育单项协会。全年举办区级比赛44次，承办市级比赛7次，承办国家级比赛5次，承办国际级比赛4次，21个体育协会举办体育活动20余次，协助机关单位、街道、乡镇组织开展健身活动25次，年内活动参加人数12.15万人次。举办社会体育指导员和体育骨干培训班9次，培训人数1017人。对3000人进行国民体质监测，按照国家体育锻炼标准对全区3000名群众开展达标测试工作。成立146名体育技能领域带头人组成的新时代健身体育服务志愿团队，体育局院内4块场地挂牌为新时代文明实践基地。选派530人参加北京市第十五届市运会包括竞技组预赛、正赛及群众组所有项目的比赛，竞技组取得1金、3银、4铜，群众组取得2个二等奖、4个三等奖，2支代表队和31人荣获体育道德风尚，延庆区代表团获得体育道德风尚奖。成立200人代表团参加北京市第一届冬季运动会参加竞技组除冰壶以外3个大项和群众组全部5个大项的比赛，竞技组取得1个第五名、4个第六名、2个第七名、4个第八名，群众组取得1个一等奖、1个二等奖、3个三等奖，延庆区代表团获得体育道德风尚奖，延庆区体育局获得优秀承办单位荣誉，万科石京龙滑雪场获得突出贡献奖。全区有14所学校被命名为体育传统项目学校，其中市级体育传统项目学校5所、区级体育传统项目学校10所、青少年体育俱乐部4所。全区设电脑体育彩票专营店18家，体彩总销售量4060.12万元。新建专项体育场地112块，体育场地总面积81.38万平方米，人均体育场地面积2.71平方米，全区经常参加体育锻炼人数比例占全区总人口的49%。

单位名称：延庆区体育局

地　　址：延庆镇湖北东路118号

电　　话：69144456

（张小利）

【全国新年登高健身大会】 1月1日，全国新年登高健身大会北京主会场活动在延庆八达岭长城举行，2022名市民参与。本届全国新年登高健身大会北京主会场活动由国家体育总局主办，国家体育总局登山运动管理中心、北京市体育局、北京市体育总会、延庆区人民政府、中国登山协会承办，北京市社会体育管理中心、北京市体育总会秘书处、延庆区体育局、八达岭特区办事处、八达岭旅游总公司协办。至2018年已连续23届在延庆八达岭长城举办。

（张小利）

【北京延庆冰雪越野赛】 1月6日，由区体育局及区旅游委指导、雷越野（北京）体育发展有限公司主办的2018北京延庆冰雪越野赛在世界葡萄博览园举行，近200位越野跑爱好者及儿童选手参与。20公里越野跑项目的男子女子冠军，分别由1078号张鸣宇和1027号于红岩获得。亲子跑项目组的小朋友在家长的陪伴下全部完成3公里越野跑，取得小奖杯、奖牌和奖品。

（张小利）

【国内外冰雪赛事落户延庆】 1月9日，2018年国际雪联越野滑雪中国巡回赛第五站比赛在延庆万科石京龙滑雪场举行。1月20日，第三届野鸭湖冰雪马拉松在北京野鸭湖国家湿地公园开跑。1月21日，2018世界雪日暨国际儿童滑雪节中国主会场活动在万科石京龙滑雪场开幕。1月21—22日，2018奥迪杯助力冬奥首都高校大学生第十二届滑雪比赛于万科石京龙滑雪场开赛。1月25日—26日，2017—2018年“万科杯”第四届全国大学生滑雪挑战赛暨第29届世界大学生（冬季）运动会选拔赛（华北赛区）在北万科石京龙滑雪场举行。1月27日至28日，2017—2018全国大众单板滑雪平行大回转系列赛、全国大众高山滑雪巡回赛在万科石京龙滑雪场举行。1月31日，第三届中国冰蹴球邀请赛在延庆世界葡萄博览园冰场开赛。2月8日，“第二届中国残疾人冰雪运动季”暨北京市残疾人“心系冬奥 喜迎新春”冰雪嘉年华活动在延庆区世界葡萄博览中心举行。国内外众多冰雪赛事活动落户延庆，有助于积累大型赛事服务保障的经验。

（张小利）

【区代表队参加市级以上竞赛获奖】 1月27日—28日，选派延庆体校和延庆一中的运动员组成延庆区代表队，参加在先农坛室内田径馆举办的2018年北京市青少年室内田径锦标赛暨京津冀青少年室内田径比赛。获得女子甲组1500米第二名和女子丙组60米栏第四名。同期，选派13名滑冰运动员参加在华星沙河训练基地举行的第四届北京市民快乐冰雪季系列活动——第三届大众冰雪北京公开赛短道速滑比赛。获得少男乙组1000米第七名和青年甲组3圈追逐、500米，1000米1500米四项第二名。4月29日至5月1日，参加北京市业余体校田径冠军赛暨北京市第十五届运动会田径预选赛，获得女子甲组1500米第一名和5000米第二名，女子丙组跳高和100米栏第二名，女子乙组标枪第四名和女子丙组标枪第六名；男子丙组铅球和三级跳远第八名。5月12日—13日，选派运动员参加北京市第十五届运动会的群众组和竞技组资格赛，获得传统风筝比赛团体二等奖以及举重比赛男子乙组52公斤级第一名和第三名。6月9日，参加第十届北京市体育大会轮滑比赛，12人获得名次奖项。6月30日，参加首届京津冀拔河邀请赛暨2018年北京市第七届拔河比赛，延庆女子组获得第八名。10月至11月，参加2018年北京市农民特色赛事（篮球）比赛，获得团体第七名，并获个人项目三分球亚军。7月31日，全国青少年夏季滑雪挑战赛暨第二届京津冀青少年夏季滑雪挑战赛在北京市奥林匹克森林公园举办。区代表队在男子双板11~13岁的组别中获得第四名、第六名和第八名，在女子双板11~13岁组别中获得第七名和第八名。8月25日，2018年《国家体育锻炼标准》达标赛暨北京市民体质促进项目挑战赛（第一赛区）在海淀体育场举行，延庆8支代表队80余人参加，获得一等奖和三等奖各2个，二等奖1个。11月3日—4日，参加市第十三届中老年气排球比赛，获得女子组第三名和男子组第五名。11月16日，2018年京津冀社会体育指导员健身器械类交流展示昌平分站赛在昌平区举行，区体育局选派空竹、花棍、健身气功、柔力球4支队伍、50人参赛，获一等奖、二等奖各1名，三等奖2名。

（张小利）

【围棋比赛】 1月28日，2018年延庆区寒假少儿围棋级位赛在体育中心围棋室举行，83名小棋手参赛。经过7轮比赛，十级组前27名晋升五级，五级组前10名晋升二级，二级组前3名晋升一级。2月10日至11日，由区体育总会主办，区围棋运动协会承办的“迎世园助冬奥”2018年延庆区围棋比赛，经过两天七轮的较量，秦春旺获得男子个人冠军；刘若曦获得女子个人冠军；由张军、王思远和王永锋组成的团队获得团体冠军。

（张小利）

【第三届延庆海陀冰雪徒步大会】 2月4日，由北京2022年冬奥会和冬残奥会组织委员会新闻宣传部、共青团北京市委员会、北京市体育总会指导，由北京市徒步运动协会、延庆区体育局、北京市八达岭旅游总公司主办的“梦想催人奋进，使命激励前行”走向2022年迎冬奥第三届延庆海陀冰雪徒步大会在延庆世界葡萄博览园成功举办。北京、张家口等地的2022名徒步运动爱好者用徒步7公里的形式为4年后的冬奥会预热造势。

（张小利）

【延庆区第二届青少年速度滑冰赛】 2月10日，由延庆区体育局、延庆区教委主办，世界葡萄博览园承办，延庆川影冰雪轮滑俱乐部和北京利月体育培训有限公司协办的“迎世园助冬奥”“哈耶罗”杯青少年速度滑冰赛暨延庆区第二届青少年速度滑冰赛在世界葡萄博览园开幕，全区近百名不同年龄的10个组别的选手参赛。王梓萌、孙赫崎获得幼儿女子组、男子组冠军，张欣哲、刘桓、张睿、韩奇骏分别获得少年男子甲、乙、丙、丁组冠军，张俊雅、王奥云、谢悠然分别获得少年女子乙、丙、丁组冠军。

（张小利）

【《北京市全民健身条例》实施一周年纪念活动】 3月1日，区自行车协会、老干部自行车协会在体育场举行庆祝《北京市全民健身条例》颁布实施一周年骑行健身活动，旨在以“绿色出行”宣传节约能源、减少污染、有益健康的骑行方式。200多名会员参与。3月3日，为庆祝《北京市全民健身条例》颁布实施一周年和即将到来的“三八”国际妇女节，“2018女神跑”活动在区体育场举行。活动主题为“全民健身、助力冬奥、跑出健康、跑出美丽”，设3公里体验跑、5公里欢乐跑、10公里挑战跑3个项目，近60名热爱跑步的女选手参加。

（张小利）

【象棋比赛】 3月8日，由区体育总会、区象棋协会主办的庆“三八”象棋混双赛在区体育中心象棋室举行。比赛采用单方用时20分钟加5秒的赛制展开。经过3轮的循环竞争，名次排定，李德明、鲁旭红组合3战全胜荣登榜首，鲁军霞、马玉昌组合、李玉娥、王琳组合、王亚惠、王和利组合分列第2至4名。4月14日，延庆区第十三届象棋会员联谊赛在区体育局象棋室举办，比赛采用7轮140局棋的积分编排赛制。宋维明获得个人冠军。6月2日，2018年“延怀赤”三地象棋联谊赛在体育中心象棋室举办。延庆象棋一队获团体冠军，延庆象棋二队获团体亚军，怀来象棋代表队获团体季军，赤城象棋代表队获团体殿军。6月9日至8月5日，举行2018延庆区象棋联赛，经过七轮224局棋的定台分、先循环比赛，由赵忠华带领的教工队获得团体冠军，马永超带领的千里马队、刘勇带领的飞天鹰队、康艳明带领的康庄队分获亚、季、殿军。6月24日，区首届国际象棋等级赛在千家店镇举办。335名选手参赛，99人获得各等级组证书，其中3名精英组选手获得奖杯。

（张小利）

【体育项目经营单位安全生产工作会】 3月8日，全区体育运动项目经营单位安全生产工作会在体育局召开。会议对2017年体育安全生产工作进行总结，对2018年重点工作进行部署，体育局与各体育运动项目经营单位签订安全生产责任书。万科石京龙滑雪场等25家体育运动项目经营单位负责人参加会议。

（张小利）

【乒乓球比赛】 3月21日，延庆区第十届退休干部文化节开幕式暨第十七届乒乓球决赛在区体育馆举行，全区35个机关事业单位、38所学校的221名退休干部参加比赛。永宁镇和区职教中心的李仕伟、鲁淑凤2名选手分获男、女单打冠军。4月21日—22日，2018年延庆区“迎冬奥·国税杯”乒乓球公开赛在区体育馆举办，36支队伍、200余人参赛。快乐组合队、国康体检中心一队获男团、女团冠军；贾良、贺佳、周尚兴、袁红岩分获男单、女单、老年男单、老年女单冠军。5月19日，由延庆区体育局、延庆区水务局联合举办的北京市第十二届“和谐杯”乒乓球比赛暨延庆区第十四届“节水杯”乒乓球公开赛在延庆区体育馆举行，31支队伍300余人参赛。激情兄弟获得团体冠军；薛亮、纪冉，闫艺嘉、白佳钰，崔仕林、白佳钰分获男双、女双、混双冠军；陈泓任、杜好获得小学男子、女子组第一名。11月17日—18日，迎世园冬奥“乒协杯”乒乓球公开赛在区体育馆举办，各街道乡镇及各俱乐部共41支队伍200余名选手参赛。体育馆一队获得男团冠军，儒林苑一队获得女团冠军，纪冉、贺佳、姬书玉、岳淑芳、胡博锐和闫艺嘉分别获得男单、女单、老年男单、老年女单及小学男单、小学女单冠军。

（张小利）

【健康知识大讲堂】 3月22日，以“全民健身迎盛会 齐心协力再创城”为主题的第三季健康知识大讲堂活动正式启动。区体育局聘请国家级社会体育指导员、市科学健身专家讲师团秘书长赵之心，走进儒林街道和香水园街道为安保志愿者及社区居民300多人讲解科学健身知识。4月27日，区体育局在刘斌堡乡、百泉街道分别开展科学健身知识大讲堂活动，邀请赵之心讲授科学健身课；两地近300人参加活动。5月11日，2018北京市体育公益活动社区行暨延庆区退休干部科学健身大讲堂活动在延庆区江水泉公园举办，健身专家赵之心围绕夏季养生的基本方法及老年人常见疾病的病理、预防和保健等内容进行讲解；近150名退休干部参与活动。10月12日，在延庆第四小学开展“科学健身 添彩冬奥 大讲堂活动”，健身专家赵之心从合理饮食入手进行体质锻炼指导。延庆第四小学、第二幼儿园、第五幼儿园、职教中心和教委会计站共150名教职工参加。

（张小利）

【气排球裁判员培训班】 3月24日—25日，由北京市老年人体育协会主办，北京市老年人体育协会气排球专项委员会和延庆区体育局承办、延庆区排球协会协办的2018年北京市气排球裁判员培训班在延庆举办，全市气排球爱好者共51名学员参加培训。北京市老年人体育协会气排球专项委员会秘书长刘虹针对气排球临场裁判程序及配合进行讲解。

（张小利）

【长跑协会举办旧县半程马拉松体验跑】 3月25日，区长跑运动协会组织旧县半程马拉松体验跑及防汛宣传活动，并邀请资深跑友讲解汛期户外长跑如何应急自救等知识，40余名跑友参与活动。

（张小利）

【区体育总会工作会】 4月4日召开。会议对2017年体育总会工作及各单项协会工作开展情况进行简要总结，对协会实体化注册、健康化发展及树立服务职能意识等做出部署。19个单项体育协会秘书长及相关人员参加会议。

（张小利）

【2018原乡·古崖居山地探索越野跑】 4月6日，为发展体育产业、打造京张体育文化旅游带建设、促进京津冀体育产业深度融合。延庆区体育局、怀来县文广新局和奥伦达部落共同主办、古崖居风景区承办的2018原乡·古崖居山地探索越野跑活动在古崖居风景名胜区举行，百名市民参赛。比赛分为山地探索越野跑（15km）和家庭欢乐跑（5km），设置台阶路、柏油路、山路、塑胶跑道4种路况。刘攀、张秋红分别获得越野跑男子组、女子组冠军。

（张小利）

【冬奥知识大讲堂进乡镇】 4月19日，邀请前国家速度滑冰运动员、国家级运动健将、国际级直排轮滑教练、高级速度轮滑、花样队列滑教练、首都体育学院冰雪教研室副教授王金英到永宁镇和张山营镇为机关干部和农民讲解冬奥知识。

（张小利）

【体育骨干培训】 4月25日，在区体育馆举办广场舞社会体育指导员培训班。聘请国家级社会体育指导员、国家体育总局社会体育指导中心及中国社会体育指导员协会推出的12套广场舞套路创编者之一王广成，教授广场舞《最美的中国》，全区3个街道、15个乡镇以及职教中心、文化馆的240余名学员参加培训。9月4日，举办延庆区社会体育指导员冰雪运动、健康走跑岗位再培训，聘请首都体育学院阎守扶对2022年北京冬奥会三大赛区具体的比赛项目以及举办冬奥会的意义进行深刻解读，聘请健康走跑专家白秀文为学员讲解健身操的动作要领以及防范疾病的知识。60余名社会体育指导员参加。10月30日—31日，在体育馆举办“践行新思想、拥抱新时代”2018年延庆区广场舞社会体育指导员培训班，邀请北京广场舞项目优秀裁判员、北京市一级社会体育指导员赵璞玉，培训《请到长城来滑雪》。180余名广场舞爱好者参与培训。11月22日，举办2018年健身团队业务骨干培训班，邀请北京体育大学梁晓杰、杨慧和李炳彤以及国家中级瑜伽指导师许兴月对全民健康理论知识进行深入解读，并进行广场舞、太极拳实践教学。3个街道64名优秀健身团队骨干参加培训。

（张小利）

【体育彩票杯篮球联赛】 5月15日，2018年延庆区“体育彩票杯”篮球联赛在区体育局篮球场举办，比赛历时9天，11支代表队参赛。旧县镇代表队获得冠军，延庆公安分局代表队获得体育道德风尚奖，延庆五中学生代表队、康庄镇代表队获优秀组织奖。在比赛期间举办的三分球大赛中，陈星获得第一名。

（张小利）

【气排球比赛】 5月26日—27日，区体育局、区地税局、区总工会、永宁镇政府联合主办，区气排球协会承办的2018年延庆区“迎冬奥·妫川税务杯”气排球比赛在区体育馆举行。19支代表队报名参赛，八达岭总公司1队获得冠军，中鼎华信、新兴西社区1队、2队分获二、三、四名。11月24日，由区体育总会支持、区欢乐分享口腔医院主办、区气排球运动协会承办的2018年延庆区“欢乐分享口腔杯”气排球邀请赛在会展中心C馆举办，20支代表队153名运动员参加。八达岭总公司气排球队、红建然气排球一队、欢乐口腔气排球队，分获男子组冠、亚、季军；红建然气排球一队、海陀气排球一队、红建然气排球二队，分获女子组冠、亚、季军。

（张小利）

【广场舞比赛】 6月6日，“喜迎世园，助力冬奥”2018年延庆区广场舞乡镇片赛在旧县镇文体中心举办。14支乡镇代表队279人参赛。八达岭镇、旧县镇获得一等奖。7月5日，街道片赛在区体育馆举行，3个街道30支社区代表队共600余名广场舞爱好者参赛。国润家园社区、石河营东社区获得一等奖。两场比赛均邀请市社会体育指导员协会副秘书长唐可明，国家级社会体育指导员、健美操一级裁判刘广泉等5位裁判员担任评委。

（张小利）

【第八届北京国际自行车骑游大会】 6月9日—10日，由北京市体育局、延庆区人民政府、共青团北京市委员会、北京奥运城市发展促进会、北京市体育总会、北京市青年联合会共同主办，北京市社会体育管理中心、北京市自行车运动协会、延庆区体育局、延庆区文化委员会、延庆区旅游发展委员承办的第八届北京国际自行车骑游大会在延庆激情开赛，来自世界各地的5000名自行车骑游爱好者“骑”聚延庆，纵享骑游乐趣，助力冬奥世园盛会。巫帛宏获得公路男子公开组第一名，郅敬诚获得男子公路大众组第一名，洪赛楠获得女子公路组比赛第一名。

（张小利）

【端午龙舟赛】 6月16日—17日，第十届北京端午文化节暨“世园杯”首都高校第八届大学生龙舟锦标赛、京台龙舟友谊交流赛、延庆区端午群众龙舟大赛在延庆夏都公园内举行，36支代表队、850余人参赛。北京工业职业技术学院、北京大学分获首都高校第八届大学生龙舟锦标赛男女组冠军，区教工委代表队获得延庆区群众龙舟比赛和京台龙舟友谊交流赛两项冠军。

（张小利）

【区代表队参加市十五届运动会获奖】 6月23日—24日，选派23名运动员分别参加市十五届运动会群众组空竹和篮球比赛，获得空竹团体项目三等奖。7月1日群众项目健身操舞比赛，延庆获得广场健身集体舞三等奖和健美操集体项目二等奖。7月7日群众组毽绳比赛，区代表队获得成人女子毽球赛第四名、成人男子毽球赛第八名，并以团体总分第8名的成绩获得跳绳比赛三等奖。7月21日群众项目拔河比赛，区代表队女子组以第6名的成绩获得三等奖。7月30日—8月1日举重比赛，区代表队获得男子乙组52公斤级第一名和第三名。8月1日—3日乒乓球比赛，区代表队获得女子乙组双打第七名和女子丙组团体赛获得第七名。8月7日—10日田径比赛，区代表队获得女子乙组100米栏第三名和女子甲组1500米、5000米两个第二名。8月15日—17日皮划艇、赛艇项目比赛，区代表队获男子甲组单人皮艇200米、500米、1000米三项第四名；获得女子乙组双人双桨1000米第二名和第三名、单人双桨第三名和第四名。

（张小利）

【第五届延庆徒步大会】 7月31日，由市社会体育管理中心、市徒步运动协会、区体育局共同主办的“走向2022 为冬奥加油”2018（第五届）延庆徒步大会在妫川广场开幕，2022名徒步爱好者参加活动，市徒步运动协会、北京冬奥组委文化活动部、市归国华侨联合会、市体育总会、区委、区政府相关领导以及奥运冠军王丽萍出席活动。开幕式上，市徒步运动协会会长为市归国华侨联合会授牌，正式成立“北京市徒步运动协会侨联分会”。

（张小利）

【全民健身日活动】 8月8日，是全国第十个“全民健身日”也是北京奥运会成功举办十周年纪念日，延庆区体育局、体育总会主办、延庆长跑协会承办的“2018全民健身日——家庭亲子跑”活动在体育中心田径场举办，80组家庭300余人参赛。活动以“全民健身迎冬奥 家庭亲子一起跑”为主题，根据儿童年龄分为3个组别：3~5周岁组、6~9周岁组和10~13周岁组，各组别均不设名次，大部分家庭完成2千米全程。同日，区体育局和区文明办主办，妫川健身队承办的“全民健身日——会操展演”活动在妫川广场举行，500余人参与展演。

（张小利）

【对口帮扶】 8月16日，区体育局到内蒙古兴和县与兴和教科体局就对口帮扶事宜进行座谈，双方就兴和县体育事业、产业发展方面进行对接。8月22日，区体育局到河北省怀来县就对口帮扶工作与怀来文体广新局进行对接。11月1日，区体育局到张家口市宣化区与当地体育局就对口帮扶工作进行对接，双方就两地共建京张体育带达成共识。10月22日，区舞蹈协会3位舞蹈教师到怀来县文化艺术中心，对怀来县130余人进行广场舞培训，落实对口帮扶工作。11月2日，区体育局邀请对口帮扶地区内蒙古自治区兴和县教科体局、河北省怀来县文体广新局、宣化区体育局到区对接交流，就精准扶贫、对口帮扶等相关工作展开讨论并就统筹区域协同发展、推动京张体育带建设达成共识。

（张小利）

【创森杯全民健身技能展示活动】 9月12日—13日，“创文明城区、办百姓实事、迎世界盛会”2018年延庆区“创森杯”全民健身技能展示活动在区体育中心举行。41支代表队分别展演健身操舞、空竹、花棍、舞狮、太极拳、健身气功等项目。3个街道、社教中心以及人力社保局退休干部活动中心近900名健身爱好者参加活动

（张小利）

【钓鱼比赛】 9月15日，延庆钓协四海传奇杯2018年秋季钓鱼比赛在旧县镇盆窑村清泉垂钓园举办，全区近60名钓鱼协会会员及钓鱼爱好者参赛。钓手罗怀晨获得冠军，白艳超，李雪飞分别获得第二、第三名。

（张小利）

【围棋比赛】 9月23日，由区体育局、区体育总会主办，区围棋运动协会承办的2018年延庆区少儿围棋分龄赛在延庆体育中心围棋室开赛，60余名少年围棋爱好者参赛。王一丁与刘若曦分别夺得少年组男女冠军付容泽、李思颖分别夺得少儿乙组男女冠军；苏栩亦熙、鲍昱涵分别夺得少儿甲组的男女冠军；侯昊辰与李明颐分别夺得幼儿组男女冠军。10月6日—7日，由区体育总会主办、区围棋运动协会承办的延庆区首届“创城杯”围棋赛在区体育中心围棋教室开赛，50余名围棋爱好者参赛。秦春海、刘若曦分别获得男子甲组、女子甲组冠军；张迈伦、赵　楠分别获得男子乙组、女子乙组冠军；秦春海、王一丁、刘若曦获得团体冠军。

（张小利）

【国民体质测试】 10月1日—2日，国民体质测试和国家体育锻炼标准测试活动在延庆区体育场进行，市民3000人参与。测试包括肺活量、握力、坐位体前屈、选择反应时等11项基本内容，以及30秒跳绳，男子1000米跑、女子800米跑、立定跳远等《国家体育锻炼标准》项目。测试完成后为个人出具个体化运动处方报告，由专家一对一解读，为受试者提供健康参考，引导市民科学健身。

（张小利）

【首届奥式生活越野跑】 10月20日，由区体育局、怀来县文广新局支持，八达岭旅游集团、奥伦达部落主办，神马体育科技（深圳）有限公司协办的首届奥式生活越野跑在奥伦部落原乡·古崖居景区举办。比赛设21公里组和10公里迷你组2个组别，两地长跑爱好者300余人参与。

（张小利）

【新时代健身体育服务志愿团队成立】 10月26日，由146名体育技能领域带头人组成的新时代健身体育服务志愿团队正式成立。健身体育服务志愿团队按照街道和乡镇分为18支分队，每队确定一名业务骨干负责对接服务工作，实现专人服务、专人对接、专项指导，为城乡居民提供全面科学健身指导，助推全区群众健身运动。

（张小利）

【2022年冬奥会培训基地挂牌】 11月2日，区体育局正式挂牌为北京2022年冬奥会和冬残奥会培训基地。培训基地旨在加大人才开发与培养工作力度，普及冬奥知识、推动冰雪运动发展，为举办一届精彩、非凡、卓越的奥运盛会

提供人才和智力服务。

（张小利）

【创森杯羽毛球公开赛】 11月3日—4日，2018年延庆区迎世园冬奥“创森杯”羽毛球公开赛在区体育馆举办。全区各机关单位和羽毛球俱乐部的36支队伍共230余名羽毛球爱好者参加。建然门窗一队获得冠军，林场二队、星云新希望四队分获第二、三名。

（张小利）

【接力跑全马混合接力赛】 11月11日，区长跑协会组织开展“接力跑全马”混合接力赛。全区百余名跑步爱好者和志愿者参与活动。采取每队三男二女、抽签组合的方式组队，每人跑8.4公里，以接力跑方式完成全程。第8组合队以3小时8分37秒的成绩获得第一名。

（张小利）

【区代表团参加市第一届冬季运动会】 11月23日，北京市第一届冬季运动会短道速滑比赛在北京首钢园运动中心短道速滑馆举行，区代表团获得男子乙组四圈追逐和500米第6名、1500米第7名，男子丙组1500米第8名和1000米第8名。12月22日至23日，市首届冬运会竞技组滑雪比赛在延庆万科石京龙滑雪场举行，区代表团获得男子甲组第六名和第七名。12月29日，区代表团在冰车竞速女子团体项目比赛中获得一等奖，在冰车竞速男子团体项目比赛中获得三等奖。后续项目比赛中，区冰球队在小组赛中以丁组D组第一的成绩出线，获得男女混合丁组第六名。

（张小利）

【体育场馆挂牌文明实践基地】 11月29日，区体育局所属4个基地挂牌为“延庆区新时代文明实践基地”。4个基地分别为延庆体育馆、延庆体育场、体育局院内篮球场、体育局院内乒乓球长廊。

（张小利）

【滑雪教练员培训班】 12月5日，延庆区“服务冬奥世园，促进绿色发展”大培训暨服务冬奥滑雪教练员培训班在北京开放大学延庆分校开班。培训为期21天，采取“理论+实训+顶岗”相结合的培训模式。聘请首都体育学院专家教授授课。实训阶段安排在万科石京龙滑雪场进行实践教学。全区160名青年滑雪爱好者参加培训。

（张小利）

【300青少年到延庆竞技滑雪】 12月22日—23日，北京市第一届冬季运动会竞技组滑雪比赛在万科石京龙滑雪场举行。全市300余名青少年参加比赛。区领导穆鹏于赛前就服务保障工作进行实地检查。

（时亚辉）

（栏目编辑 王新华）

社会民生

人力资源和社会保障

【概况】 延庆区人力资源和社会保障局有行政、事业科室30个，其中行政科室15个，事业科室15个（含副处级事业单位2个，其中社会保险事业管理中心内设18个科室，人力资源公共服务中心内设6个科室）。具有促进就业、统筹建立覆盖城乡的社会保障体系、指导事业单位人事制度改革等职能14项，行政权责事项175项。主要工作职能具体概括为6个板块，即：就业工作、社会保障工作、人才工作、人事工作、收入分配（工资）工作和劳动关系工作。年内，聚焦冬奥世园筹办举办，主动服务延庆生态涵养发展区的功能定位，融入京津冀协同发展大格局，以“民生为本、人才优先”为主线，以全民共享发展成果为目标，坚持稳中求进、改革统揽、惠民利民、改进作风，全面提升人力资源和社会保障工作质量和效能，有效推动延庆高质量绿色发展。

单位名称：延庆区人力资源和社会保障局

地　　址：延庆镇高塔街53号

电　　话：69181846

（林萍）

人事管理

【人事代理和档案管理】 年内，新增流动人员档案7155份，转出4573份，接转失业人员档案4465份，档案总量25343份。现有立户存档单位1308家，委托存档4076份。办理改派手续208份，查阅、借阅档案334份，与毕业生签订三方协议87份。转入和新参统社会保险人员2244人，转出2024人，参保总人数19655人；为430名存档人员办理退休手续。

（林萍）

【人才引进和服务】 年内，深入园区企业，指导申报博士后工作站。制定区人才引进三年行动计划，围绕服务保障冬奥世园和延庆绿色发展，引进高级外语人才1人，中学高级教师1人，主任医师1人，高级管理人才3人，留学人才5人。引进非北京生源毕业生156人，为11人解决两地分居，为92人办理居住证新办、续签、随迁等相关手续。稳步推进积分落户工作，4人获得落户资格。完成2018年度公有经济企事业单位人才资源统计调查工作，截至年底，全区参统人员中管理人才1171人，专业技术人才7433人，工勤技能人才576人。专业技术人才主要集中在教育、卫生、工程技术及农业技术领域，高级专业技术人才1107人，占比14.89%。

（林萍）

【人事考试】 年内，组织18场1.32万人次的人事考试。其中，组织1948人参加事业单位公开招聘工作人员笔试，组织226人次参加全国计算机应用能力考试，组织2094人参加一级建造师执业资格考试，组织1771人参加二级建造师执业资格考试，组织621人参加全国一级注册消防工程师考试，组织2774人参加北京市各级机关考试录用公务员公共科目笔试，组织800人参加中央机关及其直属机构2018年考试录用公务员公共科目，组织612人参加全国经济专业技术资格笔试，组织2360人参加编外合同制工人招聘笔试。

（林萍）

【事业单位公开招聘和管理】 年内，招聘事业单位工作人员287人。截至年底，纳入岗位设置管理的单位（二级班子单位）33家，共设置三类岗位10464个，聘用9250人。其中，管理岗位1409个、聘用1171人，专业技术岗位8330个、聘用7433人，工勤技能岗位736个、聘用599人。

（林萍）

【人才培养选拔】 年内，开展享受北京市政府技师特殊津贴评选，1人被评为享受北京市政府技师特殊津贴人员。开展享受国务院政府特殊津贴人员推荐，4人参加市级评选。做好百千万人才的推荐选拔工作，3人参加市级评选。

（林萍）

【公务员管理】 年内，公务员招考80人、调动92人、调任5人、辞职1人；纳入规范人员招聘74人、调动19人，辞职9人；科级干部任免265人。截至年底，全区有公务员、参公事业单位工作人员2565人，纳入规范管理人员1599人。科级及以下公务员1643人参加在线学习，通过率为100%。

（林萍）

【军转干部管理】 年内，接收并安置计划分配的营职及以下职级和技术类、体育类军转干部9人，接收自主择业军转干部45人。为23名随军家属办理接收手续。做好企业军转干部解困维稳工作，55人享受退休企业军转干部生活补贴。

（林萍）

【大学生村官管理】 年内，合同期满大学生村官86人全部就业，就业率100%。其中，公务员41人，事业单位32人，企业及其他13人；留延庆就业30人。新招录大学生村官（选调生）50人，其中博士1人，硕士38人，本科11人。推荐37名大学生村官（选调生）担任新时代文明实践志愿指导员。深入开展“把脚印留在妫川大地上”主题实践活动，引导聚焦农村发展、助力冬奥世园、积极干事创业。

（林萍）

【编制外合同制工人管理】 年内，全区承接行政事业单位编制外合同制工人涉及15家单位，在岗职工4226人，全年新签劳动合同203人，续签劳动合同1162人，解除劳动合同270人。

（林萍）

【退休审批】 年内，审批企业退休人数1659人，其中正常退休1082人、特殊工种提前退休172人、病退9人、退职3人、一次性支付1人、职工保险转居民保险392人。行政审批补缴养老保险22人，个人账户补填2人，更改职工信息1人，延期退休备案26人。审批机关事业退休人数282人，其中公务员89人，事业管理人员38人，专业技术人员104人，编内合同制工人51人。

（林萍）

【退休人员管理】 截至年底，全区实行社会化管理退休人员9669人，建立数字化档案，实现联网共享。走访慰问高龄重病、鳏寡孤独退休人员。管理和服务科级及以下退休干部4815人，举办第十届退休干部文化节，设置文娱活动、世园冬奥礼仪培训、书画比赛、科学健身知识讲座、文艺演出等5大类21项活动，参加各项活动的退休干部6052人次。

（林萍）

创业就业

【统筹城乡劳动力就业】 年内，实现城镇新增就业8484人，城镇登记失业人员就业4182人，城镇就业困难人员就业2156人，农村劳动力转移就业4909人。城镇登记失业人员就业率达到60.09%。生态就业岗位安置农村就业困难人员7391人；社区公益性就业岗位安置城乡就业困难人员3061人。

（林萍）

【就业补贴补助】 年内，宣传落实市、区两级用人单位岗位补贴和社会保险补贴政策、灵活就业（自谋职业）社会保险补贴政策、公益性就业补助政策、绿色生态就业补助政策。全年落实促进就业资金6.80亿元，其中市失业保险基金3.39亿元、区财政3.41亿元；促进1.65万人次稳定就业。

（林萍）

【创业带动就业】 年内，广泛宣传就业创业扶持政策，发挥32名创业导师作用，为406个村

（社区）配备437名村级就业创业指导员。举办延庆区创意创新创业大赛，3项进入全市18强并荣获优胜奖，获得项目扶持金18万元。鼓励城乡劳动力实现创业113人，带动就业343人。

（林萍）

【推进城市公共服务类岗位对接】 年内，推进城市公共服务类岗位安置农村地区劳动力就业促进农民增收工作，为实现农村劳动力“成建制、走得出、干得好、留得住”，加大公交乘务管理、轨道交通安检、环卫作业等岗位开发，与9家企业签订合作协议，召开招聘会40场，深入对接海淀区，落实补贴办法，保障每人每月2500元补贴资金，成功输送延庆区农村劳动力1868人。

（林萍）

【高校毕业生就业】 年内，有800名高校毕业生档案回到延庆区，通过就业调查，开展未就业高校毕业生实名制登记就业服务和就业指导，实行困难家庭毕业生一对一帮扶，就业率96.37%。

（林萍）

【公共职业介绍和职业指导】 年内，采集空岗信息10858个，办理求职登记1038人，推荐成功就业223人次。组织招聘会204场，提供岗位10.24万个次，参会求职2.2万人次，达成就业意向4138人次（其中围绕服务保障赛会招聘9场，达成就业意向1050人）。全年开展职业指导服务涉及5392人。

（林萍）

【基层公共就业服务平台建设】 年内，开展村级就业创业指导员政策培训和业务练兵活动。调研了解各社保所基层服务情况，督促贯彻地标实施，实地督导优化营商环境、落实精细化服务、基础设施建设和窗口服务等工作。

（林萍）

【扶贫协作与帮扶合作】 年内，深化与内蒙古、河北等对口帮扶地区合作，建立跨区就业协作机制，从促进就业政策、人力资源供求信息资源共享、联合招聘、劳务输出、职业技能培训、劳动维权、工作经验交流等方面开展协作。联合开展招聘会4场，提供岗位9606个，达成就业意向4091人；免费培训377人，其中建档立卡贫困劳动力229人。

（林萍）

社会保险

【社会保险基金】 年内，五险累计收缴23.86亿元，同比增加2.43亿元，增幅11.02%；五险累计发放21.33亿元，同比增加2.42亿元，增幅12.6%。社保稽核单位115家，涉及职工1740人，23家单位补缴基数差额共计133.67万元；发放催缴通知书418件，企业补缴金额202.58万元。

（林萍）

【机关事业单位养老保险制度改革】 年内，完成机关事业单位在职人员职业年金虚账户补缴12502人，补缴金额1.71亿元。

（林萍）

【社会保险待遇调整】 年内，调整企业退休人员基本养老金，增幅5.9%左右；城乡居民基本养老保险基础养老金增幅16.39%，城乡居民老年保障福利养老金增幅19.05%，失业保险金增幅21.63%；调整工伤保险待遇，包括伤残津贴、供养亲属抚恤金和生活护理费，分别增幅11.8%、9.9%和27.5%。

（林萍）

【城乡居民基本医疗保险制度整合】 年内，城乡居民基本医疗保险制度正式实施，实现持卡就医实时结算。城乡居民基本医疗保险11.97万人，基金收入4172.31万元，支付1.52亿元。

（林萍）

【医保审核】 年内，医疗费用审核结算245.40万人次，同比增幅56.48%。其中，基本医疗保险审核结算149.05万人次，占总人次数的60.74%。城乡居民基本医疗保险、工伤保险、生育保险、离休人员医疗费用审核结算人次数分别为94.89万人次、4680人次、3004人次、6888人次，分别占总审核人次数的

38.67%、0.19%、0.12%、0.28%。基金支付金额8.14亿元，其中城镇职工基本医疗保险基金支付金额5.30亿元，占总金额的65.12%。城镇居民基本医疗保险、工伤保险、生育保险、离休人员应支付金额分别为2.61亿元、672.24万元、928.59万元、669.23万元。

（林萍）

【城乡居民养老保险服务】 截至年底，参加城乡居民养老保险人数5.60万人，收缴金额6037.51万元。领取养老金人数2.94万人，领取保险金额2.58亿元。上调基础养老金标准，上调后64岁及以下为每人每月705元，65岁以上为每人每月715元。

（林萍）

【福利养老金管理】 截至年底，城乡无社会保障老年人享受福利养老金人数2.29万人，同比减少6.02%。累计发放福利养老金1.81亿元，同比增长11.21%。上调基础养老金标准，上调后64岁及以下为每人每月620元，65岁以上为每人每月630元。

（林萍）

【社会保险参保率增长】 截至年底，基本养老保险参保5025户，同比增长17.05%；参保11.30万人，同比增长4.49%。失业保险参保4914户，同比增长17.59%；参保7.97万人，同比增长4.02%。工伤保险参保5120户，同比增长17.4%；参保8.94万人，同比增长4.14%。生育保险参保4817户，同比增长17.6%；参保7.89万人，同比增长4.64%。基本医疗保险参保4776户，同比增长18.72%；参保12.26万人，同比增长1.68%。

（林萍）

技能培训

【十万人次大培训】 年内，制发十万人次大培训行动计划，明确瑞士国家滑雪联盟、住总集团、万科石京龙滑雪场等国内外60余家培训机构和实训基地，采取“企业下单、机构培训、政府服务”订单式培训模式和“机构举办，个人参加，政府买单”菜单式培训模式，围绕赛会保障、冰雪产业、园艺产业等培训417个班次2.15万人次，并在全市率先将“三团一会一班子”（即：就业培训讲师团、优秀学员宣讲团、就业签约团，恳谈会以及培训班委会临时党支部）引入技能培训课堂。通过培训实现就业2100人。

（林萍）

【职业技能培训】 年内，对农村劳动力、城镇失业人员、企业职工等开展民俗旅游、电子商务、花卉园艺等职业技能培训3489人，其中企业在职职工154人，城镇失业人员639人，农村劳动力转移就业培训2141人，其他人员555人。申请市级职业培训补贴6.73万元。

（林萍）

【职业技能鉴定】 年内，组织参加职业技能鉴定285人，全部为职技院校学生双证考核。取得职业资格证书205人，全部为中级。鉴定涉及保育员、中式烹调师、汽车维修工、美容师等6个职业工种。继续推广“寻找技能达人活动”成果，推荐参加“世界花宴”美食节、北京市第十届端午文化节等活动。

（林萍）

【公务员培训】 年内，开展为期15天公务员科级任职培训，区内各行政单位123名新晋升科级干部的公务员参加培训。开展为期12天公务员初任培训，全区146名新录用公务员参加培训。组织37人参加技工培训。

（林萍）

劳动保障

【劳动能力鉴定】 年内，落实鉴定工作标准化建设，通过硬件设施和窗口服务建设、开辟绿色通道组织专场鉴定，鉴定服务环境得到改善，鉴定服务质量得到提升。全区劳动能力鉴定306人。其中，工伤评残281人，同比上升3%。已达到伤残等级221人，未达到伤残级别

60人。因病鉴定14人，同比下降44%。达到完全丧失劳动能力11人，委托鉴定1人；配置辅助器具确认10人。

（林萍）

【工伤认定】 年内，强化对交通事故、意外伤害事故、因工死亡事故以及建筑施工等重点案件的核实，办理工伤认定433例，认定工伤406例，不予认定工伤2例，终止工伤认定5例。工伤认定时限内办结率100%。全年有14名工伤职工进行康复治疗。组织开展工伤保险主题宣传活动，发放各类宣传材料1万余份。以建筑业为重点推动工伤保险扩面，71个建筑项目实现参保。

（林萍）

【劳动合同监控】 年内，对重点行业、重点企业实施劳动合同监控，办理劳动合同季报189家，涉及劳动者1.63万人次，合同签订率98.99%。推进各项劳动关系审批备案工作，集体合同备案单位171家，涉及职工1.94万人；综合计时工时工作制单位116家，涉及1.03万人；不定时工作制单位24家，涉及379人；劳务派遣单位25家。

（林萍）

【劳动监察】 年内，以冬奥世园、政府保障房项目等政府投资类建筑工地为重点，摸底排查农民工欠薪隐患，规范工资支付渠道。以住宿餐饮业和劳动密集型企业为重点，开展执法宣传专项活动。落实守法诚信等级评价制度，开展整改“回头看”行动，减少“复发性”劳动违法案件。全区共有127个施工单位4万余农民工，工地数和农民工人数皆为历史最高，同比增长90%以上。全年处理拖欠工资案件32件，为711人追发补发工资645.88万元，结案率100%，处罚并列入不良信用信息库企业1家，案件数、人数和工资额同比分别下降28%、17.7%和39.78%。

（林萍）

【劳动人事争议调解仲裁】 年内，优化办案流程，实行要素式办案机制和审裁衔接机制，成立劳动争议速裁小组，规范实施“一裁终局”，指导全区49个基层调解组织开展争议预防和调解工作。全年受理各类争议案件613件，同比减少10.25%。其中，集体争议50件，涉及职工266人，同比减少21.53%。结案率100%，调解率55.95%，一裁终局率44.39%，为申请人追回劳动报酬及其他赔偿等868.93万元。落实京津冀协同发展战略，协同处理京津冀劳动争议83件，为津冀籍劳动者挽回经济损失136.37万元。

（林萍）

【世园会占地安置】 年内，配合世园会占地安置，完成204名超转人员和550名农转非劳动力信息采集入库、变更工作。完成解放街、民主街等8个村488人社会保险补缴工作，补缴金额1.01亿元。

（林萍）

工资福利

【企业收入分配调控】 年内，会同区国资办做好国有企业工资内外收入调查工作，完成人保部和市局两次薪酬调查。9月1日起，企业最低工资标准从2000元提高到2120元，增长6%。

（林萍）

【工资及奖金发放】 年内，为全区各事业单位核定2018年度工资总额，共计8748人10.6亿元。按月准时完成全区240个独立核算的机关事业单位1.26万余名在职、离休人员工资统发工作。完成正常晋升工资工作，发放特殊岗位津贴和奖金，调整公安执勤岗位津贴标准、建立公安干警工作日之外加班补贴。为全区机关事业单位审批发放“综治奖”，兑现奖金2.41亿元。为2017年度完成政府绩效考核任务的单位发放一次性奖金，为事业单位增加一次性绩效工资。发放事业综合目标考核奖、事业年终业绩考核奖金和公共卫生事业与基层医疗卫生事业单位正职考核奖，完成教育系统2017—2018学年度学年奖审批工作。落实各种休假制度、福利费发放以及去世人员抚恤。

（林萍）

【考核奖励】 2018年，全区有93家单位4541名公务员和规范管理事业单位工作人员参加年度考核。参加考核人员中，优秀等次861人，称职等次3487人，参加考核不确定等次191人，不称职2人。未参加考核5人。经考核，1079人获得奖励。其中，获三等功208人（处级领导39人，科级及以下人员169人）；871人获嘉奖（处级领导181人，科级及以下人员690人）。2018年度事业单位工作人员年度考核涉及全区35个主管部门221家事业单位9026名工作人员，其中参加考核8989人，未参加考核37人。参加考核人员中，优秀等次1767人，合格等次7175人，基本合格等次2人；不合格等次3人，未定等次54人。

（林萍）

民 政

【概况】 延庆区民政局是负责全区民政事业、民族事务、宗教事务的区政府工作部门。设14个科室（其中7个行政科室，7个事业科室），辖属单位10个。年内，延庆区城乡居民最低生活保障事务中心（延庆区居民经济状况核对中心）更名为延庆区困难群众救助服务指导中心（延庆区居民经济状况核对中心）。完成北京市应急救灾物资储备库延庆分库项目选址、设计布局规划方案及地上物评估。完成社会组织评估33家。新审批2家清真餐厅。婚姻档案电子化管理；成立晓琴婚姻家庭调解室。“法宝——平北抗日根据地党的建设”专题展开馆。投资10万余元对香营乡西河烈士纪念碑升级改造，为1家自行维护散葬烈士墓家属拨款1000元。为3万人发放民政救助资金2.5亿元。登记注册延庆区养老服务行业协会。成立延庆区老年人消费维权教育指导中心，开展老年人消费维权讲座7次。开展年度延庆区“孝星”评比，评选出50名“孝星”，其中1人被评为北京市“孝星榜样”。为618名急难群众发放救助资金148.6万元，为30名低保、低收入大学新生发放高等教育新生入学救助资金13.32万元，为49名农委认定的标准线下低收入农户大学生发放救助资金21.84万元。新接收延庆镇解放街、东关、民主街3个村征地超转人员204人，为全区790名征地超转人员发放补贴款2209.69万元。发放困难残疾人生活补贴资金3258.29万元，重度残疾人护理补贴资金846.06万元。

单位名称：延庆区民政局
地　　址：延庆镇东外大街59号
电　　话：69141405

（张琦）

养老服务

【共铸中国心·健康起跑线活动】 3月16日，“共铸中国心·健康起跑线”大型公益活动组委会组织北京华坛中西医结合医院、中国中医科学院眼科医院、北京水利医院等医疗单位志愿者到区开展义诊活动。各医疗单位志愿者分别到区光荣院、敬善养老院、温馨之家养老院以及周边社区、村庄等11个义诊点面向老年人开展医疗保健服务，400余名老人受益。主办方还赠送价值40万元的药品及物资。

（杨莹）

【敬老月活动】 10月，开展北京“重阳文化节”延庆系列文化活动，以“情暖夕阳 爱在重阳”为主题，分为免费修脚、秋收助农、预约理发、维权讲座、慰问活动、文艺演出、入户走访百岁老人7项内容。

（张琦）

【新建老年幸福餐桌40家】 年内，在原有村级老年幸福餐桌20家基础上，新建40家，统一制作“延庆老年幸福餐桌”标识牌。其中，已运营18家，在建22家。60家餐桌可同时为1万名农村老年人提供用餐、助餐服务。

（张琦）

【新建老年配餐服务站10个】 年内，新建10个社区老年配餐服务站，全区老年配餐服务站达到18个，实现城区1.3万名老年人配餐全覆盖。

（张琦）

【“1+1”关爱空巢助老项目】 年内，15个乡镇150个村开展“1+1”关爱空巢助老服务项目，974名志愿者为1205名困境老年人提供点餐式上门服务。大庄科乡“思语爱心”、康庄镇“康庄人家”、八达岭镇“厚德润妫川”3支志愿服务队注册，成为区助老服务协会会员单位。15个乡镇志愿服务站配备基础办公设备。

（张琦）

【居家养老服务设施建设】 年内，实现5家养老驿站开工建设，其中1家年底前实现运营，全区已运营养老驿站将增至4家，面向1300名老人提供居家养老服务。

（张琦）

【养老机构安全管理】 年内，聘请专业检测机构为全区20家养老机构进行电气、消防设备设施检测，发现隐患169项，完成整改126项，对未整改的养老机构下发整改通知书。对养老机构服务质量和安全管理开展执法检查157次，对违反规范的8家养老机构分别给予警告或100元、500元、6000元不等的罚款。完成21家养老机构“明厨亮灶”，将19家机构信号接入区养老服务指导中心平台，实现餐饮服务实时监管。

（张琦）

【养老机构标准化建设】 年内，设计制作31项服务标准化操作流程挂图，为20家养老院统一悬挂。完成20家养老机构的入住合同、管理制度、健康档案的规范化管理；制定《延庆区养老机构服务质量考评细则》，开展工作考评3次；制定《2018年养老服务机构星级评定实施方案》，新评出一星机构3家、二星机构2家、复评一星机构6家；指导20家养老机构与医疗机构签订医疗服务合作协议；养老机构人员标准化技能培训327人次。

（张琦）

【惠老政策落实】 年内，为9823名老人的老年人养老助残卡，充值1047.2万元；为967名90~99周岁老年人发放高龄津贴90.52万元，为14名百岁老人发放月份高龄津贴2.18万元；为12名95周岁及以上老年人报销医疗补助11万余元。完成20824名60~64周岁老年人的数据信息采集及养老助残卡发放工作。春节、重阳节期间慰问9名百岁老人，共发放慰问金1.8万元，慰问品折款0.26万元。为区4000余名60周岁以上老年人开展眼部义诊活动，实施白内障手术800余台。完成493户经济困难老年人家庭的适老化改造。出资3.291万元购买解暑饮料，慰问20家养老机构的1053名老人。巡视探访2583名独居老年人。完成39216名老年人、儿童、残疾人等社会福利群体的“精准帮扶”需求调查。

（张琦）

【光荣院建设】 年内，区光荣院与区南菜园社区卫生服务中心签订“养老机构与医疗机构医疗服务协议”，区光荣院老人足不出户享受义诊服务。接收社会入住老人40名。对院区进行绿化改造，安装花岗岩桌22个、凳80个。完成休养楼外墙保温及配套用房维修改造工程。新建“天圆地方”夏日小剧场。与中小学校及社会组织开展共建活动44次，接待共建人员824名。

（张琦）

【《乡情乡愁》出版】 年内，区慈善协会编纂《乡情乡愁》一书正式出版。该书收录《媒体情怀》和《大爱小事》两部分内容，主要由媒体记者和志愿者者提供。《媒体情怀》摘选《中国社会报》《工人日报》《北京日报》等各大媒体关于延庆探索“慈善+志愿+社会组织”助老模式的17篇报道；《大爱小事》部分记录了志愿服务者的37个小故事。该书籍作为榜样教材下发给全区900多名“1+1”关爱空巢助老服务队志愿者手中。

（张琦）

社会救助

【两节走访慰问】 年内，慰问5大类28小类民政对象7342人（户），慰问延庆区光荣院、延庆区儿童部、延庆区瑞康缘老年养护中心3家福利机构，慰问救助资金751.8万元。对参与2017年度“共产党员献爱心”和“春风送暖”社会捐助活动且罹患重大疾病的捐助者进行春节慰问，为193人发放慰问金19.3万元。

（张琦）

【城乡最低生活保障】 年内，城乡低保标准从家庭月人均900元调整为1000元；城乡特困分散供养标准从家庭月人均1350元调整为1500元；城乡低收入标准从家庭月人均1410元调整为2000元。全区有城乡低保对象2451户3650人，发放低保金4393.22万元；城乡特困人员783户787人，发放资金2317.55万元。发放城乡低保和城乡特困人员电价补贴30.58万元。

（张琦）

【定期生活补助】 年内，为困境儿童发放基本生活费111.56万元；为白河伤残民工发放补贴款160.32万元；为定期救济人员发放补贴款0.76万元。

（张琦）

【城乡低保复审】 年内，对全区18个街乡3351户4566人进行城乡低保对象和城乡特困人员复审，清退548户860人。

（张琦）

【发放低保和特困家庭采暖救助】 年内，对依靠燃煤自采暖的1908户低保家庭和分散供养特困人员给予采暖补助190.8万元；为993户清洁能源自采暖的低保家庭和分散供养特困人员给予采暖补助174.99万元；为71户集中供热采暖的低保家庭和分散供养特困人员发放集中供热采暖补助8.65万元。

（张琦）

【SOS紧急救助14人】 年内，对因重大疾病、意外事故等原因无力承担医药费的14名急难群众，每人一次性给予5000元救助金，发放救助款7万元。

（张琦）

【医疗大病和突发事件救助】 年内，为8357人次社会救助对象发放医疗救助资金1102.55万元。为191户因病致贫家庭发放医疗救助资金182.90万元。救助大病家庭192户、突发事件家庭2户，发放救助款391.77万元。

（张琦）

【妫川希望助学】 年内，救助标准提高1000元，分别为低保家庭的小学生从1200元调整为2200元、初中生从2000元调整为3000元、高中生从4000元调整为5000元。联合爱心企业，对延庆区户籍低保家庭在读小学、初中、高中、大学4个阶段学生273人进行资助，发放助学款49.36万元。

（张琦）

【流浪乞讨人员救助】 年内，出动巡视车辆294车次，出动街面巡查人员1176人次，对延庆城区主要街道、城中村7个重点区域进行巡查，街面巡查劝返29人次，站内救助103人次。其中，女受助人员18人次，未成年人12人次，老年人12人次，残疾人（智力残疾、肢体残疾）12人次，医疗救助8人次。全年受助人员住站290天，自行离站81人次，亲属接领9人次，跨省护送5人次，流出地救助机构接领3人次，疑似精神病受助人员接回安置5人次。

（张琦）

【基层儿童服务体系试点建设】 年内，在刘斌堡乡刘斌堡村、周四沟村、红果寺村、大观头村、观西沟村，永宁镇彭家窑村、四司村、利民街、左所屯村、孔化营村开展试点，每村聘用1位专（兼）职儿童主任，设立儿童之家，为困境和留守儿童提供福利与保护服务。

（张琦）

【防灾减灾救灾】 年内，完成8次自然灾害统计核查报送工作。开展防灾减灾知识大课堂进社区活动61次。举办灾害信息员培训会3场。新创建农村综合减灾示范社区3个，其中国家级2个，市级1个。儒林街道被评为北京市综合减灾示范街道。完成“5 · 12”全国防灾减灾日和“10 · 13”国际减灾日宣传演练。

（张琦）

【募集善款】 年内，“共产党员献爱心”募捐活动募集善款188.11万元。“春风送暖”募捐活动募集善款102.6020万元。日常接收捐款11人2400元。

（张琦）

【对口帮扶】 年内，为怀来县建档立卡困难学生115名资助助学款10万元。为兴和县城关镇捐赠帮扶资金20万元。

（张琦）

军民融合

【打造“红色清明”文化品牌】 清明节期间，组织全区中小学生开展“红色纪念”“红色祭扫”“红色咏颂”“红色故事”四个主题活动，成为北京市“铭记 · 2018清明祭英烈”主题宣传教育活动的主场，其中3月30日至4月3日，区民政局联合区教委，组织全区1.3万名中小学生到八达岭烈士陵园、平北抗日烈士纪念园缅怀先烈，接受爱国主义教育。

（张琦）

【第二届清明诗会】 4月3日，“一抔热土一抔魂”延庆区第二届清明诗会在平北抗日烈士纪念园举办。诗会分为“家音、国颂和情愫”三个篇章，有《号召》《无字丰碑》等诗歌朗诵，有《奋斗》等情景诗朗诵，有《长城谣》等合唱表演。表演者有革命将领的后代、政协委员和在校学生。全区干部群众、志愿者和中小学生300余人参加。

（张琦）

【平北主题馆全景导览图制作完成】 5月26日，北京测绘设计研究院专业测绘一院及北京建筑大学测绘学院城市测绘研究所党支部在平北联合开展“凝聚在党旗下，奉献在行动中”主题共建活动，为平北主题馆和专题馆制作平面全景导览图，利用3D打印技术，制作平北抗日战争烈士纪念碑建模。

（张琦）

【纪念八路军挺进平北80周年活动】 7月14—15日，区平北抗日烈士纪念园管理处举办“崇尚英雄 精忠报国”纪念八路军挺进平北80周年活动，邓华上将、曾威少将、陈仿仁少将、詹大南少将、段苏权少将、肖思明少将、钟辉琨少将、刘义容大校、赖富大校等子女家属参加。活动内容包括向平北烈士纪念碑进行祭奠，向抗战烈士敬献花圈，老领导子女家属表演自编自演的文艺节目，召开红色文化座谈会。老干部向北平纪念园赠送《平西抗战史诗》《红色虎岗》等珍贵抗战资料。

（张琦）

【优待抚恤】 年内，为2297名各类优抚对象发放抚恤补助金3296.66万元、慰问金229.9万元、集中供热采暖补助194.83万元。为186名义务兵发放义务兵优待金860.76万元、义务兵家庭补助金115.9万元；为81名义务兵发放一次性补助81万元；为213名优抚对象报销2017年超支医疗费144.6万元，为14家卫生院下达2018年基本医疗费预算144.8万元；为120名困难优抚对象发放临时救助10万元。全年新增优抚对象46人，去世优抚对象94人。退役军人和其他优抚对象信息采集10356人。

（张琦）

【退役士兵安置】 年内，接收复员干部1人；接收退役士兵中自主就业退伍士兵占95.5%，符合政府安置工作占4.5%。发放自主就业一次性经济补助1124万元，发放待安置期间生活补助3.7万元。组织退役士兵参加短期技能培训，发放教育培训资金0.26万元。

（张琦）

【双拥共建】 年内，全区各级、各部门和区企业慰问部队投入经费140余万元；端午前夕赴丰台和河北乐亭慰问预备役驻训民兵，投入资金6.7万元。为部队一名因公牺牲军人家属送去慰问金1.3万元。协调79名随军子女入学、入园。为73户现役军人家庭悬挂“光荣军属”牌。在银行、火车站、区级医院等75家单位统一摆放、悬挂“军人依法优先”标识牌。

（张琦）

民族宗教

【区民族宗教工作领导小组会】 3月29日，区民族宗教工作领导小组召开2018年全体（扩大）会议。会议通报全市近期宗教工作精神要求及重点任务；讨论2018年区民族宗教工作要点及重点任务清单。区民族宗教工作领导小组成员单位主管领导、各乡镇街道宗教工作主管领导33人参会。

（张珅）

【基层宗教工作知识培训送课上门】 6月11日，区委统战部在香营乡启动基层宗教工作知识送课上门活动，培训主题为《在习近平新时代中国特色社会主义思想指导下做好基层宗教工作》。培训内容包括宗教工作的重要意义及方针、延庆区宗教工作概况、宗教工作的主要内容和正确处理涉宗教领域突发事件4个方面。截至年底，全区18个乡镇、街道相关工作人员实现培训全覆盖。

（张珅）

【少数民族乡村获专项资金670万元】 年内，延庆区政府获得区级主体作用发挥优秀奖二等奖，奖金300万元；康庄镇政府获乡镇主体作用发挥优秀奖二等奖、奖金80万元；井庄镇政府获乡镇主体作用发挥优秀奖三等奖，奖金60万元；延庆镇小营村获得民族经济发展进步奖，奖金20万元。连同年度配套资金，市民宗委下达民族乡村经济发展资金670万元。

（张琦）

【民族乡村经济发展项目确定5个】 年内，确定5个少数民族村经济发展项目。分别为康庄镇东官坊村给水管线改造更新项目、永宁镇东灰岭村河道护栏及文化墙建设项目、井庄镇南老君堂村满族文化特色村庄建设项目、井庄镇王仲营村特色建筑及照明工程、大庄科乡慈母川村新村特色院墙及门楼建设项目。

（张琦）

【冬奥世园知识培训】 年内，区民政局组织冬奥世园知识及文明礼仪培训，宗教界人士及骨干信众100余名参加。

（张琦）

【宗教活动】 年内，平安夜、圣诞节接待信教群众及参观人员2000余人次。开斋节和古尔邦节会礼活动接待350余名穆斯林群众。

（张琦）

社会专项事务

【北京通资金入卡发放】 年内，全区特困人员生活费、超转人员生活补助等21类补贴资金全部通过“北京通——民政一卡通”入卡发放。

（张琦）

【见义勇为人员权益保护】 年内，依法确认见义勇为行为1例，颁发荣誉证书、奖章，给予一次性奖励金62406元。组织24名见义勇为人员免费体检。为25名见义勇为人员发放慰问金和生活困难补助8.7万元。

（张琦）

【婚姻和收养登记】 年内，办理婚姻登记4497件（其中结婚登记2387件，离婚登记1242件，补领结婚登记736件，补领离婚登记132件），依法登记合格率100%。全年办理收养登记15件。

（张琦）

【残疾人就业安置】 年内，全区31家福利企业安置在职职工1048人，其中集中安置残疾人职工481人，残疾人职工所占比例46%，超比例安置残疾人职工219人，残疾人职工月平均工资2436元，超出北京市最低工资标准316元。

（张琦）

【救灾物资设备使用培训】 年内，开展应急救灾物资设备的使用培训，18个街道（乡镇）300余名基层应急工作人员和100余名区民政局干部职工参加。

（张琦）

【殡葬管理】 年内，接运、火化遗体1892具，土葬区安葬330具；发放丧葬补贴35.5万元；对经营性公墓、殡仪馆进行逐一检查和排查摸底，没有发现违规行为；殡仪馆不存在对遗体存放、未登记、销售殡葬用品未明码标价等违规行为；对丧葬用品市场联合执法检查22次，依法查处63家违规经营封建迷信用品的店铺，没收并销毁冥票108.74千克；推进绿色生态殡葬宣传。

（张琦）

【殡仪馆基础设施改造】 年内，申请福彩公益金133.09万元、财政资金33.72万元，维修改造殡仪楼、火化车间。申请财政资金31.02万元，改建骨灰临时寄存处卫生间一个。

（张琦）

【福利彩票销售】 年内，全区23家销售站销售福利彩票3331.68万元，其中电脑福利彩票2854.71万元，销售即开型福利彩票476.97万元。

（张琦）

【社会保障资金发放】 年内，为29.2万人次发放低保、社救、优抚等社会保障民政资金1.71亿元。

（张琦）

【行政区划协议书会签】 年内，对全区38条行政区域界线形成的258份行政区域界线协议书、协议书附图进行会签，形成档案材料，连同成果报告书共同存档。

（张琦）

社会建设

【概况】 中共延庆区委社会工作委员会（简称区委社会工委）是负责全区社会建设工作的区委派出机构，与延庆区社会建设工作办公室（简称社会办）合署办公。负责制定政策、综合协调、社区建设、社会组织建设、社会队伍建设、志愿者工作、社会公共服务和社会领域党的建设。设行政科室3个，事业科室1个。年内，完善延庆区《社区工作者管理办法实施细则》，制订下发《延庆区社会领域学习宣传贯彻党的十九大精神工作方案》《延庆区社会领域“会前党性锻炼一刻钟”学习教育活动方案》等文件，举办社会领域基层党组织书记培训班，组织社会领域党组织开展主题党日活动，建立“两新组织”动态摸排管理制度，增聘20名党建指导员。集中打造明和堂药店、利嘉商圈、安心财险、北菜园农产品产销专业合作社等三级（市级、区级、部门）示范点阵地。推进非公企业党支部党建述职评议考核工作；成立延庆区党建工作协调委员会；组织“两新组织”党建联席会，开展走进敬老院为老人免费测量血压，到社区回收过期药品，长期义务为周边居民维修电脑、维修家具活动；开展与内蒙古兴和县结对共建党建交流工作；组织社会组织和非公企业慰问世园建设一线工人活动；组织非公企业党建负责人赴顺义区、门头沟区、怀柔区实地参观学习活动；完成对3个街道社区“两委”换届督查指导工作；完成区737名协管员下沉工作，配备专职网格员600余名；完成3个社区之家、4个社区规范化示范点、5个村级服务试点等市级社区建设重点任务；修改完善2018年延庆区社会建设专项资金购买社会组织服务项目申报指南；开展社会组织“四季公益行”活动；组织46家社会组织开展能力提升培训活动；完善区《社区工作者管理办法实施细则》，落实规范社区工作者工资待遇；完成延庆镇、康庄镇物业改革城乡一体化建设工作；完成恒安小院等11栋单位自管楼向属地街道移交工作。

单位名称：中共延庆区委社会工作委员会
地　　址：延庆镇妫水北街70号
电　　话：69177830

（胡琳）

【天成家园社区居委会成立】 年初，起草《北京市延庆区民政局关于设立天成家园社区居民委员会的工作方案》。根据《北京市延庆区人民政府关于同意设立天成家园社区居民委员会有关事宜的批复》，9月1日，正式成立天成家园社区居民委员会。

（张琦）

【社区服务】 年内，全区有注册志愿者74906人，志愿服务队伍2254支。区社区服务平台网站系统发布信息594条。北京市社区服务信（www.bjcs.org.cn）关停，96156社区服务热线并入12345非紧急救助热线平台。全年开展社区大课堂67节，受益5142人。全区评选出290名优秀志愿者进行服务回馈，标准为每人100元的通讯卡。

（张琦）

【社会组织管理】 年内，全区有登记注册社会组织249家。其中，社会团体149家，民办非企业单位100家。社会团体中，专业性社团81家、行业性45家、学术性社团5家、联合性社团9家、社会公益性9家。民办非企业单位中，社会服务类54家、教育类20家、体育类6家、科学研究类 4家、生态环境类3家、农业及农村发展类 2家、法律类 2家、卫生类3家、文化类4家、职业及从业者组织2家。全年办理社会团体成立登记9家，变更登记13家，注销登记2家；办理民非成立登记22家，变更登记 10家，注销登记2家。

（张琦）

【社会组织行政检查】 年内，对15家社会组织违法行为进行立案调查，行政处罚14家。其中，社团撤销登记4家，行政警告5家；民非撤销登记2家，行政警告3家。

（张琦）

【社会组织年检】 年内，组织228家社会组织进行年检，参检213家，参检率91.23%，位列北京市各区第一。

（张琦）

【获评市“双优案例”5个】 年内，区鹏鲲社会工作事务所的《成长路上 爱的陪伴》《陪伴留守儿童 拥抱七彩童年》《一份特殊的礼物》，舜泽园社区《快乐儿童成长小组》，区启明星社会工作事务所《以人为本 生命至上》案列，获评市双优案列。

（张琦）

【区党建工作协调委员会成立】 年内，制定《延庆区关于建立健全街道社区党建工作协调委员会的实施方案》，经与编办协调，区委同意，成立北京市延庆区党建工作协调委员会，将区域内党政机关、街道乡镇、驻延国企、驻延高校、非公企业和社会组织等39家单位纳入党建工作协调委员会。10月16日召开党建工作协调委员会第一次会议。全区3个街道、15个乡镇均成立街道、社区级党建工作协调委员会。

（胡琳）

【党建指导员队伍建设】 年内，区委社会工委自筹经费增聘20名党建指导员，招聘40名离退休党务工作者到各乡镇、街道、中关村延庆园担任非公企业党建指导员，确保每个未建立党组织的非公企业和社会组织均有党建指导员进行联系。

（胡琳）

【社会领域党组织书记培训】 9月，举办社会领域基层党组织书记培训班，培训班为期3天，全区46个社区、24家“两新组织”的党组织书记和42名党建指导员参加。

（胡琳）

【非公企业党建示范点建设】 年内，精心打造2018年度非公企业党建示范点，实地走访明和堂药店、利嘉商圈、万达有机农业园区等多家非公企业，组织非公企业党建负责人到门头沟区实地参观学习新做法、新经验。

（胡琳）

【跨区域党建工作交流】 9月，区委社会工委与内蒙古自治区兴和县进行党建工作交流。组织延庆社区党建骨干人员到兴和县进行学习参观考察。兴和县社区干部一行20人到延庆区学习交流。兴和县社区干部作为参学人员，参加延庆区年度社会领域基层党组织书记培训班。

（胡琳）

【社区换届选举】 年内，组织全区3个街道、14个乡镇（除延庆镇）对全区46个社区开展乡镇街道党组织整体情况和“两委一站”成员信息采集工作；抽调社工委骨干进入延庆区社区（村）“两委”换届专班，开展换届督查工作。截至年底，3个街道社区完成党组织换届。

（胡琳）

【协管员下沉】 年内，完成737名协管员下沉工作，配备专职网格员600余人，按照“三街一镇”每个网格不低于2名专职网格员，其余乡镇每个网格不低于1名专职网格员、剩余人员由街道乡镇统筹使用分配原则，指导各街乡镇初步完成下沉协管员入格配置工作。

（胡琳）

【社区示范点创建】 年内，完成3个社区之家、4个社区规范化示范点、5个村级服务试点市级社区建设重点项目申报工作。对百泉街道职教中心、儒林街道少年宫、香水园街道职教中心北校区3个社区，百泉街道上都首府社区、儒林街道永安小区、香水园街道恒安社区、旧县镇社区4个社区示范点，及康庄镇火烧营村、沈家营镇魏家营村、延庆镇老仁庄村、井庄镇宝林寺村、旧县镇西龙湾村5个村级社会服务示范点开展中期检查，配备标识牌。召开第三批社区用房工作会，对百泉街道、儒林街道、香水园街道、八达岭镇、张山营镇、大庄科乡涉及的9个社区用房规范化建设项目推进，6家购置房屋完成，八达岭镇社区正在办理相关手续；大庄科乡新建房屋完成，胜芳园社区正在办理相关前期审批手续。

（胡琳）

【社会组织建设】 年内，修改完善2018年延庆区社会建设专项资金购买社会组织服务项目申报指南，采取定向扶持、专项购买、自主申报3种方式，激发社会组织力量参与社会治理。

（胡琳）

【“四季公益”行活动】 年内，开展“四季公益行”活动。一季度开展“新春送温暖 服务进社区”活动；二季度召开“延庆区社会组织履行社会责任 助力绿色大事”主题研讨实践活动；三季度向全区社会组织招募“让社会组织走进你我生活”展示活动；四季度在会展中心举办“让社会组织走进你我生活”暨2018年延庆区第四季度社会组织公益行活动，20余家社会组织参展，互相交流，观摩体验，资源对接。

（胡琳）

【社工队伍建设】 年内，登记注册民办社工机构9家，持证专业社工280名。全区84人通过社会工作职业考试。为500名社会工作者进行全国社会工作者职业水平考试考前培训、社区干部经验交流、社区志愿者动员与管理培训。组织8名社区工作者参与市委社会工委定向委培的社会工作专业硕士考试；组织15名社工骨干参加“心理咨询能力提升培训班”；委托精诚社工事务所举办初级社工师考前培训班；组织6名社会工作者参与年度社会工作专业硕士研究生考试。

（张琦　胡琳）

【社工队伍归口管理】 年内，开展社工队伍全面摸查工作，梳理社区岗位缺口，推动全区社会工作者聘用单位落实“谁用人、谁管理”，实现社会工作者的管理考核关口前移、权力下沉，促使社工用人管理权责一致。截至年底，区妇联、区总工会、区残联、区禁毒办均基本实现归口管理。

（胡琳）

【3小区实现无尘清扫】 年内，以试点奖励形式鼓励街道、物业企业购买无尘清扫机械设备。城区内康安小区、川北东小区、新兴小区3个试点小区的外围道路清扫实现清扫、降尘同步进行。

（胡琳）

【主题月服务活动】 年底，以“物业服务品质提升主题月活动”为载体，全面规范物业企业从业人员着装、客服接待、入户维修等服务工作，加强员工素质和企业自助服务意识的培养。截至年底，区居民物业缴费率由改革之初的51.3%提高至72.12%，居民满意度由67.3%提高至78.82%。

（胡琳）

（栏目编辑　池尚明）

街　道

香水园街道

【概况】 香水园街道工委、办事处是区委、区政府的派出机构。负责辖区内宣传贯彻党的路线、方针、政策和国家的法律、法规，执行上级党组织、政府的决议决定。负责辖区内党建、思想政治工作和精神文明建设，协调辖区内社会单位、组织、团体。做好社区治安综合治理、计划生育、社区环境整治、民政、残联、社保、文化体育等工作。辖区以妫水湖中心线以北、妫水北街以东，北至团结路和庆园街、东至龙庆路和京银路，所辖区域面积7.5平方千米。辖12个居委会，居民楼房302栋，总人口1.6万户4.9万人。有11个社区党委，63个社区党支部，8个两新组织党支部，2个机关党支部，中共党员2618人。有行政科室4个、事业科室7个、外派站所4个。街道公务员23人、事业干部77人、社区专职工作者69人，“4050”人员328人。

年内，街道工委组织学习中共十九大精神，将党员干部学习心得放在学习交流园地集中展示。开展“冬奥世园先锋行动”主题培训，社区党组织书记、副书记，机关各支部委员及非公党支部书记90余人参加。红色家园体验馆、世园冬奥体验馆、安全生活体验馆、互动科技体验馆“四个专题体验馆”建设完成，获首都未成年人思想道德建设创新案例。落实“三亿人上冰雪”目标，利用社区宣传栏、微信群、公众号等方式进行宣传。举办“大培训、大比武、大练兵”活动。建设社区“支部书记工作室”10个，各支部书记轮流坐班。成立绿韵广场联合党支部。各党支部组织开展“党员亮身份”“党员示范岗”免费维修家具、义诊、慰问等活动。建雄之星党支部被评为延庆区先进基层党组织。“七一”前夕，街道工委召开纪念建党97周年暨党建重点工作推进会，表彰20个先进基层党组织、46名优秀党务工作者和113名优秀共产党员。举办“冬奥世园先锋行动”主题晚会。12个社区均完成党组织及居委会换届选举，产生新一届党组织委员82名、居委会委员76名。

全年拆除违建35处2237.54平方米，完成全年任务的112%。封堵开墙打洞9处，其中挂账任务6处，动态排查3处，完成全年任务的150%。拆除避风阁230余处、更换门窗260余处，立面粉刷1.2万平方米，铺设雨污分流管道300余米，打造香苑街为精品样板街。优质燃煤替代8户，复查清退的经营性小煤炉52台，燃煤锅炉1台。查处大气污染类违法行为38起，罚款42.6万元。其中，施工工地类16起，罚款38.2万元；运输车辆类22起，罚款4.4万元。1—11月份，街道$PM_{2.5}$年均浓度为49微克/立方米，与年度任务目标持平。1—10月环境月专项检查考评，在3个街道中成绩第一。收到区城管执法局城市环境秩序综合监管通知单116件，已完成并整改116件，整改率为100%。街道“马上零距离”志愿服务总队被评为首都金牌志愿服务队、首都金牌志愿服务站。石河营西社区闫素平、东外社区刘轩的先进事迹在北京电视台播出，同时被市委组织部党员电教中心采编。

单位名称：香水园街道办事处
地　　址：延庆镇妫水北街70号
电　　话：69177807

（宋玉霞）

【新时代文明实践活动】 11月4日，香水园街道召开新时代文明实践所成立大会，部署新时代文明实践所、站建设的工作方案；为12个社区新时代文明实践站授牌。制作发放新时代文明实践毛巾1.7万条、宣传折页2万册。恒安社区冬奥世园体验馆、新兴西社区安全生活体验馆、东外社区科技互动体验馆和兴运嘉园社区红色家园被确定为第一批文明实践基地。

（宋玉霞）

【文明城区创建】 年内，利用街道微信公众号“我家香水园”和《美丽香水园》报纸，推送街道各项创城工作，宣传创城知识，全年在各类媒体刊发信息500余条。各社区成立文明自治联盟志愿服务队，开展向不文明行为宣战，文明家庭评选、学雷锋志愿服务金牌志愿者和志愿服务站（岗）等主题教育活动100余场次，受教育居民2万余人次。

（宋玉霞）

【创建国家卫生区】 年内，设立控烟监督员、检查员，每周至少巡查一次，建立监督员、检查员巡查工作台账，在公共场所开展禁止吸烟干预工作。做好健康素养抽样调查工作，抽样调查150户，创建慢性病综合防控示范区，发放宣传材料1800份，开展老年防跌倒健身操学习推广活动，街道代表队在全区比赛中获二等奖。

（宋玉霞）

【社区建设】 年内，总队机关职能科室志愿服务分队10支，社区志愿服务分队29支，“红马甲”志愿者2000余名，参与社区文明劝导、“创城万人行”、社区综合治理、服务“两会”、环境保护等活动780次，对各物业公司进行月检查、月排名，将物业公司处理居民投诉事件纳入年终考核，督促物业公司尽力解决居民诉求。规范自管楼移交程序，引进物业公司海成物业公司和惠娟物业公司对水务局、绿富隆公司、中行、环保局等13栋楼进行日常服务。

（宋玉霞）

【网格化建设】 年内，组建街道城市管理指挥分中心，改建300平方米办公场所。编印《综合执法政策依据文件汇编》《综合执法考评细则》，综合执法74次，参与执法部门16家，出动执法人员459人次。投资300余万元改造绿韵广场停车场、解决防水老化、路面坑洼、采光顶破损等问题，安装起落杆2套、清洗地面1000平方米，清理废弃物1万余件。网格化社会服务管理平台上传网格事件30330件，其中社会保障类252件，社会事业类327件，社会安全207件，应急5件，城市管理类26317件；物业服务管理类3161件；环境监管类61件。办结率为90.62%。

（宋玉霞）

【垃圾分类】 年内，举办垃圾分类宣传活动30场，对69家单位进行垃圾分类培训，对单位垃圾分类情况指导检查2次。推进158家餐饮服务企业垃圾分类及餐厨垃圾和废弃油脂规范收运工作。建立大件垃圾固定投放站，设立再生资源回收站和物品、有害垃圾回收箱，由第三方机构、环保局定期到社区进行回收。

（宋玉霞）

【安全生产】 年内，完成市委市政府2017年度安全生产督察反馈的7项问题的整改，整改率100%。检查企业1531家次，发现隐患652项，整改率100%，人均检查量255家次，覆盖率100%，完成率127%，执法终端使用率100%，综合执法和专项行动10余次。

（宋玉霞）

【创建食品安全示范区】 年内，街道食药所对945家点位监督指导，完成文书档案，通过市级食品安全示范区验收。对200家餐饮企业召开“阳光餐饮”推进会，162家餐饮企业实现“阳光餐饮”。全年检查1691家次，出动人员5965人次，下达处罚决定书20份，行政告诫59份，责令改正35份。投诉举报受理57件，办理一般程序执法案件15起，罚没款517626.06元。

（宋玉霞）

【政务服务】 年内，成立香水园街道政务服务中心，社保所（含住房保障）、食药所、民政、计生办、残联、司法等职能科室入驻，开展上门、延时、预约等特色服务。开通企信通、微信工作群，设立就业创业宣传栏等方便群众办事。被区政务服务中心评为“最美服务窗口”。

（宋玉霞）

【文体活动】 年内，街道有太极拳、舞蹈、大鼓、合唱队等文体团队55支；居民文化骨干120余名；社会体育指导员200余名，开展“千人太极”集中展示、“红色评书志愿送演”“世园金曲”培训、“世园英语”培训等活动40余次，参与人数5万人。获得奖项（称号）51项，其中国家级2项、市级8项、区级41项。香水园街道健身操队获得2018年全国广场舞大赛（北京站）暨第五届北京市广场舞大赛总决赛三等奖、优秀组织奖。

（宋玉霞）

2018年香水园街道社区基本情况统计表

表2

序号	居委会名称	党支部书记	居委会主任	户数（户）	人口（人）
1	川北东社区	王惠荣	王惠荣	1706	4610
2	川北西社区	张荣强	张荣强	1288	3805
3	石河营东社区	刘云涛	刘云涛	1560	4400
4	石河营西社区	彭永军	彭永军	1030	2865
5	新兴东社区	曹玉环	曹玉环	990	3868
6	新兴西社区	吴小亭	吴小婷	3000	8827
7	高塔社区	董　强	董　强	2654	6741
8	恒安社区	郝洪勇	郝洪勇	1371	3803
9	东外社区	于庆霞	李怀滨	895	2345
10	双路社区	张富臣	马立新	1023	3056
11	泰安社区	张志亮	张志亮	709	2238
12	兴运嘉园社区	张培新	张培新	218	545

百泉街道

【概况】 百泉街道工委、街道办事处是区委区政府的派出机构。在区委、区政府领导下，负责辖区内宣传、贯彻党的路线、方针、政策和国家的法律、法规；执行上级党组织、政府的决议、决定；抓好辖区内的党建、思想政治工作、干部管理工作和精神文明建设、生态文明创建以及本街道居民工作、城市管理工作、社会工作和社区服务工作等；协调社区内社会单位、组织、团体的共建工作；抓好文化体育、医疗卫生、司法、民政、残联、社保、综合治理、安全生产、环境建设、计划生育工作等。街道位于延庆城区南部，东至京银路路中，西至汇川街和延康路，南至东江路、百泉街和姜家台村南侧，北至妫水河河中线，面积6.2平方千米。街道办事处设党政办公室、社区事务管理科、综合治理办公室、城管执法大队4个行政科室，社会保障事务所、社区服务中心、文化体育管理中心、社区工作服务管理站、信访接待中心、安全生产监督检查所、城市管理指挥分中心7个全额拨款事业科室和残疾人联合会，有“爱相随”“常青藤”2个志愿服务组织。辖社区居委会9个和行政、企业、事业单位61家，辖区楼房223栋、常住人口户数11339户31839人，常驻户籍人口户数6284户

14122人，外来人口686人，含满族、回族、蒙古族、新疆维吾尔族和壮族5个少数民族。有中、小学校及幼儿园10所，医疗卫生服务机构4所，敬老院、集中供暖所、集中供气所各1处。

街道工委下辖基层党组织34个，包括5个社区党委，2个党总支，27个党支部。发展党员5名，转正9名，培训入党积极分子5名，截至年底有中共党员1009人。年内投入经费20万元，9个社区统一建成党员活动室、党员电教室。完成9个社区“两委”换届选举，选出新一届社区党组织委员会成员41名。“爱心暖阳”募捐，98人捐款6515元，“博爱在京城”募捐，68人捐款6460元。庆“七一”表彰先进基层党组织3个、优秀党员38人，慰问35人。百泉街道“党群翼家APP项目”党建活动，被评为年度北京市社会领域优秀党建活动品牌。振兴南社区获“先进基层党组织”称号，“常青藤”党员志愿服务队获优秀党员志愿服务队称号。

年内，综合治理召开会商会议8次，综合执法313次，立改248项，限改76项；清理早市和晚市1处；车棚等违建拆除109处6112平方米；处罚施工现场17起，罚款16.3万元；查处大气污染类违法行为40多起，罚款20多万元。制止新生违建4处；对占道经营、堆物堆料、乱发广告等违法行为立案28起，罚款8600元；对未按规范养护绿地树木立案1起，罚款5000元。发放保险金、养老助残券、高龄津贴、困难补助等100多万元。组织残疾人活动20多次，对失独家庭开展10项帮扶服务，为计生家庭投保各类保险800多人。辖区内安装烟花爆竹禁放标牌300多个，制止10户新婚家庭燃放爆竹。80户燃煤家庭配送优质燃煤252.5吨，70台燃煤炉全部拆除，对平房区76户取暖户进行预防煤气中毒宣传和随访。对辖区8个工地渣土车随机检查500多人次，立案21起，罚款17.85万元。“街巷长”工作解决游商、散发小广告、乱堆乱放等各类事件2250件。对食品企业抽样检测近200个、立案3起，罚款1500元。建阳光餐饮85家，创安全生产标准化企业5家，投保安责险40家。对挂账的103家“三合一”场所全面核查销账，整改隐患300多处。建立500多人的“群防群治”安保队伍，调处各类矛盾纠纷30件。安装电动汽车充电桩43个，电动自行车充电棚10处。街道荣获北京市交通安全先进单位称号；3个社区被评为“首都文明社区”；安全生产检查队获得北京市安全生产监管监察系统“青年文明号”称号。

全年采集空岗信息560条；对301人次开展职业指导服务，举办2次专场招聘会，开办1次技能培训班，培训失业人员25人；接、转、借、还档案602份；新增登记失业人员266人，促进登记失业人员就业243人，其中就业困难人员就业136人，登记失业人员就业率53.88%；为102家次企业办理招聘备案手续。组建30人“飞鸽巡查队”，组织开展反恐应急处置演练20余次。成立“社区戒毒社区康复工作室”，设阅读休闲室、康复训练室、心理咨询室。建立向日葵工作站及办公设备。筹资3万余元，在湖南社区建“麻利儿心理咨询驿站”，配有专业心理咨询师。创城培训30余场次。补种花草树木1万多株。清理废旧非机动车600多辆，与商户签订门前三包协议书400多家。下沉协管员73人。“爱相随”志愿者协会承接北京政府购买社会组织服务项目——“幸福同行”失独老人关爱帮扶项目。开展“爱在心中”“爱心家务”“幸福行动”“温暖冬季”“节日慰问”“真爱永恒”六大内容主题活动21场，获2017年度延庆区“优秀志愿服务团体”荣誉称号。

单位名称：百泉街道办事处
地　　址：延庆镇鸿川北路6号
电　　话：59512703　69186601

（朱振银）

【志愿服务】 3月30日，开展“人人当好东道主 同心同向迎盛会”“创建全国文明城区 喜迎建党97周年”志愿服务活动。9个社区400余人参加。

（朱振银）

【老年餐桌营业】 4月2日，振兴南社区、国润家园及湖南社区“老年餐桌”营业，60岁以上老年人使用北京通——养老助残卡能享受8折优惠。截至年底，为1万余人次提供用餐服务。

（朱振银）

【首届法治文艺大赛】 6月20日，在百泉街道振兴南社区文化广场举行首届主题为“同心共筑中国梦 法制文艺京城行”文艺大赛，9个社区居民自编自演12个法治文艺节目，演职人员与观众计210余人参加。

（朱振银）

【夏日文化广场演出】 7月—8月，街道举办“同心同向迎盛会 和谐百泉谱新篇”暨庆祝改革开放40周年2018年夏日文化广场演出活动。文艺演出11场。

（朱振银）

【艾滋病日宣传】 12月1日，开展“共担防艾责任，共享健康权利，共建健康中国”的预防艾滋病系列宣传活动，健康知识讲座5场，观看宣传片4场，在人流最多的路边设立宣传站3处。制作宣传展板5块，发放宣传材料1000余份，发放计生药具500余盒。

（朱振银）

【综合服务楼建成】 12月28日，百泉街道综合服务楼建成并投入使用。服务楼位于原延庆开发区锅炉房院内，建筑面积5811.55平方米。设计为地下一层，地上五层，局部六层。其中，办事大厅面积590平方米。

（朱振银）

【多彩生活科学馆挂牌】 年内，百泉街道新时代文明实践基地——多彩生活科学馆正式挂牌。多彩生活科学馆位于百泉街道振兴南社区甲2号地下室，占地面积约800平方米，设食品安全、低碳环保、防灾避险3个展览室。设有心灵SPA、健身中心、老年之家、多彩生活作品展、舞蹈排练室等活动室，

（朱振银）

【法律援助进军营】 年内，街道开展“法律援助”进军营活动。组织法律服务工作者集中走访部队和街道军属家庭，宣传军人军属法律援助知识，发放宣传资料、发放法律援助联系卡。收集军人军属法律服务需求信息，及时提供法律咨询、案件办理等法律援助服务在社区设立法律援助联络点，开展活动2次。

（朱振银）

【绿色小屋积分兑换】 年内，“绿色小屋”积分兑换活动在国润家园社区和莲花苑社区启动。根据相应积兑换卫生纸、洗洁精、大米、油等，170户居民完成兑换。

（朱振银）

【计划生育】 年内，复核通过北京市一胎生育服务登记165人，审核通过北京市两孩生育服务登记236人，办理再生育行政确认5例；办理北京市流动人口两孩以内生育服务登记19例；独生子女父母光荣证4例；新生儿随父入户手续15例；出具免费计生手术计帐单45例；入学入职等人员婚育证明手续23例；接待居民电话和来访咨询212人次。

（朱振银）

2018年百泉街道社区基本情况统计表

表3

序号	居委会名称	党支部书记	居委会主任	户数（户）	人口（人）
1	颍泽洲社区居委会	赵志强	赵志强	1441	3831
2	湖南社区居委会	马　里	马　里	1587	4924
3	燕水佳园社区居委会	李旭阳	李旭阳	1123	2662
4	莲花苑社区居委会	张　龙	张　龙	1005	3084
5	振兴北社区居委会	郭　栋	郭　栋	1644	5217
6	振兴南社区居委会	王冬华	王冬华	1867	5568

续表3

序号	居委会名称	党支部书记	居委会主任	户数（户）	人口（人）
7	国润家园社区居委会	鲁　菲	鲁　菲	1436	3475
8	舜泽园社区居委会	刘金洁	刘金洁	798	1898
9	上都首府家园社区居委会	王　帅	王　帅	438	1180

儒林街道

【概况】 儒林街道工委、街道办事处是区委、区政府的派出机构。负责辖区内党员教育管理、精神文明生态文明创建、社区综合治理等工作。辖区东至妫水北街，西至西丁路和北靳路，南至妫水湖中心线，北至高塔街。辖区内有9个社区居民委员会；3个社区党委，16个社区党支部，1个机关党支部，4个非公经济党支部，2个社会组织（儒林劳务服务中心党支部和出租驾校党支部），驻区企事业单位70个。机关内设行政科室、党政办公室（人大工委办公室）、社区事务管理科（计划生育办公室）、综合治理办公室（信访办公室），行政执法科室（儒林街道城管执法队），事业科室（文化体育管理中心、信访接待中心、社区服务中心、安全生产监督检查所、社会保障事务所、社区服务管理站、城市管理指挥分中心）和残疾人联合会。

年内，3个社区党支部升格为党总支，新建社区二级党支部5个、老东街商业联合党支部1个，发展党员7名，转正3名。2018年，有基层党组织34个、中共党员814名，完成“两委”换届选举工作。组织集中学习100余次，观看警示教育片20余次，送学700余人次。接收53个驻地单位党组织、3211名在职党员报到，成立“五色义工”在职党员志愿服务队，开展志愿服务80余次，服务群众15000余人次。

全年城镇登记失业人员就业265人，帮助就业困难对象就业再就业93人，开展招聘会帮助15名失业人员公益性就业，空岗信息采集474个，职业指导245人，企业用工跟踪回访117次，办理灵活就业人员社会保险补贴89人，实发失业保险金612人次、84.3027万元，发放社保卡834多张，办理“一老一小”保险202人，定点医疗机构变更107余次，对领取城镇老年保障待遇的159人实施动态管理，全年新办理保障房38户，公租补贴2户。生殖健康体检4500人次，免费孕前优生健康体检56对夫妇，发放避孕套10099盒，发放独生子女父母各类奖励费97865元、一次性经济帮助1万元，特别扶助对象兑现16人。办理两孩以内生育服务单147份，全年出生168人，其中男80人，女88人，没有违法生育现象，政策符合率100%。

普查辖区651户生产经营单位，出动检查人员2012人次，检查生产经营单位1006家次，整改隐患312项，整改率100%，完成6家小微企业、7家三级企业标准化达标创建工作，完成60家企业安责险参保。动态巡查辖区内的727个垃圾桶、2834个探井、991个雨箅子、93个排水沟和180余家污染源企业门店300余次，街道、社区级河长100%加入“北京河长APP”系统，巡河346人次，巡河里程1122.34千米。检查生产经营单位1248家次，出动2496人次，下达执法文书1648份，发现隐患问题399项，整改率达100%，对辖区640家企业登记造册。共检查107处，拆除107处，建筑面积2472.9平方米，拆除率100%，完成拆违任务120%。开展联合执法

32次、综合执法检查153次，检查各类企业232家、工地7处，整改隐患100余项，解决无照游商占道经营等问题22个。改造、新增停车位810个、更换路灯342套、补栽补种绿地16万平方米、更新棋牌桌和休闲座椅211套、更换彩石钢瓦小棚798间8000平方米。申请供暖补贴6.4万元、申请医疗救助2.19万元、申请助学金4500元，为40名重性精神病患者监护人申请看护补贴9.36万元，发放低保金23万余元。发放残疾人生活困难补助2.1万元，助残券6万元，护理补贴1.54万元。为3名残疾人大学生申请教育救助1.8万元。

全年开展讲座培训300余人次、百姓春晚海选、花会选拔赛、社区好声音卡拉OK大赛、文化汇演活动等160余场。举办第八届“全民参与助力冬奥世园 千盏彩灯点亮文化儒林”元宵灯展灯谜会、第七届社区文化艺术节、第一届“幸福人家”颁奖演出活动。2018年全国百城千村健身气功交流展示获得三等奖，北京市“歌唱北京”合唱大赛获铜奖。被评为北京市防灾减灾示范街道、区百姓宣讲工作先进单位、法治延庆先进单位、“蓝马甲”获金牌志愿服务团队、赵东礌获金牌志愿者、“礼让斑马线”获区法治文艺大赛一等奖。

单位名称：儒林街道办事处

地　　址：延庆镇康安小区16-2

电　　话：69100237

（刘妍）

【儒林街道老年大学成立】 1月19日，延庆区儒林街道老年大学正式揭牌成立。旨在构建“区—乡镇（街道）—社区（村）”三级办学体系，缓解区级老年大学场地小，老年人上学不便的难题。

（杨冬）

【幸福人家评选】 7月—10月，举办百户幸福人家评选活动，梁静华等100户家庭获得“幸福人家”模范称号。

（刘妍）

【民政残联慰问】 年内，筹集慰问物资米面540千克，油27桶，慰问金6.60万元，慰问残疾人、大病、低保低收入及共计104人。

（刘妍）

【百姓宣讲】 年内，组建“我的中国梦 最美儒林人”百姓宣讲团，开展“妫川扬帆新时代 儒林逐梦砥砺行”等百姓宣讲活动5场。安尚丽等3名宣讲员获区优秀宣讲员称号，儒林街道被评为宣讲工作先进单位。

（刘妍）

【法制建设】 年内，温泉东社区成立“巾帼普法志愿队”，开展活动10余次，康安社区“宪法宣传一条街”“悦安居法治文化园”揭牌。

（刘妍）

【垃圾分类】 年内，引进京津华宇环境工程（北京）有限公司和天下永宁物业公司管理垃圾分类工作，开展宣传活动46次、发放宣传材料2400余份、垃圾袋10000余个，置换生活用品200余件；组织辖区177家餐饮服务单位签订《北京市餐厨垃圾及废弃油脂收集运输服务协议》，指导33家机关企事业单位开展垃圾分类工作5次。

（刘妍）

【清空净水行动】 年内，动态监管辖区687个单位、门店，对180家餐饮企业、机关事业单位食堂油烟净化设备进行“拉网式”排查，处罚违规排污企业5家，罚款10万元，整改62家。22户平房自采暖居民100%使用优质无烟型煤取暖。

（刘妍）

【创建全国文明城区】 年内，打造200平方米温泉西院文化墙，丰富阵地文化建设，建立责任明确的督导机制、任务清晰的测评体系、管理有效的考核机制，召开创城工作培训会、推进会6次，分析、整改问题200多项，组织“周末卫生大扫除”、废旧物品置换活动等160余次。涌现出“永安姐妹”等4支优秀志愿服务团队，张凤亮、赵连梅等10户金牌志愿服务家庭，贺金庆等100名志愿服务之星。

（刘妍）

【街巷管理】 年内，招募“小巷管家”78

名，完成网上注册。巡访3015小时，处理各类事件398件，发放宣传手册1500册。全年小型维修资金48万元，为各社区安装、维护、抢修各类基础设施45次。

（刘妍）

【舆情处理】 年内，处理每日舆情、创城专报等各类事件94件，办结率达100%。12345接速即办，处理非紧急救助工作单86件，回复率、反馈率、契合度均100%。

（刘妍）

2018年儒林街道社区基本情况统计表

表4

序号	居委会名称	党支部书记	居委会主任	户数（户）	人口（人）
1	温泉南区东里社区居委会	郤凤云	郤凤云	1783	5349
2	温泉南区西里社区居委会	王景宇	王景宇	646	1845
3	温泉馨苑社区居委会	贾国庆	贾国庆	415	679
4	格兰山水二期社区居委会	刘满成	刘满成	3166	7500
5	胜芳园社区居委会	尹晓临	尹晓临	606	2400
6	永安社区居委会	李瑞森	李瑞森	909	2070
7	儒林苑社区居委会	安尚丽	安尚丽	370	1190
8	康安社区居委会	赵俊英	赵智超	2010	6023
9	悦安居社区居委会	李景全	李景全	682	1910

（栏目编辑：池尚明）

乡　镇

延庆镇

【概况】 延庆镇位于延庆区中心区域，是延庆区委、区政府所在地。全镇面积75平方千米，另有接收山区整体搬迁村山场面积1670公顷。下辖45个行政街村、11个物业管理小区。2018年，全镇户籍户数2.2万户，户籍总人口4.11万人，其中农业人口1.80万人，城镇居民人口2.31万人。另有流动人口0.98万人。农村从业人员1.83万人，从事一产的0.21万人，从事二产的0.22万人，从事三产的1.40万人。全年出生人口490人，出生率11.92‰，死亡人口280人，死亡率6.81‰，人口自然增长率5.11‰。全镇有经营单位1122家，其中法人企业299家、个体工商户823家。新增注册经营单位486家，其中个体工商户297家、企业189家。中心小学校2所、分校3所，成人学校1所。幼儿园12所，其中集体所有制园2所。镇级卫生院1所，敬老院1所，家庭寄养指导中心 1 所。健身广场37处，达标村级文化大院35个。文物古迹49处，其中市级文物保护单位2处，区级文物保护单位11处。古树12株，其中国槐9株，榆树3株，一级古树8株，二级古树4株。

2018年，镇党委辖基层党支部58个，其中农村党支部45个。全镇发展党员24名，预备党员转正42人，截至年底，有中共党员2309名。开展“踏寻革命足迹，传承革命精神，不忘初心，继续前进”“当好世园冬奥东道主——我是党员我承诺”“冬奥世园先锋行动”党建活动。新增8名农村实用人才，全镇农村实用人才188人。全镇耕地面积2857.1公顷（42856.5亩），其中粮田面积304.8公顷（4572亩），蔬菜面积189公顷（2835亩），果林面积149.4公顷（2241亩）。年产蔬菜853.5万千克、干鲜果品46.2万千克。设施园区168.2公顷（2523亩），有日光温室577栋，春秋棚1271栋。可利用水域面积120公顷（1800亩）。规模养殖小区3个，奶牛存栏2044头，年产奶1066.5万千克，出栏肉牛845头，出栏生猪4990头，出栏羊2361只，出栏家禽4.53万只，鲜蛋产量47.5万千克，水产产量38.1万千克。全镇农村经济总收入436749.7万元，农民人均劳动所得23591元。财政收入3038万元，财政支出11374.8万元。旅游收入3429.3万元，接待游客32.76万人次。招商引资到位资金6.41亿元。

年内，完成湖南路、西顺城街、康河路、北靳路、延崇高速、延崇高速35 kV高压输电线路拆改、中医医院整体迁建、京张高铁、世园会P1临时停车场、世园35 kV高压输电线路迁改等12项重点工程征占拆补63.07公顷，清理延农路抢栽抢种树木4000株。南三村棚改住宅签约率98%，非宅签约率54.1%，已奠基建设；小营-石河营棚改住宅签约率84.7%；李四官庄-谷家营回迁安置房选房率99.7%；东关回迁选房率97.1%。启动蒋家堡一事一议环境整治工程，完成广积屯茂源广发园区提升改造工程，更新水厂新井2眼，完成两田一园地下管网铺设，提升林海印象、龙海源、金粟3个休闲园基础设施，建立茂源广发有限公司农产品北京直营店、唐家堡“一村一品”电商提升项目，在京东、微信等平台建立电商销售渠道。发展特色业态乡村酒店2家、精品民宿1家。完成农村劳动力转移就业565人，城镇失业人员再就业463人，灵活就业233人，为373名失业人员发放失业金610万元，发放失业人员过节费16万元，完成7个村445名转非劳动力安置人员和290名人员超转；城乡居民养老保险7121人，缴费金额720万元；城乡居民医疗保险参保1.5万人，报销249万元。新增城乡低保14户、城乡特困1户、城乡低收入1户，撤销城乡低保123户、城乡特困6户；为低保垫付医药费18人次0.30万元，五保户垫付医药费24人次1.20万元；低保户门诊住院医药费报销498人61.84万元，享受住院押金减免即时报销18人次9.66万元；教育救助29人7.10万元，新生入学高等教育救助2人8700元，临时救助10人1.98万元，因病致贫救助11人11.63万元，慈善大病救助8人次13.20万元，慈善助学红十字慰问41户4.1万元。为困难残疾人发放生活补贴8791人次365.40万元，重度残疾人发放护理补贴7641人次102.70万元；为残疾人学生发放助学补助6人2.70万元；为大病残疾人申请临时救助3人1.50万元。完成326户公租房初审、26户公租房租金补贴资格年度复核。投入25.30万元为2108名妇女体检，对8名考上一类大学本科独生子女颁发奖金1.05万元，为260名独生子女父母发放一次性奖励金26万元，为302人发放奖励扶持金43.49万元，为独生子女失独家庭、困难独生子女户、独生子女伤残户发放慰问金18.03万元，发放独生子女费22.39万元，发放独生子女入伍奖励资金0.10万元。全镇低收入户280户、460人，人均可支配收入2.28万元，实现就业42人，村级合作社及村集体自主帮扶6户，帮扶资金9.24万元，向56户低收入家庭产业帮扶发放资金和实物8.19万元。筹资45.77万元对建国前老党员、困难党员、困难群众、劳动模范、离休干部进行慰问。

全年拆除违建142处15.56万平方米，其中拆除面积较大的有莲花池家属院西侧违建3210平方米、顺世华生态园违建8913 平方米、小河屯4号楼违建11503 平方米。整改土地督察项目354件，制止新生违建53件。发放2018年燃煤自采暖179户17900元、清洁能源自采暖31户54150元，补发2017年采暖季34户25250元，发放2017年抗震节能补贴452.50元；购买优质型煤17547.85吨，完成18个村“煤改电”外电网改造电力走廊占地及地上物评估补偿；完成水库移民5522人双核工作，发放资金328.01万元。清理街村道路沿线渣土垃圾3万立方米，整治违规广告牌匾380块，清理乱堆乱放2100立方米，粉刷小广告9000条；拆除不合格厕所123个，新建达标公厕15个；为54条背街小巷设立街巷长，招募“小巷管家”94名，累计巡访4.1万小时；完成老仁庄主街、六中东街、北关斜街南口街心公园建设，完成北关、火车站小区、东五里营环境整治提升工作；取缔110国道米家堡路段、北关夜市、司家营夜市占道经营的非法市场。建立餐饮、工地、农村自建房等14类污染源台账，对663个污染源点位整改销账612个，整改率92.3%；对地表水型集中式饮用水水源地和自然保护区7处点位整改销账；开展2018年秋冬季大气污染攻坚战，处理各类督察案件114件，应对空气重污染预警15次，2018年PM2.5累计浓度49微克/立方米。新建2个村级卫生室，改扩建6个村级卫生室。做好全国“两会”“上合”青岛峰会、中非合作论坛等重大活动节日维稳安保，群防群治出动7万人次，规范第一批和第二批综治中心建设，新建9个村级综治中心，完成老仁庄、祁家堡等7个“平安村”建设。实现安全生产标准化三级达标企业2家、小微企业岗位达标20家，安全生产责任保险投保企业141家，投保金额73.30万元。安装1000台独立式烟感火灾探测报警装置，新建1处电动自行车充电桩，安装4000个预防煤气中毒风斗。举办新春灯会、新春文艺汇演、第二届端午文化节、“金秋时节庆丰收、同心协力迎盛会”乐宴丰收节活动。

单位名称：延庆镇政府
地　　址：延庆镇湖北东路109号
电　　话：69101687

（黄荣）

【第二届端午文化节】 6月15日，在北京印象举办以“品端午文化、迎世园盛会”为主题的第二届端午文化节，活动包括端午文化节、草地音乐节、向不文明行为宣战签名和寄语世园4个环节，3000名观众参加。

（黄荣）

【就业专场招聘】 4月27日，延庆镇举办专场招聘会，现场登记企业69家，提供岗位1172个，求职人员2000人次，达成就业意向431人。另有北京京港地铁有限公司提供安检员岗位100个，求职报名432人，面试符合条件117人。

（黄荣）

【妇代会改建妇联】 4月，完成45个村农村妇代会改建妇联的更名工作，改建后，村妇代会统一更名为北京市延庆区延庆镇××村妇女联合会，产生村妇联主席45名，妇联兼职副主席90名，妇联执委661名。

（黄荣）

【垃圾分类置换】 9月26日，延庆镇四叶草志愿服务队到小营小区开展以“垃圾分类、保护地球”为主题的宣传置换活动，社工和志愿者讲解垃圾分类知识、废旧电池和过期药品危害及处理方法，发放宣传材料，小区居民约100人参加，兑换生活用品50份，回收废品70份。

（黄荣）

2018年延庆镇各村基本情况统计表

表5

村委会名称	党支部书记	村委会主任	户数（户）	人口（人）	经济总收入（万元）	农民人均所得（元）
解放街	闫建利	闫建利	185	372	2415	27418
自由街	张开明	张开明	1022	1778	21169	26359
民主街	陈壮有	陈壮有	378	670	15239	22697
胜利街	赵利萍	赵利萍	975	1703	27739	29981
东　关	黎兴军	黎兴军	828	1827	23271	26298
西　关	张印明	张印明	483	926	9162	20113
北　关	雷胜利	雷胜利	764	1799	19374	21938
蒋家堡	唐瑞云	唐瑞云	277	510	5538	18831
双　营	李英蕊	潘　贵	274	534	3922	19016
广积屯	马计常	马计常	485	933	14269	21515
王泉营	王广庆	王广庆	616	1208	11402	19505
司家营	张志安	张志安	775	1628	19054	18648
百眼泉	赵学军	赵学军	503	1059	8934	27038
民主村	郭　庆	郭　庆	387	646	15273	24748
南辛堡	曹长合	曹长合	559	1050	19140	31631
李四官庄	张海霞	张海霞	373	783	5137	32182
谷家营	陈　燚	林　虎	656	1434	9127	30130
小　营	王　伟	王　伟	878	1903	21159	30739
石河营	刘志清	刘志清	1006	2026	19258	29845
莲花池	房文生	房文生	569	1177	18337	19693
上水磨	杜宁宁	杜宁宁	220	448	4972	19615
下水磨	潘贵利	潘贵利	286	554	5325	24213
王　庄	车记娥	车记娥	186	397	2027	19413
三里河	赵静云	赵静云	513	1045	6242	20579
赵　庄	贺爱忠	贺爱忠	474	891	6549	17999
八里庄	史军利	史军利	543	1009	6558	20160
孟　庄	孟志利	孟志利	683	1277	7462	19296

续表5

村委会名称	党支部书记	村委会主任	户数（户）	人口（人）	经济总收入（万元）	农民人均所得（元）
老仁庄	穆　泽	穆　泽	193	363	2234	23022
祁家堡	郝东长	郝东长	100	182	2743	26516
米家堡	贺志永	贺志永	269	530	14054	19411
唐家堡	吴建军	吴建军	218	380	3831	21992
卓家营	鲁振忠	鲁振忠	330	610	24305	27008
陶　庄	吴三成	吴三成	185	351	3185	18169
鲁　庄	鲁红兵	鲁红兵	179	346	2963	18343
郎　庄	郎永福	郎永福	289	571	2825	18628
张　庄	张东富	张东富	163	292	3009	19850
西辛庄	王　波	王　波	529	1041	7123	26524
小河屯	贺　伟	贺　伟	176	310	2254	18129
付余屯	陈敬忠	陈敬忠	445	825	3952	18776
东五里营	吴国珍	吴国珍	534	1096	3811	20043
新白庙	闫爱利	栾彩文	428	883	4499	19507
东　屯	封文娟	封文娟	287	534	4451	18796
中　屯	段明晨	段明晨	373	707	6171	20325
西　屯	李淑华	李淑华	714	1378	8952	21920
西白庙	于宗乐	于宗乐	549	1140	8337	21448

康庄镇

【概况】 康庄镇地处延庆区西南，距延庆城区12.5千米，镇域面积100.7平方千米，辖2个社区居委会、31个村委会。全镇户籍数14313户，户籍人口26647人，其中农业人口14403人、非农业人口12244人。全年出生人口411人，出生率13.83‰；死亡人口173人，死亡率5.82‰；人口自然增长率8.01‰。2018年，镇党委下辖基层党组织46个，其中镇机关党支部3个、农村党支部31个、社区党支部2个、企事业单位党支部10个。发展党员19名，预备党员转正26名，全镇中共党员1726名。

2018年，全镇完成农村经济总收入14.09亿元，农民人均劳动所得22075元，财政收入1768.6万元。粮食作物播种面积886.73公顷（13301亩），亩产558.43千克，总产量824.16万千克。主要农作物播种面积和产量：玉米播种面积874.4公顷（13116亩），总产量817.05万千克。生猪出栏7925头；肉牛出栏54头，存栏1500头；羊出栏4292只，存栏2288只；家禽出栏18万只，存栏15.06万只。牛奶产量380.67万千克；鲜蛋产量122.43万千克；肉类总产量95.82万千克；干鲜果品总产量54.07万千克；渔业产品产量3.41万千克。造林400公顷，栽植树木27万株。2018年新农合办理1248人，发放低保户生活补贴1617人次，发放低保户全家护理补贴785人次，发放全年享受助残券785人次。镇域内延康路、康张路、天佑路、西官路、西环路、百康路、南环路、汇通路、兴隆街纵横贯通。镇内有邮电所2处、电管站1处、通信营业厅1处、农业银行1处、农商银行1处。大学2所，教职工398人，在校生6205人。中学1所，教职工71人，在校生262人。小学3所，教职工142人，在校生926人。幼儿园1所，教职工59人，入园儿童380人。成教学校1所，教职工1人，年内培训2630人。卫生院1所，医护人员65人。卫生服务站3所，村级卫生室11所。

年内，全镇立足“园艺风情小镇、科技创新家园”发展定位、“一城三区”功能布局和“一体两翼”产业布局，坚持稳中求进，抢抓发展机遇，全面推进五位一体建设。京张高铁涉迁村大王庄、小曹营安置房项目实现开工建设，延崇高速土地征拆工作全部完成；以妫河森林公园为基础打造4个主题景观节点，贯穿非围栏区的乡村体验路基本建设完成；完成世园会大路生态停车场、百康路提级改造工程地上物补偿主要工程。拆除违法建设20052.17平方米，恢复生态用地45宗，整改率75.86%；开展绿盾专项行动，涉及15个项目，30个点位，取缔散乱污企业豆腐加工厂1家，清退养殖场4家，清理建筑垃圾5000立方米，拆除自然保护区违法建筑3起，清除鱼塘水坑3家；依法清退砂石厂整治6家；对康庄大道、西官路、康张路、百康路、延康路等重要迎宾通道进行提升；完成康庄商业街提级改造和北京康庄兴隆市场疏解关停，打造精品示范街区；整治各类曝光及挂账环境问题229处，整改完成率100%；强化“三烧”、道路扬尘、劣质燃煤巡查检查整治力度，发现并完成整改问题14处；959户实施煤改气工程，106户实施煤改电工程。完成16个行政村、2997户减煤换煤10260.5吨；河道常规巡查，发现问题65处，清理3条河道及周边垃圾2万立方米。协助北菜园农业合作社和阔野田园生物科技公司扩建推进农业设施园区产业升级；为世园会参展方提供资材供应服务。

编制完成《榆林古驿站保护性开发方案》，引入民营社会资本（新华联集团）对榆林堡进行保护性综合开发，以榆林古城为核心打造康庄镇西部文化旅游产业区。一、二、三街棚户区改造项目完成首轮公示、复核。农村集体土地建租赁房项目完成项目钉桩、勘探定界及权属审查、村民代表大会通过；中关村延庆园土地开发一期工程拆迁；完成12个美丽乡村规划设计；完成2018年新一轮百万亩平原造林近333.3公顷（5000亩），流转马营等4村土地391.6公顷（5847亩）。推进5个低收入集中村精准扶贫项目实施；安置城镇失业人员284人，转移农业就业321人，安置残疾人就近就业116人。实施危房改造21户；处理网格化社会服务管理平台单件3645件，办结3444件；城管执法查处各类案件147起，罚款419500元；答复办理12345非紧急救助热线830件，解决网上舆情事项43件。

单位名称：康庄镇政府
地　　址：康庄镇四街
电　　话：69131007

（索湧烜）

【建设“八有”党支部】　2月15日，康庄镇党委建设性提出各基层党组织要建设“八有”党支部，即“有场所、有标识、有党旗、有制度、有身份公示、有承诺、有报刊、有设备”。31个村和2个社区党支部均达到“八有”标准。

（索湧烜）

【世界读书日活动】　4月20日，康庄镇举办“爱尚悦读旅程，艾赏园艺风情”绘本悦读分享活动。通过公开招募，康庄地区的20名4岁以上儿童在家长的陪伴下参与读书活动。

（索湧烜）

【就业创业便民服务】　5月8日，镇政府为31个行政村2个居委会就业创业服务站增设《北京市延庆区康庄镇就业创业服务之窗》，安置于村委会显著位置，以便及时联系村内就业创业指导员，接受就业创业服务，打通就业创业服务“最后一公里”。

（索湧烜）

【安全生产“七进”活动】　5月30日起，康庄镇开展以“遵法守规明理，安全文明出行”为主题，开展安全生产宣传教育“七进”活动。即：进企业，进机关，进学校，进家庭，及农村，进社区，进公共场所。宣传内容有交通安全、消防安全、用电安全等，并发放宣传手册和挂图。

（索湧烜）

【端午文化节活动】　6月15日，在小丰营村温馨家园活动中心举行“迎世园，盼冬奥，共品粽香情”端午文化节活动，内容包括歌舞表演、文化答题等。31个行政村的残疾人代表及小丰营村部分村民约200人参加。

（索湧烜）

【大棚房专项整治】　6月15日至10月10日，康庄镇多部门对镇域内大棚开展5轮联合检查。清除棚内硬化超标16处，清退棚内养殖10栋，拆除棚内建筑2栋。拆除房屋面积2452.5平方米，清退住人棚舍45栋，拆除棚外自建彩钢房8处1024平方米。

（索湧烜）

【对口帮扶】　7月4日，康庄镇组织工作人员赴内蒙古兴和县开展结对帮扶工作。通过对比两地发展状况，双方确定以产业链整体发展规划做为合作帮扶的切入点，并达成共识。

（索湧烜）

【中高考表彰】　8月22日，康庄镇召开以“立足家乡、志存高远”为主题的中高考优秀学生表彰大会，表彰65名优秀高考学生及中考前三名优秀学生。其中，31名一本学生，每人奖励3000元；34名二本学生、中考优秀学生每人奖励2000元。

（索湧烜）

【河长制拉练巡查】　9月15日，巡查养鹅池河、帮水峪河、西拨子河重要点位及5个村级污水处理站，对水源地周边环境维护、河道整治工程、污水处理站运行、水面浮萍、村民生活垃圾处理进行巡查。

（索湧烜）

【北京国际马球公开赛】　9月19日—22日，由市体育局、市体育基金会、区政府支持，中国马业协会主办，区体育局、康庄镇政府、北京阳光时代马球运动有限公司联合承办的2018北京国际马球公开赛暨“一带一路”国际马球公开赛（北京站）在北京阳光时代马球基地开赛。英国、德国、新西兰、中国四支队伍参赛，德国队获得“冠军杯”，英国队获得第二名，中国队为季军，新西兰队获得第四名。

（张小利）

【非洲猪瘟防控】　11月1日，应对市内非洲猪瘟疫情，开展辖区内生猪排查检疫和消毒灭源，3千米范围内执行扑杀令，3～10千米范围内严密封锁，在最短时间内拔除疫点，将非洲猪瘟疫病隐患消灭在萌芽状态。

（索湧烜）

【5家民宿获评世园人家】　12月1日，康庄镇开展世园人家评选。其中，火烧营荷府农家院餐厅、北京有家逸墅农家院餐厅、北京健龙祥合农家院餐厅、北京喻海庄园餐饮有限公司、北京晓苑农家乐餐厅5家农家院及民宿被评选为延庆第一批“世园人家”。

（索湧烜）

【商业街提级改造工程】　12月10日，康庄商业街改造工程完成，安装照明设施238套，清洗粉饰改造建筑立面2万余平方米，绿化美化5.7万平方米，整修道路2.2万平方米，更换门窗4660平方米。

（索湧烜）

【康大姐志愿服务】　12月14日，康大姐志愿者协会部分会员到榆林堡古驿站集市，开展“巾帼建功新时代助力世园迎冬奥——康大姐在行动”社会组织公益行活动。志愿者向前往赶集的群众及商户，讲解环保知识，发放《绿色家庭公约“美丽北京家行动”倡议书》、“绿色家园美丽康庄”环保购物袋等宣传材料1000份。

（索湧烜）

2018年康庄镇各村基本情况统计表

表6

村委会名称	党支部书记	村委会主任	户数（户）	人口（人）	经济总收入（万元）	农民人均所得（元）
榆林堡	陈淑春	陈淑春	2250	1127	9628.2	20114
一街	吕海顺	吕海顺	1250	382	3349	20568
二街	马志刚	马志刚	402	172	3619.2	23060
三街	宋文柱	宋文柱	428	167	5366.2	22360
四街	梁　磊	梁　磊	838	382	4364.9	18807
刁千营	张玉华	张玉华	864	320	7337.8	20775
马　坊	孙全锁	孙全锁	526	245	3638.9	22053
西桑园	谢春金	谢春金	520	378	3619.1	23077
西红寺	罗贵存	罗贵存	724	434	3832.1	29102
郭家堡	段秀成	段秀成	780	420	8622.7	24140
小北堡	李金生	李金生	315	176	3259.9	24724
大丰营	卢建文	卢建文	471	248	2714.2	23227
大　营	宁学义	宁学义	1430	819	11088.6	26699
火烧营	王桥海	王桥海	216	104	620.9	18472
太平庄	徐海珠	徐海珠	657	385	3433.1	20630
张老营	李　达	李　达	570	398	2040	20809
许家营	吴　波	吴　波	569	285	1808.7	20427
马　营	孙金文	孙金文	1100	663	3721.8	18909
苗家堡	胡爱民	胡爱民	530	290	1712.2	19221
刘浩营	张树山	张树山	588	308	2069.7	22825
屯军营	王　龙	王　龙	1266	420	7771.7	19566
小曹营	王艳波	王艳波	369	204	1216.7	21409
大王庄	王　永	王　永	1199	647	6088.4	21041
北曹营	曹艳永	曹艳永	300	182	1996.9	20300
南曹营	曹　婷	曹　婷	300	156	1507.8	21967
小王庄	张进军	张进军	380	230	1866.4	20300
小丰营	张建军	张建军	2131	1225	24925.7	26897
东红寺	闫富海	闫富海	886	417	5198.3	20301
王家堡	李晓宾	李晓宾	310	260	1328.5	18742
东官坊	哈玉民	哈玉民	322	231	2353.3	26174
大　路	张旭军	张旭军	275	151	822.1	19491

八达岭镇

【概况】 八达岭镇位于延庆区最南端，镇地域总面积96平方千米，辖15个村民委员会。2018年，全镇户籍数4366户，户籍总人口8289人。出生人口98人，出生率11.8‰；死亡人口43人，死亡率 5.1‰；人口自然增长率6.7‰。镇域70%为山区，30%为平原和丘陵，有建设用地937.47公顷（14062亩），耕地625.87公顷（9388亩），基本农田154.33公顷（2315

亩）。林地面积4266.67公顷（6.4万亩），林木绿化率77.2%。镇域内有10千伏高压输变电站、110千伏变电站等基础设施，华北联网的50万伏高压电网、110千伏高压线路穿越镇域；中科院太阳能1兆瓦光热发电示范电站，有供水场、污水处理厂等节能设施。中学1所，小学1所，中心幼儿园1所，学前班1所，镇级社区卫生服务中心1所，村级卫生室9个，社区服务站2个。

年内，镇党委下辖基层党组织24个，其中农村党支部15个，机关党支部3个、卫生服务中心党支部1个、大学生村官党支部1个、八达岭社区党支部1个、企业党支部2个，非公企业党支部（华军煤机液压件厂）1个；全镇有中共党员800名，平均年龄55岁，其中农村党员588名。全镇实现农村经济总收入10.7亿元、农民人均劳动所得30078元，完成财政收入1620.79万元，招商引资固定资产到位资金1.9亿元。全年民俗旅游接待39.67万人次，收入3740.4万元，同比增长9.1%。为103名享受低保人员发放低保金106.18万元，为2172名残疾人发放生活补助92.99万元，为1208名残疾人发放助残券12.08万元，新型农村合作医疗参合率99%。兴延高速35KV和110KV供电迁改移工程、张昌三线高压迁改、西白庙220千伏电源工程等冬奥世园配套重点工程有序推进。完成八达岭景区滚天沟综合市场腾退拆迁，2次拆迁均在3天内完成签约，拆除面积1.1万平方米，疏解商户116家，涉及430人。首批新农村社区试点八达岭社区，完成营城子、南园、程家窑、东沟、石佛寺、三堡、里炮、岔道、小浮坨9个村回迁。申报世园人家示范户提升奖励改造项目，石峡乡村酒店改造、石佛寺村北京胤巷高端民宿完工，南园精品民宿初见规模，小浮坨乡村酒店被市旅游委列入长城文化带重点推进项目。

单位名称：八达岭镇政府
地　　址：八达岭镇西拨子村
电　　话：69120395

（高雪兰）

【残疾人赏花】　3月5日，八达岭镇残联组织50多名残疾人到张山营世界葡萄博览园观赏花卉，并合影留念。

（高雪兰）

【“扫黑除恶”宣传】　4月20日，八达岭镇司法所联合综治办、信访办、安全科，在水关长城景区开展“依法扫除黑恶势力 共建和谐八达岭”宣传活动，发放宣传材料100余份，解答群众提问10余人次。

（高雪兰）

【“双创”工作现场会】　4月25日，八达岭镇召开“双创”工作现场会，对创建全国文明城区、国家卫生区工作全面动员。镇全体机关干部，村级志愿者，各企事业单位、驻镇施工单位代表200余人参加活动。

（高雪兰）

【5对金婚老人拍婚纱照】　10月20日，八达岭镇社保所免费为辖区内5对金婚老人拍摄婚纱照，圆老人们的婚纱梦。

（高雪兰）

【基层普法宣讲】　10月22日，八达岭镇组织基层普法宣讲活动，公益法律服务工作者程文峰就“两委”换届选举相关政策法规进行宣讲，机关干部及村“两委”干部100余人参加。

（高雪兰）

【志愿服务】　10月31日，八达岭镇妇联联合工会组织志愿者到张北柔性直流电网试验示范工程北京换流站开展巾帼志愿队理发服务活动。为工人们提供“一对一”的理发服务。

（高雪兰）

【新时代文明实践站授牌】　10月31日，八达岭镇新时代文明实践所成立大会举行，相关领导为石峡村、里炮村、营城子村、东曹营村、南园村、石佛寺村7个村以及八达岭镇社区新时代文明实践站授牌。

（高雪兰）

【社会文艺中专班结业】　11月28日，八达岭镇小浮沱村举行2015届农民社会文艺中专班毕业典礼，32名学员通过社会文艺课程的学习，获得由中央农业广播电视学校颁发的中专毕业证书。

（高雪兰）

【保绿保洁培训班】 12月19日，八达岭镇社保所在镇文体中心举办服务冬奥、世园保绿保洁培训班。培训内容包括世园会、冬奥会知识，保洁保绿专业知识和基本礼仪等内容。镇域保洁队和绿化队近100人报名参加。

（高雪兰）

2018年八达岭镇各村基本情况统计表

表7

村委会名称	党支部书记	村委会主任	户数（户）	人口（人）	经济营业收入（万元）	农民人均所得（元）
石峡村委会	彭长根	彭长根	101	195	200	22000
帮水峪村委会	董　山	彭永东	365	718	1304	18162
里炮村委会	张　良	张　良	194	401	24412	35182
外炮村委会	田吉祥	白燕军	178	309	1047.43	21448
营城子村委会	王万发	王万发	615	1152	9512.6	25000
东曹营村委会	邢　东	邢　东	411	723	4992.6	21166
大浮坨村委会	耿秀林	康海涛	646	1193	2754	23458
小浮坨村委会	李　红	李　红	336	632	5241.74	24878
程家窑村委会	王金生	王雪生	326	491	1027	21088
岔道村委会	艾宝江	陈刚	657	1277	37166.7	54166
西拨子村委会	李志刚	李志刚	238	415	8354.3	33672
南园村委会	史志刚	孙建超	135	292	1585.8	19361
东沟村委会	李建华	李建华	126	258	1840.6	23506
石佛寺村委会	姬时雨	姬时雨	165	303	13416	59300
三堡村委会	宋海英	宋海英	48	80	800	25290

永宁镇

【概况】 永宁镇位于延庆区中部，辖区面积146.5平方千米，耕地面积4131.33公顷（61970亩），辖36个村民委员会。2018年，全镇户籍户数13942户，其中农业户7975户、非农业5967户；户籍总人口26710人，农业人口16684人、非农业人口10026人。全年出生人口288人，出生率10.78‰。死亡人数230人，死亡率8.66‰。人口增长率为2.12‰。镇内有永宁古城、妫水源头、青龙潭等旅游景点。有九年一贯制学校1所，在校生858人，教职工181人。幼儿园1所，入园儿童400人，教职工91人。有社区医院1家。镇党委辖基层党组织43个，包括党总支1个，党支部42个。全年发展党员24名，全镇有中共党员1684名。

2018年，全镇农作物耕种面积1488.13公顷（2.23万亩），化肥使用量10819千克。主要农作物玉米的播种面积、总产量和单产分别为756.28公顷（11344.2亩）、5592.9千克和493千克；蔬菜播种面积和单产分别为404.16公顷（6062.5亩）、885.1千克；干鲜果总产量33.39万千克，其中鲜果2275千克。全年生猪出栏30736头，存栏5749头；羊出栏3915只，存栏4627只；肉牛出栏308头，存栏366头；鲜蛋产量2556.86千克。全年农村经济总收入7.31亿元，人均所得16016元。就业人口9844人，其中外出就业人员4457人。城乡基本医疗保险参保人数12730人，参保率99%。全镇残疾人数2271人，比2017年增加154人。其中，视力残疾387人，肢体残疾1176人，精神残疾152人，智力残疾153人，听力残疾280人，言语残疾15人，多重残疾108人。全年发放社保卡13917张，其中二次申领1231人，修改信息701人，社保卡丢失补卡526张，新参保1547人，减员350人，退费30人，为43人申请特批红名单。为参保人变更定点医疗机构2857人次，修改个人信息110人次，175人以现金缴费的形式参保，收取现金47940元。收取1502人住院及门诊手工报销票据3700张921.1万元。城乡居民大病二次补偿117人104.9万。空岗信息采集525人，全年指标为450人，完成指标率117%。城乡居民基本养老保险参保人数6449人。

完成永宁镇环城路、永宁法庭至北关新区、昌赤路利民街至阜民街路段、延琉路吴坊营、新华营路段综合整治及绿化，整治土地面积201.4万平方米。镇政府与镇区247家商户签订“门前三包”责任书。镇城管执法队立案查处各类违法案件384件，按一般程序进行处罚29起，罚款4.77万元。全年人均处罚量43.11，在18个街乡镇排名第5，人均检查量101，在18个街乡镇排名第8。截至年底，星火演出108场，其中专业演出36场，业余演出72场。镇鸣凤艺术团外出交流演出18场，永康艺术团外出交流演出9场。

单位名称：永宁镇政府
地　　址：永宁镇永宁大街39号
电　　话：60171741

（张啸雪）

【第三届娃娃庙会】 1月19日，永宁幼儿园举办“瑞犬迎春共庆佳节”第三届娃娃庙会。庙会活动分为经典故事大家演、年货集市大家选、传统美食大家做、传统艺术大家学、快乐灯谜大家猜、欢乐冰雪大家玩六大板块。幼儿园儿童演出《没有牙齿的大老虎》《小熊请客》《年的故事》《白雪公主》等故事，年货一条街上，展示教师和孩子共同制作的各种传统工艺品，包括窗花、门神、快乐红包、幸福年历、五彩灯笼、福字、泥塑狗狗和年画。“传统美食大家做”板块有包饺子、打火勺、驴打滚、糖葫芦、脆排叉、元宝汤、野鸡脖、年糕、爆米花等。邀请民间艺人孟玉林教孩子制作毛猴。全校师生及家长500人参加。

（张啸雪）

【重点企业安全检查 】 3月9日，镇安全科会同镇城管、环保、派出所等单位对辖区内加油站、液化石油气站重点企业的安全生产情况开展联合检查。检查中国石化销售有限公司北京延庆永来顺加油站、北京市永宁盛世液化气有限公司、北京八达岭酒业有限公司、金果园老农（北京）食品股份有限公司4家单位。要求4家单位完善应急预案，落实应急资源、强化应急演练，加强应急值班值守。

（张啸雪）

【村官阅读分享交流】 5月4日，镇团委组织青年机关干部、大学生“村官”20人，开展“五四”青年节“与好书相伴”活动。活动中，大家拿出自己喜欢或者正在阅读的图书，分享自己的读书感悟、经典段落、名人逸事等。

（张啸雪）

【空巢助老项目启动仪式】 5月5日“区慈善协会在永宁镇小庄科村举行“1+1”关爱空巢助老项目启动仪式。镇“永宁卫”志愿服务队12名志愿者和36个村的妇女主任参加。区民政局领导为“永宁卫”志愿服务队授旗，并介绍慈善“1+1”关爱空巢助老项目的发展历程。

（张啸雪）

【端午节活动】 6月19日，镇文体中心组织开展“粽情端午迎世园”主题活动，活动地点在南山健源生态产业园，活动内容包括插花技能培训、端午竞赛游戏、永宁幼儿园文艺演出、民间花会展演和包粽子比赛。36个行政村的

"粽子能手"参加包粽子比赛。

（张啸雪）

【食品药品安全宣传】 7月27日，镇食药所开展以"尚德守法食品安全让生活更美好"为主题的食品安全宣传活动，通过悬挂宣传横幅、发放宣传资料、现场咨询等方式向广大群众宣传食品药品相关法律法规。发放宣传品150件，宣传材料200份，解答群众提出的问题10个。

（张啸雪）

【征兵宣传】 7月27日，镇武装部在镇政府门口开展2018年征兵宣传活动，工作人员向过往群众解答征兵的对象范围、基本条件、征集程序以及优抚政策等。发放宣传材料100余份。

（张啸雪）

【菊花文化科普展】 9月29日，"菊韵延庆城花开世园梦"——延庆菊花文化科普展在永宁镇新华营村双时助农花卉基地开展，展览由世园会延庆区筹备办、区科协和永宁镇政府共同举办。双时助农花卉基地占地4公顷（60亩），菊花展以世葡园整体设计风格为背景，园区内分为室内室外展区，室内展区主要进行菊花切花品种展示，插花艺术展示，艺术菊花展示，菊花知识普及和菊花衍生产品的展示。室外展区由花篮花海和精品观赏菊花展和菊花小品组成。园区有菊花新品种35种，由中国农业大学园艺学院洪波教授指导培育，将在2019北京世园会上亮相。

（张啸雪）

【杏树嫁接梅花】 年内，西山沟村聘请农科院专家，通过技术创新，培植多彩梅花。将后坡13.33公顷（200亩）经济价值过低的老杏树嫁接观赏梅花。

（张啸雪）

2018年永宁镇各村基本情况统计表

表8

村委会名称	党支部书记	村委会主任	户数（户）	人口（人）	农村经济总收入（万元）	人均劳动所得（元）
河　湾	张大海	张大海	221219	428	543.1	13079
北　沟	张振宗	张振宗	27	44	129.4	12796
清泉铺	卫宇廷	池春红	343	686	1036	12870
罗家台	李志国	李志国	179	340	374.3	12931
王家堡	王　玉	王　玉	79	156	248.6	18124
水口子	贺祥君	贺祥君	54	121	410.8	14862
偏坡峪	钱志龙	刘春亮	37	79	359.9	21603
二　铺	吕淑春	吕淑春	130	232	989.6	15106
营　城	刘存福	刘存福	220	429	2059.6	17982
马蹄湾	巴士义	巴士义	69	144	233.6	13071
西山沟	宋利军	宋利军	176	328	686.5	13075
永新堡	李秀环	李秀环	187	398	571	14438
狮子营	韩　颖	韩　颖	199	358	851.9	13888
上　磨	訾景成	訾景成	251	469	2552.6	18961
吴坊营	吴永成	吴永成	667	1241	4406.8	14709
小庄科	魏石兰	魏石兰	297	569	962.2	16243
前平坊	韩贵洲	韩贵洲	169	324	866.2	13775
孔化营	梁志鑫	梁志鑫	760	1406	4524.3	17440
新华营	朱正喜	朱正喜	1208	2290	8082.3	21529
左所屯	张　恒	张　恒	1337	2498	5601.7	15066

续表8

村委会名称	党支部书记	村委会主任	户数（户）	人口（人）	农村经济总收入（万元）	人均劳动所得（元）
北　关	苏金全	苏金全	245	486	7307.5	19514
西　关	钱永青	钱永青	912	1821	5726.5	17860
小南元	闫占江	闫占江	178	331	756.6	12880
盛世营	李　森	李　森	173	318	627.2	14226
南　关	田秀梅	田秀梅	357	690	1063	12089
太平街	杨金禄	杨金禄	798	1495	2381.2	14658
利民街	盛长栓	盛长栓	907	1722	4694	12858
和平街	颜铁柱	颜铁柱	535	1034	1965.8	11477
阜民街	李顺来	李顺来	843	1526	3515.1	16649
王家山	肖玉成	肖玉成	484	970	1799.6	15412
南张庄	张振林	张振林	183	398	1535.5	22208
东灰岭	赵金柱	赵金柱	566	1077	3356	21646
彭家窑	彭永强	彭永强	256	522	727.9	12425
西灰岭	于秀利	于秀利	373	739	1353.2	12801
头　司	韩建华	韩建华	79	155	304.2	15929
四　司	陈钇锦	陈钇锦	147	327	472.4	14773

旧县镇

【概况】 旧县镇位于延庆区城东北15千米处，辖区面积109.7平方千米，辖22个行政村，户籍户数11215户，总人口22327人。全年出生322人，出生率14.42‰，死亡人口124人，死亡率5.55‰，人口自然增长率2.60‰。镇域有延庆古八景中的3处："古城烟树""神峰列翠""独山夜月"。还有烧窑峪"摩崖造像"明代石佛像群、"陶艺之乡"盆窑村、云瀑沟景区、东龙湾高端民宿"左邻右舍"、白河堡康养民宿和东羊坊素食宴等。配合2019年世园会，旧县镇有丰森源世界森林主题公园、妫州牡丹园、绿富隆蔬菜基地、华海田园天文农庄、白羊玉国光苹果基地、爱菩瑞德果园6个园艺产业集聚区和盆窑村园艺主题村庄。全镇有中小学校4所，幼儿园3所（其中公立2所、私立1所）。医院1所，床位50张，投入使用20张。数字影院23个，其中固定影院22个，流动影院1个。健身广场23个。镇党委辖基层党组织29个，其中农村党支部22个；全年发展党员15名，按期转正15名，全镇有中共党员1469名。

2018年，全镇粮食作物播种面积1230.47公顷（18457亩），总产量524.27万千克。其中，玉米播种面积1180.13公顷（17702亩），产量519.52万千克；谷子播种面积15.31公顷（245亩），产量1.75万千克；藜麦播种面积26.67公顷（400亩），产量2万千克；大豆播种面积7.33公顷（110亩），产量1万千克；红小豆播种面积1.67公顷（25亩），产量3000千克。全年羊出栏2192只，羊存栏4669只；牛出栏707头，牛存栏3671头；猪出栏9517头，猪存栏781头；家禽出栏23.79万只，家禽存栏7.88万只。完成农村经济总收入15.63亿元，同比增长

15.8%；实现农民人均劳动所得27723.5元，同比增长6.9%；财政收入215.1万元，完成区财政局下达财政收入任务172.6万元的124.6%，同比增长13.9%。旅游接待41.58万人次，旅游收入3520.8万元。

年内，完成旧县、古城、东羊坊、车坊、盆窑、团山6个村优质燃煤替换6900吨。拆改燃煤锅炉3家，经营性小煤炉实现“动态清零”。拆除违建16处7315.52平方米，超额完成6000平方米的任务。对728栋大棚逐一收集合同、建立台账、制定标识牌，做到一棚一档，限时完成整改。整改占道经营类违法行为71起，整治无证无照经营11户，疏解一般制造业企业3家。投入80余万元完善垃圾分类设施，16个村完成示范村创建。清退拆除养殖场6处，关停4处。为1586户村民办理生物农药补贴卡，收集农药包装废弃物410千克。在区级环境专项检查考评中，旧县镇蝉联生态城镇发展区组第一名。医疗救助因病致贫家庭4人，临时救助42户49人，为24名重大疾病患者报销医药14万元，为66名城乡低保、农村特困人员报销医药费25万元，为28名城乡救助对象减免住院押金14.8万元，为226名低保和五保户垫付医疗费28.6万元。全镇5675人参加城乡居民养老保险，保额551.2万元。为121户四类重点人申请危房改造。新建村卫生室5家、养老驿站（老年幸福餐桌）5家。新建抗震房1050户，节能保温改造410户，综合改造25户。

完成第二届“独山夜月”旅游文化体验周、第六届妫州牡丹文化节、第十二届届夏季群众文化广场、第十一届冬季群众文化艺术节、第七届闫庄“焰火节”文化活动。编写出版《独山夜月话缙阳》。放映电影970场，星火演出66场，文艺演出28场，观看演出人员上万人次；镇村图书流转4600本；组织化妆、摄影、烙画、舞蹈等培训活动20余次。获得延庆区第九届群众舞蹈大赛金奖、延庆区第十届北京端午文化节龙舟竞渡比赛二等奖以及2018年中国体育旅游十佳精品目的地、北京市体育特色乡镇等称号。

单位名称：旧县镇政府
地　　址：旧县镇旧县村
电　　话：61151206

（吕秀芳）

【市优秀社会体育指导员进基层】 4月12日，区体育局组织的“市优秀社会体育指导员健身技能进基层”活动在旧县镇举办。邀请市优秀健身操舞社会体育指导员张英燕、孙桂萍和李春霞在镇文体中心对健身操舞的学习、队形变换、动作的纠正以及比赛规则进行专业指导和讲解。健身操舞爱好者30人参加活动。

（张小利）

【象棋比赛】 4月13日，区体育局、旧县镇政府主办，区农民体协、区象棋协会承办，旧县镇文体中心协办的“喜迎世园、助力冬奥”2018年延庆区农民象棋、双升级比赛在旧县镇文体中心举行。井庄镇获团体一等奖，永宁镇和千家店镇获团体二等奖，香营乡、康庄镇、旧县镇、刘斌堡乡获团体三等奖。

（张小利）

【钓鱼比赛】 5月5日，由区体育局指导、旧县镇政府主办、区钓鱼协会承办的“旧县镇创建全国运动休闲特色小镇暨延庆区2018年钓鱼比赛”在旧县镇古城村垂钓园举办，全区60余名钓鱼爱好者参赛。

（张小利）

【第三届延庆女子半程马拉松】 5月12日，由马孔多公司主办，区体育局、旧县镇政府、区旅游委、团区委协办的独山夜月杯·第三届延庆女子半程马拉松在旧县镇举办。2019名选手以奔跑的方式提醒人们关注即将到来的2019年北京世园会。半马赛道全程21.0975千米。清华大学汪学佳获得冠军。

（张小利）

【冬奥应急水源保障】 年内，落实冬奥应急水源保障工作。完成8个村170户221亩土地征占补偿。移植采伐树木4869株，发放占地补偿1167万元。

（吕秀芳）

【修建独山步道2000米】 年内，实施小孤山奶奶庙遗址保护项目，修建独山登山步道2千米，该步道以块石原路、木栈道材质为主，步道入口以朔月形象与山石LOGO打造迎宾景观。

（吕秀芳）

【古窑遗址保护维修】 年内，完成盆窑村古窑遗址保护维修，在窑洞口新砌挡墙，对周边环境进行绿化美化，用瓦盆、猫头、滴水装饰道路两侧挡墙，增加导览标示牌。

（吕秀芳）

【特色民宿建设】 年内，在盆窑村建设特色民宿，以古窑遗址为中心，以陶艺文化为主题，由北京农泰民俗旅游专业合作社与延庆青创会共同打造，计划改造8个院落，截至年底已完成4个院落。民宿配套文创体验店“盆窑工坊”完成改造并对外开放。

（吕秀芳）

【独山夜月文化体验周】 9月22日—28日，旧县镇举办第二届“独山夜月”文化体验周活动。活动包括中秋雅集文化沙龙、音乐品鉴、主题文化作品征集、丰收趣味运动会、赏月观星5项内容。中秋雅集文化沙龙活动邀请中国作家协会、文化部中华文化促进会、《中国作家》杂志、《中国文艺评论》等专家点评《独山夜月话缙阳》一书，讨论独山夜月文化IP打造。高端文化音乐品鉴活动以“独山夜月”相关古诗词吟诵、民乐演奏、原创音乐舞台剧演出为主。“独山夜月”主题文化作品征集书法作品30幅、诗词作品30首，并汇集成册。农民丰收趣味运动会以22个村为单位组队，每队6人，开展以农事体验、农事运动为主的丰收运动会。赏月观星专题活动包括第二届延庆天文科普发展论坛、天文集市、天文观测及天文科普进校园等内容。区领导胡耀刚、蒋达峰等出席开幕式。

（吕秀芳）

【美丽乡村建设】 年内，13个村列入美丽乡村建设计划，盆窑村和白河堡村被列入市级美丽乡村建设试点村。13个村级规划通过镇、村两级审查，9个村通过区美丽乡村办公室联席会，4个村获区政府审批。12个村美丽乡村建设实施方案通过镇审查会。旧县、白河堡、烧窑峪3个村通过区农委技术评审。

（吕秀芳）

【污水处理项目】 年内，污水处理项目涉盆窑、团山、东羊坊、古城、白河堡、三里庄、耿家营、常里营、西龙湾9个村，编制完成8个村级实施方案（除古城村）。古城村污水厂站分流工程项目单独由区水务局申请立项。

（吕秀芳）

【河长制落实整改】 年内，整改区级台账问题68个，整改率100%。清理河道垃圾2万余方，清洁污水管网2780米。

（吕秀芳）

【“两田一园”节水项目】 年内，实施“两田一园”（粮田、菜田、鲜果园）高效节水灌溉项目971.33公顷（14570亩），主体工程全部完成。

（吕秀芳）

【低收入户帮扶】 年内，低收入农户33人参加就业培训，240人就业。投入资金792万元，实施北张庄高矮密苹果种植、白河堡康养民宿等4个低收入产业项目。年初未脱低的75户低收入户全部实现脱低，低收入户人均可支配收入17761.9元，同比增长14.03%。

（吕秀芳）

【绿化美化】 年内，成立专业管护公司，对镇域内633.33公顷（9500）亩平原地区生态林实施企业化管护。环境绿化面积超过66.67公顷（1000亩），拆违增绿3562.01平方米。

（吕秀芳）

2018年旧县镇各村基本情况统计表

表9

村委会名称	党支部书记	村委会主任	户数（户）	人口（人）	经济营业收入（万元）	农民人均所得（元）
白草洼	陈进行	陈进行	163	367	1863.5	20263.2
三里庄	孟和平	张月玲	509	1070	1966.3	17100.0
烧窑峪	李来有	李来有	130	282	705.6	15453.0
北张庄	田金来	田金来	467	1090	2498.0	15057.7
白羊峪	王建立	程二合	53	118	345.2	12437.5
黄峪口	程立存	程立存	173	361	523.3	12836.7
白河堡	赵庆中	赵庆中	131	272	495.8	14509.8
闫　庄	赵凤武	闫爱民	937	1814	2952.8	12482.7
耿家营	雷志强	谷海凤	411	780	1701.7	15216.7
车　坊	王海龙	王海龙	500	975	2627.5	14053.3
旧　县	高华彪	高华彪	1419	2732	17707.4	31063.4
东羊坊	张　鹏	岳　琴	514	1008	2212.6	16262.6
米粮屯	王连月	王连月	981	1981	6344.5	21233.3
古　城	李云龙	李云龙	961	1967	14715.6	53095.0
常家营	王爱柱	王爱柱	401	849	2836.3	21352.9
常里营	李腾飞	李腾飞	272	497	1219.3	12274.9
盆　窑	王海涛	王海涛	302	577	2868.2	26455.5
团　山	耿海庆	耿海庆	591	1127	3612.4	17685.6
大柏老	闫国庆	闫国庆	1172	2282	38751.5	51802.8
小柏老	苗振泉	李春霞	182	409	1979.8	28622.3
西龙湾	张　杰	张　杰	421	810	7734.4	39260.0
东龙湾	周新军	周新军	260	495	1270.0	14681.9

张山营镇

【概况】 张山营镇位于延庆区西北部，镇域面积267平方千米，全镇户籍总人口2.54万人。全年出生人口205人，出生率0.80‰；死亡人口222人，死亡率0.87‰；人口自然增长率-0.067‰。全镇有九年一贯制学校1所，小学2所，中心幼儿园3所，社区卫生服务中心1所，村级卫生室6所，文体中心1座，数字影厅27座，健身广场21处。2018年，镇党委辖基层党组织45个，其中农村党支部32个。发展党员11名，全镇有中共党员1645名。

全镇耕地面积2779.1公顷（41686.1亩），粮食作物播种面积829.7公顷（12445.7亩），粮食总产量6768.6吨。其中，玉米种植面积781.8公顷（11726.7亩），总产量6353.3吨。牛存栏856头，出栏347头；羊存栏3164头，出栏4885头。实现农村经济总收入11.88亿元，农民人均所得1.96万元。全年完成公共财政收入1485万元，同比增长102.5%；税收完成5981万元，同比增长102.4%；全镇固定资产投资2.71亿元，同比下降10.1%。

年内，启动首批10个村开展美丽乡村建设，完成9个村的规划和建设方案编制，环境整治工作任务全部完成。服务保障冬奥筹办，全年签订征拆协议261份，发放补偿款1.54亿元。完成陕京四线工程征占地补偿收尾工作。规范食堂管理和特种作业，指导重点工程标段2家食堂办理食品经营许可证。举办电工等职业资格取证培训，14家施工单位特种作业人员700人参加。开展联合执法20余次，取缔违规食堂，处理违规施工等问题，罚款55万元。镇党委会专题研究扫黑除恶工作8次。综合整治清退砂场9处，拆除库滨带违建10处，清理无合同强占集体土地1起，制止整改超高超占翻建房35宗，查扣运输贩卖劣质燃煤6起，在与河北交界处新制限高限宽1处，严防外地砂石运输车从村庄小路进入延庆区。拆除各类违法建设42宗，面积2.3万平方米，完成全年任务的115%，取缔无证无照经营户20户，完成全年任务250%，完成散乱污企业整改7家。整治店外经营110处、堆物堆料230处、违规广告牌匾240块、私搭乱建50处。

2018年城乡居民基本养老保险参保应参6700人，实参6592人，参保率98.39%。城乡居民基本医疗保险参保12875人，参保率99%。补办、新办社保卡1109张。办理残疾证88人，残疾等级变更15人，残疾证残损换新和补证28人，残疾证注销46人。为118名残疾人申办残疾人一卡通，全镇持有残疾人一卡通1598人。为4956人次发放助残券49.56万元；为8198人次发放生活补贴339.19万元；为6116人次发放护理补贴79.57万元；为符合标准的449名残疾人申请残疾人养老补贴；为180人申请重度精神障碍看护补贴；为13人申请邻里互助补贴，其中全额补贴5人，差额补贴8人；为5名残疾人办理燃油补贴1300元。截至年底，“星火工程”文艺演出96场，周末演出2场，放映电影1080场，流动放映点放映电影40场。

单位名称：张山营镇政府
地　　址：张山营镇佛峪口村南
电　　话：69111051

（王方汝）

【滑雪训练营培训500人次】 1月18日至2月2日，在万科石京龙滑雪场进行农民滑雪训练营滑雪培训。张山营镇32个村村民自愿报名参加，延庆区海陀农民滑雪队队员担任培训教练员，免费培训500人次。

（王方汝）

【全国妇联党组书记调研】 3月14日，全国妇联党组书记宋秀岩到张山营胡家营村，围绕乡村振兴巾帼行动和基层妇联组织改革情况进行专题调研。

（王方汝）

【儿童滑雪训练营成立】 6月1日，镇“海陀之星”儿童公益滑雪训练营成立。招收营员13名，均为6岁到8岁的儿童。训练营以万科石京龙滑雪场为训练基地，区海陀农民滑雪队队员担任教练，免费开展滑雪训练，非雪季利用滑雪模拟机训练。

（王方汝）

【结对帮扶】 6月20日，镇党委书记、镇长、宣传委员、副镇长一行到宣化区赵川镇开展对口帮扶对接，双方介绍镇域基本情况、各自优势和需求，探讨具体帮扶措施。

（王方汝）

【颂歌献给党文艺演出】 6月28日，张山营镇举办以“颂歌献给党群情盼冬奥”为主题的庆祝建党97周年文艺演出，全镇300名党员观看演出。

（王方汝）

【市委领导调研】 7月21日，市委书记蔡奇、市长陈吉宁到西大庄科村调研冬奥会筹办工作。蔡奇与延庆海陀农民滑雪队全体队员见面，并勉励他们展现北京风采，带动更多农民吃上“冰雪运动饭”。

（王方汝）

【致敬冬奥建设者慰问演出】 7月31日，张山营镇联合民建北京市委在张山营镇文体中心共同举办以“相约冬奥 同心同行”为主题的慰问演出，庆祝2022年北京冬奥会申办成功三周年，并向冬奥建设者致敬。镇域内冬奥工程一线建设者和村民群众300余人观看演出。

（王方汝）

【道德讲堂活动】 8月24日，镇举办“携手创城·筑梦冬奥”道德讲堂。内容包括唱歌曲、学模范、发倡议、抢答题、诵经典5个环节。5位宣讲员讲述镇域内5位优秀人物的典型事迹，全镇机关干部和村民代表100人参加。

（王方汝）

【独生子女考学奖励】 8月18日，镇举办年度独生子女考学奖励表彰大会，表彰考入本科院校一类11名和二类18名以及考入重点高中17名，发放奖励金8.6万元。其中，考入一本院校奖励3000元、考入二本院校奖励2000元、考入重点高中奖励1000元。

（王方汝）

【葡萄文化节】 9月22日，张山营镇与区园林绿化局、区旅游委、区文委、八达岭旅游总公司在后黑龙庙葡萄基地联合举办第二届延怀河谷葡萄文化节，文化节包括文艺演出、采摘葡萄、品尝葡萄宴席、参观高端民宿等活动。借助文化节推出“品优质葡萄、赏民俗表演、尝特色葡宴、游休闲葡园、住高端民宿”张山营镇精品一日游线路。

（王方汝）

【新时代文明实践所成立】 11月1日，镇召开新时代文明实践所（站）成立大会。会上对全镇新时代文明实践所（站）建设工作进行具体部署，对首批22个新时代文明实践站颁牌。

（王方汝）

【冬奥冰雪休闲小镇建设】 年内，推动西大庄科村升级改造工作，着手进行冬奥森林公园建设，推进万科石京龙滑雪场升级改造，加快辉煌国际二期冰雪产业项目、索瑞萨康养小镇建设。

（王方汝）

【煤改清洁能源】 年内，完成田宋营、中羊坊村煤改清洁能源工作。安装空气源泵设备558户558台，安装电暖气58户233台。龙聚山庄安装煤改气设备88户88台。减煤换煤139户。

（王方汝）

【低收入帮扶】 年内，搭建用工平台，解决低收入户就业1277人，人均增收1.6万元。与镇内施工单位开展共建，安排村民就业284人，人均收入1.2万元。通过土地流转带动58户低收入户就业。创建“公司+党支部+合作社+农户”的产业经营模式，收购43户低收入户果品，金额28万元。开展果农就业技能培训3500人次。退出低收入户656户1247人。

（王方汝）

2018年张山营镇各村基本情况统计表

表10

村委会名称	党支部书记	村委会主任	户数（户）	人口（人）	村级总收入（万元）	农民人均所得（元）
下　营	刘志军	刘志军	840	1910	8882.4	20403
东门营	孙铁合	孙铁合	438	935	5582.3	19317
姚家营	郭维奇	郭维奇	565	1250	6909.1	19304
胡家营	胡顺泉	胡顺泉	302	584	3407.2	18245
水　峪	刘忠诚	刘忠诚	130	284	1801.8	21764
佛峪口	杨根山	杨根山	191	312	1323.2	22115
西大庄科	徐建喜	徐建喜	40	84	3002.4	32286
西五里营	盛永民	盛永民	525	1285	5001.7	20078
前黑龙庙	王合亮	王合亮	240	530	2786.5	22038
后黑龙庙	杜皂银	杜皂银	152	378	1565.8	18122

续表10

村委会名称	党支部书记	村委会主任	户数（户）	人口（人）	村级总收入（万元）	农民人均所得（元）
西卓家营	张爱民	张爱民	175	372	2406.5	19220
马　庄	马海山	马海山	61	142	496	19859
张山营	卢兴民	卢兴民	546	1395	9088.5	21014
上芦凤营	卢瑞明	卢瑞明	104	212	703.6	18632
下芦凤营	芦卫平	刘继芳	156	345	2302.1	18203
小河屯	曹艳华	曹艳华	554	1269	5455.3	19133
玉皇庙	吕　顺	吕　顺	87	177	1278.2	20847
上板泉	郭占祥	郭占祥	482	1080	6858.1	18861
下板泉	刘志涛	刘志涛	508	1092	3197.7	18824
西羊坊	李海深	李海深	365	629	4492.2	18919
辛家堡	辛春利	辛春利	202	398	1908.8	19455
丁家堡	丁书星	丁书星	274	527	1681.4	19486
田宋营	徐宇亮	徐宇亮	344	1010	3395.4	18673
吴　庄	卢铁墩	卢铁墩	89	200	1406.7	18520
靳家堡	段廷艳	段廷艳	320	760	3933.2	19092
晏家堡	王富贵	王富贵	260	560	3255.4	18929
龙聚山庄	郭明德	郭明德	220	586	14697.4	21775
中羊坊	许跃斌	许跃斌	450	1035	4121.7	18481
黄柏寺	于　杰	于　杰	262	550	3448.8	19256
韩郝庄	刘浩江	刘浩江	212	506	2260	18953
上郝庄	万铁忠	万铁忠	63	151	801.6	22675
苏　庄	古文叶	古文叶	138	309	1392.8	18608

四海镇

【概况】 四海镇位于区东部，距城区46千米。镇域面积115.7平方千米，辖18个行政村，6个自然村。全镇户籍户数3600户，其中农业户2708户，非农业户892户；户籍总人口6907人，其中农业人口5869人，非农业人口1038人。镇域四面环山，森林资源丰富，森林覆盖率为79.42%。全镇平均海拔700米，昼夜温差大，年积温2700℃，平均气温7.4℃，年降水量在550-700毫米之间，无霜期155天左右，光照充足，平均年日照时间2826小时，属温带大陆型气候。有明代天顺八年（公元1464年）修筑的四海城遗址，万里长城第一楼之称的“九眼楼”长城、西沟里自然风景区，以及天门关“摩崖石刻”。辖区设有35千伏变电站、电信支局、手机信号接收塔。境内有延琉路、安四路、四宝路3条主要公路穿越，18个行政村全部实现公路村村通。有社区卫生服务中心1所，医务人员45名，床位15张，下设16个村级卫生室。镇党委下辖基层党支部26个，其中镇机关党支部2个、退休党支部1个、村级党支部18个、社区党支部1个、社区卫生服务中心党支部1个、供销社党支部1个、大学生村官党支部1个、种植合作社党支部1个。全镇中共党员813名。

年内，全镇花卉种植面积200公顷（3000亩），主要种植经济类花卉，有万寿菊、百合、串红、马鞭草、茶菊、天鹅绒紫薇、箭兰等。全镇年旅游收入4404.7万元，同比增长6.86%。农村经济总收入23015万元，农民人均所得16415元。全镇有民俗户48家，其中五星户1家、四星户5家、三星户8家、二星户12家、一星12家，“世园人家”挂牌户2家。全年投入350万元用于环境建设，清理上账问题1055处，延庆区环境考核总评位列生态涵养保护区第一。完成拆违任务3116平方米，腾退土地7969平方米，全面完成镇域内“大棚房”清理整治。实现村级优质燃煤全覆盖，PM2.5控制在36.1微克/立方米，降尘4.3吨/平方公里·月，均低于全区任务指标。初步形成“定责任、明目标、严考核、重奖励”的长效管理机制，“清河”“清四乱”行动问题整改94.5%，水环境持续优化。第一批7个美丽乡村均完成前期环境验收、基础数据评估、村庄规划及实施方案，全部通过区政府评审，进入施工阶段。全年组织大型残疾人活动及下乡活动15次，为57名残疾人（轻残45人，重残12人）签订劳动合同；城乡居民基本医疗保险参保率100%；申请慈善协会、红十字会大病救助、助学120人次，救助资金53.5万元；新建6家村级老年餐桌和1个温馨家园；培养农村实用人才10人；完成星火工程演出54场，放映电影640场。前山村获评农业部第八批“一村一品”示范村。

单位名称：四海镇政府
地　　址：四海镇四海村
电　　话：60187723

（柴璐）

【一届二次党代会】 1月21日，镇召开第一届党员代表大会第二次会议。84名代表出席，16名代表列席。会议审议四海镇2017年工作报告、纪委工作报告和党费收缴使用情况报告。

（柴璐）

【综合执法中心成立】 3月1日，四海镇综合执法中心成立，镇城管分队、食药所、安全科等10个科室站所纳入综合执法中心。

（柴璐）

【党校第一期主体班培训】 4月23日，四海镇党校2018年第一期主体班次培训开班。邀请区委组织部、区纪委等部门专家授课，开设监察法、基层组织建设等课程，全镇80余名村“两委”干部参加。

（柴璐）

【五彩饸饹鲜花宴获金奖】 4月26日，四海镇五彩饸饹鲜花宴参加延庆区2018年世园花宴美食节，获金奖“牡丹奖”。

（柴璐）

【花海山庄获“最美民俗户”称号】 4月27日，在延庆区2018年文明旅游工作会暨“文明旅游我最美”表彰会上，四海镇南湾村花海山庄农家餐厅获得“最美民俗户”称号。

（柴璐）

【“一村一企”帮扶对接】 5月18日，北京国际信托有限公司到“一村一企”结对帮扶村郭家湾村进行帮扶对接，捐赠电脑10台。

（柴璐）

【端午文化节】 6月18日，在四季花海核心景区举办第二届“菊花山谷，爱心徒步”大会，来自延庆“绿手环”徒步联盟和网络招募的300余名徒步爱好者，以健步走的方式助力冬奥，将10公里的远足步数，全部捐给微信运动益行家公益平台，用于公益慈善事业。

（柴璐）

【结对帮扶】 8月25日，与张家口市宣化区贾家营镇签订结对帮扶协议，同时，向贾家营镇捐赠帮扶资金10万元。

（柴璐）

【花海山歌赏花季开幕】 8月17日至9月7日，四海镇举办“花海山歌”2018年赏花季系列活动，有花宴大赛、花车巡游、主题演出、舞蹈大赛、胎菊采摘五项活动，接待游客2万余人。20余家媒体参与报道。

（柴璐）

【第二届高山胎菊采摘节】　9月11日，四海镇举办“丰收迎世园，花海品茗香”第二届高山胎菊头茬采摘活动，设立优质农产品展卖区、花卉非遗手工艺品制作体验区、菊花茶会区。四海种植专业合作社签订订单46.67公顷（700亩）。

（柴璐）

【新时代文明实践所成立】　11月1日，四海镇新时代文明实践所成立，同时为第一批8个实践站授牌。截至11月底，19个实践站全部授牌。

（柴璐）

【第一届人代会第五次会议】　12月15日，四海镇召开第一届人民代表大会第五次会议，43名代表出席，列席代表32名。会议听取并审议《四海镇人民政府2018年工作报告》，书面审议人大工作报告和财政工作报告。

（柴璐）

【四季花香观光园建设】　年内，引进企业投资在四季花海核心景区建设“四季花香”观光园，占地9.33公顷（140亩），成功试种菊花等72个新品种。形成“产供销”一条龙产业链。收购鲜菊花7.5万千克，促进低收入户人均增收2500元。

（柴璐）

【高端民宿建设】　年内，“茶菊山谷”与乡里乡居旅游公司签约建成高端民宿5户；岔石口“艺术家公社”完成40个院落主体建设；椴木沟“游学小镇”项目完成前期资产评估，进入规划设计阶段；九眼楼景区升级改造和旅游廊道项目获批。

（柴璐）

【低收入户全部脱低】　年内，精准施策1280个，在5个低收入村实施产业项目7个，新增岗位500余个，在四季花海主景区建设低收入产业帮扶基地，建立政府支持企业、企业返利于低收入户的长效增收模式，628户低收入户全部脱低。

（柴璐）

2018年四海镇各村基本情况统计表

表11

村委会名称	党支部书记	村委会主任	户数（户）	人口（人）	经济营业收入（万元）	农民人均所得（元）
四　海	巩长海	王书海	385	723	3102	16759
海字口	王　江	陈春江	415	831	2521	16366
岔石口	曹　旭	卫德友	260	547	1370	16967
郭家湾	任淑凤	任正常	169	341	969	17000
椴木沟	赵久满	赵久满	222	410	1376	14783
永安堡	赵桂梅	李久江	213	389	1322	15482
菜食河	朱立平	朱立平	193	393	942	13521
西沟里	刘德印	刘德印	69	127	697	16640
西沟外	张树平	张树平	175	297	903	17143
石　窑	王金莲	王金莲	87	192	585	16000
黑汉岭	闫书芳	闫书芳	309	588	1967	18967
大胜岭	王永发	李彦新	183	341	1166	16007
南　湾	侯红颖	（无）	327	606	1722	16787
楼　梁	夏俊英	（无）	84	173	420	15563
王顺沟	韩成强	韩成强	145	262	610	14175
前　山	王永怀	王永怀	103	187	514	16188
大吉祥	闫付臣	（无）	193	384	2404	17880
上花楼	高　仁	胡　旺	68	126	425	16990

千家店镇

【概况】 千家店镇位于延庆区东部，是全市最边远的山区大镇。镇域面积371平方千米，占区域面积的1/6。辖19个行政村72个自然村，人口1.14万人，属全市人口密度最低区域。镇域生态林面积3.17万公顷（47.6万亩），占全区生态林面积的1/4；林木绿化率71.44%，林木覆盖率63.51%；黑白两河流经镇域，每年为市区供给饮用水3.15亿立方米。镇域内有硅化木、乌龙峡谷、滴水壶、朝阳寺、龙王庙、关帝庙6处售票景点和12个“山水人家”乡村旅游接待村，接待户300余家。2018年，镇党委辖27个党支部，中共党员1187名。

年内，全镇PM2.5平均浓度为29.6微克/立方米，拆除违法建设3.5万平方米，西帽山市级考核断面全年水质达到地表水Ⅱ类水平；全力服务冬奥世园，开展培训、上冰上雪等活动1万余人次。创建“世园人家”10户；成立“千家乐志愿服务队”，服务人群5000余人次。镇城市指挥分中心挂牌，完成17名下沉人员培训、609个四级网格划分、1945名网格员入格工作。加强水污染防治，年度用水总量控制在106.847万立方米，全年水质达到地表水Ⅱ类水平。全年拆后复垦2.7万平方米，砂场复绿1处，清理一般制造业2家。清退生猪养殖散户39户，清理生猪6221头。完成垃圾清理外运3800立方米，拆除违规牌匾120块；朝阳寺木化石市级自然保护区勘界立标。下湾村成为全国“镇景合一”美丽乡村建设标准化试点；调整种植中药材、杂粮、花卉126.67公顷（1900亩），开展黄芩等有机农产品认证93.33公顷（1400亩）；农产品质量安全合格率100%；低收入户脱低摘帽任务完成100%。全年办理完成镇级人大议案16件，按时完成夏秋季征兵指标。办理城镇城乡居民医疗保险参保6909人，办理新参和续保216人，手工报销门诊和住院药费242人次。发放无保障老年人福利养老金1268人，全年停发77人，追回21人19645元。城乡居民养老保险领取养老金1696人，完成续保3047人，完成清算和继承44人。关停白河沿线民俗户3家。截至年底，全镇实现经济总收入5.4亿元，人均劳动所得22994元。

单位名称：千家店镇政府
地　　址：千家店镇东店村西
电　　话：60188345　60188048

（赵军利）

【农民趣味运动会】 1月5日，镇政府在千家店学校举办农民趣味运动会。全镇19个行政村19支队伍参与，设团体项目1个、个人项目4个。河南村、千家店村、红石湾村3支队伍获得拔河项目团体前三名，其他队伍获得优秀组织奖。个人项目录取前6名，有24名运动员获奖。

（赵军利）

【文艺汇演】 1月23日，千家店镇举行“振兴乡村文化 讴歌美好生活”群众文艺大汇演。全镇19个村的文艺爱好者参加。

（赵军利）

【一届二次党代会】 1月14日，千家店镇召开第一届代表大会第二次会议。99名代表出席，列席代表36人，会议听取、审议并通过《以习近平新时代中国特色社会主义思想为指导 用昂扬的奋斗姿态推进百里山水画廊乡村振兴发展战略》的工作报告，书面审议纪委工作报告和党费收缴、使用情况报告。

（赵军利）

【志愿服务表彰】 2月1日，召开“1+1”关爱空巢助老服务志愿者表彰会。表彰河南村、红石湾村、平台子村、千家店村的古文英、张秀英等16名优秀志愿者。

（赵军利）

【第二届元宵节花会展演】 3月1日，千家店镇在镇文化广场举办“振兴乡村 幸福画廊”第二届元宵节花会展演，14个行政村的15支高跷、秧歌、小车会等表演队参演。

（赵军利）

【护城河工程协议书】 3月6日，千家店镇政府与赤城县东卯镇召开联席会议，从人员配备、责任分工、信息互通、制度保障及联合行动等方面进行实质性协商。双方签订全国“两会”期间“护城河”工程协议书。

（赵军利）

【花卉栽植培训】 3月6日，镇政府邀请延庆一职教师到镇进行园艺技能培训。授课教师从花卉的习性、种植方法、修剪、光照需求、施肥、浇水及病虫害防治，种植花卉的禁忌等方面进行讲解，现场指导花卉栽植，镇女职工60人参加.

（赵军利）

【民俗旅游特色餐饮培训】 4月17日，千家店镇邀请北京烹饪协会副秘书长王云到镇进行特色餐饮培训，王云以当地的时令野菜为原料，就地取材，教授做菜的技巧，并提出“让传统老菜带动区域经济发展”的新思路，全镇40户民俗户参加。

（赵军利）

【悠贝亲子图书馆进校园】 4月23日，悠贝亲子图书馆的老师走进千家店学校幼儿园，开展“书香飘满校园 文化浸润童心”主题活动，内容包括捐赠图书、讲故事、表演木偶剧、教孩子们制作苹果、冰激凌等。30余名儿童参加活动。

（赵军利）

【第二届端午文化节】 6月16日，镇政府在长寿岭村白榆树下举办“庆端午 游画廊”暨千家店镇第二届端午文化节，活动内容有快板、京剧、器乐演奏、广场舞等文艺表演以及包粽子比赛；同时备有五毒香包和祈福五彩线等小商品赠送给游客。

（赵军利）

【延庆区首届国际象棋等级赛】 6月24日，镇政府举办延庆区首届国际象棋等级赛。335名小选手参赛，99名小选手获得等级组证书，3名精英组小选手获得奖杯。

（赵军利）

【镇政府与宣化区江家屯乡帮扶对接】 7月10日，镇党委、政府领导及相关工作人员到河北省张家口市宣化区江家屯乡进行结对帮扶对接工作，江家屯乡领导介绍全乡经济发展情况、帮扶措施和贫困户脱贫情况；千家店镇领导介绍近年经济发展情况和下一步帮扶工作计划，双方达成“两乡镇优势互补，共同发展”共识，签署《千家店镇人民政府与宣化区江家屯乡人民政府结对帮扶协议》。

（赵军利）

【低收入结对帮扶】 7月16日，内蒙古自治区乌兰察布市兴和县五股泉乡的县乡领导及企业代表，到千家店镇开展低收入帮扶对接工作。双方分别对各自乡镇基本情况、低收入帮扶工作开展情况进行介绍，明确结对帮扶的时间表和路线图。

（赵军利）

【第八届少年围棋升段赛】 7月17日—18日，千家店镇举办第八届“百里山水画廊杯”围棋升段赛，全市700余名小棋手参赛。

（赵军利）

【第三届山水戏剧周】 8月3日—11日，千家店镇举办第三届山水戏剧周，主会场设在镇地质文化广场，8个分会场分别设在花盆等6个行政村、滴水壶景区和百里乡居高端民俗区。美食一条街设在镇政府西侧公路两侧，游客可以体验剪纸、捏面人、画兔爷、吹糖人等绝活儿。戏剧周期间，演出评剧、河北梆子、北京曲剧等经典剧目17场。镇内外近万人参与戏剧周活动。

（赵军利）

【镇文化中心揭牌】 8月3日，镇文化中心改扩建工程全部完工并举行揭牌仪式。市文物局、北京博物馆学会、8+名人故居纪念馆、北京京演舞美文化有限责任公司相关负责人参加揭牌仪式。

（赵军利）

【高考表彰奖励】 8月23日，镇政府举行2018年度高考表彰大会，13名一类本科大学生获奖。每人奖励2000元，独生子女另加奖300元。2004年至2018年，镇政府共发放二类本科以上奖励金额40余万元。

（赵军利）

【第四届北京百里山水画廊森林马拉松】 8月26日，由市体育局、市体育总会和延庆区政府主办，马孔多（北京）文化有限公司承办，市体育基金会、市社会体育管理中心、区创建国家森林城市工作领导小组办公室、区体育局、千家店镇政府等多家单位共同协办的2018第四届北京百里山水画廊森林马拉松在千家店镇百里山水画廊风景区举行。国内外5000名选手参赛。比赛设有男、女两组，全程21.0975千米。沙宇超、杨晓霞分别获得男子、女子组冠军。延庆区志愿者参与赛事服务500余人次。

（赵军利）

【第三届重阳文化节】 10月17日，千家店镇“金秋画廊 和谐重阳”第三届重阳文化节在本镇长寿岭村举行。活动内容有：为敬老院的老人送一身新衣，赠送红丝带，千家乐志愿者进行助老助洁服务、理发以及文艺演出等。

（赵军利）

【新时代文明实践所成立】 11月2日，镇政府召开“千家店镇新时代文明实践所成立大会”，为平台子村、六道河村、河口村等首批6个村级新时代文明实践站授牌。

（赵军利）

2018千家店镇各村基本情况统计表

表12

村委会名称	党支部书记	村委会主任	户数（户）	人口（人）	村级总收入（万元）	人均劳动所得（元）
河　口	贾祥山	贾祥山	133	325	1728.4	25575
石　槽	崔造林	王　海	60	128	759.2	27898
红石湾	李进华	李　健	360	572	2741.6	21376
千家店	葛娅惠	葛娅惠	710	1393	10280.6	25637
河　南	张晓辉	张晓辉	406	645	3029.5	22930
下德龙湾	常建国	纪凤贵	355	632	3999.2	29742
水　头	焦玉海	郝建超	123	231	1592.4	30775
大石窑	侯文会	侯文有	125	298	1819.8	25111
红旗甸	王书刚	韩志国	148	306	2058.1	20941
六道河	刘秀国	刘秀国	405	740	3692.3	23257
大　树	高廷国	（无）	430	770	3343.8	19334
沙梁子	张春和	郭成全	361	638	2851.4	18730
四潭沟	刘兴军	刘兴军	136	310	1598.2	18387
下　湾	纪文里	翟秀军	117	307	2445.7	26824
菜木沟	刘春付	刘玉富	297	501	3144.8	24307
牤牛沟	贺旺林	郭汉军	80	137	705.6	21350
水泉沟	郤凤元	郤汉利	195	292	2147.1	18829
花　盆	闫振国	周举国	432	735	3196.8	17585
平台子	白广辉	白广辉	265	495	2907.9	23851

沈家营镇

【概况】 沈家营镇位于延庆城东4千米，面积37.3平方千米。辖22个行政村。2018年，全镇户籍户数6228户，户籍人口12403人，其中农业3802户8341人、非农业2426户4062人，男性6290人、女性6113人。2018年，出生人口162人，出生率13.17‰；死亡人口61人，死亡率4.96‰；人口自然增长率8.21‰。镇域内有初级中学1所、中心小学1所、打工子弟学校1所、幼儿园1所，社区卫生服务中心1所。建成村级卫生室12个，在建村级卫生室6个，村级服务中心3个，数字影院23个、健身广场22个。镇域有北京庆和食品有限责任公司、北京岭北筑路材料有限公司等工业企业4个，企业从业人员470人。工业企业产品主要有毛衣制品、腐乳等。镇党委下辖基层党支部34个，有中共党员1066名，其中农村党支部22个，农村党员890名。全年发展中共党员22名，培训发展对象22名。评选出“最美沈家营人”4名。召开党建专题会20余次，研究党建议题37项，建立健全制度12项，建立4支党建督导小组，开展党建督导36次，制定的完成党建重点任务14项。上党课47堂，支部书记集中轮训2次1300余人次。在魏家营等9个村党支部开展红色阵地建设，为34个支部更新党建制度展板。完成5个软弱涣散村党组织整顿。建立党委责任清单、主要负责人责任清单、领导班子成员责任清单13项。重大工程廉政谈话22人，约谈37人，列入“双早”预警台账5人。

年内，全镇粮食作物播种面积915.2公顷（13728亩），亩产579.7千克，总产量7959吨。主要农作物播种面积和产量：玉米909.53公顷（13643亩），产量7932吨；蔬菜69.27公顷（1039.8亩），产量2349吨。鲜果产量637吨。全镇奶牛存栏1733头，生猪存栏2450头，蛋鸡存栏11.4万只。全镇税收完成3712.29万元，财政收入917.61万元，比上年增长10%；农村经济总收入86458.1万元，人均劳动所得22986元。

全年开展违法建设、占道经营、无照经营、散乱污治理、大气治理等18个专项行动，出动人员2000余人次，出动车辆150余车次，清理占道经营点位120余处，清理露天烧烤24处，店外经营和流动商贩90户；拆除私搭乱建8处，清理非法广告牌匾60余处，非法小广告120余处，延琉路沿线村庄进行外立面粉饰1.05万平方米，清理渣土7000立方米，更换透水砖1000余平方米，硬化面积1000平方米，绿化5000余棵。截至年底，拆除私搭乱建26处1207.5平方米；拆除魏家营养殖小区2处，拆除房屋1286.44平方米，拆除地面硬化面积1695.14平方米；拆除避风阁11处500余平方米。清除非法小广告300余处，捡拾白色漂浮物200余千克，清理垃圾渣土1.5万余立方米、卫生死角75处。食药所、城管执法队、综治办等部门联合检查出动检查人员4500人次，检查生产经营单位900家次，发现隐患250项，整改率90%。开展安全宣传教育活动9次，发放宣传资料3600份，开展教育培训6次，培训220人次。配合市委、市政府第五轮督察组“回头看”督查检查工作，整改完成2017年督查问题。完成优质燃煤替换1522吨，完成8个村1757户“煤改气”；燃煤锅炉和小煤炉实施“动态清零”。安装“河长制”标识牌，镇级河长巡查31人次，巡河里程526.1千米，村级河长巡查470人次，巡查里程3655.6千米。

全年安置就业困难人员698人。居民养老保险续保3177人，完成城乡医保参保人员信息采集500人，为125户221名城乡低保人员发放保障金212.85万元。412人享受医疗救助金48万余元，为291人办理生活困难补贴156.58万元，为248人办理护理补贴41.33万元，办理助残券2149人次21.49万元。办理公租房申请及变更手续342户；独生子女一次性奖励、升学奖励等补贴足额兑现。全年星火演出66场，电影放映960场，举办迎新春群众文艺汇演、元宵节花会展演、七一文艺汇演和舞蹈大赛，举办锣鼓镲、计算机、化妆、广场舞、体育指导员、三网合一等专题讲座。7支志愿服务队开展志愿服务200余次，惠及12000余人次。

单位名称：沈家营镇政府

地　　址：沈家营镇沈家营村

电　　话：61131575

（赵　曦）

【综合执法中心揭牌】 2月28日，镇综合执法中心正式揭牌，建立"街乡吹哨、部门报到"实体化平台，5个常驻单位和6个非常驻单位主管领导，相关科室负责人，单位联络员等40余人参加。会后，参会人员开展第一次联合执法检查行动。

（赵　曦）

【文化端午系"粽"情活动】 6月14日，在下花园村举办"喜迎世园 助力冬奥"端午文化节活动。内容有文艺演出、民俗旅游产品展示、创建文明城区和世园冬奥知识竞答、包粽子比赛和义诊、为老人及困难家庭送粽子献爱心等系列活动。

（赵　曦）

【庆"七一"文艺演出】 7月1日，镇党委组织举办庆"七一"文艺演出，演出合唱、舞蹈、乐器合奏、快板、戏曲等节目，全镇22个村300余人观看。

（赵　曦）

【第一届人代会第四次会议】 7月4日，召开镇第一届人民代表大会第四次会议。会议听取关于全镇2018年重点工作进展情况的报告。镇人大主席从宪法修订的背景、程序、原则、内容等6个方面对新宪法进行解读。

（赵　曦）

【暖心驿站揭牌】 8月24日，区总工会为北京庆和食品有限公司工会、北京中农榜样蛋鸡育种有限公司工会暖心驿站揭牌。配备微波炉、冰箱、饮水机、雨衣、雨伞、医药箱、针线包等设施。镇机关工会有暖心驿站3家。

（赵　曦）

【天成家园社区居委会成立】 9月1日，天成家园社区居委会成立，辖区南至延琉路，北至八峪路，西至八峪路与延琉路交叉口，东临东王化营村和沈家营小学。辖区内天成中路1号院有楼房17栋，正在建设中，建设面积11.92万平方米，设计户数1050户，其中44套公租房，1006户商品房。建托老所1所，幼儿园1所。天成中路2号院有保障房20栋，建筑面积13.83万平方米，设计户数1764户，已入住1584户，180套公租房完成摇号配租。年底，居委会完成"两委"选举，产生党支部书记兼居委会主任1人，党支部副书记1人，居委会副主任1人，党支部委员兼居委会委员5人。

（赵　曦）

【两区协作首场城岗专场招聘会】 9月12日，海淀区田村路街道与沈家营镇共同举办城岗对接招聘会，提供14类30个岗位，延庆区15个乡镇200多名城乡劳动力前往咨询应聘，达成就业意向85人。

（赵　曦）

【创城知识竞赛】 9月28日，举办以"文明先行 创城有我"为主题的知识竞赛活动，22支参赛队伍66名参赛选手参加，评选出一、二、三等奖共6组获奖队伍。

（赵　曦）

【庆丰收迎国庆主题活动】 9月29日，在临河村组织开展"庆丰收 迎国庆"主题志愿服务活动，镇乡风文明志愿服务队、青年志愿服务队、临河村暖心志愿服务队以及由延庆区人力资源社保局组织的大学生村官志愿服务队在内的50余名志愿者参加活动。活动内容有"送丰收”“助丰收”“阅丰收”“庆丰收 迎国庆”系列活动和写书法送祝福、帮低收入户剥玉米、装玉米垛、给玉米垛贴祝福字以及用粮食蔬菜摆放国旗造型等。

（赵 曦）

【新时代文明实践所成立】 11月5日，沈家营镇召开新时代文明实践所成立大会，为新合营村等6个第一批新时代文明实践站授牌。区委常委、纪委书记、监委主任蒋达峰和区新时代文明实践中心工作人员及镇领导班子全体成员、全体机关干部、22个村书记、主任，2个社区负责人，各村文化组织员以及镇村相关志愿者代表等130余人参加。

（赵 曦）

【“两委”换届选举】 年内，完成22个村和2个社区“两委”换届选举工作，选举产生村（社区）党支部书记24名、副书记2名，支部委员50名；村（居）委会主任24名，副主任5名，委员51名。实现支部书记村（居）委会主任“一肩挑”和“两委”交叉任职的换届选举目标。

（赵 曦）

2018年沈家营镇各村基本情况统计表

表13

村委会名称	党支部书记	村委会主任	户数（户）	人口（人）	农村经济总收入（万元）	农民人均所得（元）
沈家营村	冯永红	（无）	397	755	6549.6	29586
东王化营村	段振忠	谢建辉	195	378	2176.4	23211
冯庄村	王怀礼	王怀礼	118	210	1403.7	24058
曹官营村	马立红	（无）	440	916	1807.3	22693
新合营村	徐桂莲	杨 华	198	395	7642.5	24848
临河村	宋兰根	张 岩	434	880	4726.5	23342
前吕庄村	韩新民	张铁军	392	763	10044.2	24295
连家营村	郑宏伟	郑宏伟	197	383	7233.9	24279
魏家营村	张海山	王世民	218	397	9576.1	21546
兴安堡村	李根伏	焦海鹏	350	673	2901	25362
北老君堂村	李海旺	（无）	335	670	2343.8	21026
香村营村	胡志忠	胡文发	686	1397	4122.6	22016
后吕庄村	刘春旭	刘振华	306	654	2461.8	20764
马匹营村	侯春栓	周留锁	195	380	2322.3	22144
孙庄村	段四利	段四利	176	357	1601.9	22806
下郝庄村	丁 锐	赵建华	70	147	1248.4	16795
北梁村	孙占奎	孙付军	112	243	698	15000
西王化营村	王 军	史来玉	302	568	10475.9	23420
八里店村	林永顺	苗秀慧	608	1230	2460.1	21189
下花园村	郭振远	郭振远	178	329	1964.6	20214
上花园村	郭玉滨	刘石锁	78	164	1412.4	22727
河东村	房建金	（无）	215	491	1285.1	20652

大榆树镇

【概况】 大榆树镇位于延庆区城东南部，镇域面积60.7平方千米，辖25个行政村。2018年，全镇户籍数6063户，户籍总人口1.52万人；其中男性7646人、女性7526人。出生人口104人，出生率6.85‰；死亡人口116人，死亡率7.65‰；人口自然增长率-0.8‰。镇域内有中学2所，小学2所，幼儿园1所，镇级社区服务中心1所，村级卫生室18家，健身广场26处。镇党委辖基层党组织34个，其中农村党支部25个；发展中共党员8名，培训入党积极分子4名；全镇中共党员1238名。全镇粮食作物播种面积807.93公顷（12119亩），总产量765.22万千克。蔬菜作物种植面积202.6公顷（3039亩），总产量928.46万千克。牛、羊、家禽存栏量分别是271头、4493只、10.79万只。全年旅游综合收入1712.1万元。实现财政收入1136.2万元，农村经济总收入4.64亿元，农民人均劳动所得21209元。

年内，编制《大榆树镇域总体规划》，明确“牡丹风情小镇”“公交旅游休闲小镇”发展定位。实施美丽乡村建设三年行动计划，编制完成4个村庄的建设实施方案。完成司连路3条主要道路大修工程；完成中央和地方农业综合开发项目及增量项目，完成小泥河修树盘、风沙林补植、护林路以及高庙屯、大泥河田间路建设。大棚类设施农业通过市级验收。成立环保科，落实《大榆树镇2018年蓝天保卫战工作方案》《大榆树镇2018年大气污染防治精细化管理提升工作方案》，完成7个村、1610户取暖设施煤改清洁能源工作，优质燃煤替代5449吨。出动600余车次3200余人次对施工工地、重点道路进行扬尘管控巡查，查处违法行为36起，罚款56万元。落实“河长制”，形成“巡查－整改－通报”闭环工作机制，清理水源井周边100米范围内垃圾杂物，通过技术评估，跨镇界河道断面水质考核达标；推进姜家台、小泥河、大泥河污水厂站建设，完成镇区污水管网改建，关停禁养区内养殖业4家。整治旱户厕11座、旱公厕2座。创城万人志愿、周末卫生日活动常态化，创卫通过国家专家组验收。创建国家森林城市，完成156.07公顷（2341亩）平原地区生态林管护、92公顷（1380亩）浅山台地造林、118公顷（1770亩）一般生态景观林建设；改造提升世园会园外园——“国色天香”牡丹园，实施高效节水灌溉323.4公顷（4851亩）；推进“国家农产品质量安全区”创建工作，开展农业面源污染防控，禁止施用列入国家名录的高毒、高残留农药；推进畜禽养殖污染防治，推广科学高效治污模式，提高养殖废弃物无害化处理和资源化利用效率。

镇城市管理指挥分中心和综合执法中心正式挂牌成立，设立村级综治中心25个，安装高清监控探头600余个；加强法治政府建设，矛盾排查80次，化解各类矛盾纠纷40件。落实5710工程，建立“党政同责、一岗双责、齐抓共管、失职追责”的安全体系，出动检查人员1000余人次，检查单位1053家次，消除隐患458处。严厉打击违法犯罪活动，扫黑除恶专项斗争贯穿全年。镇域内京张高铁、世园停车场建设、世园会配套道路绿化景观提升工程等10余项重点工程服务保障工作有序推进，征占土地318.3公顷（4774亩），涉及1031户。

全镇低收入农户308户，615人。镇政府实施助医、助学、助困、助残四项兜底帮扶措施。全镇低收入户逐户建档，举办低收入家庭专场招聘会，36家用人单位提供涉及餐饮、机械加工、文员、保洁等1091个岗位，应聘350余人，达成初步就业意向91人；登记失业人员就业人数112人，就业困难人员就业人数16人，农村劳动力转移就业人数243人，采集空岗信息603人，职业指导129人，城镇居民和农村劳动力实现灵活就业135人，发放失业金32人39.1万元；精准帮扶投入资金131万元，全镇低收入农户全部超过标准线11160元，人均可支配收入16000元。农村合作医疗参合人口7838人，参合率90.7%；报销各类门诊、住院124人次，报销金额42.9万元。办理城乡养老保险续保3804人，全镇领取养老金1972人1471.43万元；领取无保障老年人福利养老金1416人802.87万元。复审城乡低保132户202人，五保36户36人，残疾人1170人，全年发放各类政策资金和救助金4000余万元。

单位名称：大榆树镇政府
地　　址：大榆树镇大榆树村52号
电　　话：61182045

（张琳婧）

【春联送祝福】 1月，大榆树镇下屯小学20余名师生到下屯村，开展“写春联 送祝福 邻世园 迎冬奥”活动，为村民现场书写春联300余幅。

（张琳婧）

【冬季趣味运动会】 2月9日，大榆树镇总工会、镇文化站组织举行“迈向新时代，共赴新征程”为主题冬季趣味运动会，设有跳绳、拔河、踢毽等单人赛和团体赛总计9个项目，全镇200多名职工参加。

（张琳婧）

【义诊服务】 3月16日，首都医科大学附属北京佑安医院到大榆树镇西杏园村开展主题为“同心共铸中国心”义诊服务活动。佑安医院脾胃科、消化科、妇科、慢性病科等8个科室21名医护人员为100余村民义诊，免费提供4万余元的药物。

（张琳婧）

【关爱空巢助老项目启动仪式】 4月10日，大榆树镇举办慈善“1+1”关爱空巢助老项目启动仪式。区民政局、大榆树镇相关领导和大榆树镇“榆树情”志愿服务队14名志愿者以及30余名老年人参加活动。

（张琳婧）

【读书日活动】 4月23日，大榆树镇妇联在小泥河村开展“品书香 长知识 巾帼助世园”“静心阅读1小时”读书活动，发放图书60余本，20余人参加。

（张琳婧）

【第二届特奥运动会获奖】 5月4日，大榆树镇残联组织10名智力残疾人运动员参加延庆区第二届特奥运动会，3人获得一等奖，4人获得二等奖，4人获得三等奖，镇残联获得优秀组织奖。

（张琳婧）

【广场舞比赛获三等奖】 6月8日，“喜迎世园 助力冬奥”2018年延庆区广场舞乡镇组比赛在旧县镇文体中心举行，全区24支代表队参加，大榆树镇由各村文化组织员及高庙屯村群众组成的23人表演的广场舞《最美的中国》获三等奖。

（张琳婧）

【全国土地日宣传】 6月25日，大榆树镇规划科、城管执法队、国土所、司法所等部门联合开展“珍惜土地资源 建设美丽家园”宣传活动。通过宣传展板介绍土地资源的重要性，发放宣传资料200余份，受教育人数300余人。

（张琳婧）

【残疾人表演获奖】 7月12日，区残联举办延庆区第五届社区残疾人艺术汇演，镇残联选送的戏曲表演《刘巧儿》获综合表演类节目三等奖。

（张琳婧）

【“拾行中国”志愿活动】 8月23日，大榆树镇环保科联合镇团委、水务站开展“拾行中国”——走近妫水河活动，30余人参加。志愿者沿着河道捡拾垃圾，到妫水河里捞绿藻等漂浮物。

（张琳婧）

【龙腾狮舞迎国庆】 9月26日，大榆树镇文体服务中心组织龙狮队在镇文化广场举办舞龙舞狮表演。21名文化组织员的舞动2条灯光巨龙，北红门村20名群众舞动8匹灯光雄狮。100余名观众观看表演。

（张琳婧）

【蜜蜂科普知识进农园】 9月28日，大榆树镇组织开展“蜜蜂科普知识进农园”活动。邀请北京农林科学院教授王凤贺、副教授王欢在奚官营村的御蜂谷为村民讲解蜜蜂知识。镇农服中心、环保科工作人员，镇防疫员、农技员、部分村民等90余人参加活动。活动现场发放农安宣传袋90余份。

（张琳婧）

【普法宣传】 10月19日，大榆树镇司法所在文化广场开展志愿普法活动，以口头讲述、发放宣传折页的形式向群众进行普法，宣传内容有《中华人民共和国劳动法》《劳动合同法律法规》《中华人民共和国社会保障法》等，发放宣传材料40余份，法律咨询2人次，受众100余人。

（张琳婧）

2018年大榆树镇各村基本情况统计表

表14

村委会名称	党支部书记	村委会主任	户数（户）	人口（人）	经济总收入（万元）	农民人均所得（元）
姜家台	潘晓华	吴国庆	257	650	1743.3	22857
陈家营	王延宾	王大泉	199	517	1355.8	22776
杨户庄	张　京	杨三九	220	545	1530.9	21402
阜高营	曹桂华	路宝臣	225	560	1797.4	23853
奚官营	张红岩	张雪峰	78	195	472.0	15850
下辛庄	乔小四	李志勇	215	530	1469.0	22731
上辛庄	杨士来	郭　启	111	274	533.1	16444
宗家营	李德利	李建宾	332	855	2001.2	21947
大榆树	高春海	李秀启	280	698	1968.0	23051
高庙屯	李明珠	李春忠	397	968	1253.7	15610
刘家堡	李永泉	张鑫龙	128	316	948.5	19160
北红门	王爱军	杨秀贤	134	335	709.3	15852
南红门	无	宋宝良	132	323	936.4	15474
东桑园	申玉龙	李志强	249	616	2217.0	22785
大泥河	胡艳青	赵春生	596	1571	5429.6	19678
小泥河	刘黎明	刘浩东	75	185	685.6	19952
小张家口	刘　洋	张小宝	188	453	1148.9	14432
下　屯	夏振焜	陈来昌	626	1547	5670.6	25646
东杏园	翟志亮	陈　东	278	717	1335.6	23418
西杏园	闫三平	王春久	162	401	912.9	22204
岳家营	王爱英	岳云生	146	360	1089.1	22471
簸箕营	王士记	王京友	360	890	6094.7	23953
新宝庄	康国余	邵海云	221	546	2169.8	23780
程家营	刘向云	刘海强	202	500	1544.7	23177
军　营	张景义	（无）	252	620	1410.2	18218

井庄镇

【概况】　井庄镇位于延庆区中部偏西，距城区12.5千米，镇域面积126.1平方千米，辖31个行政村，全镇户籍7102户，户籍人口12764人。全年出生人口141人，出生率1.10‰；死亡人口119人，死亡率0.93‰；人口自然增长率0.17‰。镇内中学1所，中心小学2所，在校生228人，在岗教师104人。敬老院1所，村卫生室8处。镇党委辖基层党组织36个，基中农村党支部31个，中共党员1149人。2018年发展党员6名，按期转正5名。

全镇耕地面积2340.5公顷（35107.5亩）。粮食作物播种面积1210.2公顷（18153亩），秋粮产量9971吨，经济作物播种面积59.4公顷（891亩），产量87.6吨，蔬菜播种面积52.45公顷（786.7亩），产量1687.9吨。森林覆盖率48%，林木绿化率64%，抚育森林面积740公顷（1.11万亩）。全镇林地面积867公顷（13万亩），其中果园面积130.4公顷（1956亩），主要品种有杏、梨、葡萄、苹果等，坚果和鲜果年产量438吨，肉鸡出栏3.63万只，禽蛋产量442.4吨。肉牛出栏325头，奶牛存栏1151头，鲜奶产量4896吨，猪出栏7198头，山羊、绵羊出栏2691只。农村经济总收入完成4.01亿元，同比增长1.8%。农民人均劳动所得完成17853元，同比增长6%。财政收入136万元，财政支出10959万元。全年旅游接待人数110.81万人次，旅游收入7283万元。

年内，农村劳动力6223人，就业6187人，其中常年外出务工1878人，本地务工1416人，未就业36人。打造“栖柳园”“觅栈”民宿精品，推出二司村“铁锅炖大雁”特色餐饮。将王木营村蔬菜基地打造成为醉美井庄乡宴柳沟园艺村和世园小院。三司村与北京手工博物馆对接，启动“传统手工艺乡创基地”创建。完成宝林寺、三司、东红山、东沟和果树园村的村庄规划。开展“三大行动”整治工作，拆除“三合一”场所6家、关停5家。检查187家企业，覆盖率100%。发现隐患359项，整改359项，整改率100%。18个村完成煤改清洁能源，“减煤换煤”2317.3吨。清理整顿违规企业5家，查封无照经营6家，完成污染源台账销账61处，查处施工工地扬尘1起，制止露天焚烧行为30余起。发放低保、五保及护理等各类补贴资金444万元。发放救助金、慰问金及优抚定补资金39万元。享受助残卷补贴1924人，补贴19.24万元。低收入医疗费二次报销救助410人次，救助金额62.28万元，全镇新型农村合作医疗参合率99%。

单位名称：井庄镇政府
地　　址：井庄镇井庄村
电　　话：61192367

（翟金永）

【第一届人代会第五次会议】　1月26日，镇召开第一届人民代表大会第五次会议，47名代表出席。会议听取并审议《井庄镇人民2018年政府工作报告》，书面审议人大工作报告和财政工作报告。

（翟金永）

【元宵节花会表演】　2月28日，井庄镇举办“弘扬传统文化建设美丽乡村”元宵节花会表演活动。南老君堂村的花轿秧歌、东红山村的舞蹈、三司村的腰鼓等7支队伍为参演。观众300人，活动评出一等奖1名，二等奖2名，三等奖4名。

（翟金永）

【空巢助老项目启动】　3月29日，区慈善协会在井庄镇举行“1+1”关爱空巢助老项目启动仪式，相关领导讲话，志愿者代表发言。慈善协会人员对50余名志愿者进行关爱空巢助老项目制度培训。区民政局、镇党委相关领导以及镇燕羽情助老志愿服务队50余名志愿者参加。

（翟金永）

【第二届环燕羽山国际越野挑战赛】 5月6日，以“美丽世园爱跑有你，激情冬奥心动有我”为主题的第二届环燕羽山国际越野挑战赛在井庄镇柳沟村开赛，挑战赛分为2个专业组、1个拓展组、1个亲子组，近500名专业运动员和跑步爱好者参加，其中有来自13个国家的31名外国友人。

（翟金永）

【迎世园 盼冬奥多彩端午活动 】 6月16日，镇文化站在柳沟文化广场开展“迎世园盼冬奥来延庆井庄过多彩端午”活动。内容包括文艺演出、爱国诗词朗诵、世园及冬奥知识问答、包粽子、中医义诊、DIY豆腐制作体验等。

（翟金永）

【“七一”主题教育活动】 7月2日，镇党委以“不忘初心、继续前进”为主题开展纪念建党97周年“七一”主题教育活动。活动内容以宣讲党员“亮家规、亮家风”的形式讲述各自家庭生活中的小故事为主题，向广大党员干部、群众展示优良家规、家风。全体机关干部、村两委干部200人参加。

（翟金永）

【村（社区）换届选举】 7月20日，镇党委成立换届小组专班，11月7日正式选举，按照选举法和选举程序，选出新一届“两委”159人，连选连任65人，其中村党支部成员103人，村委会成员95人，交叉任职39人。

（翟金永）

【夏日文化广场活动】 8月24日，井庄镇在柳沟开展夏日广场文艺演出活动。三司村舞蹈《花香迎世园》、二道河村评剧《火红的太阳》、八家村相声《开心一刻》、东红山村的扇子舞《吉祥中国年》等节目参加演出，观众300余人。

（翟金永）

【延庆旱船大赛】 9月28日，井庄镇在西二道河小学举办“颂改革 庆丰收”——“延庆旱船”大赛。由老银庄、三司、东红山、西红山等8支队伍和10支民间艺术表演队参加。以集体舞旱船的形式来庆祝改革开放40周年和“中国农民丰收节”的到来。评选出最佳表演奖旱船队3支，优秀表演奖旱船队4支。

（翟金永）

【柳沟半程马拉松公益挑战赛】 10月14日，井庄镇第三届“相恋柳沟　最美井庄”半程马拉松公益挑战赛在柳沟村开赛，比赛分为21公里专业组、5公里亲子组两个组别，近500名专业运动员和跑步爱好者参赛，其中有来自15个国家的24名外国友人。

（翟金永）

【交通安全宣传】 12月3日，镇安全科在柳沟广场开展“细节关乎生命安全文明出行”为主题的交通安全宣传活动。发放交通事故警示案例、交通警示语等200张宣传挂图，现场解答村民咨询50人次。

（翟金永）

【精准脱贫】 年内，全镇351户低收入户651人稳定脱低，低收入农户人均可支配收入17607元，同比增长20.69%。

（翟金永）

【河长制落实】 年内，全年巡河3992.58千米，发现问题159处已全部整改。清理张伍堡村等河道垃圾6万余方，宝林寺村河道治理工程13.6千米实现全线贯通，建设3座污水场站和3个村污水管网，全部投入使用。

（翟金永）

【4个山区村搬迁建设】 年内，推进窑湾、冯家庙、碓臼石、莲花滩4个村山区搬迁建设。窑湾村回迁户200户，已回迁185户。冯家庙村签订搬迁协议104户，拆除房屋69处。莲花滩村初步签订搬迁协议110户。碓臼石村确定符合山区搬迁政策户数102户，拆除房屋22处。

（翟金永）

【绿化美化】 年内，完成“五河十路”补植2.2公顷（33.1亩），栽植宿根花卉300平方米。平原造林149.22公顷（2238.4亩）。110国道京新沿线绿化工程72.43公顷（1086.5亩）。换填土作业33000平方米，种植松树、银杏、元宝枫、紫叶李等500余株，人工种草73.33公顷（1100亩）；灌木、花卉绿化2万平方米。

（翟金永）

2018年井庄镇各村基本情况统计表

表15

村委会名称	党支部书记	村委会主任	户数（户）	人口（人）	经济营业收入（万元）	农民人均所得（元）
南老君堂	刘全利	（无）	456	1110	3008.40	23757
艾官营	韩文杰	韩殿臣	184	438	1357.80	15836
王木营	杨宏梁	刘全德	402	991	3384.50	15087
井　庄	徐世利	李智利	330	800	2708.40	16038
三　司	张永田	张永田	190	450	1269.60	17022
柳　沟	胡宝祥	胡宝祥	428	998	6930.10	20481
房老营	房书明	房书明	127	340	1167.90	15029
东小营	李　钢	李　钢	301	828	2718.10	16447
宝林寺	罗顺利	罗顺利	110	284	976.80	17095
小胡家营	胡吉明	胡吉明	117	195	722.40	17795
东石河	张六林	张六林	166	362	981.60	17033
二　司	高来所	高来所	70	210	929.00	19000
果树园	武爱虎	张玉明	104	260	2052.30	17385
王仲营	霍广才	霍广才	55	126	1178.20	24071
东红山	赵玉龙	韩云龙	99	240	1070.10	16867
张伍堡	韩维江	韩维江	50	141	992.10	17858
八　家	张爱宁	王德发	103	227	777.80	16577
西红山	张士山	张士山	116	218	895.80	15844
西二道河	陈建国	孟金华	135	313	724.40	16799
东　沟	梁爱民	尹时光	108	232	662.60	16336
窑　湾	赵明志	崔永启	130	324	979.90	15651
老银庄	王拥民	（无）	120	320	786.10	16647
冯家庙	孙石根	（无）	135	324	1033.90	23250
孟家窑	马爱山	王永峰	125	252	700.70	16258
莲花滩	方　勇	沈合义	78	200	438.50	16340
箭杆岭	李　琳	王　剑	43	102	266.00	15549
曹　碾	高落实	高落实	34	64	223.60	15250
碓臼石	张金柱	王　伟	54	117	394.60	15000
门泉石	朱怀荣	朱怀荣	31	60	301.30	17767
北　地	张学余	张学余	55	104	396.70	21692
西三岔	丁春宇	丁春宇	18	25	96.50	20640

大庄科乡

【概况】 大庄科乡位于延庆区东南部，全乡总面积126.5平方千米，下辖29个行政村、40个自然村。乡域内有河流5条，总长74.175千米，流域面积123.6平方千米。2018年，全乡户籍户数2876户，总人口5904人，其中农业人口4871人，城乡居民人口1033人。农村从业人员3128人，从事一产的2004人，从事二产的40人，从事三产的1084人。出生人口41人，出生率0.7‰；死亡人口47人，死亡率0.8‰；人口自然增长率-0.1‰。乡党委下辖基层党支部33个，其中农村党支部29个；中共党员779名。全年发展党员3名，预备党员转正15人。农村实用人才277人。经营单位140家，个体工商户178家。中心小学校1所，幼儿园1所。乡级卫生院1所，敬老院1所。文体中心1处，村级文化大院29个，文物古迹8处，其中国家级文物保护单位1处，区级文物保护单位7处。古树13株。

全乡粮食播种面积123.24公顷（1848.5亩），粮食产量53万千克，平均亩产286.83千克。蔬菜播种面积13.87公顷（208亩），蔬菜产量26.7万千克，平均亩产1283.66千克。果园面积374.8公顷（5622亩），果品产量153.17万千克，平均亩产272.45千克。畜牧业生猪存栏0头，出栏生猪283头，家禽存栏1.02万只，鲜蛋产量5.4万千克。蜂蜜产量0.3万千克。农村经济总收入1.6亿元，同比增长4%。农民人均劳动所得16790元，同比增长7%。财政收入11421.8万元，同比增长3346%；财政支出11421.8万元。旅游收入1785.6万元，接待游客24.7万人次。

年内，投资2443万元，完成年度农业综合开发项目，涉及大庄科村、里长沟村、董家沟村、解字石村、东王庄村、龙泉峪村、旺泉沟村的河道清淤、护堤坝、护村坝、护路坝、拦沙坝、田间道路硬化、包地边等建设内容。投资2000多万元，完成冰川绿谷沟域建设项目。完成水泉沟村、东二道河村污水直排清理，更新河长制信息公示牌35块，完成“北京河长”App全覆盖，镇级巡河率100%，村级巡河率由上年33.4%提升到88%。申请“一事一议”项目9个，有董家沟村、汉家川河北村、沙门村、沙塘沟村环境整治工程；黄土梁村山体削坡、护村坝工程；铁炉村蓄水池防渗工程；东王庄村防汛坝建设工程；慈母川村地标景观工程。完成2017年14个村“一事一议”项目验收。两田一园工作涉及铁炉、沙门、小庄科、慈母川、董家沟5个村共967亩，工程费593.21万元，完成工程量的60%。

全年拆除违法建设9处，涉及水泉沟、里长沟、铁炉、东太平庄村，拆除建设面积3365平方米。全年降水量417.1毫米，较上年651.3毫米减少234.2毫米。防汛救灾出动抢险车辆40辆，人员303人，动用机械15台，转移危房险户人员228户420人。做好全国“两会”、中非合作论坛峰会等重大活动维稳安保，出动群防群治力量5000人次。完成重点行业领域、建设工程专项整治行动20次，完成经营单位生产安全检查306家次，实现乡域企业安全检查全覆盖。低收入农户656户、1395人，分别占总户数的34.04%，总人数的26.14%，实施低收入村户增收项目9个。“鸡司令”项目帮扶9户，金盏菊种植项目帮扶60户，养蜂产业帮扶50户，红色教育体验活动帮扶30户，陕京四线拨补57户。办理农村劳动力转移就业证70人；登记失业人数7人，办理就业失业证15个，办理失业保险金申领5人，灵活就业新增6人；对48名失业人员的档案进行管理，新接收21份档案，转出19份，档案新增材料数字化3份；完成社会化退休档案精准识别47份。参保人数3693人，新增97人，补办社保卡131人，报销药费90人63000元；完成2017年药费大病二次报销24人168282元。发放农村干部城乡居民养老保险补助52人43.6万元；农村劳动力参加社会保险39人；完成704名享受福利养老金无保障人员信息采集和生存认证。招聘25名劳动保障协管员，3名公共设施维护人员。其中，低收入4人，残疾2人，失业人员1人，农村劳动力21人。完成两次优质燃煤配送，换煤1566.25吨，其中完成27个村庄612户换煤1513.25吨；完成5处村集体及公共服务设施换煤53吨。验收抗震节能工程160户，申请抗震节能补贴资金315.6万元。

完成9个美丽乡村申报及审批工作，其中铁炉、董家沟、里长沟3个村为美丽乡村建设试点村。完成铁炉、董家沟、里长沟、沙门、霹破石、沙塘沟6个村美丽乡村建设实施方案的入村评估。完成25个村基础设施评估。推进董家沟、里长沟、黄土梁、慈母川山区搬迁工作。公路沿线专项整治清理乱堆乱放240处、清理建筑垃圾560立方米、清除非法小广告680处，修整停车场12个，整治公路沿线小公园4个，绿化美化9000平方米；清理村内“三乱”610处，清理垃圾33.2吨；景区环境专项整治清理建筑渣土220立方米，清除非法小广告180条；清理白色垃圾60吨。

单位名称：大庄科乡政府
地　　址：大庄科乡大庄科村南
电　　话：60189804

（魏源）

【乡党委一届二次会议】　1月15日，中国共产党大庄科乡第一届代表大会第二次会议召开。大会审议乡党委工作报告和乡党委领导班子述职报告。正式代表与列席人员200余人参加会议。

（魏源）

【传统花会表演】　2月27日，大庄科乡文化站组织29个村演艺人员在大庄科乡中心小学举办传统花会表演，发扬传统民俗文化。表演节目包括拥军秧歌、小车会、旱船表演、腰鼓表演等。

（魏源）

【红色主题越野赛】　4月14日，马孔多（北京）文化有限公司主办，延庆区体育局、延庆区大庄科乡人民政府、延庆区旅游发展委员会、共青团延庆区委员会协办的第一届北京大庄科100公里国际红色越野赛在大庄科乡举行，起终点设在沙塘沟村，赛道设计以“红色+绿色+传统”为文化主题，设置100公里、50公里、16公里3个组别，全国700多名越野选手参赛。主办方特邀9名革命烈士后代和开国将帅子女为比赛鸣枪发令。李佳佳以5小时41分43秒50的成绩获得50公里男子组冠军，陶燕茹以6小时54分51秒的成绩获得女子组冠军。

（魏源）

【端午文化节活动】　6月15日，大庄科乡第三届“慈孝暖端阳 红色润山乡”端午文化节在慈母川和霹破石开幕，活动内容包括包粽子比赛、唱红色歌曲。乡党委、乡政府主要领导出席并讲话，全乡各村村民代表40余人参加开幕式。

（魏源）

【红色大讲堂活动】　7月1日—31日，乡党校面向全乡781名农村党员开展“红色大讲堂”党课培训活动。活动分为名师送课和知识竞赛两个环节，以中共十九大精神和习近平新时代中国特色社会主义思想为内容。名师送课环节邀请北京林业大学、延庆区委党校、中国人民大学多位老师讲授党课。知识竞赛环节采用个人必答、小组必答、抢答和风险题四种形式，决出前三名。

（魏源）

【“圆梦之旅”大庄科乡帮扶项目启动】　9月4日，北京银行“圆梦之旅”延庆区大庄科乡帮扶项目启动仪式暨北京银行红色教育体验培训基地揭牌仪式在大庄科乡沙塘沟村举行。北京银行党委书记、董事长以及延庆区委书记等领导出席仪式。

（晏博文）

【迎国庆 庆丰收】 9月28日，大庄科乡在铁炉村开展“红色山乡迎国庆，美丽乡村庆丰收”第二届邻里节活动，活动内容主要有丰收果实绘国旗、文艺演出、品邻里饭菜，500余人参加。

（魏源）

【帮扶对接】 10月26日，河北省张家口市宣化区春光乡党委一行11人，到大庄科乡开展帮扶对接工作，双方领导就对口支援和帮扶协作等事宜进行开会探讨与交流，春光乡向大庄科乡赠送帮扶锦旗表示感谢。春光乡领导参观里长沟村、铁炉村新农村建设、高端民宿、沙门村金盏菊项目。大庄科乡铁炉村、慈母川村与春光乡姚家坟村、教场村分别签订《结对帮扶协议书》。

（魏源）

【乡新时代文明实践所成立】 10月31日，大庄科乡新时代文明实践所正式成立，区政协、区委宣传部、区文明办相关领导出席会议，并为大庄科乡首批新时代文明实践站颁牌。乡新时代文明实践所办公地点在乡宣传科，办公人员由宣传科工作人员组成，并在各村下设29个新时代文明实践站，其中办公人员由各村文化组织员、志愿者组成，办公地点在各村村委会。

（魏源）

【争做红色传人主题活动】 10月31日，大庄科乡新时代文明实践所和乡中心小学于霹破石村广场共同举办“追寻先辈足迹，争做红色传人”主题活动，活动内容包括演奏红歌乐曲、唱红色歌曲、讲美德故事等。100余人参加活动。

（魏源）

【红色体验基地进入2.0时代】 10月，大庄科开放式红色体验基地进入2.0时代，在一日体验模式基础上，推出集红色体验、仪式教育、现场教学于一体的2日培训模式。北京银行走进红色大庄科，成为首批培训学员，学员接受的具体培训内容有开班仪式、“新时代战斗堡垒”党课主题教育、“不忘初心”仪式教育、体验行军餐、体验行军征程、参观红色第一村纪念馆等。截至年底，大庄科开放式红色体验基地开放两年内已经接待15万人。

（魏源）

【修复长城1400米】 年内，大庄科乡修复乡域内长城1400米，修复工作包括砍掉长城上的杂树、清理长城上的杂草及垃圾、将散落的墙砖码放整齐等。

（魏源）

2018年大庄科乡各村基本情况统计表

表16

村委会名称	党支部书记	村委会主任	户数（户）	人口（人）	经济总收入（万元）	农民人均所得（元）
大庄科	田玉华	田玉华	120	328	23933	1767.6
小庄科	杜　彪	杜　彪	99	258	21609	636.3
二道河	郭双柱	郭双柱	117	328	16637	1129.8
里长沟	赵文海	赵文海	116	260	13192	381.9
董家沟	胡瑞山	胡瑞山	98	204	13064	568.5
慈母川	王九叶	王九叶	195	387	24703	1433.7
汉家川河南	王长合	王长合	235	512	15918	987.9
汉家川河北	赵有刚	赵有刚	106	232	13944	406.8
水泉沟	闫海明	闫海明	116	302	16904	1432.6
暖水面	宋立荣	宋立荣	116	252	16349	1221.2
东太平庄	刘殿群	刘殿群	55	160	12275	233.9
黄土梁	刘　钊	刘　钊	44	113	12690	149.7

续表16

村委会名称	党支部书记	村委会主任	户数（户）	人口（人）	经济总收入（万元）	农民人均所得（元）
台自沟	董士勇	董士勇	109	219	14475	366.5
榆木沟	刘造环	刘造环	22	41	15512	105.6
解字石	王振良	王振良	83	167	15617	383.5
东三岔	付景飞	付景飞	95	269	15613	872
东王庄	王有军	王有军	45	104	15279	696.1
香　屯	王俊清	王俊清	39	72	18889	435.6
龙泉峪	王建国	王建国	41	67	13731	153.5
旺泉沟	于守利	于守利	56	112	17839	221.5
松树沟	刘仕旺	刘仕旺	69	156	15673	286.6
铁　炉	韩台山	韩台山	172	351	15251	579.3
西沙梁	韩艳波	韩艳波	37	95	21368	261.8
瓦　庙	韩艳波	韩艳波	37	72	19583	221.6
霹破石	杨忠云	杨忠云	98	209	13684	322.3
车　岭	张　玉	张　玉	32	56	15911	459.4
景而沟	杨秀云	杨秀云	56	122	15451	359.6
沙　门	闫贵发	闫贵发	23	56	16304	142.2
沙塘沟	张红霞	张红霞	147	318	15535	766

刘斌堡乡

【概况】 刘斌堡乡位于延庆城区东部25千米处，乡域东、南、北三面环山，属山谷盆地。全乡面积116.2平方千米，辖16个行政村。全乡户籍人口3700户7323人，其中农业人口2565户5599人，非农业人口1135户1724人。年内出生人口75人，出生率1.02‰，死亡人口63人，死亡率0.86‰，人口自然增长率0.16‰。有中学、小学、幼儿园各1所；社区卫生服务中心1所，医护人员22名，社区卫生服务站2个，农村卫生室5个；敬老院1所，在院老人4人；北京农商银行支行1所，国家电网网点1个。乡党委下辖基层党组织19个，其中农村党支部16个，乡机关党支部1个、社区党支部1个、事业单位（卫生院）党支部1个，全乡有中共党员800名。

2018年，全乡粮食作物播种面积702.84公顷（10542.6亩），粮食总产量4904.9吨。其中玉米播种面积639.69公顷（9595.35亩），产量4698.7吨。农业支持保护补贴面积643.16公顷（9647.49亩），惠及1315户。蔬菜补贴31.47公顷，惠及6个村农户、合作社。发放复合肥50吨，推广生物农药0.5吨。农业产值3121.5万元。全年组织农机手培训1次，培训40人，发放宣传材料80余份；完成2017—2018年度机械化收集秸秆276.33公顷（4144.88亩）。生态林面积9576.67公顷（14.37万亩），其中“五河十路”生态林管护项目145.58公顷（2183.7亩）。山区森林健康经营工程1229.8公顷（1.84万亩）。果品总产量90.8吨，实现林业产值791.6万元。出栏肉牛52头，家禽0.85万只，羊2043只，出售鲜蛋54.05吨；实现畜牧总产值712万元。非洲猪瘟疫情期间，清理散户49户396头生猪。实现农村经济总收入16640.4万元，同比增长6.1%；人均可支配收入14498元，同比增长8.9%。旅游接待游客171602人次，同比增加705.56%，旅游收入808.4万元，同比增加702.54%。

年内，新建10千瓦光伏发电站。依法拆除违章建筑10处，其中占地面积1.4万平方米，建筑面积8756平方米，超额完成年度任务；开展联合执法40次，清理规模性占道行为24起，整治占道经营点位72处，查处无照游商和占道经营33起；开展重点地段环境提升工程项目2处。清理垃圾“三乱”8350余立方米、乱堆乱放450处。清理小广告1995处。创建马道梁垃圾分类示范村1个，山南沟十佳村1个，16个村设置专职入户垃圾收集员，实现两类粗分，生活垃圾出乡。梳理退出一般制造业企业1家，清退养殖场（户）7个；完成设施农业“大棚房”排查清理工作，通过市、区级验收。全乡留白增绿2932平方米。为33家民俗户办理意外伤害保险。农村养老保险3933人缴纳2805.57万元。发放养老保险1138人80.22万元，福利养老金799人50.33万元。医疗救助599人次78.58万元；办理临时救助7户4.22 万元；红十字会大病救助32户4.4万元。发放助残卡补助370人37万元；享受90岁以上高龄津贴30人，发放高龄津贴 3万元；办理老年人意外保险48户66人。配合第三方做好全乡315户居家养老巡视探访的协议签订和后续服务管理工作。配合第三方做好3401户北京市“精准帮扶”入户核查工作。专业演出16场，星火演出27场；更新上虎叫、下虎叫、小观头、观西沟、山东沟、马道梁、山南沟、山西沟、营盘等村的电影放映设备，全年放映电影700场次。为300名育龄妇健康体检，全年出生人口75人，计生率100%，全年无违法生育。

单位名称：刘斌堡乡政府
地　　址：刘斌堡乡刘斌堡村
电　　话：60181485

（侯得书）

【第一届人代会第五次会议】 12月23日，召开刘斌堡乡第一届人民代表大会第五次会议。44名代表出席，会议听取和审议《刘斌堡乡人民政府工作报告》。

（侯得书）

【低收入户增收】 年内，实施8个低收入产业扶持项目，发展林果业、花卉、中药材、蔬菜等特色农业产业，使用本地工160人。优先安排线下户44户44人就业。对于无法依靠产业和就业帮扶的低收入户实行政策性保障兜底。按照区民政局《关于开展未纳入社会救助范围低收入农户摸排工作实施方案》要求，为线下户申报低保。通过减免学费和教育救助等措施为因学致贫家庭解决实际困难。

（侯得书）

【民俗户（村）星级评定】 年内，11家民俗户和2个民俗村参加升评星工作，评为五星级民俗户7家，四星级民俗户2家，三星级民俗户2家，五星级民俗村1个，三星级民俗村1个。

（侯得书）

【新增民俗户27家】 年内，下虎叫村“隐居乡里”增建“山楂小院”5个，小观头村“先生的院子”新建民宿7家，姚官岭村“原乡里”在建民宿7家，山南沟村在建民宿8家。

（侯得书）

【清洁空气行动】 年内，开展执法检查，编制完成《蓝天保卫战行动计划实施情况考核明细》《刘斌堡乡2018年优质燃煤替代实施方案》《刘斌堡乡2018年劣质燃煤治理工作方案》，减煤换煤2422.5吨。

（侯得书）

【河长制落实】 年内，对辖区内的15.58千米妫河河道和17.48千米白河河道进行规范化管理。全年发现、整改河道问题22个，清除河道垃圾600余立方米。主汛期全体领导和机关干部24小时下村值守，在强降雨期间，领导干部下村入户检查工作，走访农户78户，发现、解决问题12项，转移安置74户222人。

（侯得书）

【食品药品监管】 年内，食品经营持证单位96家，其中餐饮经营单位56家，流通单位40家。新受理经营单位23家，其中餐饮单位17家，流通单位6家。完成阳光餐饮17家，其中透明厨房8家，网络厨房9家，安装摄像头14个。餐饮单位日常检查180家次360人次；食品销售单位日常检查240家次480人次；保健食品检查23家次46人次；化妆品检查12家次24人次；药品经营单位和医疗器械经营单位检查20家次40人次；医疗器械使用单位检查16家次32人次。“两会”期间“四品一械”检查38家102人次；清明、“五一”“中秋”“十一”等节假日检查60家120人次。

（侯得书）

【大排查大清理大整治】 年内，出动检查人员1100人次，检查生产经营单位345家次，下达执法文书426份。排查各类隐患84项，整改率为100%。覆盖率100%。安全生产标准化达标经营单位5家，完成8家生产经营单位的安责险投保任务。安全风险云服务系统填报率100%。完成3家生产经营单位职业病危害基本情况普查工作。开展宣传活动5次，发放宣传材料2000余份。与各村委会、各企业签订安全生产责任书37份。

（侯得书）

2018年刘斌堡乡各村基本情况统计表

表17

村委会名称	党支部书记	村委会主任	户数（户）	人口（人）	经济营业收入（万元）	农民人均所得（元）
刘斌堡村	卢兴勇	卢兴勇	882	1888	72865.0	14217
大观头村	侯春艳	魏金波	345	775	2608.9	13986
周四沟村	陈桂香	陈桂香	191	445	917.7	14838
红果寺村	韩永财	韩永财	108	228	415.1	13952
上虎叫村	张有德	张有德	50	94	297.5	15574
下虎叫村	时永纲	时永纲	61	141	290.3	14908
营盘村	焦万亮	许秀华	157	363	749.9	13926
营东沟村	李燕霞	李燕霞	23	49	143.2	13980
马道梁村	徐瑞华	徐瑞华	158	391	812.6	13862
山西沟村	郝明辉	胡　强	182	360	882.4	13903
山东沟村	雷占余	雷占余	94	201	505.0	14154
山南沟村	赵志忠	赵志忠	63	132	322.4	15227
小观头村	贾雪林	贾雪林	62	130	369.2	15538
观西沟村	张军宗	张军宗	92	201	522.5	14642
姚官岭村	张晓静	张晓静	50	103	275.1	14262
小吉祥村	宋兰坤	宋兰坤	47	98	242.1	14520

香营乡

【概况】 香营乡位于延庆城区东北部20千米处。辖区面积117平方千米，山区面积79平方千米，占全乡总面积的67%。下辖20个行政村。2018年，全乡户籍户数4575户人口8781人，其中农业户数2832户人口6204人，非农业1743户人口2577人，常住人口6501人。全年出生96人，出生率10.9‰；死亡55人，死亡率6.3‰，人口自然增长率4.6‰。乡域有“燕山天池”美誉的白河堡水库，辽代缙阳寺遗址、明代烽火台、长城边墙遗址等自然、人文景观。全乡有九年一贯制学校1所，有教职工68人，在校学生193名。中心幼儿园1所，入园儿童64名。社区卫生服务中心1所，卫生技术人员22名。卫生服务站2所，村卫生室7所，乡村医生12人。全乡耕地面积1.43万公顷（2.14万亩），果林面积396公顷（5945亩），设施农业15.96公顷（238.5亩），农作物播种面积827.8公顷（1.2万亩）。

年内，乡党委辖基层党支部25个，其中农村党支部20个、事业单位党支部1个、社区党支部1个、机关党支部3个。发展党员7名，培训入党积极分子4名，有中共党员633名。在新庄堡村规划打造“艾”主题党建项目，在里仁堡村打造立体多样式的党建特色项目，在聂庄村建设“五室、三微、一家、一讲堂”精品党员阵地。选拔培养村级后备人才12人。成功处理1个网络舆情。举行党纪和法治讲座16场、廉政教育12次、法律法规宣传67次。开展社会主义核心价值观系列宣传活动10次，组织“缙善缙美”宣讲团巡回宣讲40次，在重要节日组织文艺演出8次，受众5000人次。

坚持“山水缙阳 · 养心之乡”发展定位，紧扣延庆绿色发展大事，大力发展农业+旅游模式，推进世园会园外园——世欣沃沃有机农业园建设，配套旅游服务设施。打造全域旅游，完成万达有机农业园验收筹备工作。与希森集团合作，在黑峪口、里仁堡、南窑3个村培育马铃薯原种，增加旅游景观。实施山底下村山区搬迁，发展高端民宿产业。培育新庄堡村百亩艾蒿产业园，融合艾草种植园、艾主题餐厅、艾灸体验馆等一二三产业链发展。推广新庄堡村西瓜种植，进入市场销售。借助互联网+订单农业模式，拓宽销售渠道，谷赞公司、深圳顺丰电子商务有限公司与村股份经济合作社合作，扩大果品销路。联系首发集团、西城环卫等多家就业单位，多举措促进乡域内低收入户、富余劳动力实现就业，达成就业意向80余人。推进“平安香营”建设，开展扫黑除恶专项斗争，积极应对非洲猪瘟、开展毒品原植物踏查。完成全国“两会”“中非合作论坛”等服务保障任务。表彰高考本科生32名，发放奖学金13.05万元。加强消防、食品药品等领域的安全监管，全年没有发生重大安全事故。截至年底，全乡农村经济总收入完成6.13亿元，农民人均劳动所得完成1.83万元；财政收入完成79.9万元，完成全年任务数的132%；低收入户人均劳动所得完成1.63万元，脱低率实现98%，人均收入同比增长9.5%。

单位名称：香营乡政府
地　　址：香营乡香营村
电　　话：60161043

（郑学伟）

【以花会友活动】 4月12日，香营乡在新庄堡杏树基地主办“美丽延庆 · 以花会友”系列主题活动。活动内容有：艾草及产品展示、文艺演出、民乐演奏、汉服展示、书画展示、摄影采风、园艺文化进校园等。第三届“科德杯”全国大学生无人机航拍竞赛，香营乡“艾在杏香·醉美缙阳”摄影、绘画、诗词大赛，“艾”在杏香世园主题村项目均同时启动。乡内外800人参加活动。

（郑学伟）

【重阳节主题活动】 10月11日，香营乡在敬老院举办“孝满京城　德润人心”活动，内容包括文艺演出、理发、义诊、集体过生日、为老人打扫卫生等。乡机关志愿者以及部分村级志愿者参加活动，17位老人接受服务。里仁堡、新庄堡、东白庙、香营等村同期开展敬老、爱老、助老服务活动，志愿者为老人理发、打扫卫生、制作节日套餐等。

（郑学伟）

【新时代文明实践活动】 11月1日，香营乡新时代文明实践所成立，全乡有实践站20个，其中乡文体中心、乡篮球场、聂庄村文化活动室、万达有机农业园被列为第一批挂牌实践基地。聂庄村实践基地建设“三微、五室、一家、一讲堂”（微博、微信、微课；党员学习室、村民电教室、益民图书室、村级卫生室、矛盾调解室；村民之家和道德大讲堂），开展“伴你健康成长”“陪你共享天伦”“等你回家过年”等主题活动。

（郑学伟）

【清空净水工程】 年内，推进东白庙村煤改气工程，完成其他改气村收尾工作。秸秆机械粉碎还田离田125.69公顷（1885.4亩），深松作业面积69.48公顷（1042.2亩）。施工扬尘综合执法40次，处罚渣土运输车、无照售煤等大气污染类违法行为17起，罚款5.98万元。

（郑学伟）

【美丽乡村建设】 年内，完成聂庄、里仁堡、新庄堡村庄规划并上报；东白庙、山底下、南窑、新庄堡4个村村庄规划通过区联席会评审；8个村环境建设验收通过；完成美丽乡村污水工程设计、可研及水影响评估的编制并上报区水务局；山底下村、里仁堡村2个村实施方案通过区级审批并办理招投标手续。

（郑学伟）

【疏解整治促提升】 年内，拆除违法建设5241.46平方米；“留白增绿”土地面积3500平方米；整治无证无照经营6户；疏解“散乱污”企业和一般制造业2家；占道经营实现动态清零；关停拆除养殖大户1家，清除肉牛160头；清退养猪场1家；完成14户散养户退养工作。

（郑学伟）

【河道清理】 年内，完善“河长制”工作方案，拆除南窑村等河道垃圾房和垃圾池，出动巡查人员7200人次，累清理河道垃圾、渣土约950立方米。关停拆除养殖大户1家，完成养殖散养户协议签订和退养8家。

（郑学伟）

【环境整治】 年内，清运施工工地建筑垃圾2万立方米，清理乱堆乱放2000处、渣土500立方米，清理公路沿线垃圾400立方米，清理非法小广告600个。新购置垃圾清运车辆1台。停用香营村北和山底下村东建筑垃圾填埋场，栽种柳树2000余棵。完成乡域中心公园后期装饰和绿化工程，栽种乔木1600棵，灌木250棵。东白庙、小堡等村公路沿线栽种鸡冠花、喇叭花26万余株。

（郑学伟）

【低收入村户增收】 年内，全乡低收入村7个，低收入农户810户，低收入人口1707人。投入资金456万元发展光伏发电、西瓜种植、艾草种植等16个帮扶项目，艾草种植及加工、藜麦种植项目旺季稳定用工220人，其中近70人是低收入户劳动力。开发八棱脆海棠、高矮密果树种植等庭院经济。4个低收入村与4家市属国企建立“一企一村”帮扶结对，1个低收入村与1所市属高校建立“引智帮扶”结对。公益岗位提供就业129户154人。低保142户186人、五保户28户29人享受城乡医疗保险减免，1707名低收入人群中除享受城镇职工保险以外人员，全部享受农村合作医疗补贴。联系首发集团、西城环卫等多家单位提供就业岗位，达成就业意向80余人。低收入户达标率96.4%。

（郑学伟）

【绿化美化】 年内，东白庙村栽植乔木250株，花灌木200株，宿根花卉2.82万株。里仁堡村栽植乔木800株。聂庄村栽植草坪3000平方米。新庄堡村栽植宿根花卉1000株。南窑村栽植宿根花卉1万株。黑峪口栽植乔木1000株。山底下村栽植乔木2800株，花灌木300株，宿根花卉26.68万平方米。乡政府在缙阳广场栽植乔木1407株，花灌木461株。东白庙村通过绿色村庄验收。完成三道沟、高家窑村、南窑重点公益林抚育248.8公顷（3732亩）。

（郑学伟）

【艾草园向游客开放】 年内，新庄堡艾蒿主题公园向游人开放。公园占地13.33公顷（200亩），建有“艾蒿主题农业公园”“艾产品研发中心”“艾主题餐厅”“艾健康疗养中心”“艾文化长廊”等主题区，是北京地区首个同时种植食用和药用艾蒿的观光园。游客可采摘艾蒿鲜叶，品尝40余道艾蒿特色菜品，体验艾蒿糕点、艾尖茶等艾蒿加工制作。截至年底，接待游客3500人次，旅游收入26.96万元；其中艾草特色产品收入13.4万元。

（郑学伟）

2018年香营乡各村基本情况统计表

表18

村委会名称	党支部书记	村委会主任	户数（户）	人口（人）	家庭经营收入（万元）	农民人均所得（元）
八道河	柳艳云	柳艳云	32	67	439	20000
屈家窑	屈金安	屈金安	85	160	803	15570
黑峪口	刘九来	刘九来	128	228	1591	17743
上　垙	卢六来	卢六来	76	147	542	15463
下　垙	郭　磊	郭　磊	97	197	2974	16788
山底下	赵　军	赵　军	71	162	922	18551
东白庙	闫长军	闫长军	663	1279	7733.4	17426
孟官屯	王利江	王利江	445	868	4564	18871
小　堡	乔书明	乔书明	388	756	4032	18808
香　营	赵　学	赵　学	548	1108	4490.3	19040
新庄堡	王德喜	王德喜	444	841	2216	17481
后所屯	刘海燕	尤红存	626	1128	8532	17507
里仁堡	雷东海	雷东海	629	1215	7774	19914
聂　庄	周海龙	周海龙	167	324	2456.5	18897
庄　科	薛进良	薛进良	27	53	169	15094
高家窑	高小亮	高小亮	35	70	200	17583
小　川	闫皂荣	闫皂荣	28	34	234	28571
三道沟	李桂海	李桂海	39	68	259.8	17119
南　窑	饶慧敏	饶慧敏	28	47	155	18857
东　边	孙进有	孙进有	19	39	223.2	27269

珍珠泉乡

【概况】　珍珠泉乡位于北京市延庆区东北部山区，距离城区55千米。全乡面积144平方千米，林木绿化率88.13%，森林覆盖率68.39%。辖15个行政村，29个自然村.总人口3938人，其中农业人口3172，非农户人口1532人。2018年出生人口50人，出生率1.27‰；死亡人口25人，死亡率0.63‰；人口自然增长率0.64‰。境内有珠泉喷玉、齐仙岭、仙壶沟等景区。四宝路贯穿全乡，Y18、Y29、Y30、Y34、Y37路公交车穿境而过。乡内中心小学1所，幼儿园1所，在校生94人，教职工25人。社区卫生服务中心1所，医务人员3人，村级卫生室7所。二级旅游咨询服务中心1处，公共厕所10座。农民专业合作社26家，北京村村牛种植专业合作社和北京魅力珍珠山水乡村旅游专业合作社为市级示范社。全乡农村经济总收入11080.5万元，同比增长0.8%；人均所得16491元，同比增长1.4%。农村低保72户122人，城镇低保3户8人；享受五保待遇83户84人。发放残疾人生活补贴、护理补贴和助残券146.53万元。

年内，乡党委辖18个党支部，包括15个行政村党支部、2个机关党支部、1个社区党支部。全乡中共党员547名，村级党员志愿服务队18个。成立党建工作协调委员会，探索实施“街乡吹哨、部门报道”机制。实现党员“双报到”100%。完成村和社区党支部换届选举工作。全乡完成万亩造林168.4公顷（2526亩）。拆除违法建设3088平方米。建立河道巡查台账43处，完成销账39处，监管2处；清理垃圾27处2.43万立方米，清理河道5392.8立方米，拆除猪场、鸡场、厕所等24处。订购优质型煤1400吨，农用三轮车销户27辆，秸秆回收23.33公顷（350亩）。全年PM2.5累计浓度均值为30.5微克/立方米，同比降低24%，完成低于39微克/立方米的目标任务。实施小川村园艺产业基础设施项目。申报世园人家示范户5家。举办鸟节、齐仙岭庙会、端午文化节、仙水文化节、中秋游园等文化活动。播放电影690场次，文艺演出42场。组织“珍珠山水”百姓宣讲团宣讲3次。

单位名称：珍珠泉乡政府
地　　址：珍珠泉乡珍珠泉村
电　　话：60186546

（王建龙）

【法治文化广场揭牌】　7月19日，延庆区在珍珠山水景区举办“珍珠山水”法治文化广场揭牌仪式。市、区两级法宣办和司法局、区纪委、区监委相关领导出席活动并为“珍珠山水”法治广场揭牌。区司法行政系统，区法学会以及普法志愿者代表90余人参加活动。珍珠山水法治文化广场位于珍珠山水景区中心广场，以景区现有环境、设施为基础，以中共中央总书记习近平关于全面依法治国重要论述、古代法治人物格言，法治成语故事为主要内容，采用中心花坛雕塑、文化墙、宣传牌、靠椅展示相结合的形式进行法治文化元素植入，利用景区LED电子屏、“珍珠山水”微信公众号等宣传载体，推送有针对性的法律法规，扩大法治宣传覆盖面。

（王建龙）

【新时代文明实践所成立】　11月5日，珍珠泉乡召开新时代文明实践所成立大会，为乡第一批5家新时代文明实践站、社区授牌。

（王建龙）

【特色种植】　年内，全乡种植富硒梨2公顷（30亩）、特色粘玉米2.67公顷（40亩）、新增榛子种植面积14.67公顷（220亩），补植20公顷（300亩）。榛子林下种植黄豆11.33公顷

（170亩）、谷子5.33公顷（80亩）。栽种观赏花卉1万余株、观赏南瓜3000株、食用菌（木耳）菌棒4万个。

（王建龙）

【低收入户脱低75户】 年内，全乡有低收入户8个村，低收入户649户，帮扶单位完成入户532人次，为群众解决问题46个，发放慰问金24万元。全部脱低村12个，脱低户75户，脱低率96.8%。

（王建龙）

【环境整治】 年内，拆除违法建设完成率103%，占道经营整治5处，完成率100%，疏解退出一般制造业完成率100%。拆除私搭乱建200余处5000余平方米；清理乱堆乱放400余处3000余立方米。

（王建龙）

【民生保障】 年内，完成下花楼新农村建设取暖、上下水基础设施建设。推进15项“一事一议”财政奖补工程。改造危房6户。建设老年餐桌3家，成立助老志愿服务队4支，完成职康劳动型帮扶性就业基地建设，6名残疾人实现就业。“1+1”扶残助老志愿者为老人提供服务4500余次。

（王建龙）

【高考奖励】 年内，为21名大学生发放奖学金3.7万元。奖励标准：大专一次性奖励1000元，本科一次性奖励3000元。

（王建龙）

【社会治理】 年内，检查生产经营单位180家次，出动人员270人次，发现隐患50项，整改率为100%。做好安全生产标准化的建设工作，目标10家，完成10家。完成8户安全责任险办理。

（王建龙）

2018年珍珠泉乡各村基本情况统计表

表19

村委会名称	党支部书记	村委会主任	户数（户）	人口（人）	农村经济收入（万元）	农民人均所得（元）
珍珠泉	于甫琴	于甫琴	298	546	1772.6	18183
称沟湾	范长宇	范长宇	113	212	559.6	13678
庙梁村	张石永	（无）	312	609	1991.4	19054
下水沟	陈玉林	陈玉林	58	120	428.8	15813
上水沟	张建军	张树合	116	223	582.5	16287
下花楼	周汉兴	周汉兴	143	275	734.0	16786
八亩地	于海林	于海林	111	209	750.2	17775
转山子	姜言海	姜言海	188	364	753.6	15586
水泉子	石长海	石长海	281	529	1531.7	16738
双金草	靳满才	靳满才	94	148	454.9	18319
小川村	崔　勇	崔　勇	188	315	796.1	15640
小铺村	王占义	黄文义	58	86	229.6	15177
桃条沟	翟永亮	翟永会	55	103	194.1	14686
仓米道	刘玉臣	刘玉臣	30	59	150.9	15250
南天门	于亚全	于德来	77	140	282.9	14170

（栏目编辑：池尚明）

附　录

年度工作报告

北京市延庆区人民代表大会常务委员会工作报告

——在北京市延庆区第二届人民代表大会第五次会议上

北京市延庆区人大常委会主任　胡耀刚

各位代表：

我受北京市延庆区第二届人民代表大会常务委员会委托，向大会报告工作，请予审议。

一年来的主要工作

2018年，区人大常委会在市人大的正确指导下，在区委的坚强领导下，坚持以习近平新时代中国特色社会主义思想，特别是以习近平总书记关于坚持和完善人民代表大会制度的重要思想统领人大工作，全面贯彻落实党的十九大精神，始终坚持党的领导、人民当家作主、依法治国有机统一，紧紧围绕全区中心工作，依法行使职权，扎实开展工作，为坚持和完善人民代表大会制度，推进地区民主法治建设，推动延庆全面发展作出了积极贡献。

一、围绕中心工作，聚焦赛会筹办，推动延庆全面发展

区人大常委会始终坚持把人大工作放在全区发展大局、区委中心任务中去思考、谋划和推进。高度聚焦服务保障冬奥世园筹办举办，统筹推进办大事促发展惠民生，努力推动延庆政治、经济、文化、社会、生态文明“五位一体”全面发展。

高度聚焦冬奥世园筹办举办。按照区委统一部署，对涉及两大赛会的重点工程加强监督和审议，建议政府加大组织协调力度，统筹做好工程建设、生态保护、环境整治等方面工作。围绕冬奥世园周边环境整治提升，对园区周边及进出京要道、城乡结合部、景区连接线等重点区域加强监督，对妫川广场改造、绿韵广场环境治理、海川路沿线疏解整治进行全过程跟踪检查，督促政府部门大力开展“清脏、治乱、控污、增绿”综合整治工作。积极引导人大代表关注、支持两件绿色大事，组织全体区人大代表视察污水处理厂、京礼高速六环至延庆段工程建设，鼓励代表为全区发展出力献计，充分发挥了人民代表大会的制度优势、群众优势，在助力冬奥世园筹办举办，促进延庆全面发展方面，起到了积极的推动作用。

大力推动区委各项决策落实。紧紧围绕市委十二届四次、五次全会精神，按照区委二届五次、六次全会确定的目标任务，研究确定常委会的监督议题，依法开展监督。全年共围绕美丽乡村建设、全国文明城区创建、赛会筹办举办、精准帮扶、营商环境改善等方面工作开展调研、视察91次；召开常委会会议8次；

听取审议专项工作报告31件；开展执法检查、工作监督45项。根据区委指示，依法就全区重大事项作出决议决定14项，区人大党组向区委请示、报告工作10次，按照法定程序任免国家机关工作人员30人次。依据地方组织法有关规定，决定了区政府代理区长。保证了党的路线方针政策和决策部署在本地区得到全面贯彻和有效执行，使党的主张通过法定程序成为国家意志，使党组织推荐的人选通过法定程序成为国家政权机关的领导人员。

二、坚持法治思维，监督的针对性、实效性不断增强

区人大常委会始终坚持“依照法定原则、限于法定范围、遵守法定程序”，依法开展监督，较好地发挥了人大监督对全区经济社会高质量发展的促进作用、对人民当家作主的保障作用，积极推动了“一府一委两院”依法行使职权。

立足宪法法律在本地区的有效落实，开展法律监督。始终把坚持依法治国、维护宪法法律权威作为重要任务，努力做法治建设的维护者、实践者和推动者。围绕事关改革发展稳定大局和群众切身利益、社会普遍关注的重大问题，有计划地对《中华人民共和国食品安全法》等14部法律法规在我区的执行情况进行了执法检查，及时纠正法律法规实施中存在的问题。坚持民生导向、问题导向，持续对《中华人民共和国教育法》《北京市居家养老服务条例》《北京市大气污染防治条例》进行跟踪检查，不断推动问题的整改落实，使法律监督更有力度、更具权威。

听取和审议区政府依法行政特别是行政执法情况、贯彻实施《北京市全民健身条例》情况的专项工作报告；听取和审议区人民法院民事案件审判情况的专项工作报告；听取了区人民检察院关于行政法律监督工作情况的专项工作报告。根据区人大常委会提出的审议意见，区政府、区人民法院分别制定了“理顺综合执法机制，不断提升行政执法效果”“加强调解员和审判队伍建设，提高调解和审判团队办案能力”等工作措施，有效推动了“一府两院”依法行政、公正司法。

健全备案审查制度，规范备案审查规程，做到“有件必备、有备必审、有错必纠”，2018年共接受区政府报送备案的规范性文件5件，对审查中发现的与法律法规相抵触或不适当的问题，督促有关部门予以纠正。

着眼办大事促发展惠民生的有机结合，开展工作监督。围绕“区委有要求，发展有需要，群众有期盼”的大事要事、热点难题，依法开展监督。重点聚焦赛会筹办举办、清空净水措施落实，听取和审议世园会冬奥会周边环境综合整治情况、水污染综合防治情况的专项工作报告。组织部分代表委员对农村煤改清洁能源、农村污水处理设施建设及水源地保护进行视察，深入了解城西再生水厂、夏都缙阳污水处理厂和部分镇、村污水处理设施运行情况。针对检查中发现的问题，提出意见建议，督促整改落实。

立足推动延庆绿色发展，建设国际一流生态文明示范区开展监督。听取区政府关于“疏解整治促提升”、实施乡村振兴战略、推进美丽乡村建设情况的专项工作报告，并组织常委会委员赴怀柔、密云参观考察美丽乡村建设，形成高质量的考察报告；听取关于平原造林情况的专项报告，并针对资金管理使用、低效经济林提升、促进地区经济发展等方面问题开展专题询问。听取和审议区政府关于区“十三五”规划纲要实施情况中期评估报告，以及延庆分区规划的报告，提出了“要通过规划进一步明确功能定位，引领生态建设、推动高质量发展；坚持生态立区、聚焦绿色发展；发挥底色作用、营造区景合一”等意见建议,为完善和修订规划提供了参考。

围绕保障和改善民生加强监督。常委会以人民群众是否满意作为根本衡量标准，坚持民有所呼我有所应。听取区政府重点工作折子工程和为群众拟办重要实事工程安排情况的专项工作报告。持续聚焦就业增收、基础教育、医疗卫生、养老保障、精准帮扶等民生问题，通

过组织调研、专项视察等形式，推动政府工作的有效落实。对村级医疗卫生机构建设及村医队伍建设、低收入村户增收、保障性用房建设及棚户区改造等工作情况进行跟踪检查，持续施力，确保我区改革发展成果更多更公平地惠及全区人民。

聚焦财政风险防控，对计划、预算的执行情况开展监督。进一步加强对全区国民经济和社会发展计划执行情况以及财政收支情况的监督，保障经济社会的健康发展。严格审查国民经济和社会发展计划，推动人代会审查批准的国民经济社会发展计划和财政预算的落实。根据预算法和监督法的要求，进一步规范预算编制，加大预算执行监督力度，大力推进预算公开透明。听取审议区政府债务管理情况报告，批准区政府债务限额。对重点支出和重大项目资金安排、预算决议执行、预算收入及支出、举借债务资金使用、区级预算调整进行严格审查，提出了“要科学研判财政收入变化和趋势，注重涵养税源，优化营商环境，加强政府债务管理，防范财政风险”等意见建议，进一步增强了计划和预算的约束力，为提高全区经济运行质量发挥了应有作用。

三、坚持以人民为中心，代表主体作用得到充分发挥

区人大常委会始终坚持以人民为中心，尊重代表主体地位，保障代表依法履职，充分发挥人大代表决策参与、监督促进和桥梁纽带作用，发挥代表联系群众的独特优势，在全区上下形成“凝聚共识、谋求共治、实现共享”的发展氛围。

代表履职渠道不断拓宽。进一步落实常委会领导联系代表、代表联系群众制度，以定期联系、不定期走访的形式，深入到代表和群众中间，主动倾听群众呼声，及时回应群众意愿，实现了常委会驻会组成人员联系代表全覆盖。建立与各专门委员会、各乡镇人大和各人大街工委的协调联动机制，共同为代表搭建履职平台。不断拓宽代表参政议政渠道，全年有21人次市、区两级代表受邀列席人大常委会会议，审议相关议题并作会议发言；有110人次代表列席区政府常务会议；组织全区120名人大代表视察重点工程和为民办实事工程；有375人次代表参与了各专门委员会组织的调研、视察和执法检查等工作，努力为代表参政议政创造条件，使人大常委会的工作更加顺应民心、反映民意。充分发挥各乡镇、街道“代表之家”的作用，不断加强代表思想政治作风建设，提升代表履职监督能力。

代表建议办理的实效性不断增强。区二届人大四次会议期间，人大代表共提出建议、议案66件。其中，32件建议、议案在年内得到了有效解决。内容涵盖了土地利用规划、民宿产业发展、社区卫生服务中心建设、重大疾病救助、妫川广场改造等诸多方面，一批群众关心关注的热点难题得到圆满解决。在办理过程中，常委会先后两次听取区政府关于代表建议办理情况的报告，将建议办理与常委会议题审议结合起来，与常委会监督调研结合起来，不断加大建议跟踪督办力度，做到件件有答复、事事有着落。

与市人大、乡镇人大的交流联系更加紧密。依法为市人大履行职责提供服务和支持，协助市人大开展立法调研、执法检查和工作监督6次，与市人大形成合力，共同推进人大工作和民主法治建设。年初、年末组织我区市人大代表集中活动，视察全区重点工程，并多次参与法院、检察院的专题调研，为我区市人大代表依法履职提供了服务保障。积极指导、大力支持各乡镇、街道人大依法履职。举办乡镇街道人大干部培训班，就“如何提高代表建议、议案质量”开展了专题培训，各乡镇人大、各街道人大工委的依法履职能力不断提升；指导、参与各乡镇、街道开展代表联系选民月活动，积极向广大群众宣传中央、市委、区委的方针政策，主动倾听群众呼声、了解群众意愿，将党的声音传达下去，将群众的呼声反映上来，努力搭建起党委与基层群众有效沟通的桥梁。

四、注重自身建设，常委会履职能力

不断提升

区人大常委会高度重视自身建设，注重思想引领作用，牢固树立“四个意识”，坚决做到“两个维护”。

*政治建设不断加强。*坚持把政治建设放在首位。始终在政治立场、政治方向、政治原则、政治道路上同以习近平同志为核心的党中央保持高度一致。加强思想教育，将习近平新时代中国特色社会主义思想和中央、市委、区委历次全会精神列为全年学习重点，坚持每周学习制度，不断增强机关党员干部的制度自信和制度自觉。

*工作作风不断改进。*坚持不懈改进作风，严格执行中央、市委、区委关于改进作风的规定，进一步梳理完善了公务接待、公务用车、出差审批、会风会纪等7项制度，扎紧制度篱笆、严守纪律规矩。在调研、视察、检查过程中，轻车简从，将群众工作重心转移到了解基层实情、听取群众意见、解决实际问题之上。确保人大机关更加风清气正，干部队伍更加奋发有为。

*履职能力进一步提升。*不断加强宪法法律法规及人大业务知识学习，组织常委会组成人员学习《中华人民共和国宪法》《中华人民共和国监察法》《北京市预算审查监督条例》。研究制定了《常委会讨论、决定重大事项的规定》，推动出台了《区政府向人大常委会报告国有资产管理情况制度的意见》，进一步规范了常委会议事规则，提升了议事能力，确保人大干部在履职中做到“于法有据、用法说法、依法办事”。

各位代表：一年来，区二届人大常委会认真履行宪法法律赋予的权力和职责，人民代表大会的制度优势、群众优势得到较好发挥，人民群众通过人民代表大会行使国家权力得到切实保证，宪法和法律在全区得到正确实施，人民群众有序参政议政不断拓展，一批民生问题得到有效解决，人大工作的保障性和实效性不断增强。

这些成绩的取得，是在区委正确领导下，全体人大代表、常委会组成人员、各专门委员会组成人员和区人大常委会机关工作人员履职尽责、辛勤工作的结果，是区人民政府、区监察委员会、区人民法院、区人民检察院以及各乡镇人大、街道人大工委密切配合、团结协作的结果，是全区人民高度信任、大力支持的结果。在此，我代表区人大常委会向大家表示崇高的敬意和衷心的感谢!

各位代表，我们这一届人大及其常委会，正处在实现“两个一百年”奋斗目标的历史交汇期。新时代新形势对人大工作提出了新的要求，刚刚闭幕的区委二届七次全会确定了全区发展的新任务新目标，我们清醒地认识到，相比这些目标和要求，我们人大常委会的工作还存在一些差距和不足：监督的针对性、有效性需要进一步增强；为代表服务的能力和水平有待进一步提高；常委会组成人员的履职能力和机关干部的综合素质还需要不断提升。对于这些问题，我们将在今后的工作中认真研究、加以改进。

今后一年的主要任务

区人大常委会2019年工作的总体要求是：在区委的坚强领导下，以习近平新时代中国特色社会主义思想统领人大工作，深入贯彻党的十九大精神和习近平总书记对北京重要讲话精神，以新中国成立70周年庆祝活动为主线，全面聚焦冬奥会世园会服务保障，大力推动地区高质量绿色发展，充分发挥人民代表大会制度的优势和作用，依法履行职责，积极开展工作，确保人大及其常委会的工作更加紧密联系党和国家发展全局，更加紧密围绕全区中心工作，更好顺应人民群众对美好生活的向往。

2019年常委会主要工作和议题建议安排如下：

*一是继续围绕区委中心工作加强工作监督。*全面聚焦服务保障世园会举办和冬奥会筹办，针对环境整治提升、交通运输保障以及餐饮、住宿、医疗等赛会服务保障工作开展监督，

为世园会成功举办、冬奥会有序筹办献策出力。立足我区功能定位，以加强生态保护、推动地区高质量绿色发展为导向，以推进“两山”理论实践创新基地建设、创建国家森林城市为抓手，持续跟踪生态建设、清空净水工作措施落实，为打造赛会美丽底色，实现生态品质新提升贡献力量；持续关注延庆分区规划的完善和实施，发挥规划在全区功能定位、高质量绿色发展过程中的引领作用。持续跟踪乡村振兴战略的全面实施，助推美丽乡村建设。关注民生保障，以推进政府为民办实事工程落实为抓手，对医疗教育、居民养老、就业增收等方面工作开展监督。围绕《北京市居家养老服务条例》贯彻落实，深入开展调研，探索推进“医养结合”。促进区政府在服务保障赛会、推动绿色发展的过程中，更多更好地惠民利民。

二是围绕促进“一府一委两院”依法行政、公正司法开展法律监督。检查《中华人民共和国药品管理法》《中华人民共和国残疾人保障法》《中华人民共和国未成年人保护法》《北京市非物质文化遗产条例》等法律法规实施情况。配合修订《北京市节水条例》《北京市农村集体资产管理条例》《北京市水利工程保护管理条例》，开展相应的执法调研。听取和审议区人民政府关于依法行政工作情况的报告、区人民检察院关于开展行政执法与刑事司法衔接工作情况的报告。跟踪检查区人民法院民事案件审判工作。加强备案审查，坚决纠正违宪违法行为。

三是依法对重大事项作出决议决定。认真贯彻落实《区人大常委会讨论、决定重大事项的规定》，进一步完善区政府向区人大常委会报告重大事项的具体制度和程序。拟听取和审议区政府关于2019年为群众拟办重要实事工程的专项报告并作出决议；根据需要听取和审议区政府关于2019年地方政府债务限额和预算调整方案的报告并作出决议；听取和审议2018年决算草案报告、批准2018年区级决算。

四是继续加强代表工作。继续完善落实代表工作各项制度，支持和保障代表依法履职，更好地发挥代表主体作用。认真落实常委会委员联系代表制度，持续扩大代表对人大常委会及各专门委员会工作的参与。完善落实代表列席常委会会议制度，确保常委会审议意见更加汇聚民智，反映民意。健全完善代表联系人民群众的制度机制，不断拓宽代表联系群众渠道。进一步提高代表议案、建议质量，完善代表议案、建议办理反馈机制，以高质量办好代表意见建议为抓手，推动解决群众关心的热点难题。

五是继续完善制度机制。进一步健全完善区人大常委会党组向区委负责制度和请示报告制度，确保党的主张通过法定程序成为国家意志。健全完善常委会议事规则，不断提高区人大及其常委会听取审议、审查批准、讨论决定、监督落实的质量和水平。推进国有资产管理情况向人大常委会报告制度落实，逐步推进地方人大预算联网监督工作。

六是继续加强常委会自身建设。坚持用习近平新时代中国特色社会主义思想统领人大工作，深入学习贯彻落实习近平总书记关于坚持和完善人民代表大会制度的重要思想，将其列为常委会党组会议、主任会议的首要议题和首要议程，做到学习全员覆盖、日常覆盖、长效覆盖。继续加强对宪法法律法规的学习、贯彻和应用，不断提高常委会依法履职的能力和水平。

各位代表：新思想引领新时代，新使命开启新征程。让我们更加紧密团结在以习近平同志为核心的党中央周围，在习近平新时代中国特色社会主义思想指引下，在区委的坚强领导下，同心同德，众志成城，开拓进取，奋发有为，为交上服务保障赛会和高质量绿色发展两张优异答卷贡献力量！为建设国际一流的生态文明示范区和美丽延庆不懈奋斗！以优异成绩迎接中华人民共和国成立70周年！

北京市延庆区人民法院工作报告

——在北京市延庆区第二届人民代表大会第五次会议上

延庆区人民法院院长　王罗颐

各位代表：

我代表北京市延庆区人民法院向大会报告工作，请予审议，并请政协各位委员提出意见。

2018年工作回顾

2018年，我院在区委的坚强领导、区人大及其常委会的监督下，在区政府、区政协的大力关心支持和市高级法院的指导下，全面贯彻落实党的十九大及市委区委相关会议精神，以习近平新时代中国特色社会主义思想为指导，不断增强“四个意识”、坚定“四个自信”，紧紧围绕“努力让人民群众在每一个司法案件中感受到公平正义”的目标，认真履行宪法和法律赋予的职责，依法公正高效审理各类案件，决胜“基本解决执行难”，深入开展扫黑除恶专项斗争工作，持续推进司法体制改革，严抓党风廉政建设，狠抓队伍素质建设，精准聚焦世园会、冬奥会两件大事，全面服务区域经济社会发展大局，各项工作均取得新的进步。全年受理案件15375件，同比上升7.62%，审结14948件，同比上升11.54%，一审服判息诉率达94.76%，在全市基层法院中排名第一，法定审限内结案率达97.22%。

一、依法履行审判职责，为辖区经济社会发展营造良好法治环境

我院充分发挥审判职能作用，创新审判工作机制，依法公正审理各类案件，为辖区经济社会平稳发展营造良好法治环境。

（一）依法公正审理刑事案件，惩罚犯罪、保障人权。全年审结刑事案件198件，判处罪犯293人。依法惩处妨害社会管理秩序类犯罪，顺利审结6起破坏法律实施案以及近年来持有毒品数量最多的苗某某、赵某某贩卖、非法持有毒品案，确保辖区社会安全稳定。依法惩处危害公共安全及侵犯群众人身、财产类犯罪，审结交通肇事、故意伤害、抢劫、盗窃等案件，切实维护辖区人民群众生命财产安全。积极参与反腐败斗争，适应监察体制改革新形势，主动同区监察委员会进行业务对接，依法审结延庆区监察委员会办理的首起留置案件。深入推进依法治校工作，强化对在校师生的普法教育工作，净化学校教育环境。坚持罪刑法定原则，健全非法证据排除机制，充分保障当事人、律师辩护权，推进认罪认罚从宽处罚机制改革，积极引导犯罪嫌疑人认罪伏法、接受教育改造，全年适用认罪认罚从宽处罚程序审结案件147件，占刑事案件总数的74.24%，较好地实现了法律效果和社会效果的统一。

（二）依法公正审理民商事案件，为辖区经济发展营造良好的营商环境。随着我区社会经济的快速发展，我院民商事案件的收案数量呈明显上升趋势。全年审结民商事案件11606件，同比上升15.40%。面对繁重的审判任务，我院积极应对案多人少矛盾，依托“多元化解+速裁”工作机制，妥善高效化解案件纠纷4788件，占民商事案件总数的41.25%，有效推动民

商事案件繁简分流，切实做到“简案快审、繁案精审”。构建专业化审判机制，针对建设工程、交通事故、劳动争议等案件纠纷，组建专业化审判团队，有效推动类案裁判尺度的统一。服务辖区生态文明建设，依托北京市首家环境资源审判庭，依法妥善审结辖区首例生态环保类公益诉讼案件，为辖区生态环境保护提供有力的司法保障。妥善审理各类商事合同、借贷类案件，加大对高利贷、套路贷等非法借贷案件审查力度，依法保护企业间合法融资借贷关系，全年为辖区企业挽回经济损失约4亿元。开展企业走访活动，主动对接辖区内重点民营企业，当好“法治宣传员”，依法保障企业合法经营，促进民营企业健康发展。

（三）依法公正审理行政案件，促进行政机关依法行政。依法保护行政相对人合法权益，监督行政机关依法行使职权，全年审结行政案件140件，同比增长109%。完善行政机关负责人出庭应诉机制，该项工作得到我区涉诉行政机关负责人的高度重视，2018年度行政机关负责人出庭应诉率明显提高，真正实现了“审理一案、教育一片”的法律效果。加强司法与行政良性互动，组织公安局、区食药监局等行政执法部门工作人员旁听庭审，有力促进了行政机关依法行政。发布行政审判白皮书，全面梳理行政案件审理情况，助推辖区法治政府建设。

二、加大执行工作力度，决胜“基本解决执行难”

2018年是“基本解决执行难”的决战决胜之年，我院坚决贯彻落实党中央、最高人民法院决策部署，紧紧围绕“四个基本”总体目标，加大执行力度，创新工作举措，全体执行干警签订承诺书，向执行难全面宣战。全年受理执行案件3042件，执结2957件，执结率为97.21%，“基本解决执行难”工作取得显著成效。

（一）积极争取多方支持，建立执行联动机制。在区委的坚强领导下，在全区各单位的大力支持下，2018年6月，延庆区“基本解决执行难”工作推进会在我院召开，全区36家成员单位、7家银行、18个乡镇街道单位对建立执行联动机制达成共识，成功实现全国性银行系统的网上查询全覆盖。年内依法冻结被执行人银行账户3000余个，执行到位案款金额2.1亿元。与区检察院、区公安局建立长效联动机制，加大对拒执行为的打击力度，年内司法拘留、拘传被执行人104人次，并依法将两起拒执案件移送公安机关，对拒执行为起到较大的震慑作用。

（二）创新工作方法举措，提高执行工作质效。制定《关于构建立案、审判与执行工作协调机制意见》，进一步密切立审执工作衔接，整合司法资源，提高执行质效。进一步加大对诉讼财产保全责任保险的宣传推广力度，年内成功对67起案件进行诉讼财产保全，保全案件数量较往年明显提升，有效防控执行不能。引入执行悬赏②机制，吸收更多社会力量参与查人找物，使“老赖”无处藏身。开通执行微信公众号，设立“失信曝光台”，有效督促被执行人自动履行。进一步加强司法拍卖工作，增设“京东”“淘宝”司法拍卖链接，着力提高司法网拍成交率，有效确保被执行财产依法变现，最大限度保护申请人的合法权益。

三、推进扫黑除恶专项斗争向纵深发展

深入贯彻落实扫黑除恶专项斗争工作系列会议精神，成立扫黑除恶专项斗争领导小组，责任主体涵盖全院各庭室。建立扫黑除恶工作台账，设立扫黑除恶工作联络员，负责涉黑涉恶线索整理、上报等相关工作，并严格落实保密责任制。加强涉黑涉恶线索摸排，依托审判工作平台，对村霸乡霸村痞、套路贷、黑摩的、“保护伞”等涉黑涉恶线索进行深挖彻查，坚持聚焦涉黑涉恶问题突出的重点行业、重点领域，把打击锋芒始终对准群众反映最强烈、最深恶痛绝的各类黑恶势力犯罪，坚决铲除黑恶势力滋生土壤，维护辖区社会安全稳定。

四、深入推进司法体制改革，健全完善审判管理机制

在市高级法院的统一部署下，进一步深化司法体制改革，健全完善与司法体制改革相适应的审判管理机制，推进建立权责明晰、监督有序、配套齐全的审判权力运行体系。

（一）进一步明确法官主体责任。有序推进员额制改革，进一步明确法官主体地位。截至目前，我院共有员额法官60名，占总编制数的31.25%，与改革前相比，审判人员数量减少40名。2018年度，我院法官人均办案量较改革前增加33.69%，承办案件数量最多的法官年结案847件。2018年，我院继续推进落实院庭长办案工作，使院庭长职能主要由行政管理向案件审判转变。年内我院院庭长办结案件5130件，占全部结案数的34.32%，同比增长37.98%，院庭长办案职责得到全面落实。

（二）严格落实法官会议制度。在司法体制改革过程中，法官会议制度为加强审判管理、统一裁判尺度发挥了重要作用。年内我院召开法官会议120余次。在此制度作用下，法官责任意识明显增强，法律适用能力和队伍素质明显提高。此外，我院成立法官权益保障委员会，进一步提升法官职业尊荣感，确保法官依法公正行使审判权，同时进一步加强了对法官权益的保护力度。

（三）加强审判团队建设。我院以专业化审判为原则，不断加强审判团队建设。在繁简分流基础上形成不同层次梯队的团队化办案模式。针对简易案件，组建24个“1+1”简易审判团队；针对疑难复杂案件，组建以员额法官为中心的36个“1+1+1”专业审判团队，并通过“周通报、月公开”的工作模式，加强对团队审判质效的监督管理。

（四）全面推进司法公开。司法公开是公正司法的防腐剂，我院不断加强审判流程、庭审直播、裁判文书三大公开平台建设，全年庭审直播案件386期，图文直播案件47期，裁判文书上网率达100%，让审判工作经得起人民群众的“围观”。年内召开5期新闻通报会，通过“两微一端”、今日头条客户端、抖音短视频等渠道全方位公开法院工作，主动接受人民群众监督。

五、坚持全面从严治党，持续加强法院队伍建设

以习近平新时代中国特色社会主义思想为统领，自觉践行“两个坚决维护”，始终坚持“五个过硬”，紧紧围绕“以党建带队建促审判”的工作总思路，着力打造对党忠诚、公正司法、勇于担当的新时代政法队伍。

（一）全面加强党的建设。深入学习贯彻落实党的十九大精神，深化落实意识形态工作责任制，不断提高政治站位，强化政法干警对增强“四个意识”、坚定“四个自信”的思想认同、理论认同和实践认同，坚持以习近平新时代中国特色社会主义思想统揽法院工作，确保法院工作的正确政治方向。始终把加强党建工作作为党组会、党组中心组理论学习以及各党支部会议的必学内容，院领导、支部书记带头讲党课，切实把“讲政治、守规矩”摆在首位、落到实处。认真开展“不忘初心、牢记使命”主题教育活动，贯彻落实党员领导干部双重组织生活会制度。进一步落实重大事项报告制度，坚持重大事项向区委、区委政法委、区人大报告，主动接受区委、区委政法委的领导和区人大的监督。不断强化党的基层组织建设，年内举办两期党建工作脱产培训班，切实把党员作用发挥在基层，促进党建工作规范化。

（二）深入推进反腐倡廉和作风建设。建立常态化监督检查机制，院党组成员带头签署廉政承诺书，在各部门设立廉政监察员，实现党风廉政建设工作全覆盖、无死角。严格落实主体责任，强化日常监督检查，将督查结果同干警年底绩效考核结果相挂钩，杜绝督查工作形式化。积极贯彻落实中央八项规定以及市委区委警示教育大会精神，深入开展整治形式主义、官僚主义专项活动，认真查摆不足，并明确整改措施，队伍纪律作风明显好转。

（三）狠抓法院队伍建设。着力加强思想政治工作，严格按照“看北京首先从政治上

看”的总要求，强化干警政治思想建设，不断提升干警的政治敏锐性，组织全体干警进行宪法宣誓，使“尊重宪法、信仰宪法、守护宪法”成为全院干警的自觉行动。着力加强审判业务能力，举办裁判文书点评会、开展司法技能评比活动，不断提升干警业务水平。着力加强司法为民能力，坚持和发展枫桥经验，回应群众司法需求，年内开展巡回审判500余次，零距离解决群众诉求，使法院队伍建设不断适应新时代审判工作需要，努力打造一支政治坚定、业务精通、作风优良的政法队伍。

（四）加强法院文化建设。文化自信是最持久的自信，是有效解决我们当前面临的困难和问题的源泉动力，我院始终把加强文化建设作为队伍建设的重中之重。为此，年内我院成功举办“激情迎冬奥 迈步新征程”春季运动会、“步入冬奥 魅力世园”春季普法健步走、妇女节插花比赛、首届调宣标兵评选、“改革开放四十载 砥砺前行延法人”金秋读书会等系列文化活动，确保干警身心健康，队伍凝聚力不断增强。

此外，我院严格按照区“七五”普法规划的具体要求，积极贯彻落实“谁执法谁普法”普法责任制，完成152场“以案释法”宣讲，拍摄3部普法栏目剧，切实提高辖区群众的知法守法意识。年内面向多家机关、学校、企业单位开展法治讲座30余次，助推法治延庆建设。

六、坚持“首善标准”，全力以赴做好世园会、冬奥会司法服务保障工作

世园会、冬奥会两件大事举世瞩目，是首都北京以及延庆区面临的重大政治任务，全力做好世园会、冬奥会的司法保障工作是我们义不容辞的政治责任。为此，我院在立审执三阶段对涉世园会、冬奥会案件进行拉网式筛查，严格按照“三同步”要求，做好相关案件的汇报请示、接待处置、舆情引导工作。成立服务保障北京世园会、冬奥会工作领导小组，建立案件专项办理机制，开设绿色通道，公正高效审理涉世园会、冬奥会工程的各类案件纠纷160余起。加强与全市以及河北省涉冬奥会成员单位的联系沟通，共同为服务冬奥会提供强有力的司法保障。

七、自觉接受监督，促进公正司法

我院始终把接受监督作为公正司法的重要保障。自觉接受人大、政协、检察机关及社会各界的监督，加强和改进各项工作。向区人大常委会专项汇报司法改革、民事审判等工作，认真听取意见建议并及时整改落实。加强与人大代表的沟通联络，邀请代表旁听案件、视察法院，主动征求代表的意见建议。依法接受检察机关监督，建立检察机关列席审委会常态化机制，认真对待检察建议并改进相关工作。积极推进司法民主，实施人民陪审员“倍增计划”，年内新增人民陪审员69人，一审案件陪审率达91.39%。

各位代表，2018年延庆法院工作取得的进步，是区委坚强领导，区人大及其常委会有力监督，区政府、区政协和社会各界大力支持帮助的结果。在此，我代表延庆法院向大家表示衷心的感谢和崇高的敬意！

回顾过去一年的工作，我们清醒地认识到延庆法院工作中仍存在一些不足：服务和保障世园会、冬奥会的司法能力还需进一步加强，对案件持续高位运行的应对能力还需进一步提升，审判质量效率还需进一步增强，司法为民水平还需进一步提高，党风廉政建设依然存在薄弱环节。对这些问题和困难，我们将下大力气认真研究解决。

2019年工作思路

2019年，我院的总体工作思路是：深入学习贯彻落实党的十九大、十九届二中、三中全会精神、习近平总书记在庆祝改革开放40周年大会上的重要讲话精神、中央政法工作会议精神及市委、区委相关会议精神，坚持以习近平新时代中国特色社会主义思想为指导，紧紧围绕市委、区委决策部署，充分发挥审判职能作

用，努力创造安全的政治环境、稳定的社会环境、公正的法治环境、优质的服务环境，为世园会、冬奥会、冬残奥会的筹办举办工作提供有力的司法保障。重点推进以下几方面工作：

一、围绕中心服务大局，保障经济社会健康稳定发展。一是不断强化刑事审判工作，坚持“宽严相济”的刑事审判工作原则，确保人民群众的生命财产安全，同时将扫黑除恶专项斗争工作作为刑事审判的重中之重，切实维护辖区社会安全稳定；二是依法审理民商事案件，妥善化解矛盾纠纷，织密民生司法保障网，为辖区经济社会发展营造良好的法治环境；三是完善环境公益诉讼制度，积极服务辖区生态文明建设；四是进一步加大执行工作力度，创新执行工作举措，建立执行长效机制，不断完善综合治理执行难工作格局；五是不断提升为世园会、冬奥会提供司法服务保障水平。

二、抓好执法办案第一要务，着力提高审判质效。进一步提升法官业务能力和整体素质，加大教育培训力度，完善法官绩效考核体系，强化审判管理，严格落实审判权力运行新机制，深化司法体制综合配套改革，稳步推进内设机构改革，最大限度释放改革效能，不断提升审判质量和效率，努力让人民群众在每一个司法案件中感受到公平正义。

三、持续深入开展扫黑除恶专项斗争工作。进一步提高政治站位，加强组织建设，织密扫黑除恶线索摸排网络，紧盯重点环节，确保扫黑除恶专项斗争工作取得令人民群众满意的工作成效，为社会和谐稳定发展做出积极贡献。

四、践行司法为民根本宗旨，努力满足人民群众多元司法需求。继续坚持以人民为中心的发展思想，把人民对美好生活的向往作为奋斗目标，坚持需求导向、问题导向、效果导向，结合延庆实际，创新司法为民措施，让司法更加贴近人民群众。

五、推进人才兴院，建设高素质法官队伍。全面加强党的建设，坚持以政治建设为统领，深入学习习近平新时代中国特色社会主义思想，教育引导干警把讲政治落到实处。按照“五个过硬”、“八大本领”要求，强化教育培训，加强法律适用研究，切实提高司法能力，大力推进法院队伍正规化、专业化、职业化建设。

六、持之以恒抓好党风廉政建设。认真落实党风廉政建设主体责任和监督责任，大力加强司法廉洁教育，确保干警不越雷池、不踩红线。落实党建主体责任，坚持“以党建带队建促审判”工作总思路，落实好党员领导干部“一岗双责”责任制，把全面从严治党落实到工作全过程。建立审判执行监督预警机制，健全完善审务督查、案件廉政回访等工作制度，确保司法公正高效廉洁。

七、主动接受社会各界监督，确保司法公正。主动接受人大、政协、检察机关及社会各界的监督，自觉养成在监督下开展工作的习惯，继续加大司法公开，打造阳光司法，确保公平公正审理案件。

各位代表，新思想引领新时代，新使命开启新征程，我们将更加紧密团结在以习近平同志为核心的党中央周围，在区委领导、人大监督和政府、政协及社会各界关心支持下，认真贯彻落实本次会议决议，以永不懈怠的精神和一往无前的奋斗姿态，敢于担当、破解难题，努力为世园会、冬奥会、冬残奥会的筹办举办工作提供优质的司法保障，为延庆区实现跨越式发展、创建全国文明城区作出新的更大的贡献！

名词解释

1.“四个基本”总体目标，是指被执行人规避执行、抗拒执行和外界干预执行现象得到基本遏制；人民法院消极执行、选择性执行、乱执行的情形基本消除；无财产可供执行案件终结本次执行程序标准和实质标准把握不严、恢复执行等相关配套机制应用不畅的问题得到基本解决；有财产可供执行案件在法定期限内基本执行完毕，人民群众对执行工作的满意度显著提升，人民法院执行权威有效树立，司法公信力进一步增强。

2.执行悬赏，是指为了实现已生效法律文书确定的债权，法院或者债权人公开发布悬赏信息征集知情人提供被执行人财产线索，并在据此取得执行效果后向财产线索提供人支付奖励或者酬金的行为。

3.“1+1”简易审判团队，是指由一名员额法官加一名书记员组成的审判团队，主要承办适用速裁程序审理的简易案件。

4.“1+1+1”专业审判团队，是指由一名员额法官、一名法官助理及一名书记员组成的审判团队，主要承办重大、疑难、复杂及新类型案件。

延庆法院微信公众号

延庆法院官方抖音号

北京市延庆区人民检察院工作报告

——在北京市延庆区第二届人民代表大会第五次会议上

北京市延庆区人民检察院检察长 段福华

各位代表：

现在，我代表北京市延庆区人民检察院，向大会报告工作，请予审议，并请政协各位委员提出意见。

2018年主要工作

2018年，在区委、市检察院的正确领导和区人大及其常委会的有力监督下，以习近平新时代中国特色社会主义思想为指导，全面深化司法体制改革、落实新时代首都强检战略，紧紧围绕延庆区“十三五”发展总体规划，全面履行检察职能，讲政治、顾大局、谋发展、重自强，争创“双一流”，为服务保障冬奥会世园会筹办举办、打造首都生态文明建设金名片注入“延庆检察力量”。

一、全力推进平安延庆建设，确保区域和谐稳定、人民安居乐业

我们坚决贯彻总体国家安全观，紧紧抓住影响国家安全和延庆稳定的突出问题，依法履行批捕、起诉职能。全年共批准逮捕各类刑事犯罪嫌疑人178人，提起公诉223人。

坚决维护国家安全。完善国家安全人民防线建设小组成员及职责内容，深入开展反恐怖、反分裂斗争，完善案件敏感舆情的预判、应急、引导机制，依法起诉破坏法律实施案4人。在检察环节预判不稳定因素，协同区防范办有效处置，避免群体性事件。

纵深推进扫黑除恶专项斗争。严格按中央和上级关于开展扫黑除恶专项斗争的工作部署，成立专门办案组，对接属地侦查机关；从严从快、依法办理破坏生产经营、强迫交易等为非作歹、欺压百姓的黑恶势力犯罪4件26人。检察长督办，提前介入引导侦查取证，为准确

把握案件定性、确保案件质效奠定基础。

切实保护公民人身权、财产权、人格权。依法起诉危害公共安全、侵犯公民人身权利和民主权利、妨害社会管理秩序等犯罪154人，严惩毒品犯罪、涉枪涉爆犯罪、电信网络诈骗犯罪。突出司法人文关怀，重点保护妇女、老人权益，依法起诉强奸、强迫卖淫犯罪，惩治家庭暴力、欺老虐老骗老犯罪。

坚决惩治“小官大贪”和“微腐败”。围绕赛会建设，重点关注征地拆迁、社会保障、涉农资金管理等领域犯罪。在办理陈某某挪用公款案中，在审查起诉环节将65万元赃款全部追缴退还。与区监察委签订《关于建立工作协作配合机制的意见》，理顺工作衔接。

推进平安校园建设。从严把握年龄关、事实关、证据关，起诉侵害未成年刑事犯罪25件32人；多名工作经验丰富、亲和力强的检察官被聘为“法治副校长”，在我区中小学开设“检察法治课堂”；到学校周边开展宣传，受众3000余人。

拓展延伸办案效果。在检察环节将工作做深一层，促成因宅基地纠纷导致故意伤害的邻里双方，达成刑事和解，化解积怨；帮助因拖欠工资导致故意伤害的农民工，解决劳资纠纷；教育犯罪嫌疑人真诚悔过，向民众以案释法，增强法律意识。由小案入手，从细节出发，参与社会管理创新，传递司法温度。

二、立足绿色发展，开展民生检察

厚植赛会美丽底色，在“办大事、促发展、惠民生”上展现检察机关的新担当、新作为。

严厉打击破坏人居环境、生态环境的刑事案件。依法查办我区全面整治小产权房及违建工作中的刑事犯罪；办理了全市首例渔业资源领域刑事附带民事公益诉讼案件，非法捕捞水产品的犯罪嫌疑人自愿认罪认罚，自购鱼苗“增殖放流”，修复生态环境。

加大生态环境司法保护力度，守护绿水青山蓝天。重点查办污染大气、水源、土壤以及非法占用耕地、破坏性采矿等破坏环境资源犯罪，发出公益诉讼诉前检察建议8件，督促清理垃圾5.83余万立方米，恢复耕地1.7亩、林地4.74亩，对于我院发出的诉前检察建议，行政机关积极整改、迅速回复，及时纠正违法行为或履行法定职责，促进依法行政。办理的一起垃圾污染环境案，从发出检察建议到垃圾全部清运仅用15天，当地村委会送来“助力行政执法，保护一方净土”锦旗。

保障千家万户舌尖上的安全。开展专项行动，与区食药监局多次对接，深入我区大型超市、母婴用品店、批发市场排查，重点清查学校周边商户的食品餐饮；对网络餐饮服务平台上186家经营者线上摸排、实地核查，针对15家经营者的违法行为，向监管部门制发诉前检察建议，推动全区开展网络餐饮专项整治。

强化对未成年人保护力度。坚持教育感化挽救，落实合适成年人到场、社会调查、附条件不起诉、犯罪记录封存等制度。7名涉嫌轻微犯罪的未成年人经检察官帮教后，悔过自新、重返校园；推进未成年被害人救助社会支持体系建设，探索异地救助，多次帮助本地及河北户籍的未成年被害人申请“小额爱心救助基金”。

维护农民工合法权益。为让辛苦一年的农民工兄弟回家过好年，开展农民工讨薪问题专项监督，对我区整体农民工讨薪情况摸底，会同职能部门制定工作联动机制，对接工作、深入宣传，在农民工讨薪案件中发挥职能作用。

三、强化检察监督，维护行政权、司法权依法规范行使

强化对刑事、民事、行政诉讼的法律监督，加强人权司法保障，努力让人民群众在每一起司法案件中感受到公平正义。

完善监督工作机制。完善《派员列席公安分局执法监督委员会工作例会制度》《对派出所联合检查制度》等；推动区政府制发《关于检察机关依法开展公益诉讼工作推动法治延庆建设的实施意见》《关于进一步加强行政执法与刑事司法衔接工作的意见》。根据与区监察委签订的制度规定，制发纠正违法通知书、检

察建议的同时，抄送责任单位纪检部门，加强纠正违法、检察建议的刚性。

强化对刑事立案、侦查活动监督，共受理立案监督线索23件，要求侦查机关说明立案、不立案理由，通知侦查机关立案5件。通过案件情况通报、口头纠正、制发纠正违法通知书、类案检察建议，推动执法公正规范，回复整改率达100%。强化驻公安分局执法办案管理中心检察室工作，同步加强对侦查活动的监督，实现监督重心下沉。办理的李某某销售假药案获评北京市检察机关精品案件、北京市“两个专项监督”优秀案件。

加强刑事审判监督。采取“2+1”审查模式对一审刑事案件开展全面阅卷式审查，用审查精细化促监督实质化。及时与诉讼部门承办人了解情况、沟通意见、消除分歧。口头纠正违法行为10次，发出书面纠正审理违法意见书2份、类案情况通报1份。

开展清理判处实刑罪犯未执行刑罚专项活动。对一些罪犯判决前未羁押，判实刑后未入狱，流散社会甚至重新犯罪问题，推动各政法机关开展专项清理。首次开展跨省刑事执行检察，与河北赤城、怀来两地检察机关开展社区矫正工作衔接；赴重庆市璧山区开展核查，清理判处实刑未收监执行3人。

开展民事、行政同级监督。依法对裁判结果、审判人员违法行为、执行活动开展监督，督促相关部门积极履职，为国家挽回损失15.57万元。

四、全面聚焦赛会筹办，服务经济社会发展大局

落实“一纵一横多项”检察工作新格局要求，聚焦赛会攻坚决胜，立足检察职能提供依法、精准、有效的服务。

制定出台《北京市延庆区人民检察院服务保障冬奥会世园会筹办举办的实施意见》。提出6个方面17项重点工作，为赛会重点工程建设、优良环境要求、良好营商环境、新城承载功能、乡村振兴战略等5个方面提供精准、优质的检察服务，对自身整合各项资源、为服务赛会建设提供坚强保障提出了要求。将意见细化分解为28个专项工作，落实时间表、路线图、责任人。

严肃审查涉赛会的刑事案件。严厉打击赛会建设中重大工程项目招投标、拆迁、施工等过程中发生的各类刑事犯罪。妥善办理了世园会园区建设工地的过失致人死亡案，有效化解社会矛盾，保障“世园会”建设的社会环境和谐稳定；在办理一起交通肇事案中，发现案发的较大诱因来自于违规进行道路施工，结合隐患撰写专题报告，被区领导批示并责成相关部门整改。

在赛会建设中当好“公共利益的代表”。对标赛会对干净水源、洁净空气、亮丽风景的要求，落实“河长制”工作，深入我区10处饮用水水源保护区全面排查；以“检察+水务”的新模式，筛选出重点河流的42个问题建立台账，实现对污染河道类案件的动态监控。依托我区河流、空气、砂石场治理和“大棚房”整改，筛查公益诉讼线索，依法立案并制发诉前检察建议。

为赛会建设开展法律服务。检察长带队到赛会建设部门、重点景区、相关行政机关走访，听取大家对检察工作的意见。与中关村科技园延庆园区对接，依法打击侵犯企业家财产权、创新权及经营自主权等犯罪。成立“法律服务团”，开展“十进百家、千人普法”活动，深入到景区、学校、农村、社区、军营、行政单位开展宣传，赛会重点工作指向哪里、法律知识就普及到哪里。

有效化解社会矛盾。服务辖区和谐稳定，共接待群众来访524批次591人次，受理各类信访案件56件。加强对上访老户的思想疏导和矛盾化解工作，减少对立情绪，排除影响赛会建设的不安定因素。

为赛会建设贡献检察智慧。每月对检察业务工作特别是涉赛会案件数据进行统计分析，围绕提升新城承载功能、综合治理等开展专题

调研，提出综合治理意见。

构建“检察+第三方”工作新格局。以发生在回迁安置房工地的故意伤害案为切入点，就暴露的管理问题约谈施工单位，确保建设工地安全，避免恶性事件；加强日常管理，增强政治教育，协同相关单位，在服务保障赛会建设中形成合力。

五、牢记打铁必须自身硬，打造一流检察院、一流检察队伍

坚决贯彻落实习近平总书记“五个过硬”要求，切实提高检察人员“五种能力”，努力建设一支让党放心、人民满意、忠诚可靠、清正廉洁的检察队伍。

加强政治建设。遵守政治规矩和政治纪律，深入学习贯彻习近平新时代中国特色社会主义思想，推进“两学一做”学习教育常态化制度化，严格党内组织生活制度，深入落实我院《意识形态工作责任制检查考核办法》，健全意识形态工作管理和约束机制。细化党组、机关党委、党支部、党员四个主体的职责任务，利用“一规一表一册一网”，全面加强基层党建工作。

持之以恒正风肃纪，全面从严治党。认真履行党风廉政建设“两个责任”，深入落实巡视反馈意见，建立整改台账清单，巩固扩大巡视成果。严格落实中央八项规定及其实施细则精神，紧盯检察人员八小时以外行为，加强内部监督，防止说情干扰、违法行使职权；开展日常督察，预防“节日腐败”。进行廉政教育谈话，抓早抓小、防微杜渐。

锲而不舍推进司法体制改革。落实以审判为中心的刑事诉讼制度改革，推进审查实质化，以证据为核心，对情节轻微、不妨碍诉讼顺利进行的犯罪嫌疑人，依法不批准逮捕65人；对社会危害性不大等没有起诉必要的案件，依法不起诉26人；启动非法证据调查核实案件5件，纠正移送起诉遗漏罪行5人。全面推进认罪认罚从宽制度改革，促进案件繁简分流，危险驾驶案、交通肇事案的平均办案期限缩减至为3.94天、16.11天。对轻微刑事案件建议适用速裁程序，审查起诉周期缩短至11天。

着力提升检察队伍整体素能。举办专题读书班、道德讲堂，重走革命征程、重温入党誓词、重读红色经典。严格落实检察官员额制，推进履职年审，探索将检察官表格化评分标准引入年度绩效考评。分层分类培训，按需编班、分层施教，通过业务培训、技能比武、实战练兵、专案承办等形式，形成线上线下、院内院外、覆盖全员的培训体系。在全市检察机关第六届业务技能比武中有5人进入决赛，1人获得审判监督业务能手称号。

六、自觉接受监督，打造公开公信的阳光检务

主动接受外部监督。自觉接受人大对检察工作的评议、质询和询问，严格落实宪法规定，坚持定期向人大及其常委会报告重要工作和重大事项，加强向区委、市院的请示报告。及时梳理各位代表、委员提出的意见和建议，及时整改落实回复。

以问题为导向加强业务管理。开展审查起诉积存案件专项核查，每月对接收案件、审核结案、涉案财物保管、律师及诉讼代理人接待、案件质量评查情况及信息公开等情况汇总分析，对发现的不规范问题，通报承办检察官，规范自身司法行为。

拓宽人民群众监督渠道。开展“两中心一平台”和“四新”检察院建设。在新媒体宣传检察职能和法律知识，开展公众开放日活动；加强案件信息公开，对社会公开生效法律文书156件、案件程序性信息329件。全年共组织7次不起诉案件公开听证会，每次均邀请人大代表、特约监督员、基层组织人员参与公开听证，提升检察机关不起诉决定权行使的公开性、公正性。

各位代表，我院开展的工作和取得的成绩，离不开各界的有力监督和大力支持。在此，我代表延庆区人民检察院，向各级领导，向人大代表、政协委员和社会各界表示衷心的

感谢！

在总结成绩的同时，我们也清醒地认识到，我院工作与党和人民的要求仍存在一定差距，主要表现在：

一是还需进一步将政治学习上升到武装思想、指导实践的高度，在学懂、弄通、做实上下功夫，增强用习近平新时代中国特色社会主义思想指导检察实践的能力；二是破解难题、补齐短板的针对性和实效性还需要进一步提升，解决问题的思路、方法还不够宽、不够多、不够实；三是扫黑除恶专项斗争和服务保障赛会工作还有待加强，应调整办案思维，提升办案质效。四是监督案件类型仍不平衡，发现监督线索的渠道不够多元；五是“以党建带队建促业务”工作格局还需进一步完善，人才难进与人才流失并存，自身挖潜的方法相对单一。

2019年工作安排

以习近平新时代中国特色社会主义思想为指导，深入贯彻党的十九大精神和习近平总书记对北京重要讲话精神，以庆祝新中国成立70周年活动为契机，以高质量发展为根本要求，聚焦冬奥会世园会建设，深入实施《新时代首都检察机关创新发展总体纲要》，以“三首”标准，主动融入大局，履行检察职能，精准发力、有效对接、苦干实干，为交出服务保障赛会和高质量绿色发展两张优异答卷提供优质的司法保障。

一、坚持全面从严治党、从严治检

把“两个维护”作为最根本的政治纪律和政治规矩，多途径、多形式地深入学习贯彻落实习近平新时代中国特色社会主义思想，扎实开展主题活动。牢固树立抓好党建是最大的政绩理念，加强党组自身建设，真正把管党治党主体责任扛起来，一贯到底，

落实党内监督责任，坚持以被巡视发现的问题为导向，切实解决基层党建等突出问题。抓住“关键少数”，以“五个过硬”不断锤炼，切实提升领导干部的组织力和政治功能，坚持不懈的抓班子、带队伍、强基础。持之以恒正风肃纪，查找、整改“四风”突出问题。在从严治检的同时不忘从优待检，切实协调解决检察人员的实际困难。

二、全力维护区域社会和谐稳定

切实履行属地责任，将服务保障赛会筹办举办实施意见进一步落地落实落细，发挥检察职能，服务保障赛会顺利举办。充分发挥监督、审查、追诉职能作用，纵深推进扫黑除恶专项斗争，严厉打击影响冬奥会世园会工程、项目顺利进行的各类犯罪，严厉打击人民群众反映强烈的黑恶势力犯罪，不断增强辖区群众的获得感、幸福感、安全感。深耕监督主责主业，优化“两法衔接”平台，以落实“河长制”为契机，在服务保障冬奥会世园会重点工程、优良环境、营商环境、重点景区建设，落实乡村振兴战略、督促行政执法机关规范履职上，发挥检察职能作用。

三、更加精准服务打好“三大攻坚战”

牢固树立绿水青山就是金山银山理念，守住好山好水好生态，深入践行世园会的“绿色生活 美丽家园”主题，服务我区“持续提升生态涵养功能”，认真贯彻落实市院《服务保障首都打好污染防治攻坚战促进生态文明建设的实施方案》，综合运用刑事、民事、行政、公益诉讼等检察职能，借助“检察+水务”等机制，依法查办破坏延庆环境资源违法犯罪案件。将服务精准脱贫与服务乡村振兴、办理职务犯罪案件、扫黑除恶、司法救助等工作结合，在服务打好“三大攻坚战”上下功夫、出实招、见真章。

四、促进检察工作新模式成熟定型

紧紧抓住检察工作格局的重塑期、转型发展的关键期、检察制度的成长期，顺应改革叠加的形势要求，准确把握检察机关主责主业，开展对“新时代首都检察机关创新发展总体纲要”的研究与落实，使之成为延庆检察工作发展的再生动力。构建“两中心一平台”检察管

理监督新体系，加强“四新”检察院建设，完善检察官履职的“四个清单”，促进司法责任制落地生根。延伸工作触角，主动融入社会综合治理，依托职能深化精治、共治、法治的治理模式，进一步健全“一纵一横多项”检察工作新格局。

五、创建一流检察院、一流检察队伍

遵循“以人为本，改革兴院，以质领先，规范立院”的总体工作思路，落实新时代组织路线，切实加强干部人才队伍建设。严格标准选用干部，重实干、重实绩，大力选用敢于担当、埋头苦干、实绩突出的干部，让干部在服务保障赛会筹办、扫黑除恶、公益诉讼、履行监督职能等重点任务中经风雨、长才干。加快内部人才培养，建立人才库，为青年检察人员搭梯子、压担子，完善考核评价和激励机制，着力培养接地气、善做群众工作的检察通才。坚持思想建院和制度建院同时发力、教育引导和纪律约束紧密结合、继承传统和改革创新有机统一，加强工作督办落实，深化运用监督执纪“四种形态”，刀刃向内，正风反腐。注重文化引领，凝聚检察精气神、提升检察软实力，以一系列有意义的文化活动促使检察人员焕发拼搏勇气、蓬勃朝气和昂扬锐气。

相关名词解释

“双一流”：建设一流检察院和一流检察队伍。

行政同级监督：是检察机关对同级法院行政生效判决、裁定、调解书的监督，以及对审判程序中审判人员违法行为的监督、对行政执行活动的监督。

“十进百家、千人普法”：“十进百家、千人普法”专项活动是检察机关参与社会治理创新，加强检察服务保障，履行社会责任的具体体现，是展示检察机关履行职责，弘扬司法正能量、确保“三效”统一的宣传阵地。一是推进“法律进机关”，二是推进“法律进学校”，三是推进“法律进乡村”；四是推进“法律进社区”，五是推进“法律进企业”；六是推进“法律进单位”，七是拓展“法律进交通枢纽”，八是拓展“法律进景区”，九是拓展“法律进商务楼宇”，十是拓展“法律进军营”。要实现全市各级检察机关普法宣传覆盖“十进”各100家以上的目标。

“检察+水务”：检察机关将制定检察人员以观察员的身份参与巡河，水务部门发现涉嫌犯罪的案件线索可直接移送检察机关，建立“水务+检察”的协同治理模式，共同推进水环境水生态水资源保护。

“三首”标准：首都检察工作要坚持“树立首都意识、坚持首善标准、体现首都特色”的“三首”标准。

“四个清单”：北京检察机关首创的检察官权限清单、履职清单、亲历清单和追责清单。

“两中心一平台”：检察服务中心、案件管理中心和检察管理监督平台。

“四新”检察院建设：新型办公区、新型办案区、新型管理监督设施和新型专业技术设施建设。

“一纵一横多项”：“一纵”指条线检察工作，各检察工作领域立足城市总体规划作出的专业化和专门化部署；“一横”指区域检察工作，结合区域特点打造的特色检察工作品牌；“多项”指着眼于北京检察工作自身发展的重大项目，统筹考虑、系统规划、专项建设，形成多点的全面发展态势。

“两法衔接”机制：检察机关、监察机关、公安机关、政府主管部门和有关行政执法机关探索实行的旨在防止以罚代刑、有罪不究、渎职违纪等社会管理问题而形成行政执法与司法合力的工作机制。

刑事案件速裁程序：对事实清楚，证据充分，被告人自愿认罪，当事人对适用法律没有争议的危险驾驶、交通肇事、盗窃、诈骗、抢夺、伤害、寻衅滋事等情节较轻，依法可能判处一年以下有期徒刑、拘役、管制的案件，或者依法单处罚金的案件，进一步简化刑事诉讼法规定的相关诉讼程序。

认罪认罚从宽制度：犯罪嫌疑人、被告人如实供述自己的犯罪，对于指控犯罪事实没有异议，同意检察机关的量刑意见并签署具结书的案件，可以依法从宽处理。

关于北京市延庆区2018年国民经济和社会发展计划执行情况与2019年国民经济和社会发展计划（草案）的报告

——在北京市延庆区第二届人民代表大会第五次会议上

北京市延庆区发展和改革委员会

各位代表：

受北京市延庆区人民政府委托，现将北京市延庆区2018年国民经济和社会发展计划执行情况与2019年国民经济和社会发展计划（草案）的报告提请区二届人大五次会议审议，并请区政协各位委员提出意见。

一、2018年国民经济和社会发展计划执行情况

2018年，在市委、市政府和区委正确领导下，在区人大及其常委会的监督和区政协的支持下，全区上下以习近平新时代中国特色社会主义思想为指导，深入贯彻党的十九大和习近平总书记对北京重要讲话精神，坚定不移实施生态文明发展战略，坚持稳中求进工作总基调，牢固树立新发展理念，始终坚持聚焦冬奥会世园会筹办，统筹推进疏功能、稳增长、促改革、调结构、惠民生、防风险各项工作，较好完成全年主要目标任务。

——生态环境质量明显改善。$PM_{2.5}$年均浓度控制在48微克/立方米，下降2%；能源消费总量预计控制在71.5万吨标准煤的年度计划之内，单位地区生产总值能耗预计下降2.5%左右，单位地区生产总值水耗预计下降4%左右，森林覆盖率预计提高到59.3%，污水处理率预计达到87%。

——经济发展活力不断增强。地区生产总值预计完成152亿元，增长8%左右，连续两年保持在合理区间；一般公共预算收入完成19.2亿元，增长18.6%；建安投资预计完成160亿元，增长68.4%；总消费预计完成172亿元，增长8.6%；旅游综合收入预计完成76.3亿元，增长16%。

——人民生活水平持续提高。全区居民人均可支配收入预计完成33922元，增长7.5%左右；城镇居民人均可支配收入预计完成44927元，增长8%左右；低收入农户人均可支配收入预计完成11215元，增长12%左右；促进城乡就业人数9091人。

一年来，重点开展了六个方面工作：

（一）赛会筹办进展顺利

冬奥会工程开工过半。把涉冬奥项目作为重中之重，强化固定资产投资平台和重点工程建设平台统筹调度，35项冬奥工程实现开复工21项。核心区内，国家高山滑雪中心完成赛道

清表，造雪系统、缆车系统同步实施；国家雪车雪橇中心进行U形槽和赛道施工；冬奥村和山地新闻中心“投资、土地、施工三标合一”PPP招标已完成。核心区外，西白庙220千伏输变电等5项供电工程全部实现开工，综合管廊土建完成过半，佛峪口水库水源保护等4项水务保障工程完成年度计划任务，其他服务保障工程也取得了阶段性进展。加强赛区安全、质量和绿色文明施工等监管，赛区防火、防汛应急管理水平和综合能力有效提升。高山滑雪世界杯积极筹备，完成国内申办报批程序，组委会基本成立，正在编制场馆运行和外围保障计划。

世园会建设基本收官。园区内建设基本完成，中国馆、国际馆、植物馆、生活体验馆等四个主要场馆主体结构全部完工，进入装修阶段；公共景观布置和基础设施建设全面完成，水电气热等管线实现入廊对接。园区外围配套临近收尾，景观、道路等37项园区外围配套工程实现开复工33项，周边10个临时停车场基本建成，外围综合管廊主体结构全部完成，妫河世园段水生态治理完工，园区周边绿化完成97%。招展工作有序进行，110个国家和国际组织、120余个非官方组织确认参展，实现“双100”招展目标。日本、印度、德国及国际竹藤组织等国家和国际组织的32个室外展园已入场施工建设，省区市、香港地区及企业的65个室外展园已入场施工建设。世园氛围日益浓厚，成功举办寻找身边园艺达人、世园会倒计时等一系列主题活动，“北方园艺之都”的城市形象得到持续巩固。

服务保障实现新突破。世园会由筹备阶段转向试运行阶段，确定会时快餐配送企业，成立全市首个区级食药应急指挥中心，建立冬奥会食品药品应急保障跨区联合执法机制，完成世园公共卫生风险评估，成功验收124家世园人家示范户，提升改造康庄特色商业街，超额完成“阳光餐饮”工程任务，新建首农食品中心便民综合体。编制完成交通、餐饮、商务等工作方案和冬奥定点医院改进方案，创伤、消化、心脏、康复四个医疗服务中心运行，争取2018－2022延庆赛区饭店运营保障奖励资金5.9亿元，提供备选冬奥签约酒店23家，新建1家、开工9家。启动全区“大培训、大练兵、大比武”专项行动，开展园艺、滑雪等各类培训2.1万人次，其中50余名滑雪爱好者获得国际国内相关资质证书，利用“十一”黄金周开展服务保障世园会综合演练，切实达到服务赛会实战、提升保障能力的目标。

（二）生态涵养功能不断强化

生态景观水平显著提升。高标准开展国家森林城市创建，初步编制完成《北京市延庆区国家森林城市建设总体规划（2017－2026）》，开展森林文化、园艺知识进村庄、进单位、进营区、进学校、进家庭的创森“五进”活动。完成1966.67公顷（2.95万亩）新一轮百万亩造林、19400公顷（29.1万亩）林木抚育管护、200公顷（0.3万亩）彩色树种造林和733.33公顷（1.1万亩）京津风沙源治理工程，生态空间持续扩大。着力提升城乡景观质量，建成井庄等一批镇区公园、街角绿地，改造提升香苑街、玉皇阁大街等9条街道及夏都公园、百泉公园等5个公园景观，建立夏都公园“园艺驿站”，创建达标8个首都绿色村庄。

生态环境质量稳步提高。以推进环保督察、“绿盾2018”和地表水源地问题整改为牵引重拳清空净水。认真落实蓝天保卫战行动计划，完成城东、城南、中关村延庆园等5个单位745蒸吨燃煤锅炉清洁能源改造，农村煤改电、煤改气38个村10200户，压减标煤14万吨，新城及赛区园区周边基本实现无煤化；强力推进扬尘治理大会战行动，查处涉气违法行为960起、立案371起，检查重型柴油车26.6万辆、非道路施工机械853台，处罚3.8万辆、74台，淘汰老旧机动车720辆。全面落实河长制，划定8条220公里河道蓝线，建立46条重点水系河道问题台账，新改建供排水及雨污合流管线142公里，治理20处排污口，香营、井庄、大榆树3个镇级和16个村级污水处理厂投入运行，关停退出212家养殖散户，实现4个考核断面水质全部达标；印发实施节水三年行动方案，创建节水型单位4家、村庄10个，完成“两田一园”高效节水灌溉工程1.2万亩，实现161个村庄农业用水收费。土壤保护、节能减排等工作扎实推进，圆满完成第二次全国污染源普查，新能源和可再生能源利用比重达到28.1%。

生态环境管理不断加强。入选全国第二批“绿水青山就是金山银山”理论实践创新基地，是全市唯一入选的区。研究制定了《延庆区建设国际一流生态文明示范区指标体系》，明确了6方面70项责任目标，推动生态文明建设责任落地等相关工作进一步夯实。建立健全拆违、清空、河长制三账销账及调度机制，持续推进“清河”“清四乱”专项行动，有效实施“河长+警长+检长”联动执法，清扫保洁和垃圾清运得到全面加强，ISO14001环境管理体系持续有效运行。严格落实关于调整山区生态公益林生态效益促进发展机制等相关文件，全区8000余名生态林护林员上岗就业。

（三）绿色发展转型成效明显

绿色高精尖经济结构加快构建。以现代园艺、冰雪体育、新能源环保、无人机为主的绿色高精尖经济结构初步形成。与中关村管委会联合发布实施促进现代园艺产业创新发展若干措施，成功引入34家园艺花卉类企业和10家科研机构，园艺产业对区域带动作用明显，“一区多园”总体布局基本形成；稳步创建“国家农产品质量安全区”，有序推进冬奥食用供应40项任务，成功举办京张优质农产品推介会、延怀河谷葡萄文化节等活动，充分利用京东、微信等电商平台,精准对接银行、学校等稳定大客户，线上线下销售7大类26种延庆优质农产品，品牌知名度进一步提升。狠抓国家全域旅游示范区创建，推出12个精品旅游线路，实施8个特色小镇、12个特色民俗村、12个HBD产业园配套设施提升工程，完成10个旅游咨询站、13座旅游厕所改造，旅游基本要素实现提质升级；研究制定延庆区体育产业引导资金管理办法，实施冰雪产业发展规划，一轴两翼产业格局落图，成功引入铭星冰雪等41家冰雪体育企业，顺利举办国际越野滑雪积分赛、全国大众高山滑雪巡回赛等14项冰雪赛事活动，展示了“冰雪体育+旅游”的无限潜力；入选首批全国民宿产业发展示范区，成立民宿联盟、客栈联盟，“耕读小院”“长城胤巷”等24个精品民宿开门迎客，“十一”期间人均消费高达311元，超过传统民俗游3.85倍，展示了民俗旅游的提升方向。深入贯彻落实“10+3”高精尖产业发展系列政策，出台工业闲置低效空间资源盘活利用的工作方案，鼓励三吉利等传统企业转型升级，能源互联网综合示范区项目获得批复并实施，新引进19家新能源节能环保企业，全区实体经济呈现较快增长，预计全年规模以上工业产值完成82亿元，增长4%。

科技文化双轮驱动加速。中关村延庆园第三引擎创新引领作用逐步显现，制定实施科技创新推动延庆绿色跨越发展三年行动计划，启迪延庆创新创业基地和中关村智造大街延庆服务平台正式运行，首家市级创新创业基地揭牌。首届全球双创大赛成功举办，理工全盛等50家创新型企业成功入驻，启动大数据、无人机试点，制定无人机产业发展规划，引进5家无人机企业，创新创业生态初步形成。全区技术合同成交额全年完成18.3亿元、增长259%，企业研发经费支出1－11月份实现13416万元、增长58.6%。文化创意产业逐渐壮大，加快建设长城文化带、京张文化体育旅游产业带，成功推出“夜长城+”等一系列精品活动，推动文化、旅游、园艺等产业融合发展，规模以上文化产业前三季度实现收入85344万元、增长3.1%。

质量效益保持稳步提升。企业发展环境不断优化，市场活力进一步迸发，全年新登记企业1967户，日均新增企业5户，经济发展基本面进一步夯实。中关村延庆园全面实施全程代办服务，全年共引进企业585家，国高科、村高科企业累计达87家、151家。“长城脚下创新家园”一期部分供地，二期取得开发授权。中关村延庆园重点指标实现历史性突破，总收入等11项指标增幅位居全市前列，实现税收总额52.27亿元，形成区级财政收入10.01亿元、增长11%，规模以上高新技术企业总收入全年预计实现118亿元、增长10%，劳均产出率全年预计实现157万元/人、增长10%，地均产出率全年预计实现20.4亿元/平方千米、增长15%。

（四）城市总规坚决有效落实

科学合理编制分区规划。高标准落实新版北京城市总体规划，推动实现减量、可持续发展。发展方向更加明确，落实区域发展战略研究取得的重要成果，延庆区高质量发展三年行动计划初步完成。发挥责任规划师团队和协作规划新机制作用，严守人口总量上限、生态控制线、城乡开发边界三条红线，基本完成分区规划及11个专项规划、14个乡镇域规划、120个美丽乡村规划和5个传统村落保护规划编制工作，启动实施冬奥、世园小镇规划，“十三五”规划中期评估成果得到落实。制定城乡建设用地供应减量挂钩实施方案，梳理全区现有城乡建设用地情况，修订农村个人原有宅基地房屋建设管理办法，促进了空间布局优化和土地资源有效配置。

城乡建设步伐不断加快。京张高铁延庆段施工建设进入收官阶段，京礼高速北六环至延庆段竣工通车，13条区域路网基本达到通车条件，对内对外交通通达性进一步提高。三年棚改计划得到有效落实，南菜园1－5巷完成主体工程，南辛堡－民主村－百眼泉开工建设，小营－石河营启动拆除，康庄一二三街棚改开始签约，东关项目回迁工作顺利完成，下屯棚改项目完成实施主体招标并启动拆迁。完成妫川广场景观风貌改造及城区夜景照明三期等工程，妫水大街改造等5项交通综合整治工程基本完工。启动5条路侧停车电子收费改革试点，新增电动出租车100辆、公租自行车1000辆。振兴战略全面实施，制定实施都市型现代农业、美丽乡村建设、农村人居环境整治3个三年行动计划。四海镇前山村获评全国“一村一品”示范村，5家农民专业合作社获评北京市级示范社。加速推动各类公共资源向农村地区倾斜，编制完成95个村庄建设方案，建立农村基础设施长效管护机制，入村实测所有保留村现有基础设施，村村通工程有效落实，4G网络实现全覆盖。

城乡管理水平有效提升。城市服务管理更加有效。“街乡吹哨，部门报到”有效落实，737名协管员下沉到街道乡镇。初步构建覆盖城乡、多网融合、三级联动的“1+18+414”三级网格化服务管理体系。加快建设集环保、交通、旅游、养老等于一体的智慧系统。乡村治理更加规范。制定实施乡村振兴战略提升乡村治理能力意见。整合力量开展秋冬季农村环境综合大会战、春季攻坚战等专项行动，累计整改1000余处各类环境问题，113个村庄通过环境验收检查。积极开展深化文明村镇、“星级文明户”等群众性精神文明创建活动，获评新时代文明实践中心试点。

（五）民生保障水平不断提升

社会保障网进一步织密扎牢。聚焦脱低精准帮扶，出台15条强化措施重点帮扶标准线下1670户，58个低收入村分别与市属国企、高校及海淀区签约结对帮扶，安排5500余万元支持51个低收入产业项目，已有10504户21189人实现脱低，预计脱低率达到90%以上。设立2条养老服务热线，慈善“1+1”关爱空巢助老项目实现15个乡镇全覆盖，建成18个社区老年配餐服务站、辐射城区1.3万名老年人，推进建设60家幸福餐桌、惠及近万名农村老年人。开展“妫川希望”助学等系列慈善活动，救助困难群众6000余名、发放救助金7580余万元，为1.2万名残疾人发放3780万补贴金。推出3126套共有产权房，制定农村危房改造三年行动方案，100户农村危房完成改造，12个山区危村险村完成搬迁，5个老旧小区综合整治工程持续推进，加装电梯3套。就业保障进一步强化，实施十万人次大培训行动计划和“送岗下乡”等活动，开发高质量就业岗位1万余个，组织招聘活动

204次。成立对口帮扶协作专班，认真开展与兴和、宣化、怀来等地的对口帮扶工作，与海淀建立结对协作关系，振华国富实业等一批企业成功落户受援地，累计捐赠帮扶资金2000余万元，京津冀协同发展取得新突破。

公共服务取得新进展。教育教学质量进一步提升，新城区域南三村二幼、五幼分园等5所幼儿园建设有序推进，刘斌堡中学等项目加快建设，配合市教委完成北京国际奥林匹克学院建设方案，成立全国首创“长城教育联盟”，4所学校成为首师大附属分校，本科上线率、一本上线率居郊区前列，开展校外培训机构专项整治，取缔7所无证园。医疗服务水平进一步提高，增加1500万元，加强与市级医院医联体建设，区中医医院迁建一期项目开工，基本建成80个村卫生室，招募、定向培养村医26人，建立家庭医生服务团队111个，累计签约7.6万户14万人，基本实现30分钟就医全覆盖。文体事业发展进一步加快，编制长城文化带保护发展规划和行动计划，以八达岭长城为核心，开展长城保护抢修，强化风貌管控和文化传承，完成博物馆改造，重点打造“文化剧场”，创编演出大型原创话剧《春风正度》，“星火工程”等各类文化演出和活动2000余场，文化惠民累计达到10万小时；积极开展走向2022迎冬奥第三届延庆海坨冰雪徒步大会等群众性冰雪活动，建成运营3块共4万平方米以上的户外便民冰场，上冰上雪3万人次。

社会治理迈出新步伐。迎冬奥世园氛围日益浓厚，引导全员共治共享，全民总动员创建全国文明城区和国家卫生区，建立“延庆乡亲”议事会等市民参与社会治理的重要平台，持续深化“人人都是东道主 同心同向迎盛会”主题活动，开展“延庆榜样”“身边好人”等选树工作，助推墨墨祝福等社会组织积极参与冬奥世园服务保障，万人志愿活动和志愿者监督环境实现常态化。“平安延庆”“法治延庆”建设深入推进，圆满完成全国“两会”“中非论坛”等服务保障任务，“雪亮工程”一期基本建成，顺利完成食品安全示范区考核验收，大力开展扫黑除恶专项斗争，全面防汛、防火，获评全国法治区创建活动先进单位。

（六）重点领域改革持续深化

营商环境优化水平不断提高。成立营商环境工作专班，全面落实“9+N”“10+3”系列政策，圆满完成世界银行对北京市营商环境评价的区级工作，出台进一步优化营商环境行动计划，明确近三年营商环境改革时间表和任务图。建立“100+50”重点企业名单，制定实施“服务包”制度，区领导走访服务企业276家，送出“服务包”156个，有效落实201套人才公租房，企业服务更加精准。持续推进政务服务“一网、一门、一次”改革，网上可办事项1366项，比例100%，“一窗受理”事项1582项、综合窗口率95.3%，清理规范26项行政审批中介服务事项，取消调整55项涉及企业和群众办事创业证明，开办企业时间从24天压缩到3天，办理施工许可由15天压缩至6个工作日，实现了“让企业少跑腿”。区级服务实体大厅建设完成，同步推进“最多跑一次”向基层延伸，香水园街道、永宁和沈家营镇试点标准化建设基本完成。

疏解整治促提升力度持续加大。充分发挥疏解整治促提升工作专班的统筹协调作用，圆满完成市级8类15项任务。创新整治区属国有企业土地、机关所属土地、农村集体土地“三块地”，出台党政机关办公用房管理等办法，土地管理机制进一步理顺。聚焦新城、冬奥及世园周边区域，拆除违法建设36.2万平方米，76条背街小巷得到整治提升，调整退出一般制造性企业17家，动态摸排治理“散乱污”企业22家，疏解提升康庄兴隆等3家市场，“干净指数”连续5年全市第一，为城市发展释放更多空间。新建规范88个便民网点，拆后“留白增绿”达到16.9万平方米，新增183个停车位，群众获得感进一步增强。

其他重点领域改革扎实推进。国税地税、规划国土合并挂牌，机构改革平稳有序。明确生态文明示范区建设标准和任务。教育综合改革深入推进，职业教育持续转型发展。医疗费用、消耗“一控两降”专项行动成效明显，完成区医院与5个社区卫生服务中心医学影像终端连接。持续开展打击非法集资专项整治行动，制定印发政府性债务风险应急处置预案，政府债务风险平稳可控。334个行政村土地确权审核公示圆满完成，大榆树镇乡镇级产权制度改革试点有序开展。确定住建、园林等系统所属国企改制重组方案，补短板堵漏洞工作有效落实，预计年内经营性国有资产总额有望突破65亿元，国资监管企业资产负债率降低4%。举办“壮阔妫川 时代印记”庆祝改革开放40周年图片展等系列主题活动，展现我区改革开放40年来发展历程和经验成绩，进一步坚定改革开放的决心信心。

过去一年，我们集中力量推进了一批重大事项、解决了一批难点问题、办成了一批民生实事，成绩来之不易。同时，我们也清醒地认识到，延庆发展还存在不平衡不充分的问题，主要表现在：一是赛会服务保障聚焦聚力不够，住宿餐饮服务、交通组织、旅游接待等能力亟待提升，交通、安保压力大，专业人才缺乏。二是城乡环境质量距生态涵养区要求和赛会标准有差距，农村污水处理设施建设管理滞后，生态资源的优势尚未得到充分发挥。三是借势赛会发展的路径不清晰、信心不足，减量发展对经济发展方式转变和经济结构调整的要求更为迫切，新旧动能转换接续步伐亟须加快，优化营商环境、扩大对外开放还有不小差距。四是创新要素集聚还不够，创新体系尚未构建，创新成果转化需要加大力度，绿色产业链需要进一步完善，小微企业发展的难题依然突出。五是城乡精细化管理水平有待提升，基层治理体制机制不完善，违建控新增、减存量和浅山区违法占地违法建设整治力度还需进一步加大。六是民生领域还有很多短板，低收入村户增收任务艰巨，城乡居民增收压力较大，公共服务设施不完善、品质不高，与满足群众需求还存在较大差距，等等。对此，我们将采取切实有效措施，下大力气加以解决。

二、2019年国民经济和社会发展计划安排

2019年是新中国成立70周年，是决胜全面建成小康社会第一个百年目标的关键一年，也是贯彻落实北京城市总规，持续提升生态涵养功能，加快推动地区高质量绿色发展的重要一年。新中国成立庆祝活动、“一带一路”国际合作高峰论坛、亚洲文明对话大会等一系列国家重大活动将在北京举办，2019北京世园会将于4月29日开幕，世界目光聚焦北京。延庆将迎来服务保障冬奥会世园会和推动地区高质量绿色发展两项“大考”，责任之大、压力之大，前所未有，迫切需要我们坚定信心，勇于担当，以服务保障世园会举办、高山滑雪世界杯筹备为核心，努力在守住好山好水好生态、建设绿色发展聚宝盆方面走在前、作示范，始终坚持民有所呼、我有所应，解决群众最忧最盼最急的问题，真干、实干、苦干，紧盯目标狠抓落实，努力交出服务保障赛会和高质量绿色发展两张优异答卷。

（一）总体思路

区委二届七次全会深刻分析了当前我区的发展形势，明确提出2019年全区工作总体要求是：以习近平新时代中国特色社会主义思想为指导，深入贯彻党的十九大精神，深入贯彻习近平总书记对北京重要讲话精神，以新中国成立70周年庆祝活动为主线，以高质量发展为根本要求，把服务保障好冬奥会世园会作为重中之重，坚定不移实施生态文明发展战略，严格落实北京城市总规要求，坚持稳中求进工作总基调，抓好“三件大事”，打好“三大攻坚战”，聚焦聚力、苦干实干，坚决交出服务保障赛会和高质量绿色发展两张优异答卷。

（二）主要指标

在保持指标体系稳定性、连续性的基础

上，2019年经济社会发展指标更加明确生态涵养功能定位，更加突出生态保护、绿色富民、绿色发展。

生态保护方面：PM2.5年均浓度控制在45微克/立方米以下，能源消费总量控制在74万吨标准煤，单位地区生产总值能耗累计下降率超过生态涵养区平均水平，用水总量0.69亿立方米，再生水利用量0.11亿立方米，单位地区生产总值水耗下降率超过生态涵养区平均水平，单位地区生产总值二氧化碳排放降幅大于2.6%且超过生态涵养区平均水平，常住人口规模控制在36.7万人，城乡建设用地规模达到88.375平方公里，拆除违法建设40万平方米、拆后土地绿化8.91公顷，二氧化硫排放量降幅优于考核标准，氮氧化物排放量降幅优于考核标准，化学需氧量排放量降幅优于考核标准，氨氮排放量降幅优于考核标准，森林覆盖率达到59.5%，地表水考核断面水质综合达标率100%，全区污水处理率达到90%，生活垃圾资源化率达到59%，新城绿色出行比例达到80%。

绿色富民方面：全区居民人均可支配收入增长7.5%左右，低收入农户人均可支配收入增长10%，城镇登记失业率4%以内，促进城乡就业数大于6000人，千人医疗卫生机构床位数4.0张，公共文化设施人均建筑面积0.38平方米，重点食品安全监测抽检合格率大于98.5%，药品抽检合格率大于99%，单位地区生产总值生产安全事故死亡率控制在0.0125人/亿元以内。

绿色发展方面：大力推进质量变革、效率变革、动力变革，地区生产总值按不变价增长7.5%左右，一般公共预算收入增长6.5%，旅游综合收入增长30%以上，高端产业功能区劳均产出率增长10%左右，技术合同成交额实现5.5亿元。

三、实现2019年经济社会发展计划的主要任务措施

（一）坚持“三个一”的标准，全力保障世园冬奥筹办举办

严格落实蔡奇书记“一刻也不能停、一步也不能错、一天也误不起”的要求，紧盯目标、全民动员、全力以赴，确保赛会服务保障工作万无一失。

全面完成配套基础设施建设。全力攻坚冲刺世园建设。积极配合世园局完成园区建设任务，确保园区场馆、园林景观、世园酒店、安保中心等项目全部按时收官，为赛会运行打下坚实基础；精心组织外围配套设施建设，确保3月底前完成综合管廊、百康路等13条道路、大路110千伏输变电及供电保障中心等建设，确保4月中旬绿化拼接、景观布置、物资储备等各项工作全部准备就绪，保障世园会外围服务万无一失。加速推进35项冬奥工程建设。确保9月底高山滑雪中心部分竞速赛道及相关配套设施交付使用，雪车雪橇中心、奥运村、山地新闻中心等场馆建设，为办好冬奥会首场测试赛做足准备。配套基础设施建设方面，确保年底前15项配套基础工程竣工，10月底前完成综合管廊、西白庙220千伏输变电、佛峪口水库水源保护、冬奥会延庆赛区造雪饮水及集中供水等基础设施建设，加快延庆综合交通服务中心建设，为测试赛如期进行打下坚实基础。

全力完成赛会服务保障工作。建立智慧城市管理指挥平台并尽快启动，依托“1+17+18+N”应急指挥体系，落实落细57个安保工作方案，加强实战演练。开通世园公交专线及5条旅游专线，力争会时90%以上游客区内绿色出行，确保游客进得来、出得去。加快酒店建设，推进冬奥配套酒店建设，力争6家建成、2家营业，统筹2.9万个三星级及以上民宿户及快捷、星级酒店床位供给，完成3条餐饮街区改造，推出10种世园花宴、20种乡村美食桌宴，确保游客吃得上、住得下。持续推进世园公共卫生风险动态评估。启动冬奥医疗服务定点医院建设，实施世园4000名骨干志愿者大培训，围绕重点环节、关键领域开展安保专题培训和推演演练，确保赛会服务保障安全有序。总结用好世园经验，编制完善各专项服务保障

方案，做好市场资源开发，同步做好高山滑雪世界杯赛道、通讯、气象等硬件设备设施运行检测，严格落实各项保障方案和应急预案，提前做好运动员接待、赛事组织、媒体宣传等工作，确保7月份保障团队准备就绪，10月底具备造雪条件，打好冬奥测试赛“头一炮”，为冬奥会成功举办打下坚实基础。

高起点谋划好赛会遗产利用。坚持可持续发展理念，提早谋划世园遗产、冬奥遗产高效利用问题。统筹世园会遗留资源开发利用，突破传统开发模式，在保持原有生态环境品质的基础上，注入更多文化创意、科技服务、会展展示、休闲健康等新功能元素，打造有品牌有活力的旅游综合服务体。启动编制冬奥遗产规划，全面落实54项生态环境保护措施和34项可持续性承诺任务，促进生态环境、产业、城市、人口融合互动发展。积极开发利用好冬奥场馆，优先保障国家重大冰雪体育赛事，启动智慧赛区研究，应用商业化运作模式，增强冬奥遗产发展的可持续性，推动冬奥经济形成持久效益。

（二）以专项行动为抓手，着力涵养保护生态环境

保持生态涵养的战略定力，牢固树立绿水青山就是金山银山的理念，以创建国家第二批“两山”理论实践创新基地为契机，持续巩固和强化生态优势，保护好好山好水好生态，为冬奥世园打下美丽底色，向世界展示国际一流的生态文明建设成果。

坚定有序推进疏解整治促提升。保持违法建设拆除力度不减，拆除违建40万平方米，“留白增绿”8.91万平方米。疏解一般性制造业5家，清理整治再生资源回收站点11个，坚决保持大棚房治理动态清零，坚决整治浅山区违法占地，持续推进“开墙打洞”、占道经营治理。高质量整治提升79条背街小巷环境，规范提升18个基本便民商业网点，升级改造恒生市场，加强中心城区老旧小区综合整治，扎实推动专项行动取得新成效。

持续扩大生态环境容量。编制分区规划实施方案和新城控制性详细规划，完成11个专项规划、各乡镇规划、第二批128个美丽乡村规划，为高质量绿色发展提供坚实的制度保障。实施“两线三区”空间管控，严守生态红线，严控房地产开发建设，严格控制建设规模，确保生态空间只增不减、土地开发强度只降不升。制定实施建设用地减量实施方案，编制实施2019年减量计划，实施工业闲置低效空间资源盘活利用方案，完善实施宅基地建房管理办法，全年城乡建设用地规模控制在88.375平方公里。

提高生态环境质量。继续全面开展国家森林城市创建工作，大力拓展绿色生态空间，加快构建天蓝水清、森林环绕的绿色家园。实施好2.8万亩新一轮百万亩造林绿化工程，着力建设冬奥世园主题特色街区和精品公园，创建花园式单位1个、花园式社区1个和首都绿色村庄6个，努力构建“一核、一环、三带、五廊、九园、多点”城市森林格局。有效落实$PM_{2.5}$冬奥承诺达标三年行动计划，深入推进大气污染防治秋冬季攻坚行动，持续推进农村地区煤改清洁能源，完成50个村庄的无煤化改造，强化施工扬尘治理，加大农用车、大货车、非道路移动机械管控力度，检查重型柴油车不低于27万辆次，严格执行餐饮行业大气污染排放标准并加大执法检查力度，开展燃气锅炉达标排放专项执法行动，深化延怀赤三地大气污染联防联控，力争$PM_{2.5}$浓度降到45微克/立方米以下。开展创建水生态文明城市，压实压细河长责任，完成6座乡镇级污水处理厂站建设，实现排污口“清零”，确保考核断面水质优于考核标准，全域水质稳定达到Ⅲ类以上；申报海绵城市试点，高效运行城西再生水厂，完善再生水管线取水口建设，有效提升水资源利用效率。落实好节能减排任务，做好2019年“两田一园”高效节水灌溉等工程，持续加强土壤环境质量监测，完成小张家口填埋场扩容，推进垃圾分类示范片区创建，实现生态品质新提升。

加强生态环境管护。高效落实关于推动生态涵养区生态保护和绿色发展的实施意见，坚持山水林田湖草是生命共同体的系统思想，不断提升生态涵养保护水平。完善管理机制，严格落实自然保护区生态保护红线管理制度及ISO14001环境体系运行机制，加强废弃矿山生态修复、生态林断带治理、生态小流域建设，进一步提高生态治理的系统性。完善责任机制，实行最严格的能耗和环保标准，健全环境保护责任追究制度和环境损害赔偿制度。进一步完善市场化、多元化生态保护补偿机制，推动生态保护投入保障由政府“一家扛”转为政府、企业和社会“多家抬”，实现多元主体共建共治共享。

（三）持续优化改革营商环境，着力推动经济高质量发展

深入落实进一步优化营商环境三年行动计划，大力实施延庆效率、延庆服务、延庆标准、延庆诚信四大示范工程，持续推动营商环境跨越式改善，促进特色产业集聚，不断激发经济活力，为冬奥世园带动区域发展增添潜力。

精准服务企业发展。编制实施改革优化营商环境工作方案，不折不扣落实中央减税降费政策，精准对接企业需求，特别是加大民营企业支持力度，真正减轻企业负担。继续完善园艺科技、体育科技、旅游、新能源环保等产业发展政策，加大对创新型企业发展的扶持力度，加强对引进人才的子女教育、医疗保障等配套服务，为企业发展提供良好的政策环境。完善联系服务企业和支持企业发展的系列办法，健全投资项目政策咨询、引进、全程代办服务流程，按照重点企业名单化、重点问题台账化、重点工作清单化的标准，用实用好“服务包”“服务管家”制度，促进园艺、体育、新能源环保等绿色“高精尖”企业集聚。加快推进社会信用体系建设，持续优化信用环境。持续优化审批服务流程，深化“互联网+政务服务”，促进“一网、一门、一次”改革持续深入，不断推进“减证便民”工作，推进政务服务体系和三级实体大厅建设，依托全市“六个统一”的智慧型政务服务体系，综合政务大厅基本实现“应进必进”，90%以上的投资审批事项实现网上办理，企业和群众办事需提供的材料减少60%以上，100个高频事项实现“最多跑一次”。

培育壮大绿色产业。争取以市政府名义出台实施推动延庆高质量发展三年行动计划，聚焦以园艺、冰雪和科技创意三大产业方向，推动延庆产业转型升级，构建绿色高精尖经济结构。全面实施全域旅游发展空间规划。稳定运行八达岭长城景区网络实名制预约销售系统，加快各类旅游要素配置和提质升级，尽快建成运行全域旅游智慧服务系统；实施冰雪体育产业引导资金管理办法，升级改造八达岭、万科石京龙滑雪场，积极承办国际雪联中国北京越野滑雪积分大奖赛、首都高校大学生高山滑雪比赛等14场冰雪体育赛事，培训232名雪技能体育志愿者及滑雪教练员，推进旅游、冰雪体育互融互促；编制旅游文化融合发展规划，推进长城文化带建设，深入挖掘红色文化、地质文化、民俗文化等特色文化资源，加快推进精品民宿建设，促进传统农家乐提档升级，为市民提供更多优质休闲旅游产品和服务，提高旅游产业附加值。深入落实都市型现代农业发展三年行动计划。用好现代园艺产业发展支持政策，加快建设现代园艺产业集聚区，推动现代园艺产业“一区多园”持续发展，重点推进康庄设施园区提升改造和平台化运营，加快建设农场龙妫园科研中心和智能温室，承接中农富延等重点项目落地，培育壮大现代园艺产业；强化赛会有机食品供应基地培育，做好10个市级现代农业产业园、23个休闲农业示范园区等创建工作，提升延庆优质农产品品牌影响力。着力培育科技创新产业。落实与三所高校签订的科技成果转化协议，在中关村延庆园吸引聚集一批新能源微电网和应用服务领域的高新技术企业与研发平台，积极吸引能耗低效益高的产业链环节入住园区，高水平建设京西北科技

创新特色发展区；培育创新发展新动能，完善延庆园促进创新创业支持资金管理办法，办好第二届创新创业大赛，助推众创空间、创新型孵化器高端化发展，编制好无人机创新园规划，力争引进一批园艺、冰雪体育高成长项目和企业，为延庆高质量绿色发展提供强有力的支撑。

完善发展要素配置。以加快服务型政府和智慧政务建设为抓手，着力补齐土地、人才、资金、技术创新等基础性要素。用足用好京张人才试验区的各项政策，畅通优秀人才引进的“绿色通道”，优先解决人才居住生活需求，优化人才生活服务配套，打造人才聚集的绿色和谐宜居环境，为人才落户提供有力的保障。落实高精尖产业用地政策，建立区级统筹的科技创新重大项目和重大工程用地保障机制，支持企业在符合规划政策前提下利用原有厂房转型升级，大力发展科技创新和文化创意产业。用足用好市级资金、政府债券等各类政府扶持资金，积极吸引社会资本，加力扶持新能源环保产业、冰雪体育产业等重点产业和重点企业，推动产业结构的调整优化。加快智慧延庆建设推进步伐，进一步提高众创空间等创新创业载体建设质量，加大科技成果转化力度，重点支持原始创新、成果转化和高精尖产业培育等高端“硬技术”创新，全面提升科技成果落地转化率，进一步增强科技创新的驱动力。

（四）完善基础设施建设，着力推进城乡协调发展

深入落实北京城市总体规划，统筹推进城乡建设管理，提升赛会承载能力和服务功能，以高品质精致的城市形象迎接冬奥会世园会。

切实强化城市功能。做好百康路等8条世园会配套道路收尾工作，加大城区主要街道、交通枢纽等重点点位管控，推进昌赤路、南山环线等区域主干路网建设，使区域路网建设管理进一步完善，为世园冬奥赛会期间交通出行提供良好保障。完成新城北部水生态治理、小城镇污水处理市场化建设配套管网二期工程建设，加快完善城镇燃气管网建设格局，提升新城服务保障的承载能力。加强康庄镇汇通路东段、晨光街、榆林路等小城镇路网建设，提升重点城镇的承载功能。完成小张家口垃圾填埋扩容工程，进一步提升生活垃圾处理的消化能力。加快推进夜景照明四期重点公园景观亮化工程，为世园会冬奥会提供优美景观。大力实施乡村振兴战略，深入落实3个“三年行动计划”，实施好第一批120个美丽乡村工程建设，启动第二批128个美丽乡村规划建设实施方案及审批，打造市级试点村，大力开展人居环境整治，实施农民个人原有宅基地房屋建设、建房巡查监督管理办法，严控村庄整体风貌，规范建设管理秩序，展示乡村环境建设的成果。

不断提升城市品质。遵循大尺度分散、中尺度开放、小尺度集中原则，突出“山、水、路、园、村、城”一体融合的景观特点，强化山城相依、水城相映、绿城相融的城镇组团空间布局特征，围绕主要道路节点、公共服务区域，建立看山水、看田园、看历史的全域景观眺望系统，打造燕塞古韵、妫川气韵、华夏精韵的精致城市风貌。对标服务保障国际性赛会要求，认真实施生活性服务业品质提升三年行动计划，实现首农食品中心便民综合体开业，加快推进万达商业综合体建设，引导品牌连锁餐饮、饭店、超市等入驻，大幅提升生活性服务业品质。传承延续历史悠久的长城文化和地方特色文化，升级改造一批文化服务设施，改扩建长城博物馆，优化展陈布局、丰富展陈方式，提升长城宣传的民族性、文化性、艺术性，加强传统村落等文化遗产保护，推进长城文化、玉皇庙文化等文化品牌建设，进一步提升延庆文化品位。

借势打造城市品牌。借助世园会冬奥会国际影响力，统筹各方力量形成城市品牌建设合力，整合宣传市场的兴趣点、本地发展的亮点、赛会重要时间节点，打好赛会品牌传播组合拳，引领城市品牌建设提质升级，打造生态涵养重地、长城文化故里、北方园艺之都、

冬奥冰雪之城、科技创新家园“五大城市金名片”，不断提升地区形象知名度、美誉度和认同度。

（五）着力补齐民生短板，不断提高群众获得感

深入践行以人民为中心的发展思想，坚持办大事、促发展、惠民生，对表“七有”“五性”要求，精心办好群众身边事，着力解决群众反映强烈的突出问题，为冬奥世园筹办举办营造和谐稳定的社会氛围。

切实提高民生保障能力。实施好十万人次大培训，建立用工企业与培训机构的常态化对接机制，开发更多优质绿色就业岗位，促进农民就地就近高质量就业，实现全年新增就业6000人以上。全面落实“六个一批”帮扶政策，用好与海淀区和市属国企、高校结对帮扶资源，加快实施重点产业项目，实现低收入农户人均可支配收入增速10%，确保低收入村户全部“脱低”。加快落实助力怀来宣化兴和脱贫攻坚三年行动计划，帮助受援地区打好脱贫攻坚战。兴办村级“温馨家园”，持续开展“妫川希望”助学、“拒绝绝望”大病救助等一系列慈善项目，让困境儿童和残疾人更好得到关爱服务。全面加强养老工作，理顺养老机制，推进养老机构“公建（办）民营”“医养结合”，实现慈善“1+1”关爱空巢助老项目服务老人数1500人、覆盖170个村，新增40家村级老年餐桌及5家养老服务驿站，千人养老机构床位数达到10张。完成下屯南辛堡－民主村－百眼泉征拆，推进东杏园、莲花池和司家营等城中村、城边村改造提质，实现03街区地块2500套共有产权住房配售，完成130户农村危房改造任务，启动6个村1951人搬迁工程建设，切实改善居民的居住条件。

系统完善公共服务配套。按照优质均衡的标准，做大做强公共服务。加快推进5家幼儿园及中小学设施建设，增加学前学位390个，实施乡村学校质量提升行动，健全师德师风建设及教育人才引进机制，推进职业教育转型发展，加快推动北京国际奥林匹克学院落地。加大与市级优质医疗资源合作力度，积极开展全国健康促进区创建工作，全面启动区医院三级医院建设，完成区中医院迁建一期主体结构及大庄科社区卫生服务中心改扩建项目，继续招募、合理调配乡村医生，提高基层医疗服务能力。继续繁荣文化体育事业，组织好世园会期间的文化演出，办好冰雪嘉年华、元宵节花会展演等大型文化娱乐活动，完成公益电影放映1.5万场、各类演出2000场，公共文化设施人均面积达到0.38平方米；建成全民健身中心、冰上项目训练基地，持续开展上冰上雪培训体验活动，举办全民健身活动不少于25项,为赛会营造全民参与的良好氛围。

全面加强社会治理工作。像绣花一样精细管理城市和乡村，高效落实“街乡吹哨、部门报到”机制，推进“多网融合”，抓实网格化管理，实现各类协管员与网格员、街巷长、“小巷管家”工作联动，着力解决城市治理难题；推进落实《关于全面加强乡村治理工作的意见》，逐步构建自治、法治、德治相结合的乡村治理体系，提升乡村治理水平。全民参与创建全国文明城区，继续开展“我为世园作贡献，我为冬奥添光彩”主题活动，广泛开展“美丽乡村文明家园”创建，选树“延庆榜样”，加强“枢纽型”社会组织规范化建设，形成全区上下人人都是东道主的赛会氛围。开启城乡文明新篇章，优化“2+6+18+N”志愿服务体系，积极推进新时代文明实践中心试点建设，贯通区级新时代文明实践中心、18个街乡实践所、423个村庄社区实践站。把确保政治安全放在第一位，增强全民防恐意识，严密防范、坚决打击敌对势力渗透破坏活动，强化社会矛盾风险预测预警预防，强化世园会外围保障区安全管控，巩固立体化、信息化社会治安防控体系，深入开展扫黑除恶专项斗争，筑牢食品药品安全防线，严格落实安全生产责任制，持续开展城市安全隐患整治三年行动，以平安延庆保平安世园、平安冬奥。

（六）着力深化改革开放，切实增强区域发展活力

抓住国家新一轮深化改革、扩大开放的历史契机，以更宽视野更高要求更有力措施全面推进改革开放，推动延庆绿色发展，为筹办举办世园会和冬奥会营造更加有利的环境。

全面主动对外开放。放宽市场准入，严格落实国家及市级金融业对外开放政策，认真执行服务业负面清单，进一步提高利用外资的质量和水平。鼓励民间资本参与区属国有企业混改，支持行业协会、民间组织、企业联盟等互动往来，持续激发市场活力。对表国际一流标准，充分发挥冬奥世园带动作用，依托良好的生态环境和深厚的历史文化底蕴，深入挖掘延庆优势资源，打造品牌化、市场化、精品化赛会产品，不断提高延庆区国际交往能力。

持续深化重点领域改革。突出“微改革”“微创新”，把更多精力放到解决实际问题上。认真落实政府职能改革，不断优化“放管服”改革，持续加强行政审批事中事后监管，深化行政审批“一科制”改革。深入推进国资国企改革，加快推进各行业系统的国企改革方案落地。加快生态文明体制改革，持续协调推进国家公园体制试点，建立“两山”理论实践创新基地创建工作机制，持续探索生态文明建设“延庆经验”。持续推进农村改革，出台实施乡村振兴战略提升乡村治理能力意见配套文件，完善集体林权制度，创新集体林业经营管理模式、集体生态公益林发展机制。深入推进医药卫生体制改革，完善医疗卫生机构设置规划，试点建立公立医院绩效评价机制，完成区级全民健康信息平台一期项目应用系统建设并与市级平台实现互联互通，推行门诊全流程“先诊疗后付费”信用就医模式。扎实推进教育领域综合改革，围绕服务赛会需求，推进职业教育转型发展。

促进区域协同发展。切实加强与海淀区结对协作，充分发挥两区的资源优势与特点，在生态建设、产业发展、公共服务、低收入帮扶、干部人才交流等领域开展多形式协作，促进延庆区高质量发展要素不断集聚，构建优势互补、共建共享、合作共赢的区域协作格局。加大与昌平区联动合作，以加强世园会、冬奥会公共服务保障为契机，进一步提升两地酒店、商业综合体、交通等公共服务联动能力和服务水平。提高与张家口市协同共建水平，探索跨区域生态环境保护合作新机制，围绕园艺、冰雪等特色资源，打造优势产业集群，构建京张文化体育旅游产业带。

各位代表，新时代、新征程要求我们必须要有新气象、新作为。全区上下将在区委的坚强领导下，在区人大及其常委会的监督和区政协的大力支持下，以习近平新时代中国特色社会主义思想为指引，进一步增强责任感和使命感，凝心聚力，奋勇争先，努力交上服务保障赛会和高质量绿色发展两张优异答卷，为建设国际一流的生态文明示范区和美丽延庆不懈奋斗！

关于北京市延庆区2018年预算执行情况和2019年预算（草案）的报告

——在北京市延庆区第二届人民代表大会第五次会议上

延庆区财政局

各位代表：

受延庆区人民政府委托，现将延庆区2018年预算执行情况和2019年预算（草案）的报告提请区第二届人民代表大会第五次会议审议，并请区政协委员提出意见。

一、2018年预算执行情况

2018年，在区委的正确领导下，在区人大及其常委会的监督和区政协的支持下，深入学习贯彻党的十九大精神，按照区委二届五次、六次全会和区二届人大四次会议确定的目标任务，牢牢把握生态涵养区功能定位，聚力聚焦冬奥世园筹办工作，统筹推进疏功能、稳增长、促改革、调结构、惠民生、防风险等各项工作，财政收入较快增长，支出规模稳步提高，财政管理更加严格，财政改革不断深化，较好地服务了区域经济社会发展，全区预算执行情况良好。

（一）一般公共预算预计执行情况

1.全区一般公共预算总收入1726497万元。其中：

（1）一般公共预算收入191670万元，同比增长18.6%，按收入性质分：税收收入129946万元，同比增长15.3%，非税收入61724万元，同比增长26.1%。

（2）上级补助收入936161万元，包括：增值税税收返还收入9016万元，一般性转移支付收入659068万元，专项转移支付收入268077万元。

（3）上年专项结转收入140920万元。

（4）地方政府一般债券转贷收入216000万元，包括：新增地方政府一般债券转贷收入200000万元，再融资地方政府一般债券转贷收入16000万元。截至2018年年底，我区政府债务余额54亿元，控制在政府债务限额54.97亿元内。

（5）调入预算稳定调节基金69127万元。

（6）调入资金172619万元，包括：政府性基金预算调入172492万元，国有资本经营预算调入127万元。

2.全区一般公共预算总支出1637220万元。其中：

（1）一般公共预算支出1401207万元，同比增长15.2%。

（2）上解支出27964万元。

（3）地方政府一般债券还本支出16000万元。

（4）调出资金补充预算稳定调节基金192049万元。包括：一般公共预算超收收入19557万元，政府性基金预算调入一般公共预算172492万元。

3.专项结转下年使用89277万元。

2018年预备费支出8700万元，主要用于2018年美丽乡村村庄规划编制等支出。

（二）政府性基金预算预计执行情况

1.全区政府性基金预算总收入869641万元，其中：

（1）政府性基金预算收入534842万元，同比增长7.7%。

（2）上级补助收入163755万元。

（3）上年专项结转收入171044万元。

2.全区政府性基金预算总支出811509万元。其中：

（1）政府性基金预算支出631408万元，同比增长59.9%。

（2）上解支出7609万元。

（3）调出资金补充一般公共预算172492万元。

3.专项结转下年使用58132万元。

（三）国有资本经营预算预计执行情况

1.全区国有资本经营预算总收入507万元，同比增长10%。

2.全区国有资本经营预算总支出507万元。其中：

（1）国有资本经营预算支出380万元，同比增长5.8%。

（2）调出资金补充一般公共预算127万元。

3.全区国有资本经营预算收支平衡。

（四）社会保险基金预算预计执行情况

社会保险基金预算由市、区共同负责编制，区财政只涉及城乡居民基本养老保险和新型农村合作医疗基金预算编制。

1.全区社会保险基金预算总收入135576万元。其中：

（1）社会保险基金预算收入54020万元，包括：城乡居民基本养老保险基金预算收入52396万元，新型农村合作医疗基金预算收入1624万元。

（2）上年滚存结余81556万元。

2.全区社会保险基金预算总支出52056万元。其中：

（1）城乡居民基本养老保险基金预算支出50234万元。

（2）新型农村合作医疗基金预算支出1822万元。

3.年末滚存结余83520万元。其中，本年收支结余1964万元。

上述情况是根据预算执行情况进行的初步汇总，在财政决算编制完成后，还会有所变化。

（五）2018年预算执行效果

财政工作立足生态涵养区功能定位，积极组织财政收入，优化财政支出结构，有力推动全区经济社会平稳健康发展。

1.加强税源建设工作，税收保持较快增长

近年来，我区税源建设工作不断增强，对重点行业、重点企业的服务力度持续加大，税收收入保持较快增长，为全区经济社会发展提供了强有力的保障。从纳税行业分布情况看，第三产业完成税收收入9.9亿元，同比增长9%，占全区税收收入的76.2%。其中，租赁和商务服务业、金融业两大重点行业完成税收收入7.1亿元，占全区税收收入的54.6%，成为我区财政收入实现快速增长的主要支撑力量。从主体税种完成情况看，企业所得税及增值税仍为我区的主体税种，上述两项税种共完成10.5亿元，同比增长31.3%，占全区税收收入的80.8%，为我区财政收入上涨提供了有力保障。从重点企业贡献情况看，全年完成区级税收收入千万元以上企业达到11户，共缴纳各项税收收入7.2亿元，占全区税收收入的55.4%。在重点企业的带动下，区级税收收入完成13亿元，同比增幅达到15.3%，继续保持高速增长的态势。

2.聚力聚焦冬奥世园，全力推进筹办工作

主动作为，牢固树立久久为功的思想，投入资金62.4亿元，完善冬奥世园周边道路和配套设施建设，持续提升绿色大事服务保障能力。一是加快推进路网体系建设。支持世园会配套道路建设，重点保障延崇高速（延庆段）、百康路、东姜路、昌赤路等道路征地拆迁工作，有力提升城市道路通行能力，缓解道路交通压力，不断完善城市路网体系。二是全面保障配套设施建设。支持完成世园会停车场建设项目，完善交通运输保障措施，确保世园会园区内交通和社会交通有序运转。加大资金保障力度，冬奥会电力重点工程、区体育中心及全民健身中心建设等项目顺利实施，基础设施建设日益完善，为绿色大事成功举办奠定良好基础。三是优化赛会供水系统建设。支持冬奥会外围配套工程有序实施，重点保障冬奥会应急水源、造雪引水及集中供水、佛峪口河水生态廊道等项目建设，冬奥会供水工程进展顺利。集中处理新城及世园会园区污水，加大世园会周边及延庆城区供排水管线排查力度，助力新城南部供排水管线建成运行，支持完成妫水河世园段水生态治理工程，改善冬奥世园周边水环境。四是助力冰雪体育赛事活动。支持举办国际越野滑雪积分赛、全国大众高山滑雪巡回赛等冰雪竞技赛事及2018世界雪日暨国际儿童滑雪节、走向2022迎冬奥第三届延庆海坨冰雪徒步大会等群众性冰雪体育活动，营造迎冬奥良好氛围。五是支持提升城市景观建设。推进世园会配套道路景观建设工程，支持加强世园会道路两侧绿化和镇村留白增绿建设，配合完成环境综合整治工作，助力世园会园区公共景观布置全面完成，城市景观容貌显著提升。

3.充分发挥生态优势，城乡环境进一步改善

投入资金31.5亿元，着力将生态涵养区建设成为展现北京美丽自然山水和历史文化的典范区、生态文明建设的引领区、宜居宜业宜游的绿色发展示范区。一是助力水生态环境改善。积极筹措资金，支持妫水河生态治理、小城镇污水处理市场化配套管网建设、“两田一园”高效节水灌溉及中小河道底图勘测等工程，支持完成“一河一策”编制，聚焦冬奥世园水环境标准，河长治河成效显著，水生态环境治理有效加强。二是推进国家森林城市创建。积极推进新一轮百万亩造林绿化行动，为我区增添新绿，健全生态公益林补偿机制，加强平原生态林管护，推进国家级公益林管护抚育、京津风沙源治理人工造林等工程，长效管护机制逐步完善。三是推动空气质量不断提高。支持实施《延庆区2018—2022年清洁空气行动计划》，积极推进农村地区煤改清洁能源工作，配合完成城东、城南、中关村延庆园等5个清洁能源供热改造项目，新城及赛区园区周边基本实现无煤化，支持加强烟花爆竹禁限放管理，空气质量得到有效提升。四是支持乡村生态环境治理。以美丽乡村建设和农业综合开发工作为抓手，支持以“清脏、治乱、增绿、控污”为重点，在全区范围内开展农村人居环境拉练检查，乡村环境质量得到有效改善。五是保障城乡环境品质优化。加快推进首都环境重点项目和重点区域建设，结合全国文明城区、国家卫生示范区等创建工作，高质量完成背街小巷环境整治提升，支持提升10余条主要道路和世园会周边重点区域的环境水平。配合完成妫川广场景观风貌改造及城区夜景照明三期等工程，助力城市管理指挥中心建设，城市面貌日新月异，群众生活幸福感和获得感日益增强。

4.助力优化营商环境，促进绿色产业发展

立足我区生态承载能力和资源禀赋，抓住冬奥世园重大机遇，全面优化营商环境，积极促进我区重点产业创新发展。一是支持推进农业现代化。加大资金统筹力度，积极推动“国家农产品质量安全区”创建工作，支持加大农产品质量安全监管力度，现代园艺产业聚集区“一区多园”总体布局基本形成，切实推动农业产业转型升级。二是助推旅游产业健康发展。进一步突显旅游产业主导地位，推动国家全域旅游示范区建设，支持旅游智慧服务系统一期建成并试运行，推进“厕所革命”，旅游综合服务保障能力进一步增强。支持以冰雪体育带动旅游产业转型升级，形成“一轴两翼”冰雪产业格局，为赛会举办和城市发展提供有力支撑。三是助力科技创新产业发展。优化营商环境，着力打造长城脚下的创新家园，促进高精尖产业落地，启迪延庆创新创业基地和中关村智造大街延庆服务平台正式运行，持续为企业注入创新力量。充分发挥中关村延庆园引擎地位，加大其招商引资及企业扶持力度，持续推动延庆经济社会健康发展。

5.大力增进民生福祉，提高社会保障水平

健全制度体系，完善运行机制，推进各项民生事业发展，不断提升群众获得感。一是

支持完善社会保障体系。以“精准识别、精准安排、精细管理”为抓手，支持构建养老服务体系，切实把民生事业做实做细，真正做到老有所养、弱有所扶、困有所帮，社会保障体系日益完善。支持推进“春风行动”及“送岗下乡”活动，开发“家门口”高质量就业岗位，助力实施十万人次大培训计划，就业支持力度不断加大。二是推动医药卫生体制改革。落实城乡居民医疗保险等补助政策，助力村级医疗卫生机构及人才队伍建设，基层公共卫生服务能力建设进一步强化。坚持改革与改善同步，推进分级诊疗制度建设，支持区医院、区中医医院与市级医院的合作共建及区中医医院迁建等工作，持续提高医疗卫生服务能力，医疗卫生水平不断提升。三是助力教育水平不断提升。支持提高乡村教师待遇，进一步加强师资力量。推进中小学课后服务及实践活动，增强活动的吸引力和感染力，促进学生全面均衡发展。推进延庆一职新校区建设等项目，教育教学软硬件水平进一步提高。全面普及校园足球、冰雪运动，积极推进校园足球场地试点校建设，提升特色体育运动普及力度。四是推进公共文化服务建设。支持《北京市延庆区长城文化带保护发展五年规划》编制工作，弘扬长城文化。全力打造公共文化服务建设新格局，稳步推进公共文化设施维护、升级改造工作，支持乡镇文化中心建设和农村文化设备购置，举办具有延庆特色的文化品牌活动，充分发挥文化引领作用，进一步丰富了百姓的精神文化生活。五是持续提升社会治理水平。加强社会治安巡防和社会工作者服务基层支持力度，实施“雪亮工程”，强化公共安全视频监控系统建设，为冬奥世园安保工作提供有力支撑。助力落实“街乡吹哨，部门报到”工作机制，形成共治合力。支持开展为民办实事工作，深化物业改革，提升社会服务水平和社会治理能力。配合开展扫黑除恶专项斗争，维护社会繁荣稳定。

（六）财政主要工作完成情况

按照高质量发展要求，深化财政改革，狠抓预算执行管理，各项财政改革任务稳步推进，财政管理水平日益提高。

1.积极涵养财源税基，助推区域经济转型发展

以税源建设联席会议为平台，全面统筹调度招商引资、服务重点税源、优化营商环境等工作，税源建设力度不断加大。一是加强管理，完善税源建设机制。不断细化税源建设联席会议工作制度，明确24个成员单位工作职责分工，确保“分工明确、责任到位”，充分发挥税源建设联席会机制作用，通过强化行业主管部门组收意识，牢固树立“管行业、管产业、管税源”的理念，有效提升税源建设工作质量。二是建章立制，提升税源培育成效。优化重点企业服务办法，明确100家重点税源企业和50家成长型企业名单，通过制定重点企业联系服务计划，有效增强调研和服务的针对性，服务企业更加精准有效。三是强化服务，切实解决企业困难。全面落实“服务管家”机制，制定实施“服务包”制度，区领导走访服务企业276家，送出“服务包”156个。有效落实人才公租房等政策，受到企业广泛欢迎，营商环境得到持续优化。

2.稳步扩大支出规模，增强财政资金保障能力

坚持“有保有压，统筹兼顾”的原则，进一步强化支出分析，量化支出任务，明确支出责任，加快预算执行，财政支出规模进一步扩大，为全区经济社会健康发展提供财力保障。一是定期通报约谈，持续加快财政支出进度。制定并印发《延庆区部门预算执行支出进度考核办法》，进一步落实定期通报约谈机制，按月通报各部门支出进度，对支出进度缓慢的部门及时进行约谈，敦促并指导其加快进度。首次将部门支出进度考核纳入区政府绩效考核项目，切实强化部门支出主体责任。二是盘活存量资金，提高财政资金使用效益。严格落实

行政事业单位财政性结余资金管理办法，加大部门存量资金盘活力度，有效压缩财政存量资金规模的同时，按照支出事项的重要程度合理安排好财政资金，从源头上控制和减少结余资金，最大程度发挥财政资金使用效益。全年盘活财政存量资金进度达到95%以上。三是加大统筹力度，推动经济社会健康发展。随着冬奥世园筹办工作的全面深入，全区财政支出压力进一步增大，我区采取积极培植涵养优质财源、努力争取市级资金支持、合理安排新增债券资金等措施，加大可用财力的统筹力度，充分发挥财政资金对经济社会的推动作用。

3.持续加强财政管理，财政资金运行更加规范

不断加强财政资金管理，促进财政资金安全高效运行。一是防范财政管理风险。组织全区行政事业单位完善内部控制编报工作，对37家行政事业单位开展2017年政府投资项目及小额财政性资金管理检查，对3家行政事业单位及1家会计代理记账机构就会计信息质量等方面开展检查，切实防范财政资金管理风险。国库集中支付电子化管理工作正式启动，从源头上提高财政资金安全性，全面提高政府服务效能，降低行政成本。二是加强资金使用管理。持续规范财政资金评审工作机制，自2016年财政部门组建投资评审中心以来，评审项目资金规模逐步扩大，项目审定金额从2016年的12.6亿元增加至2018年的18.7亿元，年均增长率21.8%，财政资金使用效益稳步提升。制定并印发《北京市延庆区世园会、冬奥会专项资金使用管理暂行办法（试行）》，为专项资金安全合理使用提供制度保障。三是完善基层会计管理。统一财务核算平台建成并试运行，实现财务结果实时查询，为财务数据的及时性、真实性和完整性提供保障。分两期举办2018年行政事业单位新政府会计制度培训班，全区各单位共计595人次参加，培训对政府会计准则与制度体系等五个方面内容进行了深入解读，为2019年顺利实行新政府会计制度做好前期准备工作。在编制完成政府综合财务报告的基础上，首次组织各部门完成政府部门财务报告编制工作，全面真实反映政府财务状况。四是强化国有资产管理。严格执行国有资产处置管理办法，国有资产处置工作更加规范。组织全区各部门完成国有企业、自然资源国有资产报告及国有资产综合报告编报工作，进一步摸清政府家底，确保国有资产安全。五是加大预决算公开力度。严格按照《预算法》要求公开财政预决算信息，注重公开的及时性、内容的准确性、形式的规范性，首次实现各区级部门、乡镇政府、街道办事处集中于同一天在延庆政府网统一平台公开部门预决算信息，预决算信息透明度不断提高。六是规范乡镇财政管理。进一步完善乡镇财政体制，增加乡镇均衡性补助资金，切实保障其基本运转需求。制定《关于进一步加强和规范乡镇财政资金管理的意见》，更好地发挥乡镇财政职能，落实好各项民生政策，提高财政资金使用效益。

4.深入推进财政改革，发挥财政资金引导作用

深化财政管理改革，建立全面规范的预算管理体系，切实提高财政资金使用效益。一是支持营商环境优化。认真落实“支持区域经济发展”和“个人所得税征收奖励”两项政策，制定并印发《关于财政支持疏解非首都功能构建高精尖经济结构的工作方案》《延庆区服务保障世园冬奥全域旅游发展资金管理办法》《延庆区生活性服务业品质提升资金管理暂行办法》等一系列政策，大力支持产业及人才发展，营商环境得到有效优化。从事代理记账业务机构设立审批及非营利组织免税资格认定两个事项正式进驻便民服务大厅，切实做到减流程、降成本、提效率。中关村现代园艺产业创新中心正式成立并落户延庆，由延庆区政府与中关村管委会联合制定的《关于促进中关村国家自主创新示范区现代园艺产业创新发展的若干措施》正式发布，重点产业扶持力度不断加强。二是扎实推进收费管理工作。将涉企行政

事业性收费和政府性基金清单内的收费信息，包括项目名称、设立依据、征收标准等，在延庆政府网及部门服务大厅进行公开，各部门严格执行目录清单，清单之外的收费一律不得执行。按照全市关于税费改革的统一部署，停止征收水资源费和排污费，降低残疾人就业保障金征收标准，切实减轻企业负担。三是支持开展“疏解整治促提升”专项行动。充分发挥财政资金的统筹导向作用，制定并印发《北京市延庆区“疏解整治促提升”专项行动资金管理暂行办法》，支持拆除违法建设、拆后“留白增绿”、调整退出一般制造业企业、疏解提升区域性市场、新建规范便民网点等专项行动开展，助力各专项行动任务顺利完成，人居环境得到有效提升。四是持续加强债务管理。健全债务风险预警机制，防范和化解政府债务风险，制定并印发《延庆区政府性债务风险应急处置预案》，牢牢守住不发生区域性系统性风险的底线，政府债务风险平稳可控。充分利用政府债券资金，开展冬奥世园周边重点工程项目建设。五是完善预算绩效管理。财政部门组建绩效考评中心，将预算绩效目标编制范围扩大至支出金额1000万元以上的市区两级项目，将“花钱”与“办事”、投入与产出、支出与效率相结合，逐步实现预算绩效管理“全方位、全过程、全覆盖”，全面提升财政资源配置效率和使用效益。六是强化政府购买服务管理。坚持“抓典型、促改革、求实效”的原则，推动政府购买服务目录编制、信息公开及绩效评价等工作，选取教育及医疗卫生两个公共服务重点领域试点制定政府购买服务实施方案，推进政府购买服务项目实施更加规范，进一步转变政府职能，创新公共服务供给模式，真正提高财政资金使用效益。

2018年，财政工作以绿色大事筹办为主线，紧紧围绕生态涵养区功能定位，不断改进预算管理方式，全区预算执行情况良好，为冬奥世园筹办及经济社会平稳健康发展奠定了坚实基础。在取得成绩的同时，也应该认识到财政运行过程中还面临一些困难和问题需要重点关注并加以解决。一是税源建设力度仍需加大。目前，我区正处于冬奥世园筹办工作全面深入的时期，绿色大事带来的红利支撑我区财政收入连年快速增长，但我区实体企业贡献收入依然偏低，因此，我区仍需不断加大税源建设力度，积极培育新税收增长点，确保财政收入实现稳增长。二是收支平衡压力依然突出。随着绿色大事筹办举办工作逐步深入，全区重点项目等刚性支出将不断加大，加之我区自身财力有限，收支平衡压力仍旧突出。我区需在继续积极加大组织财力工作力度的同时，不断优化支出结构，确保财政收支平衡。三是全过程绩效管理需进一步加强。近年来财政部门不断加强财政支出管理，但仍存在财政资金使用效益有待提高等问题，对于支出项目还应进一步加强事前评估、事中跟踪、事后评价的全过程管理，更好地提高财政资金使用效益。

二、2019年预算（草案）

2019年，是全面实施《关于推动生态涵养区生态保护和绿色发展实施意见》和《关于推动高质量发展的实施方案》的开局之年，延庆进入“大考”之年，世园会将正式召开、冬奥会筹办进入关键阶段，迫切需要财政工作紧紧围绕绿色大事筹办举办等全区重点工作，切实做好财力保障。

2019年预算编制和财政工作的总体思路是：以习近平新时代中国特色社会主义思想为指导，深入贯彻党的十九大和区委二届七次全会精神，以高质量发展为根本要求，把服务保障好冬奥世园作为重中之重，坚定不移实施生态文明发展战略，严格落实北京城市总规要求，坚持稳中求进工作总基调，集中财力办大事、促发展、惠民生。深入贯彻落实《预算法》，完善预算管理体系，深化依法理财，建立全面规范透明、标准科学、约束有力的预算制度，全面实施绩效管理，为坚决交出服务保障赛会和高质量绿色发展两张优异答卷提供财力保障。

按照上述工作思路，根据全区经济发展状况编制财政收入预算；结合全区经济社会发展需要，按照统筹兼顾、勤俭节约、量入为出的原则，统筹安排财政支出预算。具体安排情况如下。

（一）一般公共预算安排情况

1.全区一般公共预算总收入1258448万元。其中：

（1）一般公共预算收入204130万元，比上年完成数增长6.5%，按收入性质分：税收收入142940万元，比上年完成数增长10%，非税收入61190万元，比上年完成数下降0.9%。

（2）上级补助收入830492万元，包括：增值税税收返还收入9016万元，一般性转移支付收入658314万元，专项转移支付收入163162万元。

（3）上年专项结转收入89277万元。

（4）调入预算稳定调节基金134549万元。

2.全区一般公共预算总支出1258448万元。其中：

（1）一般公共预算支出1171746万元，同比增长16.4%。

（2）上解支出86702万元。

3.全区一般公共预算收支平衡。

按照《预算法》要求，2019年安排预备费11800万元。另外，预算稳定调节基金调入一般公共预算安排使用后的余额为57500万元，将根据2019年预算执行情况安排使用。

（二）政府性基金预算安排情况

1.全区政府性基金预算总收入456485万元。其中：

（1）政府性基金预算收入389350万元。

（2）上级补助收入9003万元。

（3）上年专项结转收入58132万元。

2.全区政府性基金预算总支出456485万元。

3.全区政府性基金预算收支平衡。

（三）国有资本经营预算安排情况

1.全区国有资本经营预算总收入557万元。

2.全区国有资本经营预算总支出557万元。其中：

（1）国有资本经营预算支出401万元。

（2）调出资金补充一般公共预算156万元。

3.全区国有资本经营预算收支平衡。

（四）社会保险基金预算安排情况

社会保险基金预算由市、区共同负责编制，区财政只涉及城乡居民基本养老保险基金预算编制。

1.全区社会保险基金预算总收入141684万元，其中：

（1）当年收入58164万元，全部为城乡居民基本养老保险基金预算收入。

（2）上年滚存结余83520万元。

2.全区社会保险基金预算总支出54655万元，全部为城乡居民基本养老保险基金预算支出。

3.年末滚存结余87029万元。其中，本年收支结余3509万元。

（五）2019年预算主要支出方向

2019年，全区财政工作将按照《预算法》要求，勇于创新、锐意进取、强化管理，着力支持全区经济社会重点领域发展，做好绿色大事服务保障工作，力争办好精彩纷呈的绿色盛会。

1.聚焦绿色大事筹办举办，着力提高服务保障水平

坚持首善标准，全力以赴，切实做好世园会会时保障和冬奥会筹办工作，力争办成精彩、非凡、卓越的绿色盛会。一是保障交通运维建设。加大资金投入，保障交通枢纽建设工作，落实路灯维护、农村道路客运补贴等各项政策，支持启动路侧停车电子收费改革试点，优化调整现有公交线路，增设世园站点，加快园区周边公交发车频率，提高交通运载能力。二是全面加强景观建设。积极筹措资金，按照绿色大事举办要求，对连接园区、城区的交通干道、浅山区等地区进行生态景观打造。推进区域重点景观绿化美化工程，支持完成世园会会时景观布置、城区夜景照明（四期）等工

程，加快提升环境品质，助力打造宜居新城。三是全力支持世园会顺利召开。配合做好餐饮住宿、医疗服务、舆论引导等各项工作，为高水平开园迎客提供坚实的财力保障。加大园艺人才引进力度，推进科研部门与产业园对接，产学研用有机结合，提升产业园科技能力和水平。四是着力保障冬奥会筹备工作。配合筹办国际雪联高山滑雪世界杯，支持举办国际雪联中国北京越野滑雪积分大奖赛等冰雪体育赛事，提高大型赛会运行服务保障能力。支持开展以迎冬奥为主题的全民健身活动，继续开展上冰上雪培训活动，为筹办冬奥会营造良好的社会氛围。

2.始终坚持生态涵养定位，强化区域生态环境建设

以高质量推进全国“两山”理论实践创新基地建设为契机，以生态涵养区建设为突破口，依托天然生态资源禀赋，积极探索保护与发展并重的生态投入体系，支持构筑天蓝、水清、土净、地绿的美丽延庆。一是推进清洁能源改造工程。持续推进农村地区煤改清洁能源，逐步向浅山区延伸，支持落实锅炉房供热燃料、液化石油气及送气下乡补贴工作，切实提高空气质量。二是助力提升水环境治理能力。支持以河长制为抓手，开展“清河行动”及“清四乱”专项整治行动，着力解决河湖垃圾、乱采乱建等问题，全区水环境不断优化。三是支持林业建设养护工程。安排资金15.8亿元，健全生态林效益促进发展机制，继续支持开展新一轮百万亩造林，加强绿林养护工程建设，支持实现“国家森林城市”建设目标。四是加大环境整治支持力度。支持加快美丽乡村建设，推进农业综合开发项目落地，推动畜禽养殖禁养区内养殖场及养殖户退出工作，以世园会周边、主要公路沿线、民俗村、旅游景区等为重点区域，在先整治后实施的基础上，坚持试点优先原则，打造一批风貌突出、环境优美的典型村庄，进一步提升区域环境品质。

3.紧贴群众美好生活需求，着力办好民生实事

坚持把赛会筹办与增进民生福祉紧密结合，把“坚守底线、突出重点、完善制度”作为财政保障的着力点，在幼有所育、学有所教、劳有所得、病有所医、老有所养、住有所居、弱有所扶上不断取得新进展。一是支持完善社会保障“安全网”。安排资金10.4亿元，加快构建多层次养老服务体系，聚焦精准扶贫，支持落实城乡居民养老补助、低收入村户帮扶等社会保障政策，抓住人民最关心、最直接、最现实的问题，让改革发展成果更多更公平惠及人民群众。二是促进城乡劳动力就业。安排资金3.4亿元，坚持就业优先战略，有序推进“大就业、大培训、大人才、大宣传”四大行动计划，切实加大弱势群体就业帮扶力度，实现城乡居民更高质量和更充分就业。三是配合推进医药卫生体系改革。支持落实城乡居民医疗保险和优抚对象医疗等补助政策，加强公立医院管理与医疗资源供给、基层服务能力和公共卫生体系等建设，为人民群众提供全方位的健康服务。四是助力提升教育教学质量。加大资金投入力度，支持实施乡村学校质量提升行动，促进义务教育城乡一体化发展。全面实施素质教育和基础教育综合改革，加强教师队伍建设，拓展基础教育资源，提升教育软、硬件水平。五是推动文化事业持续繁荣。安排资金3亿元，支持传承创新优秀传统文化，紧紧围绕公共文化服务建设、文化遗产保护利用、文化市场环境营造三大任务及绿色发展大事，打造富有人文北京特征和美丽延庆特色的文化品牌。六是加大社会治理支持力度。安排资金4.1亿元，提升基层党组织服务群众能力，促进党建体系不断完善，继续加大社会治安巡防力度，进一步加强“雪亮工程”建设，建立良好社会治安秩序，维护广大人民群众切身利益。

4.牢牢把握“供给侧”改革主线，促进产业创新发展

支持乡村振兴战略，着力优化营商环境，

为符合生态涵养定位的优质产业服务，着力构建高精尖经济结构。一是助力农业现代化发展。合理安排资金，支持继续开展全国休闲农业星级园区、全国生态休闲农业示范区及休闲农业基础设施建设提升工作，助力筹办2019年京张优质农产品推介会，配合举办具有地方特色的农事节庆活动，打造点线面结合的休闲农业区域品牌。二是推动旅游产业发展。助力建成全域旅游智慧服务系统，大力支持特色旅游小镇、旅游休闲步道等休闲旅游项目建设，不断增强城市综合承载能力，以整洁优美的城市风貌迎接绿色盛会。三是支持优质特色行业发展。大力筹措资金，围绕冰雪体育、现代园艺、新能源等特色主导产业，落实中关村示范区现代服务业试点、高精尖产业重点培育等各项政策，提高中关村延庆园区配套服务品质。

三、2019年财政主要工作

根据上述财政收支预算安排情况，2019年财政工作将深入落实北京城市总体规划对我区的功能定位，加大生态涵养区建设力度，着力提升财源建设能力，优化财政支出结构，切实服务绿色大事筹办举办，保障全区各项经济社会事业稳步发展。

（一）全力以赴组织财力，提升财政服务保障能力

以税源建设联席会议为平台，继续把组织收入工作放在突出位置，促进全区财力持续稳定增长。一是加大税源引入力度。牢牢把握生态涵养区功能定位，抓住冬奥世园筹办举办历史机遇，支持加快建设现代园艺产业集聚区，持续壮大“一区多园”，引入冰雪体育、现代园艺、新能源等符合我区功能定位的实体企业，努力把生态优势转化为发展优势，打造具有延庆特色的绿色高精尖经济结构，壮大我区税源基础。二是深入挖掘纳税潜力。持续落实“服务管家”机制，精准服务重点税源企业，加大宣传力度，努力打造延庆服务品牌。以冬奥世园为契机，持续关注优质重点税源税收动态，挖掘新引入税源纳税潜力，推动产业转型升级，进一步强化财源税基建设，为税收收入增长提供再生动力。三是大力争取市级资金。围绕我区冬奥世园等重点项目和市级资金支持方向，找准切入点，加快项目库建设，不断完善项目投资评审机制，提高项目竞争力。落实各部门争取项目资金责任制，发挥部门项目包装能动性，提高项目申报质量。在确保总体债务风险平稳可控的前提下，继续申请新增债券支持，为我区重大项目建设提供资金保障。四是盘活财政存量资金。继续落实通报约谈机制，敦促部门持续加快支出进度，严格执行结余资金管理办法，大力盘活存量资金，2018年底的财政存量资金到2019年年底应消化90%以上，最大限度地激活财政资金存量，为地方经济社会可持续发展增添内生动力。

（二）完善财政资金管理，提高依法依规理财水平

充分发挥财政源头治理作用，严格依法依规理财。一是进一步夯实基层财政财务工作。加强对重点领域、重点部门、重点资金的财政财务工作指导，做好统一财务核算平台正式运行工作，进一步提高会计信息质量。继续加强基层单位会计培训，积极落实新政府会计制度，提高基层会计工作的合规性和规范性。继续开展政府部门财务报告编制工作，逐步建立健全政府财务报告分析应用体系，持续推进国库集中支付电子化管理工作，构建财政资金安全“防护网”。二是继续完善预算绩效管理体系。全面实施绩效管理，大力推进预算管理从重分配向重绩效转变，将绩效管理与预算编制有机结合，加强财政支出项目的事前评估、事中跟踪、事后评价工作，依托评审中介机构服务平台，规范评审行为，进一步节约政府资金，确保财政资金高效运行。三是严格控制一般性支出。严格预算约束，“三公”经费支出严格按照政府预算执行，在预算执行中对“三公”经费预算原则上不予追加，同时压缩其他

一般性支出，将更多的资金投向公共服务和民生领域，切实提高财政资金使用效益。四是持续推进预决算信息公开工作。严格按照法定时限公开预决算信息，继续将全区各部门预决算信息于同一时间在统一平台进行公开，确保除涉密部门和信息外公开率达到100%，推动财政预决算信息公开工作进一步规范和细化。

（三）加强预算执行管理，持续深化财政管理改革

充分发挥财政资金在区域发展中的重要支撑作用，全面深化财政改革，统筹兼顾，促使财政管理改革向纵深推进。一是支持深化“疏解整治促提升”专项行动。认真落实“疏解整治促提升”专项行动资金管理暂行办法，积极探索减量发展模式，从聚集资源求增长向疏解功能谋发展转变，统筹专项行动市级引导资金及区级配套资金，支持推进专项行动任务实施，有效疏解非首都功能。二是全力支持营商环境建设。继续落实“支持区域经济发展”和“个人所得税征收奖励”两项政策，加大具有延庆特色的绿色高精尖产业投入力度，促进产业协调发展。积极推进全域旅游、中关村延庆园创新创业发展、现代园艺产业发展等专项资金引导作用，加大冰雪体育、现代园艺、新能源等重点产业和重点企业扶持力度，优化企业发展环境。三是加强政府采购和政府购买服务管理。积极发挥政府采购在提高资金使用效益、促进廉政建设等方面的重要作用，加大绿色采购力度，认真执行相关政策规定，有效规范政府采购行为。继续实行政府购买服务指导性目录管理，有效引导社会资本服务区域经济社会建设。

2019年是世园会正式召开、冬奥会延庆赛区全面建设的一年，我们将深入落实十九大精神，紧抓历史性绿色发展机遇，以高质量发展为根本要求，把服务保障好冬奥世园作为重中之重，加快构建具有延庆特色的绿色高精尖经济结构，积极筹措资金，优化支出结构，切实保障各项工作稳步推进，为加快建设国际一流的生态文明示范区和美丽延庆而努力奋斗！

特此报告。

中共延庆区委主要文件目录

中共延庆区委文件

京延发〔2018〕1号	中共北京市延庆区委关于印发《二届区委常委工作分工》的通知
京延发〔2018〕2号	中共北京市延庆区委关于印发《区委常委会2018年工作要点》的通知
京延发〔2018〕3号	中共北京市延庆区委北京市延庆区人民政府关于印发《2018年北京市延庆区委区政府重点工作折子工程》的通知
京延发〔2018〕4号	中共北京市延庆区委关于印发《2018年北京市延庆区党风廉政建设和反腐败重点工作任务清单》的通知
京延发〔2018〕5号	中共北京市延庆区委办公室北京市延庆区人民政府办公室关于印发《关于落实市委市政府率先行动改革优化营商环境有关文件的工作方案》的通知
京延发〔2018〕6号	中共北京市延庆区委北京市延庆区人民政府关于表彰2017年度考核先进单位的决定

京延发〔2018〕8号	中共北京市延庆区委北京市延庆区人民政府印发《延庆区关于进一步推进安全生产领域改革发展的实施方案》的通知
京延发〔2018〕9号	北京市延庆区河北省张家口市关于北京市延庆区河北省张家口市联合建设西北部生态涵养区人才管理改革试验区的实施意见
京延发〔2018〕10号	中共北京市延庆区委北京市延庆区人民政府印发《延庆区关于实施乡村振兴战略的措施》的通知
京延发〔2018〕11号	中共北京市延庆区委北京市延庆区人民政府关于印发《延庆区落实北京市环保督察反馈意见整改工作实施方案》的通知
京延发〔2018〕13号	中共北京市延庆区委关于印发《二届区委常委工作分工》的通知
京延发〔2018〕14号	中共北京市延庆区委北京市延庆区人民政府印发《延庆区关于落实〈北京市进一步优化营商环境行动计划（2018年－2020年）〉的实施方案》的通知
京延发〔2018〕15号	中共北京市延庆区委修改《中共北京市延庆区委关于开展巡察工作的实施办法（试行）》的决定
京延发〔2018〕16号	中共北京市延庆区委关于印发《穆鹏同志在中国共产党北京市延庆区第二届委员会第七次全体会议上的报告》的通知
京延发〔2018〕17号	中共北京市延庆区委北京市延庆区人民政府印发《延庆区关于开展质量提升行动的实施方案》的通知
京延发〔2018〕18号	中共北京市延庆区委印发《关于建立区政府向区人大常委会报告国有资产管理情况制度的意见》的通知

中共延庆区委办公室文件

京延办发〔2018〕1号	中共北京市延庆区委办公室北京市延庆区人民政府办公室印发《关于对全面从严治党突出问题专项整治方案》的通知
京延办发〔2018〕2号	中共北京市延庆区委办公室印发《北京市延庆区总工会改革实施方案》的通知
京延办发〔2018〕3号	中共北京市延庆区委办公室北京市延庆区人民政府办公室关于印发《延庆区关于组建乡镇街道综合执法中心的实施方案（试行）》的通知
京延办发〔2018〕5号	中共北京市延庆区委办公室印发《关于进一步加强和改进区级领导同志调查研究工作的意见》的通知
京延办发〔2018〕7号	中共北京市延庆区委办公室关于印发《北京市延庆区2018年政党协商计划》的通知
京延办发〔2018〕8号	中共北京市延庆区委办公室关于印发《区级党员领导干部就党建工作向区委常委会述职制度（试行）》的通知
京延办发〔2018〕9号	中共北京市延庆区委办公室北京市延庆区人民政府办公室印发《区委常委、区政府党员副区长指导督促分管联系部门单位党委（党组）抓党建工作制度》的通知
京延办发〔2018〕10号	中共北京市延庆区委办公室关于印发《政协北京市延庆区委员会2018年协商工作计划》的通知

京延办发〔2018〕11号　中共北京市延庆区委办公室北京市延庆区人民政府办公室印发《延庆区关于党建引领街乡管理体制机制创新实现“街乡吹哨、部门报到”的任务分工方案》的通知

京延办发〔2018〕12号　中共北京市延庆区委办公室北京市延庆区人民政府办公室关于印发《延庆区实施乡村振兴战略推进美丽乡村建设专项行动计划（2018－2020年）》的通知

京延办发〔2018〕13号　清单

京延办发〔2018〕14号　中共北京市延庆区委办公室印发《关于落实全面从严治党主体责任全面加强农村基层党风廉政建设的意见》的通知

京延办发〔2018〕15号　中共北京市延庆区委办公室北京市延庆区人民政府办公室印发《关于支持人民法院解决执行难增强司法公信力的实施意见》的通知

京延办发〔2018〕16号　中共北京市延庆区委办公室北京市延庆区人民政府办公室印发《北京市环境保护督察办公室关于延庆区环境保护督察反馈意见》的通知

京延办发〔2018〕17号　中共北京市延庆区委办公室印发《关于在全区基层党组织和党员中深入开展“冬奥世园先锋行动”主题实践活动的意见》的通知

京延办发〔2018〕18号　中共北京市延庆区委办公室北京市延庆区人民政府办公室关于印发《延庆区进一步加强低收入农户帮扶工作措施》的通知

京延办发〔2018〕19号　中共北京市延庆区委办公室北京市延庆区人民政府办公室印发《延庆区关于落实街道乡镇相关职权的试行方案》的通知

京延办发〔2018〕20号　中共北京市延庆区委办公室北京市延庆区人民政府办公室关于印发《延庆区镇街事权动态调整工作意见》的通知

京延办发〔2018〕21号　中共北京市延庆区委办公室北京市延庆区人民政府办公室印发《贯彻落实〈关于改革社会组织管理制度促进社会组织健康有序发展的实施意见〉的通知

京延办发〔2018〕22号　中共北京市延庆区委办公室北京市延庆区人民政府办公室关于印发《延庆区国际一流生态文明示范区指标任务分解》的通知

京延办发〔2018〕23号　中共北京市延庆区委办公室北京市延庆区人民政府办公室关于印发《延庆区防范化解P2P网贷平台金融风险工作方案》的通知

京延办发〔2018〕24号　中共北京市延庆区委办公室北京市延庆区人民政府办公室印发《关于规范协管员队伍管理建立专职网格员队伍的实施方案》的通知

京延办发〔2018〕26号　中共北京市延庆区委办公室北京市延庆区人民政府办公室关于印发《延庆区“服务冬奥世园、促进绿色发展”大培训行动方案》的通知

京延办发〔2018〕27号　中共北京市延庆区委办公室关于印发《延庆区科协系统深化改革实施方案》的通知

京延办发〔2018〕28号　中共北京市延庆区委办公室关于印发《延庆区新时代文明实践中心建设试点工作方案》的通知

京延办发〔2018〕29号　中共北京市延庆区委办公室关于印发《市委巡视组组长侯志光同志、区委书记李志军同志在市委第四巡视组巡视延庆区工作动员会上的讲话》的通知

京延办发〔2018〕30号	中共北京市延庆区委办公室北京市延庆区人民政府办公室关于加强和完善领导干部请假报备工作的通知
京延办发〔2018〕31号	中共北京市延庆区委办公室北京市延庆区人民政府办公室关于印发《延庆区环境保护督察整改工作方案》的通知
京延办发〔2018〕32号	中共北京市延庆区委办公室北京市延庆区人民政府办公室印发《关于认真做好全区村和社区“两委”换届选举工作的意见》的通知（打印）
京延办发〔2018〕33号	中共北京市延庆区委办公室北京市延庆区人民政府办公室关于印发《延庆区服务重点企业工作办法》《延庆区重点企业“服务包”制度》的通知
京延办发〔2018〕34号	中共北京市延庆区委办公室印发《关于贯彻落实北京市委党校两个〈条例〉督查评估结果的整改方案》的通知
京延办发〔2018〕35号	中共北京市延庆区委办公室关于印发《中共北京市延庆区第二届委员会巡察工作规划》的通知
京延办发〔2018〕36号	中共北京市延庆区委办公室印发《延庆区关于区委书记月度工作点评会点评问题整改方案》的通知
京延办发〔2018〕37号	中共北京市延庆区委员会北京市延庆区人民政府关于印发《延庆区党政机关办公用房管理办法(试行)》的通知

延庆区人民政府主要文件目录

延庆区人民政府文件

延政发〔2018〕1号	北京市延庆区人民政府关于印发政府工作报告的通知
延政发〔2018〕2号	北京市延庆区人民政府关于印发能源总量控制工作计划（2018—2020年）的通知
延政发〔2018〕3号	北京市延庆区人民政府北京市延庆区人民检察院关于进一步加强行政执法与刑事司法衔接工作的意见
延政发〔2018〕4号	北京市延庆区人民政府关于贺建昌等同志职务任免的通知
延政发〔2018〕5号	北京市延庆区人民政府关于祁明东等同志试用期满任职的通知
延政发〔2018〕6号	北京市延庆区人民政府关于冯玉青同志试用期满任职的通知
延政发〔2018〕7号	北京市延庆区人民政府关于郭汉文等同志试用期满任职的通知
延政发〔2018〕8号	关于印发财政支持疏解非首都功能构建高精尖经济结构的工作方案的通知
延政发〔2018〕9号	关于印发《延庆区人才公共租赁住房暂行办法》的通知
延政发〔2018〕10号	关于印发第二次全国污染源普查实施方案的通知
延政发〔2018〕11号	延政发〔2018〕11号北京市延庆区人民政府关于印发《延庆区2016、2017年度风景名胜区执法检查整改工作实施方案》的通知
延政发〔2018〕12号	北京市延庆区人民政府关于杨茂喜同志职务任免的通知

延政发〔2018〕13号	北京市延庆区人民政府关于印发《北京市延庆区人民政府工作规则》的通知
延政发〔2018〕14号	北京市延庆区人民政府关于开展第四次全国经济普查的通知
延政发〔2018〕15号	北京市延庆区人民政府关于臧东梅同志试用期满任职的通知
延政发〔2018〕16号	北京市延庆区人民政府关于印发《延庆区新一轮百万亩造林绿化五年行动计划》的通知
延政发〔2018〕17号	北京市延庆区人民政府关于国税地税机构改革涉及区政府及其部门规范性文件执行问题的通知
延政发〔2018〕18号	北京市延庆区人民政府关于进一步加强烟花爆竹禁放管理工作的通告
延政发〔2018〕19号	北京市延庆区人民政府关于印发《延庆区乡镇（街道）、部门、企业与受援县（区）乡镇、贫困村结对工作方案》的通知
延政发〔2018〕20号	北京市延庆区人民政府关于划定地质灾害危险区的通告
延政发〔2018〕21号	机密（征兵命令）
延政发〔2018〕22号	北京市延庆区人民政府关于印发延庆区“清河行动”实施方案的通知
延政发〔2018〕23号	北京市延庆区人民政府关于关于西白庙220千伏输变电工程遏止抢栽抢种树木树苗行为的通告
延政发〔2018〕24号	北京市延庆区人民政府关于永东110千伏输变电工程遏止抢栽抢种树木树苗行为的通告
延政发〔2018〕25号	北京市延庆区人民政府关于海坨110千伏、玉渡110千伏输变电工程遏止抢栽抢种树木树苗行为的通告
延政发〔2018〕26号	北京市延庆区人民政府关于2018—2019年度森林防火的通告
延政发〔2018〕27号	北京市延庆区人民政府关于印发延庆区空气重污染应急预案（2018年修订）的通知
延政发〔2018〕28号	北京市延庆人民政府印发《延庆区全域旅游发展规划（2017—2035）》的通知
延政发〔2018〕29号	北京市延庆区人民政府关于李占根同志免职的通知
延政发〔2018〕30号	北京市延庆区人民政府关于贺利同志免职的通知
延政发〔2018〕31号	北京市延庆区人民政府关于延庆区松闫路（佛峪口路口－市界）在延崇高速施工 期间采取临时交通管理措施的通告
延政发〔2018〕32号	北京市延庆区人民政府关于印发《延庆区打赢蓝天保卫战三年行动计划实施方案（2018—2020年）》的通知

延庆区人民政府办公室文件

延政办发〔2018〕1号	北京市延庆区人民政府办公室关于印发《延庆区城乡居民基本医疗保险工作方案》的通知
延政办发〔2018〕2号	北京市延庆区人民政府办公室关于印发《北京市延庆区政府性债务风险应急处置预案》的通知
延政办发〔2018〕3号	北京市延庆区人民政府办公室印发《关于推动智慧延庆建设和“互联网+”行动的指导意见》的通知

延政办发〔2018〕4号 北京市延庆区人民政府办公室关于印发《北京市延庆区人民政府国有资产监督管理委员会主要职责内设机构和人员编制规定》的通知

延政办发〔2018〕5号 北京市延庆区人民政府办公室关于印发《北京市延庆区财政局主要职责内设机构和人员编制规定》的通知

延政办发〔2018〕6号 北京市延庆区人民政府办公室关于印发《北京市延庆区城市管理委员会主要职责内设机构和人员编制规定》的通知

延政办发〔2018〕7号 北京市延庆区人民政府办公室关于印发《北京市延庆区交通局主要职责内设机构和人员编制规定》的通知

延政办发〔2018〕8号 北京市延庆区人民政府办公室关于印发《北京市延庆区城市管理综合行政执法监察局主要职责内设机构和人员编制规定》的通知

延政办发〔2018〕9号 关于印发《延庆区进一步加强旅游市场综合治理实施方案（2018—2020年）》的通知

延政办发〔2018〕10号 北京市延庆区人民政府办公室关于印发节水三年行动方案（2018—2020年）及2018年节水重点工作折子工程的通知

延政办发〔2018〕11号 关于印发印发《关于进一步明确属地管理责任强化行政区域管理的意见》的通知

延政办发〔2018〕12号 关于印发突发事件应急救助等专项责任清单（试行）的通知

延政办发〔2018〕13号 北京市延庆区人民政府办公室关于印发第三期学前教育三年行动计划（2018—2020年）的通知

延政办发〔2018〕14号 关于印发创建国家农产品质量安全区实施方案的通知

延政办发〔2018〕15号 关于印发落实严格监管污染物排放环境保护管理制度工作机制的通知

延政办发〔2018〕16号 关于印发控制污染物排放许可制实施方案的通知

延政办发〔2018〕17号 关于印发都市型现代农业发展三年行动计划（2018—2020年）的通知

延政办发〔2018〕18号 北京市延庆区人民政府办公室关于印发《2018年延庆区民政工作要点》的通知

延政办发〔2018〕19号 关于进一步提高会议工作质量做好《2018年区政府会议重要议题计划》实施工作的通知

延政办发〔2018〕20号 北京市延庆区人民政府办公室关于印发《世园人家示范户建设方案》的通知

延政办发〔2018〕21号 北京市延庆区人民政府办公室关于印发《2018年度重点经济指标》的通知

延政办发〔2018〕22号 “疏整促”2018年工作计划

延政办发〔2018〕23号 关于印发《2018年延庆内乡对口帮扶合作年度工作计划》的通知

延政办发〔2018〕24号 关于印发《延庆区蓝天保卫战2018年行动计划》的通知

延政办发〔2018〕25号 北京市延庆区人民政府办公室关于印发延庆区2018年缓解交通拥堵工作方案的通知（主动公开）

延政办发〔2018〕26号 北京市延庆区人民政府办公室关于印发《延庆区加强政府系统新闻宣传工作》的通知

延政办发〔2018〕27号 关于印发《2018年延庆区农村地区村庄冬季清洁取暖工作实施方案》的通知

延政办发〔2018〕28号 北京市延庆区人民政府办公室关于关于印发《延庆区2018年非京籍儿童少年入学证明证件材料审核实施细则》的通知

延政办发〔2018〕29号 北京市延庆区人民政府办公室关于印发2018年度创建北京市食品安全示范区工作实施方案的通知

延政办发〔2018〕30号 民主生活会

延政办发〔2018〕31号 北京市延庆区人民政府办公室关于印发2018年度食品药品安全工作要点的通知

延政办发〔2018〕32号 北京市延庆区人民政府办公室关于印发《北京市延庆区助力怀来宣化兴和脱贫攻坚2018—2020年三年行动计划》的通知

延政办发〔2018〕33号 关于印发《延庆区2018年深化廉洁政府建设工作要点》的通知（依申请公开）

延政办发〔2018〕34号 北京市延庆区人民政府办公室关于印发《北京市延庆区水环境乡镇跨界断面补偿办法（2018年修订）》的通知

延政办发〔2018〕35号 北京市延庆区人民政府办公室关于转发《城市轨道交通运营突发事件应急处置专项责任清单》的通知

延政办发〔2018〕36号 空号（预留）

延政办发〔2018〕37号 北京市延庆区人民政府办公室关于印发《延庆区政府投资建设项目审计监督管理办法（试行）》的通知

延政办发〔2018〕38号 北京市延庆区人民政府办公室关于印发“疏解整治促提升”无证无照经营和“开墙打洞”专项整治行动方案的通知（替潘德）

延政办发〔2018〕39号 北京市延庆区人民政府办公室关于印发《延庆区土壤污染防治工作方案2018年任务分解》的通知

延政办发〔2018〕40号 北京市延庆区人民政府办公室关于印发《延庆区政府网站建设管理办法》的通知

延政办发〔2018〕41号 北京市延庆区人民政府办公室关于印发《延庆区水污染防治工作方案2018年重点任务分解》的通知

延政办发〔2018〕42号 北京市延庆区人民政府办公室印发《关于进一步强化行政执法衔接配合妥善处理权责争议的意见》的通知

延政办发〔2018〕43号 北京市延庆区人民政府办公室关于印发《延庆区砂石场生态修复工作方案》的通知

延政办发〔2018〕44号 北京市延庆区人民政府办公室关于2018年上半年政府信息和政务公开情况的通报（主动公开）

延政办发〔2018〕45号 北京市延庆区人民政府办公室关于印发《延庆区2018年政务公开工作要点》的通知（主动公开）

延政办发〔2018〕46号 北京市延庆区人民政府办公室关于印发《延庆区大气污染防治精细化管理提升工作方案（试行）》的通知

延政办发〔2018〕47号 北京市延庆区人民政府办公室关于印发《延庆区2018年市绩效任务分工表》的通知

延政办发〔2018〕48号 北京市延庆区人民政府办公室关于印发延庆区延庆区城市安全隐患治理三年行动方案的通知

延政办发〔2018〕49号 北京市延庆区人民政府办公室关于印发延庆区市场主体跨部门双随机抽查

	工作实施方案的通知
延政办发〔2018〕50号	北京市延庆区人民政府办公室关于印发《延庆区加强酒店类项目监管工作方案》的通知
延政办发〔2018〕51号	北京市延庆区人民政府办公室关于印发《“十三五”延庆区国家重点生态功能区县域生态环境质量考核工作实施方案》的通知
延政办发〔2018〕52号	关于印发《延庆区迎接市政府年终考评工作实施方案》的通知
延政办发〔2018〕53号	北京市延庆区人民政府办公室关于关于印发《延庆区工业闲置低效空间资源盘活利用工作方案》的通知
延政办发〔2018〕54号	北京市延庆区人民政府办公室关于印发《延庆区深化“互联网+政务服务”推进政务服务“一网、一门、一次”改革实施方案》的通知
延政办发〔2018〕55号	北京市延庆区人民政府办公室关于印发《延庆区乡镇（街道）政务服务中心标准化建设实施方案》的通知
延政办发〔2018〕56号	北京市延庆区人民政府办公室关于印发《延庆区进一步加强学前教育管理的实施方案》的通知
延政办发〔2018〕57号	北京市延庆区人民政府办公室印发《关于贯彻落实《北京市新增产业的禁止和限制目录（2018年版）》的若干措施》的通知

延庆区旅游景区（点）名录

名　称	等　级	电　话
八达岭长城	AAAAA	69121225
龙庆峡风景区	AAAA	69191026
北京市八达岭水关长城旅游公司	AAAA	81181185
北京延庆百里山水画廊景区	AAAA	60188022
北京野鸭湖国家湿地公园	AAAA	69131226
北京延庆松山森林旅游区	AAAA	69112020
北京八达岭世界葡萄博览中心	AAAA	81186018
北京八达岭野生动物世界有限公司	AAA	69121842
北京古崖居风景名胜区旅游中心	AAA	69119228
北京八达岭森林公园	AAA	81181458
辉煌国际度假区	AAA	69111097
万科石京龙滑雪场	AAA	69190989
北京八达岭残长城旅游观光有限公司	AAA	69120820
北京八达岭滑雪俱乐部有限公司	AAA	69129955
北京阳光时代马球俱乐部	AAA	84648201
北京玉渡山景区	AA	69195188

名　称	等　级	电　话
绿富隆	AA	81177100
北京莲花山森林公园	A	60189824
神奇野山峡	A	84502930
长城铁花	A	69101568

延庆区学校和幼儿园名录

名　称	地　址	电　话
校外教育		
北京市延庆区青少年活动中心	延庆镇庆园街78号	69189595
北京市延庆区科学技术馆	延庆镇庆园街78号	69183382
职业教育		
北京市延庆区职业技术教育中心	延庆区南菜园功德巷10号	69141829
北京市延庆区第一职业学校	延庆镇湖南东路8号	69185797
中学		
北京市延庆区康庄中学	北京市延庆区康庄镇榆林堡村东	61164849
北京市延庆区庆源学校	北京市延庆区沈家营镇沈家营村	13716705327
北京市延庆区第七中学	北京市延庆区延庆镇西关村北	61111550
北京市延庆区体育运动学校	北京市延庆区延庆镇赵庄村	69101175
北京市延庆区八达岭中学	北京市延庆区八达岭镇西拨子村北	69120429
北京市延庆区旧县中学	北京市延庆区旧县镇旧县村西	61153400
北京市延庆区沈家营中学	北京市延庆区沈家营镇冯庄村北	61131284
北京市延庆区大榆树中学	北京市延庆区大榆树镇大榆树村东南	61183693
北京市延庆区下屯中学	北京市延庆区大榆树镇下屯村北	61110032
北京市延庆区井庄中学	北京市延庆区井庄镇艾官营村南	61191948
北京市延庆区刘斌堡中学	北京市延庆区刘斌堡乡刘斌堡村东	60181629
北京市延庆区十一学校	北京市延庆区延庆镇西关村北	69184272
北京市延庆区香营学校	北京市延庆区香营乡香营村西	60161845
北京市延庆区第四中学	北京市延庆区香园街110号	69180892
北京市延庆区第八中学	北京市延庆区延庆镇广积屯村甲5号	69175356
北京市延庆区永宁学校	北京市延庆区永宁镇东门外	60171305
北京市延庆区张山营学校	北京市延庆区张山营镇下芦凤营村	69113386
北京市延庆区第三中学	北京市延庆区延庆镇香苑街106号	69171191
北京市延庆区第二中学	北京市延庆区延庆镇菜园南街19号	81196606

名 称	地 址	电 话
北京市延庆区第一中学	北京市延庆区高塔路5号	69189696
北京市延庆区第五中学	北京市延庆区湖南东路10号	81198943
北京市延庆区特殊教育中心	北京市延庆区张山营镇中羊坊村西	81183889
小学		
北京市延庆区西屯中心小学	北京市延庆区延庆镇新白庙村北	61111890
北京市延庆区莲花池小学	北京市延庆区延庆镇莲花池村	61111890
北京市延庆区司家营小学	北京市延庆区延庆镇司家营村	61111890
北京市延庆区八里庄中心小学	北京市延庆区延庆镇八里庄村南	61121811
北京市延庆区广积屯完小	北京市延庆区延庆镇广积屯村	51051227
北京市延庆区榆林堡小学	北京市延庆区康庄镇榆林堡村	61164164
北京市延庆区小丰营中心小学	北京市延庆区康庄镇小丰营村西	81187470
北京市延庆区太平庄中心小学	北京市延庆区康庄镇马营村东	69130174
北京市延庆区八达岭中心小学	北京市延庆区八达岭镇西拨子村北	69129491
北京市延庆区旧县中心小学	北京市延庆区旧县镇旧县村东	61151965
北京市延庆区大柏老中心小学	北京市延庆区旧县镇大柏老村西	61151980
北京市延庆区姚家营中心小学	北京市延庆区张山营镇姚家营村	69110567
北京市延庆区四海中心小学	北京市延庆区四海镇四海村	60187972
北京市延庆区千家店学校	北京市延庆区千家店镇后沟村33号	60188403
北京市延庆区沈家营中心小学	北京市延庆区沈家营镇沈家营村	61132021
北京市延庆区大榆树中心小学	北京市延庆区大榆树镇大榆树村西259号	61182347
北京市延庆区下屯中心小学	北京市延庆区大榆树镇下屯村西北	61119517
北京市延庆区井家庄中心小学	北京市延庆区井庄镇井庄村	61191704
北京市延庆区西二道河中心小学	北京市延庆区井庄镇西二道河村南	61180360
北京市延庆区大庄科中心小学	北京市延庆区大庄科乡大庄科村东	60189814
北京市延庆区刘斌堡中心小学	北京市延庆区刘斌堡乡刘斌堡村东	60181013
北京市延庆区珍珠泉中心小学	北京市延庆区珍珠泉乡珍珠村34号	60186413
北京市延庆区第一小学	北京市延庆区延庆镇杨家胡同42号	69143708
北京市延庆区康庄中心小学	北京市延庆区康庄镇一街村	61164164
北京市延庆区第二小学	北京市延庆区高塔街62号	69175158
北京市延庆区第三小学	北京市延庆区延庆镇东外大街66号	69103581
北京市延庆区第四小学	北京市延庆区延庆镇南菜园二区	81198749
北京市延庆区靳家堡中心小学	北京市延庆区张山营镇靳家堡村	69190712
幼儿园		
北京市延庆区第一幼儿园	北京市延庆区儒林街道西街11号	69181002
北京市延庆区第二幼儿园	北京市延庆区百莲路10号	15710095122
北京市延庆区第三幼儿园	北京市延庆区延庆镇新城街133号	69172957
北京市延庆区第四幼儿园	北京市延庆区延庆镇高塔街49号	69103790

名　称	地　址	电　话
北京市延庆区第五幼儿园	北京市延庆区百泉街道舜泽园小区内	81197900
北京市延庆区第六幼儿园	北京市延庆区延庆镇西关村北	60166646
北京市延庆区第七幼儿园	北京市延庆区庆园街82号	69102791
北京市延庆区第九幼儿园	北京市延庆区庆园街82号	69106151
北京市延庆区永宁幼儿园(中心园)	北京市延庆区永宁镇东街14号	60172662
北京市延庆区康庄幼儿园(中心园)	北京市延庆区康庄镇一街村文汇街1号	61163651
北京市延庆区八里庄中心幼儿园	北京市延庆区延庆镇八里庄村南	61121811
北京市延庆区康庄小区幼儿园	北京市延庆区康庄镇康庄一区	61163651
北京市延庆区旧县中心幼儿园	北京市延庆区旧县镇旧县村	61151965
北京市延庆区张山营中心幼儿园	北京市延庆区张山营镇上板泉村	69177325
北京市延庆区沈家营中心幼儿园	北京市延庆区沈家营镇沈家营村	61132021
北京市延庆区大榆树中心幼儿园	北京市延庆区大榆树镇大榆树村	61181179
北京市延庆区井家庄中心幼儿园	北京市延庆区井庄镇井庄村	61191704
北京市延庆区刘斌堡中心幼儿园	北京市延庆区刘斌堡乡刘斌堡村东	60181013
北京市延庆区香营中心幼儿园	北京市延庆区香营乡后所屯村	60162029
北京市延庆区珍珠泉中心幼儿园	北京市延庆区珍珠泉乡珍珠泉村34号	60186413
北京市延庆区八达岭中心幼儿园	北京市延庆区八达岭镇西拨子村北	69129491
北京市延庆区千家店中心幼儿园	北京市延庆区千家店镇后沟村33号	60188403
北京市延庆区大庄科中心幼儿园	北京市延庆区大庄科乡大庄科村东	60189814
北京市延庆区四海中心幼儿园	北京市延庆区四海镇四海村	60187972
北京市延庆区永宁幼儿园分园	北京市延庆区永宁镇吴坊营村西	60170258
北京市延庆区大柏老中心幼儿园	北京市延庆区旧县镇大柏老村	81185158
北京市延庆区广积屯幼儿园	北京市延庆区延庆镇广积屯村	51051227
北京市延庆区姚家营幼儿园	北京市延庆区张山营镇姚家营村	69111250
北京市延庆区中羊坊幼儿园	北京市延庆区张山营镇中羊坊村	69190712
北京市延庆区太平庄幼儿园	北京市延庆区康庄镇马营村东	69130174
北京市延庆区西二道河幼儿园	北京市延庆区井庄镇西二道河村南	61180360
北京市延庆区小丰营中心小学幼儿园	北京市延庆区康庄镇小丰营村西	81187470
北京市延庆区下屯幼儿园	北京市延庆区大榆树镇下屯村西北	61119517
北京市延庆区第一小学幼儿园	北京市延庆区延庆镇杨家胡同42号	69143708
北京市延庆区第二小学幼儿园	北京市延庆区延庆镇高塔街62号	69175158
北京市延庆区第三小学幼儿园	北京市延庆区延庆镇东外大街66号	69103581
北京市延庆区延庆镇司家营幼儿园	北京市延庆区司家营村	69108698
北京市延庆区延庆镇莲花池村幼儿园	北京市延庆区延庆镇莲花池村东	69184485
北京市延庆区五星幼儿园	北京市延庆区延庆镇小营新村9排5号	69187168
北京市延庆区诚远幼儿园	北京市延庆区延庆镇孟庄村	61122569
北京市延庆区小龙唐幼儿园	北京市延庆区延庆镇司家营村西南街9号	15910799042
北京市延庆区博苑幼儿园	北京市延庆区东外大街68号	81196292

北京市延庆区三育幼儿园	北京市延庆区儒林街道永安小区6号楼后平房	15801576273
北京市延庆区金果幼儿园	北京市延庆区京张路兴运嘉园底商	15901162672
北京市延庆区红苹果艺术幼儿园	北京市延庆区新城街10号	69189962
北京市延庆区睿智育婴亲子园	北京市延庆区延庆镇尚书苑小区底商4-43	69142811
北京市延庆区育心幼儿园	北京市延庆区百泉街道振兴南2号楼6门	15210220052
北京市延庆区金才幼儿园	北京市延庆区北街17号	13810077926
北京市延庆区康庄镇育才幼儿园	北京市延庆区康庄镇商业街51号	13641375788
北京市延庆区人文大学附属幼儿园	北京市延庆区康庄镇康庄大道	61169882
北京市延庆区丫丫幼儿园	北京市延庆区旧县镇旧县村	61151069

延庆区卫生计生机构名录

名　称	地　址	电　话
延庆区卫生计生委	延庆镇东顺城街26号	69101695
延庆区医院	延庆镇东顺城街28号	69144448
延庆区中医医院	延庆镇新城街11号	69146621
延庆区妇幼保健计划生育服务中心	延庆镇庆园街8号	69101275
延庆区疾病预防控制中心	延庆镇百泉路39号	69188100
延庆区卫生计生监督所	延庆镇新城街96号	69141173
延庆区卫生干部进修学校	延庆镇东顺城街27号	69171388
延庆区精神病医院	张山营镇张山营村	69111163
北京急救中心延庆分中心	延庆镇东顺城街28号	69101271
延庆区卫生计生委信息中心	延庆镇东顺城街26号	69185840
延庆区社区卫生服务管理中心	延庆镇东外大街98号	69175279
延庆区中心血站	延庆镇西街13号	69183866
八达岭镇社区卫生服务中心	八达岭镇西拨子村东	69120365
大庄科乡社区卫生服务中心	大庄科乡大庄科村	60189817
大榆树镇社区卫生服务中心	大榆树镇大榆树村	61182983
永宁镇社区卫生服务中心	永宁镇东街	60171487
张山营镇社区卫生服务中心	张山营镇张山营村	69111163
井庄镇社区卫生服务中心	井庄镇井庄村	61191705
旧县镇社区卫生服务中心	旧区镇旧区村	61151602
康庄镇社区卫生服务中心	康庄镇文汇街2号	61161313
刘斌堡乡社区卫生服务中心	刘斌堡乡刘斌堡村	60181714
千家店镇社区卫生服务中心	千家店镇后沟村34号	60188440
沈家营镇社区卫生服务中心	沈家营镇沈家营村	61132245
四海镇社区卫生服务中心	四海镇四海村	60187205

名　称	地　址	电　话
香营乡社区卫生服务中心	香营乡香营村	60162454
延庆镇社区卫生服务中心	延庆镇公安医院西侧	69172966
南菜园社区卫生服务中心	延庆镇妫水南街0号	69181772
延庆区计划生育家庭服务中心	延庆镇东外大街98号	69176754
延庆区卫生和计划生育宣传中心	延庆镇东顺城街26号	69176660
延庆区卫生应急保障中心	延庆镇东外大街98号	69177162
延庆区计划生育协会	延庆镇东顺城街26号	69144703

延庆区司法所、法律服务中心、公证处、律师事务所名录

名　称	地　址	电　话
延庆区司法所		
八达岭司法所	八达岭镇敬老院院内	69120485
百泉司法所	鸿川北路6号	69183341
大榆树司法所	大榆树镇原毛衣厂院内	61182521
大庄科司法所	大庄科乡政府院内	60189330
旧县司法所	旧县镇综治维稳中心	61151807
井庄司法所	井庄镇综治维稳中心二楼	61192561
康庄司法所	康庄镇综治中心院内	69133148
刘斌堡司法所	刘斌堡乡政府东院	60181718
千家店司法所	千家店镇综治中心三楼	60188155
儒林司法所	延庆区北街6号	69100305
沈家营司法所	沈家营镇镇政府院内东侧	69180148
四海司法所	四海镇综治中心	60176420
香水园司法所	新兴西社区42号楼东侧	69178375
香营司法所	香营乡政府东楼南侧平房	60161303
延庆司法所	延庆镇北关村高庙东综治大院	69142268
永宁司法所	永宁镇东门口	60173614
张山营司法所	张山营镇文化站院内	69111080
珍珠泉司法所	珍珠泉乡珍珠泉村村西路南二楼	60176344
公益法律服务中心		
八达岭镇公益法律服务中心	八达岭镇敬老院院内	69129735
百泉公益法律服务中心	妫水南街8号	69183341
大榆树镇公益法律服务中心	大榆树镇原毛衣厂院内	61182009
大庄科公益法律服务中心	大庄科乡政府院内	60189330
旧县镇公益法律服务中心	旧县镇综治中心	61151807

名 称	地 址	电 话
井庄镇公益法律服务中心	井庄镇综治维稳中心二楼	61192561
康庄镇公益法律服务中心	康庄镇综治中心院内	69133299
刘斌堡乡公益法律服务中心	刘斌堡乡政府东院	60181156
千家店镇公益法律服务中心	千家店镇综治中心三楼	60188155
儒林公益法律服务中心	延庆区北街6号	69100305
沈家营镇公益法律服务中心	沈家营镇综治中心院内	69180148
四海镇公益法律服务中心	四海镇综治中心	60176420
香水园公益法律服务中心	新兴西社区42号楼东侧	69178375
香营公益法律服务中心	香营乡政府东楼南侧平房	60161303
延庆镇公益法律服务中心	延庆镇北关村高庙东综治大院	69142268
永宁镇公益法律服务中心	永宁镇东门口	60173614
张山营镇公益法律服务中心	张山营镇文化站院内	69111080
珍珠泉乡公益法律服务中心	珍珠泉乡珍珠泉村村西路南二楼	60176344
公证处		
北京市夏都公证处	延庆镇东外大街96号	69101807
律师事务所		
北京胡李律师事务所	延庆区延庆镇东街27号	13381117173
北京李顺存律师事务所	延庆区石河营建材城南城35号	69189192
北京李自永律师事务所	延庆区南菜园北二区57号楼1门	61116228
北京刘世斌律师事务所	延庆区康安小区38-103室	69144035
北京赵建宇律师事务所	延庆区工业大厦403室	13693218127
北京延恒律师事务所	延庆区东外大街49号院5-811室	13691132886
北京高怀亮律师事务所	延庆区湖北西路23-8号	13810677885

延庆区社区居委会名录

名 称	地 址	电 话
百泉街道办事处振兴南社区居委会	南菜园二区甲2号9门	81196370
百泉街道办事处振兴北社区居委会	南菜园北二区甲57号楼	61116006
百泉街道办事处湖南社区居委会	湖南小区甲3号	51058996
百泉街道办事处莲花苑社区居委会	莲花苑小区16号楼101	51058400
百泉街道办事处颖泽州社区居委会	颖泽洲小区12号楼南平房	81193704
百泉街道办事处燕水佳园社区居委会	燕水佳园12号楼南	81196573
百泉街道办事处国润家园社区居委会	国润家园小区6号楼602室	61113658
百泉街道办事处舜泽园社区居委会	舜泽园小区26－3底商	61113698

名　称	地　址	电　话
百泉街道办事处上都首府家园社区居委会	上都首府家园小区2号楼2单元102	81190098
儒林街道办事处儒林苑社区居委会	延庆镇东街12号	69100372
儒林街道办事处温泉馨苑社区居委会	温泉馨苑小区5号楼3单元101	69181080
儒林街道办事处康安社区居委会	康安小区16－1底商	69188054
儒林街道办事处永安社区居委会	延庆镇东顺城街13号	69177500
儒林街道办事处温泉南区东里社区居委会	格兰山水小区6号楼一楼	69175737
儒林街道办事处温泉南区西里社区居委会	孟家庄路61号院21号楼111室	69172284
儒林街道办事处胜芳园社区居委会	东顺城街26号	69175122
儒林街道办事处格兰山水二期社区居委会	延庆镇孟家庄路61号院8号楼	69172780
儒林街道办事处悦安居社区居委会	悦安居小区4号楼底商－1	61126482
香水园街道办事处新兴东社区居委会	香苑小区1号楼西平房	69172250
香水园街道办事处恒安社区居委会	中医院北	69176557
香水园街道办事处川北西社区居委会	建业胡同建业3号楼西院内	52512298
香水园街道办事处东外社区居委会	东外社区14－101	52513200
香水园街道办事处泰安社区居委会	王泉营路凯旋公寓西侧	51052800
香水园街道办事处石河营东社区居委会	石河营村毛衣厂院内	52513300
香水园街道办事处石河营西社区居委会	石河营西社区10号楼西	51059001
香水园街道办事处双路社区居委会	双路小区19号楼4单元	69107371
香水园街道办事处高塔社区居委会	尚书苑小区8号楼8－13	69175842
香水园街道办事处川北东社区居委会	川北小区甲25号楼201室	52512258
香水园街道办事处新兴西社区居委会	新兴小区1号楼东侧	51051289
香水园街道办事处兴运嘉园社区居委会	兴运嘉园小区2号楼底层	60165008
张山营镇社区居委会	张山营镇政府	69111358
张山营镇龙聚山庄社区居委会	张山营镇龙聚山庄中区办公楼	69111358
沈家营镇社区居委会	沈家营镇政府	61132055
八达岭镇社区居委会	八达岭镇政府	69120676
大榆树镇社区居委会	大榆树镇政府	61182895
井庄镇社区居委会	井庄镇政府	61192535
康庄镇社区居委会	康庄小区	61163128
康庄镇望都家园社区居委会	望都家园社区	61163128
香营乡社区居委会	香营乡政府	60162671
大庄科乡社区居委会	大庄科乡政府	60189558
千家店镇社区居委会	千家店镇千家店村	60188622
永宁镇社区居委会	永宁镇阜民街	60171741
旧县镇社区居委会	旧县镇旧县村	61151861
四海镇社区居委会	四海镇四海村	60187772
刘斌堡乡社区居委会	刘斌堡乡刘斌堡村	60181515
珍珠泉乡社区居委会	珍珠泉乡珍珠泉村	60186612

全国、北京市和延庆区文物保护单位名录

延庆区全国重点文物保护单位名录

序号	名　称	年 代	地 点	批 次	公布时间
1	延庆境内明长城	明	八达岭等11个乡镇	第七批	2013年3月
2	古崖居遗址	不详	张山营镇东门营村北	第七批	2013年3月
3	京张铁路(八达岭段)	1909年	八达岭镇青龙桥火车站	第七批	2013年3月
4	长城—八达岭段	明	八达岭镇	第一批	1961年3月

延庆区市级文物保护单位名录

序号	名　称	年 代	地 点	批 次	公布时间
1	玉皇庙山戎墓遗址	不详	张山营镇玉皇庙村	第五批	1995年10月1日
2	天主教堂	清	永宁镇阜民街村	第六批	2001年7月12日
3	木化石群	侏罗纪	千家店镇下德龙湾辛栅子村	第六批	2001年7月12日
4	北关龙王庙	清	延庆镇北关村	第七批	2011年3月7日
5	灵照寺	清	延庆镇解放街村	第七批	2011年3月7日
6	花盆关帝庙及戏楼建筑群	清	千家店镇花盆村	第七批	2011年3月7日

延庆区县级文物保护单位名录

序号	名　称	年 代	地 点	批 次	公布时间
1	望京石及天险	清	八达岭镇八达岭村	第一批	1984年6月16日
2	清水河分界碑	明	八达岭镇岔道	第一批	1984年6月16日
3	岔道万人坑	1943年	八达岭镇岔道	第一批	1984年6月16日
4	烈士陵园	1954年	八达岭镇岔道	第一批	1984年6月16日
5	石佛洞石佛	明	八达岭镇岔道东沟村	第一批	1984年6月16日
6	分修长城题名碑	明	八达岭镇长博等	第一批	1984年6月16日
7	大浮坨石狮	清	八达岭镇大浮坨村	第一批	1984年6月16日
8	五桂头及弹琴峡	明、清	八达岭镇三堡村北	第一批	1984年6月16日
9	石佛寺石佛群	元、明	八达岭镇石佛寺村	第一批	1984年6月16日
10	石峡石狮	元	八达岭镇石峡村	第一批	1984年6月16日
11	分修边墙题名碑	明	八达岭镇水关长城	第一批	1984年6月16日
12	营城子龙王庙	民国	八达岭镇营城子	第一批	1984年6月16日
13	莲花山八仙庙	清	大庄科乡	第一批	1984年6月16日
14	平北疗养所遗址	1941年	大庄科乡车岭村西	第一批	1984年6月16日
15	古缙山县遗址	辽、金	旧县镇	第一批	1984年6月16日
16	古夷舆城遗址	汉	旧县镇古城	第一批	1984年6月16日
17	东红寺龙王庙	明	康庄镇东红寺	第一批	1984年6月16日
18	东红寺戏楼	清	康庄镇东红寺	第一批	1984年6月16日

序号	名　称	年 代	地 点	批 次	公布时间
19	土边墙	明	四海镇	第一批	1984年6月16日
20	缙阳寺功德碑	辽	香营乡小堡	第一批	1984年6月16日
21	延庆城遗址	明	延庆镇	第一批	1984年6月16日
22	儒学训导碑	明、清	延庆镇	第一批	1984年6月16日
23	李尚书坟	明	延庆镇二区北	第一批	1984年6月16日
24	张乾曜墓	唐	延庆镇古家营村	第一批	1984年6月16日
25	二毛子坟	1900年	延庆镇老白庙	第一批	1984年6月16日
26	李四官庄石狮	明	延庆镇李四官庄	第一批	1984年6月16日
27	莲花池石狮	唐	延庆镇莲花池	第一批	1984年6月16日
28	积善桥	清	延庆镇三里河	第一批	1984年6月16日
29	杜家坟	清	延庆镇上水磨村	第一批	1984年6月16日
30	延庆西街石狮	明	延庆镇西街	第一批	1984年6月16日
31	赵庄关帝庙	清	延庆镇赵庄	第一批	1984年6月16日
32	山戎墓葬群	春秋	永宁镇等罗家台等	第一批	1984年6月16日
33	狮子营石狮	清	永宁镇狮子营	第一批	1984年6月16日
34	永宁旧城遗址	明	永宁镇永宁	第一批	1984年6月16日
35	胡家营戏楼	清	张山营镇胡家营村	第一批	1984年6月16日
36	西五里营龙王庙	清	张山营镇西五里营村	第一批	1984年6月16日
37	西五里营戏楼	清	张山营镇西五里营村	第一批	1984年6月16日
38	西羊坊惨案纪念碑	1941年	张山营镇西羊坊村	第一批	1984年6月16日
39	姚家营戏楼	清	张山营镇姚家营村	第一批	1984年6月16日
40	中羊坊戏楼	清	张山营镇中羊坊村	第一批	1984年6月16日
41	黑龙潭及其览胜碑	明	八达岭镇岔道	第二批	1985年1月1日
42	大浮坨铁钟	明	八达岭镇大浮坨	第二批	1985年1月1日
43	八达岭瓮城铁炮	明	八达岭镇特区	第二批	1985年1月1日
44	白马泉		延庆镇三里河	第二批	1985年1月1日
45	上卢凤营铁钟	清	张山营镇上卢凤营村	第二批	1985年1月1日
46	藏文摩崖石刻	元	八达岭镇特区院内	第三批	1993年2月1日
47	董家沟佛爷庙	明	大庄科乡董家沟村	第三批	1993年2月1日
48	劈破石		大庄科乡董家沟村	第三批	1993年2月1日
49	窑湾烈士纪念碑	现代	井庄镇窑湾	第三批	1993年2月1日
50	金刚寺	元	旧县镇龙庆峡	第三批	1993年2月1日
51	神仙院	明	旧县镇龙庆峡	第三批	1993年2月1日
52	烧窑峪摩崖造像	明	旧县镇烧窑峪村	第三批	1993年2月1日
53	东红寺铁钟	明	康庄镇东红寺村	第三批	1993年2月1日
54	山南沟胡家坟	清	刘斌堡乡山南沟村	第三批	1993年2月1日
55	文昌宫碑	清	千家店镇本镇中学	第三批	1993年2月1日
56	菜木沟旧石器遗址	旧石器时代	千家店镇菜木沟村	第三批	1993年2月1日
57	古家窑新石器遗址	新石器时代	千家店镇古家窑村	第三批	1993年2月1日
58	沙梁子龙王庙	清	千家店镇沙梁子村	第三批	1993年2月1日

序号	名　称	年 代	地 点	批 次	公布时间
59	滴水壶		千家店镇沙梁子村	第三批	1993年2月1日
60	四海革命烈士碑	1949年	四海镇四海中学	第三批	1993年2月1日
61	天门关摩崖石刻	明	四海镇天门关村	第三批	1993年2月1日
62	出入民人恩准碑	清	四海镇印刷厂内	第三批	1993年2月1日
63	白河堡分界碑	清	香营乡白河水库西壁	第三批	1993年2月1日
64	双营城	明	延庆镇双营村	第三批	1993年2月1日
65	孔化营菩萨庙	明	永宁镇孔化营村	第三批	1993年2月1日
66	黄龙潭龙王庙	明	永宁镇上磨村	第三批	1993年2月1日
67	平北司令部遗址	1941年	张山营镇海沟村	第三批	1993年2月1日
68	应梦寺遗址	辽	张山营镇蒋家堡村	第三批	1993年2月1日
69	路家河旧石器遗址	旧石器时代	张山营镇路家河村	第三批	1993年2月1日
70	八仙洞		张山营镇松山林场	第三批	1993年2月1日
71	姚家营洞穴遗址	唐、辽	张山营镇姚家营村	第三批	1993年2月1日
72	珍珠泉		珍珠泉乡珍珠泉村	第三批	1993年2月1日
73	白龙潭纪念碑	1988年	大庄科乡白龙潭村	第四批	1995年11月10日
74	果树园烈士纪念碑	现代	井庄镇果树园村	第四批	1995年11月10日
75	巾帼英雄纪念碑	1990年	井庄镇柳沟村	第四批	1995年11月10日
76	平北抗日纪念碑	1989年	旧县镇古城村西	第四批	1995年11月10日
77	古城口地堡	1937年	旧县镇古城等村	第四批	1995年11月10日
78	花楼	明	四海镇上花楼村	第四批	1995年11月10日
79	石佛寺	清	八达岭水关长城	第五批	1998年12月8日
80	金鱼池		八达岭镇	第五批	1998年12月8日
81	八达岭碉堡	1939年	八达岭镇林场一带	第五批	1998年12月8日
82	六郎影摩崖造像	元	八达岭镇青龙桥	第五批	1998年12月8日
83	五郎像摩崖造像	不详	八达岭镇三堡村北	第五批	1998年12月8日
84	“五桂头”山洞	清	八达岭镇石佛寺南	第五批	1998年12月8日
85	李明英雄纪念碑	1984年	旧县镇白草洼村	第五批	1998年12月8日
86	榆林堡古城遗址	明	康庄镇榆林堡村	第五批	1998年12月8日
87	千家店朝阳寺	清	千家店镇千家店村	第五批	1998年12月8日
88	千家店革命烈士碑	1970年	千家店镇桥南路边	第五批	1998年12月8日
89	香村营商周遗址	商、周	沈家营镇香村营村	第五批	1998年12月8日
90	烂角朝阳洞遗址	唐、辽	张山营镇大庄科村	第五批	1998年12月8日
91	烂角焦家洞遗址	唐、辽	张山营镇大庄科村	第五批	1998年12月8日
92	佛峪口七孔洞遗址	唐、辽	张山营镇佛峪口村	第五批	1998年12月8日
93	商周村落遗址	商、周	张山营镇胡家营村	第五批	1998年12月8日
94	狐狈沟洞穴遗址	唐、辽	张山营镇水峪村	第五批	1998年12月8日
95	南寨坡遗址	明	大榆树镇兴宝庄村	第六批	2003年12月29日
96	柳沟城遗址	明	井庄镇柳沟村	第六批	2003年12月29日
97	大营村烽火台遗址	明	康庄镇大营村	第六批	2003年12月29日
98	马营城遗址	明	康庄镇马营村	第六批	2003年12月29日

序号	名　称	年 代	地 点	批 次	公布时间
99	东屯真武庙	清	延庆镇东屯村	第六批	2003年12月29日
100	和平街火神庙	清	永宁镇和平街	第六批	2003年12月29日
101	永宁龙王关帝庙建筑群	清	永宁镇南关	第六批	2003年12月29日
102	下营崇善寺	清	张山营镇下营村	第六批	2003年12月29日
103	岔道戏楼	清	八达岭镇岔道村	第七批	2010年7月1日
104	岔道关帝庙	清	八达岭镇岔道村	第七批	2010年7月1日
105	岔道城隍庙	清	八达岭镇岔道村	第七批	2010年7月1日
106	丁香谷观音摩崖石刻	元	八达岭镇石佛寺村	第七批	2010年7月1日
107	丁香谷三世佛摩崖石刻	元	八达岭镇石佛寺村	第七批	2010年7月1日
108	香村营土地庙	清	沈家营镇香村营村	第七批	2010年7月1日
109	延庆基督教堂	清	延庆镇解放街	第七批	2010年7月1日
110	和平街三义庙	清	永宁镇和平街村	第七批	2010年7月1日
111	黄龙潭	不详	永宁镇上磨村	第七批	2010年7月1日
112	四司青龙潭	不详	永宁镇四司村	第七批	2010年7月1日
113	东门营关帝庙	清	张山营镇东门营村	第七批	2010年7月1日
114	东门营泰山庙	清	张山营镇东门营村（老村区17号民居东墙外）	第七批	2010年7月1日
115	佛峪口释迦牟尼摩崖造像	不祥	张山营镇佛峪口村（佛峪口水库大坝外侧河道内）	第七批	2010年7月1日
116	西五里营三义庙	清	张山营镇西五里营村	第七批	2010年7月1日
117	西五里营关帝庙	清	张山营镇西五里营村	第七批	2010年7月1日
118	朝阳寺石佛	明	张山营镇西羊坊村北山山脚下	第七批	2010年7月1日
119	寺沟摩崖造像	不详	张山营镇张山营村北（小寺牛场东山墙外）	第七批	2010年7月1
120	中羊坊龙王庙	清	张山营镇中羊坊村	第七批	2010年7月1日
121	中羊坊关帝庙	清	张山营镇中羊坊村	第七批	2010年7月1日

（栏目编辑：景冰芳）

机构全称与简称对照表

表20

序号	全　称	简　称
1	中国共产党北京市延庆区委员会	中共延庆区委
2	中国共产党北京市延庆区纪律检查委员会	中共延庆区纪委
3	延庆区人民代表大会	延庆区人大
4	中国人民政治协商会议北京市延庆区委员会	延庆区政协
5	北京市延庆区人民政府	延庆区政府
6	中国共产党北京市延庆区委员会组织部	区委组织部
7	中国共产党北京市延庆区委员会宣传部	区委宣传部
8	中国共产党北京市延庆区委员会统战部	区委统战部

续表20

9	中国共产党北京市延庆区政法委员会	区委政法委
10	中国共产党北京市延庆区发展和改革工作委员会	区委发改工委
11	北京市延庆区发展和改革委员会	区发改委
12	中国共产党北京市延庆区农村工作委员会	区委农工委
13	北京市延庆区农村工作委员会	区农工委
14	中国共产党北京市延庆区住房和城乡建设工作委员会	区委城建工委
15	北京市延庆区住房和城乡建设委员会	区城建委
16	中国共产党北京市延庆区旅游发展工作委员会	区委旅游工委
17	北京市延庆区旅游发展委员会	区旅游委
18	中国共产党北京市延庆区商务工作委员会	区委商工委
19	北京市延庆区商务委员会	区商委
20	中国共产党北京市延庆区经济和信息化工作委员会	区委经信工委
21	北京市延庆区经济和信息化委员会	区经信委
22	中国共产党北京市延庆区教育工作委员会	区委教工委
23	北京市延庆区教育委员会	区教委
24	北京市延庆区科学技术委员会	区科委
25	北京市延庆区文化委员会	区文委
26	北京市延庆区卫生和计划生育委员会	区卫计委
27	中国共产主义青年团北京市延庆区委员会	共青团延庆区委
28	北京市延庆区总工会	区总工会
29	北京市延庆区妇女联合会	区妇联
30	北京市延庆区残疾人联合会	区残联
31	北京市延庆区工商业联合会	区工商联
32	北京市延庆区文学艺术界联合会	区文联
33	北京市延庆区科学技术协会	区科协
34	北京市延庆区人民检察院	区检察院
35	北京市延庆区人民法院	区法院
36	北京市延庆区人民武装部	区武装部
37	北京市公安局延庆分局	区公安分局
38	北京市规划和国土资源管理委员会延庆分局	区规划和国土资源分局
39	北京市路政局延庆公路分局	区公路分局
40	北京市工商行政管理局延庆分局	区工商分局
41	北京市延庆区质量技术监督局	区质监局
42	北京市延庆区食品药品监督管理局	区食药监局
43	国家税务总局北京市延庆区税务局	区税务局

索引

说明

本索引采取主题索引法编纂，主题以《北京延庆年鉴（2019）》正文中出现的专业名词和词组为主。正文条目之外的《区情综述》《大事记》《特载》《专文》《国民经济和社会发展主要指标完成情况》《2018年组织机构及负责人》《附录》等栏目的内容不在索引范围之内。

本索引按汉语拼音音序、以词组首字拼音的第一个字母为序顺延排列。以阿拉伯数字为首的主题词，排在最前面。索引词条后面括号中的阿拉伯数字表示内容所在页码，a、b表示正文中的栏别：左栏为a，右栏为b。

C

D

F

J

K

L

R

S

Y

Z